아동 및 청소년을 위한 학교상담

Robyn S. Hess, Sandy Magnuson, Linda Beeler 지음 | 오인수 옮김

for information:

SAGE Publications, Inc.
2455 Teller Road
Thousand Oaks, California 91320
E-mail: order@sagepub.com

SAGE Publications Ltd.
1 Oliver's Yard
55 City Road
London EC1Y 1SP
United Kingdom

SAGE Publications India Pvt. Ltd.
B 1/I 1 Mohan Cooperative Industrial Area
Mathura Road, New Delhi 110 044
India

아동 및 청소년을 위한 학교상담

Robyn S. Hess, Sandy Magnuson, Linda Beeler 지음 | 오인수 옮김

Σ시그마프레스

아동 및 청소년을 위한 학교상담

발행일 | 2016년 4월 15일 1쇄 발행

저자 | Robyn S. Hess, Sandy Magnuson, Linda Beeler

역자 | 오인수

발행인 | 강학경

발행처 | (주)시그마프레스

디자인 | 김정하

편집 | 이호선

등록번호 | 제10-2642호

주소 | 서울특별시 영등포구 양평로 22길 21 선유도코오롱디지털타워 A401~403호

전자우편 | sigma@spress.co.kr

홈페이지 | http://www.sigmapress.co.kr

전화 | (02)323-4845, (02)2062-5184~8

팩스 | (02)323-4197

ISBN | 978-89-6866-721-3

Counseling Children and Adolescents in Schools

* 책값은 책 뒤표지에 있습니다.

* 이 도서의 국립중앙도서관 출판예정도서목록(CIP)은 서지정보유통지원시스템 홈페이지(http://seoji.nl.go.kr)와 국가자료공동목록시스템(http://www.nl.go.kr/kolisnet)에서 이용하실 수 있습니다.(CIP제어번호: 2016008106)

역자 서문

학교상담 공부를 시작한 지 벌써 20년이 다가온다. 당시 한국에서 학교상담은 매우 생소한 영역이었다. 교직 3년 후 석사과정으로 미국 펜실베이니아 주의 학교 상담자 자격 과정을 공부하였는데, 그야말로 모든 것이 새롭고 신기하기만 했다. 당시 한국에는 오늘날과 같이 학교에서 상담을 전문적으로 수행하는 전문 상담교사도 없었고, Wee 클래스와 같은 공식적인 학교상담실도 없었기 때문에 미국 공립 학교에서 보냈던 1년간의 학교상담 실습 기간은 새로운 세계를 경험한 시간이었다. 주로 교실을 방문하여 부적응 학생을 관찰하여 기록하고 그 학생과 개인상담 혹은 집단상담을 실시하였다. 가장 인상적이었던 것은 부적응 학생의 적응을 돕기 위하여 상담교사, 담임교사, 특수교사, 학교 사회복지사, 교장선생님 및 학부모가 한 팀을 이루어 정기적으로 토론을 했던 점이다. 3년간의 교직 생활을 하면서 이러한 접근의 필요성을 많이 느꼈기 때문에 미국의 체계적인 학교상담 시스템이 무척 부러웠다.

그 사이 우리 나라의 학교상담 분야도 괄목할 만한 성장을 이루어 2000년 중반부터 전문 상담교사가 양성되어 배치되기 시작하였다. 또한 Wee 클래스, Wee 센터 및 Wee 스쿨과 같은 학생상담 지원 서비스가 확장되고 있다는 점은 매우 고무적이다. 그러나 이러한 Wee 프로젝트에 종사하는 상담자의 경우 계약직 비율이 높고 이들의 고용 불안과 낮은 급여로 인해 이직율이 높으며 직무만족도가 낮은 점 등의 문제를 해결해야 하는 상황이다. 특히 학교상담의 활성화와 학교상담자의 위상을 높이기 위해서는 학교에서 상담을 하는 전문상담(교)사의 상담 전문성이 매우 결정적인 요인으로 인식되고 있다. 이러한 문제는 전문 상담(교)사가 양성되는 과정에서 학교상담이라는 독특한 맥락을 고려한 전문화된 교육 프로그램의 부재로 인해 발생된다. 특히 학교상담은 일반적인 치료상담과 매우 다르기 때문에 학교에 특화된 상담자 양성 프로그램이 필요한 상황이다. 학교상담이 지난 10년간 양적으로 성장했지만 이제는 질적으로 성장해야 하는 시점이라고 생각한다.

  그렇기 때문에 학교의 독특한 맥락을 고려한 학교상담 전문 서적이 절실하다고 볼 수 있다. 최근 상담 분야에 많은 책들이 출판되고 있지만 학교상담에 초점을 둔 서적이 다양하게 출판되지 못한 점은 늘 아쉬웠다. 교육대학원에서 전문 상담교사를 양성하고 사범대에서 상담 과목을 가르치지만 여전히 대부분의 교재는 학교상담의 색깔을 충분히 반영하지 못한 채 일반적인 치료상담을 단지 학교라는 상황에 덧입혀 놓은 듯한 느낌을 받아 왔다. 그러한 상황에서 이 책을 접하고 번역하는 과정은 매우 설레는 시간이었다. 특히 이 책은 다른 학교상담 서적과 달리 다양한 학교상담 실무 경험을 지닌 전문가들에 의해 만들어졌기 때문에 다른 책들과 비교하여 매우 생생한 현장감을 느끼게 하는 장점을 지니고 있었다. 이 책은 한마디로 학교상담의 실무에 능통한 전문가의 노하우가 담겨진 보석과도 같은 책이다.

  이 책의 가장 큰 장점이라면 학교 상담자(school counselor)로서의 실무 경험뿐만 아니라 이러한 학교상담자를 양성하는 상담자 교육자(counselor educator)로서의 경험까지도 녹아 있다는 점이다. 나 역시 학교 상담자로 학교에서 오랜 기간 학생들을 상담했고, 그 이후에는 상담자 교육자로 대학에서 상담자를 양성하면서 학교상담에 대한 관점의 변화와 성숙을 경험하였기에 저자들이 무엇을 이야기하고 싶어 하는지 공감할 수 있었다. 또 한편으로는 나 역시 저자들과 유사한 경험을 하였음에도 왜 나는 저자들과 같은 아이디어를 생각해내지 못했을까 하는 도전감을 번역하며 느끼기도 하였다. 이론과 실무를 겸비한 저자들이기에 이 책은 어려운 이론들이 실제로 현장에서 어떻게 적용되는지를 쉽고 명료하게 설명하는 점에서도 장점을 지니고 있다. 이 책을 번역하면서 나 역시 언젠가는 나의 경험을 이와 같은 책으로 풀어내고 싶은 욕심이 생겨났다. 특히 이 책의 모든 내용은 미국의 상황에 기초하기 때문에 한국의 상황에 맞는 한국형 학교상담 전문 서적을 쓰고 싶은 소원이 더욱 간절해졌다.

  한번은 한 교육청에서 전문 상담교사들을 연수하고 있었는데 한 전문 상담교사께서 현재의 학교상담 상황을 이렇게 묘사했다. "저는 학교상담이 절실히 필요하다고 느껴 교과 교사에서 전직하여 전문 상담교사가 되었습니다. 학교상담의 씨앗을 뿌리는 것을 저의 사명으로 생각하면서 지난 5년간 열심히 상담을 하였습니다. 그런데 아직 씨를 뿌리기는커녕 여전히 밭을 갈고 있다는 느낌이 듭니다." 아마 이 책을 통해 학교상담을 배운 예비 상담자 역시 실제로 학교에서 상담을 하게 되면 위와 같은 선생님의 심정을 느낄 수도 있으리라고 본다. 특히 이 책은 학교상담이 자리를 잡은 미국의 선진화된 학교상담을 소개하기에 한국의 학교 현장에서는 더욱 실망감을 느낄 수도 있을 것이다. 자신의 머릿속에 그리던 학교상담의 그림이 전개되지 않을 때 좌절하기 쉽다. 혹시 그러한 순간이 온다면 미리 다음과 같은 아프리카의 격언을 되새겨 보길 권한다 "빨리 가려면 혼자 가고, 멀리 가려면 함께 가라." 미국은 한국에 비해 약 50여 년 먼저 학교상담을 시작했다. 자신이 생각하는 학교상담을 빨리 이루고 싶은 마음이 굴뚝같겠지만 한국 학교의 현실은 녹록치 않다. 이럴 때는 조급한 마음을 접고 멀리 보는 여유가 필요하다. 왜 이와 같은 아프리카 격언이 생겼겠는가? 아프리카는 다른 곳에 비해 뜨거운 열기, 사막, 정글 때문에 결코 혼자서는 생존하기 힘든 환경이다. 힘들수록 함께 가야 한다. 지금 학교의 현장이 바로 그러하다는 점을 상기시켜 주고 싶다.

　이 책의 출판은 함께 이 책을 읽으며 토론했던 이화여대 사범대 학생들이 없었다면 불가능했을 것이다. 초벌 번역에 참여했던 송지연, 김진아, 김아현, 나신영, 최현진, 소지원, 이재희, 정서경 학생들은 전공도 다르고 학부, 석사, 박사과정 등 다양한 배경을 가진 학생들이었지만 학교상담에 대한 관심을 갖고 시간을 쪼개어 함께 이 책을 읽었다. 보람된 점은 이 학생들이 지난 1~2년 사이에 어느덧 전문 상담교사로 임용이 되기도 하였고, 교사로 채용이 되기도 하였고, 지역의 상담센터에서 상담자로 일을 시작한 전문가들로 성장했다는 점이다. 이 학생들 이외에도 나에게 1년간 상담실습교사로 지도해 주시며 상담자로 키워주신 Marie Bennett 학교상담자와 박사과정 동안 수련 감독을 통해 상담자 교육자로 키워주신 Dr. Richard Hazler에게도 감사를 표하고 싶다. 학생들과의 원서 강독을 마친 후 지난 1년간 번역의 과정은 길고 힘든 여정이었지만 한 줄 한 줄 옮기며 저자의 학교상담에 대한 통찰력에 다시 한번 놀랐고 읽으면서 스스로 성장하는 느낌을 가질 수 있었다. 원고의 교정을 도와준 정민지, 김진아 조교 및 송현지, 이나경 학생에게 감사하고 이 책의 출판을 허락해 주신 시그마프레스 관계자분들께도 지면을 빌어 감사를 표한다.

2016년 1월
이화 동산에서
오인수

저자 서문

많은 교재의 저자들이 그런 것처럼, 우리도 상담실습 과목에 '딱 맞는 교재'를 찾지 못해서 이 책을 쓰게 되었다. 현장 경험과 관련해서 다루어야 할 쟁점들은 정말 많다. 특히 학교 환경에서는 더더욱 그렇다. 기본적인 기술에 초점을 맞춰야 하나? 아니면 처음부터 이론적 성향을 바탕으로 실제로 상담할 수 있도록 도와야 하나? 상담 기술을 어떻게 학교 환경에서 일반화시킬 수 있도록 도울 수 있을까? 증거기반실행[1](evidence-based practice)에 강조점을 두어 오직 매뉴얼화된 치료법만을 가르쳐야 하나? 학생들이 그토록 복잡한 학교체제에서 적응할 수 있도록 어떻게 도울 수 있을까?

이러한 많은 질문들에 대해, 우리는 평소에 지녔던 기본적인 믿음을 다시 상기하였다. 우리의 믿음이란 이론적 성향에 상관없이 상담관계가 효과적인 도움의 기초가 된다는 것이고, 이러한 관계는 부모를 자문할 때에도, 사랑하는 사람을 잃어버린 청소년을 마주할 때에도, 숙제를 끝마치는 것에 어려움을 겪는 학생을 도울 때에도 모두 중요하다는 것이다. 기본적인 상담기술은 이러한 관계 형성을 촉진하고, 협력과 팀웍을 이루어 내는 데 도움을 준다. 이러한 협력은 학교에서 일하는 사람들에게 매우 중요한 요소이다. 우리는 학교에서 일을 할 때 이러한 믿음에 기초하여 일을 해왔고 이러한 믿음을 많은 학생들에게 여러 해 동안 가르쳐왔다. 관계형성의 중요한 측면 중의 하나는 서로를 알아가는 것이다. 그래서 다음 부분에서는 우리 자신에 대해 간단한 소개를 하고자 한다.

---

1 역자 주 : 증거기반실행(evidence-based practice, EBP)은 1992년 공식적으로 소개된 접근으로 임상적 실행 분야의 학제적(interdisciplinary) 접근을 일컫는다. 의료 분야에서 시작하여 간호학, 심리학, 교육학 분야 등으로 점차 확대되었다. EBP의 기본적 원칙은 모든 실제적 결정은 (1) 연구결과에 기반해야 하며, (2) 연구는 몇몇 특정 규준을 따라야 한다는 것이다. 일반적으로 이론적 연구(theoretical studies)나 질적연구(qualitative studies)를 배제하고 효과성의 증거를 위한 일련의 기준을 충족시키는 양적연구(quantitative studies)를 인정한다.

나(Robyn Hess)는 원래 상담자가 되기 위해 상담 훈련을 받았는데 이후 분야를 바꾸어서 학교심리학으로 박사학위를 취득하였다. 나는 성인이 경험하는 많은 어려움들은 적절한 조기 개입을 통해서 예방될 수 있다는 것을 깨달았기 때문에 청소년들에 대한 개입을 하고 싶었다. 학교심리사로서 모든 수준의 학생들, 즉 유치원에서 고등학교에 이르는 학생들을 도와왔고 특히 청소년들을 주로 도와왔다. 청소년들은 자신의 정체성과 관련된 다양한 가능성을 탐색하면서 스스로 자신을 발견하는 것에 어려움을 겪게 되는데 나는 이러한 청소년의 모습을 사랑한다. 나는 이론적으로 인지-행동적 접근을 선호하지만 어떠한 치료적 상호작용도 그 기본은 관계에 기초한다는 것을 믿는다. 나는 상담을 즐기며 학교에서 상담은 매우 중요한 도구라고 생각하지만 시간이 지날수록 상담보다 포괄적인 체제적 개입에 이끌린다. 왜냐하면 개인상담만 해서는 모든 학생들의 요구를 충족시킬 수 없기 때문이다. 나는 2004년 이후 지금까지 대학에서 상담실습 과목을 가르치고 있다.

나(Sandy Magnuson)는 초등학교 상담으로 석사학위를 취득하였다. 주로 놀이 치료와 관련된 경험을 많이 하였지만, 처음으로 하게 된 일은 사립 여대의 기숙사에서 상담하는 것이었다. 학교상담자로 1년을 지낸 후, 연인 및 가족치료에 관한 심화 연수를 받게 되었다. 몇 년이 지난 후 학교상담과 가족상담의 두 분야가 서로 시너지를 낼 수 있다는 것을 알게 되었고, 지역 대학의 상담자 교육 프로그램과 연결된 초등실험학교에서 종합학교상담 프로그램을 설계하고 실행하게 되었다. 비록 나는 Alfred Adler와 Murray Bowen의 이론을 선호하지만 Carl Rogers가 제시한 핵심적인 철학에 대해 열정을 지니고 있다. 현재는 은퇴를 했지만, 상담실습과 상담심화실습 과목을 지금까지 가르쳐왔다.

나(Linda Beeler)는 지금까지 다양한 형태의 위기청소년을 도와왔다. 교사로서, 지역정신건강 전문가로서, 학교기반 개입 전문가로서, 또는 학교상담자로 일하면서 경험했던 기쁨과 도전은 나에게 늘 영감을 주었다. 나는 치료적 관계의 힘을 진심으로 믿는다. 청소년들이 정말 '통하는' 누군가를 만나게 될 때 표현하는 놀라움을 직접 목격해 왔다. 학교 환경에서 내가 하는 일들은 해결중심 단기접근과 잘 맞는다. 하지만 나는 늘 내담자와 관계를 형성하기 위하여 인간중심 접근을 먼저 사용해왔다. Carl Rogers에 따르면 상담자가 핵심적 치료 조건을 제공하면 내담자는 자기실현(self-actualization)을 향해 스스로 성장한다고 믿게 된다. 나는 최근 2년간 사전교육 실습, 실습 및 인턴십 과목을 정말 재미있게 가르쳤다.

우리는 이 책을 쓰면서 동시에 실제 및 적용을 위한 가이드북(*Practice and Application Guide*)을 만들어 이러한 자료를 융통성 있게 활용하도록 돕고자 하였다. 우리는 훈련 프로그램에서 이러한 자료들을 다양하게 제시할 수 있다는 것을 일찌감치 알게 되었다. 어떤 경우에는 기본적인 기술과 학교기반 실습을 분리하는 경우도 있고, 또 다른 경우에는 이러한 자료를 초기 실습과정에서 직접적으로 통합시키는 경우도 있다. 가이드북은 훈련 중에 있는 상담자들이 아동과 청소년에게 적용하는 상담기술을 배우고 검토하는 과정에서 도움을 받도록 개발되었다. 각 장의 마지막 부분에는 다양한 형태의 활동을 제공해서 성찰을 돕고, 추가적인 자료를 제공함으로써 학습의 기회를 확장시키고자 하였다.

우리는 이 책을 총 4부로 구성하였다. 1부는 학교기반 전문가들이 넓은 맥락에서 학교 환경을 이해하도록 도우며, 자신의 기술을 어떻게 학교, 가족 및 지역사회의 시스템과 연결지어 변용할 수 있을지에 초점을 맞추었다. 또한 아동과 청소년 발달에 관한 개괄적인 내용을 포함하였다. 2부에서는 학교에서 가장 흔히 활용되는 치료이론에 초점을 맞추었다. 앞 부분에 초등학교 남학생과 고등학교 여학생이 경험하는 전형적인 두 가지의 사례를 제시하였다. 이 사례들을 기초로 다양한 이론적 모델과 전략의 적용 방식을 제시하였다. Adler 이론, 인지-행동치료, 해결중심치료 및 현실치료를 강조하였는데, 이러한 모델들은 모두 단기간에 구조화된 접근을 사용하여 학교 환경에서 아동과 청소년을 돕는 데 효과적인 특징을 지닌다. 3부에서는 이론에서 나아가 상담의 실제에 초점을 두어 다양한 기법과 방식에 관한 정보를 제공함으로써 상담관계의 형성을 돕고자 하였다(예 : 놀이, 예술, 게임). 집단모델의 사용은 학생 내담자가 서로를 통해 배울 수 있어 효율적이고 효과적인 서비스이다. 위기상황에 대처하는 내용을 이 부분에 포함시켰는데, 위기대응은 학교기반 전문가에게 너무 일상적인 일이 되어 버렸다.

2부와 3부를 쓸 때 두 가지 사항을 염두에 두었다. 첫 번째는 일반적으로 사용되는 모델의 이론과 기법의 적용 방법을 예비 상담자들이 보다 명확하게 이해할 수 있도록 돕고자 한 점이다. 두 번째는 그들이 이러한 전략과 이론을 어떻게 수정하여 다양한 연령대의 아동들을 도울 수 있을지, 또한 발달이 이러한 치료적 개입에서 어떠한 역할을 하는지에 관한 이해를 돕고자 한 점이다.

어떤 이론을 제시할지 결정하는 것은 쉽지 않은 일이었다. 우리는 전체적으로 간편하며, 학생들에게 잘 적용되고, 경험적으로 입증되었을 뿐만 아니라 학교 환경에서 가장 흔하게 사용되는 이론들을 탐색했다. 이렇게 한 이유는 다른 치료적 개입을 배제하기 위한 것이 아니라, 선별된 이론을 보다 심도 있게 다루기 위해서다. 가장 효과적인 치료적 접근이란 현재의 문제, 내담자의 나이 및 맥락을 아우르는 접근이라고 우리는 생각한다. 이러한 요인들은 상당히 다양하기 때문에, 상담자가 한 가지 이상의 이론적 성향이나 양식으로 준비하는 것은 중요하다.

이 책의 4부에서는 초점을 가족, 학교 및 지역사회의 체제에 두었다. 학생이 생활하고 학습하는 전체적 맥락 안에서 학생은 가장 잘 이해된다고 우리는 믿는다. 4부에서는 학교기반 실행의 법적, 윤리적 쟁점들을 검토하였고, 장애학생의 문제를 포함하여 다양한 학생들의 요구에 부응할 수 있도록 어떻게 정신건강 팀을 만드는지에 관한 전략을 제시하였다. 마지막 장에서는, 어떻게 다양한 정신건강기관이 학교와 지역사회에서 자문과 협력을 통해서 함께 일할 수 있는지, 그리고 이를 통해 학생과 가정을 위한 다양한 지원을 어떻게 실행할 수 있는지를 제시하였다. 추가적으로 이러한 서비스의 효과성을 평가하는 전략 또한 제시하였다.

이 책의 독특한 특징이라면 학교 상담자와 학교 심리사가 함께 책을 집필했다는 것이다. 같은 동료로서 우리들은 서로의 분야에 대한 공통점과 차이점에 대해 자주 토론을 해왔다. 결과적으로 우리가 내린 결론은 학교기반실행자가 받은 서로 다른 훈련보다는 실제로 제공하는 서비스의 효과성이 더욱 중요하다는 점이다. 정신건강 분야에서 전문적 훈련을 받은 상담자의 필요성은 그 어떤 시대보다도 높다. 왜냐하면 이런 전문가들은 학생들이 스트레스에 잘 대처하도록 돕고, 정신건강의 어려움을 극복하도록 도우며, 대인관계의 상호작용을 통해 학생이 최고의 역량을 발휘하도록 돕기 때문이다.

우리는 학교 사회복지사 역시 학교기반 전문가라고 믿으며 이들의 역할을 1장과 14장에 제시하였다. 그러나 이들의 역할을 사례에 제시하지는 못했다. 우리가 사회복지의 관점에서 훈련받지 않았기 때문에, 사회복지의 관점을 제시하는 것에 다소 망설임이 있었다. 각자의 학문 분야에 속한 사람들은 자신들의 역할과 개입방법에 대해 서로 다른 관점을 지닐 수 있다. 그러나 각자의 사람들은 학교에서 결정적 역할을 하게 된다. 우리의 바람이라면 종합적인 내용을 포함하는 이 교재를 통해 예비 전문가들이 학교기반 전문가가 되는 데 필요한 내용을 배우고 이를 통해 아동과 청소년 및 가정을 돕는 방법을 향상시킬 뿐만 아니라, 서비스의 네트워크를 형성하기 위하여 함께 협력하는 다양한 방법을 익히고 그 가치를 느끼도록 하는 것이다.

차례

PART 01

상처받은 어른을 회복시키는 것보다 어린아이를 강하게 키우는 것이 더 쉽다.

−Frederick Douglass−

1부는 여러분이 상담 수업 시간에서 배운 상담 기술을 학교 현장에 적용하는 것에 중점을 두고 있다. 이를 위해 당신이 첫 번째로 이해해야 하는 것은 학교의 광범위한 맥락을 이해하고 학교 내 상담 서비스의 역할을 파악하는 것이다. 두 번째로 이해할 것은 아동의 발달 과정이며 어린 학생들의 발달 단계에 맞춰 상담 기술을 변용해야 한다는 것을 명심해야 한다. 당신은 학교기반 전문가로서 아이들의 삶에 중요한 사람이다. 당신이 학생과 형성하는 관계는 학교나 가정에서 어려움에 직면한 학생에게 건강한 모델의 역할을 한다. 당신은 기본적인 상담 기술을 사용하여 학생과의 신뢰 관계를 발전시키고, 어린 학생들이 상담 과정의 변화를 신뢰할 수 있도록 도와주어야 한다. 이러한 상담 기술을 효과적으로 사용하기 위해서는 8살 아이도 당신의 말을 이해할 수 있도록 대화해야 하며, 동시에 17살 학생에게도 중요한 의미가 전달될 수 있도록 표현할 수 있어야 한다. 상담의 과정은 신뢰에 기초한 작업 관계(working relationship)를 형성하면서 발전하게 되고, 학생이 관계를 종료할 준비가 되어 새로운 기술을 독립적으로 사용할 수 있을 때까지 지속된다.

이 책은 당신이 학교 현장에서 상담 실습을 효과적으로 할 수 있도록 제작되었다. 우리는 당신이 인간 발달, 상담 이론, 법률과 윤리적인 문제를 다루는 수업을 들었다고 가정하고, 이 책의 1부 및 다른 장들을 집필하였다. 물론 이 책에서 발달과 이론 및 윤리적인 문제와 관련된 정보를 제공하겠지만, 매우 상세하게 그 내용을 다루지는 않을 것이다. 대신 우리는 각기 다른 연령에 속한 아동 및 청소년과 상담할 때 이러한 발달 과정을 고려하여 치료적으로 개입하는 방법에 초점을 두었고 어떻게 상담 기법과 이론을 발달 특성에 적절히 맞춰 수정해야 하는지에 중점을 두었다.

1부에서 설명하려고 하는 것 중 하나는 학교기반 전문가들의 '전형적인 하루'를 생각해 보는 것이다. 학교 생활에서 기쁨이 될 수도 있고 좌절도 될 수 있는 한 가지 사실은 매일매일이 서로 다르기 때문에 어느 하루도 똑같지 않다는 점이다. 이러한 하루하루는 스릴 넘치고, 재미있으며 결코 지루하지 않다. 물론 부정적인 면도 존재한다. 어떤 날은 해야 하는 업무가 너무 많아 힘들고, 어떤 날은 하루 종일 끊임없이 업무를 처리했음에도 불구하고 아무 것도 한 것 같지 않은 날도 있다. 다음의 발췌 부분은 초등학교 상담자, 중학교 상담자 및 학교 심리사의 '전형적인 하루'를 묘사한 것이다. 이러한 묘사를 통해 학교 상담자로서의 당신의 역할을 보다 쉽게 이해할 수 있을 것이다. 그리고 이 발췌문은 또한 초등학교와 중학교 상담의 공통점과 차이점이 무엇인지를 보다 명확하게 보여준다.

초등학교 상담자(샌디 맥너슨)의 전형적인 하루

최악의 시나리오는 보통 계획 없이 출근한 날 자주 일어난다. 요즘 나는 커피를 마시기 위해 책상 앞에 앉아서 아무 생각 없이 이메일에 답장하곤 한다. 오후 늦게 상담실에 돌아와 보면 아침 7시 반에 열어 보았던 이메일이 여전히 모니터에 있는 경우가 많다. 이처럼 하루 종일 이메일에 답장을 보내지 못하는 경우가 많다. 다음에 제시한 내용은 나의 하루를 기록해 놓은 노트이다.

7:40　체크인/체크아웃[1] 학생들이 노크를 하고 들어온다. 내가 학생들의 상담일지를 준비하는 동안 몇몇 여학생들이 문 앞에 도착한다. "샌디 선생님, 선생님께 할 말 있어요." 학생들의 얼굴은 심각한 문제라는 것을 보여준다. 이야기를 들어보니 정말 심각하다. 한 5학년 학생이 자살을 계획하고 있다고 이 학생들에게 이야기했다는 것이다.

8:00　나에게 없어서는 안 될 보건교사와 이 문제를 상의한다. 우리는 학생의 엄마에게 전화하기로 결정한다. 엄마는 전화를 받지 않는다. 나는 계속해서 전화를 건다. 엄마가 전화를 받았을 때, 그녀는 나의 우려를 묵살하는 듯하다. "걔가 그냥 관심 받고 싶어서 그러는 거예요." 나는 교장 선생님께 이 내용을 이메일로 보낸다.

9:28　9:30 상담 수업을 위해 수업자료들을 챙긴다.

10:00　수업 후 상담실로 돌아가는 길에, 한 선생님이 복도에서 나를 부른다. "샌디, 테디의 행동이 점점 나빠져요. 선생님이 뭔가 도움을 줘야 될 것 같아요."

10:45　준비된 개인 상담을 위해 한 학생을 교실에서 데리고 온다. 상담 후 모래상자를 정리해 큰 보관장에 넣는다. 일지에 힘들었던 상담에 대해 기록하려는 순간 전화벨이 울린다. "샌디, 교장실로 올 수 있어요?"

11:45　점심 시간을 이용하여 상담을 진행하는 여학생 집단이 상담실에 도착한다. 그리고 난 재빨리 테이블을 정리한다.

12:30　나는 아침 상황을 교장 선생님과 의논하고 더 많은 정보를 얻기 위해 전화를 하기 시작한다. 나는 이 사건과 연루된 학생들의 부모에게 전화를 하고, 내가 알게 된 정보를 다른 전문가들과 공유하기 위해 학부모들에게 허락을 구한다. "만약 존이 괜찮다면, 나도 괜찮아요." 난 존을 찾는다. 그리고 존에게 동의를 구한다.

12:55　오, 맙소사! 나는 체크인/체크아웃 프로그램에 참여하는 1학년 학생을 12:45에 확인하는 것을 깜빡했다.

---

1 역자 주 : 체크인/체크아웃(Check In/ Check Out : CICO)은 미국 초등학교에서 주로 사용되는 행동교육 프로그램(Behavior Education Program : BEP)이다. 학생이 아침에 등교하자마자 상담 선생님과 오늘 할 일, 일주일 동안 학교와 집에서 해야 할 일을 결정하고 일지에 적는다. 각 항목별로 점수를 설정하고, 목표를 성공하였을 때 어떤 보상을 받을지 선생님과 함께 결정한다. 교과목 선생님과 학부모가 하루 동안 일지에 적힌 대로 행동하였는지 아이의 행동을 체크한다. 상담 선생님과 점심시간과 수업이 끝날 때 체크한 일지를 검토하고 채점한다. 이 프로그램은 아이들의 일상 행동을 체크하고 학부모, 선생님의 지지를 받게 되므로 아이의 행동교육에 도움을 주며, 어린 학생들이 목표를 설정하고 성공 경험을 하게 됨으로써 학교 생활과 학업에 잘 적응할 수 있도록 도와준다.

1:00	나는 매주 한 번씩 하는 상담 수업 시간을 조정하기 위해 교실을 방문한다.
1:30	수업 후 상담실로 되돌아온다. 아, 마저.... 메시지. 이메일......
1:55	나는 또 다른 개인 상담을 위해 한 학생을 교실에서 데리고 온다. 내가 복도에 있는 동안 아이는 물어본다. "샌디 선생님, 다음에 나 데리러 언제 올 거예요?"
2:40	나는 간신히 상담 수업에 맞춰 교실에 들어갔다. 속으로 '아 마저, 이야기를 해줘야 되지'라며 되뇐다.
3:15	체크인/체크아웃 학생들이 나를 기다리고 있다. "제가 직접 점수를 계산할까요?" 속으로 '내가 하면 더 빠르게 할 수 있는데……' 생각한다.
3:35	전화가 울린다. 존의 엄마에게 온 전화다. 그녀는 더 많은 정보를 가지고 있다. "얘들아 미안. 지금 나가 줘야겠다. 내가 지금 이 전화를 받아야 하거든."
	"우리 조용히 있을게요."
	"아니야, 정말 중요한 내용이라…… 잘 가. 내일 아침에 보자!"

중학교 상담자(린다 빌러)의 전형적인 하루

학교에 오전 7시까지 도착한다.

학부모가 자기 아이의 미적분 수업 교사에 대해 이야기하며 아이의 시간표를 바꾸어 달라고 요청하려고 상담실에서 나를 기다리고 있다.

나는 상담실 문을 열고 학부모가 바꿔 달라고 요청한 시간표를 확인하기 위해 컴퓨터를 켠다. 상담실 문에 붙여진 메모를 본다. 메모에는 학생이 지난 상담에서 이야기했던 '손목 긋기(cutting)'에 대해 할 말이 있으니 체육복으로 갈아입기 전에 교실로 와서 자신을 첫 시간에서 빼달라는 내용이다.

전화벨이 울린다. 그냥 음성사서함으로 넘어가도록 내버려 둔다.

수업 시작종이 울린다. 그리고 이제서야 컴퓨터 부팅이 끝났다. 나는 학부모에게 시간표를 변경하기에는 너무 늦어 변경이 어렵다고 말한다. 그리고 그녀의 자녀가 하루에 한 번밖에 열리지 않는 수업(심화 물리학 또는 셰익스피어 같은)을 여러 과목 듣고 있기 때문에 전체 시간표를 바꿔야 해서 변경이 어렵다고 말한다.

전화벨이 다시 울린다. 나는 다시 그냥 음성사서함으로 넘어가게 둔다.

교감 선생님이 한 학생과 함께 내 상담실로 들어온다. 그리고 이 9학년 학생이 결석을 왜 그렇게 자주 하는지에 대해 상담할 수 있는지 물어본다.

전화벨이 울린다. 그리고 나는 또 다시 음성사서함으로 넘어가게 그냥 둔다.

20분 동안 학생과 이야기를 했지만 학생과 가족을 통해 추가적인 정보를 알아내야 한다고 결정한다. 학생과 함께 교실로 걸어간다. 그래야만 학생이 확실히 교실에 도착했음을 알 수 있기 때문이다.

나는 내 상담실 문에 메모를 남긴 학생이 수업에 들어갔는지 확인하기 위해 오는 길에 체육관에 들른다. 그 학생은 거기 있었다. 하지만 자기가 체육복을 갈아입기 전에 내가 만나러 가지 않았기 때문에 이 학생은 나와의 대화하기를 거절한다. 나는 이 학생에게 나중에 이야기하자고 말한다.

나는 미적분 수업 선생님의 교실에 들러서 선생님의 수업을 다른 수업으로 시간표를 변경해 달라는 학부모의 요청이 있었다고 알려준다. 미적분 수업 선생님은 화를 내며 이미 학생과 학부모에게 남은 학기 동안 잘 가르치겠다고 말한 것을 이야기한다.

상담실로 돌아오는 길에 복도에 나와 놀고 있는 몇몇 학생들에게 교실 밖에 있어도 된다는 통행권이 있는지 물어본다. 이 학생들은 통행권이 없었고, 나는 학생들을 교실까지 데려다 준다.

이메일을 확인하고 전날 오후 5시 퇴근 후 와 있는 20개 남짓한 메시지들을 읽기 시작한다. 학생 학습 팀(student study team) 회의가 있기 전까지 3분이 남아 있고, 회의에서 토론해야 하는 선생님들의 평가 서류가 아직도 준비되지 않았는지 편지함을 확인해야 한다.

전화벨이 울린다. 나는 할 수 없이 음성사서함으로 넘어가도록 그냥 둔다.

모든 서류를 인쇄한 후, 회의에 가기 위해 뛰어간다. 우리는 4명의 학생이 학교 생활을 잘 할 수 있도록 돕기 위해 무엇을 해야 하는지 토론하고 결정한다. 이 회의의 안건은 선생님들이 추가적으로 어떤 일을 해야 하는지, 학생의 치료사와 이야기하기 위하여 부모로부터 정보제공활용 동의서를 받는 것, 학생에게 도움을 주기 위해 집단 상담을 실시하는 것 등을 포함한다. 나는 상담실로 돌아온다. 그리고 이 계획에 필요한 추가적인 일들을 시작한다.

전화벨이 울리고 전화를 받는다. 전화를 건 학부모는 매우 화가 나 있다. 그녀는 일곱 번이나 전화를 했고 음성을 남겼지만 누구도 다시 전화하지 않았다고 말한다.

수업을 마치는 종이 울린다. 이제 1교시가 지났다. 그리고 3교시를 더 해야 한다.

학교 심리사(로빈 헤스)의 전형적인 하루

오늘 하루는 이른 아침부터 한 아이의 특수교육 지원이 필요한지를 결정하기 위한 회의로 시작한다. 비록 이 학생의 엄마는 자녀를 도와주고 싶어 하지만 자신의 아들에게 특수교육이 필요하다는 사실에 슬퍼한다. 나는 이 엄마와 함께 그녀의 이러한 걱정에 대해 확인하고, 다음에 다시 상담받기를 원하는지 체크한다. 엄마는 태연한 척 하며 우리가 계속 만날 수 있는지 묻는다. 2시간 정도 회의 이후, 회의는 종료되고 엄마는 자신의 아들이 받게 될 교육 지원에 대해 조금 더 편안한 느낌을 갖게 된 것처럼 보인다.

이후에 오늘 계획된 업무를 살펴본다. 교실에 들어가 몇몇 학생의 관찰을 마쳐야 하고, 학생들의 심리검사를 시작해야 한다. 그리고 오늘은 집중학습지원(intensive learning support)을 받는 5명의 학생들과 사회적 기술 훈련이 있는 날이다. 오후에는 문제 해결(problem-solving) 팀 미팅이 있고, 이 미팅을 준비하기 위해서 학생들의 데이터를 검토해야 한다. 오늘 아침 회의가 평소보다 길어져 유치원에 새로 들어온 학생을 관찰할 수 있는 시간이 15분밖에 없다. 이 반 선생님은 한 남학생을 걱정하고 있다. 이 학생은 다른 학생에게 공격적이고, 매사에 불공평하다고 느끼며, 다른 학생이 무시하는 것 같으면 불같이 화를 낸다. 교실을 방문하여 이 학생을 잠깐 지켜본다. 비록 잠깐 동안 관찰했지만 이 아이는 정말 똑똑해 보였고 화가 나 보였다. 손을 들고 대답을 하기보다는 큰 소리로 말을 많이 하지만 선생님이 수업에서 물어보는 모든 질문에 학생은 정답을 말한다. 그룹 활동을 위해 앉아 있을 때, 이 학생과 친구들 사이에 서로의 그림에 대해 심한 말들이 오고 간다. 비록 이 학생의 화가 폭발하는 것을 직접 보지는 못했지만, 학생에 대한 정보가 더 필요한 것은 확실하다. 그래서 '이 학생이 예전에 다녔던 학교 심리학자와 연락하기 위해 학생의 엄마에게 전화하기', '그동안의 학생의 생활기록을 검토하기'라고 노트에 적어 둔다.

품행 문제가 급격히 증가해 지금 행동수정계획을 실시하고 있는 다른 학생의 추수 지도를 위해 교실에서 나온다. 이 학생은 오늘 아침에 큰 문제가 없어 보인다. 교실에서 몇 분을 보낸 후, 행동수정계획이 실행되고 있지 않음을 알게 되었다. 오후에 선생님과 약속을 다시 잡아서 선생님이 행동수정계획을 좀 더 손쉽게 실행하려면 어떻게 계획을 수정할지 논의하는 것이 필요하다고 생각한다.

상담실로 돌아온 나는 전화 한 통화를 받았다. 지난밤 이상 행동을 보인 아들을 걱정하는 학부모였다. 엄마는 무슨 문제가 있는지 내가 아들과 이야기해 볼 수 있는지 궁금해 한다. 나는 그 학생과 이야기하기에 가장 좋은 시간은 국어 시간이 끝난 후 30분경이라고 결정한다. 그 이전에 나는 이메일을 작성하고, 전화 몇 통을 더 한다. 그리고 남은 시간 동안 해야 할 목록에 더 많은 것들을 추가한다.

학교상담의 특수성

학습목표

- 학교에서 제공하는 상담 서비스의 독특한 특징을 이해한다.
- 학교상담의 실제와 관련하여 상담 서비스를 제공하는 다양한 학교기반 전문가의 전문적인 특성을 확인한다.
- 학교 내에서 이루어지는 넓은 맥락의 상담 서비스 측면에서 상담의 역할에 대한 이해를 심화한다.

당신의 첫 번째 학교 현장 경험은 당신이 지금까지 학교에서 배운 과목들과는 사뭇 다를 것이다. 여러분은 계속해서 상담 기술을 심화시켜야 하고, 역동적이고 도전적인 학교 환경에서 그러한 기술이 필요하다는 것을 느낄 것이다. 이러한 요구에 성공적으로 대응하기 위해서는, 새로운 정보를 개념화하고, 분류하고, 기억할 뿐만 아니라 그것을 독특한 상황에 적용시키는 인지적인 기술을 계속 심화시켜야 한다. 동시에 배운 것을 나의 것으로 만들어야 할 뿐만 아니라 마음속 깊은 수준으로까지 심화시켜야 한다. 이것이 실습과 인턴 과정에서 요구되는 중요한 내용이다.

1.1 학교의 맥락

학교는 역동적이고, 복잡하며, 도전적이고 재미있는 곳이다. 학교에서 도움을 제공하는 전문가로서 우리의 역할은 학생을 지지하고, 안전하고 도움이 되는 지지적인 학습 환경을 만들어 주는 것이다. 반면에 당신이 함께 일하는 다른 성인들(예 : 교사, 교장, 학부모)은 보다 큰 어려움에 직면하고 있다. 왜냐하면 이들은 제한된 자원을 바탕으로 보다 큰 성취에 대한 압력을 받기 때문이다. 종종 학업 성적에 대한 요구는 학생의 사회적, 감정적인 요구들보다 우선시된다. 이러한 분위기에서 심리적 지지를 제공해주고, 학생들의 감정적인 필요를 채워주는 사람은 아마도 학업적 성취라는 목표 때문에 자신들의 전문 분야가 뒷전으로 밀린다고 느낄 수도 있다. 사실 이처럼 우선순위에 있어서 발생하는 차이가 근본적인 긴장을 만들어낸다. 따라서 당신이 실제로 상담을 하게 될 학교의 더욱 넓은 맥락을 이해하는 것이 필요하다. 다음 장에서는 학교상담의 전반적인 특징에 대한 더욱 자세한 정보를 제공할 것이다. 우리는 청소년의 긍정적인 탄력성을 증진시키고 학생들의 정신건강과 관련된 요구를 해결하는 데 있어서 어떻게 학교기반 상담이 학교의 기존 모델과 잘 부합하는지를 논의할 것이다.

여러분은 학교에서 학생의 삶에 긍정적으로 영향을 미칠 수 있는 수많은 기회를 갖게 될 것이다. 이제 막 교직에 들어선 사람들에게 이러한 사실은 매우 고무적인 것이며 실제로 힘을 북돋아 주고 놀랄만한 결과를 이끌어 낸다. 이것은 학교기반 전문가의 역할이 얼마나 중요한지, 또한 이들의 책임이 얼마나 중대한지를 잘 보여준다. 다행히 당신은 혼자서 모든 프로그램과 상담적 개입을 실행하지는 않는다. 여러분은 학생의 삶에 변화를 일으키기 위해 다양한 예방 및 중재 프로그램을 실행하는 과정에서 유능한 전문적인 팀(예 : 교사, 관리자 및 기타 정신건강 전문가)과 함께 일할 기회를 가질 것이다. 이 본문에서 다양한 학교기반 전문가들을 소개하고 논의하기 이전에 전문 용어에 대한 설명을 먼저 제시하고자 한다.

1.2 용어의 설명

우리는 학교 상담자(school counselor), 학교 심리사(school psychologist), 혹은 학교 사회복지사(school social worker)가 되기 위하여 준비하는 학생들을 위해 이 책을 집필하였다. 정신건강과 관련된 학생의 요구는 매우 크며, 각 분야에서 이러한 요구에 부응하기 위해 노력한 결과들은 매우 주목할 만하다. 따라서 이 책을 쓰는 중요한 목표는 이러한 학교기반 전문가들의 유사점과 차이점을 확인하고, 이들 학생의 사회 정서적, 행동적 요구를 효과적으로 다룰 수 있도록 다양한 시스템을 활용하여 함께 일하는 방법을 제공하는 것이다.

우리의 가장 큰 과제 중 하나는 서로 다른 전문적인 견해를 지닌 개인들을 아우를 수 있는, 그러나 결코 길고 복잡하지 않은 용어를 결정하는 것이었다. 우리가 학교에 기반을 둔 전문적 조력자(school-based professional helper)라는 용어를 가장 선호하지만 경우에 따라서는 이를 학교기반 전문가(school-based professional), 전문적 조력자(professional helper), 혹은 그 밖의 다른 형태로 표현하게 될 것이다. 또한 경우에 따라서는 단순히 특정 학문 영역(예 : 학교 심리사)을 의미하는 용어를 쓰기도 할 것이다. 그리고 학생이라는 용어가 경우에 따라서는 유치원생부터 고등학생을 의미하기도 하지만 동시에 상담을 공부하는 대학생 혹은 대학원생으로 해석될 수도 있다. 그래서 이러한 혼란을 피하기 위해 학령기 학생들을 가리킬 때에는 학생이란 용어를 사용하였고, 상담자의 상담 서비스를 제공받는 학생의 경우에는 학생 내담자(student client)란 용어를 사용하였으며 상담을 공부하는 대학생의 경우에는 예비 전문가(pre-service professionals)라는 용어를 사용하였다.

우리는 이 책을 쓰는 과정에서 서로가 비슷한 개념에 대해 다른 용어를 사용하고 있음을 발견하였다. 학교 심리학자의 관점에서 보면 심리교육집단(psychoeducational group)은 학생들에게 기술(예 : 사회적 기술, 문제해결능력)을 가르치는 것에 초점을 둔 집단을 지칭할 때 사용하는 용어이다. 똑같은 활동이 학교상담의 관점에서는 교과활동으로 받아들여지기도 한다. 이는 각 학문 분야의 역사가 다르고 강조하는 것이 상이하기 때문에 같은 활동에 대해서 서로 다른 전문 용어를 발전시켜 온 결과이다. 각각의 학문 분야에서 명료하게 사용되는 용어들이 다르기 때문에 경우에 따라서는 혼용하기도 했다. '상담(counseling)'의 경우도 더욱 명료한 이해가 필요한 용어이다. 우리는 이 책에서 상담에 대한 실제적 정의를 제공하였고, 학교 현장에서 상담이 어떻게 활용되는지를 설명하였다.

1.2.1 학교기반 상담 vs. 심리치료

학교기반 전문가들은 대체로 심리치료(psychotherapy)보다는 상담(counseling)을 제공한다. 일반적으로 상담은 적응적인 기능을 향상시키기 위해 개인이나 집단의 형태로 전달되는 단기적인 서비스이다. 따라서 학교기반 전문가들 대부분은 학생 내담자가 교실에서 또래들과 보다 효과적으로 기능하도록 돕는 데 초점을 둔다. 상담은 또한 건강하지만 발달적으로 문제가 있거나 상황적인 어려움을 다루는 도움이 필요한 개인에게 제공되는 서비스로 여겨진다. 미국상담협회(American Counseling Association)(2010b)는 최근 다음에 제시한 상담의 정의를 채택하였다. "상담은 다양한 개인, 가족, 집단에게 정신건강, 안녕, 교육 및 진로의 성취에 있어서 역량을 강화시키는 전문적인 관계이다." 이러한 정의를 실제로 보여주는 상담적 개입의 사례는 학교 상담자가 또래 관계에서 문제를 겪고 있는 학생 내담자에게 갈등을 줄이기 위한 해결책을 찾을 수 있도록 도와주는 경우이다. 학교 심리사가 울먹이면서 힘든 하루를 보내고 있는 학생을 만나서 학생의 고민거리를 함께 탐색하고, 학생이 느끼는 좌절을 다룰 수 있도록 학습전략을 제공하는 경우이다.

반면 심리치료는 장기적 서비스이다. 개인이 나타내는 문제와 고민은 보다 심각하고, 병적인 측면(예 : 우울, 자살성 사고, 섭식 장애)을 반영하기도 한다(Hughes & Theodore, 2009). Weiner와 Bornstein(2009)이 제안한 심리치료의 정의에 따르면 심리치료의 독특한 특징을 "환자들의 어려움을 이해하기 위한 의도적 의사소통 그리고 이러한 이해를 환자와 함께 공유하는 것"(p. 3)이라고 설명한다. 따라서 상담과 심리치료 모두 분명하게 긍정적인 변화라는 목표를 위해 개인 혹은 집단의 개인적인 관계를 수반한다(Hughes & Theodore, 2009). 상담과 심리치료는 일반적으로 사용되는 용어인 치료(therapy)(예 : 언어치료)와는 구별되어야 한다. 보통 치료라는 용어는 모든 종류의 처치(treatment)에 사용된다. 더 나아가 행동수정(behavioral modification) 프로그램, 환경적 수정(environmental modification), 혹은 정신약리학(psychopharmacology)이 모두 상담과 심리치료를 의미하는 것은 아니다. 하지만 이런 것들은 포괄적 개입의 일부가 될 수는 있다(Weiner & Bornstein, 2009).

학교기반 서비스의 경우 학교 안에서 학생의 학업, 진로, 혹은 사회-정서적 기능의 맥락과 관련된 문제들을 다루는 것은 매우 중요하다. 물론 이러한 구별은 학교기반 전문가가 진단 가능한 장애학생을 절대 돕지 않는다는 것을 의미하진 않는다. 그것은 단지 이들의 초점이 치료라기보다는 지지의 일종이라는 것을 강조한다. 예를 들어, 한 학생이 심각한 장애(예 : 범불안 장애)를 가지고 있다고 하자. 그런데 학교기반 전문가는 그 학생이 재학하는 동안 학업 목표를 성취하기 위해 자신의 불안을 다룰 수 있는 전략을 향상시키는 것에 초점을 둔다. 이상적인 접근이라면 이 학생이 자신의 불안 질병을 해결하기 위해서 또 다른 개인적 치료사의 도움을 받는 것이다. 다시 말해, 학교기반 전문가에게 중요한 역할이란 가족들에게(만약 개인 치료를 받고 있지 않다면) 지역의 또 다른 치료사에게 의뢰하도록 돕는 것, 그 치료사와 긴밀히 연락하는 것, 학생으로 하여금 새롭게 학습한 대처 전략을 강화하는 것, 그리고 적절하게 학생의 교사에게 자문하는 것 등이다. 14장에서 우리는 학교기반 전문가들이 활용할 수 있는 추가적인 전략들을 전반적으로 제시하였다. 이러한 전략들은 교사가 학생의 요구를 잘 이해하도록 도와서 궁극적으로 학생의 성공을 촉진할 수 있도록 돕는 다양한 계획을 포함한다.

몇몇 학교기반 전문가들은 내담자(client), 정신 건강(mental health), 혹은 치료적 개입(therapeutic interventions)과 같은 용어의 사용을 반대한다. 왜냐하면 이러한 것들은 상담의 분야라기보다는 치료적인 의미가 강하기 때문이다. 전문적인 정체성은 중요하며 전문적 서비스를 적절하게 정의하는 것 또한 중요하지만 너무 미세하게 정의된 용어를 사용하여 의사소통에 방해가 되거나 아동과 청소년 서비스에서 차질을 빚는 것은 피해야 한다. 따라서 우리는 당신이 어떤 학생에게 상담 서비스를 제공할 것인지, 아닌지를 결정하는 과정에서 도움을 주기 위하여 다음과 같은 질문 목록을 제안한다.

- 나는 이러한 서비스들을 제공하거나 제기된 학생의 문제를 다룰만한 전문적 역량을 지니고 있는가?
- 학생이 상담을 받은 후 다음 수업 시간에 교실로 돌아가 수업에 충분히 참여할 수 있을 것인가?
- 내가 이 학생에게 투자한 시간과 노력이 다른 학생들에게 투자했던 시간과 유사한가?
- 제공하고자 하는 상담 서비스는 학교의 목적과 일치하는가?
- 이러한 서비스를 제공하는 것은 나의 직업적 지침과 부응하는가? [예 : 미국 학교 상담자 협회(American School Counselor Association), 전미 학교 심리사 협회(National Association of School Psychologist), 미국 상담 학회(American Counseling Association), 미국 심리 학회(American Psychological Association), 미국 학교 사회복지사 협회(School Social Work Association of America)에서 제안하는 직업 지침]
- 학생들의 요구가 지역 사회보다는 학교 안에서 보다 효과적으로 충족되는 문제인가?

만약 이러한 질문들에 대해 "예"라고 대답할 수 있다면, 학생에게 상담 서비스를 제공하는 것이 적합해 보인다. 학교상담은 실제로 학생들의 능력, 배경, 진단에 관계없이 모든 학생에게 제공될 수 있어야 한다. 이것이 의미하는 바는 당신의 상담실 문을 열고 들어오는 많은 학생들 중에는 의학적 장애나 심각한 학대의 경험을 가진 학생도 있을 수 있다는 것을 의미한다. 학생들이 나타내는 징후만 가지고 학교에서 도울지를 결정하는 것은 쉽지 않다. 예를 들어, 한 청소년이 교실에서 문제 행동을 할 수도 있고, 당신과의 대화를 통해서 당신은 그 학생이 성학대의 경험이 있다는 것을 발견할 수도 있다. 물론 학교에서 학대의 문제를 '치료'하는 것은 부적절할 수 있다. 그러나 자신의 개인적인 비밀을 당신과 나눈 이 학생에게 상담 서비스 제공을 포기하는 것은 적절하지 못하다. 상담자는 서비스할 대상, 가장 효과적인 방법, 많은 학생들의 학업적, 사회적, 정서적인 성장을 지지할 수 있는 학교 환경을 만드는 방법 등에 관한 다양한 종류의 결정을 해야만 한다.

1.3 학생 정신건강의 중요성

성공적인 학교 생활을 위하여 추가적인 상담 서비스가 필요한 학생 수는 점점 증가하고 있다. 학교에 오는 많은 학생들은 매우 다양한 도움을 필요로 한다. NRC(National Research Council)과 IOM(Institute of Medicine)의 보고에 따르면 어떤 시점에서는 전체 아동과 청소년 중 14~20%의 학생이 정신적, 정서적, 행동적 장애를 경험한다고 한다. 이러한 학생들 중 단지 5분의 1(21.3%)의 학생만이 관련 서비스를 받게 된다(Substance Abuse and Mental Health Services Administration[SAMHSA], 2007). 12~17세까지의 학생들을 조사한 최근의 조사(2005~2006)에서는 감정적이고 행동적인 문제에 대한 서비스를 받는 학생이 대략 700만 명 정도 되는데, 이중 12%는 이러한 서비스를 학교에서, 13.3%는 외부 클리닉을 통해 서비스에 접근하고 있으며, 3%의 학생들은 의학적 서비스를 받고 있다는 것으로 나타났다(SAMHSA, 2008). 실질적인 면에서 보면 이것은 대략 2,000명의 학생으로 구성된 중간 크기의 고등학교의 경우 280~400명 사이의 학생들이 정신적, 정서적, 행동적 장애를 겪을 수 있고, 그들 중 대략 100명의 학생들만이 서비스를 받고 있다는 것을 의미한다.

　이러한 통계가 학교기반 전문가들이 모든 학생들에게 일일이 치료할 방법을 찾아 주어야 한다는 것을 의미하지는 않는다. 대신 이러한 자료가 의미하는 바는 우리의 현재 시스템 속에 존재하는 상담 서비스 제공의 비율이 상당히 낮다는 것이다. 그러나 아쉽게도, 이처럼 상담 서비스에 대한 요구가 높다는 사실이 학교기반 전문가들의 인원 수 확충으로 이어지지는 않는다. 사실 몇몇 분야(예를 들면, 학교심리학)에는 학교기반 전문가들이 훨씬 부족하다(Curtis, Chesno Grier, & Hunley, 2004). 학교상담의 경우 상담 교사 1인당 학생의 비율은 197~814명으로 매우 다양하다. 미국 전체 평균은 457명이다(American School Counsellor Association, 2016). 학교심리학자들의 비율은 학교 심리사 1명당 1,621명의 학생으로 추산될 만큼 훨씬 높다. 미국에서 학교 사회복지사의 경우 이러한 비율을 기대하기란 더욱 힘들다. 왜냐하면 단지 31개의 주만이 학교 내에서 서비스를 제공하는 학교 사회복지사의 자격 취득 과정을 가지고 있기 때문이다(Kelly, 2008). 이처럼 학생의 요구와 이에 대한 학교기반 전문가 수의 불일치 때문에 상담 서비스에 대한 재개념화가 이루어졌고 이를 통해 다층 서비스(tiered levels of services)가 제안되었다. 모든 학생들이 같은 수준의 도움을 필요로 하는 것은 아니다. 우리가 예방을 통해서 더 많은 도움을 제공한다면 보다 집중적인 도움을 필요로 하는 학생의 수를 줄일 수 있을 것이다.

1.4 다층 서비스 모형

현실적으로 도움이 필요한 개개인의 학생 모두에게 효과적인 도움 서비스를 제공하는 것은 어렵다. 이러한 인식에 기초하여 상담 서비스를 전달하는 대안적인 방법을 모색하게 되었다. 상담자는 모든 학생들이 적절하게 기능하고 사회적, 정서적 성장을 할 수 있는 방법을 고려해야 한다. 이를 위해 상담자는 상담자의 역할에 대해 대안적인 방법을 생각할 필요가 있다. 상담자는 자신의 서비스뿐만 아니라 다른 전문가와의 협력을 통해 보다 넓은 수준의 서비스를 전달하는 방법을 고려해야 한다. 이와 관련한 연구 분야도 성장하였는데, 이러한 연구 결과들은 긍정적 행동지원(positive behavioral support : PBS, Sailor, Dunlap, Sugai, & Horner, 2009)과 중재반응(response to intervention : RTI, Brown-Chidsey & Steege, 2005) 모델과 같은 다층 서비스 모형의 사용을 지지한다. 이러한 프로그램들은 초기의 예방, 학생들의 필요를 반영하는 다양한 수준의 도움과 서비스, 그리고 학교 지역사회의 연결 등을 강조한다.

　이러한 관점에서 보편적 개입에 가장 많은 노력을 기울여야 한다. 이 개입은 집중적인 개입이 필요한 여러 사례들을 미연에 예방하는 전략이다. 예방적 개입은 생활지도 수업과 학교 전체 차원의 프로그램(예 : 품성 교육, 갈등 해결, 괴롭힘 예방)을 통해 실행되며 이러한 개입은 보편적 혹은 1단계의 전략으로 간주된다. 2단계의 개입은 부정적인 결과를 가져올 위험성이 있는 학생들에게 주로 사용된다. 2단계 서비스는 특정 학년에 프로그램을 제공하는 경우와 같이 서비스의 대상이 보다 좁혀진다(예 : 중학교로 진학하는 초등학생의 학년 적응을 돕는 프로그램). 소집단 형태의 심리교육(psychoeducation)이나 또는 집단상담(group counseling)의 형태로도 진행된다(예 : 이혼가정 자녀집단, 공부 기술 향상집단). 만약 이러한 접근법이 효과적이지 않거나 학생이 보다 급한 위기에 처해 추가적인 도움이 필요한 경우라면 보다 개별적이고 집중적인 3단계의 서비스가 실행될 수 있다.

　다층 모형 안에서 이러한 3단계 수준의 서비스가 필요한 학생의 비율은 대략 2~5%이다. 경우에 따라서는 매우 집중적인 개입이 필요하여 지역사회의 정신건강 서비스 기관으로부터 추가적인 도움을 받기도 한다. 이러한 경우 학교기반 전문가는 중개자(liaison), 자문가(consultant) 등의 역할을 주로 하게 된다. 이러한 단계별 모형에 대한 더 자세한 설명은 15장에서 제공된다.

1.5 다른 전문가와의 협력

다층 서비스는 학교기반 전문가 사이의 높은 협력 수준을 요구한다. 교육 분야는 다양한 변화를 겪고 있는데, 상담, 심리, 그리고 사회복지 분야 역시 중요한 변화를 겪고 있다. 이러한 변화 때문에 우리가 제공하는 서비스의 유형 및 역할의 본질과 관련하여 여러 논쟁이 발생하기도 하였다. 예를 들어, 학교 상담에서 진행되고 있는 논쟁 중 하나는 학교 상담자의 역할이 모든 학생들에 대한 넓은 교육적인 서비스를 제공하는 것인지 아니면 개별 학생에 대한 지원과 위기 개입에 초점을 두어야 하는지에 관한 것이다(예 : Paisley & McMahon, 2001; Stone & Dahir, 2011). 종합적 학교심리 통합 서비스 모델(Model for Comprehensive and Integrated School Psychological Services(NASP, 2010b)에 따르면, 학교심리학은 보다 광범위한 체제적 수준의 개입에 초점을 두는 방식으로 변해가고 있고 이를 통해 학생들에게 학업적인 성취와 심리적 안녕감을 제공하려고 한다. 학교 사회복지사들 또한 예방과 다층 서비스에 초점을 두는 방식으로 변화하고 있지만, 최근의 조사 결과에 따르면 응답자들이 1단계 활동에 단지 28%만의 시간을 쓰는 반면, 2단계와 3단계에는 59%의 시간을 쓰고 있는 것으로 확인되었다(Kelly et al., 2010). 이처럼 세 분야에 있는 전문가들은 계속하여 자신의 서비스의 특징을 동시대가 요구하고 있는 방향으로 변화시키고 있기 때문에, 변화하는 서비스의 틀 안에서 자신의 역할과 전문가의 정체성을 확립해야 하는 도전에 직면한다.

이처럼 각 분야의 전문성이 어느 방향으로 변화하는지를 다루기 전에, 우리 자신에 대해 검토해 보는 것은 가치있는 일일 것이다. 상담 분야를 전공하려는 학생들이 하는 가장 흔한 질문들 중 하나는 "학교 심리사, 학교 상담자, 그리고 학교 사회복지사의 차이점들이 무엇인가?"이다. 사실 많은 공통점들이 있지만 학생, 가족 및 다른 학교 교직원의 안녕이라는 측면에서 각 분야를 차별화시키는 중요한 차이점들이 존재한다. 사실 이 장 전체가 이 질문에 대한 답을 하기 위해 쓰여졌지만, 우리는 학교상담의 국가모형(National Model for School Counseling Programs, ASCA, 1997, 2005), 종합적 학교심리 통합 서비스 모형(The Model for Comprehensive and Integrated School Psychological Services(NASP, 2010b), 그리고 전미 사회복지학회에서 제시한 학교사회복지 서비스의 기준[NASW(National Association of Social Workers) Standards for School Social Work Services, NASW, 2002]에서 제시한 주요 사항들을 바탕으로 다음의 표와 같이 비교하여 제시하였다. 표 1.1에서 제시한 것처럼, 각 분야별 설명은 비슷하다. 그러나 서비스의 전달 방법이나 일상적 활동들(14장에서 설명)에서는 차이점들이 나타난다.

이 세 분야 사이에는 공통점이 있기 때문에, 차이점을 잘 알지 못하는 사람들은 이들의 역할들이 서로 비슷하다고 볼 수도 있다. 그러나 엄밀히 말하면 그렇지 않다. 각각의 전문가들은 학교

표 1.1 학교 상담자, 학교 심리사와 학교 사회복지사의 역할과 기능의 비교

학교 상담자	학교 심리사	학교 사회복지사
일반적 정보		
학교 상담자는 학생의 학업, 진로, 개인적/사회적 발달을 촉진하기 위하여 다른 전문가들과 협력적 관계를 통해 상담 서비스를 제공한다. 이를 위해 학교상담 이론과 연구/실증 자료에 기반한 상담의 실제를 바탕으로 철학을 만들고 발전시킨다. • 상담자 1인당 권장되는 학생 비율은 1:250	학교 심리사는 학생들이 학업적, 사회적, 행동적, 그리고 정서적으로 성공할 수 있도록 효과적인 서비스를 제공한다. 이를 위해 교육과 정신건강 측면에서 직접적 서비스를 제공하고, 부모, 교사 및 다른 전문가와 협력하여 학생들에게 도움이 되는 학습 환경을 제공한다. • 심리사 1인당 권장되는 학생 비율은 1:500~700	학교 사회복지사는 사회복지의 포괄적 분야 중 학교에 특화된 직종이다. 학교 사회복지사는 학교 시스템과 학생 서비스팀에 독특한 지식과 기능을 제공해준다. 학교 사회복지사들은 학생이 자신의 역량과 자신감을 성취할 수 있도록 교수환경 및 학습환경을 제공하고 학생을 직접적으로 지원한다. • 복지사 1인당 권장되는 비율은 주 정부와 지역 교육청에 의해 결정된다.
지식의 기반		
학교 상담 서비스 제공의 기반은 학교 상담 이론, 연구/증거에 기반한 실행, 문화적으로 적절한 프로그램과 협력이다.	학교 심리서비스 제공의 기반은 발달과 학습의 다양성에 대한 이해이며 연구와 프로그램 평가 및 법적, 윤리적, 그리고 전문적 실행이 기초를 이룬다.	학교 사회복지의 실행에는 인간의 발달과 행동에 대한 지식, 그리고 사회적, 경제적, 문화적 제도에 대한 지식이 필요하고, 이 두 지식의 상호작용이 필요하다.
서비스 전달 방식		
학교 생활지도 교육과정(School Guidance Curriculum) : 교실 안에서 전달되는 구조화된 수업으로 체계적으로 계획하여 발달 수준에 적절한 교과과정을 통해 학생의 능력을 신장시킨다. • 학교 상담자들은 체제적 수준에서 개입하고 옹호할 수 있다.	**체제적 수준 서비스**(System Level Services)(학습을 증진시키기 위한 학교 전반적인 실행) : 학생들의 학습과 복지를 증진시키기 위해서 학교 심리사는 다른 사람과 협력하여 학교 기능의 다양한 측면(예 : 규율, 학교 분위기)에 걸쳐서 효과적인 제도와 실무를 계획하고 실행하며 평가한다. • 학교 심리사는 학급 단위의 수업을 제공할 수 있지만, 반드시 전 학년의 완성된 교과과정을 전형적으로 따를 필요는 없다.	학교, 지역사회 및 기관의 사람들과 협력한다. 이를 통해 위기에 처한 학생들의 문제를 예방, 개입하고 지역사회/기관의 대응을 이끌어 낸다. • 학생의 학습 능력을 최대화하기 위해 학생의 역량을 강화시킨다. • 학생과 가족들이 자원을 활용할 수 있도록 도와준다. • 학생과 가족에게 도움이 될 수 있는 자원들을 모으고, 활용하도록 돕는다.
반응적 서비스(Responsive Services) : 학생의 요구에 부응하기 위한 예방 또는 개입 활동. • 이 서비스는 개인상담 또는 집단상담, 또래상담, 심리교육, 외부 기관 의뢰, 그리고 체제적 수준에서의 개입과 옹호의 형태를 띤다. • 이 영역에는 효과적인 위기대응 준비, 위기대응 및 회복이 포함된다.	예방적 · 반응적 서비스(Preventive and Responsive Services) : 학교 심리사들은 위기에 대한 지식과 탄력성(resiliency) 요인을 활용하여 학생의 학습, 정신건강, 안전 및 안녕을 증진시킨다. • 이 서비스는 일반적으로 학교 체제 전반에 걸쳐 제공된다(예 : 긍정적 행동 지원과 중재반응과 같은 단계적 반응 시스템). • 또한 효과적인 위기대응 준비, 위기대응 및 회복을 포함한다.	위험에 놓인 학생들의 당면한 문제들을 해결하기 위해서, 예방, 개입 및 위기반응을 통해 직접적으로 개입한다. • 이러한 서비스는 사례 관리, 개인, 집단 및 가족 상담, 그리고 위기 개입의 형태를 띨 수 있다. • 증거에 기반한 개입을 실시한다.

표 1.1 학교 상담자, 학교 심리사와 학교 사회복지사의 역할과 기능의 비교(계속)

학교 상담자	학교 심리사	학교 사회복지사
학교 상담자는 반응적 서비스의 일환으로 학부모, 교사 및 다른 교육자들과 상의하고, 외부 기관들과 협력한다. 또한 학교 상담자는 가족, 교사, 관리자에게 자문을 제공하고, 반응적 서비스의 일환으로 외부 기관에 의뢰한다.	학교 심리사는 교사, 관리자, 가족 및 외부 기관에 자문을 제공하고 협력한다. 이런 활동은 학교 심리서비스의 모든 모든 영역에 스며들어 있다. • **가족–학교 협력 서비스**(family–school collaboration services) : 학교 심리사는 학생의 학습과 정신건강을 위해서 가족체제 및 문화에 대한 지식과 증거에 기반을 둔 활동을 통해 가족들과 협력적인 관계를 형성한다.	학교 사회복지사는 학습의 기회를 최대화하기 위해 학생의 역량을 신장시킨다. 다음의 직접적 서비스는 학교 사회복지사가 수행하는 역할의 일부이다. • 개입 설계를 촉진시키기 위한 학생 요구 평가 • 가정/학교/지역사회와 연락 • 개인적, 소그룹 치료/상담 • 갈등 해결과 중재 • 가족 상담
체제 지원(system support) : 전문성 신장, 자문, 협력, 수퍼비전과 활동을 포함한 학교상담의 모든 측면에 대한 관리(예 : 모든 기반을 만들고, 유지하고, 향상시키는 활동).	학교 심리사는 학교를 순회하며 근무를 할 수 있기 때문에 학교 심리서비스에는 동등한 서비스는 없다.	학교 사회복지사는 자신들의 업무를 충분히 수행하기 위해서 시간, 노력, 그리고 우선순위를 정한다.
전반적인 실행		
관리(management) : 학교 상담자는 학생과 학교의 요구를 반영하는 상담 프로그램을 개발하고 정착시킨다. 책무성(accountability) : 학교 상담자는 데이터에 기반을 두고 표준에 근거하며 연구에 의해 지지되는 프로그램을 실행한다. 또한 지속적으로 프로그램을 평가한다.	자료에 근거하여 결정을 내리고 책무성을 확인하는 것은 학교 심리서비스의 모든 측면에 존재한다. 학교 심리사는 다학제적팀(multidisciplinary team)의 일원으로서 학생의 자료를 수집하고 활용하여 특별한 교육과 다른 교육 서비스에 대한 학생의 적합성을 파악한다. 또한 학생 학습과 태도의 측면에서 설정한 목표에 도달하는 과정을 평가하고, 개입 활동의 효과를 확인한다.	학교 사회복지사는 교육적 목표의 성취를 위하여 훈련과 교육 프로그램을 제공한다. 이들은 계획과 관리 및 서비스와 관련된 정확한 자료를 확보한다. 또한 학생의 능력을 향상시키기 위하여 개입과 평가 계획에 평가적 요소를 통합시킨다.

출처 : 이 표는 다음에 제시된 자료를 수정, 보완한 것임. ASCA website(2009) document, "The Role of the Professional School Counselor," the Model for Comprehensive and integrated School Psychological Services(NASP, 2010b), the School Social Work Association of America(SSWAA) website(2009), and the NASW Standards for School Social Work Services(2002).

환경에서 서로 다른 역할을 통해 서로의 다른 점을 보완해 준다. 예를 들어, 학교 상담자가 학생의 행동을 개선하고 괴롭힘을 줄이기 위한 광범위한 노력 중 하나로 특정한 생활지도 수업을 전달하는 데 초점을 맞추는 동안, 학교 심리사 또는 학교 사회복지사는 괴롭힘 행동을 한 학생이나 괴롭힘 위험에 처해 있는 학생들을 위한 집단의 운영을 도울 수 있다. 이들은 모두 공격적인 행동에 대한 문제 의뢰가 줄어들고 있는지를 결정하기 위해 데이터를 모은다.

개인상담의 경우에도 세 분야 사이에는 차이점이 존재한다. 예를 들어 학교 상담자는 생활 스트레스로 인해 힘들어 하거나 학교 생활에 문제를 경험하는 개인들에게 단기간에 걸친 도움 서비스들을 제공할 수 있다. 또한 학교 상담자는 종종 학생들이 자신의 학습과 미래에 대한 목표를 확립하는 것을 돕기 위해 개인상담을 실시한다. 반면에, 학교 심리사들은 특수교육 서비스를 통해서 더 많은 도움이 필요한 장애 학생들을 돕는다. 그리고 학교 사회복지사는 개별화된 학습 프로그램(Individualized Education Program, IEP)을 받는 학생의 약 1/3을 돕고 또한 '위험에 놓인' 학생을 개별적으로 돕는다(Kelly et al., 2010). IEP를 받는 학생의 경우, 이들에게 상담이란 오랜 기간 동안 받는 서비스를 의미하며 다른 분야의 전문가들과도 연계되는 것을 의미한다. 세 분야의 차이를 이처럼 간단하게 설명했는데, 그렇다고 학교 상담자가 IEP를 받는 학생을 전혀 상담하지 않는다는 것은 아니다. 또한 학교 심리사와 학교 사회복지사는 특수교육 서비스를 받지 않는 학생을 돕지 않는다는 것도 아니다. 이렇게 서비스를 구분한 이유는 각각의 전문가에 의해 제공되는 상담 서비스의 경우 서로 다른 종류라는 것을 설명하기 위함이다. 모든 학교기반 전문가의 경우 이들이 초점을 두는 것은 학교 환경에서 학생들을 도와 학습과 사회적인 상호작용에서 이들의 수행을 향상시키는 것이다.

1.6 상담 서비스의 책무성

학교기반 전문가는 이들의 도움을 필요로 하는 학생의 수가 점점 늘어나고 있다는 점 이외에도, 이들이 제공하는 서비스가 효과적이라는 것을 입증해야 하는 또 다른 도전에 직면한다. 학교기반 전문가는 자신의 성과를 입증하는 전략이 다양함에도 불구하고 이들의 책무성을 증명하는 데 큰 가치를 두고 있다. 책무성은 학생이 심리교육 수업에 만족했다는 것 또는 부모들이 미팅 후에 만족했다는 것만으로는 충분히 입증되지 못한다. 물론 이러한 비공식적인 지표들도 매우 중요하지만 핵심적인 질문은 '당신의 서비스가 긍정적이고 주목할 만한 결과를 내보이고 있는가?'이다. 다음과 같은 질문들이 그러한 예이다. 학생은 집단상담에 참여한 이후에 더욱 친사회적인 행동을 보였는가? 앨리슨과 함께 목표를 설정하고 상담 서비스를 제공한 이후에 더욱 규칙적으로 학교에 참여하는가? 품성 지도 프로그램을 학교 전반에 시행한 이후 상담실로 상담을 의뢰하는 건수가 감소하였는가? 그런데 이러한 질문들은 매우 복잡한 질문이라 그 결과를 증명하기는 쉽지 않다.

학교기반 전문가는 이들의 서비스 효과성을 평가하는 측면에서 독특한 도전에 직면한다. 이들은 제한된 시간 안에서 서비스를 제공하지만 이들이 변화시키고자 하는 학생의 행동과 태도는 수년에 걸쳐 형성된 것이다(따라서 쉽게 변하거나 평가되지 않는다). 어떤 교육청에서는 학교기반 전문가가 개인에게 전달하는 서비스의 횟수에 제한을 두는 경우도 있다(예 : 1인당 최대 6회기). 이러한 종류의 인위적인 제한이 가해질 경우, 만약 효과적인 개입 접근법이 많은 수의 회기를 요구할 경우라면(예 : 12~15회기), 효과적인 개입은 어려워진다. 이와 같은 경우는 매우 빈번하다. 뿐만 아니라 개입 프로그램을 실제로 실행하는 것이 학교기반 전문가보다 팀의 구성원이나 교사에게 달려 있는 경우도 많다. 이와 같은 도전적인 요소는 상당히 많다. 그래서 책무성을 증명하기 위해 자료를 모으는 데 너무 많은 시간이 걸릴 수도 있다. 그럼에도 불구하고 최근에는 학교기반 전문가들이 학교 시스템 전반의 기능에 이들의 서비스가 기여한다는 것을 증명해야 하는 분위기이다.

1.7 아동 · 청소년 상담의 효과성

아동 · 청소년에 대한 상담 결과를 탐색하기 위해 고안된 메타 분석 결과는 상담의 효과성을 입증한다(예 : Baskin et al., 2010; Kazdin, 200; Prout & Prout, 1998; Weisz, Weiss, Han, Granger, & Morton, 1995). 예를 들어, 132개의 개입에 대한 107개의 결과 연구를 바탕으로, Baskin과 동료들(2010)은 학교에서 아동 · 청소년을 대상으로 실시한 심리치료가 긍정적인 영향을 미친다고 결론지었다. 청소년에게 제공된 상담의 경우 효과성을 증진시키는 것으로 보이는 몇몇 변인들이 드러났는데, 훈련을 받고 자격증을 지닌 상담자가 동일한 성으로 구성된(single-gender) 집단을 운영하는 것이 준전문가나 대학원생이 운영하는 경우에 비해 효과가 높다는 것이 확인되었다(Baskin et al., 2010). 또한 접근의 양식(modality)은 차이를 보이지 않는 것으로 보인다. 다시 말해, 개인상담, 집단상담, 혹은 그 밖의 접근들(예 : 교실의 수업 형태) 모두 양식의 차이에 상관없이 유의미한 결과를 나타내었다.

Reese, Prout, Zirkelback 및 Anderson(2010)은 65개의 학교기반 심리치료와 상담에 관한 학위 논문을 메타 분석한 결과 전반적인 효과의 크기가 .44임을 확인하였는데, 이 결과는 Baskin과 동료들(2010)이 확인한 .45와 매우 유사한 결과이다. 기존의 학교기반 연구들처럼, 대부분의 개입은 인지-행동적인 전략이나 기술 훈련을 강조했으며 특히 집단 형태로 제공되었다. 학교기반 정신건강 서비스에 초점을 두어 메타 분석한 연구 중 출판된 4편의 결과에 따르면 효과의 크기가 모두 중간 정도(medium)에서 큰 정도(large)인 것으로 나타났다(Baskin et al., 2010; Prout & DeMartino, 1986; Prout & Prout, 1998; Reese et al., 2010).

이와 같은 여러 연구는 상담이나 심리치료의 어떤 면이 효과가 있는지, 그리고 우리가 알고 있는 지식과 실제로 어떤 부분이 다른지를 이해할 수 있도록 도와준다. 예를 들어, 우리는 치료의 이론적인 모델이 효과의 차이를 일으키는지 확신하지 못한다. Weisz와 동료들(1995)은 행동적 기법이 아동에게 가장 큰 긍정적인 영향을 미친다는 점을 발견했는데, 이러한 영향은 연령, 성별, 치료자 훈련, 혹은 문제의 유형과 관계가 없음을 발견했다. 반대로, Reese와 동료들(2010)은 기술 훈련의 효과 크기가 인지-행동적 접근의 효과 크기보다 훨씬 크다는 것을 발견했다. Weisz와 동료들(1995)의 연구에서는 여성이 남성에 비해 더 좋은 치료 결과를 보이는 것으로 나타났지만, Baskin과 동료들(2010)의 연구에서는 성별의 차이가 발견되지 않았다. Prout와 Prout(1998)가 실시한 17개의 학교기반 연구의 경우, 메타 분석에서 발견된 긍정적인 결과는 개인상담보다는 집단상담의 효과성을 반영하는 것인데, Baskin과 동료들(2010)의 연구 결과는 달랐다. 마지막으로, Reese와 동료들(2010)은 초등학생의 경우 가장 큰 효과 크기를 확인했으나, Baskin과 동료들(2010)은 청소년의 경우 더 큰 효과의 크기가 발생함을 발견하였다. 또한 Prout와 Prout(1998)도 중등보다 초등 단계에서 가장 큰 효과 크기를 발견했다. 이러한 결과의 불일치성 때문에 어떤 개입이 누구에게 가장 효과적인지를 찾기 위해서는 앞으로 더 많은 학교기반 개입 연구가 필요해 보인다.

학교기반 전문가들은 종종 학생, 교사, 부모 및 관리자로부터 그들이 제공하는 서비스에 대한 긍정적인 피드백을 받는다. 그렇기 때문에, 학교에서 이루어지는 모든 형태의 상담이 긍정적인 영향을 미칠 것이라고 잘못 결론내리기 쉽다. 하지만 학교 상담은 Weiss, Catron, Harris와 Phung(1995)의 연구에서 볼 수 있듯이 항상 효과적인 것은 아니다. Weiss, Catron, Harris와 Phung(1995)은 특히 학교에서 제공되는 아동 심리치료의 효과성을 살펴보기 위해 무작위로 임상실험을 했다. 이 임상실험의 참가자는 불안, 우울, 공격성, 또는 집중과 관련된 문제를 가진 160명의 아동이었다. 그들은 아동을 실험집단과 통제집단으로 나누어 매주 45분간 각각 실험집단에게는 '일반적인 치료(treatment as usual)'를, 통제집단에게는 학업튜터링을 제공하였다. 일반적인 치료는 인지적, 정신역동적-인본주의적 접근을 사용하는 정신건강 전문가들(6명의 석사 상담자들과 1명의 박사 임상심리사)이 맡았다. 이 치료를 2년이 넘게 제공하였으며 정해진 가이드라인을 따르지는 않았다. 이 프로젝트가 끝날 무렵 확인한 결과, 연구자들은 시간이 지남에 따라 내재화 행동, 외재화 행동, 적응 기능, 또는 또래관계에 있어서 집단 사이의 유의미한 차이를 발견하지 못했다. 이러한 발견에 기초하여, 저자들은 학교 환경에서 상담을 시행할 경우, 아동들에게 효과적인 치료 접근법을 개발하여 그 효과성을 입증하는 것이 중요하다고 결론지었다.

학교기반 전문가로서 우리는 상담이라는 형태의 막강한 도구를 지니고 있다. 그러나 우리는 이 도구를 사용함에 있어 학생의 문제 해결에 효과성이 있는 것으로 입증된 전략들을 적절하게 사용해야만 한다. 만일 이것이 불가능하다면, 우리가 수행하는 노력의 결과물들을 신중하게 정리하고, 13장에서 기술한 것처럼 접근법을 필요에 맞게 수정해야 한다. 아동의 긍정적인 발달을 촉진시키고 정서적, 행동적 문제를 예방하는 많은 개입들이 존재한다(Kellam & Langevin,

2003; Weisz, Sandler, Durlak, & Anton, 2005). 이러한 개입을 사용하게 되면 학생들의 적응 유연성은 신장되며, 이들이 주변의 많은 환경적 스트레스 요인에 보다 잘 적응하게 된다(Adelman & Taylor, 2010).

1.8 아동 · 청소년의 탄력성

탄력성(resiliency)이라는 관점은 학생을 도울 때 보다 새롭고, 보다 긍정적인 방식을 제공해준다. 아동은 청소년으로 성장하면서 사회적, 학업적, 정서적 영역에서 무수히 많은 변화를 경험한다. 아동 · 청소년에게 있어 가장 중요한 스트레스 요인은 이들이 경험하는 '전형적인' 경험과 관련이 있다. 예를 들어, 중학교 진학, 사춘기, 또래와의 관계, 정체성 확립 등이 해당된다. 여러 면에서 지지를 받고, 적절한 문제 해결과 대처 기술을 습득하며, 일관된 환경이 제공되면, 대부분의 청소년은 이러한 스트레스 요인들 속에서도 큰 어려움 없이 성장해간다. 반면에, 아동 · 청소년이 너무나 많은 스트레스 요인들을 접하게 되면(트라우마 혹은 일상 스트레스) 경우에 따라 대처할 방법을 찾는 데 어려움을 겪는다. 게다가 오늘날은 너무나 많은 아동 · 청소년들이 학교와 공동체에서의 폭력 등의 비규범적 스트레스 요인을 겪는 것도 문제이다. 청소년들이 인생의 이러한 역경에 적절히 대처하지 못하면, 그들은 부정적인 영향, 일탈 행동, 그리고 자살 생각 등에 더욱 취약해진다.

탄력성은 이러한 위험요인(예 : 빈곤, 부모의 우울)을 극복하도록 도와주는 개인적 역량이며, 이러한 위험요인과 관련이 있는 것으로 알려진 학업적 어려움, 비행, 정신건강 문제 등에 대한 보호요인으로 작용한다(Adelman & Taylor, 2010). 즉, 탄력성은 위험요인이 존재함에도 불구하고 예상보다 더 나은 결과(outcomes)나 역량(competence)을 보이게 하는 요인이라고 정의할 수 있다(Luthar, Cicchetti, & Becker, 2000). 지역사회, 학교, 가정, 또래 집단에서의 보호요인은 이러한 위험에 대한 완충요인으로 작용할 수 있다. 학교기반 전문가들은 지지적인 학교 환경, 교사와 또래와의 긍정적인 관계, 그리고 타인과의 강한 유대에 관심을 갖는다(Adelman & Taylor, 2010; Brehm & Doll, 2009).

긍정적 자아개념, 성취 동기, 사회적 역량, 문제 해결력, 자율성, 목적의식 등은 탄력성과 관련이 있는 개인적 요인으로 알려져 있는데, 이러한 요인들은 개입을 통해 접근할 수 있는 것들이다(Beltman & MacCallum, 2006; Brehm & Doll, 2009). 대인관계를 강화시키고, 자율성과 자기조절을 증진시킴으로써 학생의 탄력성을 증진시키는 효과적인 프로그램들은 학교의 환경을 변화시킴으로써 탄력성을 향상시킨다(Doll& Cummings, 2008; Doll, Zucker, Brehm, 2004). 종합적인 학생기반 서비스에 집중을 함으로써, 학교기반 전문가들은 학생들의 발달에 상당히 긍정적인 영향력을 미칠 수 있다.

1.9 건강한 발달의 증진

상담은 역사적으로 볼 때 상담 서비스를 통해 내담자의 삶의 질을 향상시킨다고 판명이 났지만, 이러한 관점은 심리학 분야에서는 상대적으로 새로운 것이다. 최근까지도 정신건강은 단순히 정신적 질병이 없는 경우라고 여겨져 왔다. 최근에는 긍정심리학적 연구를 통해 인간 발달의 긍정적인 측면을 인식하고 생활경험을 최적화 시키는 데 있어서 심리학은 상당한 발전을 이루었다 (Seligman & Csikzentmihalyi, 2000). 비록 이러한 연구는 아직 미숙한 수준에 있지만, 연구자들은 건강한 개인의 특성을 파악하는 데 더 많은 주의를 기울이고 있다. 이러한 연구를 통해, 정신건강 증진의 핵심 개념을 정의하고, 건강을 증진시키는 요인을 알아내려고 노력한다(NRC & IONM, 2009). 발달 역량(developmental competence)이란, 건강 증진에 초점을 둔 것으로, "다양한 발달 단계에서 광의의 사회적, 정서적, 인지적, 도덕적, 행동적 과업을 수행해 낼 수 있는 청소년의 능력"을 의미한다(NRC & IONM, 2009, p. 75).

이러한 역량을 길러내기 위해 긍정적인 청소년 발달 프로그램이 개발되었는데, 이러한 프로그램의 주요 목적은 유대감의 증진, 탄력성과 역량 향상, 자기결정성(self-determination)과 자기효능감(self-efficacy)의 증진이다(Catalano, Berglund, Ryan, Lonczak, & Hawkins, 2004). 건강한 발달을 촉진시키는 역량과 요인들은 개인의 발달 단계에 따라 다르다. 유아기에는 건전한 애착이 중요한 역량을 촉진시키는 반면, 청소년기에는 소속감의 기회가 더 중요한 요소로 간주된다. Smith, Boutte, Zigler 및 Finn-Stevenson(2004)은 아동 중기의 경우 긍정적인 발달에 영향을 미치는 요인으로 학교 환경적 요인을 확인하였다. 이러한 요인들로는 교사의 긍정적 기대와 지지, 효과적인 학급 경영, 협조적인 학교-가정 관계, 문화적으로 적합한 교육방식, 그리고 괴롭힘을 줄이는 학교 규율과 관습을 들 수 있다. 넓은 의미에서 이러한 서비스의 일환으로 학교기반 전문가들은 건강한 학교 환경 조성에 도움이 되는 프로그램을 실행할 수 있다.

학교기반 상담은 전문가에 의해 제공되는 중요한 서비스이다. 그러나 학생 수와 전문 상담자 수의 불균형을 감안했을 때, 학교기반 상담자들은 다양한 수준의 서비스를 제공하길 원한다. 이를 통해 건강한 환경을 조성하고, 탄력성을 강화시키는 예방 전략을 실행하며, 보다 심한 어려움을 지닌 학생들을 돕기 위해 다른 전문가들과 협력함으로써 모든 학생들에게 혜택을 제공하고 싶어한다. 미래를 예측하기란 어려운 일이지만, 학교기반 상담자의 수가 크게 늘어날 것 같아 보이지는 않는다. 왜냐하면 학교 지도자들은 전문 상담자의 가치를 소중하게 여기지 않고, 상담을 학교의 통합적인 기능의 일환이 아닌, 부수적인 것으로 보는 경향이 있기 때문이다(Adelman &

Taylo, 2010). 그러므로 전문 상담자의 상담을 극대화할 방법을 찾고, 지속적으로 그 효과성을 검증하는 것은 매우 필요한 일이다.

활동

1. 당신이 속한 전문적 단체의 웹사이트를 방문하여, 상담이나 정신건강 서비스와 관련된 역할진술 (position statement)을 검색해 보자. 그리고 이를 1장 서론의 "전형적인 하루" 시나리오와 비교해 보자.
2. 학교 리더십 팀(school leadership team)의 한 명을 인터뷰해 보자. 그 사람은 학교에서의 상담, 생활지도, 혹은 정신건강 서비스에 대해 어떻게 생각하고 있는지 확인해 보자. 당신이 인터뷰를 통해 발견한 것을 학급의 다른 학생들과 나누어 보자.
3. 구체적인 학교기반 개입의 효과성을 설명하고 있는 최근의 연구 논문을 찾아보자. 그러한 유형의 개입을 당신의 현재 상황에서 적용한다면, 어떠한 장단점이 있을지 생각해 보자.

저널 주제

주제 1

학교기반 전문가로서의 직업을 추구하게 된 계기가 무엇인가? 당신의 역할은 무엇이라고 생각하는가?

주제 2

때때로, 학교기반 전문가들은 누가 누구에게 어떤 유형의 서비스를 제공할 것인가에 관해 '영역 싸움'을 하기도 한다. 당신은 어떻게 이러한 갈등을 피하고 지지적인 협력관계를 형성할 수 있는가?

주제 3

보편적인 정신건강 증진과 집중적인 개인적 개입 사이의 일련의 정신 건강 서비스를 생각해 보자. 어떤 사람들은 교실 상황과 체제를 정말로 좋아하는 반면, 또 다른 사람들은 문제가 있는 학생들을 위한 개인적인 서비스를 선호할 수도 있다. 이러한 일련의 서비스 중에서, 당신은 어떠한 서비스를 부담 없이 편안하게 실행할 수 있다고 생각하는가?

학교, 가정, 지역사회 체제 내에서의 상담

학습목표

- 학교 환경의 체제상의 본질을 이해한다.
- 학교의 체제 안으로 들어가기 위한 전략을 개발한다.
- 연간 계획을 세우는 방법을 학습한다.
- 상담 관계를 끝맺는 기술을 개발한다.

전문가들이 학교 건물 안으로 걸어 들어오는 순간은 학교의 체제 안으로 들어오는 순간이라고 볼 수 있다. 체제(system)는 '바라던 결과물이나 산물을 만들기 위해 상호작용하는 부분들의 체계적인 총체'라고 정의된다(Curtis, Castillo, &Cohen, 2008, p. 888). 학교의 경우 이러한 부분의 총체는 건물을 포함하여 교사, 교직원, 관리자, 학부모, 학생 및 매일매일 학교의 기능에 영향을 미치는 모든 부분을 포함한다. 학교기반 전문가로서 당신은 학교 체제의 일부가 되고, 다른 부분과의 상호작용을 통해 '바라는 결과물(desired outcome)'을 만드는 과정에서 중요한 구성요소가 된다. 물론 학교의 맥락에서 바라는 결과물 중 하나는 학생의 긍정적인 학업적, 사회적, 그리고 정서적 기능이다.

이러한 체제에서 문제가 더 복잡해지는 이유는 학교가 더 큰 체제(예 : 교육청, 지역사회)의 일부이며 동시에 다양한 더 작은 체제들(예 : 교실, 동학년, 학부모 자원봉사자들)을 포함하고 있기 때문이다. 그 밖에도 당신의 역할 중에는 가정과 지역사회 및 정부의 기관처럼 학교 밖의 체제들과 정기적으로 상호작용 하는 것을 포함한다(14장 참조). 이러한 큰 체제에 속한 각각의 또 다른 작은 체제들은 서로 영향을 미치며, 한 부분에서의 변화는 전체 체제에 영향을 미치게 된다. 이러한 상호적 영향은 상보적 영향(reciprocal influence)으로 알려져 있다. 예상할 수 있듯이 어떤 변화들(예 : 학기 중간에 학교장이 퇴임하는 경우)은 한 학생이 전학 가는 경우보다 더 큰 영향력을 미친다. 그러나 체제적 관점에서 보면, 그 어떤 변화라 할지라도 체제에 어느 정도 영향을 미친다(Curtis et al., 2008).

이처럼 체제에 관한 지식을 잘 알고 있으면, 당신이 새 프로그램을 시행하거나 정책을 수정하는 과정에서 체제상의 변화를 고려하게 됨으로써 도움을 얻을 수 있다. 아무리 경미한 것이라 할지라도 체제에서 변화를 일으키는 것은 쉽지 않다. 예를 들어, 작년에 쉬는 시간에 학생들의 언쟁을 줄이기 위해 우리 학교의 한 체육 교사가 포스퀘어(four square)[1] 게임을 제안했고 이 게임을 위한 표준화된 규칙을 만들어 인쇄한 후 코팅해서 게임을 할 때 운동장에서 학생들을 감독하는 교사들에게 제공하였다. 그런데 이러한 체육교사의 노력에 대해 교사들은 고마워하기보다는 오히려 몇 주간에 걸쳐 반대와 논쟁을 지속하였다. 더 크고 보다 의미 있는 변화를 일으키기 위해 고심하고 있다면, 당신은 체제의 상호작용적인 특성을 이해하는 것이 왜 중요한지 먼저 이해해야 한다.

학교 내외의 체제들은 구성원의 독특한 관점에 따라 이들이 지닌 목표와 바라는 결과가 약간씩 다르다. 예를 들어, 3학년 교사들은 성공적으로 교육과정을 수행하여 학생들이 그들의 학년

---

1 역자 주 : 포스퀘어 게임은 미국 아이들 사이에서 인기 있는 게임 중 하나이다. 이 게임은 정사각형(square)으로 이루어진 공간 안에서 서로 공을 튀기고, 튀긴 공을 상대방 진영으로 보내는 게임이다.

에 맞는 성취 수준에 도달할 수 있도록 돕는 것을 목표로 설정할 수 있다. 이 목표를 이루기 위해서 교사들은 적재적소에 교육자료를 투입하고 학생들이 진전을 보이고 있다는 것을 확인하기 위해 정기적으로 평가해야 한다. 이와는 반대로, 학교 건강 팀(wellness team)은 모든 학생들이 매일 30분간 운동하는 것을 목표로 하고 신체/사회적인 건강을 증진시키기 위해 학급을 방문하여 관련 내용을 교육하는 수업을 계획할 수 있다. 두 체제 모두 학생들의 기능을 향상시키는 것에서는 공통적인 목표를 갖고 있지만, 이 목표를 성취하기 위한 서로의 전략들은 각기 다르다.

2.1 학교체제에서 나만의 방식 찾기

학교 환경은 경험이 많은 전문가와 초보 전문가 모두에게 많은 어려움을 준다. 어떤 때에는 학교체제가 부드럽게 작동하는 잘 정비된 기계처럼 보이다가도, 어떤 때에는 학교체제가 혼란스러워 보일 때도 있다. 학교 생활의 어떤 특정한 부분은 구조화되어있다. 예를 들어, 시작 시간과 마치는 시간, 매일매일의 교육과정, 수많은 학생들의 수업 이동을 잘 관리하기 위해서 엄격하게 따라야 할 시간표 관리 등이 있다. 그러나 이러한 구조화된 체제 안에서도 예상할 수 없는 많은 요소들이 존재한다. 이제 막 입문한 전문가는 이러한 특징을 잘 이해하고 적응하며 극복해야만 전체 체제에서 효율적으로 역할을 수행할 수 있다. 학교기반 전문가가 해야 할 주요 과업 중 하나는 학교의 체제 안으로 들어가는 것이다. 이러한 단계는 조직에의 입문(entry into the organization)이란 표현으로 자문 관련 문헌에 소개된다(Brown, Pryzwansky, & Schulte, 2011). 이러한 단계는 형식적인 요소와 심리적인 요소를 포함하며 이 단계를 통해 자문가는 자신의 체제에서 인정받고 승인을 받게 된다(Brown et al., 2011). 이러한 입문 과정에서의 어려움은 학교체제 밖으로부터 학교 안으로 들어오는 사람의 경우 더 발생한다. 당신은 어쨌든 첫해에 체제 입문과 관련된 여러 어려움들을 이겨내야 할 것이다.

2.1.1 학교체제 안으로 들어가기

이제 막 입문한 학교기반 전문가는 배워야 할 것이 많다. 이러한 전문가는 선생님들의 이름과 학년, 그들이 가르치는 과목, 하루의 스케줄, 발달 수준에 맞는 수업과 활동들, 자료 관리 프로그램들, 이미 시행하고 있는 프로그램들(예 : 품성 지도 프로그램, 학교 전반적인 훈육 프로그램들), 그리고 교육청의 정책들과 행정 절차들도 익혀야만 한다. 이러한 정보의 종류는 비록 방대하지만 안내서와 지침서에 관련 내용이 명확하게 제시되는 경우에는 비교적 배우기 쉽다. 학교에서 보내는 처음 며칠 동안은 우선 이러한 정보들을 구해야 한다. 그리고 이런 정보를 가급적 빨리 숙지해야 한다. 만약 당신이 학교에서 처음 실습하는 경우라면, 실습 지도교사가 당신에게 그러한 서류들을 제공해 주고 학교체제 안으로 들어갈 수 있도록 도움을 줄 것이다.

이런 과정에서 보다 힘든 과업은 명시되어 있지 않은 학교의 관행들과 정책들을 파악하여 당신이 학교에서 배운 상담자의 역할과 통합시키는 것이다. 학교에 적용되고 있는 규칙 중에서 이와 같은 비공식적인 규칙은 무엇이 있는가? 교장의 리더십 스타일이 어떠한가? 학교는 당신에 대해 어떠한 역할을 기대하는가? 당신이 학급에서 상담 수업을 진행하는 것에 대해 교사들은 얼마나 허용적인가? 학생들에 관련한 학교의 전반적인 철학은 무엇인가? 그리고 학교의 철학은 여러분 자신의 철학과 잘 조화를 이루는가? 학교에서 실제로 이루어지는 것과, 그 학교의 전통 및 학교의 철학 사이의 모순된 부분들이 있는가?

> 학교의 다른 직원들(예 : 청소부, 교무보조원, 행정보조원)을 포함한 모든 교직원들과 만나는 시간을 가져라. 이러한 사람들은 학교가 효과적으로 운영되는 것을 돕는 역할을 하며 당신이 위기상황에 처했을 때 도움을 줄 수 있다.

만약 당신의 지도교사가 학교 구성원들에게 당신을 소개시켜 줄 수 있다면 매우 도움이 되겠지만, 그렇지 않다면 스스로 도전을 감수해야 한다. 이 시기에는 학교 교직원에게 친근하며 편안한 인상을 보이는 것이 더욱 중요하지 전문가처럼 보이는 것은 덜 중요하다. 학교는 매우 작은 공간이다. 따라서 말실수를 하지 않는 것이 중요하다. 이 시기에는 전문가의 입장에서 다른 교직원에 대해 부정적인 말을 남기는 것은 결코 좋지 않다. 이러한 종류의 발언들은 왜곡되어 전달될 수 있고, 쉽게 소문이 날 뿐만 아니라, 당신에게 좋은 영향을 미치지 않는다. 오히려 관찰하는 시간을 더 충분히 가지고, 사람들과 이야기하는 것이 좋다. 여러분이 프로그램을 실행하거나 정책을 바꾸는 것에 대해 질문하기 전에 이들과 형성하는 관계를 먼저 생각해라. 물론 이러한 것을 첫 주에 다 이루어 낼 수는 없을 것이다. 열린 소통, 긍정적인 관계, 그리고 협력을 통해 팀을 이룰 수 있다면, 당신은 학교의 체제 안으로 보다 쉽게 들어갈 수 있을 것이다.

새로운 체제에 들어갈 때 당신의 역할과 기대를 이해하는 것은 중요하다. 실습, 인턴십, 또는 취업을 위해 인터뷰 할 때, 학교 안에서 당신이 어떤 역할을 분명히 이해하는 것은 도움이 된다. 만약 학교의 기대와 당신의 기대가 많이 다르다면, 가장 가까운 접점을 찾을 때까지 꾸준히 찾고 관찰하는 것이 가장 좋다. 접점을 찾지 못하면 새로 입문한 학교기반 전문가는 교장과 갈등을 일으킬 수 있다. 자신이 원했던 매우 완벽한 학교나 교육청을 찾았음에도 불구하고, 그곳의 학생을 위한 프로그램, 정책 및 행정적 절차가 당신과 맞지 않는 때도 있을 것이다. 물론 학교의 모든 교직원은 학생에게 가장 좋은 것을 제공하고 싶어 하지만 이 목표를 달성하기 위한 행동의 과정은 사람들마다 매우 다르다. 교장 및 동료와 함께 기본적인 의견, 원리, 그리고 목표에 대하여 열린 대화를 하는 것은 중요하다. 이를 통해 자신에게 기대되는 역할, 확장해 나갈 수 있는 상담 서비스의 영역, 그리고 기존의 관행과 앞으로 수행하고자 하는 서비스를 통합할 수 있는 방법을 더 잘 모색할 수 있을 것이다. 불가피한 차이점이 드러날 경우, 이러한 불일치를 극복할 수 있는 견고한 기반을 먼저 만드는 것이 중요하다.

관계를 형성하는 것은 학교 환경에서 성공하기 위한 매우 중요한 요소이다. 여러분이 새로운 전문가로서 할 수 있는 가장 좋지 않은 일 중 하나는 자신의 상담실에 고립되는 것이다. 물론 일부 교직원이 여러분을 먼저 찾을 수 있다. 그러나 학교의 대부분의 사람들은 당신이 누구이며 제공하는 서비스가 무엇인지 알지 못한다. 학교에서 여러분 자신의 존재를 가시화하는 것, 학교에 다양한 도움을 주는 행동을 실천하는 것, 관련 위원회에 자원하여 참여하는 것 등을 함으로써 학교에 대해 더 잘 알게 될 뿐만 아니라 다른 사람들에게 당신의 존재를 알릴 수 있다. 더 많은 학교 구성원들이 당신이 누구이며 무엇을 제공할 수 있는지 알게 된다면, 학교 공동체에 통합되는 것은 더욱 빨라질 것이다. 비록 당신이 전형적인 외향적 성격의 소유자가 아닐지라도, 아침에 사람들에게 먼저 인사하기 위해 노력하는 것은 중요하다. 또한 당신이 일찍 퇴근해야 하는 경우 학교 직원들에게 이야기를 해 두는 것도 도움이 되며, 학교 교직원들과 대화를 하거나 교사들의 휴게실에서 함께 시간을 보내는 것은 중요하다.

우리는 종종 경험이 많은 학교상담 전문가들이 교사 휴게실에 가지 말라고 이야기하는 것을 듣기도 한다. 그러나 우리는 이러한 관점에 동의하지 않는다. 물론 막 입문한 초보 상담자의 경우 점심시간에 일을 마무리할 경우도 생기고, 점심 시간을 이용하여 상담(lunch bunch)을 할 수도 있으며, 점심 시간에 밀렸던 이메일이나 전화 답장을 할 경우도 생긴다. 비록 이것이 좋은 전략처럼 보일지라도, 이는 당신이 냉담하거나 친밀하지 않다는 인상을 만들 수 있다. 한 주에 최소 2일은 학교 휴게실에서 점심을 먹으려는 노력을 해라. 이를 통해 당신은 다른 교사들을 더 잘 알게 되고, 그들이 어떤 종류의 걱정을 하고 있는지도 알게 되며 학교 문화에도 더 원만하게 동화될 수 있다.

여러분이 학생의 요구에 부응하기 위한 전략과 시간을 어떻게 사용하는지 신중히 고려해보자. 여러분이 제공할 수 있는 서비스를 최대화하기 위해, 우리는 정신건강 교육과정을 만드는 것을 권한다. 이러한 교육과정 안에 교실수업과 집단상담 및 개별상담 서비스를 잘 계획하여 포함시킬 수 있다. 이러한 과정에서 여러분은 자문해 보아야 한다. "내가 돕는 학생들은 누구이며, 그들이 필요로 하는 것은 무엇인가?"

2.1.2 연간 계획 세우기

유능한 학교기반 전문가는 신중하게 일 년 동안 제공할 서비스 계획을 세운다. 이를 통해 학교 일정을 미리 알면, 당신은 많은 학생들의 요구를 효과적으로 들어 줄 수 있고, 예상치 못하거나 갑작스러운 결과를 줄일 수 있을 것이다. 여러분이 학교 상담자라면 해야 할 일과 중 많은 부분은 생활지도수업(guidance lessons)일 것이다. ASCA National Model(2005)의 경우, 당신이 초등학교에 있다면 하루 일과의 45%를, 고등학교에 있다면 25%를 이러한 생활지도 수업에 사용해야 한다. 학교 심리사는 거의 47%를 학생을 평가하는 활동에 할애한다(Larson & Choi, 2010). 학교 기반 전문가는 나머지 시간에 자문, 위기관리, 직접적 개입(예 : 집단상담과 개인상담), 팀 협동과 프로그램 평가를 해야 한다.

연간 계획을 세우게 되면 ASCA National Model(2005)이나 NASP Comprehensive Model(2010b)이 제시한 활동의 비율에 따라 여러분의 시간을 분배하는 데 도움이 된다. 또한 이를 통해 쉬는 날, 근무해야 하는 날, 회의 시간, 교실 수업 및 평가 활동 등을 모두 표시하고 나면, 학생 내담자와 만나서 직접적인 서비스를 제공할 수 있는 시간을 보다 명확하게 파악할 수 있을 것이다. 중등학교 상담자의 경우, 이러한 장기적 계획에는 진로 박람회, 경제적 지원 워크숍 등을 포함시켜야 한다. 반면 학교 심리사들은 IEP와 특수 교육 팀 회의가 언제 열리는지 확인하고 싶어할 것이다. 확인해야 할 다른 회의로는 교장과의 정기적 만남, 직원 회의, 스터디 그룹 및 학교에 있는 여러 팀들(예 : 리더십 키우기 팀, 문제 해결 팀, 건강과 복지 팀, 학교 전반에 걸친 긍정적 행동 지원 팀, 위기 팀 등)이 해당된다. 또한 당신은 구체적인 훈련에 참여하거나 교육청 수준에서 제공하는 팀 미팅을 통해 다른 학교 전문가와 함께 지역단위의 팀 회의를 할 수도 있다. 이러한 회의와 해야할 일들을 기록하다 보면 정말 빨리 일정이 채워지는 것에 다소 놀랄 것이다.

당신이 학교 연간 계획표를 세울 때 시간 분배와 관련하여 ASCA(2005)의 권고를 참고하면 도움이 될 것이다. 13장에는 각각의 활동에 소요되는 적절한 시간 분배를 나타낸 표를 제시하였다. 학교 심리사의 경우, 이러한 지침들은 비교적 자세하지는 않지만, 학교 상담자의 역할에 부합하면서 다양한 기능을 수행하는 것에 시간을 보내는 것이 장려된다. 학교 심리사에 대한 최근의 조사에 의하면, 응답자는 자신의 시간 중 약 22%를 상담, 개입과 예방 서비스에 사용하였다. 또한 추가적인 23%의 시간은 자문과 협력 회의에 사용되었다(Larson & Choi, 2010). 반면 학교 사회복지사의 경우 이들은 60%를 개인 및 집단 상담에 할애하고 있지만, 개입 활동에 더 많은 초점을 두고 싶다고 보고했다(Kelly et al., 2010). 이러한 지침과 상황을 고려하면서, 당신이 넓은 범위의 서비스를 제공하기 위해서 시간 관리를 어떻게 해야할지 생각해 봐야 한다. 학생들과 상호작용하는 시간을 확보하는 것이 중요하다. 그렇지 않으면 행정적인 일을 처리하는 데 40%의 시간을 보낼 수도 있을 것이다.

전체 스케줄을 계획할 때 고려해야 하는 또 다른 것은 방학이다. 당신이 집단상담을 시작할 때, 집단이 지속될 수 있는 기간을 고려해야 하고(예 : 6~8주), 집단의 과정에 방해가 없도록 겨울이나 봄 방학 전에 충분한 시간을 두고 집단상담을 시작해야 한다. 학년 말이나 방학 직전, 또는 학생이 전학을 갈 시점에는 상담 관계를 시작하지 않는 것이 좋다. 물론 이러한 학생에게 도움을 주면 안 된다는 의미는 아니다. 다만 상담을 계획할 때 학생들과의 상담의 수준을 주의하여 살펴볼 필요가 있다(예 : 간단한 확인 수준의 상담인지 아니면 심도 있는 일반적인 상담인지).

일정이 없는 시간을 매일 서로 다른 시각에 배정하는 것도 도움이 된다. 만약에 당신이 매 주마다 열리는 회의 시간을 정해야 한다면, 어떤 날은 오후에, 어떤 날은 아침이나 점심 식사 시간에 모이도록 회의 시간을 정하는 것이다. 그러면 당신은 집단 및 개인상담이나 자문 서비스를 제공할 때 시간의 제약을 덜 받게 될 것이다. 서로 다른 교실이나 학년에 있는 학생들과 집단상담을 계획하는 경우, 모든 학생이 가능한 시간을 찾아야 하기 때문에 시간을 잡는 것은 매우 어려울 수 있다. 특정한 시간이 세 명의 학생에게는 가능하지만 다른 학생의 문학 수업과 겹칠 수 있다. 모두에게 가능한 시간을 맞추기가 어렵지만 신중한 계획, 타협과 인내심을 발휘하면 이러한 서비스 시간을 맞출 수 있다.

당신이 시간을 계획할 때, 다른 학교기반 전문가의 스케줄도 고려하는 것이 필요하다. 어떤 날에 다른 전문가들(예 : 학교 심리사, 학교 사회복지사, 통역사, 또는 가정-학교 연락자)이 학교에 있는지 확인해 보자. 이러한 정보가 중요한 이유는 적어도 두 가지가 있다. 첫 번째, 당신은 자신의 서비스를 이런 전문가들과 협력해서 제공할 수 있다. 어떤 서비스를 먼저 제공하고 싶은가? 같이 제공하고 싶은 특정한 활동이 있는가? 어쩌면 당신은 행동 문제를 겪고 있는 어린 학생들에게 문제 해결 그룹 서비스를 제공할 필요를 느낄 수 있다. 동료 지도자가 있다면 이러한 임무는 훨씬 수월해질 것이다.

다른 전문가와 협력하는 두 번째의 실제적 이유는 이러한 협력을 통해 서비스를 제공할 시간과 장소를 확보할 수 있다는 점이다. 학교기반 전문가들은 두세 개의 학교를 순회 방문할 수도 있기 때문에, 이들은 때때로 하나의 사무실을 공유하기도 한다. 당신이 사무실과 컴퓨터를 다른 학교 전문가와 같이 사용한다면, 가장 효과적으로 공간을 같이 쓰기 위해서 서로의 스케줄을 알고 있어야 한다.

> 좋은 의사소통은 효과적인 협력에 있어 필수적이다. 당신의 스케줄을 공지하고, 상담실을 공유하는 동료에게 변경된 사항들과 필요한 것을 사전에 알려주는 등, 상담실을 다른 사람들과 공유하고 있다는 점을 신경 써야 한다. 또한, 당신이 또 다른 회의를 해야 한다면 학교 내에서 회의를 진행할 수 있는 여유 교실이 어디인지를 확인하는 것도 중요하다.

2.2 학기 중의 하루하루

1부 도입에서 언급했듯이 학교기반 전문가에게 전형적인 하루는 없다. 당신의 치밀한 계획과 조직력에도 불구하고 예상치 못했던 일은 늘 일어난다. 그리고 이처럼 갑작스럽게 발생한 위기를 관리하는 것이 당신이 할 일이다. 당신은 사회복지 서비스 부서에 전화를 걸어 가족들을 지원해야 하고, 학생 내담자 중 한명이 고통스러운 하루를 보내고 있을 때 직접적으로 개입해야 한다. 이러한 갑작스런 변화를 잘 다루는 기술이라면 하루 중 언제를 융통적으로 사용할 수 있는지 숙지하고, 필요한 경우 누가 여러분의 역할을 대신할 수 있는지 정해놓는 것이다. 그래야 갑작스런 일이 닥쳐도 당신이 계획한 일들을 수행할 수 있다. 예를 들어, 학교의 인성교육 프로그램 월례회가 있다고 하자. 그런데 갑작스러운 일이 생겨 당신이 월례회에 참여하지 못한다면, 학교 운영위원들은 이해할 것이다. 그러나 연락하기 힘든 학부모와 오래 전부터 미팅을 계획하고 있었다면, 가능하면 학부모를 만나는 것이 가장 좋을 것이다. 이러한 상황에서 정해진 규칙은 없다. 그리고 종종 이런 결정은 '생각'할 시간이 거의 없이 이루어져야 한다. 당신의 학교, 동료, 그리고 건물 내의 다른 자료들에 대해 잘 알고 있으면 당신의 우선순위와 상황의 요구, 한 번에 두 곳을 방문할 수 없을 때 대안책을 보다 쉽게 찾아낼 수 있을 것이다.

일 년은 하루에 비하면 더 예측 가능한 일들로 채워져 있다. 한 해를 시작하는 신학기에는, 다양한 가능성으로 가득 차 있다. 당신과 교직원들은 방학 동안 휴식을 취했고, 다가오는 새 학년도에 무엇을 성취할지에 대한 새로운 아이디어로 가득 차있을 것이다. 흥분된 첫째 혹은 둘째 달이 지나면 다음 연휴가 오기 전까지 어느 정도 일상이 자리 잡은 것처럼 보인다. 당신이 만약 초등학교에 있다면, 할로윈이 중요한 연휴 중에 하나라는 것을 알 수 있을 것이다. 10월의 마지막 날부터 12월까지, 학부모 회의, 파티, 모임을 포함한 많은 행사들이 겨울방학까지 줄지어 있다. 겨울방학 이후 1월에 학생들이 학교로 되돌아오면, 대부분 새로운 계획을 해야 한다. 학교 크기에 따라 다르겠지만, 당신은 두 가지 종류의 생활지도 수업을 제공해야 할 것이다. 첫 번째 준비한 수업을 성공적으로 수행한 이후, 그 수행 상황을 고려하여 이후 일정이나 수업 계획을 변경할 수도 있을 것이다. 당신이 만약 중등학교에 있다면, 학생들은 진로계획에 대해 생각하기 시작할 것이고, 진로에 대한 정보, 안내, 당신의 지원을 기대할 것이다. 뿐만 아니라 방학 동안 힘든 시간을 보낸 학생들을 위해 시간표를 짜주거나 이들을 지원하는 일도 수행해야 한다.

한 해 중 특정 시기에 행해지는 중요한 행사가 학교 기능의 모든 면을 방해하는 것처럼 보이기도 한다. 학생들에게 큰 부담을 주는 시험이 그 경우이다. 어떤 주는 가을에 시험을 보기도 하고 어떤 주는 이른 봄에 보기도 한다. 시험 기간 동안은 복도에 아무도 없고, 어린 학생들은 가능한 조용히 생활해야 하며, 교직원들은 긴장하게 된다. 종종 교실에 배치되지 않은 사람들에게 시험 감독 보조나 시험 관리를 도와달라고 요청하게 된다. 이러한 2~3주 시험 기간 동안은 어떤 형태의 집단, 생활지도 수업 또는 상담 서비스 제공이 힘들다. 시험이 끝나면, 여기저기서 안도의 한숨이 들려온다. 어떤 학교들은 이 시험 기간이 끝나는 날 방학을 하기도 한다.

봄 방학 후, 두 달 이상은 학교 생활이 힘들다. 이 기간은 일반적으로 내년 연간 계획을 세우느라 꽤 바쁜 시기이다. 학생들은 이때 좀 더 문제를 일으키기 시작하고, 교사들은 몇몇 학생들에게 기대한 학업적 성취가 없어 걱정하게 된다. 일 년의 마지막 몇 주는 학생들처럼 교직원들도 너무 지쳐 있고 방학을 기다린다. 다른 학교로 진학하는 학생이나 졸업이 특히 어려운 학생들은 계속 주어진 일을 해야 한다. 물론 이 시기의 일을 통해서도 정말 보람을 느끼지만, 이 시기는 변화와 전환의 시간이기도 하다. 몇몇 교사들은 계약이 만료되어 학교를 떠나야 할 수도 있고 다른 교사들은 계속 일을 할 수 있다.

이 시기는 일 년의 마지막 부분으로서 당신의 한 해를 잘 반영하고, 당신의 역할, 과정, 집단상담의 어느 부분이 잘 이루어졌고, 어느 부분을 개선해야 하는지 돌아보기 좋은 시간이다. 당신은 개인적으로 그리고 팀과 함께 이 반성 과정을 함께 하는 것이 좋다. 이 시간에 당신은 지도교사와 함께 해결하기 힘든 여러 질문에 대해 토론하는 것도 좋다. 왜냐하면 다음 해에는 당신 혼자 이 과정을 진행해야 하기 때문이다.

일 년에도 확실한 리듬과 속도가 있는 것처럼, 개인상담도 일종의 주기가 있다. 당신은 학생 내담자와 관계를 형성해야만 하고, 학생들의 고민과 문제를 이해해야만 한다. 그리고 학생의 요구에 맞게 전략을 발전시키도록 도와주어야만 하고, 당신만의 이론적 입장을 가져야만 한다(4장에서 토론). 당신은 비록 다양한 수준으로 지원을 제공하겠지만, 어떻게 개인상담 서비스가 당신의 일 년간 혹은 하루의 역할 및 기능과 조화를 이루는지 이해하는 것이 중요하다.

2.3 상담의 주기

학생과의 만남은 어떻게 시작되는가? 믿기 힘들겠지만 그 질문에 대한 대답을 굉장히 빨리 얻게 될 것이다. 교사, 부모, 관리자, 심지어 다른 학생들도 당신에게 학생 내담자를 의뢰할 것이다. 당신은 또한 이전에 상담했고 다시 만나서 상담을 종결해야 할 학생들의 목록도 있다. 의심할 여지없이, 당신은 생활지도 수업을 하면서, 운동장을 관찰하면서, 점심 당번을 하면서, 적응하지 못하는 것처럼 보이는 학생들을 만나게 될 것이다. 학교 심리사나 학교 사회복지사처럼, 개별화 교육 프로그램(IEPs)을 받는 학생들의 일부는 당신의 서비스를 제공받기도 한다. 게다가 당신은 학생들이 당신과의 만남을 요청할 수 있도록 상담실 문에 상담 신청서를 넣을 수 있는 상담 신청함을 설치할 수도 있다.

학교 내에서 서비스가 필요한 학생들의 수가 많기 때문에, 몇몇 학교 전문가들은 각 학생당 허락되는 회기 수와 관련된 엄격한 방침들을 만들기도 한다. 우리는 이러한 방식을 추천하지는 않는다. 이러한 유형의 압박은 강한 치료적 관계를 형성하는 전문가의 능력에 지장을 줄 수 있기 때문이다. 그것은 또한 개별 학생의 필요와 개별 학생이 기술을 개발하고 목표를 충족할 수 있는 다양한 속도를 인정하지 않는다. 드러난 문제에 따라 회기의 횟수와 길이가 결정되어야 한다. 예를 들어, 많은 학생들은 단순히 그 자리에서 간단한 점검(check-in)만으로도 충분한 경우가 있다. 반면 다른 학생들은 또 다른 학생과 갈등을 경험할 수도 있기 때문에, 문제를 논의하기 위해 한 번 내지는 두 번의 상담이 충분한 경우도 있다. 그리고 또 다른 학생의 경우에는 보다 문제되는 행동 양식 때문에 개인상담, 집단상담 및 간단한 점검 등의 여러 가지 복합적인 서비스를 지속적으로 지원해 주어야 하는 경우도 있다.

어떤 학생을 지원해야 하고, 또 어떤 문제를 다뤄야 하는지에 대한 의사결정을 할 때, 우리는 경직된 역할 정의에 의존하기보다는 당신의 기술, 전문적 지침 및 맥락을 고려하는 것의 중요성을 강조하고 싶다. 학교의 하루 일정 속에는 시간 제한이 많고, 주말 혹은 휴일을 제외하면 당신이 학생과 만날 수 있는 시간은 더욱 짧다. 만약 이러한 유형의 일정을 통해서 학생의 요구를 충족시킬 수 없다면, 학생을 지역사회의 다른 기관에 의뢰하는 것이 최선일 수 있다.

전형적인 상담 주기의 관점에서 보면, 상담 초기는 상담자가 라포를 형성하고, 학생 내담자의 문제를 이해하는 단계이다. 이 단계는 때때로 '탐색 단계(exploration stage)'로 불린다(Hill & O'Brien, 2004). 상담의 중간 단계는 때때로 학생 내담자가 드러낸 문제를 중심으로 좀 더 깊은 수준의 탐색과 이해에 참여하는 '통찰 단계(insight stage)'로 묘사된다. 전통적인 의미로 볼 때 모든 아동이 이러한 '통찰'의 단계에 이르는 것은 아니다. 경우에 따라서는 이러한 상담의 요소를 '작업 단계(working stage)'로 여긴다. 마지막으로, 학생 내담자가 문제를 다룰 계획을 세우는 '실행 단계(action stage)'가 있다. 학생 개인이 특정 상황이나 스트레스 요인을 다룰 능력에서 자신감을 얻게 되면, 종료를 앞두고 회기의 빈도나 길이를 줄일 수 있다. Hill과 O'Brien (2004)에 의해 제안되었듯이 상담의 단계들은 상담 과정이란 측면에서 각 회기의 목표를 세울 때 유용한 틀을 제공한다. 하지만 이러한 단계들은 성인 내담자를 중심으로 개발되었고, 더 긴 상담 과정에서 일반적으로 나타난다는 것을 명심할 필요가 있다. 특별히 학교 현장에서 아동을 상담하는 것은 더욱 산발적으로 진행되는 경향이 있다.

2.4 상담 관계의 종료

지역사회 기관 상담에서도 그렇지만 학교상담에서도 학생 내담자와 상담을 중지하는 것이 필요한 시기는 찾아온다. 관계를 종료하는 이러한 과정은 보통 학생 내담자와의 상담 과정을 정리하고 경우에 따라서는 또 다른 치료자에게 학생을 의뢰하는 과정이 포함된다. 상담 관계를 종료하는 것이 쉽게 보이지만, 관계를 종료하는 것은 쉽지 않으며 상담 관계의 중요한 구성요소를 이룬다. 관계를 종료하는 것은 학생 내담자가 스스로 독립적인 기능을 수행할 수 있기 때문에 상담자와 헤어짐으로써 관계를 종료하는 의미를 지닌다. 기관에서 상담을 하는 환경과 다르게, 학교에서의 상담 종료는 학생의 개선 정도와는 상관없이 연간 일정에 따른 방학 때문에도 발생하고 때로는 상급 학교 진학에 의해 치료적 관계가 종료되기도 한다. 학교에서 이뤄지는 상담의 종료는 기관 상담과 달리 상담의 '마지막'을 의미하지 않는다. 예를 들어, 학교 상담자는 전에 상담을 종료했던 학생 내담자와 나중에 상담을 다시 할 수 있다.

2.4.1 종료 시기를 아는 것

어떠한 환경에서 상담을 하더라도 상담관계를 종료할 시간을 고려하는 것은 중요하다. 특히 상담 서비스를 필요로 하는 학생들이 많은 학교에서는 더욱 중요하다. 학교기반 정신건강 전문가는 필요 이상으로 학생을 오래 만나서도 안 되고, 제공하는 상담을 통해 학생이 별 도움을 받지 못하는 것처럼 보이는 경우 상담을 지속해서도 안 된다. 그렇다면 전문적인 상담자가 상담 관계를 언제 종료하는 것이 가장 적합한지를 어떻게 알 수 있을까? 일반적으로 말하면 상담 관계의 종료는 학생 내담자가 자신의 목표를 성취했을 때 끝난다. 목표를 충족시키는 것 이외에도 여러 징후를 통해 종료를 가늠할 수 있다. 예를 들어, 학생들이 자신에 대한 개방성을 증가시키고, 건강한 문제해결 전략을 습득하게 되며, 친구와의 관계가 향상되고, 보다 나은 부모와의 관계를 보이는 경우이다(Thompson & Henderson, 2007). 또한 교사와 부모는 교실에서 아동의 수행에 어느 정도 개선이 있는지 알려줄 수 있고, 조직화되지 않은 환경(예 : 놀이터, 구내식당)에서 학생이 얼마나 나아졌는지에 대해 말해줄 수도 있다. 상담의 종료는 문제가 완전히 해결되기 전에 일어나기도 한다. 하지만 학생이 '올바른 방향으로 나아가는' 것처럼 보인다면, 그리고 그들이 스스로 새로운 전략들을 계속해서 사용할 수 있다고 믿는다면, 상담을 종료하는 것이 적절하다(Murphy, 2008).

앞에서 말한 바와 같이, 때때로 상담의 종료는 외부적인 사건 때문에 일어나기도 한다. 몇몇 아동은 교생실습이나 학기가 끝날 즈음에 상담 관계를 종료할 준비를 하는 경우도 있지만, 어떤 아동들은 학기 말이 되어서야 이제 막 당신을 믿고 자신의 고민을 나누기 시작할 수도 있다. 이처럼 종결이 준비되지 않은 상황에서 끝마치게 되는 것은 아동 혹은 청소년뿐만 아니라, 전문가에게도 어려운 일이다(Orton, 1997). 이러한 상황은 아동(자신의 자녀 혹은 친척의 아동)과의 따뜻한 신뢰 관계를 처음 경험한 상황에서 발생할 수도 있다. 결과적으로 이런 상황에서 당신의 감정은 이 아이를 끝까지 도와야 한다는 책임감으로 나타날 수 있다. 다른 학업적 학습경험과 달리, 여러분은 상담관계를 끝내는 것이 더 어렵다는 것을 발견할 것이다. 뿐만 아니라 아동은 종료에 대해서 울음, 슬픔, 혹은 행동으로 나타내는 등 비통해하는 행동으로 반응할 것이다(Orton, 1997). 예비 상담 전문가로서 당신은 이런 상황에서 슬픔과 죄의식을 느낄지도 모른다. 당신은 자신의 감정들을 다루고, 학생 내담자가 학교 혹은 적절한 공동체 자원 안에서 다른 전문가를 통해 자연스럽게 상담 서비스를 연계할 수 있도록 여러 전문가와 협력적 관계를 유지하는 것이 필요하다.

상담 관계가 예상치 못한 변화(예 : 가족 이동, 새로운 위탁양육 환경에 놓인 아이) 때문에 갑작스럽게 끝났을 때, 가능하다면 관계를 끝내고 새로운 학교에서 잘 적응할 수 있도록 하는 것이 특히 중요하다. 종료 회기는 학생 내담자의 진행과정, 도달한 목표 혹은 아직 도달하지 못한 목표의 유형, 그리고 목표 달성을 성공적으로 성취하는 데 필요한 학생 내담자가 배웠던 전략이나 기술에 대한 검토에 초점을 둘 수 있다. 학생의 나이에 따라, 이러한 전환 과정에 있는 학생들을 도와주고 새로운 환경에서 필요한 서비스를 잘 정착시키기 위해서 부모 혹은 보호자를 이 과정에서 참여시키는 것도 권장된다.

때때로 학생 내담자의 부모들은 상담 서비스를 계속하지 않겠다고 결정할지도 모른다. 이러한 상황에서는 학생과의 상담을 효과적으로 종료하기 위해서 한두 번 이상의 회기를 더 갖는 것의 중요성에 대해 가족에게 말하는 것이 좋다. Orton(1997)은 마지막 회기에 아동에게 작별 인사를 하고, 아동이 슬픔, 분노, 무력감과 같은 감정을 다룰 수 있도록 하는 것에 초점을 두어야 한다고 언급했다. 아동을 상담할 때 아동이 나타낸 개선과 함께 혹시 불만이나 다른 걱정은 없는지를 부모를 통해 정기적으로 확인한다면 이와 같은 급작스런 종료 상황을 미리 예방할 수 있을 것이다. 또한 학교 전문가들은 학교 뉴스레터를 통해 상담과정의 여러 단계들을 설명한(예 : 관계를 형성하는 것, 학교 생활의 문제점에 대한 상담, 상담 종료) 안내 자료나 기사의 형태로 교육적인 자료들을 제공할 수 있다.

학교현장에서 발생하는 상담의 종료와 관련하여 독특한 예가 한 가지 더 있다. 때때로 학생들은 특별한 교육 서비스의 일부분으로 상담을 포함하는 개별화 교육 서비스(IEP)를 받는 경우가 있다. 이러한 상황에서 학생들은 계획과 일치되는 특정한 목표들로 구성된 특정 서비스들을 제공 받는다. 이러한 상황 속에서 제공된 서비스들은 매우 구조화(예 : 매월 제공되는 상담 서비스의 시간, 특정 목표나 결과의 직접적 제시)된 특징을 지니고 있고, 개선의 과정은 분기별로 공식화하여 문서로 남기게 된다. 만약 학생의 목표가 충족되었거나, 부모가 이러한 서비스가 더 이상 필요 없다고 결정하면, 이 서비스는 부모의 허락 아래 축소되거나 중단된다. 이러한 서비스의 일환으로 상담이 시작된 경우 서비스의 중단과 함께 상담이 종료될 수 있다. 비공식적인 서비스와는 다르게, 이러한 서비스들은 합법적으로 IEP에 의해 반드시 실행해야 하는 것이며, 교육적인 프로그램은 각기 다른 수준의 서비스를 반영하기 위해 수정되어야 한다.

학교에서는 언제 상담이 종료될지 예측하기 힘들기 때문에, Murphy(2008)는 매 상담 시간을 마지막 시간처럼 여기라고 권고하였다. 따라서 학교기반 전문가는 매 상담회기의 마지막 부분에 진척상황에 대한 간단한 개요, 아직 충족되지 않은 목표에 대한 검토, 학생 내담자의 노력에 대한 강화, 그리고 각 회기 말에 배웠던 전략에 대한 검토를 제공할 수 있다. 전문적 조력자는 이와 같은 종료를 감안하여 각 회기의 마지막 부분에 시간을 조금 남겨두는 것이 좋다. 당신은 다음과 같은 말을 하며 갑작스럽게 상담을 종료하고 싶지 않을 것이다. "글쎄, 다음에 다시 만나면 그때 상담하지 뭐." 왜냐하면 이러한 상담자의 마지막 말이 학생이 상담을 통해 회상하는 마지막 기억이 될 수 있기 때문이다.

2.4.2 상담 종료 시 유의 사항

이유는 다양하겠지만 아동·청소년과 상담을 종료하는 것은 어려울 수 있다. 상담의 관계를 통해 아동은 자신의 삶에서 성인의 보살핌과 관심을 집중적으로 받았던 시기를 떠올리게 된다(Thompson & Henderson, 2007). 그러므로 아동이 상담의 종료 날짜를 알고 있거나 예상할 경우, 상담자는 상담을 종료하기 전에 유의해야 할 사항들이 있다. 특히 어린 아동일수록, 상담이 끝나간다는 것에 대해 미리 알려주어야 한다. 즉, 상담 종료 3~4주 전에 아동 내담자에게 안내를 해야 한다는 것이다. 상담의 끝 무렵에 이르러서는 아동 내담자와 상담자가 함께 마지막 회기에 대해 계획하고, 아동의 진척 상황을 돌이켜보고, 추후 상담의 필요성에 대해 이야기해볼 수 있다. 관계를 종료하는 것에 초점을 맞추기 보다는 아동이 성장한 것과 개선을 보인 정도를 강조하는 것이 도움이 된다. 당신은 다음과 같은 언급을 하며 상담의 종료에 대해 말을 꺼내 볼 수 있다.

> 우리가 지금까지 4주 동안 함께 상담을 해왔잖아. 네가 처음 나에게 말을 했을 때를 기억하니? 쉬는 시간에 홀로 남아 외로움을 느낀다고 말했고, 다른 친구들에게 어떻게 다가가야 할지 어렵다고 했었잖아. 그런데 지금은 다른 친구들에게 말을 건네는 멋진 기술을 배웠고, 게다가 이번 주말에는 케이티가 너의 집으로 놀러오기까지 했다며? 지금까지 정말 열심히 해왔고, 우리가 다시 만나기까지 약간 시간을 둘 때인 것 같아. 2~3주 정도면 어떨까?

마지막 회기에서, 상담자는 학생에게 그들이 함께해 온 일을 상기시킬 수 있는 작은 징표를 줄 수도 있다. 예를 들어, 내가 지도하는 상담 실습생들은 이들이 상담한 아동·청소년 내담자에게 징표들을 주곤 했다. 실습생과 학생이 함께 만든 스트레스를 받을 때 힘껏 주무르며 스트레스를 푸는 공(stress ball), 청소년의 내적인 힘을 상징하는 특별한 작은 돌, 이완기법의 설명을 담은 손수 만든 책들이다. 이러한 유형의 물건은 학생과 상담자가 형성하는 관계를 향상시켜줄 뿐만 아니라, 학생의 인생에 있어 상담자와의 특별한 관계를 상기시켜 줄 수 있다. Thompson과 Henderson(2007)이 주목했듯이, 이렇게 격식에 얽매이지 않는 편안한 방법을 통해 전문가의 돌봄이 형식적인 상담 관계에서 끝나지 않는다는 것을 보여줄 수 있다.

때때로 아동·청소년은 여름 휴일이나 학교 방학 기간 동안 학교기반 상담자와 어떻게 계속

표 2.1 아동 · 청소년을 위한 상담 종료 방법

상담 영역	활동의 유형 또는 종료 아이디어
공격성	• 화를 진정시키는 전략을 적어 놓은 책갈피 • *Don't Pop Your Cork on Mondays* 서적의 발췌문(Moser & Pilkey, 1988)
스트레스/걱정	• 스트레스 받을 때 주무르는 공(stress ball) (직접 만든 것이 좋음) • 이완기법에 대해 직접 만든 책 • 걱정을 잊어버리는 작은 돌이나 구슬 • 긍정의 시
자아 존중감	• 긍정적인 말을 담은 나의 소원카드 • 일기장(직접 만든 것 또는 구입한 것) • 아동을 위해 특별히 제작한 상장
전환(예 : 부모의 이혼, 이사)	• 대처 전략(예 : 직접 만든 책, 책갈피) • 성공했다는 상징을 넣은 상장
우정 기술	• 희망, 기대, 도전 등의 카드 • 사회성 기술을 엮어 직접 만든 책
학습기술과 정리정돈	• 시험을 위한 암기카드(cue card) • 깎은 연필 • 정리장
진로 결정표	• 진로 토큰[2] • 목표 설정 모음집

연락을 유지할지를 궁금해 한다. 이 질문에 대한 답변은 다양할 수 있다. 어떤 상담자는 이러한 연락이 전문 상담자와 내담자라는 공적인 선을 넘는 것이라고 판단하여 지속적인 연락이 부적절하다고 생각할 수 있다. 또 다른 상담자는 상담자가 학부모의 동의를 얻고, 학생에게 친구가 되어 학생의 의존성을 심화시키는 것이 아니라면 문제될 것이 없다고 생각할 수 있다. 최소한의 연락을 취하기 위해 전화 통화를 하거나 짧은 편지를 주고받을 수도 있다. 또한 학교 근무 외적인 시간에 이러한 유형의 연락이 용인되는지에 대해 당신이 근무하는 학교나 교육청의 규칙을 확인하는 것도 중요하다. 추가적으로, 연락의 목적이 전문 상담자가 아닌 학생 내담자의 요구에 응하기 위함이라는 것을 학교나 지역사회의 감독자에게 알리는 것도 중요하다.

2.4.3 학생이 상담 종료를 원치 않을 경우

학교기반 상담자들은 학생들이 그들에게 의존하지 않도록 최선을 다한다. 상담자는 학생 스스

---

2 역자 주 : The Sims Social Wiki에서 사용할 수 있는 아이템

로 개선하고 성장하려는 독자적인 노력을 강화하는 방식으로 학생과 가정에 자신감을 부여하고자 노력한다. 이를 위해 학생들 스스로의 노력이 어떠한 차이를 가져왔는지를 강조한다. 또한 학생들이 자발적으로 성공적인 전략을 이행하고 발전하기 시작하면 전문가는 상담 지원을 멈춘다. 이러한 노력에도 불구하고, 몇몇의 학생들은 자신의 목표를 성취했음에도 상담관계의 종료를 거부한다. 이러한 저항은 실패하거나 타인의 기대에 못 미칠지 모른다는 두려움에서 나오는 불안감에 기초한다. 이러한 감정뿐만 아니라 그밖에 상담을 종료하는 과정에서 생길 수 있는 것들을 상담의 과정 중에 다루는 것이 중요하다.

학생이 이러한 유형의 거부 반응을 보일 때, 상담자는 학생과 함께 상담의 빈도를 줄이기 위한 계획을 세울 수 있다. 경우에 따라서는 학생이 단순히 새로 배운 기술에 대해 자신감을 향상시키는데 더 많은 시간이 필요할 수도 있다. Murphy(2008)는 상담자가 그 학교의 다른 많은 학생들과 상담을 해야 함을 알려주고, 추후에 그 학생이 또래 멘토(peer mentor)로서 참여해줄 수 있는지를 묻는 것도 좋은 방법이라고 제안했다. 이러한 행동을 통해, 학교기반 상담자는 학생의 개선을 강화하고, 상담이 필요한 다른 학생들에게 공감할 수 있도록 도우며, 학생이 타인을 도울 수 있도록 자신감을 줄 수 있다. 또한 학생에게 만일 도움이 필요하면 언제든 올 수 있는 '열린 문' 제도('open door' policy)를 시행하고 있다고 재차 알려줄 필요도 있다. 다시 한 번 말하면, 상담자는 이러한 유형의 비공식적인 방문(예 : 일주일에 두세 번 상담실 방문)에 학생들이 의존하지 않도록 주의해야 한다. 이외에도 학교기반 전문가는 학교 환경에서 활용할 수 있는 자원의 사용을 고려하는 것이 필요하다. 예를 들어, 집중적인 상담을 종료한 후 또래상담자, 멘토, 방과후 프로그램 등을 통해 내담 학생에게 보충적인 서비스 또는 전환을 돕는 서비스를 제공할 수 있다(학생들을 위한 다양한 형태의 도움에 관한 추가 정보는 15장을 참고)

학년 말이 다가오면, 최고 학년 내담자는 다른 학교로 진학을 한다. 만일 학생이 지지적인 전문가와 지속적으로 상담을 이어갈 필요가 있다면, 현재의 상담자는 진학을 통한 전환이 자연스럽게 이루어지도록 도울 수 있다. 같은 교육청 내의 다른 학교기반 전문가에게 학생 내담자의 정보를 제공할 필요는 없지만, 정보를 공유하는 것은 매우 효과가 좋다. 가족들은 자녀가 새롭게 다닌 학교에서 지속적인 상담을 받을지에 대한 설명을 들어야 한다. 또한 가족에게 그 지속적인 상담이 누구와 어떻게 이뤄질 것인지를 알려주는 것도 중요하다. 상담자는 새로운 학교의 상담자와 중요한 정보를 공유하기 위해서, 우선 학부모로부터 정보 제공에 대한 동의를 얻어야 한다.

이러한 전환을 쉽게 하는 또 다른 전략은 학생이 새로운 학교와 그 학교의 상담자를 방문할 기회를 만드는 것이다. 이 과정은 전환의 과정에서 겪을 수 있는 학생의 스트레스를 줄여줄 수 있다. 규모가 큰 학교에서는 각 학년을 담당하는 상담자가 세 명 이상일 수 있다. 이듬해에 상담을 담당할 상담자와 만남을 조정할 때에는, 시간 약속을 정해서 만남을 갖고 '서로 알아갈 수 있도록' 하는 것이 중요하다.

2.5 지역사회 체제에 의뢰하기

이미 언급한 것과 같이, 서비스에 대한 학생들의 요구가 학교 환경에서 적절하게 제공될 수 있는 서비스 수준을 초과하는 경우가 많다. 학교 환경에서 적절하게 다뤄지지 못하는 예로서, 아동이 성적 혹은 신체적 학대를 경험하거나, 심한 정신병(예 : 환청, 지속적인 자살성 사고)을 나타내거나, 또는 아동이 학교기반 전문가의 전문지식을 넘어서는 문제를 보이는 경우를 들 수 있다. 안타깝게도 아동을 언제 외부 기관에 의뢰해야 하는지에 대한 공식적인 기준은 없는 상태이다(Hughes & Theodore, 2009).

당신이 속한 지역의 정신 건강 서비스 제공자들과 긴밀한 관계를 유지함으로써 이러한 의뢰과정을 촉진할 수 있다. 당신은 학교기반 전문가로서 지역 내의 아동과 청소년을 대상으로 전문화된 기관에 속한 전문가, 특정한 주제 영역의 전문가, 그리고 다른 유형의 보험이나 상담료 지불방법(예 : 상담료 지원제도, 저소득층 의료 보장제도)을 취급하는 전문가들의 목록을 만들 수 있다. 때때로 이러한 유형의 자원 목록은 유나이티드 웨이(United Way)나 지역의 가족 지원 및 자원센터(local family advocacy and resource center)와 같은 지역 기관을 통해 얻을 수 있다. 당신이 특정 기업을 지지하고 있는 것처럼 보이지 않기 위해 한 가지 이상의 정보를 제공하는 것이 좋다. 대신, 당신이 해당 가족에게 필요한 상담을 제공하는 3~4개의 자원을 제공한다면, 가족들은 그들의 특정한 요구(예 : 위치, 비용, 일정)를 충족하는 치료자를 선택할 때 훨씬 수월함을 느낄 것이다.

해당 가족의 요구에 따라, 당신은 학생의 전환과 관련하여 더 많은 지원을 할 수도 있는데, 그 가족과 함께 첫 만남(예 : 상담 동의서 서류작업, 접수면접)에서 무엇을 기대할지를 검토하기, 가족이 상담을 예약하기 위해 전화하는 것을 도와주기, 또는 약속한 새 장소에서 함께 만나기 등을 도울 수 있다. 그와 같은 일을 처리하는 데 어려움이 있지만(예 : 부모 역할을 충분히 하지 못하는 부모, 불안정한 부모) 아이를 도와줄 용의가 충분히 있는 가정의 경우에 특히 이러한 도움을 제공할 수 있다. 이에 더해, 당신은 새로운 치료자를 만나 학생의 발전에 대해 터놓고 의논하고, 학교에서 타당한 지원을 제공할 수 있도록 학생의 가족으로부터 허락을 받아야 한다.

도심 또는 교외 지역의 환경에서는 학대를 당하거나 다른 심각한 문제를 가진 학생들을 의뢰하기 위해 외부기관과 네트워크를 형성해야 한다. 만약 운이 좋다면 지역 정신건강 센터의 전문가가 학생들에게 치료적 서비스를 제공하기 위해 파견된 학교에 근무하게 될 수도 있다. 시골 지역에서는 반경 100마일 이내에 당신이 유일한 정신건강 전문가일 수도 있기 때문에, 이러한 유형의 의뢰 서비스를 이용하기가 훨씬 더 어렵다.

2.6 학교에서 일하기 : 미묘한 균형

지난 15~20년 간 학교는 학생들의 사회적 기술과 정서적 기술을 강조하기보다는 그들의 학업적 기술의 발달에 중점을 두는 경향이 강했다. 아동낙오방지법(No Child Left Behind Act, 2002)과 같은 입법상의 변화는 학업적 결과에 대해 더 큰 책임을 학교 전문가에게 부여했다. 그 결과, 몇몇 교육 전문가들은 상담과 같은 서비스를 지원할 시간이 없다고 여기고, 시간과 자원을 이러한 비학업적 노력에 할당하는 것을 꺼리게 되었다. 뿐만 아니라 사회적 보수주의의 성장은 부모의 특정한 권리에 더 많은 초점을 두었는데, 그것은 자신의 자녀에게 교육을 제공할 권리와 부모의 신조에 부합하지 않는 서비스나 교육과정에 자녀가 노출되지 않도록 보장하는 권리이다. 따라서 몇몇 학교기반 전문가들은 아동의 부모에게 소집단 상담에 참여할 것에 대한 허가를 얻는 일이 점점 더 어려워짐을 체감하고 있다. 또한 어떤 학교기반 전문가들은 읽기나 수학과 같은 학업적 영역에 초점을 두지 않은 교육과정에 학생이 참여하는 것을 꺼려하는 교사들을 만나기도 한다.

학교에서 일한다는 것은 타협안을 찾고, 다른 사람들이 개인과 학급의 사회적-정서적 건강이 어떻게 학생의 학업적 성장을 강화하는지에 대해 이해하도록 돕는 것이다(Adelman & Taylor, 2010; Merrell & Gueldner, 2010). 이것은 또한 팀의 활발한 구성원이 되는 것을 의미하기도 하지만 동시에 특정한 경계와 비밀 보장을 유지하는 구성원이 되어야 함을 의미하기도 한다. 예를 들면, 힘든 하루 일과를 마무리 하면서 교사들이 여러 불평을 할 수 있다. 학생들이 얼마나 제멋대로였는지, 또는 새 교육과정을 적용하는 것이 어려워서 얼마나 고생했는지에 대해 울분을 터뜨릴 수 있다. 당신 역시 상담자의 하루가 얼마나 힘들었는지에 대해 함께 이야기 하고픈 마음이 들 수 있다. 그러나 그렇게 하는 것은 현명한 처사가 아니다. 왜냐하면 당신은 비밀 보장의 원칙을 깰 수 있고, 답할 수 없는 질문들을 받을 수 있기 때문이다.

학교기반 전문가는 학교환경 안에서 독특한 역할을 맡는다. 왜냐하면 이들은 담임을 맡지 않는 반면 경우에 따라서는 많은 학교 일을 처리해야 하는 사람으로 여겨지기도 하고, 경우에 따라서는 아무 일도 하지 않는 사람처럼 인식되기도 한다. 그러므로 당신이 상담자로서 어떠한 역할을 하는지 교직원들이 알 수 있도록 해야 하며, 당신의 역할의 가치를 알 수 있도록 하기 위해 자기옹호(self-advocacy)와 가시성(visibility)이 필요하다. 학생이 학업적, 사회적 목표를 달성하도록 돕는 당신의 관점과 방법은 학교에 있는 다른 사람들과 다를 수 있다. 그러므로 당신은 생활지도수업과, 집단 및 개인상담을 학교에서의 일과와 함께 배치함으로써 지속적으로 팀의 일원으로 일한다는 것을 가시화해야 한다. 교직원의 일원으로서 당신은 교사들과 협력적인 관계를 맺는 것이 필요하다. 그러나 당신이 명심해야 할 것은, 어떤 교직원은 당신을 '정신건강 전문가'로서 간주하여 당신에게 지지와 충고, 또는 개인적 문제에 대한 상담을 기대할 수도 있다는 것이다. 당신이 교사들의 지지적 동료라는 사실과 전문가로서 다른 사람의 개인적 치료자가 되어서는 안 되는 것 사이의 경계를 인식하는 것은 중요하다.

상담자가 상담기관에서 상담을 하는 경우, 내담자가 자신의 목적을 이룰 수 있도록 돕는 측면에서 상담자는 자유롭고, 제약이라면 시간과 보험의 제한뿐이다. 내담자와 상담자는 상담하면서 상담의 목적에 대해 이야기하고 사용될 치료적 전략의 유형에 대해 함께 결정한다. 상담자와 내담자는 또한 상담을 언제 종결할 것인지 결정한다. 반면에, 학교기반 전문가는 교사들로 구성된 팀과 함께 결정을 내린다(예 : 생활지도 수업을 언제 시행할 것인가?, 이 학생을 언제 내 상담실로 오게 하고 얼마동안 머무르게 하는 것이 좋은가?, 올해에는 어떤 유형의 집단상담을 언제 제공할 것인가?).

물론 궁극적으로는 학생의 가족과 함께 상담의 목적에 대해 이야기하겠지만, 당신은 교사와 관리자들로부터 잠재적인 치료적 목적에 대해 도움이 되는 충고를 많이 받게 된다(예 : "그 애는 말 상대가 필요한 것뿐이에요.", "걔한테 너무 민감하게 굴지 말라고 전해주세요.", "그 애가 자기 자리에 앉아 집중한다면, 문제는 없을 거예요."). 또한 학교가 아닌 상담기관에서 상담하는 경우에는 내담자가 상담 회기에 참석하는 것과 그 회기의 내용은 비밀 보장이 엄격하게 보장된다. 이와는 달리 학교에서는 누가 상담자를 만나고 있는지가 항상 관심의 대상이 된다. 당신이 종종 학생을 학급에서 데려오거나, 교무실에 쪽지를 보내고, 또는 당신이 어떤 학생과 상담실로 들어가는 것이 목격되거나, 최소한 몇몇의 사람들은 누가 상담실을 방문했는지에 대해 관심이 있다. 반드시 문제가 아닌데도, 교사, 관리자, 그리고 때때로는 다른 학생들도 이것에 대해 묻는다(예 : "어제 제니가 상담실에 들어가는 걸 봤어요, 그 애한테 무슨 일이 있나요?", "오늘 BJ를 살펴봐 준 것 고마워요, 뭘 알아냈어요?"). 이러한 주제들 중 일부는 다음 장에서 다룰 것이다. 그러나 학교에서 상담 서비스를 제공하는 것은, 단지 학교에서 일어난다는 사실을 뛰어 넘어 기관 상담실에서 상담하는 것과는 매우 다르다는 것을 아는 것은 도움이 된다.

일단 당신이 관계를 형성하고 나면, 그것은 학교 환경에서 필수적인 부분인 협력적 팀을 이루는 것을 촉진할 것이다. Bryan과 Holcomb-McCoy(2010)는 협력(collaboration)을 파트너십으로 규정하였다. 이들은 상담자가 학교 안에서 학교기반 전문가, 학부모, 교사, 관리자, 그리고 지역사회 일원들이 '아동의 학업적, 개인적/사회적, 직업, 그리고 대학진학 성공의 기회를 증진시키기 위해 학교와 지역사회에 기반한 예방 및 개입 프로그램과 활동을 개발하고 시행하기 위해 공동적으로 그리고 함께 일한다'고 보았다(p. ii). 학교에서는 대부분의 의사결정이 회의와 집단 과정을 통해 이루어진다. 예를 들면, 학교에는 기존의 리더십 개발팀이 있는데, 이 팀이 특정 학교에서 실행할 프로그램을 검토하고, 추천하고, 그리고 선택한다. 전문가로서 당신은 하나 혹은 그 이상의 팀의 일원이 될 것이다.

학생의 요구를 다루기 위해 설계된 학교기반 프로그래밍과 서비스가 분열되고, 협력 작업이 잘 안되는 것은 흔한 일이다(Adelman & Taylor, 2006). 어떤 경우에는, 교육청 수준에서 다양한 학생들의 요구에 부응하지 못해, 적절하지 않은 특정한 프로그램을 시행할 것을 지시하기도 한다. 반면 다른 경우에는 학교기반 프로그램이 수년간 이루어졌는데, 어떤 직원은 그 프로그램에 대해 굉장한 자부심과 '주인의식'을 갖기도 한다. 또한 개별 학교기반 전문가(즉, 학교 상담자, 학교 심리학자)가 다른 전문가와 확실한 의사소통이 되지 않아서 불필요한 프로그램을 반복하는 일이 발생되기도 한다.

물론 교직원들이 학생과 그들의 가족을 위해 많은 노력을 기울이고 있지만, 장애를 다루고 배움을 최대화하기 위해 보다 체계적이고 종합적인 과정이 필요하다. 예를 들면, 많은 학교들이 학교 차원에서 긍정적 행동 지원(SWPBS) 프로그램을 채택했다(Horner, Sugai, Todd, & Lewis-Palmer, 2005). 학교기반 전문가는 기존의 프로그램에 대한 지식을 갖고 있어야 한다. 이러한 프로그램의 수혜 대상이 누구였는지, 이러한 노력의 효과성은 어떠했는지, 그리고 그 프로그램이 학교에서 얼마나 잘 인식되었는지(예 : 안면 타당도) 알아야 한다. Adelman과 Taylor(2006)는 이러한 유형의 정보를 조직하기 위한 전략으로 자원 지도(resource mapping)를 추천했는데, 이 방법을 사용함으로써 당신과 당신의 팀이 이러한 서비스들이 겹쳐지는 영역이 있는지 혹은 틈이 있는 영역은 없는지를 분석할 수 있다. 팀의 일원으로서 활발히 활동함으로써 새로운 프로그램이나 서비스를 위한 아이디어를 소개할 때, 당신은 이러한 지식을 모으고 어떻게 계속 해 갈지에 대해 함께 결정할 수도 있다.

> 만일 상담자인 여러분이 상담과 직접적 관련이 없는 다양한 활동(예 : 방과후 클럽활동, 학생위원회 자문활동)에 참여한다면, 학생들이 상담실에 오는 것에 대한 잠재적인 '낙인(stigma)'을 최소화시킬 수 있다.

학교기반 전문가의 역할을 잠깐 들여다보기 위해 학교 환경에서 일하는 것의 특별한 면들에 대해 짧게 개관해 보았다. 이처럼 학교상담 직업은 복잡하고도 도전적인 직업인데, 흥미로울 수도 있고, 좌절을 겪을 수도 있지만 매우 보람된 일이다. 매일매일이 새로울 것이다. 당신은 학교의 다양한 전문가, 교직원 및 동료들과의 균형을 유지하기 위해 노력하는 과정을 통해서 다양한 역할을 수행할 수 있게 된다. 당신의 경력이 쌓이고 숙련됨에 따라 지도자와 변화의 주체자로서 보다 큰 역할을 할 수 있게 될 것이다. 당신이 배울 수 있는 모든 것을 배우고, 당신의 새로운 환경에서 자리를 잡으며, 전문가로서의 역할과 개인으로서의 역할 사이의 균형을 찾아감에 따라 자신만의 리듬을 찾기를 추천하는 바이다.

활동

1. 학교의 리더십팀을 만들었던 기존의 구성원과 이야기해 보자. 다양한 학생 건강 프로그램에 대해 질문해 보고, 어떻게 그 프로그램이 선정되었는지, 프로그램의 목표, 그리고 결과는 어떻게 측정했는지에 대해 물어보자. 유사한 인터뷰를 한 다른 친구와 당신의 인터뷰 결과를 비교해 보자. 공통된 형식의 프로그램이 있다면 어떤 것들인가?

2. http://smhp.psych.ucla.edu/pdfdocs/resourcemapping/resourcemappingandmanagement.pdf. 에서 Resource Mapping and Management to Address Barriers to Learning 패킷을 다운로드 하여라. 그리고 당신이 속한 학교의 자원지도(resource map)를 만들어 보자. 당신은 이 지도를 완성하기 위해 학교자원에 대해 더 잘 알고 있는 관리자나 그 밖의 다른 사람들의 도움이 필요할 것이다.

3. 마지막 상담회기에서 아이들이나 청소년들에게 무엇을 말할지에 대해 미리 마음속으로 대본(potential script)을 만들어 보자. 학생들과 활동한 당신의 경험을 반드시 포함시켜라. 학생이 상담 과정에서 무엇을 기억하는지에 대해 물어보고, 이후에 사용할 계획이나 기술에 관해 토의해 보자.

저널 주제

주제 1

새로운 체제에 들어가는 것과 관련하여 당신 본인의 강점과 개선이 필요한 영역을 생각해 보자. 어떤 점이 당신에게 도움이 될 것 같고, 어떤 점이 당신에게 해가 될 것 같은가?

주제 2

학교기반 전문가로서 당신의 이상적인 하루를 제시해 보자. 당신은 무엇을 하고 있겠는가? 당신이 속한 전문 학회에서 제시한 지침과 비교해 볼 때 당신의 하루는 어떠한가?

주제 3

경우에 따라서 상담을 마쳐야 함에도 불구하고 상담자가 상담을 마무리하는 데 어려움을 겪는다. 학생을 상담하는 것이 즐거울 것이고 깊은 상담 관계를 지속하고 싶을 것이다. 어떻게 학생 내담자의 요구와 상담자 자신의 요구를 점검하겠는가?

03

아동과 청소년의
발달적 세계관 이해

학습목표

- 아동과 청소년의 인지적, 신체적, 그리고 사회/정서적 영역에 대한 발달이 어떻게 상담의 상호작용에 잠재적으로 영향을 미치는지 이해한다.
- 위험 요인 및 적응유연성에 대한 개념과 이러한 지식을 학교기반 지원 서비스에 적용시키는 것을 이해한다.
- 가정, 학교, 그리고 지역사회 맥락에서, 아동 발달의 중요성을 이해한다.

중 세 시대의 경우 아동은 크기를 제외한 모든 측면에서 성인과 동등한 성인의 미니어처로 여겨졌다. 훨씬 뒤에 프랑스 철학자 Rousseau(1762~1955)는 아동은 옳고 그름에 대한 타고난 감각을 자연적으로 부여받았지만 성인의 개입으로 손상될 수 있는 고결한 야만인(noble savage)이라는 낭만적인 견해를 제시했다. 이와 같이 아동기에 대한 견해가 엇갈렸기 때문에, 아동이 겪는 어려움을 이해하고 연구할 수 있게 되기까지 비교적 오랜 시간이 걸렸다. 또한 성인에게 적용하는 이론과 성인의 문제를 다루는 전략들을 아동에게 똑같이 적용하는 결과를 초래하였다. 발달 심리 영역이 진보하면서, 우리는 아동의 마음, 신체, 그리고 정서가 어떻게 발달하는지에 대해 보다 잘 이해하게 되었을 뿐만 아니라, 아동이 성인과는 다르게 세상을 바라본다는 것을 이해하게 되었다. 이러한 지식을 갖고 있어야 우리는 상담자로서 발달적인 면에서 적절한 상담 프로그램을 개발하고 아동과 청소년의 필요에 부응할 수 있는 기술을 습득할 수 있다.

3.1 아동과 청소년을 위한 학교기반 지원

정신건강 전문가는 아동이 삶을 통해 겪게 되는 스트레스나 부정적인 사건을 전혀 경험하지 않도록 할 수는 없다. 하지만 예방과 개입 프로그램을 적시에 제공한다면 정서적이고 행동적인 어려움의 발생을 줄이는 데 도움이 될 수 있다(NRC & IOM, 2009). 부모들은 자녀가 힘들어할 때, 종종 가정 주치의나 학교기반 전문가에게 의존한다. 아동과 청소년에게 정신건강 지원을 제공하는데 있어서 주요 기관 중 하나인 학교의 상황을 고려해볼 때, 이러한 서비스를 제공하는 위치에 있는 사람들(예 : 학교 상담자, 학교 심리사, 학교 사회복지사)은 예방, 조기 개입, 그리고 필요에 따른 위기 대응에 잘 준비되어 있어야 한다. 이러한 유형의 서비스를 전달하는 가장 효율적인 장소는 아동과 청소년이 그들의 하루를 보내는 학교이다.

평상시에 학교기반 전문가에 의해 사용될 수 있는 넓은 범위의 효과적 예방과 개입 전략이 존재한다. 상담은 독립적으로 혹은 다른 접근(예 : 자문, 생활지도)의 구성요소 중 하나로 사용되는 기본적인 기술 중 하나로 볼 수 있다. 미국의 학교상담모형인 ASCA National model: A Framework for School Counseling Programs(2005)에 따르면 개인상담 혹은 집단상담은 반응적 전달 체제(responsive delivery system)에서 핵심적인 요소로 여겨진다. 최근에 전국 학교 심리사 협회(National Association of School Psychologist)는 포괄적이고 통합된 학교 심리 서비스를 위한 모델(Model for Comprehensive and Integrated School Psychological Services)(2010b)을 채택하였다. 이 모델은 학교심리학 실행의 핵심 영역 중 하나로서 '사회성 기술과 생활 기술 발달을 다루기 위한 개입과 정신 건강 서비스'의 사용을 촉진한다. 분명한 것은 아동, 청소년, 그리고 가정을 위한 상담 서비스를 제공하는 것은 학교기반 전문가들에게 중요한 역할로 여겨진다는 것이다.

유능한 전문가가 되기 위해서는 상담 개입을 선택하고 실행하는 데 있어서 드러난 문제와 학생의 발달적 수준 모두를 고려해야 한다. 무엇보다 어린 아이나 장애를 가진 학생들과 상담할 때에는 언어나 구어적 표현에 너무 심하게 의존하는 전통적 상담 접근의 심각한 제한점에 직면할 수 있다. 학교기반 전문가들은 학생의 인지적, 언어적, 그리고 정서적 수준에 맞는 발달적으로 적절한 접근의 사용에 친숙하고 능숙할 필요가 있다.

3.2 아동과 청소년의 발달 이해

발달 이론들은 아동 기능의 거의 모든 측면과 연관이 있다. 비록 우리가 각각 다른 발달적 영역들을 분리하여 표현해 왔지만(예 : 신체적, 인지적), 이러한 영역들은 밀접하게 관련되어 있다는 것을 이해하는 것이 중요하다. 한 영역이 발달하고 나서야 다른 영역이 성장할 수 있게 되는 경우가 있다(예 : 인지적 기술이 길러져야만 도덕성 발달도 일어날 수 있다). 모든 학생들이 같은 속도로 성장하는 것은 아니라는 것을 기억하는 것 또한 중요하다. 발달 이론에서 제시하는 연령대는 전형적인 발달을 나타낸다. 하지만 연령에 적합한 발달적 과업을 수행할 준비가 아직 되어 있지 않다고 해서 그 학생이 무언가 잘못되었다는 것은 아니다. 게다가 이러한 영역 내에서 발달이 이루어지는 것에 대해서는 문화적 차이들도 존재한다. 이번 장에서 우리는 상담 관계에 가장 적합할 것 같은 발달 영역들(신체적, 인지적, 언어적, 도덕적, 그리고 사회-정서적)에 초점을 맞춘다.

3.2.1 신체적 발달

아동이 성장할 때 신체적 변화는 모르는 사람도 알아차릴 만큼 명확하게 일어난다. 덜 명백한 것은 다른 발달 영역을 촉진하며 일어나는 중요한 신경학적인 많은 변화들이다. 유아기와 아동 초기 동안, 아동의 수많은 시냅스들과 뉴런 사이를 연결하는 가지들이 발달한다. 이러한 환상적인 성장 사이클 후 이러한 많은 시냅스들은 곧 사라진다. 더 자주 사용되는 것들만이 남게된다. 이 과정은 시냅스 가지치기(synaptic pruning)로 알려져 있다. 성장과 변화의 과정은 수년의 과정을 걸쳐 일어난다(McDevitt & Ormrod, 2010; Nelson, Thomas, & de Haan, 2006). 시냅스의 과잉 성장은 어린 아동이 환경에 적응하도록 준비시키는 역할을 한다는 가설이 있다. 어떤 시냅스가 꾸준히 사용되고 어떤 시냅스가 불필요한지 결정되고 나면 과잉 연결 통로들은 사라지는데, 이로써 두뇌는 더 효율적으로 활동하게 된다(McDevitt & Ormrod, 2010).

수초형성(myelination)으로 알려진 과정 또한 아동 발달 초기에 시작된다. 이 과정에서 지방의 절연층은 신경세포를 보호한다. 절연층은 더 빠르고 효과적인 정보 처리를 촉진하면서 신경화학적 정보가 축색 돌기를 따라 움직이는 속도를 향상시킨다(Travis, 1998). 어린 시기에 감각 발달과 관련된 이러한 신경들은 수초화가 일어나는데, 이러한 신경들이 운동발달을 책임진다. 수초 형성이 일어나는 뇌의 마지막 영역은 복잡한 사고 기술과 관련된 뉴런이 있는 대뇌 피질이다(Nelson et al., 2006). 이러한 뇌 성장의 유형은 청소년 후기까지 계속된다.

청소년들과 상담할 때, 전문가들이 일반적으로 생각하는 것은 "그들이 무슨 생각을 하고 있나?"이다. 우리는 청소년의 전두엽을 나머지 뇌와 연결하는 신경세포가 여전히 성장 중이라는 것을 반드시 기억해야 한다. 다시 말해, 계획, 충동 조절, 그리고 추론 능력과 같은 복잡한 기술을 다루는 뇌의 전두엽 부분이 작동은 하지만 항상 빨리 작동하는 것은 아니라는 점이다.

집중 시간은 또한 수초 형성과 연결되어 있다. 따라서 아동이 집중하고 새로운 자극을 처리하는 능력은 나이와 뇌의 발달에 따라 향상된다. 이러한 중요한 발달적 차이 때문에 학교기반 전문가는 어린 아동이 청소년보다 더 짧은 회기로 상담을 진행해야 하고 어린 아동의 경우 반응에 대한 더 많은 '사고 시간'이 필요하다는 것을 알 필요가 있다.

알려진 바와 같이 아동은 또한 그들의 신체에서 상대적으로 빠른 성장을 경험한다. 여학생은 12세 이전에, 초경의 시작을 포함한 빠른 신체적 성장 기간에 들어가게 된다(Schaffer, 1999). 남학생은 이보다 살짝 지연되어 13세 무렵에 발달적 변화를 시작한다. 이와 같은 사춘기를 동료보다 지나치게 빠르거나 늦게 겪는다면, 그것이 어린 청소년에게는 상당한 스트레스 요인이 될 수 있다. 예를 들어, 조숙한 여학생들은 내재화되거나 외재화된 다양한 증상들을 평균적인 시기에 사춘기를 겪는 같은 성의 또래들보다 더 많이 나타낼 수 있다(Ge, Conger, & Elder, 2001). 사춘기의 시기가 빠르건 느리건 상관없이 청소년들은 불안 의식, 강한 자의식, 어색함을 느끼는 어려운 시간을 경험한다(Vernon, 2009).

3.2.2 인지발달

전반적으로 아동의 사고는 예측 가능한 패턴을 보이며 발달한다. 그러나 아동들이 이러한 전형적인 발달의 경로를 따라가면서도 그들 나름대로 독특한 방식으로 이 세상을 해석해 나간다는 것은 놀랄만하다. 사실 아동과 청소년은 가끔 어른들과는 매우 다른 자신들만의 정보를 구조화하는 방식을 가지고 있다. 게다가 인지발달의 능력은 개인에 따라 나타나는 고유한 특성이며 다양성을 보인다. 그래서 이것을 전체적으로 일반화시킬 수는 없다(Schaffer, 1999).

Piaget(1970)와 Vygotsky(1978) 모두 우리에게 아동이 어떻게 인지 기술과 추론을 가장 높은 수준까지 발달시키고 확장하는지 이해하는 데 큰 기여를 하였다. McDevitt과 Ormrod(2010)는 한 가지 이론을 적용할 때보다는 두 이론을 같이 고려할 때 인지발달의 더 완벽한 그림을 제공한다고 주장하였다. 이러한 관점을 채택하여 McDevitt과 Ormrod는 공통 주제에 따라 Piaget와 Vygotsky의 이론을 재구성한 바 있다.

이 두 이론의 첫 번째 공통 주제는 아동들은 무엇인가를 받아들이기보다는 그들 스스로 지식을 구성한다(construct)는 것이다(McDevitt & Ormrod, 2010). Piaget는 아동들이 자신들의 생각을 조직화하면서 성장하는 과정의 뚜렷한 단계를 설명한 반면, Vygotsky는 아동들은 사회적 맥락에 기초해서 정보를 내면화하는 자신들만의 특별한 방법이 있다고 주장하였다. 이는 학교기반 전문가의 또 다른 역할을 시사한다. 즉, 상담자는 학생 내담자가 친숙하지 않은 개념을 이해시키고 동시에 그것을 내면화하는 능력을 개발하도록 도와야 한다는 것이다. 학교 상담자인 당신은 상담뿐 아니라 가르치는 역할도 해야 한다. 어린 학생을 상담할 때에 상담자는 아동들과 그들의 경험에 대해 이야기하고, 그 경험을 자신들에게 적용하는 것의 의미에 대해 이야기하는 것이 중요하다. 만약 아동들이 두 가지 항목이나 사건 사이의 관계를 이해하지 못한다면, 아이들은 그러한 가능성을 고려하지 못한 채 자기 나름대로 설명을 만들어 낼 가능성이 높다(Dehart, Sroufe, & Cooper, 2000).

새로운 학년으로 학생들이 성장할 때, 당신은 그들의 이해를 돕기 위해 학습 지원의 수준을 다양하게 제공해야 한다. 예를 들어, 초등학교 저학년의 경우 새로운 아이디어나 개념을 가르치기 위해 그림, 게임, 인형극을 사용해야 할 것이다. 중급학년이 되면 당신은 좀 더 추상적인 사고(예 : 질투, 공감)에 대해 토론하게 될 것이다. 하지만 이때 당신은 구체적인 예시와 함께 이 개념들을 설명해야 할 것이다. 청소년

> 학생의 나이와 무관하게 학생이 어떤 사건이나 상황에 부여한 의미를 탐색하는 것은 중요하다. 학생의 관점을 이해하는 시간을 가지고 오해를 바로잡을 수 있게 도와주어라.

이 되면 학생들은 일반적으로 유연적, 추상적 사고를 할 수는 있지만 이들의 논리적 추론은 항상 일관적으로 적용되는 것은 아니다. 예를 들어, 대부분 청소년들은 그들 자신의 삶보다는 다른 사람의 상황에 원인-결과 추론(cause and effect reasoning)을 보다 잘 적용시킨다(Vernon & Clemente, 2005). 그래서 학교기반 전문가들은 청소년들이 그들 자신의 삶에도 원인-결과 추론을 잘 적용할 수 있도록 도와주어야 한다.

아동들의 인지 발달과 관련한 두 번째 공통 주제는 준비도(readiness)이다(McDevitt & Ormrod, 2010). Piaget와 Vygotsky 모두 아동들의 인지 능력에 확실히 한계가 있다는 것을 지적하였다. 이 한계로 인해 아동들이 '준비'가 되는 어느 시점에 도달하기 전까지는 고급 인지 과정에 도달할 수 없다. Piaget의 조절(accommodation)에 대한 설명에 따르면 새로운 정보를 기존의 인지 도식에 동화(assimilating)시킴으로써 새로운 개념을 이해할 수 있게 된다. Vygotsky(1978)는 이러한 인지적 과정을 유연적인 과정으로 간주하고 근접발달영역(Zone of Proximal

Development)의 개념을 소개하였다. 이 관점은 아동들이 새로운 기술과 능력을 지속적으로 그들의 기존 목록에 추가할 수 있으며, 새로운 정보가 '구역(zone)'에 있기만 하면 성인 지원자 및 지도자와 함께 더 고급 지식에 도달할 수 있다고 하였다.

학생 내담자가 높은 수준의 사고를 할 수 있도록 상담자가 도와줄 수 있는 영역은 다양하다. 예를 들어, 어린 아동들은 가끔 사람 또는 사건을 다른 관점에서 바라보는 것을 잘 이해하지 못한다(예 : 긍정적이거나 부정적인 것을 동시에 보는 관점). 다른 관점을 소개함으로써 학교기반 전문가는 아동들이 추상적 문제(예 : 이혼, 비극적 사건)를 보다 잘 이해하도록 도울 수 있다. 학생들에게 개념의 다른 측면을 '보도록' 도와주는 관점을 설명할 수도 있고 직접적인 활동을 통해 깨닫게 할 수도 있다. 아동들에게 어떤 느낌인지를 물을 때 이들은 자주 "화났어요", "슬퍼요", 또는 "행복해요"와 같이 한 단어로 대답한다. 한 번에 여러 가지 감정을 동시에 느낄 수 있다는 것을 아동이 이해하도록 돕고자 할 경우, 사람의 모양을 본 뜬 그림을 제시하고 거기에 사인펜으로 감정을 직접 그려보도록 하는 것이 도움이 될 수 있다. 시각적 보조 도구를 사용하는 이런 방법은 아동들에게 복잡한 개념을 완전히 이해하도록 도와 줄 수 있다(예 : "친구가 같이 노는 모임에 나를 초대하지 않았을 때, 나는 화나고 슬펐어요.").

성인 상담자로부터 지지가 필요한 또 다른 영역이 있다면 그것은 가상적 조건에서 어떤 일이 일어날지 예측하는 경우이다. 실제로 어떤 이론적 접근(예 : 해결 중심 상담)은 학생들에게 "만약 그랬으면 어쩌지?"와 같은 방법으로 가설적 사고를 요구한다. 일반적으로, 어린 아동들은 가상적 추론을 할 수 있지만 긍정적 결과를 얻는 것보다는 부정적 상황을 피하기 위해서 추론적 사고를 더 쉽게 사용한다(German, 1999). 예를 들어, 아동들은 "걔를 때리지 않으면 되죠" 또는 "그냥 안 싸우면 되죠"라고 간단히 말함으로써 친구와 싸운 것에 대한 다른 대안을 불현듯 생각해 낼 수도 있다. 이 사례의 경우, 만약 학생 내담자가 정말 가능한 해결책이라고 생각하는 것인지 아니면 만약 이 학생이 이전에 배운 전략을 반복적으로 회상하는 것인지 알기는 어렵다.

어린 아동들과 전문적인 상담을 할 때 대안적인 결과에 대해 가상적 논리를 적용하기 이전에 분명히 해야 할 것이 있다. 그것은 현재의 상황이 만족스럽지 않다는 것을 아동과 함께 확실히 인식하는 것이다. 실례로 자기가 무시당하고 불공정하다고 인식할 때마다 친구들과 일상적으로 싸움을 하는 어린 학생의 사례를 생각해 보자. 만약 이 아동이 교실에서 쫓겨나고 학교에서 정학을 당했다고(부정적 결과) 한다면, 이 학생이 지속적으로 싸움을 하는 것은 전문가의 입장에서 보면 확실히 좋지 않은 방법으로 보인다. 하지만 학생 내담자는 이러한 관점에서 이야기하

학생 내담자에게 상황을 해결하기 위해 취할 수 있는 긍정적 단계에 대한 생각을 물어보자(예 : "메이슨과 친하게 지내기 위해서 어떤 것들을 할 수 있을까?" 또는, "너와 캐시디가 친구라면 어떻게 다를까?"). 새로운 기술을 가르치고, 연습하기 위한 시작점으로 이 전략을 사용해라.

지 않을 것이다. 대신에 그 친구의 행동이 바르지 않다는 것을 보여주기 위한 방법으로 싸움을 택한 것이라고 제시할 수도 있다. 다른 잠재적인 부정적인 결과(예 : 친한 친구들과 놀 시간이 없어지는 것, 싸움 때문에 집에서 문제가 되는 것, 그리고 문제가 아직 해결되지 않았다는 것)에 대한 더 깊은 설명을 통해서만 이 학생 내담자가 그의 해결책(예 : 싸움)으로는 이상적인 결과에 도달할 수 없다는 점을 깨달을 수 있을 것이다.

세 번째 공통 주제는 Piaget와 Vygotsky가 함께 동의했던 도전(challenge)이다(McDevitt & Ormrod, 2010). 아동들은 그들의 이해 수준을 넘어서는 도전을 받을 때 비로소 깊게 이해할 수 있는 수준에 도달하게 된다(Remmel & Flavell, 2004). 학생들은 규칙적으로 학습을 기대하고 새로운 상황에 적응해야 하는 복잡한 세상에 산다. 상담적 대화란 아동과 청소년이 그들의 현재 상황, 자신의 행동, 또는 그들의 미래의 목표에 대해 다른 관점에서 생각하도록 돕는 지적 자극의 형태로서 제공되기도 한다. 또래와 어른과의 상호작용은 사고의 측면에서 더 복잡한 수준에 이르도록 도전을 준다(McDevitt & Ormrod, 2010). 예를 들어, 또래들은 사회적 관계에서 새로운 관점과 또래 멘토 프로그램을 통해 세상의 다른 관점을 수용하도록 다른 또래들을 도와줄 수 있다. 반면 어른들은 학생들에게 관련된 새로운 기술을 가르치기에 가장 적합할 것이다(Gauvin, 2001).

아동의 인지발달에서 네 번째 공통 주제는 사회적 상호작용(social interaction)의 중요성이다(McDevitt & Ormrod, 2010). 이것은 우리가 다른 사람과의 일상적인 상호작용을 통해 다른 사람들이 세상에 대해 나와는 다르게 생각하고 있다는 것을 이해하게 된다는 것이다. 아주 어릴 때부터(예 : 3~4세) 아동들은 생각과 행동, 자신의 생각과 다른 사람의 생각을 구별하기 시작한다(Wellman & Lagauutua, 2000). 내면적인 정신생활에 대한 인식의 성장은 마음이론(Theory of mind)과 관련 있다. 이것은 연구 분야에 있어 새로운 부분이지만 어떻게 아동들이 자신의 생각과 다른 사람의 생각에 대해 사고하는지 설명하는 측면에서 중요하다. 개인이 그들의 잘못된 신념에 따라 행동 할 수 있게 된다는 것을 스스로 이해하게 되는 아동의 능력은 4~6세 사이에 증가한다. 이 지식은 이후 사회적 기술의 발달을 예측할 수 있는 좋은 변인이 된다(Jenkins & Astington, 2000). 마음이론은 언어, 가작화 놀이(make-believe play), 사회적 상호작용에 기반을 두어 발달하였다(Berk, 2008). 이 개념은 학교기반 전문가의 상담에서 중요하다. 왜냐하면 상담자인 당신은 지도 교사, 집단 조력자, 개인 상담자와 같은 다양한 역할을 수행하면서 학생들이 서로 함께 협력하는 과정을 통해 학습하는 과정을 돕기 때문이다.

학생들이 도움을 필요로 하는 가장 핵심적인 부분 중 하나는 그들의 부적응적인 신념을 변화시키는 부분이다. 특히 학생들의 생각이 잘못되었다는 어떤 증거도 제시하지 못한다면 학생들의 이런 변화는 독립적으로 이뤄질 가능성이 낮다. 내담자가 어린 경우 이들의 추론 기술을 상담에 적용시킬 수 있다. 이들의 신념을 평가할 때 부정적 측면보다는 긍정적인 측면에서 부적응적인 신념을 접근하는 것이 효과적이다(Remmel & Flavell, 2004). 다시 말해 '만약 이 정보가 사실이라면, 내 생각이 틀린거야'라고 깨닫도록 접근하기보다는 오히려 '만약 이 정보가 사실이라면, 내 생각이 맞아.'라고 깨닫도록 돕는 것이 좋다. 물론 이러한 경향은 성인에게서도 보이기도 하지만 특히 아동들과 청소년들에게서 두드러지게 나타난다(Remmel & Flavell, 2004). 예를 들어, 제이미는 자신이 인기가 없어서 우정을 느끼지 못한다고 믿는다고 가정하자. 제이미가 다른 학생들과 함께 어디에 초대되었는데 다른 아이들이 자신을 반기지 않는 경우, 제이미는 자신이 가치가 없는 '증거'로서 이 상황을 바라보는 경향이 있다. 학교기반 전문가는 제이미가 지닌 신념을 뒷받침하는 '증거'가 어떤 점에서 오류를 지니고 있는지 제이미가 이해하도록 도와줄 수 있다. 상황에 대한 대안적 설명의 예로 상담자는 다른 학생들이 제이미를 잘 알지 못하기 때문에 같이 놀자고 반기지 않을 수 있다는 생각을 알려줄 수 있을 것이다. 이 학생 내담자는 지지적인 단계를 통해 이 대안적인 설명을 '검증'함으로써 자신의 신념을 재평가할 수 있다(예 : 그의 학용품을 옆에 앉은 다른 학생에게 빌려주고, 자신에게 친절하게 대하는 또래에게 자기를 소개하기).

인지발달의 개념에서 Vygotsky와 Piaget는 확실히 다른 견해를 지닌 몇 가지 영역이 있는데, 그중에서 가장 중요한 것은 문화의 역할에 대한 부분이다. Piaget는 인지발달 단계를 문화와 상관없이 나타나는 보편적인 발달로 보는 반면, Vygotsky(1978)는 아동의 문화를 중요하게 간주하고 추리 기술의 발생에 문화가 결정적인 역할을 한다고 본다. 다양한 문화에서 성장한 아동들은 특정 능력을 보이는 타이밍에서 다양성을 나타낸다. 그리고 어떤 문화에서는 형식적인 조작적 추리(formal operational reasoning)가 전혀 나타나지 않기도 한다. 왜냐하면 일상적인 기능에서 그 능력이 거의 의미가 없기 때문이다(Miller, 1997; Norenzayan, Choi, & Peng, 2007).

3.2.3 언어 발달

아동은 6세가 되면, 거의 10,000개의 단어를 이해하는 어휘력을 지니게 된다(Bloom, 1998). 어린 아동들이 단어를 매우 빨리 배우고 그것들을 의미 있는 문장의 형태로 사용하는 기제는 아직 충분히 이해되지 않고 있다(Berk, 2008). 그럼에도 대부분의 아동이 유치원에 들어갈 무렵에는 대화를 할 때 대화의 순서를 지키고, 대화의 주제를 유지하며, 의미 있는 문장을 사용하는, 즉 언어 사용의 실용적 능력을 지니게 된다. 아동들이 이러한 대화의 기술을 배우는 것은 대화에 노출되고 대화에 참여함으로써 가능하다(Berk, 2008).

어린 아동들은 단어에 구체적인 의미를 부여한다. 그리고 그들이 중학생이 될 때까지 단어의 이중의미를 알지 못한다. 이러한 이유로, 학교기반 전문가들은 그들이 알아들을 수 없는 반어

(irony)와 빈정거림(sarcasm)과 같은 특정한 종류의 유머를 사용하지 않도록 조심해야만 한다. 아동은 성장하면서 자신의 이야기를 더 자세하고, 더 표현력 있게 전달하기 위해 자신의 이야기를 더 잘 구조화하게 된다(Berk, 2008). 청소년기에 학생들은 다른 사람에게 반응할 때 반어와 빈정거림을 사용하기도 하고 이러한 표현을 이해할 수 있게 된다. 그들의 언어 기술의 모든 측면들은 단어와 문법을 포함하며 발달한다. 청소년기의 가장 큰 언어발달 중 하나는 학생들이 상황에 따라 그들의 언어를 다양화할 수 있는 정도이다. 남자 청소년의 경우 그들의 친구들과는 비공식적인 속어를 쓰는 반면, 그들의 교사와 교장에게는 조금 더 공식적인 어조로 말하고(예 : 직함, 성함, 적절한 문법의 사용), 패스트푸드점에서 아르바이트를 하며 손님을 대할 때는 예의바르게 말하고 친근한 어조로 대화할 수 있게 된다.

3.2.4 도덕 발달

아동의 인지가 더욱 복잡해지고 세상을 타인의 관점에서 볼 수 있게 됨에 따라, 이들의 도덕적 추론 능력은 발달한다. Kohlberg(1981)는 초기 단계의 청소년은 그들이 성인에게 상을 받거나 벌 받는 것에 기반한 참 거짓 질문에 반응하는 전인습적(pre-conventional) 단계에 있다고 제안한다. 다음 단계는 인습적(conventional)이다. 청소년들은 더 넓고, 추상적인 관점과 그들의 도덕적 추론을 합치기 시작하고, 사회 질서의 유지를 추구한다. 이 수준에서 아동들은 '착하게' 보이는 것을 중요시하고 권위적인 사람들의 기호에 맞추는 것을 추구하는 것을 중요시 여긴다. Kohlberg의 마지막 수준은 개개인이 타인의 도덕적 결정의 관점을 고려할 수 있게 되는 후인습적(post-conventional) 단계이다. 개인은 단순히 '착한' 일을 하려는 것보다는, 보다 일반적이고 도덕적인 원리에 기반하여 결정을 내린다. 역사적으로 성별의 차이와 관련하여 여성들은 더 따뜻한 관점을 보여주는 반면(즉, 관계 지향적) 남성들은 더 공평한 면(즉, 공정함과 공평성)이 강하다고 여겨져 왔다(Giligan & Attanucci, 1988). 하지만 Jaffee와 Hyde(2000)가 수행한 종합적인 메타 분석은 이러한 성 차이가 크지 않으며, 이러한 결과는 남성과 여성 모두 도덕적 추론을 할 때 사용한다는 점을 시사한다. 관심과 공평성 모두를 중요한 기준으로 사용한다는 점을 시사한다.

도덕성 발달 단계는 학생 내담자를 도울 때 반드시 고려되어야 한다. 왜냐하면 학생 내담자는 그들의 도덕적 추론의 수준에 따라 의사결정을 하기 때문이다. 다시 말해, 어린 아동의 경우 자신의 행동이 부정적인 결과를 낳을지 아닐지에 가장 큰 중요성을 둔다. 학생들은 벌을 받을지도 모른다는 두려움 때문에 자신의 감정과 행동에 대해 말하는 것을 망설일 수 있다. 더 나아가, 그들의 행동이 미치는 더 큰 영향력을 이해하기란 더욱 어려울 수도 있다. 전문가로서 당신의 역할은 아동의 발달 단계를 인식하고 더 발전된 단계의 도덕적 추론을 학생이 할 수 있도록 용기를 주는 것이다. 예를 들어, 전문가가 "그래 네 말이 맞아. 만약 칼튼이 너를 놀릴 때 그 애를 항상 때리면, 너는 더 큰 문제가 생길 거야. 물론 놀림을 받을 때 때리는 것도 하나의 방법이지만, 때리는 것 이외에 다른 방법이 뭐가 있을지 생각해 볼래?"라고 말하는 것이다.

3.2.5 사회 정서적 발달

성격의 여러 다른 측면들, 생물학적 특징, 그리고 개인적인 경험들은 삶에서 직면하는 어려운 상황에서 어떻게 반응해야 하는지에 영향을 미친다. 아동들에게 기질(temperament)은 그들의 반응을 예측하는 중요한 요소들 중 하나이다. 누구나 각자의 '성격(personality)'으로 여겨지는 특성(traits)과 특징(characteristics)을 가지고 있기는 하지만, 아동들 역시 타인 또는 환경에 어떻게 반응하고 상호작용하는지에 영향을 미치는 '기질'을 가지고 있다. 기질에는 9가지 차원 또는 범주가 있다. 즉, (1) 활동 수준(activity level) (2) 적응성(adaptability) (빠른 vs 점진적인) (3) 최초 반응(first reaction) (대담한 vs. 조심스러운) (4) 전반적 기분(predominant mood) (기쁨 vs 심각함) (5) 반응의 강도(strength of response) (부드러움 vs 강렬함), (6) 주의산만도(distractibility), (7) 끈기(persistence), (8) 일상적 바이오리듬(daily biological rhythm) (율동적인 vs 율동적이지 않은) 그리고 (9) 감각 역치(sensory threshold) (세심한 vs 세심하지 않은 ; Kristal, 2005)이다. 어린 아동들은 이들의 기질에 기반하여 반응하는 경향이 있다. 보다 어린 아동들은 이들의 기질에 더 큰 영향을 받아 반응한다. 아동의 기능적 수준은 부분적으로 이들의 기질과 환경에 대한 기대 사이의 '조화의 적합성(goodness of fit)'에 의해 결정된다. 아동이 인지적인 면에서 발달함에 따라, 다른 수준의 기능들이 이러한 기본적인 반응 수준에 따라 다르게 작용한다.

이론가들은 단계적 모델(Erikson, 1958~1963)과 발달적 과업(Havighurst, 1972)과 같은 아동의 사회 정서적 발달을 구조화하는 방법을 제안하였다. 비록 이러한 단계들은 사회적 기능이란 측면에서 아동의 전반적인 발달을 이해하는 데 도움을 주지만, 사회 인식과 관련된 최근의 변화들은 상담 상호작용을 안내하는 데 더 중요한 역할을 한다. 사회 인지의 두 가지 중요한 측면은 자아 개념(self-concept)과 조망 수용(perspective taking)이다.

자아감   개인이 자신에 대해 생각하고 느끼는 바를 나타내는 방법은 매우 다양하다. 자아감(sense of self)은 이것과 관련된 구성적 개념을 포괄하는 용어로 여겨진다(예 : 자아 존중감, 자아개념; McDevitt & Ormrod, 2010). 자아 개념(self-concept)은 인지와 사회 정서적 발달 모두와 관련이 있으며, 고유하고 일관된 특징을 가진 독립적인 개인으로 자신을 인식하는 것을 의미한다(Harter, 2006). 인지 발달의 전조작기 동안은, 행동과 관찰 가능한 특징에 따라 자신을 정의한다('나는 빨리 뛸 수 있다.'). 아동이 성장하면 이러한 전반적이고 긍정적인 설명은 더 차별화된다(McDevitt & Ormrod, 2010). 아동은 그들 자신을 여러 상황과 영역에 따라 다르게 말할 수 있다('나는 수학을 잘한다.', '나는 운동을 잘한다.'). 관련된 개념 중에 자아 가치감(self-worth)이나 자아 존중감(self-esteem)이 있는데 아동들은 그들의 특성에 대한 다른 측면이나, 자기 자신에 대해 가치를 부여하는 진술을 하게 된다(예 : '나는 나의 외모에 대해 자신이 없어.', '나는 내가 훌륭한 운동선수라는 것이 자랑스럽다.'). 그들 자신이 중요하다고 생각하는 영역에서 자신을 긍정적으로 보는 학생들은 높은 자아 존중감을 보이는 경향이 있다(McDevitt & Ormrod, 2010). 즉, 첼시가 자기 자신을 모범생이라고 생각하며 성취를 중요시하는 아동이라면, 그녀는 자기 자신에 대해서도 긍정적인 감정을 가지고 있을 확률이 높다. 반대로, 만약 첼시가 성취보다 인기를 더 중요시하는데, 학교에 친구가 많지 않다면 스스로에 대해 긍정적인 감정을 가지고 있지 않을 것이다.

일반적으로 아동과 청소년은 그들이 취약한 영역보다 더 잘할 수 있는 영역에 집중하는 경향이 있다(Harter, 2006). 결과적으로, 아동은 그들 자신에 대해 더 좋은 감정을 갖게 되는 경향을 보인다. 더 나아가 아동과 청소년은 자기 자신에 대한 인식을 반영하는 행동을 보이는 경향이 있다(Valentine, DuBois, & Cooper, 2004). 만약 학생이 그 자신을 모범생이라고 인식한다면, 그는 수업에 참여하고, 집중하고, 더 많은 노력을 기울이고, 교실 내에서 최선을 다할 것이다. 그러나 불행하게도, 이러한 능력에 대한 아동 자신의 믿음은 그들이 성장하면서 저하되는 경향을 보인다(예 : Jacobs, Lanza, Osgood, Eccles, & Wigfield, 2002). 또 다른 분명한 패턴이라면 학생들이 취약한 영역으로 여겨지는 영역을 피하는 경향이 있다는 것이다. 경우에 따라서 어떤 학생들은 자신의 자아 가치감을 보호하기 위하여 도움이 되지 않는 행동을 하는 경우도 있다. McDevitt와 Ormrod(2010)는 이러한 행동을 자기 실패화 전략(self-handcapping) 현상으로 정의하고, 학생들이 실패에 대한 구

> 자기 실패화 전략 행동은 노력의 부족, 부정행위, 미루기, 과다한 역할 떠맡기, 비현실적인 목표 세우기, 그리고 심하게는 술과 약물 사용까지를 포함한다(McDevitt & Ormrod, 2010).

실을 만들기 위해 하는 행동이라고 정의했다(예 : '나는 아마도 오늘 시험을 망칠거야. 왜냐하면 난 시험공부 하나도 안 했거든.').

아동은 자신의 과거 수행과 외적인 평가(예 : 성인, 또래 간의 상호작용, 소속감; Dweck, 2002; Guay, March, & Boivin, 2003; Harter, 2006)에 근거하여 자신을 인식하는 경향이 있다. 아동이 점점 자라면서, 그들은 자아 가치감에 대해 가족보다 또래에게 더욱 의존하는 경향을 보인다(Harter, 2006; McDevitt & Ormrod, 2010). 자아감의 또 다른 발달적 구성요소는 개인의 경우 성공에 대한 타인의 규준을 내면화한다는 것이다(Harter, 2006). 예를 들어, 어린 학생은 좋은 성적이 부모님을 기쁘게 할 것이기 때문에, 시험에서 'A'를 얻고 싶어 할 것이다. 그녀가 청소년

이 되면서, 그녀는 더욱 시험에서 좋은 성적을 얻고 싶어 할 것이다. 왜냐하면 그것이 그녀에게 중요하고, 그녀가 좋은 학생이라는 자신의 자기인식(self-perception)에 부합되기 때문이다. 이러한 경향에도 불구하고, 몇몇 청소년들은 다른 사람들이 자신을 어떻게 생각하는지에 상당히 지속적으로 의존한다. 이것은 청소년 시기의 감정과 행동 때문에 나타나는 '질풍노도'의 원인이 되기도 한다(McDevitt & Ormrod, 2010). 청소년들은 또한 비슷한 흥미와 공유된 신념을 가지는 소규모의 학생들로 정의되는 하위문화를 형성한다. 청소년기는 정체성을 찾아가는 시기이다. 이러한 발달단계에 있는 학생들은 새로운 유행 스타일을 시도하고, 각양각색의 음악을 들으며, 일반적으로 자신을 표현하는 다른 것들을 추구한다. 전문적인 조력자에게 있어서, 학생들이 그들의 정체성을 찾고 있는지 아니면 위험한 하위문화(예 : 자살 시도, 많은 피어싱, 성관계 시도)에 속해있는지를 파악하는 것 사이에서 균형을 찾는 것이 매우 중요하다.

추상화 능력(abstraction)이 형성되면 어린 청소년들은 다양한 특징을 나타내는 단서들을 하나의 추상적 개념으로 통합하게 된다(예 : "나는 수학을 잘하지만 읽기는 못해. 전반적으로 나는 평균이야."). 학생들은 자신들을 모순덩어리로 볼지도 모른다("나는 이러한 유형의 사람이야. 그런데 동시에 그런 유형의 사람이 아닌 것처럼 보이기도 해."). 그리고 이러한 모순에 대해서 혼란스러워 할 수도 있다. 청소년이 초기 성인기로 접어들면서 그들은 이러한 다양한 자기개념들을 단일한 고차원적인 추상 개념으로 통합시킬 수 있게 되고, 자기 개념은 더 이상 모순적이고 분열된 상태를 보이지 않는다(Harter, 2006). 예를 들어, 개인은 자신의 가치, 행동, 태도뿐만 아니라, 특정 종교, 사회, 정치적 활동에 참여하는 것이 특정한 신념체계의 경향을 반영한다고 생각한다. 종합해 보면 이러한 성장 단계들은 더욱 통합적이고 충분히 발달된 자아감으로 나아가는 데 필요한 전반적인 속성을 포함한다(Harter, 2006; McDevitt & Ormrod, 2010). 학교기반 전문가에게 있어서, 자기탐색(self-exploration)으로 바쁜 시간을 보내는 청소년과 보조를 맞추는 것은 어렵다. 그들의 생각, 가치, 목표들은 매일 변화하는 것처럼 보이기 때문이다.

어떤 아동들은 자신의 재능을 그들이 거의 제어할 수 없는 특성으로 생각하는 반면, 또 다른 아동들은 자신의 능력을 연습과 노력의 결과로 본다(Dweck, 2002). 후자의 관점을 가진 아동의 경우 능력을 선척이고 고정적이라 생각하는 아동보다 더 많은 도전을 이겨내고, 더 큰 탄력성을 보인다. 대략 아동 중기부터, 자아존중감은 상당히 형성된다. 결과적으로, 긍정적인 자아감을 가진 아동은 자신을 긍정적인 관점으로 바라보려는 경향이 있다(Robins & Trzesniewski, 2005). 안타깝게도, 그 반대의 경우도 존재한다. 전문가는 이러한 부정적인 자기인식의 발달을 경계해야 하고, 청소년들이 자기 자신에 대한 생각을 차별화시킬 수 있도록 도와야 한다. 또한 부정적인 자기인식에 도전할 기회를 만들어주어야 하고, 이들의 수행에 대해 대안적인 설명을 할 때 상황적인 요소를 인식하도록 도와야 한다.

아동이 자기 자신은 어떤 특징을 가지고 있다고 생각하는 것처럼, 다른 사람들도 특징을 지니고 있다고 생각한다. 특별히 우려되는 것은 적대적 귀인 편향(hostile attributional bias)을 가진 학생들인데, 이들은 애매모호한 행동을 적대적이고 공격적인 의도의 결과라고 생각하는 경향이 있다(Dodge et al., 2003). 예를 들어, 만약에 존이 쉬는 시간에 복도를 걸어가다가 다른 학생에 의해 밀쳐졌다면, 존은 그 학생이 자신에게 피해를 주려는 의도였다고 가정하고, 공격적으로 반응할 가능성이 높다. 존과 상담하는 전문가는 이러한 귀인을 상담의 내용으로 삼아야하며, 그가 자신을 모욕하는 행동으로 인식한 것에 대한 대안적인 설명을 탐색하도록 도와주어야 한다. 공격성을 줄이고 개인적인 책임감을 증진시키는 데 초점을 맞춘 개입은 공격적인 행동을 줄이는 데 효과가 있는 것으로 알려져 있다(Hudley, Graham, & Taylor, 2007).

사회조망능력 다른 사람과 어울리는 법을 배우는 것의 중요한 측면은 다른 사람들이 자신과 다르게 정보를 인식할 수 있다는 점을 이해하고 고려하는 능력이다(Remmel & Flavell, 2004). 조망수용(perspective-taking)의 기초는 빠르면 유치원 시기에 시작되며, 아동기에서 청소년기에 이르기까지 계속해서 발달한다. 이러한 과정의 첫 번째 단계는, 자기 자신의 관점을 이해하는 것이다. 이는 5살 무렵에 발생한다. 6~7세가 되면, 아동은 다른 사람들이 정확히 똑같은 일을 보고서도 그들이 본 것에 대해 각기 다른 해석을 한다는 것을 이해하게 된다(Selman, 2003).

아동 중기에 이르면 아동의 조망수용은 더욱 복잡해진다. 사람들은 뚜렷한 관점을 가지고 있을 뿐만 아니라, 그러한 관점이 다른 이의 관점에 대한 이해를 포함한다는 것을 이 시기의 아동은 이해하게 된다. 즉, 지니는 아만다가 2주 연속해서 독서집단의 리더가 된 것이 불공평하다고 생각할 수 있다. 동시에 지니는 아만다가 학기 초에 리더가 될 수 있었던 주를 놓쳤기 때문에 오히려 2주 연속하는 것이 공정하다고 아만다는 생각할 것이라고 예상할 수 있다(즉, 같은 사건에 대해서 다르게 인식할 수 있다). 나아가 지니와 아만다는 다른 아이들은 그들과는 또 다른 관점을 가지고 있다는 것을 이해한다(reciprocal understanding, 상보적 이해). 아동의 경우 청소년기와 성인기에 들어서면서, 그들의 다양한 수준을 포함하는 보다 넓은 관점을 이해하는 능력이 증가한다(Selman, 2003). 이러한 이해에도 불구하고, 자기중심적인 측면은 청소년기 심지어는 성인기까지 계속된다. 예를 들어, 청소년들은 때때로 다른 사람들이 청소년 자신에게 보내는 관심의 양을 과대평가한다. 이러한 개념은 '상상의 청중(imaginary audience)'으로 알려져 있다(Alberts, Elkind, & Ginsberg, 2007). 지적 장애를 지니고 있어 친구를 사귀는 데 어려움을 겪고 있는 안젤리나를 상담하는 전문가의 경우, 개입의 초점은 안젤리나의 조망수용 능력을 향상시킴으로써 타인과의 향상된 상호작용을 촉진하는 것이 될 수 있다.

발달의 다른 영역과 마찬가지로, 한 사람의 자아감에 있어서 문화는 중요한 역할을 한다

(Morelli & Rothbaum, 2007). 예를 들어, 서구 사회, 특별히 북미의 경우에는 사람들의 성향이 더 개인주의적(individualistic)인 경향이 있으며, 아동들은 그들 자신의 목표, 동기, 필요에 초점을 맞추도록 격려받는다(Markus & Hamedani, 2007). 아동들은 자신의 성취에 기초하여 자신감과 강한 자아 가치감의 강화를 받는다(McDevitt & Ormrod, 2010). 반면 다른 사회의 경우에는 가족과 지역사회에 보다 많은 강조점을 두고, 성향면에서 집단주의자(collectivist)로 여겨진다(예 : 동아시아). 이러한 사회에서, 개인의 자아감은 가족과 지역사회를 포함하는 강한 사회적 네트워크의 한 부분으로 여겨진다(Wang & Li, 2003). 이렇게 구분하게 되면 너무 단순화시키는 경향이 있고, 문화와 영역에 걸친 중요한 차이를 간과할 수도 있다. Wang과 Li(2003)는 보다 복잡한 구조로서 이를 설명했는데, 이 구조에서는 관계적 성향이 비교적 안정적이고 오랫동안 지속된다고 보았고, 반면 학습과 성취와 관련된 개인주의적인 목표는 학년이 올라갈수록 증가한다고 보았다. 집단주의적 사회에서 온 아동의 경우, 미국 사회와 비교하여, 긍정적인 자존감에 대한 요구가 적으며(Heine, Lehman, Makus, & Kitayma, 1999), 자기 한계(self-limitations)를 더 인정한다고 알려져 있다(Brophy, 2004).

이번 장에서 발달에 대해 간단하게 검토한 것은 아동의 발달적 수준이 상담관계에 영향을 미치는 다양한 방식 중의 일부만을 강조하여 보여준다. 표 3.1에서 우리는 다양한 영역의 발달적 핵심 측면들을 요약하였고, 학교기반 전문가가 실습을 하는 과정에서 활용할 수 있는 유의사항을 제공하였다. 우리는 아동의 수준을 평가절하하지 말아야 하며 그렇다고 동시에 그들에게 복수질문을 하거나, 추상적인 단어를 사용하여 대답하기를 기대해서도 안 된다. 우리는 생각을 작은 부분으로 쪼개고, 가능하다면 예시나 시각자료를 사용하고, 보조를 잘 맞추고, 우리가 사용하는 언어의 수준을 인식하는 것에 주의를 기울여야 한다.

표 3.1 발달 단계 및 학교기반 전문가를 위한 유의사항

아동 발달 단계	학교 사회복지사
인지적 발달	
• 전조작적 단계 : 아동(3~6세)은 한 번에 두 가지 이상의 개념을 다루는 데 어려움이 있다.	• 전문가는 한 회기 안에서 단 한 가지의 개념만을 소개해야 한다. • 아동의 이해를 돕기 위해 구체적인 예시와 학습 교구(예 : 놀이, 인형)를 사용해야 한다.
• 구체적 조작적 단계 : 아동(7~12세)은 물체를 분류하는 사고를 할 수 있다(또는 둘 이상의 관점으로 물체나 개념들 사이의 관계를 이해할 수 있다).	• 개념들 사이의 관계를 아동이 이해할 수 있도록 아동이 직접 해보는 전략(hands-on strategies)이 포함되어야 한다. • 물체를 분류하고, 배열하고, 그룹화하는 기회를 제공하기 위해 모래 놀이 활동이 포함될 수 있다(Carmichael, 2006).

표 3.1 발달 단계 및 학교기반 전문가를 위한 유의사항(계속)	
아동 발달 단계	**학교 사회복지사**
• 형식적 조작기 단계 : 청소년(13세~성인)은 더 추상적인 사고를 시작하고 논리적 사고와 연역적 추론을 사용하여 가설을 만들고 검증해 볼 수 있다.	• 아동과 청소년들은 자신의 신념을 확인할 정보를 찾으려하고, 확인되지 않는 정보를 수용하려 하지 않는다. 전문가는 현상들을 설명해주기 위해 이전과는 다른 방식으로 설명한 후 이를 강화하는 것이 필요할 것이다.
신체 발달	
• 두뇌가 발달하면서, 아동은 새로운 정보에 주의를 기울이고, 기억하고, 만드는 능력이 발전한다.	• 어린 나이에는, 상담 회기가 짧아야 할 것이고(최대 30분까지), 개념을 반복해서 설명해야 하며, 전문가는 '대기시간(wait time)' (침묵하는 동안 아동이 반응할 수 있도록 시간을 주는 것을 의미한다)을 회기에 사용해야 할 것이다.
• 사춘기 시기	• 또래들과 눈에 띄게 다른 학생들에게 전문가들은 예민하게 반응해야 하고 교육과 지지를 제공해주어야 한다.
도덕성 발달	
• 전인습 수준	• 아동은 자신의 행동에 따른 결과(행동을 했을 때 보상을 받는지, 벌을 받는지의 여부)를 바탕으로 행동 평가 기준을 세운다. 이처럼 행동의 결과에 따라 판단하기 때문에 자신의 행동이 목표 수행에 도움이 되는지의 여부를 스스로 판단하는 데 어려움을 겪는다.
• 인습 수준	• 아동은 어른인 당신과 정보를 공유하는 것을 꺼려할 것이고 '나쁘게' 인식되는 것을 두려워 할 것이다. • 아동은 '착하게'(예 : 어른을 잘 따르는) 보이고 싶어 하기 때문에, 전문가들은 제안이나 질문으로 대화를 시작하지 않도록 특별히 주의해야 한다.
• 후인습 수준	• 청소년들은 또 다른 관점에서 도덕성의 양상을 탐구하길 원할 것이고 논의의 여지가 있는 화제(예 : 혼전순결, 낙태)에 대한 전문가의 의견을 듣고 싶어 할 것이다.
사회/정서 발달	
• 기질	• 품행 장애를 가지고 있는 어린 아동을 위해 전문가는 '조화의 적합성 (goodness of fit)'을 고려해야 한다(Kristal, 2005).
• 자아개념	• 전문가는 아동이 자신에 대해 '전부 긍정'하거나 '전부 부정'하는 관점을 취하기보다 자기 자신의 여러 모습들을 차별적으로 인식할 수 있도록 도움을 주어야 한다.
• 사회적 조망 수용	• 어린 아동들은 다른 사람들이 그들과 상황을 다르게 볼 수 있다는 것을 이해하지 못한다. • 전문가는 갈등이 발생했을 때 상보적 사회적 조망 수용을 촉진할 수 있다.

3.3 특수아 상담

특별 교육 서비스를 받고 있는 학생들의 대다수가 학습 장애를 가지고 있는 학생들이다. 학습 장애는 읽기, 쓰기, 수리, 추론과 표현형/수용형 언어에 영향을 미칠 수 있는 넓은 범위에서의 어려움을 의미한다. 학습 장애를 가지고 있는 학생은 보통 평균의 인지학습능력을 가지고 있지만, 기대한 것보다 훨씬 낮은 학업성취도를 보인다. 학습 장애의 원인이 다양하고 종종 잘 알려져 있지 않지만, 그 원인은 인지적 처리 문제에 기인된 것으로 여겨지고 있다(Learning Disabilities Association of America, n.d.). 예상할 수 있는 것처럼, 학습 장애는 학업적 환경에서뿐만 아니라, 사회적 환경의 전반에서도 학생에게 영향을 미친다. 학습 장애 학생은 종종 부정적인 자아개념과 사회성 기술의 부족으로 힘들어한다(Raines, 2006).

사회적, 개인적, 그리고 진로적 요구를 다루는 상담 프로그램들은 학습 장애 학생들이 목표를 성취할 수 있도록 돕는다는 점에서 중요하다(Reis & Colbert, 2004). Shechtman과 Pastor(2005)는 학습 장애를 지닌 초등학생을 대상으로 연구를 하였는데, 이 연구에서 Shechtman과 Pastor는 학습장애를 가지고 있는 초등학생들에게 학업적 개입만을 제공할 때보다, 집단상담을 진행하는 경우 혹은 학업적 개입과 집단상담을 병행하는 경우에 보다 긍정적인 결과가 나타나는 것을 확인하였다. 학습 장애 학생을 상담하는 경우, 이 학생들이 보통의 정상적인 또래들과 배우는 방식과 속도가 다르다는 것을 유념하는 것이 중요하다. 그렇기 때문에, 당신은 상담할 때 연간계획과 설명방식, 말하기 속도, 어휘 수준을 학습 장애 학생들이 이해할 수 있도록 바꿔야 할 것이다. 학교기반 전문가는 학생 내담자에게 유의미한 활동들과 예시들을 개입에 포함시켜, 아동과의 상호작용이 밀도 있게 유지되며 동시에 재미있게 되기를 바랄 것이다.

지적 장애 아동은 상담 이외에 자신의 개별적 요구에 부합하는 서비스들을 통해 도움을 받을 수 있다. 지적 장애 아동에게 제공되는 지원 수준은 아동들 사이에서도 많은 차이를 보인다(간헐적, 제한적, 광범위한 지원 등, Wicks-Nelson & Israel, 2003). 경미한 인지적 지체를 보이는 학생의 대부분은 일반 학급 환경에 포함될 것이고, 사회적, 학업적 압박에 직면하게 될 것이다. 적응기술 향상, 대인관계, 언어능력, 정서적 문제를 대처하는 것 등에 관한 것들은 가장 흔하게 제공되는 지원영역이다(Hardman, Drew, Egan, & Wolf, 1993). 이와 더불어, 학교기반 전문가들은 구체화된 기술을 향상시키는 집단을 통해 이 학생들을 지원하고 싶을 수도 있다. 예를 들어, 자기옹호(self-advocacy) 기술에 초점을 둔 집단을 생각해 볼 수 있다. 또한, 학교기반 전문가는 명확한 의사소통을 사용하고, 가르칠 내용을 잘게 나누어 이해를 돕고, 복습을 자주 하며 학생을 지지하고 존중하기를 원할 것이다.

능력의 스펙트럼에서 반대쪽에 놓여 있는 아동들은 영재 아동인데, 이들 또한 가끔 사회적, 정서적 어려움을 겪는다. 이러한 영재 아동의 경우, 학업적 압박과 자신이 또래와 다르다는 것을 느끼기 때문에 다양한 어려움을 겪는다(Peterson, 2003). 영재 아동들은 한 분야에서 아주 우수하지만 다른 분야에서는 뒤처지는 불균형적인 발달을 경험한다(예 : 인지와 정서의 불균형, Reis & Renzulli, 2004). 영재 아동뿐만 아니라 영재성과 장애를 동시에 지닌 아동의 경우 몇몇의 다른 형태의 프로그램들이 이들에게 효과적이다. 예를 들면, 개별 상담, 대처기술 향상 전략, 학생 맞춤식의 상담이 있다(Reis & Colbert, 2004). 게다가 영재들로 구성된 집단 상담은 학생들이 자신과 비슷한 경험을 하고 있는 다른 학생들도 있다는 것을 깨닫도록 도와줄 것이다. 또한, 집단 상담을 통해 학생들은 정서를 올바르게 표현하고 대처전략을 개발하고, 지지적 네트워크를 형성할 수 있게 된다(Reis & Colbert, 2004).

3.4 생태학적 관점으로 아동을 바라보기

아동 발달은 그들의 가족, 학교, 또래 집단과 사회 맥락에서 일어난다. 아동들, 특히 어린 아동은 "적응 능력과 정신 건강을 성취하는 데 있어서 그들의 심리사회적 요인에 특별히 더 의존한다"(Steiner, 2004, p. 17). 아동은 그들의 환경에 의해 많은 영향을 받고, 그들의 삶의 맥락은 그들이 필요로 하는 것과 개입 계획을 이해하면서 고려되어야 한다. 예를 들면, 지난 몇 십 년 간 아동들의 가정에는 늘어난 이혼, 한 부모, 동성 부모와 조부모에 의해 길러지는 것을 포함한 여러 변화가 일어났다. 이러한 새로운 가족의 가치를 인정하고 존중해야 한다. 하지만 동시에 아이들이 학교에서 성취를 이룰 수 있도록 가족 기능이 발전될 만한 의견을 제시해야 한다.

생태학적 이론적 체제는 이런 다양한 환경과, 맥락 사이에 존재하는 관계를 이해하는 데에 도움이 된다. Bronfenbrenner(1979)는 사회적 환경을 종합적으로 관찰했고, 아동에게 영향을 줄 수 있는 다양한 영역을 설명했다. 그림 3.1에 나타나듯이, 가족, 또래 집단, 학교와 사회의 영향력은 이 생태학적 모델에 포함된다. 예를 들면, 우리가 위기를 고려할 때, 개인의 특징만으로 인해서가 아니라, 개인적 요소와 환경적 요소의 상호작용으로 한 사람이 위기를 겪게 되는 것이다(Gordon & Yowell, 1999). Bronfenbrenner(1979)의 생태학적 모델 체제와 같은 사회-생태학적 모델 체제는 서로 다른 단계에 제공되어야 하는 서비스를 개념화하는 데에도 사용될 수 있다. 개인의 건강과 시스템 사이에는 복잡한 연결고리가 존재한다. 따라서 오직 개인을 변화시키는 것에 초점을 맞춘 개입은 전반적인 시스템을 다루는 개입보다 성공할 가능성이 낮다(Weisz et al., 2005).

생태학적인 모델은 개인에게 영향을 미치는 네 가지의—미시 체제(microsystem), 중간 체제(mesosystem), 외체제(exosystem)와 거시 체제(macrosystem)—맥락적 환경을 포함한다. 미시 체제에는 가정과 교실 환경처럼 아이가 날마다 다른 사람들과 상호 작용하는 환경이 포함된다.

그림 3.1 생태학적 모형

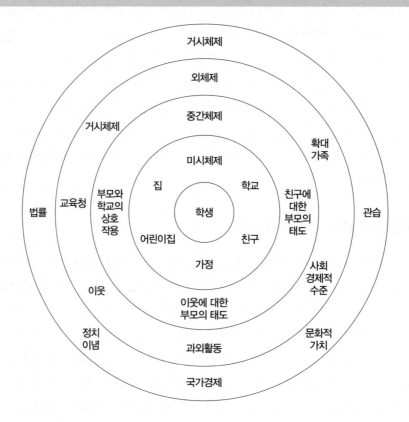

맥락 사이의 관계(예 : 부모와 학교의 상호작용)는 중간 체제에서 다뤄진다. 외체제는 가정의 사회경제적 지위, 이웃, 그리고 더 넓은 학교 시스템을 포함한다. 마지막으로 거시 체제는 법률 제정, 정부 프로그램과 전체적인 교육 시스템처럼 개인에게 직접적 또는 간접적으로 영향을 주는 더 큰 제도와 문화를 포함한다. 아이의 상황을 고려할 때, 각각의 체제에서 변수를 고려하고, 개인과 환경이 서로 잘 맞는지를 확인하는 것이 중요하다. 한 시골 마을의 작은 학교에 다니는 6학년 애슐리의 실화를 예로 들어보자.

애슐리는 활기차고 친절하지만 또래 친구들보다 학업에 뒤처진 청소년이다. 애슐리의 기록을 보면, 애슐리가 학교를 자주 결석하기 시작한 것을 알 수 있다. 애슐리의 선생님들은 아직 이러한 것에 대한 걱정을 표현하지는 않았다. 하지만 당신은 선생님들이 애슐리가 늦게 숙제를 제출하고 결석하는 것과 관련하여 애슐리의 부모가 다양하게 변명하는 것에 대한 불만을 토로하는 것을 들은 적이 있다. 당신은 애슐리와 만나서 좋은 관계를 형성해야겠다고 결정한다. 애슐리는 자신이 며칠은 아빠와 보내고, 다른 며칠은 엄마와 보내고, 주말은 할머니와 보내야 하는 복잡한 보호 관리 상황을 설명한다. 때때로, 애슐리는 사촌들과 놀기 위해서 이모랑 있기도 한다. 애슐리가 이러한 상황 때문에 스트레스를 받는 것 같지는 않아 보인다. 하지만 명백해 보이는 것은 애슐리가 이러한 상황을 오히려 이용하여 부모 모르게 결석하거나 과제를 늦게 제출한다는 점이다(예 : 아빠와 집에 있는 날에 결석하고, 이모와 있는 다른 날에 또 결석하기). 애슐리는 자신이 친구들과 잘 지내고, 학교의 사회적 면이 제일 즐겁다고 한다. 애슐리에게 자신의 관심사와 미래의 목표에 대해서 물어보면 애슐리는 분명한 진로를 언급하지 않고, 학업과 학습에 대해 미온적 태도를 보인다. 애슐리는 자신의 모든 과목이 어렵다고 말하고, 자신이 가장 좋아하는 과목이 없다고 한다.

교장과 대화를 통해 당신은 교장이 애슐리의 가족을 교육청의 무단결석 학생 위원회에 의뢰할 것을 고려하고 있다는 것을 알게 된다. 그곳에 보내면 무단결석 재판으로 보내지게 된다. 이 지역의 출석 제도는 매우 엄격하고, 애슐리의 결석이 가족 상황에 의한 것이라고 설명된다 할지라도, 이러한 결석들은 병이나 중요한 약속에 의한 것이 아님은 분명하다.

애슐리의 상황을 개념화 할 수 있는 여러 방법이 있다. 애슐리는 여러 날 결석함으로 인해 자퇴의 위기에 있고, 학업적으로 뒤처져 있으며, 학습에 대해 참여적이지 않다. 당신은 애슐리의 출석률을 높이고, 성적을 올리고, 학교에 대한 동기를 형성할 수 있도록 목표를 설정할 수도 있다. 생태학적 관점은 애슐리의 현재 상황의 주원인이 되는 중요한 요소들을 정리하는 면에서 하나의 틀을 제공한다. 예를 들면, 가정, 학교 및 친구는 애슐리에게 영향을 줄 수 있는 애슐리의 삶의 일부분이다. 따라서 미시 체제에서는 이런 세 가지 맥락을 살펴볼 수 있다. 애슐리는 친하게 지내는 친척들이 있다. 하지만 이러한 친척들과 애슐리 사이의 연락이 규칙적이지 않기 때문에 애슐리는 때때로 주의 깊게 관찰되지 않고, 학교를 결석할 수 있다. 또한, 주 중에 일어나는 이동 때문에 필요한 책은 아빠 집에 있고, 가방은 엄마 차에 있는 등 정리정돈이 잘 안 될 수 있다. 애슐리는 또래와 관계가 좋다고 했고, 친구와의 우정이 학교에 출석하는 데 가장 중요한 역할을 한다고 한다.

중간 체제의 경우 당신은 가족, 친구와 학교의 세 가지 맥락의 관계를 살펴보는 것이 필요하다. 애슐리의 부모가 애슐리의 친구에 대해서 어떻게 느끼는지 알 길이 없고, 가족과 학교의 연락은 불규칙적이다. 따라서 애슐리의 가족과 학교가 충분히 연락하지 않는 것이 이 문제에 기여할 수 있다. 이미 알고 있듯이, 친구는 애슐리에게 있어서 학교 출석의 중요한 이유이다. 더 포괄적인 외체제의 경우 애슐리의 이웃, 지역으로 관심의 영역을 넓혀 교육청의 제도와 실행들을 살펴보아야 한다. 애슐리는 방과 후 활동에 전혀 참여하지 않고, 그 지역이 작기 때문에 학교 외의 활동은 제한되어 있다. 애슐리는 가족과 시간을 보내는 것과 어린 사촌들을 돌보는 것 이외의 것에는 관심을 표현하지 않는다. 이미 알고 있지만, 이 지역의 출석 제도는 매우 엄격하고, 교장은 애슐리의 저조한 출석 때문에 애슐리의 가족을 무단결석을 지도하는 사람에게 의뢰하는 것을 고려하고 있다. 마지막으로, 가장 넓은 단계에서는 현재 상황에 간접적인 영향을 미칠 수 있는 법, 제도와 문화를 고려해야 한다. 애슐리의 가족이 작은 시골 지역에서 산다는 것을 기억해라. 이곳에서는 대다수의 사람이 더 높은 학력을 추구하지 않고, 대신에 지역에 남아서 다양한 서비스와 농업에 관련된 직업을 찾기를 원한다.

이러한 생태학적 관점에 근거해서, 당신은 애슐리와만 상담하는 것 말고도, 애슐리의 삶에 있는 모든 어른들과 만나서 출석과 생활의 문제에 대해 이야기하고, 애슐리와 보다 원활하게 소통할 수 있도록 노력해야 한다. 당신은 학교에 대한 애슐리의 낮은 참여도에 대해 염려를 하지만 애슐리를 4-H 프로그램의 일환인 학교의 아동보호 훈련 프로그램(child care training program)에 의뢰할지 고민할 수 있다. 그것은 애슐리에게 학습을 통해서 자신의 목표를 성취할 수 있고, 자신이 좋아하는 것을 더 잘 할 수 있게 된다는 것을 알려줄 수 있는 시작점이 될 수 있다. 또한 당신은 애슐리의 친구가 영향을 미칠 수 있다는 것을 인지하고, 그들이 애슐리를 지지할 수 있도록 연결시키는 방법을 생각해 볼 수 있다. 당신은 물론 애슐리와 이야기를 해 보면서 본인의 목표를 설정하도록 도와주겠지만, 이외에 훨씬 많은 잠재적인 개입이 존재한다는 것도 깨닫게 될 것이다.

3.5 아동과 청소년을 상담할 때 특별히 고려할 점들

아동과 청소년의 상담은 상담적 관계를 통해 즐거움을 얻기도 하고 도전을 느끼게도 하는 독특한 특성이 있다. 현실적인 관점에서 보면 아동과 초기청소년이라도 스스로 상담을 신청하지 않는다는 점을 염두에 두는 것이 중요하다. 스스로 해결해야 할 특정한 문제를 가지고 있다고 보는 성인에 의해 학생들이 주로 의뢰된다(Prout, 2007). 이런 경우에 아동들은 '문제'가 있다고 생각하지 않는다. 또는 상담을 하는 상담자의 목적과 아동의 목적이 다를 수 있다. 아동은 자신이 상담에 의뢰된 것에 대해서 벌을 받고 있다고 느낄 수 있으며, 상담자와 상담하는 것에 저항할 수도 있다. 게다가 아동은 상담에서 무엇을 하는지에 대해 명확하게 이해하고 있지 못할 수도 있다. 나이가 많을수록, 아동 및 청소년 내담자는 미디어에 그려진 상담을 통해 상담에 대한 선입관을 가질 수도 있다. 학교에서는, '상담실에 가야하는 것'이 오명으로 작용할 수도 있다. 이런 경우에는, 관계를 정립하고, 몇몇 유형의 변화가 필요하다는 것에 대한 합의를 이루는 것이 상담의 중요한 측면 중 하나이다.

3.5.1 아동과의 상담

아동을 효과적으로 상담하는 데 필요한 중요한 열쇠가 되는 몇몇 발달적 측면에 대해서 설명했지만, 어린 아동의 미숙한 언어적 발달을 강조하는 것은 중요하다. 여러모로, 어린 아동의 언어 수준에 맞추면서 상담의 세세한 기술을 사용하는 것을 배우는 것은 가장 어려운 도전 중 하나이다. 어린 아동이 단어에 대한 구체적인 이해를 활용하는 것의 정도는 가끔씩 초보 상담자를 놀라게 할 수 있다. 예를 들어, 섀넌이 자신의 행동과 학업이 작년에 비해 얼마나 많이 향상되었는지에 대해 말하는 것을 듣고 난 후에, 상담자는 "그래, 너는 작년에 네 스스로가 얼마나 성장했는지에 대해서 자랑스러워하고 있구나"라고 반응했다. 섀넌은 미소를 지어보이면서 대답한다. "네 맞아요! 200% 성장했죠."

어린 아동이 시간, 양, 빈도에 대해 명확성이 떨어진다는 것을 강조하는 것 역시 중요하다. 그래서 오래 전에 일어난 일들을 최근에 일어난 일로 소개할 수도 있다. 그리고 아동이 말한 이야기 중에서 행동의 빈도에 대해 정확한 판단을 하는 것은 어려울 수 있다. 학교기반 전문가로서 이 사실을 통해 알 수 있는 점은 어린 학생은 사건의 순서나 사건이 언제 일어났는지를 기억하는 것에 어려움을 가질 수 있다는 것이다. 그 아동들은 3년 전에 갔던 여행을 어제 갔다 온 것처럼 이야기할지도 모른다. 만약 아동이 야자수가 있는 장소에 지난 주말에 갔던 일처럼 이야기한다면, 초보 상담자는 이것이 과거의 사건인지, 거짓말인지, 또는 주말의 여행 경험을 해변에 연관시키고 있는 것인지 알아내기 위해 진땀을 뺄 것이다.

마지막으로, 아동을 상담하는 가정은 성인상담에 비해 더욱 예측 불가능할지도 모른다. 왜냐하면 아동은 종종 자신의 환경에 대해 보다 반응적이고, 성격도 덜 확립되었기 때문이다(Prout, 2007). 한때 매우 중요했던 사안이 아동을 다음에 만났을 때에는 더 이상 유의미하지 않을 수도 있다. 몇몇의 이러한 발달적 도전을 극복하기 위해, 상담자는 구체적인 예를 제시하고, 실제적 활동을 시행하며, 규칙에 대해 명확하게 설명하고, 행동의 결과에 대해 사려깊게 설명하는 것이 좋다.

학교에서 아동을 상담할 때, 당신은 소음 수준, 행동, 그리고 물건들과 관련하여 한계를 설정할 필요가 있을 것이다. 상담실은 학생 내담자에게 언제든지 열려 있고, 자신의 감정을 살피는 공간이 되어야 하지만 학생들이 확립된 규칙으로부터 너무 많이 멀어지거나, 주변의 학급을 방해하거나, 또는 상담실의 물건을 파손하는 행동이 용납되어서는 안 된다. 명확한 한계를 설정함으로써 아동은 허용되는 행동에 대한 기대를 알게 되고, 대인관계에 있어서 책임을 배울 수 있으며 스스로를 안전하게 하는 역할을 습득하게 된다(Landreth, 2002; O'Connor, 2000). (이러한 한계 설정에 대해서는 9장에서 보다 자세하게 다룬다.)

3.5.2 청소년과의 상담

청소년은 언어적으로 더욱 성인과 비슷하지만 이들의 사회적, 정서적, 그리고 인지적 단계의 측면은 상담자에게 독특한 도전과제가 된다. 아동을 상담할 때와 같이, 청소년과 치료적 관계를 형성하는 것에도 예측 불가능성이 많이 존재한다. 그리고 상담자는 다양한 치료적 접근들을 사용할 수 있는 준비가 되어 있어야 한다. 상담자는 청소년 내담자가 상담에 참여할 수 있도록 하기 위한 강한 치료적 관계를 빨리 형성하기를 바랄 것이다(Weiner, 1992). 라포를 형성하기 위한 전략들 중 한 가지 전략으로서, 청소년 내담자가 앞으로 무엇을 기대할 수 있을지에 대해 설명하고, 청소년 내담자가 오해를 가진 경우 이를 명확하게 함으로써 청소년 내담자를 안심하게 하는 방법이 있다. 우리는 청소년 내담자가 반응을 충분히 할 수 있도록 혹은 이전 회기들을 심사숙고할 시간을 허락하는 의도로 긴 침묵을 줄 필요는 없다. 내담자가 보이는 비언어적 행동들을 민감하게 파악할 수 있다면 내담자가 겉으로 드러내지 않는 정서적 상태를 보다 쉽게 파악할 수 있다(예 : 눈 굴리기, 뒤로 기대기, 팔짱끼기, 몸이 경직되는 것). 현재의 유행, 트렌드, 그리고 특정 집단이 쓰는 용어에 대한 지식 또한 관계 형성의 초기단계에 도움이 될 것이다.

우리는 또한 깊은 개인적 느낌을 너무 많이 캐묻거나, 자신의 나쁜 행동에 대해 설명하게 함으로써 청소년 내담자에게 도전이 될 일을 요구하는 것을 권고하지 않는다. 왜냐하면 이러한 유형의 상호작용은 학생의 저항을 증가시키기 때문이다. 당신이 '왜'라는 질문을 피하기를 바란다. 왜냐하면 개인은 보통 자신의 행동을 설명할 수 없고, 이러한 유형의 질문은 학생 내담자를 방어적으로 만들 수 있기 때문이다. 대신 당신의 생각을 분명하게 설명하고, 질문을 구체적으로 하고, 전반적으로 진심어린 직접적 접근을 사용하는 것이 좋다. 이러할 때 당신의 치료적 접근은 훨씬 더 자연스럽고 대화를 이끌어 내는 것처럼 '보일'것이다. 이러한 유형의 접근은 또한 당신이 청소년 내담자를 수용하고 좋아한다는 메시지를 내담자에게 전해 줄 것이다(Prout, 2007).

Prout(2007)는 청소년을 상담할 때에 의존과 독립 사이에서 균형을 잡아야 한다고 권고했다. 그 말은 청소년을 아동처럼 대해서는 안 되며, 이것으로 인해 청소년 내담자가 스스로에 대한 모든 결정을 내릴 수 있는 자유가 모두 자신에게 있는 것이라고 생각하게 해서도 안 된다는 것을 뜻한다. 또한 청소년 내담자는 당신의 태도 및 당신의 의견에 대해서 궁금해할 것이라는 점을 알고 있어야 한다. 하지만 조심스럽게 당신의 생각을 공유해라(예 : 직접적으로 질문 받았을 때만, 또는 새로운 영역을 알고 탐색하는 경우에만 사용하는 것이 좋다). 다음의 예에서 학교 상담자는 자신의 청소년 시기의 경험을 학생 내담자와 나누고 있다. 학생 상담자는 자신의 이야기를 하는 것이 도움이 될 것이라고 생각하기 때문이다.

리디아 :   저는 이 학교가 싫어요. 여기 있는 애들 모두가 저에게 짓궂게 굴어요.

학교 상담자 : 이 학교에 새로 전학 와서 고생하고 있구나. 여기 학생들이 너에게 상당히 친절한 것 같지 않아 보이네.

리디아 : 　맞아요, 저는 걔들을 무시하려고 노력했어요, 하지만 너무 소외감 느껴요. 심지어 저 요즘 심지어 담배 피는 애들하고 어울리기 시작했어요. 저도 담배를 피면 걔네들이 말 걸어줄 것 같아서요.

학교 상담자 : [주의를 기울이며 끄덕인다]

리디아 : 　그래요, 저는 이게 바보 같은 짓이란 걸 알고 있어요. 선생님은 담배 피운 적 있으세요?

학교 상담자 : 음……, 어……, 그래 나는 몇 번 시도했었는데, 좋아하진 않았어. 나는 그게 너만의 생각이고, 네가 담배 피지 않는 아이들과 어울릴 수 있다고 보는데.

리디아 : 　사실, 전 담배 피우기 시작했어요. 그리고 바보 같다는 걸 알아요.

이 학교기반 상담자는 대답을 짧게 하고 즉시 리디아에게 다시 초점을 돌렸다. 다른 상황에서 학교기반 전문가는 다음에 제시된 사례와 같이 학생에게 정보를 공개하지 않을 수도 있다.

데이비드(9학년 학생) : 저는 선생님이 왜 저를 이곳으로 부르셨는지 알아요. 제가 성적이 나빠서 저희 엄마가 선생님께 전화를 했죠?

학교 심리사 : 　네가 왜 이 곳에 오게 되었는지 알고 있는 것 같구나. 그런데 이곳에 오게 된 것에 대해 별로 달갑지 않게 생각하는 것 같은데?

데이비드 : 　음…… 너무 바보 같아요. 우리 엄마와 아빠가 한 번은 제가 집에 왔을 때 저를 멈춰 세우시고는 저한테서 맥주 냄새가 나는 것 같다며 정말 화를 내셨어요. 그게 뭐가 문제지요? 애들 모두가 맥주를 마셔요. 그런데도 부모님은 저를 2주 동안이나 외출 금지시켰어요.

학교 심리사 : 　너는 부모님이 너를 외출 금지시킨 것에 대해 화가 났고, 다른 아이들도 맥주를 마시니까 이것이 공평하지 않다고 생각하는구나.

데이비드 : 　네. 선생님도 제 나이였을 때에 맥주를 마시지 않으셨나요?

학교 심리사 : 　나도 학창시절에 맥주를 마셨는지 궁금하구나. 만일 내가 나도 술을 마셨다고 대답한다면, 너는 너희 부모님이 틀렸다고 더욱 확신할 것 같네.

데이비드 : 　아마도 그렇겠죠. 저도 부모님이 틀리지 않았다는 건 알 것 같아요. 하지만 부모님이 저를 너무 어린애 취급하는 것 같은 기분이 들어요.

학생 내담자와 상호작용을 하는 동안, 상담자는 학생이 던진 질문의 의도를 파악하려고 노력해야 한다. 때때로 학생들은 그들의 경험이 '정상적(normal)'인지를 알고자 질문을 한다. 다른 경우에는 데이비드처럼 질문에 대한 정답을 실제로 알고자 하지 않을 수도 있다. 이러한 경우는 단순히 대답하기 어려운 대화에서 상황을 모면하기 위한 방법일 수도 있다. 물론 당신은 상담의 내용을 비밀로 지켜야 하는 법적인 의무를 지니고 있지만, 당신의 학생 내담자는 그런 의무가 없다는 것을 아는 것도 중요하다. 공개적으로 알려졌을 때에 당신의 전문성에 영향을 미칠 수 있는 정보를 공개하지 말아야 한다. 자기노출(self-disclosure)에 대한 추가적인 지침은 **실제 및 적용을 위한 가이드북**(*Practice Application Guide*)의 3장을 참고하면 된다.

아동 · 청소년이 나타내는 역동적인 발달적 특징은 학교기반 상담자들에게 도전적일 수 있다. 약간만 수정하면 상담 기술을 다양한 능력과 학교 단계의 학생들에게 유용하게 사용될 수 있다. 학교 기반 상담자들은 효과적으로 의사소통하고, 강한 유대관계를 형성하고, 환경적 지원을 얻기 위해 아동이 자신의 세상을 해석하는 방식을 깊이 이해할 필요가 있다.

활동

1. 6세, 10세, 그리고 청소년에게 상담자의 역할을 소개하는 연습을 하여라. 어떻게 어휘를 바꾸어서 소개를 하겠는가?

   a. 아주 어린 아동에게 상담을 어떻게 정의할 것인가?

   b. 청소년이 당신에 대해 학교나 부모의 편을 드는 사람이라고 한다면 뭐라고 답할 것인가?

2. 다음에 제시한 문단의 정보를 이용하여, 아동의 현재 기능에 영향을 미치는 맥락적인 영향력에 대해 설명해 보자.

   갈렙은 활동적이고 민감한 6세 아동으로, 얼마 전 새로운 학교 근처의 작은 아파트로 엄마와 함께 이사를 왔다. 수년간 큰 소리로 격렬히 논쟁을 벌인 끝에, 그의 부모는 최근에 이혼을 했고, 그는 현재 가정 경제를 위해 2개의 직업을 갖고 있는 엄마와 함께 살고 있다. 그의 가족은 원래 안정적인 중산층의 집안이었으나, 갈렙과 그의 엄마는 현재 가난한 지역에 살게 되었고, 갈렙의 엄마는 아들이 밖에 나가 노는 것을 허락하지 않는다. 갈렙은 또한 새로운 주로 이사를 간 아빠와 연락하는 것도 제한되었다. 엄마의 직업 때문에, 갈렙은 대부분의 시간을 타인의 보살핌을 받으며 지낸다. 평일에는 학교를 가는 낮 시간을 제외한 오후 동안 어린이집에서 시간을 보내고, 토요일에도 하루 종일 어린이집에서 지낸다. 갈렙은 학교와 집에서 점점 더 까다로운 행동을 보이고 있다. 그는 또래에게 공격적이고, 꾸중을 들으면 울기 시작한다. 집에서는 엄마에게 반항을 하고 화를 낸다. 그의 엄마는 교사와의 약속에 한 번도 나올 수가 없었고, 직장을 잃을까 두려워 회사로 전화하지 말라고 부탁했다.

3. 개인적인 민감한 질문을 이끌어 낼 수 있는 역할극 전략이 있다. 예를 들어 "자녀가 있으신가요?", "결혼하셨어요?"와 같이 아동이 물을 수 있는 질문들과, "_____을/를 해 본적 있으세요?", "결혼 전에 성관계를 해 보셨나요?"와 같이 청소년이 하는 보다 어려운 질문들이 있을 수 있다.

저널 주제

주제 1

당신 자신의 발달에 대해 생각해 보자. 어떤 때가 가장 힘든 나날이었다고 기억하고, 그 이유는 무엇인가?

주제 2

학생들은 당신에게 친구가 말한 비밀을 당신에게 말을 해야 하는지, 또는 출산에 대해 부모와 이야기를 해야 하는지 등과 같이 많은 윤리적, 도덕적 딜레마 상황을 가치고 올 것이다. 이러한 도덕적인 문제에 직면했을 때에 당신은 어떻게 결정을 내리겠는가?

주제 3

당신이 상담을 하게 될 학생 내담자의 발달적 연령을 고려하라. 어려움이 있다면 구체적으로 무엇이며 그것이 왜 어려움이 되겠는가?

PART 02

당신이 대략적으로 상담이 무엇인지를 이해했다면, 그다음 단계는
당신이 상담을 어떻게 할 것인지에 대해 생각해 보는 것이다.

-Nancy Murdock-

당신의 이론이 당신이 보는 것을 결정한다.

-Albert Einstein-

당신은 여러 가지의 다양한 렌즈를 통해 세상을 볼 수 있지만,
눈을 찡그리고 세상을 바라보아서는 안 된다.

-Harold Mosak-

학생들은 보통 상담 입문과목에서 배운 초보적 기술에 능숙해지면 다음과 같이 결론을 내리곤 한다. "내담자와 특정 유형의 관계를 맺게 되면, 내담자는 성장과 변화를 위해 그 관계를 이용하는 능력을 자신의 내면에서 발견하게 되고 결국 개인적 발달이 일어난다"(Rogers, 1961, p. 33). 우리는 친밀한 관계가 학생 내담자와의 상담의 토대가 된다는 사실을 인정하고 지지하는 바이다. 현재 치료적 관계(therapeutic relationship)에 대한 다양한 정의들이 존재하는데 우리는 그중에서 Karver와 Caporino(2010, p. 223)의 정의를 사용하려 한다. Karver와 Caporino는 치료적 관계를 학생 내담자와 상담사 사이의 "적극적이고 교환적인 대인관계적 과정(active and interchanging interpersonal process)"이라고 정의하였다.

학교기반 전문가들은 특정 행동을 통해 학생과 치료적 관계를 맺는다. 예를 들면, 학생의 자율성을 강화한다거나, 상담에 대한 학생의 기대감을 높인다거나, 또는 공감적이고 따뜻한 분위기를 조성하는 등의 행동이 이러한 특정 행동들이다(Karver, Handelsman, Fields, & Bickman, 2006). 별책으로 제시한 **실제 및 적용을 위한 가이드북**에는 이러한 관계를 형성하기 위해 내담자 중심 접근이나 인본주의적 접근과 같은 전략을 활용한 단계들이 제시되어 있다. 그렇지만 학교기반 서비스의 기간이 짧다는 것을 고려해보았을 때, 우리는 이러한 치료적 관계만으로 변화를 이끌어 내는 것이 충분치 않다는 것을 알고 있다.

2부에서는, 치료적 관계를 기반으로 한 이론들에 대해 살펴볼 것이다. 학교 환경에서 흔히 사용되는 상담의 이론적 모형 네 가지를 제시하였다. 당신이 학교기반 실습을 하게 되면, 상담 이론들과 다양한 방법들은 상당히 유용하고 실용적일 것이다. 학생 내담자를 이해하고 적절한 개입의 선정을 위해 이론을 사용하는 능력은 변화의 과정을 촉진하는 데 결정적이다. 여러분 중의 일부는 2부에 제시된 이론에 기반을 둔 여러 장의 내용들을 한 번쯤은 접해 보았을 것이다. 우리는 당신이 다른 과목에서 배웠던 내용을 보다 심화시키고 동시에 다양한 학교기반 적용 지침들을 제공해 주고자 한다.

다음의 5개의 장에서, 다양한 예시들과 함께 이론의 적용에 대해 설명하려고 하였다. 이 장에서는 먼저 이론 통합과 사례 개념화에 대한 개요를 설명할 것이다. 우리의 목표는 당신이 어떤 이론을 사용하고 있는지와 상관없이 당신의 이론을 정의하고 적용하기 위한 틀을 제공해 주는 것이다. 일관성을 유지하기 위해, 두 학생의 예시를 제시한 다음, 각각의 사례에 서로 다른 이론을 적용한 것을 보여줄 것이다. 또한 위기 개입과 함께 놀이와 집단에 관한 치료적 양식들에 대한 개요도 제시하였다. 첫 번째 사례의 학생은 4학년의 한스라는 학생이고, 두 번째 사례의 학생은 고등학생인 캐시라는 학생의 사례이다. 예시들을 살펴보자.

한스

한스 넬슨은 10세의(초 4) 남자 아동이다. 3월에 한스의 담당 교사는 최근 들어 한스가 딴 짓을 하자 문제해결 중재 팀에 한스를 의뢰하여 한스가 왜 그러는지 알아보고자 하였다. 한스는 열정적이고 협조적인 학생이었으나, 요즘 들어 부쩍 다른 학생들을 방해하고 말싸움을 몇 번 일으킨 적도 있다. 한스를 도와주기 위해 문제해결 중재 팀이 계획을 구상하는 과정에서, 학교 심리사는 교실 활동에서 한스가 했던 행동들을 떠올렸다. 그것은 한스가 교실에서 평소 한스의 모습과는 어울리지 않는 적대적이고 비꼬는 말을 한 것이었다.

학교 심리사는 음악, 수리, 과학 시간에 각각 15분씩 한스를 관찰하였다. 심리사는 한스가 노래를 부르려 하지 않는 것과 산만하다는 것을 발견할 수 있었다. 과학 시간에 실험에 참여하였지만, 한스가 실험에 필요한 물건을 숨겼기 때문에 조원들이 한스에게 짜증을 내었다. 또한, 한스는 기하학 도형의 측정에 대한 선생님의 설명에 집중하는 듯 했으나, 실습 시간에 종이에 낙서를 하고 제공된 다양한 모형을 아무렇게나 측정하려고 했다.

학교 심리사는 한스의 성적 또한 조회해 보았다. 학기 시작 후 첫 9주는, 모든 수업에서 A와 B를 받았다. 3학년 때 또한 이와 비슷한 성적을 받았다. 성적을 보았을 때 한스는 규칙적으로 숙제를 끝마치고 제출하였다는 것을 알 수 있었다. 4학년이 시작될 쯤(11월 중순)에 한스의 성적은 점점 떨어지기 시작했다. 출석률은 변하지 않았지만, 12월에 두 번의 징계를 받았고, 2월에는 3번의 징계를 받았다.

이런 추가적인 정보를 고려하여, 팀에서는 한스를 직접 만나기 이전에 한스의 부모님과 전화를 먼저 해보는 것이 적절하다고 결정하였다. 이에 따라 학교 심리사가 낮에 한스의 부모님과 연락을 취해보려고 했지만, 연락이 닿지 않았다. 두 부모님 모두 일을 하는 것이라고 추측하고, 밤에 다시 연락을 해보았다. 아버지와 연락이 되었고, 학교 심리사는 아버지와 어머니가 함께 학교를 방문할 수 있는지에 대해 물어보았다. 한스의 아버지는 연락을 주어서 고맙지만 그때에는 학교를 방문할 수 없다고 대답했고, 다음날에 전화 약속을 잡았다.

한스의 아버지는 학교를 방문하였고 학교 심리사는 만남을 통해 첫 학기 때 한스의 부모님이 결혼생활에 어려움을 겪었고, 현재에는 어머니가 가족과 떨어져 지낸다는 것을 알게 되었다. 한스의 어머니는 가족과 결혼에 대한 객관적 결정을 내리고 일자리를 구하기 위해 다른 도시로 떠나 있었다. 한스의 아버지는 한스와 형제들과 함께 집에 남아있는 상태이고, 아내가 혼자만의 시간을 조금 가진 후에 가정으로 돌아오기를 희망하고 있었다. 아버지는 아이들이 자신만큼이나 혼란을 겪고 있다고 말했다. 가정의 안정을 위해 아버지가 아무리 노력해도, 아내와 함께 했던 사업을 혼자 책임지려고 하니 너무 바빠져 한계가 있다고 했다. 한스의 아버지는 한스와 형제들에게 학교가 지원을 해준다면 고마울 것이라고 말했다.

캐시

사립고등학교 학생인 캐시는 대도시에 살고 있다. 캐시의 어머니는 변호사이고 아버지는 치과의사이다. 캐시는 특히 할아버지, 할머니, 고모들, 삼촌들, 그리고 사촌들과 친한 관계를 유지하고 있는 외동딸이다. 캐시는 남학생 및 여학생들과 폭넓은 우정을 나눈다. 그리고 농구와 배구 선수로서 인기가 있다. 캐시는 음악적으로 재능이 있어서 학교 연주 참여도 즐겨한다. 캐시는 학교 상담자와 대입 모의고사 결과에 대한 상담 약속을 잡았다.

상담자는 곧 당황했다. 캐시가 시험 성적에 대해 이야기하고 싶다고 말했지만 그 주제에 관심을 거의 보이지 않았다. 캐시는 첫 번째 약속은 지키지 못했고, 두 번째 약속에는 늦었다. 상담자가 시험 성적을 검토했을 때, 캐시는 결과에 짜증이 난 듯 보였고, 시험의 가치에 대해 의구심을 가지고 있었다. 캐시는 대학 진학이나 이후 진로 계획에 대해 확신이 없었다. 캐시는 공부하는 것이 지긋지긋해서, 1년 내지 2년 정도 일할 가능성도 있다고 언급했다. 캐시는 공손했지만, 냉담했다. 캐시가 교실로 돌아가기 전에 상담자는 말했다. "너를 힘들게 하는 것이 대학보다는 다른 것이라는 생각이 드는데, 나와 다시 만날 생각이 있는지 궁금하구나." 캐시는 대답했다. "그래요. 좋으실 대로요."

캐시를 다시 만나기 위해 준비하면서, 학교 상담자는 비공식적인 방법으로 캐시의 교실 밖 행동을 관찰했고, 생활기록부를 확인했다. 쉬는 시간 동안 상담자는 캐시가 종종 혼자 있다는 것을 알아챘다. 캐시가 다른 학생들과 함께 있을 때, 불안해하고 조바심이 나보였다. 물론, 상담자는 구기 경기를 하는 동안 캐시를 관찰할 또 다른 기회가 있었다. 한 농구 게임에서, 캐시가 공격적이었기 때문에 3번의 파울을 했다. 코치가 다른 선수로 교체했을 때, 캐시는 화가 났고, 게임의 나머지 시간 동안 벤치에 앉아 조용히 있었다. 앞선 3개월 동안의 캐시의 출석은 일정하지 않았다. 실제로 무단 결석에 대한 걱정은 캐시의 자료에 적혀져 있었다. 몇몇 지각했다는 기록도 있었다.

학교 상담자는 신뢰와 존중의 관계가 캐시를 돕기 위해서 가장 먼저 필요한 핵심이라는 것을 인식했다. 따라서 상담자는 그러한 생각을 염두에 두고 두 번째 회기에 접근했다. 캐시를 기다리면서 상담자는 잘 보이는 곳에 놓여있는 속임수 퍼즐(manipulative puzzle), 미술 용품, 그리고 모래 상자 미니어처를 힐끔 봤다. 상담자는 캐시가 이미 살짝 열려 있는 문을 두드렸을 때, 어떻게 그것들을 사용할지에 대해 생각했다.

상담자는 비밀 보장의 원칙에 대해 캐시에게 설명했고 동시에 비밀 보장이 지켜지지 않는 상황에 대해서도 설명하였다. 캐시는 질문했다. "만약 엄마가 전화하시면 뭐라고 하실 거예요? 아이들이 정말로 상담 선생님께 사적인 것을 이야기하나요?" 캐시가 덧붙여 말했다. "내 나이 또래들은 맨날 혼나요. 걱정거리도 정말 많구요. 우리가 말하는 것을 인정할 수 없을 때 선생님은 어떻게 하세요?" 상담자는 이러한 질문을 존중하며 캐시의 질문에 하나 하나 답했다. 끝으로 캐시가 물었다. "그럼 무엇에 대해 이야기할까요?" 상담자가 답했다. "나는 고등학교 학생들을 정말 존중한단다. 보통 학생들은 어떤 이야기를 할 필요가 있는지를 알고 있지. 나는 네가 말하고 싶은 것이 있다고 생각해. 그리고 나를 먼저 믿어야 한다는 것을 알았으면 해."

캐시는 상담자의 대답에 기뻐하는 듯 보였다. 다음 30분 동안 캐시는 대학에 대한 걱정거리를 이야기했고 부모가 원하는 의사 결정에 대한 내용도 이야기했다. 캐시는 진로와 졸업 후 준비에 대한 다양한 것들에 대해 이야기했다. 캐시는 이렇게 말하며 그 회기를 마쳤다. "더 말할 게 있지만, 잘 모르겠어요. 다른 시간에 다시 오는 것에 대해 생각해볼게요."

상담자는 캐시에게 몇 가지 질문을 해도 되는지 물었는데 캐시가 동의했다. 상담자는 캐시에게 때때로 우울한 것처럼 보인다고 말했다. 캐시는 우울한(depressed)이 적절한 단어인지는 모르겠지만, 꽤 자주 '침체기(down in the dumps)'라고 느낀다고 인정했다. 상담자는 캐시에게 척도 질문(scaling question)을 제시했다. "10이면 전적으로, 환상적으로 행복하다고 하자. 모든 것이 잘되고 있고, 성적도 좋은 거지. 결정은 이루어졌고, 관계들은 모두 좋은 경우인 거야. 그게 바로 10이야. 반면 1은 완전히 침체된 것이겠지. 매우 침체되면 넌 어떤 아침에는 침대에서조차 나올 수 없을 거야. 절망감을 느끼고, 학업, 우정, 가족 등에 신경 쓰고 싶지 않은 상태야. 슬프기 때문에 혼자 있고 싶은 거지. 또 넌 우는 데 많은 시간을 보내고, 왜 그런지도 알 수 없는 경우야. 그게 바로 1이야. 평소의 너를 떠올리며 점수를 매긴다면 너는 지금 몇 점인 것 같니?" 조금 생각한 후에, 캐시는 확실하진 않지만, 생각하기에 보통 6이라고 했다.

캐시는 세 번째 약속 일정을 잡았다. 교실, 학교, 그리고 일반적인 관계들에서의 좌절감을 탐색한 이후, 캐시는 몇 가지에 대해서는 확실하지 않다고 했다. 캐시는 자신이 다른 여학생들과 같다고 생각하지 않았다. 상담자가 이 상황에서 캐시의 불확실하고 혼란스러운 감정들을 반영하자, 캐시는 자신이 남자아이들과 어울려 다니기 좋아하고, 남자아이들과 공차기를 좋아하고, 함께 공부하는 것 등을 좋아하기 때문에 혹시 자신이 레즈비언인지 궁금했다고 상담자에게 말하기 시작했다. 하지만 캐시는 남학생들에 대해 로맨틱한 이성으로서의 매력을 느끼진 않았다. 캐시는 여학생들에 대한 이성적 매력을 어떻게 느끼는지 몰랐다. 캐시는 혼란스러웠다. 캐시는 또한 학교에 있는 친구들이 동성애를 반대하는 말에 의해 상처를 받았다.

이번 회기 마지막에, 캐시는 불안감을 나타냈다. "어떻게 생각하세요? 제가 나쁜가요? 진짜 문제가 있는 사람들을 상담하는 시내의 정신과 의사들에게 나를 보내는 게 더 낫다고 생각하세요?" 상담자는 캐시를 충분히 존중하였다. 비판받고, 비웃음 당하고, 혹은 공격받을 수 있다는 두려움이 있는 자신의 한 측면에 대해 이야기한 용기를 칭찬하면서 캐시를 안심시켰다. 상담자는 또한 캐시가 레즈비언인가에 대한 질문과 출석, 성적, 까다로움 등등과 관련된 최근의 어려움들 사이에 관계가 있다고 생각하는지 물었다. 캐시는 "글쎄요, 네."라고 대답했다.

두 가지의 사례 모든 경우에서, 당신의 처음 생각, 당신이 알기 원하는 추가적 정보의 종류, 당신이 그 정보를 얻는 방법, 그리고 다음 단계가 무엇이 될지 시간을 가지고 생각해보자. 다음 장에서 한스와 캐시의 사례를 다시 만날 것이다.

CHAPTER 04

이론 통합과 사례 개념화

학습목표
- 이론의 중요성을 인식한다.
- 이론 형성과 통합의 과정을 이해한다.
- 상담 목적에 맞는 개입을 선택하는 방법을 이해한다.
- 사례 개념화를 위한 과정을 개발한다.

때로 예비 전문가들은 이론의 개념, 목적, 그리고 적용에 대해 혼동을 느낀다. 예비 전문
가들은 그들의 개인상담 혹은 집단상담을 위한 이론을 확인하고 이러한 이론을 통합시키
고자 할 때 어려움을 겪을 수 있다. 그들은 또한 절충(eclecticism), 통합(integration), 그리고 사
례 개념화[1](case conceptualization)와 같은 과정을 이해하는 데 어려움을 느낄 수 있다. 이 장에
서는 이러한 개념들을 각각 다루고, 이것들이 학교상담에서 어떻게 적용되는지에 대해 다룰 것
이다. 당신을 지원할 추가적인 정보와 활동은 별책으로 제시한 실제 및 적용을 위한 가이드북의 4장
과 5장에서 제공될 것이다.

이론의 중요성에 대한 신념, 이론에의 의존, 이론의 통합, 절충적 실행, 그리고 다른 이론과
관련된 개념들은 매우 다양하다. 따라서 우리는 상담의 실제에서 이론이 하는 역할에 대해 논의
를 시작하고자 한다. 우리는 이론 통합이 학교상담에서 아동과 청소년을 상담할 때 어떻게 적용
되는지에 대한 문헌을 간단히 살펴볼 것이다. 마지막으로, 우리는 사례 개념화가 당신의 개입 선
택에 어떻게 영향을 미치는지에 대해 소개할 것이다.

4.1 이론의 목적, 한계 및 평가

앞서 언급했듯이, 상담의 실제에 대한 이론의 유용성에 대해 생각들이 매우 다양하다. 역사적으
로, 상담자들은 그들의 생각을 조직하고, 내담자와의 상담을 이끌기 위해 다른 여러 이론은 제외
하고 어느 한 이론에만 의존하는 경향이 있었다(Mennuti, Christner, & Weinstein, 2009). 그러나
최근에는 상담자가 내담자의 다양한 문제를 다루기 위해 다양한 전략과 도구를 사용하는 과정이
상담이라고 설명한다(Cormier & Hackney, 2008). 사실, 오늘날에는 상담자가 선호하는 이론 이
외에 다른 요소들을 이용하거나, 이러한 요소들을 자신만의 독특한 이론으로 통합하는 것이 더
욱 흔하다(Sharf, 2004).

최종적인 목적은 본인만의 통합된 이론을 개발하는 것이다. 그러나 이것은 쉬운 작업이 아니
다. 상담에 대한 당신의 경력을 감안하면, 당신은 이론을 실제에 적용해 볼 기회를 충분히 가지
지 못했을 수 있다. 따라서 당신의 상담을 이끌어갈 한두 가지의 이론을 선택한다는 생각은 당신
에게 벅찰 수도 있다. 이러한 이유로 많은 훈련 프로그램은 예비 전문가가 한 가지 모델을 채택하

---

1 역자 주 : 사례 개념화란 내담자의 문제 및 증상, 원인 또는 관련 요인, 상담 개입 방향과 방법을 이론적으로 설명
하는 과정이다. 내담자의 문제를 개념화하는 것은 양질의 상담 서비스를 제공하는 중요한 토대가 된다. 궁극적인
목적은 내담자 문제의 성격과 원인을 정확하게 이해하고 효과적인 개입전략의 모색을 돕는 데 있다. 보통 상담 초
기에 실시하지만 상담의 역동적 특성 때문에 상담의 전 과정에서 지속적인 개념화 또는 재개념화가 요구된다.

도록 한다. 왜냐하면 이것이 실행의 통합된 모델 개발을 시도하는 것보다 쉽기 때문이다. 우리는 Cheston(2000)이 제공한 방법의 패러다임(ways paradigm)이라는 틀이 당신이 학생 내담자를 상담할 때 사용할 한 가지 이론을 선택하는 데 도움이 될 것이라 생각한다. 그녀의 관점에서, 이론과 실제는 세 가지 원리에 의해서 조직될 수 있다—"존재의 방법, 이해의 방법, 그리고 개입의 방법"(p. 256).

이 체제의 첫 번째 요소를 생각해 보자. 상담자로서 당신의 역할을 어떻게 보는가? 당신은 문제 해결자(problem solver), 촉진자(facilitator), 반영자(mirror)인가? 당신이 상담회기에서 스스로를 어떻게 드러낼 것인가와 상담에서 하고 싶은 역할에 대해 생각함으로써 어떤 이론이 당신에게 가장 잘 맞는지에 대한 아이디어를 얻을 수 있을 것이다. 예를 들면, 만약 당신이 스스로를 적극적인 문제 해결자로 보는데, 인간중심적 관점을 정말로 좋아한다면, 당신과 당신이 선택한 이론적 지향이 서로 어울리지 않는다는 것을 발견할 것이다. 당신은 내담자가 무조건적인 관심과 지지를 받으면 자기의 문제를 해결할 수 있을 것이라는 근원적인 믿음 때문에 고심할 수 있다. 당신이 근원적인 철학에 대해 충분히 이해하지 못하고, 특정한 이론적 모델에 내재하는 신념들을 갖고 있지 않다면, 당신은 스스로의 가치와 일치하지 않는 것을 선택하는 위험을 무릅쓰는 것이다. 게다가 적절하지 않게 또는 일치하지 않게 적용한다면, 당신은 유능하지 못한 상담자가 될 위험을 무릅쓰게 된다고 볼 수 있다.

한 이론 안에 있는 근원적인 특정 철학적 체계를 다른 이론의 철학적 체계보다 당신이 더 선호할 수 있다. 예를 들어, 내담자의 생각 또는 행동을 이해하기 위해 노력할 때, 당신이 반복적으로 갖게 되는 자신만의 설명이 있다면 그 설명과 가장 근접한 이론이 자신의 이론이 될 가능성이 높다. 아동 또는 청소년의 행동을 언급할 때, 당신은 자주 혼잣말로 '이 학생은 결국 문제행동을 학습한 셈이네' 또는 '그 애는 단지 주변의 세계에 대한 자신의 통제권을 확립하려고 했을 거야'라고 말하는 것을 발견할 것이다. 이러한 종류의 문장들은 이론적 성향의 시각을 반영하는 것이다. 첫 번째의 혼잣말은 인지-행동적 관점이 적용된 것이고, 두 번째의 혼잣말은 Adler의 이론 또는 선택이론의 관점이 반영된 경우이다.

이론적 접근은 구조화의 정도, 상담자의 역할, 그리고 행동의 원인을 이해하는 관점에서 서로 다르다(Betan & Binder, 2010). 이론은 우리가 정보를 모으고 조직하는 데 도움을 준다. 이론은 우리가 상황을 이해하려고 시도할 때 내담자에게 던지는 질문을 이끌어 낸다. 또한 이론은 어떤 정보가 가장 적절한 것인지 결정하는 데에도 도움을 준다. 즉, 우리가 학생 내담자의 행동에 더 주의를 기울여야 하는지, 혹은 생각과 신념에 더욱 주의를 기울여야 하는지를 결정하는 데 영향을 준다. 이론은 우리가 묻는 질문과 우리가 획득한 정보에 대한 통찰을 제공한다. 일단 당신이 상담의 기본적 기술을 습득하였다면, 이러한 이론적 모델을 사용하여 보다 의도적인 방식으로 습득한 기술을 적용할 수 있을 것이다(Halbur & Halbur, 2011). 이론은 학생 내담자가 직면하고 있는 현재의 문제들을 다루기 위해 상담자가 개입 방법을 선택하는 것에도 영향을 미친다. 예를 들어, 만일 내담자의 우울하고 불안한 기분이 부정적인 자기대화(negative self-talk)와 파국화(catastrophizing)(인지-행동적 접근에 기반해서)에 기인한다고 믿거나, 이와 같은 측면에서 개념화 한다면, 당신은 내담자에게 이러한 자동적 생각(automatic thought)들을 바꾸게 하고, 힘들게 하는 사건들에 대한 대안적인 설명을 해보도록 하는 숙제 일지(homework log)를 쓰게 할 것이다.

앞선 예에서 볼 수 있듯이, 이론은 전형적으로 한 가지 관점으로부터 만들어진다. 한 가지 이론이나 관점만을 배타적으로 고수하는 것은 근시안적인 사고로 이어질 수 있고, 이러한 태도를 가진 상담자는 개개인의 성격이나 상황이 주는 다양한 신호를 알아차리지 못할 수도 있다. Nelson(2002)은 상담자가 단순히 자신이 선호하는 전략에 의존하기보다는 각 내담자의 요구와 관심사에 맞는 개입을 선택할 때 더 나은 결과를 얻을 수 있다고 결론지었다.

Mennuti와 동료(2009)는 '이론적으로 절충적인' 것과 '기술적으로 절충적인' 것 사이의 유용한 차이를 제시했다. 이론적으로 절충적인 상담자는 사례를 개념화하기 위해 몇 가지 다른 이론들을 사용한다(Mennuti et al., 2009). 몇몇 상담자들은 '절충적인' 접근을 높이 평가하지 않기도 하는데, 이것이 무계획적이거나 '뒤죽박죽'처럼 보이기 때문이다. 반면 어떤 이들은 절충적인 방식으로 유능하게 상담하기 위해서는, 상담자가 다양한 이론적 모델이 제시하는 숙련된 기술을 가지고 있어야 하며, 그것들을 적용할 때 능숙해야 한다고 경고한다(Norcross, 2005). 기술적인 절충주의를 지지하는 이들은 내담자가 어려움을 극복하는 것을 돕기 위해 다양한 이론들로부터 개입 또는 전략들을 이끌어낸다(Prochaska & Norcross, 2007). 다른 접근들을 보완하려는 결정은 내담자의 구체적인 요구에 기초한다(Mennuti et al., 2009). 따라서 이런 경우 당신 자신의 존재 방식과 이해하는 방식은 내담자마다 바뀔 가능성이 낮지만, 당신이 개입하는 방식은 내담자에 따라 다양해질 가능성이 높다.

이론들은 잘못 사용될 수 있다. 예를 들어, 한 가지 이론이 '진리'라고 생각하는 것은 부정확한 결론을 이끌어 낼 수 있으며, 당신이 볼 수 있는 모든 적절한 자료를 보는 능력을 방해할 수 있다. 다양한 관점은 각각의 독특한 개인에 대한 이해를 풍부하게 하고, 다양하게 만든다. 또한 돕기 위한 가능성에 대한 레퍼토리를 넓힌다. 이론은 인생, 성격, 맥락, 그리고 상황의 관점에서 고려되어야 할 자원이다. 따라서 내담자를 효과적으로 돕기 위해서, 이론은 반드시 종합적이면서도 실용적이고 간명하면서도 이해할 만해야 하며, 일관성이 있어야 한다. 신뢰할 수 있는 이론들은 내적으로 일관성을 지닌다. 다시 말해, 문제 정의, 목표, 개입, 그리고 성공의 지표 사이에 명확한 관련성을 지닌다. 그것들은 평가와 연구를 위한 구조를 포함한다. 마지막으로, 좋은 이론은 그것을 사용하는 상담자에게 충분히 이해되는 이론이다. 더 자주 사용되는 학교기반 접근들 중 일부를 살펴봄으로써, 우리는 당신이 이러한 다양한 이론들에 대해 더 잘 이해할 뿐만 아니라, 각각의 것과 일치하는 전략들에 대해서도 알 수 있는 기회가 되었으면 한다.

4.2 이론의 통합

통합과 관련된 전문용어들은 내용이 일관되지 못하고 종종 혼란스럽다. 2개 이상의 이론들이 하나의 개념으로 혼합된 이론적 통합(theoretical integration)은 이론적 절충(theoretical eclecticism)과 다르게 좀 더 체계적이고, 의도적인 것으로 여겨진다. 통합의 과정에서 이론은 각 이론들의 장점을 결합하여 결과적으로 개선된 접근법이 된다(Prochaska & Norcross, 2007). 통합을 할 때 공통성과 통일성을 고려해야 한다.

　이론의 통합은 의도적으로 과정에 초점을 두기 때문에 우리가 선호하는 접근법이다. 물론 모든 이론은 복잡하고, 역동적이며, 다양한 인간 행동에 대해 충분히 설명하지는 못한다. 이론(theory)은 진실(truth)과 동의어가 아니다. 이론은 학생 내담자들의 특별한 요구뿐 아니라 전문가의 독특한 성격과 스타일을 반영하는 것이기도 하다. 사실, 오늘날 사용되고 있는 대부분의 심리 치료적 접근들은 이전의 이론이나 모델의 측면을 포함하고 있다(Wampold, 2010). 인지-행동 치료(CBT, 5장 참고)는 인지이론과 행동이론의 통합을 대표적으로 보여준다.

4.3 가장 좋은 이론은 무엇인가?

모든 상황과 내담자들을 통해 가장 효과적인 것처럼 보이는 이론이 하나 있다면, 실습 프로그램들은 이 모델을 채택하려고 하고, 모든 초보 훈련자들이 이 이론을 사용하도록 준비시킬 것이다. 유감스럽게도 이것은 간단하지 않다. 당대의 유명한 연구자 Wampold(2001)는 지난 30년 동안 시행된 방대한 양의 연구들을 검증하였다. 그는 수많은 치료 접근법 효과성에서 미묘한 차이를 보이는 많은 연구들을 심층적으로 분석하였다. 게다가 Wampold는 명확한 치료 방침(treatment protocols)(예 : 매뉴얼화된 처리)을 따르는 것은 더 효과적이지 않다고 결론 내렸다. 사실 그는 치료방침을 고수하는 것이 전문적인 능력을 억압하기 때문에 역효과를 낳을 수 있다고 경고하였다.

　이론을 선택하는 것에 대한 논쟁, 다시 말해서 '최고의 이론'을 선택하기 위한 논쟁은 아직 끝나지 않았다. 이 분야에서의 갈등으로 인해 증거기반 개입을 제공하는 것에 중점을 두게 되었다(13장의 증거기반 개입의 토론을 참고). Wampold(2010)의 평가에 근거한 최신 정보 및 다른 연구의 메타 분석에 따르면 모든 치료들은 치료법에 상관없이 긍정적 결론을 가져오는 경향이 있는 것으로 결론 내려졌다. 치료에 따라 사소한 차이점이 있지만, 모든 이론이 서로 다른 장애(예 : 우울, 불안)에도 같은 정도로 효과적인 것처럼 보이기도 한다. Wampold는 아동치료접근법 역시 특정한 하나의 치료법이 다른 접근보다 월등히 효과가 있지는 않다는 유사한 결론을 내렸다.

대신 Wampold는 공통 요인(common factors)에 대해 집중하는 것이 왜 치료가 효과적인지에 대한 이해를 도울 것이라고 주장하였다. 즉, 다양한 이론적 모델에서 일관되게 공통적으로 나타나는 것은 무엇이며 더 긍정적 결과를 설명할 수 있는 상담의 중요한 요소는 무엇인가에 주목하였다. 비록 이 공통 요인을 개념화하기 위한 다양한 모델이 있지만, 일반적으로 중점은 상담자와 내담자 사이의 동맹(alliance), 상담자의 특성, 내담자의 요소로 나뉘어진다(Wampold, 2010). 확신할 수는 없지만 전문가와의 좋은 작업 관계(working relationship)는 내담자의 긍정적 결과와 더 관련이 있다. 하지만 이 좋은 작업 관계가 긍정 결과의 원인(causes)으로 나타났다고 보기는 어렵다. 마찬가지로 수년의 연구에도 불구하고, 우리는 어떤 구체적인 행동이나 특징들이 효과적인 치료사와 관련되어 있는지에 대해 거의 알지 못한다(Beutler et al., 2004). Baldwin, Wampold 및 Imel의 최근 연구(2007)에서는 자신의 내담자와 강한 동맹을 잘 맺는 치료사들은 일관적으로 더 좋은 결과를 가져온다는 것을 입증하는 결과를 얻었다.

마지막으로, 내담자 요인을 살펴보자. 상식적으로 보면, 변화할 준비가 된 개인이 가장 좋은 결과를 가져올 것이라는 것은 쉽게 알 수 있다. 솔직히, 우리는 어떤 내담자가 치료의 효과를 볼지는 잘 모른다. 성인을 대상으로 한 연구는 변화할 준비가 되어있고, 심리적 자원을 잘 활용하며[예 : 자아 강도(ego strength)가 높은 경우], 더 좋은 치료 결과와 관련된 심리적 마음 상태를 갖는 것이 좋은 결과를 가져오는 특성과 밀접한 연관이 있는 것으로 확인되었다(Clarkin & Levy, 2004). 그러나 이러한 요소들이 아동과 청소년들에게 더 좋은 치료 결과를 가져올 것이라는 예측 여부를 확인하기는 어렵다.

이 모든 이론적 통합, 공통 요인과 상응하는 결과에 대한 논의를 고려해 볼 때, 우리는 여기에서 어디로 나아가야 하는 것일까? Halbur와 Halbur(2011)는 상담자가 이론을 하나 분명하게 선택하기만 한다면 그것이 어떤 이론이든지 크게 중요하지 않다는 결론을 내리기도 하였다.

우리는 Halbur와 Halbur(2011)가 제시한 도구 가방(tool bag)의 비유를 좋아한다. 당신이 자신에게 잘 맞는 이론을 선택했을 때, 이론적 접근과 관련된 다양한 전략들로 당신의 도구 가방을 가득 채우기 시작한다. 그런 식으로 당신은 의도적인 방식으로 상담을 구현하기 시작할 것이다. 당신은 더 많은 경험을 함으로써 당신의 이론적인 적응과 일치하거나 그렇지 않은 다양한 도구를 지속적으로 추가할 것이다. 그러므로 당신이 다른 이론적 모델과 기술로써 능력을 갖추게 될 때 상담에 대한 당신의 접근법은 더 통합적이거나 절충 이론 쪽으로 변화할 것이다. 우리는 당신이 상담 전문가로서 초반에는 사례 개념화를 위한 이론적 적응과 전략 실행을 위한 이론적 통합의 차이를 잘 구분할 수 있기를 권고한다.

4.4 사례 개념화

사례 개념화는 문제-해결 과정으로, 문제 해결을 위한 현재의 어려움과 가능성과 관련된 요인에 대한 종합적인 평가를 의미한다. 사례 개념화의 다른 관점은 개인이 드러내는 문제의 원인 및 유지 상황에 대한 작업가설(working hypothesis)의 유형으로 보고 있다(Betan & Binder, 2010). 당신의 이론적 성향과 관계없이 당신과 상담을 진행 중인 학생 내담자와 관련된 문제를 고려하기 위해 사례 개념화와 같은 과정을 사용할 것이다. Berman(2010)은 사례 개념화를 할 때 전제(premise)로부터 시작할 것을 권고하였다. 왜냐하면 전제란 상담자가 내담자를 상담할 때 상담자가 선택한 이론적 모델의 맥락 안에서 내담자의 강점과 약점을 설명하기 때문이다. 이러한 첫 번째 요소는 여러 가지 용어로 불릴 수 있다. 기본적으로 당신이 해야 할 사례 개념화의 틀을 제공하는 것은 바로 작업가설이다.

　사례 개념화의 두 번째 주요 요소는 전제를 지지해주는 세부사항(supporting details)을 포함한다(Berman, 2010). 아동 및 청소년과 상담할 때, 사례 개념화는 발달적 고려사항을 포함해야 한다(Mennuti et al., 2009). 사례개념화를 통해 상담의 목표와 개입방법을 결정할 수 있다.

　사례 개념화는 내담자가 현재 보이는 문제(즉, 전제)에 대한 이면적 원인을 확인하는 단계를 포함한다. 그 원인에 대한 이해는 당신이 가지고 있는 이론적 성향에 따라 달라질 수 있다. 다시 말해, 만약 아동의 문제가 잘못된 인식의 결과라고 생각한다면, 나는 아동이 겉으로 드러내는 어려움이 이러한 부적응적 생각과 관련 있다고 설명하거나 개념화할 것이다. 그러나 나는 그러한 결론을 내리기 전에 학생 내담자의 다양한 상황(즉, 지지적인 세부사항)을 고려해야만 한다. 예를 들어, 만약 한 학생이 운동장에서 괴롭힘 당하는 것을 발견했다면, 쉬는 시간을 피하려고 하는 그 학생의 생각을 '잘못된 생각'이라고 여기는 것은 적절하지 않을 것이다. 우리가 상담사례를 개념화할 때, 정보를 이론에 기계적으로 적용해서는 안 된다는 것을 이해하는 것은 매우 중요하다. 따라서 우리가 생각하는 이론이 학생 내담자의 특별한 상황에 적용이 될 수도 있으며 그렇지 않을 수도 있다는 것을 고려하는 것이 필요하다.

　또 하나 중요하게 생각하고 있어야 하는 것은 개념화가 상담의 과정에서 일회적으로 이뤄지는 것이 아니라는 점이다(Neufeldt, Iversen, & Juntunen, 1995). 정보는 이론과 결합된다—맥락, 학생 문화와 역사 및 그 밖의 것들이 이론과 결합된다. 결합된 정보를 가지고 전문가들은 어떻게 학생을 도와줄 것인지에 대한 가설을 만든다. Neufeldt와 동료들은 개입단계를 일종의 '실험(experiment)'으로 간주하였다(p. 14). 실험에서 예상되는 결과가 나왔을 때 상담은 계속된다. 실험에서 예상되지 않은 결과('뜻밖의 일')가 일어났을 때, 전문가들은 이론이나 가설을 수정한다. 이것은 해결중심 이론의 핵심 개념과 유사한데 이 이론에서는 '만약 어떤 것이 효과가 있으면, 그대로 실행하지만 만약 그것이 효과가 없으면, 방법을 바꾸어야 한다'고 본다.

　별책으로 제시한 실제 및 적용을 위한 가이드북처럼 표 4.1은 학생들 삶의 다양한 면을 조직화하기 위해 사용할 수 있는 상담사례 개념화 작업 계획표의 예시를 보여준다. 우리는 Murphy와 Christener(2006)에 의해 발표된 인지-행동 모델을 수정하였다. 그리고 이 모델은 Neufeldt와 동료들(1995)에 의해 소개되었다. 그 밖에 사례 개념화에 도움이 될 만한 정보를 포함하였다. 우리는 표 4.2에 캐시의 사례를 적용하여 어떻게 사례를 개념화하여 개입을 만들어 내고 결과를 평가할 수 있는지 설명하였다. 이전에 논의하였던 우리의 관점에 기초하여 우리는 Adler의 관점에서 캐시의 상황을 개념화하였다. 하지만 개입 전략에서 캐시의 다양한 요구를 위해 전략(즉, 도구들)을 혼합적으로 사용하였다.

표 4.1 　사례 개념화 안내

학생의 이름 : _____　　날짜 : _____

학생의 나이 : _____

영향력 있는 어른 : _____

현재의 문제 : _____
_____
_____

문제의 항목(들) :

　(예 : 아니요)　행동

　(예 : 아니요)　진로 결정

　(예 : 아니요)　졸업 후의 계획

　(예 : 아니요)　학업

　(예 : 아니요)　우정/관계에서의 갈등

　(예 : 아니요)　_____

　(예 : 아니요)　_____

(주의 : 현재의 문제는 개념화의 방향을 이끌어 낸다. 예를 들어, 진로 결정에 대한 망설임은 진로 이론과 관련된다. 관계 문제는 대인관계적인 기술 신장의 필요성을 시사할 수 있다. 행동 문제는 기술의 부족, 충족되지 않는 요구, 또는 왜곡된 인지로 인해 나타나는 것일 수 있다.)

학생의 인식/ 문제에 대한 설명 :
_____
_____
_____

표 4.1 사례 개념화 안내(계속)

교사의 인식/ 문제에 대한 설명 :

_____

_____

_____

_____

영향력 있는 어른의 인식/ 문제에 대한 설명 :

_____

_____

_____

_____

상담자의 인식/ 문제에 대한 설명 :

_____

_____

_____

_____

관련된 기록(상황 및 학교와 관련된 기록)

　성적 : _____

　출석 : _____

　행동 양식 : _____

　다른 요소 : _____

현재 나타난 문제의 지속에 영향을 미치는 잠재적 요소(예 : 이차적 혜택) :

_____

_____

_____

_____

_____

해결에 대한 가설

　(예 : 아니요)　　새로운 행동의 학습 또는 행동의 변화

　(예 : 아니요)　　인식이나 신념 체제의 변화

　(예 : 아니요)　　통찰 및 인식의 개발

　(예 : 아니요)　　사실적 정보

　(예 : 아니요)　　격려

　(예 : 아니요)　　_____

　(예 : 아니요)　　_____

표 4.1 사례 개념화 안내(계속)

학생의 자산(assets) :

_____

_____

_____

학생의 능력, 재능 및 강점 :

_____

_____

_____

잠재적인 자원 :

_____

_____

_____

발달적 요인(예 : 인지적, 심리사회적) :

_____

_____

_____

관련된 문화적, 인종적, 경제적, 그리고 맥락적 요인 :

_____

_____

_____

_____

관련된 이론과 접근 :

_____

_____

_____

_____

내가 보기에 가장 효과적일 것 같은 도움 전략 :

_____

_____

_____

_____

표 4.1 사례 개념화 안내(계속)

학생이 수용할 수 있는 도움 전략 :

_____
_____
_____
_____

상호 합의된 목표와 평가 계획 :

_____
_____
_____
_____

최초의 계획(주의: 참여할 사람과 개입의 단계를 고려) :

_____
_____
_____
_____

표 4.2 사례 예시 : 캐시에 대한 종합적 사례 개념화

학생의 이름 : 캐시   날짜 : 2011/01/18

학생의 나이 : 17

영향력 있는 어른 : 레오나르도와 이자벨라(친부모)

현재의 문제 :   일관성이 없는 출석
                    빈번한 지각
                    고립과 소극적인 행동의 반복
                    또래와의 갈등
                    졸업 후 진로에 대한 질문들

문제의 항목(들) :

((예) : 아니요)   행동
((예) : 아니요)   진로 결정
((예) : 아니요)   졸업 후의 계획
((예) : 아니요)   학업−성적 하락
((예) : 아니요)   관계에서의 갈등−또래와의 갈등, 고립적
((예) : 아니요)   성정체성에 대한 의심

표 4.2 사례 예시 : 캐시에 대한 종합적 사례 개념화(계속)

학생의 인식/문제에 대한 설명 :

졸업 이후의 계획이 분명하지 않음
성적지향성(sexual orientation)에 대한 의문

교사의 인식/문제에 대한 설명 :

없음

영향력 있는 어른의 인식/문제에 대한 설명 :

부모들은 캐시가 성장 과정에서 겪는 일반적인 불확실성을 겪고 있다고 생각한다.

상담자의 인식/문제에 대한 설명 :

발달적 관점(Erikson) : 캐시는 본인 나이에 겪을 수 있는 여러 형태의 위기에 직면했다. 캐시는 정체성(identity)과 역할 혼돈(role confusion) 사이의 발달적 위기를 아직 해결하지 못한 듯하다. 캐시는 자신을 자율적인 존재로 정의하려고 노력하고 있다. 캐시는 또한 친밀성(intimacy)과 고립성(isolation)의 단계에서 고민하고 있을 수도 있다(특히 여성에게는 이 두 단계가 밀접하게 관련될 수 있다.)

아들러(Adlerian)의 관점 : 캐시의 행동과 잠재적 우울은 부모와 떨어지는 것과 어른이 되는 것을 준비하는 과정에서 생기는 나이에 적절한 긴장과 어느 정도 관련되었다고 볼 수 있다. 캐시가 외동딸이고, 가족과 특별히 더 가깝게 지낸 것이 이 상황을 악화시켰을 수 있다.

또한, 캐시는 자신이 성적지향성과 진로 계획에 대해서 불확실한 태도를 보이면 자신과 가족과의 관계가 위태로워질 것이라고 걱정했을 수 있다(소속감의 욕구―Adler 이론 및 현실치료). 다시 말하면, 캐시가 가족 맥락 안에서 열등하다고 느끼며 뭔가 부족하다고 느낄까?

우리는 또한 캐시가 본인에 대한 수용, 특히 성적지향성에 대한 질문(내담자 중심)에서 어려움을 겪고 있다고 생각한다. 캐시는 자신이 결과적으로 내릴 결론이 두렵기 때문에 자기 인식이 늘어나는 것에 대한 거부감을 느낄 수 있다. 이러한 모든 가능성을 염두에 두고, 캐시의 자신에 대한 평가와 통제력의 정도를 캐시의 부모, 교사 및 다른 영향력 있는 어른들뿐 아니라 또래와도 공유한다. 또한 자신의 진로에 대한 불확실성은 인생의 목적에 대한 의미(특히 자신의 인생)에 대한 질문과 관련이 있을 수 있다(실존적 이론).

관련된 기록(상황 및 학교와 관련된 기록) :

성적 : 성적은 계속 좋았다(A와 B 사이)
 최근 8주 동안 성적이 떨어졌다(B와 C 사이)

출석 : 최근 때때로 결석이 발생함(지난 한달 동안 7번 결석)

행동 양식 : 또래에 대한 짜증과 거리 두기
 체육 활동 중에 짜증내기

표 4.2   사례 예시 : 캐시에 대한 종합적 사례 개념화(계속)

캐시의 유년기의 경험이 성공에 대한 열정에 영향을 미쳤을 수 있다(Adler 이론). 기본적인 필요는 충족되었고, 캐시가 가족 안에서 사랑과 소속감을 경험하고 격려를 받은 것처럼 보인다(Adler 이론).

현재 나타난 문제의 지속에 영향을 미치는 잠재적 요소(예 : 이차적 혜택) :

확실하지 않음

해결에 대한 가설 :

_____ 새로운 행동의 학습 또는 행동의 변화
_____ 인식이나 신념 체제의 변화
(예):아니요)   통찰 및 인식의 개발
(예):아니요)   사실적 정보
(예):아니요)   격려

학생의 자산 :

좋은 성적의 기록
강한 가족 결속력과 지원
친구와의 좋은 관계

학생의 능력, 재능 및 강점 :

음악적
운동적

잠재적인 자원 :

가족
코치

발달적 요인(예 : 인지적, 심리사회적) :

상담자의 문제에 대한 인식을 참고

심리사회적 :	정체성 vs. 역할 혼란
	친밀감 vs. 고립
진로적 :	계획이 확실하지 않음
도덕적 :	지연
인지적 :	추상적 사고 단계

표 4.2 사례 예시 : 캐시에 대한 종합적 사례 개념화(계속)

관련된 문화적, 인종적, 경제적, 그리고 맥락적 요인 :

캐시의 조부모는 자메이카에서 이민했다.

캐시가 원하는 대학에 갈 수 있는 경제적 여건이 된다.

가족은 전문적 진로를 높이 평가한다.

대학에 진학할 것을 기대한다.

관련된 이론과 접근 :

개인심리학(Individual psychology)

해결중심단기치료

내가 보기에 가장 효과적일 것 같은 도움 전략 :

기적 질문(miracle question)

진로 탐색 활동

모래 상자 및 예술치료

학생이 수용할 수 있는 도움 전략 :

캐시는 모래 상자에 대해 회의적일 수 있다.

상담에 참여하고 싶어 하는 것 같다.

추후에는 집단 상담이 적합할 수 있다.

캐시의 행동 목표 확인

상호 합의된 목표와 평가 계획 :

캐시는 아프지 않는 이상 매일 학교에 갈 것이다−출석 관리

캐시는 숙제를 모두 할 것이다−제출된 과제의 관리

캐시는 졸업 이후의 계획을 세울 것이다−진로검사 완료

최초의 계획(주의 : 참여할 사람과 개입의 단계를 고려) :

5주 동안 개별 상담−첫 회기에 해결중심전략의 적용

개인심리학에 기초하여 자기인식(self-awareness)의 증진을 촉진하기

특정한 행동에 초점을 맞춰서 생활양식(lifestyle) 평가를 수정하기

생활양식을 살펴보기 위해 모래 상자와 예술 활동을 사용하기

진로 검사 포함(컴퓨터를 활용한 정보와 평가)

진로 정보를 생활양식 평가의 결과와 관련시키기

출석에 대한 계약서 작성

출석에 대한 진전을 토대로, 성적과 과제 완성도에 집중하기

개념화는 존재하는 문제에 대한 정확한 확인, 상황에 대한 원인과 과거의 사항에 대한 고려, 목표와 이러한 목표를 달성하는 것을 촉진시키는 절차를 포함한다. 이런 과정에서, 발달적 요인, 문화와 맥락, 가족의 역동, 관련된 과거와 활용 가능한 자원에 초점을 둔다. 문제의 발생에 기여를 하거나 문제를 유지시키는 요소가 확인된다. 또한 문제 해결에 대한 가설을 세운다. 전문적 상담자들은 자신이 선택한 이론을 어떻게 적용해야 상황을 명료하게 설명할 수 있고 잠재적인 문제 해결에 유용할지 고민한다.

결과적으로, 사례 개념화를 통해 학생 내담자가 문제를 해결하는 것에 도움을 제공하기 위한 일관성이 있으면서도 유연한 계획이 세워진다. 요약하자면 이것은 세 가지 질문—"이 학생이 어떻게 이 상황에 처하게 되었지?", "학생이 어떻게 이 문제를 해결할 수 있을까?", "내가 어떻게 해야 가장 효과적이고 효율적으로 도울 수 있을까?"—에 대답하는 과정이다.

4.5 의미 만들기에서 행동까지

사례 개념화가 당신의 학생 내담자에 대한 정보를 체계화시키고, 그들의 상황을 이해하도록 안내하는 측면에서 도움이 되겠지만, 이것은 그저 첫 번째 단계에 해당된다. 막 상담에 입문한 전문가들이 하는 흔한 질문은 바로 "지금 제가 뭘 해야 하죠?"와 "이 정보가 제가 다음 단계로 갈 수 있도록 어떻게 안내해주는 것이죠?"와 같은 질문들이다. 현재 당신은 가장 적절한 개입을 선택하고 결정하기 위해서 정보를 사용해야만 한다. 최근에 당신의 학교(6~12학년이 다니는)로 전학 온 한 남학생에 대한 다음의 사례를 살펴보자.

> 벤은 15살이고, 작은 시골 지역에 산다. 그는 양육에 있어서 심리적 불안정을 겪어왔다. 가족 구성원 사이에서 많은 이동을 경험한 것이다. 가장 최근에 벤은 어머니의 집을 떠났고, 지금은 고모와 살고 있다. 그는 이러한 이동의 이유에 대해 "너무 많은 문제 상황에 처한 상태"의 결과라고 설명한다. 벤은 명백하게 새로운 학교에 자연스럽게 어울리지 못하고 있다. 그는 카우보이 진과 부츠를 신는 대부분의 다른 학생들 속에서 히피 스타일의 옷을 입는다. 벤은 분명히 똑똑하고 말을 잘한다. 하지만 여전히 학업상의, 그리고 행동상의 어려움을 겪고 있다. 그는 학교의 과제를 마무리하지 못하며, 학교는 중요하지 않다고 말한다. 또한 그는 술을 마시는 것 같다. 지난 주말에는 허락 없이 고모의 차를 운전하기도 했다. 벤은 그의 주된 목표가 "문제없이 지내는 것"이라고 말했다.

벤과 같은 상황(예 : 학교활동의 참여 부족, 좋지 못한 또래 관계, 술, 반항)은 상당히 흔하다. 하지만 그는 또한 강점을 지니고 있다. 그는 똑똑하며, 그의 생각을 잘 말할 수 있고, 긍정적인 변화를 이루고 싶어 한다(즉, "문제없이 지내는 것"). 전문적인 상담자는 해결중심적인 단기치료 관점에서 이러한 상황을 개념화할 수 있다. 이 관점은 그가 문제 상황에 있지 않을 때, 무엇을 할 수 있는지를 질문함으로써, 벤이 제시한 목표 진술을 상담의 출발점으로 간주한다. 선택이론(choice theory) 혹은 현실치료(reality therapy) 관점의 전문가는 벤에게 그의 행동들이 어떻게 목표를 달성하도록 도울 수 있는지에 대한 도전적인 질문을 한다. 이러한 질문에 대한 대답은 행동의 시발점으로 활용될 수 있다.

당신이 학생 내담자와 함께하고, 그들의 성공을 저해하고 있는 방법들을 확인하도록 도울 때, 내담자와 협력적으로 전략을 세울 수 있다. 전문적인 상담자로서 이러한 과정에서 자신이 모든 일을 할 필요는 없다는 것을 명심하는 것이 중요하다. 사실, 원하지도 않을 것이다. 상담을 통해 당신이 해야 할 노력은 학생 내담자가 스스로 자신의 문제를 해결하도록 돕는 것에 초점이 맞춰져야 한다. 하지만 어려운 문제를 다루기 위한 다양한 전략에 관해 아이디어를 가지고 있는 것은 도움이 된다.

전문가가 첫 번째로 다루어야 할 영역을 찾기 위해 우선순위를 정하는 과정에서 사례 개념화는 도움이 된다. 예를 들어, 벤은 술을 마시며, 허락 없이 고모의 차를 운전했다. 이러한 행동은 위험하다. 따라서 이 행위는 우선순위 면에서 상위권에 오른다. 더욱이, 이것은 문제없이 지내겠다는 그의 주된 목표와 가장 잘 부합한다(혹은 부합하지 않는다). 따라서 당신이 해야 할 일의 첫 단계 중의 하나는 이러한 쟁점을 다루고, 벤과 그리고 가능하다면 그의 고모와 벤을 안전하게 돕기 위한 계획을 짜는 것이다.

학교의 관점에서 보면 그 다음으로 가장 중요한 목표는 학교에서 이탈하는 신호로 간주할 수 있는 그의 무단결석과 과제를 끝마치지 못하는 것을 해결하기 위한 것이어야 한다. 이러한 것들 또한 벤의 주된 목표(즉, 문제없이 지내는 것)와 부합하기 때문에, 이러한 영역들은 논리적으로 다음 행동 계획을 위한 영역이 될 것이다. 이러한 쟁점에 접근하는 방법들은 다양하다. 개입의 유형 중 하나는 자신의 행동이 어떻게 자신의 목표 성취에 방해가 되는지를 볼 수 있도록 도와주는 상담의 형태로 제공된다. 당신은 또한 환경적인 지지를 확고히 하는 것을 택할 것이다. 아마도 그는 낮 동안에 나머지 공부 시간을 갖는 것으로부터 도움을 얻을 것이다. 왜냐하면 그는 저녁에 그의 숙제를 마치는 면에서 동기화되지 않기 때문이다. 만약 벤이 특히 흥미를 느끼는 과목이 있다면(예 : 미술), 그 과목 선생님과 함께 공부할 수 있는 추가적인 기회가 포함될 수 있다. 당신은 다양한 접근법들을 혼합하여 사용하며, 벤이 자신의

당신이 특별한 문제(예 : 청소년들을 학교에 참여시키는 것)를 다루는 데 있어서 훌륭한 전략을 알고 있다는 것은 그 전략이 당신의 학생 내담자에게 완벽하게 맞을 것이라는 것을 의미하는 것은 아니다. 당신은 전략 사용에 있어서 유연해야 하며, 학생 내담자가 이것을 정말 시도하고 싶어 하는지도 알고 있어야 한다.

관점을 바꾸도록 돕는다. 또한 당신은 환경의 긍정적인 면을 향상시킬 것이다.

아마도 이 상황 속에는, 존재하지만 적어도 즉시 해결하지 않기로 결정한 다른 요소가 있을 것이다. 예를 들어, 벤은 친구가 별로 없다. 당신은 아마도 그가 좋은 사회성 기술을 지녔고, 똑똑하며, 친구와 관계를 잘 맺기 때문에 그가 학교에 더 많이 참여할수록 우정이 형성될 것이라고 짐작할 수도 있다.

때때로 당신은 학생 내담자의 상황 속의 어떠한 부분은 다루지 않기로 결정할 것이다. 그것들이 학교기반 상담에서 적절하게 다루어질 수 있는 것이 아니기 때문이다. 예를 들어, 벤은 그가 성장하는 동안 부모님 집 사이를 왔다갔다 이동하였고, 지금은 그의 고모와 함께 살고 있다는 점에서 많은 불안정성을 지니는 것처럼 보인다. 그는 다소 사랑받고 있지 못하다고 느끼고, 성인을 믿는 것에 어려움을 느낄 가능성이 있다. 당신이 그와 함께 상담을 하면서 이러한 것들을 명심하고 있다고 할지라도, 당신의 역할에서 그의 상실과 포기의 감정들을 모두 살펴보는 것은 쉽지 않을 것이다. 대신 당신은 다루기에 가장 중요하고 학교 환경에 적합한 요소들에 초점을 맞추는 것이 바람직하다. 만약 벤이 이러한 가정의 깊은 문제를 다루기를 원하는 것이 분명하다면, 그를 외부 정신건강 전문가에게 의뢰하는 것이 적절하다.

4.6 학교 기반 상담의 과정 및 결과 목표

학생 내담자와 상담하는 데 있어서, 두 가지 다른 유형의 목표가 있다. 한 가지 유형은 과정 목표(process goal)로 여겨지는데, 학생 내담자와 형성하는 관계와 관련이 있다(Cormier & Hackney, 2008). 당신이 처리하는 과정의 유형들은 형성되어 온 라포의 정도와, 환경의 안전성, 그리고 공감 및 이해의 소통 정도를 포함한다(Cormier & Hackney, 2008). 우리가 별책으로 제공한 실제 및 적용을 위한 가이드북에서 다루었듯이, 상담의 성공은 당신과 학생 내담자의 관계에 달려있다. 이 관계는 학생들로 하여금 회기에 참여하도록 동기화하고, 새로운 전략을 시도하는 위험을 감수하게 하며 긍정적 변화를 위한 상태를 생성하도록 돕는다.

두 번째 목표 유형은 결과 목표(outcome goal)이고, 상담 과정에 기초하여 학생 내담자가 일으키는 실제적 변화와 관련이 있다. 이러한 목표는 전형적으로 명확하고, 측정 가능하고, 그리고 긍정적으로 진술된다. 목표는 학생 내담자와 협력적으로 세워진다. 벤의 사례에서 알 수 있듯이 개인에 대한 많은 목표를 가지고 있는 경우 우선순위를 결정해야 할 필요가 있을 수 있다. 전형적으로 안전과 관련된 목표들이 우선적이고, 학교의 환경과 관련된 목표가 뒤따른다.

또한 목표의 우선순위를 정할 때 자연적으로 순서가 결정되는 경우도 있다. 예를 들어, 만약 학생의 행동이 너무 통제가 안 되서 매일 교실에서 쫓겨난다면, 우리는 분기별 성적 하락을 보기 시작할 수 있다. 비록 학업적 개입이 나중에는 적절할 수 있더라도, 당신은 먼저 학생이 더 나은 자기-통제 전략을 개발하도록 돕는 데 방향을 맞출 것이다. 당신은 또한 특정 환경에서 검토하기에 적절한 목표들을 고려하기 원할 것이다. 만약 나타나는 문제가 장기간의 치료를 요구하는 것이라면, 당신의 목표는 학생 내담자를 지역사회의 기관으로 의뢰하여 돕는 것이 될 것이다. 우리는 목표 설정 및 측정에 대해 13장에서 더 자세히 다룰 것이다.

과정 및 결과 목표 둘 모두 당신이 학생 내담자와 상담하는데 있어서 중요하다. 당신과 학생 내담자가 결과 목표를 설정할 때, 당신이 상담의 결과로서 보길 기대하는 변화의 유형을 꼭 논의해야 한다. 벤의 사례에서, 학교 상담자는 처음에 단지 두 가지 목표를 설정하기 위해 상담할지 모른다. 그 중 첫 번째는 음주 및 운전 사고의 기록을 더 이상 남기지 않는다는 것이며 기대되는 결과와 관련된 안전성 문제를 다룰 것이다. 두 번째 목표는 학교의 공부와 행사에 참여도를 높이는 것이다. 벤과 학교 상담자가 함께 출석과 과제의 완료를 평가할 수 있는 구체적인 목표를 설정할 수 있을 것이다.

앞서 언급했듯이, 이러한 목표를 성취하는 데 많은 방법들이 있다. 학교기반 전문가로서, 대부분의 우리의 관심은 결과에 초점이 맞춰진다. 하지만 당신은 각 학생 내담자와 관련된 자신의 과정 목표들을 간과해서는 안 된다. 개인적 성찰, 상담일지 작성, 그리고 수퍼비젼을 통해 당신은 학생 내담자와 소통하고, 그들의 관점을 이해하고, 상담을 위한 안전하고 안정적인 환경을 만들어내는 당신의 능력을 바탕으로 개인적인 목표를 세워야 한다.

4.7 결론

명백히 오늘날의 상담자들과 학교 심리사들은 내담자에 대한 이해와 변화를 촉진하려는 여러 노력의 풍부한 유산들을 계승해왔다. 이론의 통합과 개입 모델들은 우리의 치료적 기술을 확장시켰고, 유연성을 향상시켰으며 다양한 이론들과 접근들의 강점을 활용할 수 있도록 이끌었다. 하지만 무계획적 절충주의는 산발적인 기술지상주의를 낳을 수 있다.

수년 전 Liddle(1982)은 전문적 상담가들에게 "우리가 아는 것과 아는 방법, 우리가 생각하는 것과 생각하는 방법, 그리고 우리가 임상적으로 내리는 결정과 그 결정을 내리는 방법"을 평가하고 명확히 표명하기 위해 "정기적으로 자신의 인식을 점검하라"고 도전했다(p. 247). 우리는 당신에게 지금 그러한 과정을 시작하라고 권면하며 경력 전반에 걸쳐 당신의 인식을 재점검하기를 권한다.

활동

1. 당신이 가진 정보를 바탕으로 한스(2부 도입에 소개된 학생)에 대한 사례 개념화를 완성해 보자.
2. 어떤 이론이나 기술들이 한스에게 가장 도움이 된다고 믿으며 그 이유는 무엇인가? 당신의 상담 효과성을 어떻게 평가할 것인가?
3. 소집단을 만들어 최근의 이론적 관점을 다른 사람들과 나누어 보자. 효과적이었거나 학생을 잘 이해하도록 도운 사례를 설명해 보자. 당신의 이론적 접근이 효과적이지 않아 여전히 의문인 사례를 집단원과 나누어 보자.

저널 주제

주제 1

아이들이 왜 그렇게 행동하는지에 대한 당신의 무의식적인 믿음을 생각해 보자. 이것들이 개인의 나이, 성, 민족성, 또는 다른 요인과 폭넓게 관련되어 있는가?

주제 2

당신은 현재 어떠한 이론적 성향을 지니고 있으며 왜 그러한 이론을 선택했는가? 어떤 점에서 그 이론이 당신에게 맞다고 생각하는가? 상담의 실습을 마치는 시점에서 지금까지 작성한 저널의 내용을 검토해 보자. 당신의 생각은 변화했는가? 당신이 상담하고 있는 내담자에게 이론을 적용하는 과정에서 무엇을 배웠는가?

주제 3

당신과 상담 관계를 형성하기 어려웠던 학생 내담자를 생각해 보고, 또한 쉽게 관계를 형성할 수 있었던 학생 내담자를 생각해 보자. 관계 형성에 있어서 당신에게 장벽으로 작용했던 학생의 요소는 무엇이며 이러한 과정을 용이하게 한 요소는 무엇인가?

CHAPTER 05

학교상담에 대한 Adler학파의 접근

학습목표

- 개인심리학(individual psychology)의 필수적인 원리를 검토한다.
- 학교에서 아동과 청소년을 상담할 때 개인심리학의 적용을 고려한다.
- 개인으로서, 그리고 상담자로서 개인심리학의 적절성을 생각한다.

이론 수업시간에 배운 것을 떠올려 보면, Adler의 이론(또한 개인심리학으로 알려진)은 풍부하고 종합적이다. 이 이론은 20세기 초반에 형성되었지만, Adler의 영향력은 현재의 접근과 실행에도 여전히 중요하게 남아 있다(Carlson, Watts, & Maniacci, 2006; Watts & Pietrzak, 2000; Wood, 2003). Adler 학파의 전문가들은 상담의 과정을 구조화한다. 그리고 그들은 종종 심리교육을 가르치거나 제공한다. 이 접근은 지시적이다. 그러나 내담자의 어려움, 동기, 그리고 잠재적 해결책들을 탐색하는 데 있어서 협력적이다. 따라서 이 이론의 많은 측면들은 학교기반 전문가에게 매우 유용하다(Caterino & Sullivan, 2009; LaFountain & Garner, 1998).

이 장에서는 학교기반 전문가에게 중요한 Adler의 전제에 대한 요약을 검토한 뒤에, 상담의 과정, 평가전략 및 개입에 대해 살펴볼 것이다. 우리는 학교상담에 특별히 적절한 부분을 소개했기 때문에 종합적인 이 이론의 일부 요소만을 설명하였다. 따라서 이곳에서 소개되지 않은 이 이론의 나머지 측면들이 중요하지 않다는 것을 의미하지는 않는다. 우리는 이 이론의 많은 요소들을 검토하였는데, Adler의 이론은 내적으로 일관성이 있음을 확인하였다. Adler 학파의 이론적 기초, 평가절차 및 개입은 상호보완적인 성격을 지닌다.

1800년대 후반을 살았던 Adler 개인의 어린 시절과 그의 학교 경험은 주목할 만하다. 그는 사고를 많이 당하고 질병에 잘 걸렸던 것으로 보인다. 또한 그는 학업적 어려움을 갖고 있었는데, 특히 수학에서 그랬다. 그래서 어떤 사람들은 그가 구두수선공의 견습생이 되기 위해 학교 교육을 그만둘 것을 권하기도 하였다. 어린 Adler는 이런 관점을 받아들이고, 학업적 어려움이라는 한계에 스스로를 가둘 수도 있었을 것이다. 그러나 Adler는 그 어려움들을 이겨내기 위해 동기화되었다. 그는 25세에 의대에서 학위를 받았고, 다른 사람들이 고통, 부적응, 질병을 극복하도록 도울 수 있는 길을 찾았다(Carlson et al., 2006). 뿐만 아니라 그는 가난하고 힘없는 사람들의 요구를 다뤘던 사회 개혁을 위한 적극적인 휴머니스트이자 수호자였다.

5.1 Adler 이론의 필수적인 원리

Alfred Adler(1958)는 정신분석에 대한 반작용으로서, 그리고 그의 인본주의적 신념의 반영으로서 개인심리학(individual psychology)을 발전시켰다. 비록 이 이론이 개인심리학이라고 불리지만 Adler의 초점은 맥락적이고, 전체론적인 것에 있었다. Adler는 우리가 사회적 맥락에서 내담자를 바라보지 않는다면 사람을 완전히 이해할 수 없다고 하였다(Carlson et al., 2006; Sweeney, 1989, 1998; Watts, 2000). 또한 그는 인간 존재는 근본적으로 사회적이고, 목표 지향적이며, 창조적이라고 말했다(Dinkmeyer & Sperry, 2000; Kelly & Lee, 2007). 그런 이유로, 개인적 실현

(personal fulfillment)은 일, 우정, 사랑, 자기수용, 목적 또는 의미, 그리고 회복적 여가와 관련된 삶의 과제 완수에 기초한다(Dinkmeyer & Sperry, 2000).

Adler의 이론에 기초하여 상담할 때, 정신건강 전문가는 각각의 학생과 성인의 독특한 요구에 반응한다. 그들은 스스로에게 '누구 혹은 무엇이 이 특정 개인에게 최선인가?'라고 묻는다(Carlson et al., 2006, p. 10). 따라서 이 접근은 유연하고 통합적이다. 동시에 Adler 이론은 '견고하다(solid)(Manaster & Corsini, 1982, p. 148).'

5.1.1 현상학

현상학의 개념은 Adler 학파 이론의 중심에 있다. 심지어는 개인적 구성원들이 역사를 공유하는 한 가족 안에서도, 각각의 사람은 그 역사 안에서 사건에 대한 다른 관점과 기억을 가지고 있다. 따라서, 각각의 인간 존재의 경험은 독특하고 그들 각자의 관점으로부터 이해되어야 한다(Mosak & Maniacci, 1993). 이에 더해, 각각의 아동은 가족 맥락 안에서 중요한 자리를 찾는 과제를 가지고 있다. 학급 관계에서도 마찬가지다.

5.1.2 생활양식

생활양식(lifestyle)은 '개인의 태도, 포부 및 자신이 중요하다고 믿는 목적의 방향으로 삶을 추구하는 노력의 합'이다(Grey, 1998, p. 37). Adler는 어린 아동은 가족 경험으로부터 자기 자신, 남성, 여성, 그리고 삶에 대한 결론을 이끌어낸다고 말했다. 그러한 중요한 결론의 예로는 '나는 _____이다. 이 세상은 _____이다. 따라서 _____이다.'에 대한 일반적인 반응이다(Manaster & Corsini, 1982). 본질적으로, 생활양식은 개인이 삶의 경험을 바라보고, 해석하는 렌즈를 형성한다. 이러한 결론들은 비록 그것이 인지 발달의 초기 단계에 얻어진 것이라 할지라도, 아동이 문제와 관계들을 어떻게 다루느냐에 대한 청사진이 된다. 그것들은 좌절, 도전, 외로움 등에 대한 반응들을 알려준다. 따라서 이러한 청사진은 일생동안 행동의 패턴에 영향을 미친다.

비록 아동들이 매우 관찰력이 좋더라도, 그들은 미묘한 뉘앙스를 놓치기도 하고 종종 사건과 상황을 불완전하게 이해하기도 한다. 따라서 아동과 성인들은 부정확한 가정들에 기초해서 결정하고 행동한다(Dreikurs, 1964). 이러한 불완전하거나 잘못된 원리들은, 그것들의 객관적인 정확성과 상관없이, 가치, 인간관계 패턴, 가치있는 윤리 그리고 일반적인 행동에 대한 실행 원칙이 된다. 예를 들면, 어린 소년의 경우 그의 아버지가 아기인 여동생을 조심스럽게 보살피는 것을 관찰할 수 있다. 그 소년은 결론 짓기를 여동생이 자신보다 더 사랑스럽거나 아마도 자신보다 더욱 약하다고 결론지을 수 있다. 소년은 또한 아버지가 딸을 더 많이 사랑한다고 가정할 수도 있다.

그 소년은 여동생이 아버지에게 더 특별하다고 믿으며 성장할 수 있다. 비록 그 관점이 완전히 잘못된 것이라고 해도, 그 소년은 마치 아버지가 자신을 덜 사랑하는 것처럼 행동을 시작할 수 있고, 스스로 거리를 두며, 자신도 모르게 그러한 거리두기를 계속할 수 있다. 그는 그러한 믿음을 일반화하여 그가 자신의 여동생보다 심지어는 여성보다 덜 사랑스럽다고 결론내릴 수도 있다.

내담자가 잘못된 행동에 대한 가정을 이끌어 내도록 상담자가 돕는 과정에서, 이러한 잘못된 믿음은 상담과 자문의 중요한 초점이 된다. 예를 들어, 아동은 집단 안에서 자신의 중요성은 단지 자신이 받는 관심의 양 또는 자신이 갖는 힘의 정도에 의해서만 정해진다고 결론 내릴 수도 있다. 그들은 다른 사람들도 자신이 겪은 고통이나 거절을 똑같이 경험해야만 자신의 중요성이 인식될 것이라고 믿을지도 모른다. 낙담한 아동은 자신은 스스로의 노력에도 불구하고 실패할 것이고, 그러한 노력은 소용없는 것이라고 결론지을지도 모른다.

5.1.3 열등감에 대한 인식 극복과 중요성 성취

Adler는 유아기 때 경험한 의존성이 동기를 제공한다고 보았다. 왜냐하면 유아들은 자신이 인식한 제한점들을 보상하는 측면에서 중요성(significance)을 성취하려고 노력하기 때문이다. 성공을 경험하는 기회는 아동으로 하여금 자신의 부족감을 극복하고, 자신의 중요성을 느끼는 감정에 기여하는 전략을 학습하도록 돕는다. 열등감(inferiority)을 극복하거나 대처하기 위해 파괴적이고 사회적으로 부적절한 방법을 사용하는 경우 괴롭힘, 속임수, 우울, 걱정 등으로 나타난다 (Kelly & Lee, 2007).

이러한 맥락에서 열등감은 병리적으로 여겨지지 않는다. 오히려 이러한 열등감은 평범한 경험으로 어린 아동들이 성인들과 자신을 비교함으로써 심화된다(Mosak & Maniacci, 1993). 열등감을 극복하고자하는 전략은 건강한 반응 혹은 병리적인 반응으로 나타날 수 있다. 물론 아동은 의식적으로 이렇게 말하진 않는다. "나는 열등감을 느껴요. 나는 내가 우주 비행사가 되었을 때, 그리고 나의 모든 의사결정을 내 자신이 할 때, 이런 열등감을 극복할 거라 생각해요." 하지만 중요성을 획득하는 과정에서 어느 정도 아동은 자신이 해야 하는 것과 하지 말아야 하는 것에 대한 생각을 형성하기도 한다.

5.1.4 용기

Adler, Dreikurs 그리고 이 철학을 고수하는 다른 사람들은 용기(courage)의 중요성을 강조하였고 용기를 잃게 되면 상당히 파괴적인 결과를 초래한다고 보았다. Dreikurs(1964)는 다음과 같이 주장했다. "잘못된 행동을 하는 아동은 용기를 잃은 아동이다. 각각의 아동에게는 마치 식물에게 물이 필요한 것처럼 지속적인 용기를 주는 격려가 필요하다. 아동의 경우 용기를 주는 격려 없이는 성장하거나 소속감을 발달시킬 수도 얻을 수도 없다."

성인은 과도하게 보호적이거나 아동이 독립적으로 혹은 협력하여 성취할 수 있는 것을 대신하여 해줄 때, 자기도 모르게 아동의 용기와 독립심의 발달을 저해한다. 반대로, 용기를 잃는 것은 아동이 반복적으로 실패를 경험할 때 두드러지게 된다. 보호와 도움의 유용성을 결정하는 과정에서 성인은 의도적이고 신중해야 한다.

5.1.5 사회적 관심

Adler는 사회적 관심(social interest)이라는 개념을 소개했는데, 그것은 정신 건강을 나타내는 주요한 지표이다. 사회적 관심은 타인에 대한 존중, 타인과의 협력, 타인에 대한 관심, 그리고 타인과의 관계로 특징지어진다. 사회적 관심이 발달한 사람은 "책임감 있고, 협력적이고, 그리고 창조적인 사람이다. 사회적 관심이 높은 사람들은 자기 자신, 타인, 그리고 삶을 즐기고 좋아한다(Sweeney, 1989, p. 27)." 아동은 성인뿐만 아니라 또래와 긍정적인 관계를 형성할 때, 사회적 관심을 나타내고 경험한다. 사회적 관심은 또한 아동이 타인을 격려하거나 격려를 받을 때 나타난다.

> 임의적 선행(random act of kindness)이나 다른 친절 관련 운동들은 Adler의 사회적 관심 개념과 맥을 같이한다.

5.1.6 목적이 있는 행동

많은 Adler식 개입은 모든 행동에는 목적이 있다는 가정에 기초한다. 앞서 언급했듯이 Adler는 아동이 성인처럼 소속감의 욕구와 사회적 맥락 내에서 중요성을 획득하려는 욕구에 의해 주로 동기화되는 사회적 존재라고 주장했다. 실제로 Dreikurs(1964)는 아동이 행하는 모든 것은 (앞서 언급했듯이) 자신의 생활양식에 따라 "자신의 자리를 찾는 데 목적이 있다(p. 14)"라고 제안했다. 반대로 한 번 한 행동이 더 이상 바람직한 효과를 나타내지 않으면, 그것들은 포기된다. 따라서 잘 기능하는 아동과 청소년은 협력적이고 참여적인 집단 구성원이 됨으로써 집단 내에서 관계들을 발전시킬 수 있다. 부적절하거나 사회적으로 덜 용인되는 행동을 하는 아동은 잘못된 전략을 통해 집단에서 위치를 획득하려고 노력한다.

Adler는 아동이 (1) 지나친 관심을 얻으려고, (2) 힘을 획득하려고, (3) 복수를 표현하려고, 혹은 (4) 부족감을 나타내려고 잘못된 행동을 한다고 제안했다. 행동에 대한 근원적인

> 목표의 성취와 관련해서 Adler가 제시한 용기를 잃는 것과 잘못된 노력이 3장에 소개된 자기 실패화 행동(self-handicapping behaviors)에 대한 개념과 유사하다는 것을 주목하라.

신념과 목적을 알아내는 것은 성인으로 하여금 아동이 효과적으로 그리고 적절하게 목표를 달성하도록 도울 수 있게 한다. 따라서 잘못된 행동을 하는 목표를 확인하는 것은 평가에서 중요한 구성요소이다.

5.2 상담 과정

Adler는 (1) 상담관계 형성, (2) 분석과 평가, (3) 해석, 그리고 (4) 재교육(reorientation)을 포함하는 상담에 대한 네 가지의 일반적인 단계를 제시했다. Adler는 내담자와 상담하는 데 있어서 공감을 핵심적인 요소로 간주하였다. Adler는 공감이란 내담자의 눈으로 보고 내담자의 귀로 듣는 능력이라고 언급했다(Kelly & Lee, 2007). 공감과 다른 촉진 기법들은 (실제 및 적용을 위한 가이드북에 제시되었듯이) 협력과 협동으로 특징지어지는 관계 형성에 도움을 준다. 작업 동맹(working alliance)을 강하게 형성하면 Adler 이론의 다른 측면 역시 잘 적용될 수 있다. 다음에 제시한 내용은 기본적인 평가 전략, 해석 사례, 그리고 재교육 및 변화를 이끌어내는 기법을 포함한다.

5.2.1 평가

Adler식 평가를 위하여 공식적인 질문지와 질문양식을 사용할 수 있다. 하지만 학교기반 전문가들의 평가 절차는 전형적으로 덜 광범위하다. 학교 상담자와 학교 심리사는 다양한 수업, 구조화되지 않은 시간, 그리고 집단 활동과 같은 다양한 맥락에서 성인과 자문하고, 아동과 이야기하며, 아동을 관찰한다. 행동 이면의 여러 가지 목적과 행동에서 오는 이익에 주의를 기울이게 된다. 또래와 성인과의 관계 패턴 또한 주목되어야 한다. 학년이 올라감에 따라 사회적 관심, 친사회적 집단 행동, 그리고 협력의 징후에 주목해야 한다.

이 관점은 우리가 정보를 모으고, 아동의 행동에 대한 기능이나 목적을 이해하기 위한 기능적 행동 평가(functional behavior assessment)를 실행할 때 종종 사용된다.

아동 행동 이면의 목표뿐만 아니라 아동 자신을 바라보는 관점에 대한 추가적인 통찰은 아동과 함께 시간을 보내며 얻어질 수 있다. 전문적 상담자는 종종 다음과 같은 질문을 통해 인식에 대해 알아본다. "너 자신을 어떻게 표현할 수 있겠니?" 그리고 "네 남자형제를 표현해보라면, 어떤 단어를 사용하겠니?" 유사한 질문들을 사용하여 다른 가족 구성원, 친구, 그리고 학교에 대해서도 물어볼 수 있다. 두려움, 즐거운 활동, 그리고 꿈과 관련된 다른 질문들도 물어볼 수 있다.

이러한 질문들에 대한 응답은 학생에게 개입하고 돕기 위한 적절한 배경을 제공할 것이다. 경우에 따라서 추가적인 정보는 결정적인 C(Crucial Cs)의 존재와 부재를 확인함으로써 혹은 잘못된 행동과 관련된 목표를 직접적으로 탐색함으로써 획득된다.

결정적인 C Bettner와 Lew(1996)는 Adler가 제시한 아동의 욕구(즉, 소속되기, 향상하기, 의미 찾기, 그리고 격려받기)에 대한 인식을 아래 상자에 나열된 '중요한 C : 연결(connection), 능력(capability), 중요성(counting), 용기(courage)'로 단순화하였다. 이 특성들의 존재와 부재는 충족되지 않는 욕구, 행동의 목표, 개입 영역을 확인할 수 있는 지침을 제공한다(LaFountain & Garner, 1998).

네 가지 중요한 보호요인 : 결정적인 C

- 소속감의 요구
  "나는 소속되었다고 믿어요."

- 역량 개발 및 유능감에 대한 요구
  "나는 이것을 할 수 있다고 믿어요."

- 중요성에 대한 핵심적 요구 ; 중요하다고 생각하는 믿음
  "나는 중요하고 나는 할 수 있다고 믿어요."

- 용기에 대한 평생의 요구
  "무엇이든 내가 다 해결할 수 있다고 믿어요."

출처: Lew & Bettner, 1995, pp. 5-18

학교는 아동들이 결정적인 C를 성취하는 데 필요한 광범위한 기회를 제공한다. 예를 들어, 독서학습, 수학연산 풀기, 전자 문서 작성하기는 유능감을 확인할 수 있는 증거를 제시한다. 학생들은 교우관계 기술을 획득하고 소속감을 느낄 수 있는 다양한 기회를 갖게 된다. 안전한 환경에서 적절한 위험을 감수할 수 있는 기회들은 용기를 갖도록 도와준다. 의미 있는 방식으로 학교활동에 기여하는 것은 학생들의 자신감과 자기 효능감을 강화시켜준다. 학생들은 자신들이 실제로 학교 공동체의 중요한 구성원인지를 결정내릴 수 있는 명백한 데이터를 얻게 된다.

잘못된 행동의 목표 대부분의 개인심리학 지지자들은 잘못된 신념으로 인해 발생하는 아동 행동의 목적을 파악하고 이를 해결하는 데 관심을 두고 있다. 아동들에게 왜 그러한 행동을 하는지에 대해 묻는 것은 권장하지 않고 도움이 되지 않는다고 본다. 오히려 개인심리학자들은 잠재적 목적에 대해 물어봄으로써 다양한 목표를 알아낼 수 있다고 보았다. Wickers(1988, p. 72)는 아동 행동 목표에 대한 가설 설정을 위한 일련의 진술문을 설계하였다. Wickers(1998)는 아동들에

게 대화체로 된 진술문(다음 상자 안)을 제시하고 각각의 정확도를 판단하도록 요구하였다.

잘못된 행동의 목표를 탐색하기 위한 아동 인터뷰

Wickers의 제안(1998)

1. 나는 책임을 지고 싶다. (권력)
2. 나는 사람들이 나에게 미안한 마음을 가졌으면 좋겠다. (부족감)
3. 나는 사람들이 상처받는 것이 무엇인지 알았으면 좋겠다. (복수)
4. 나는 사람들이 나에게 무엇을 하라고 그만 했으면 좋겠다. (권력)
5. 내 생각에 나는 불공평한 대우를 당하는 것 같다. (복수)
6. 나는 다 망칠 것이기 때문에 노력해도 아무 의미가 없다는 것을 안다. (부족감)
7. 나는 사람들이 자신이 무슨 행동을 했는지에 대해 잘못을 느꼈으면 좋겠다. (복수)
8. 나는 사람들이 날 알아봤으면 좋겠다. (관심)
9. 나는 혼자 있고 싶다. 지금 아무것도 할 수 없다. (부족감)
10. 나는 관심받고 싶다. (관심)
11. 나는 사람들이 나를 위해서 좀 더 무엇을 해줬으면 좋겠다. (관심)
12. 나는 되갚아 주고 싶다. (복수)
13. 나는 사람들이 내가 원하는 것을 했으면 좋겠다. (권력)
14. 나는 사람들이 나에게 무엇을 하라고 그만 요구하면 좋겠다. (부족감)
15. 나는 권력을 갖고 싶다. (권력)
16. 나는 특별하고 싶다. (관심)

근본적인 목표에 대한 가설을 생성하는 과정에서 학생의 행동에 대해 걱정하는 어른과 대화를 하는 것은 종종 도움이 되고 더 효과적이다. 이 과정에서, 전문 상담자는 성인이 경험한 감정에 중점을 두어야 한다. 관심, 권력, 복수, 부족감의 네 가지 목표와 관련된 전형적인 감정은 다음 상자에서 제공하고 있다. 당신은 이런 비슷한 표를 다양한 교재나 논문에서 찾을 수 있을 것이다. 솔직히 아동 행동의 목표를 확인하기 위한 방법으로 성인들의 반응 성향에 중점을 둔 전략이 Adler나 Dreikurs에서 유래했는지 우리도 확실하지는 않다. Dreikurs(1975)는 "아동의 잘못된 행동을 수정하기보다는 강화"시킬 수 있는 외부 반응에 대한 교사의 인식이 중요하다고 보았다. 또한 교사가 자기 자신의 내적 반응에 주목하는 것 역시 중요하다고 설명하였다(p. 34). 예를 들어, 관심받기 위해 노력하는 아동은 시험 기간 동안 산만한 잘못된 행동을 할 수 있다. 만약 교사가 큰 소리로 처벌하며 강하게 대응한다면, 이 아동은 산만한 행동으로 원했던 관심을 얻는 데

성공했기 때문에 이 전략에 의지하며 계속 사용하게 될 것이다.

아동의 잘못된 행동 목표를 성인의 내적 반응으로 탐색하기

성인의 내적 반응	잘못된 행동의 가능한 목표
짜증남	관심
성가심	관심
화가 남	권력
격분함	권력
상처받음	복수
낙담함	부족감 또는 회피
절망을 느낌	부족감 또는 회피

5.2.2 해석과 재교육

학교 맥락에서 해석과 재교육은 종종 동시에 일어난다. 해석은 대부분 통찰력을 직접적으로 증대시킨다. 재교육은 개인심리학의 "그래서 뭐(so what?)" 요소이다. 이것의 목적은 내담자가 상담을 마친 후 자신의 삶을 개선하기 위해 통찰력을 사용하도록 도와주는 방법이다. 해석과 재교육은 아동과의 개인상담 중에서도 일어날 수 있다. 상담 시간 외에 교사, 학부모, 전문가 및 다른 성인이 공동 작업을 통해 학생을 도울 수 있다. 예를 들어, 해석은 잘못된 행동의 목표를 이해하기 위한 질문들을 포함한다. 학교 심리사는 "내가 너랑 상담을 해야겠다는 생각이 들었어. 어제 네가 너의 선생님과 말싸움을 할 때, 네가 정말 학급의 짱이라는 것을 보여주려고 했었는지 궁금하구나." 그리고 "그래. 너는 교실에서 힘을 더 얻고 싶을 거야. 어떻게 네가 문제를 일으키지 않고 힘을 얻을 수 있을지 궁금하구나."라고 덧붙일 수 있다.

만약 전문 상담자가 잘못된 행동의 목적이 관심을 받기 위한 행동이라고 믿는다면, 이렇게 말할 수 있다. "너는 정말 관심을 받기 원하는 것처럼 보이는구나. 문제는 네가 수업 활동 중에 관심을 받으려고 노력할 때 선생님을 방해한다는 거야. 그게 정말 문제야. 나는 네가 교실 규칙에 어긋나지 않으면서 어떻게 관심을 받을 수 있을지 궁금하구나."

> 개인심리학과 인지 접근의 공통점을 주목하자. 당신은 학생의 잘못된 신념을 다룰 때 인지 접근이 더 효율적이라고 느낄 수도 있다.

5.3 학생과의 상담: 효과적인 상담 방법

개인심리학적 개입은 Adler가 개발한 개입방법에 제한되지 않는다. 오히려 전문적인 상담자는 개인에게 어떤 것이 도움을 줄 수 있는지 결정하게 된다. 우리는 이 부분에서 아이들과 청소년들에게 어떤 기술이 유용할지 설명하고자 한다. 당신 자신만의 상담 스타일을 개발하고, 경험을 쌓아가며 다른 상담방법을 탐색함에 따라 여러분의 상담기술과 개입방법은 더욱 성장할 것이다

5.3.1 질문

Adler 이론을 사용하는 상담자는 문제의 부재와 관련한 질문을 종종 제시한다. 예를 들어, 만약 아이가 학급에서 다른 아이들과 잘 어울리지 못한다면, 학교기반 전문가들은 다음과 같이 물을 것이다. "만약 네가 다른 친구들과 어울린다면 무엇이 달라질까?" 시험 불안에 대한 불만을 지닌 내담자에 대한 답변으로 상담자는 다음과 같이 물을 수 있다. "만약 네가 시험 불안을 갖지 않는다면 무엇이 달라질까?" 이러한 질문들에 대한 대답은 목표를 명료하게 한다.

이러한 질문들에 대한 반응은 그 증상을 통해 내담자가 얻고 있는 2차적인 이득에 관한 정보를 제공해주기도 한다(Dinkmeyer & Sperry, 2000). 바로 전에 제시한 시험 불안의 예로 돌아가 보자. 학생 내담자는 불안이 낮은 성적의 원인이 된다는 것을 알고 있다. 이 학생이 다음과 같이 말하는 것은 더욱 불편할 것이다. 예를 들어, "나는 시험불안 때문에 시험을 잘 치지 못했다"라고 말하는 것 보다 "사실 내가 공부하지 않아서 제대로 시험을 치지 못했어"라고 말하는 것이 더 어려울 것이다.

5.3.2 학생과 협동하기

학생 내담자가 처한 문제에 대한 해결책을 만드는 과정에 학생을 참여시키면 현재의 문제를 해결하는데 필요한 기술을 학생이 신장시킬 수 있다. 이 과정을 통해 학생은 또한 용기와 유능감을 더욱 증가시킬 수 있다.

다음에 제시한 대화에서, 학교 상담자가 타쿼아에게 어떻게 해석과 재교육을 제공하는지에 주목하여라. 타쿼아의 잘못된 행동에 대한 목표는 부족감(inadequqcy)인 것처럼 보인다. 상담자는 타쿼아의 목표 이면에 또 다른 의도가 있을 것이라고 생각한다.

상담자 : 타쿼아, 지난주에 내가 여러 질문을 했었지? 그 질문들은 주로 다른 사람들이 너에게 미안한 감정을 가졌으면 하는 것과 그들이 너를 때때로 따돌린다는 것이었잖아. 이후에 나는 너의 선생님들을 만나봤고 너의 아버지와도 이야기했어. 나에게 드는 생각을 너와 함께 확인하고 싶은데. 내가 궁금한 것은 네가 학교에서 하는 일이 점

점 어려워져서 학교에서 해야 할 일을 끝마치지 못하는 건지, 또한 그래서 부모님께 학교에 안 가겠다고 하는 건지 알고 싶어.

타퀴아 : 무슨 말이에요?

상담자 : 지난주 네가 부모님이 매일 밤 너의 숙제를 체크하는 것은 어리석은 일이고 시간 낭비라고 생각한다고 말했잖아. 이러한 방식이 도움이 되지 않는다고 네가 생각하는 것을 알게 되었어. 마치 너의 선생님과 부모님이 너를 그냥 혼자 내버려 두기를 바라는 것 같고 그래서 네 스스로 해결하도록 내버려 두기를 바라는 것처럼 보였거든.

타퀴아 : 음…… 맞아요. 나는 대수학을 하지 못해요. 나는 그냥 내가 할 수 있는 방법으로 그 과목을 하고 싶어요. 비록 내가 대수학 과목을 패스하더라도, 기하학은 또 못할 거예요. 그게 무슨 소용이 있나요?

상담자 : 자신감이 없구나…… 대수학은 어려워 보이고, 심지어 기하학도 걱정을 하는 것 같은데.

타퀴아 : 나만 빼고 다른 사람들은 다 쉬울 거예요. 난 못해요.

상담자 : 들어 보니 두 가지를 말하는 것처럼 들리네. 첫 번째로, 네 스스로 대수학을 할 수 없다고 생각하는 것 같아. 그리고 어른들이 이것에 대해 신경 쓰지 않았으면 하는구나. 글쎄, 어른들이 너에 대해 더 이상 신경쓰지 않을까? 너에 대해 그 분들이 걱정하고 계시기 때문에 그럴 것 같지는 않은데. 그리고 네가 대수학 과목을 패스할 수 있을 것이라고 생각하셔. 난 네가 이런 상황을 변화시킬 수 있다고는 생각하지 않아. 네가 대수학에 대해 자신감을 잃으면 어떤 일이 생기는지 이야기해 보면 좋겠는데.

타퀴아 : 글쎄요. 하지만 나는 이런 게 효과가 있을 것이라고 생각하지 않아요.

상담자 : 내가 느끼기로는 네가 숙제를 시작할 때, 두려워하는 것 같은데.

타퀴아 : 맞아요. 모든 숫자들과 글자들이 무섭죠.

상담자 : 그래, 그럼 두려움이 생기기 전에 적극적으로 도전해 봐.

타퀴아 : 그게 무슨 말이에요?

상담자 : 나도 모르지, 네가 나한테 이야기해줘야만 해.

타퀴아 : 음, 모든 사람들은 학교가 끔찍하다는 걸 알아요.

상담자 : 어떤 면에서?

타퀴아 : 그것도 모르세요?

상담자 : 나는 그런 걸 원래 잘 모르거든.

타퀴아 : 설명하기 힘들어요.

상담자 : 나는 네가 할 수 있다고 생각해. 혹시 네가 말할 것에 대해 걱정하거나 내가 무슨 생

각을 할지가 걱정되니?

타퀴아 : 흠……

상담자 : [기다린다]

타퀴아 : 무슨 소용이 있어요?

상담자 : 바로 너에게 중요한 일이지.

타퀴아 : 선생님도 내가 바보 같다고 생각하겠죠?

상담자 : 내가 확신할 수 있는 건, 네가 바보 같다고 말하지 않을 거라는 사실이야.

타퀴아 : 글쎄요…… 전 바보 같아요.

상담자 : 나는 네가 그렇지 않다는 충분한 증거를 가지고 있어.

　　　　　[회기의 마지막 부분]

상담자 : 타퀴아, 나는 네가 너의 대수학 성적에 대해 선생님들과 부모님들이 걱정하지 않도록 네가 할 수 있는 일의 목록을 만들 수 있을지 매우 궁금해. 너와 함께 이 목록을 만들고 싶어.

타퀴아 : 답안지를 몰래 얻을 수 있어요.

상담자 : 그것도 하나의 방법이겠지. 그 밖에 뭘 할 수 있을까?

　　　　　[회기의 마지막에 이르러 6개의 행동 목록을 만들어 내었고 그 중 어떤 것은 실행 가능해 보임]

상담자 : 나는 네가 할 수 있는 2~3개의 아이디어가 어떤건지 궁금해.

타퀴아 : 선생님과 함께 문제를 풀어 볼 수는 있을 것 같아요.

상담자 : 좋아. 그럼 첫 번째는 해결됐고. 또 다른 건 무엇이 있을까?

타퀴아 : 두 문제 정도를 풀고, 내가 잘 하고 있는지 엄마에게 물어볼 수는 있어요.

상담자 : 그래, 그럼 두 번째도 해결됐고. 또 다른 건?

타퀴아 : 교실에서 앞에 앉으면 선생님 말씀이 더 잘 들릴 거예요.

상담자 : 좋아. 그럼 네가 이야기한 것 중에서 다음 주에 바로 해볼 수 있는 게 있을까?

타퀴아 : 엄마한테 물어보진 않을 거예요.

상담자 : 이건 너의 계획이야. 어떤 걸 할 수 있을까?

타퀴아 : 수학 선생님과 이야기해 볼래요.

상담자 : 쉽지 않을 수도 있어.

타퀴아 : 수학 선생님은 괜찮아요.

상담자 : 오늘 정말 많은 변화를 만들어 냈는걸? 너 대단하다.

회기 사이의 개입　타퀴아가 수학 선생님과 이야기하는 것에 동의한 것은 상담에서 과제의 형태로 제공되는 예이다. 그리고 이러한 방법은 Adler 모형에서 전형적인 방법이기도 하다. 과제를 하는 것은 타퀴아의 이야기에서처럼 직접적일 수 있다. 과제는 행동과 생각에 유연성을 증가시키고 행동의 결과를 다르게 보여주는 미묘한 행동적 결과를 가져온다. 예를 들어, "학교에 정시에 가는 것을 어려워하는구나. 지금까지 도움이 될 만한 것들을 몇 가지 이야기해 봤는데. 이번 주에 그러한 것 중에서 두 가지를 한 번 시험적으로 해보면 어떨까? 예를 들어, 학교에 갈 때 다른 음악을 듣거나, 평소와는 다른 길로 등교하는 방법 말이야. 다음 주에 올 때 이런 방법들이 얼마나 효과적이었는지 벌써 궁금해지는걸?"

해결된 것처럼 행동해 보기   Adler는 내담자에게 한 주를 선택하여 현재의 문제가 경감된 것처럼 가정하고 행동해 보라고 말한다(Sweeney, 1989). 다음의 예와 같이 실행할 수 있다. "좀 이상하게 들릴 수도 있는 부탁을 하나 할게. 이번 주중에 이틀을 골라서, 네가 사회 선생님과 잘 지낼 수 있는 방

> 이곳에 제시된 예가 6장에서도 사용되었다. 6장에서는 인지-행동적 접근의 한 방법으로 소개되었다.

법을 이미 찾았고, 그 방법의 효과가 정말 나타나고 있는 것처럼 행동해 봤으면 하는데 할 수 있겠니?"

5.4 학생에게 중요한 성인을 통한 상담

개인심리학이 지닌 전체적(holistic)이고 맥락적(contextual)인 특성 때문에, 부모와 교사들은 자주 아동과 청소년이 직면한 도전을 극복하도록 도울 것을 요구받는다. 학생에게 중요한 의미를 지니는 성인을 통해 상담하는 것은 보통(상담과는 대조적으로) 자문(consultation)과 심리교육(psychoeducation)의 형태로 나타난다. 이번 절에서 우리는 잘못된 행동의 목표와 관련된 맥락적인 개입, 격려, 그리고 결과들을 설명하였다. 부모와 성인을 통해 상담하는 것은 14장에서 더 깊이 있게 다룰 것이다.

5.4.1 격려

Adler식 상담의 중요한 측면은 격려(encouragement)를 효과적으로 사용하는 것이다. 사실, Dinkmeyer와 Dinkmeyer(1989)는 격려는 "변화의 촉진을 위한 가장 중요한 기술이다."라고 주장하였다(p. 31). 격려는 진정성(sincerity) 및 일치성(congruence)과 함께 전달될 때 내재적 동기를 강화한다(Sweeney, 1989).

격려를 잘해주는 성인은 적극적으로 아동에게 초점을 맞춘다. 하지만 격려는 비언어적으로 주목하는 것 혹은 임의로 칭찬하는 것 그 이상이다. 효과적인 격려는 행동뿐만 아니라 노력, 과정,

표 5.1 격려와 칭찬의 비교

격려(encouragement)	칭찬(praise)
복잡한 대수 문제를 푸는 데 35분이 걸렸는데 이제 거의 다 풀었구나.	그 문제를 맞혔네.
이기지 못해서 실망했구나. 하지만 훈련 동안 네가 얼마나 끊임없이 노력했는지, 경주를 하는 동안 네가 얼마나 집중했는지 나는 알고 있어.	3등을 했구나! 축하해! 네가 자랑스러워!
샐리를 네가 속한 집단에 소개하는 방법에 많은 감명을 받았어. 각각 구성원들을 소개할 때, 그녀에 대해 특별한 것을 언급하더구나. 구성원들도 즐거워했고, 샐리도 많은 이야깃거리를 얻었어.	넌 정말 좋은 아이야.
성적을 올리기 위해 열심히 공부했구나. 집에 가고 싶고 TV가 보고 싶었을텐데 말이야. 학교 끝나고 남아서 선생님들과 같이 공부를 정말 열심히 했구나.	축하해! B를 3개나 받았네.
책들을 정리할 때 성실하게 임해줘서 고마워. 범주별로 정리한 것은 정말 좋은 아이디어였어.	책장을 정리하다니. 넌 참 좋은 아이야.

학습에 초점을 둔다. 대체로 격려는 활동을 하기 이전에 혹은 하는 과정에 이루어진다. 반면에 칭찬은 일을 수행한 후에 주어지며, 성과 혹은 결과에 초점이 맞추어지며, 흔히 일반적이고 개인적인 자질에 초점을 둔다. 표 5.1을 통해 그 차이를 설명하였다.

격려는 몇 가지 장점을 가진다. 학생들은 그들이 행한 유용하고 감사할만한 일에 대한 분명한 정보를 얻는다. 성공은 하나의 사건이 아니라 과정으로서 표현된다(Sweeney, 1989). 격려는 또한 목표, 바람직한 태도 및 역량의 성장을 돕는다(Sweeney, 1989).

5.4.2 잘못된 행동의 목표 다루기

앞서 언급한 것처럼 부적절한 행동은 목적이 있는 행동이지만 잘못된 목적, 즉 관심, 힘, 복수 혹은 부족감을 성취하기 위한 노력으로써 여겨진다. 행동의 목적이 관심(attention)을 얻기 위함으로 보일 때, 성인은 가능하다면 부적절한 행동을 무시하고, 처벌, 보상 혹은 구슬리기 등으로 관심 주는 것을 피하는 것이 좋다. 반면 아동이 적절하게 행동을 했을 때에는 관심을 기울여주는 것이 중요하다.

아동이 힘(power)을 얻기 위해 부적절한 행동을 시도하는 것으로 보일 경우 성인은 갈등으로부터 물러나, 권력 투쟁을 피함으로써 개입하는 것이 좋다. 협동을 가능하게 하고 경쟁을 피하려는 노력들은 아동이 부적절한 행동 없이도 힘을 얻을 수 있다는 것을 깨닫도록 도울 것이다.

복수(revenge)가 부적절한 행동의 목표로 보이는 경우, 쉽지는 않겠지만 성인은 피해를 입지 않도록 조치를 취하는 것이 권장된다. 성인은 또한 처벌(punishment)과 보복(retaliation)을 피해야 한다. 지속적으로 사랑을 전달하는 것과 신뢰를 바탕으로 한 관계를 발전시키려는 노력은 복수에 대한 욕구와 욕망을 완화시킬 것이다.

부족감(inadequacy)의 표현에 대응하기 위해서는, 비판하는 것을 피해야 하며 아동을 낙담케 하려는 유혹을 극복해야 한다. 동시에 그들이 부족감을 표현하지 않았을 때 의도적으로 이들이 보이는 노력을 격려하는 것이 중요하다. 아동의 강점에 주목하는 것 또한 추천된다.

5.4.3 자연적 결과와 논리적 결과

학교와 관련된 또 다른 개인심리학적 접근은 자연적 결과(natural consequences)와 논리적 결과(logical consequences)에 초점을 두는 것이다. 이 관점의 지지자들은 보상과 처벌은 아동이 적절한 행동을 학습하도록 돕는 데 있어서 효과적이지 못한 전략이라고 주장한다. 대신에 자연적 결과와 논리적 결과들이 이용될 때, 아동은 자신들의 행동과 결과 사이의 직접적인 관계를 경험하게 된다고 본다. 따라서 자신이 결과를 피하거나 경험하는 것을 스스로 선택할 수 있는 능동적인 의사결정자라는 것을 인식할 기회를 가진다.

자연적 결과는 "무분별한 행동으로 인해 발생하는 부정적인 결과로, 어느 누구도 개입하지 않는 경우"이다(Sweeney, 1989, p. 83). 물론 이러한 결과들은 성인에 의해 야기된 것은 아니지만, 성인들은 그러한 결과를 막을 수 있다. 예를 들어, 만약 아동이 자신의 자전거를 안전한 창고가 아니라 마당에 놓았다면, 자전거를 잃어버릴 수도 있고 부딪힐 수도 있다. 성인들은 아동을 위해 자전거를 창고에 넣어둘 수도 있고, 자전거가 망가지거나 잃어버리면 자전거를 새로 사줄 수도 있다. 그러나 이렇게 하면 성인은 아동이 자신의 소유물에 대해 책임감을 배울 수 있는 기회를 막는 셈이 된다.

물론 자연적 결과들은 한계점을 지니고 있다. 자전거를 앞마당에 놓았다고 잃어버리지 않을 수도 있고 망가지지 않을 수도 있다. 따라서 성인은 아동에게 책임감을 가르칠 수 있는 논리적 결과를 설계해야 한다. 효과적인 논리적 결과는 연령에 적절하게 설계되어야 한다. 행동과 결과 사이의 관계는 명백해야 하며, 결과는 일관적으로 시행되어야 한다. 논리적 결과는 잘못된 행동이 일어나기 전에 설정되고 이를 학생에게 알려 주어야 한다. 자전거를 마당에 두는 것에 대한 논리적 결과로 한 주 동안 자전거를 못 타게 하는 경우를 생각해 볼 수 있다. 과제를 제출하지 못한 것에 대한 논리적 결과로(그것이 완성될 수 있을 때까지) 자유시간을 줄이는 경우가 가능하다.

논리적 결과를 설정하는 것은 교사, 부모 그리고 전문적인 상담자들에게 도전적일 수 있다. 성인들은 잘못된 행동으로 힘들어하는 학생들을 '구해내려는' 유혹을 받을 것이다. 이러한 유혹은 아동의 도전, 한계, 그리고 계획에 대해 통찰력을 지니고 있는 학교 상담자와 학교 심리사들이 특히 강하게 느낄 수 있다.

5.5 청소년 상담을 위한 추가적인 개인심리학 개념

이미 언급했듯이, Adler는 한 개인이 일, 우정, 사랑, 자아 수용, 목적 또는 의미, 그리고 여가와 관련된 생활 과업(life tasks)을 지닌다고 주장했다(Dinkmeyer & Sperry, 2000). 이러한 과업을 숙달하게 되면 정신건강에 도움을 줄 수 있다(Carlson et al., 2006). 비록 이러한 과업 수행의 기반이 유아기에 확립되긴 하지만 이 과업들은 청소년기 동안에 더욱 중요해진다.

청소년 상담을 하는 전문 상담자는 행동의 목표뿐만 아니라 생활 과업을 달성해 나아가는 과정을 이해하기 위해 구조화된 평가 지침을 따를 수 있다. 또한 추가적으로 청소년의 인생관과 동기부여의 원천에 대해 다루기도 한다. 예를 들어, 상담자와 학교 심리사들은 행복, 두려움, 또래 집단, 진로 계획 등에 관련된 열린 질문을 사용할 수 있다.

청소년의 삶의 방식뿐만 아니라 자신과 타인에 대한 믿음 및 가정에 대한 이해를 바탕으로, 상담자는 청소년의 행동 이면에 숨겨진 동기들을 학생이 스스로 파악할 수 있도록 돕는다. 일단 청소년의 생각을 확인한 후에는, 이에 의문을 품어보게 하거나, 이를 면밀히 살펴보게 할 수 있다. 재개념화(reframing)는 청소년들이 경험과 관련하여 더 유용하게 인식하도록 돕고 더 깊이 있게 의미를 받아들일 수 있도록 돕는다. 목표와 욕구를 성취하기 위하여 잘못된 접근을 사용한다는 것을 확인하게 되면 그러한 행동은 수용되지 못한다. 이 이론에서는 이러한 것을 '스프에 침 뱉기(spitting-in-the-soup)' 기술이라고 부른다. 예를 들어, 상담자는 다음과 같이 말할 수 있다. "나는 네가 내 관심을 받고 싶어서 그런 우스운 소리를 내는 지 궁금해. 단지 네가 '저와 이야기 해주실래요?'라고 말한다면 나는 네게 모든 관심을 다 줄 수 있고, 너의 목청도 아프지 않을 텐데 말이야." 집단상담이나 교실수업을 통해서 상담자는 사람들이 어려운 상황에 처하거나 무력함을 느낄 때 화를 내게 된다고 설명할 수 있다. 상담자는 화를 부적절하게 표출하는 것을 '어려운 상황에서의 비겁한 방법'이라고 재개념화 할 수 있다. 왜냐하면 이러한 방식은 부적절한 상황에서 화를 내는 것과 같이, 자기조절력을 상실하는 대가를 치러야 하기 때문이다.

5.6 상담과 심리 교육을 넘어 : 학교 환경을 위한 시사점

거시적 관점에서 Adler와 Dreikurs의 업적은 학교 환경에 대한 중요한 시사점을 지닌다. (LaFountain & Garner, 1998). 우리는 학교에서 상담하는 전문가들이 아동·청소년을 지지하고, 소속감, 우정, 긍정적 관계를 증진하는 환경의 중요성에 대해 고려해야 한다고 주장한다. 소속감을 경험한 학생은 맥락에 상관없이 자신의 환경에서 성공적으로 적응할 가능성이 높다.

또한 Adler(1964)는 학교를 아동의 사회적 관심 능력을 키우는 주요한 공간으로 보았다. 그는 사회적 관심의 발달과 학교 경험의 상호 연관된 관계에 대해 직접적으로 다음과 같이 말했다.

분명히 학교는 아동의 사회적 관심을 증진시키기에 적합한 장소이다. 이를 위해서는 아동을 신중하게 교육하여 이들이 사회의 적으로 남지 않게 해야 한다. 학교에서 성공하려면 아동의 사회적 관심이 필요하다는 것에는 의심의 여지가 없다. 실제로 그들이 학교에서 보이는 사회적 관심은 그들이 훗날 사회에서 행할 행위의 방식에 대한 힌트를 제공하기도 한다. 학교는 그 자체로 동료의식을 일깨우고 촉진하는 힘이 있다. 만일 교사가 우리의 관점을 잘 이해하고 있다면 친근한 대화를 통해서 아동 자신이 사회적 감정을 원한다는 것을 깨닫도록 도울 수 있을 것이다. 교사는 사회적 감정이 결핍된 원인과 어떻게 이 원인을 없앨 수 있는지를 보여줄 수 있다. 그리고 이러한 방법으로 교사는 아동이 사회와 더 긴밀한 관계를 맺도록 도울 수 있다(p. 48).

Adler(1964)는 또한 같은 맥락으로 다음과 같이 주장했다. "인생의 모든 문제를 해결하기 위해서는 협동할 수 있는 능력과 이에 대한 준비가 요구된다—이러한 협력은 사회적 관심이 표출되어 나타나는 것이다. 사회적 관심에는 용기와 행복이 포함되어 있고, 이것들은 다른 어느 곳도 아닌 학교에서 발견된다."(p. 207). 실제로, 학교는 삶의 기술을 연습하고 개발하는 실험실의 기능을 지니고 있다. 우리는 아동이 신체적 안전뿐만 아니라 심리적 안전을 느낄 수 있는 지지적이고 포괄적인 학교 환경에 당신이 기여할 수 있는 방법에 대해 고민해 볼 것을 권한다.

5.7 Adler 이론의 적용을 위한 경험적 지지

Adler의 개입에 대한 경험적인 검증은 분명히 필요하다(Carlson et al., 2006). 치료적 관계의 중요성과 관련된 주요 가정이 그러하듯, 이론적 구인은 연구에 기반하고 있다. 예를 들어, 사회적 관심과 적합한 행동 간의 관계에 대한 Adler의 개념은 경험적 증거에 의해 뒷받침된다(Watkins & Guarnaccia, 1999). 덜 탄탄하기는 하지만, 연구 결과는 Adler 이론의 핵심 개념인 생활 양식 등을 지지하는 것으로 확인되었다.

학생 성공 기술(Student Success Skills) 프로그램(Webb, Lemberger, & Brigman, 2008)의 효용성을 평가하기 위해 고안된 일련의 연구는 인종 집단과 무관하게 수학과 독서에 있어 유의미하게 향상된 결과를 보였다. 또한 행동 평정 척도에서도 행동이 개선되었음이 드러났다. 4~10학년 학생을 위해 고안된 이러한 포괄적인 개입은 학업적 성공과 사회 관계 개선 기술과 관련된 연구 및 Adler의 이론에 기초를 두고 있다. 이러한 일련의 대집단과 소집단 활동은 목표 설정과 자기점검을 다루고, 지지적인 학교 공동체 형성에 기여하며, 인지적 기술을 강화하고, 스트레스 상황에서 대처할 뿐만 아니라 낙관적인 관점을 갖도록 한다. 처음에 이 연구에 참여한 학교 상담자들은 교실에서 매주 45분의 상담 회기를 가졌다. 이어서 선생님과의 협업을 통해 추가적인

8회기의 소집단 보강 회기를 제공하면 어떤 학생들이 보다 혜택을 받게 될지 결정하였다. 소집단의 형태도 계속해서 매월 학생들은 상담자를 만났다. 이 프로그램의 실행자들은 이 프로그램이 실용적이고, 반복 가능하며 경험적으로 입증된 훌륭한 개입임을 확인하였다.

Adler의 이론에 기반한 부모 프로그램의 연구 결과 역시 주목받을 만하다. 예를 들어, Gibson(1999)은 STEP(효율적인 양육을 위한 체계적 훈련, Systematic Training for Effective Parenting) 프로그램을 다루는 많은 연구를 조사한 결과, 이 프로그램이 다양한 집단으로 구성된 아동의 부모에게 효과적이라고 결론을 내렸다. 프로그램 실행의 사전-사후 검사를 통해 발견된 차이점은 양육 태도, 공감, 아동의 버릇없는 행동의 목표와 적당한 결과 성취에 대한 인식, 의사소통 기술의 향상 등이 있다. 학생을 중심으로 한 연구에서도 자아 개념이 향상되었고 문제 행동이 줄어들었다는 것을 발견하였다.

AP(Active Parenting, 적극적 부모훈련) 프로그램에서도 비슷한 결과가 나타났다. 예를 들어, Families in Action(행동하는 가족) 프로그램에 참가한 가족들은 통제집단과 비교하여 프로그램이 행해진 1년 후에 가족 화합이 증진되고 불화가 줄어들었으며 학교와 더 강한 유대감을 보이고 자존감이 향상되었다(Active Parenting Publishing, 2006). 또 다른 연구는 부모가 AP 수업에 참여하는 동안에 아동의 행동에 초점을 두었다. 통제집단과 비교하였을 때, 긍정적인 행동이 증가했을 뿐만 아니라 부정적인 행동이 줄어들었음이 확인되었다.

5.8 문화적 차이에 반응하기

다양한 배경과 상황을 존중하는 것은 Adler 이론의 대표적 특징이다. 전문가들이 문화와 다양성에 초점을 맞추기 이전부터 Adler는 소외 집단에 대한 옹호자였다(Watts, 2003). Adler의 이론은 문화적 가치와 사회의 다양한 구성원에 대한 존중을 반영한다. Adler의 이론에 기초한 상담은 협력적이고 행동주의적이며 유연하다.

Herring과 Runion(1994)은 개인심리학적 접근을 통해 다양한 인종의 학생들을 상담하는 것, 특히 미국원주민(Native Americans)을 상담하는 방법을 연구하였다. 이들은 Adler 이론의 개념이 사회 소외성, 교육적 불공평성과 적절하지 않은 인지적 평가에 대한 경험에 특별히 더 초점을 맞췄다고 주장했다. 또한 Adler 이론의 전문가들은 여러 문화적 집단에서 소중하게 여기는 가치인 협동을 강조한다.

앞서 언급한 바와 같이, 이론을 최대한 유용하게 사용하는 학교기반 전문가들은 어떤 조건에서 학생 내담자에게 어떤 방식으로 접근할 때 가장 효과적인지 신중하게 고려하게 된다. 따라서 개개인 특유의 관점을(예 : 현상학) 존중하고 배우는 것은 개입의 개발을 위한 토대가 된다. 전문가들은 사회적 맥락을 고려하는데, 이때 사회적 맥락은 문화와 인종과 사회적 관심을 촉진시킬 수 있는 기회를 포함한다. 학생 내담자는 자신이 만드는 변화를 위한 결정을 내려야 한다. 따라서 그들의 가치와 신념은 성과를 위한 계획과 목표에 대한 안내이기도 하다.

문화적 차이는 어떠한 형태의 평가에서도 (특별히 Adler의 생활양식에 대한 개념과 관련되었을 때) 주의를 기울여야 하는 영역이다. Adler의 개인심리학의 여러 구성 요소는 서양의 문화에 기초하고 있다. 따라서 서양의 문화적 유산을 지니지 않은 학생을 도울 때 생활양식, 행동의 목표 등에 대한 가정과 결론을 도출할 때 각별히 주의해야 한다.

5.9 결론

개인심리학은 학교기반 전문가에게 관점, 지침과 자원을 제공하는 상식에 기초한 접근이다. 개인심리학에 대한 오늘날의 지지자들은 학생, 부모와 교사를 위한 심리교육적 프로그램을 통해서 예방 개입 분야에서 최고의 자리를 차지하고 있다. 이들의 책과 교재는 읽기 쉽고, 실용적이며 매우 호소력이 있다. 격려는 매우 핵심적인 역할을 차지하며 성인뿐만 아니라 아동을 위한 격려도 매우 중요하게 다루어진다.

Adler는 이제 영향력 있는 아이콘이 되었다. 당신이 다른 이론들을 공부할 때, 개인심리학의 구성 요소와 유사한 관점을 염두에 두기 바란다. Adler의 이론이 광범위하기 때문에, 이론가들은 새로운 이론과 접근을 만드는 과정에서 개인심리학의 요소를 강조하였다. 예를 들면, 다양한 관점과 잘못된 신념은 Adler의 이론의 핵심적인 부분이다. 인지적 접근들은 유아기 때의 영향, 생활양식 등에는 관심을 두지 않았지만 Adler의 이러한 이론적 요소에 초점을 맞추었다. 당신은 또한 해결중심 단기치료의 경우 Adler의 개입적 요소를 많이 발견할 수 있을 것이다. 뿐만 아니라 당신은 개인심리학의 내용이 학교와 관련된 매우 실용적인 이론이라는 것을 발견하게 될 것이다.

캐시에 대한 개인심리학의 사례 설명

Adler 이론의 관점에서 캐시를 돕는다면, 처음에 캐시의 생활양식에 대한 가정을 내릴 수 있는 정보를 모을 것이다. 상담자는 캐시와 대화를 나누었고, 캐시의 학교 기록을 살펴보았으며 비공식적인 관찰을 진행했다. 캐시의 생활양식에 대한 보다 정확한 가정을 내리기 위해(특히 캐시의 행동 목표에 대해), 우리는 캐시의 유아기에 대한 정보를 확인해야 하며, 캐시에게 중요한 의미를 지니는 것에 대한 정보가 보다 필요하다(예 : 잘하는 것, 많은 친구를 사귀는 것, 스스로 결정 내리는 것). 우리는 더 많은 정보를 얻기 위해서 캐시의 부모와 상담을 요청할 것이다. 우리가 알고 있는 정보를 사용해서, 결정적인 C(Crucial Cs)와 관련된 방안을 생각할 수 있다.

캐시는 가족과 또래 친구들과 친밀감을 느끼는 것처럼 보인다. 하지만 캐시는 자신이 성적지향성을 밝히면 그 관계가 위태로워질 것이라고 믿을 수 있다. 캐시는 스스로 자신의 유능성을 확신할 수 있는 상당한 수준의 증거를 가지고 있다. 캐시는 자신이 가족의 중요한 구성원이라고 믿는다—부모님, 교사, 그리고 또래 친구에게 자신이 중요한 존재로 여겨진다고 믿고 있다. 캐시가 지금 이 순간에는 자신감이 없을지 몰라도, 캐시는 용기를 보여주었다.

이러한 틀 안에서, 우리는 캐시의 문제에 대한 가설을 캐시와 함께 공유하고, 우리가 생각하는 여러 제안들을 평가해 보라고 권면할 것이다. 우리는 상담의 초점과 목표를 캐시와 함께 정의할 것이다. 어쩌면 캐시는 목적과 의미에 대한 주제에 관심을 보일 수 있다. 캐시는 가족적 맥락 내에서 자신의 역할과 중요성을 살펴보고 싶어 할 수 있다.

학교 상담자 : 우리가 상담회기를 가진 짧은 시간 동안, 너에게 많은 질문을 했잖아. 또 너의 부모님과 선생님들을 만났고, 나는 내 생각의 일부를 너와 함께 나누고 싶어. 그것에 대한 너의 반응을 또한 알고 싶기도 하고. 알겠니?

캐시: 네, 알았어요.

학교 상담자: 네가 부모님을 사랑하고, 부모님과 네가 좋은 관계를 갖고 있다는 것은 확실해 보여. 부모님은 너를 자랑스러워하시고, 그러한 부모님의 자부심을 깨뜨리지 않기 위해 노력하고 있는 것이 보여. 너와 부모님은 네가 하고 있는 것에 대해 만족하는 것처럼 보이는데. 이게 내가 너랑 확인하고 싶었던 부분이야. 그냥 나의 짐작일 뿐이고, 완전히 틀린 것일 수도 있어. 너는 부모님의 사랑을 소중하게 생각하고 자랑스러워하는 것처럼 보여. 다른 어떤 것보다 너를 두렵게 하는 것 중 하나는 네가 부모님의 사랑을 잃을 수 있다는 것처럼 보이거든. 특히 네가 동성애자일 수 있는 가능성을 언급하면 말이야.

캐시: 음…… 조금 생각해 볼게요.

학교 상담자: 물론. 네가 지금 생각하기에 벅찬 것일 수 있어. 다음번에 만날 때 이야기해도 되고.

학교 상담자: 그리고 우리의 상담이 너에게 정말 도움이 되는지 확인하고 싶은데. 나는 네가 너의 친구 관계와 성적을 예전처럼 되돌리고 싶을 것이라고 생각해. 또, 너는 너 스스로에 대한 것들을 알아가고, 네가 진짜로 다른 여자아이들과 다른지 확인하고 싶다고 했잖아. 나는 네가 너에게 문제가 되는 다른 것들에 대해 생각해 보았으면 좋겠어. 그것도 다음번에 만날 때 이야기하면 어떨까?

[다음 회기에서]

캐시: 선생님이 지난 번 물어보신 질문에 대해 생각해 봤어요. 주로 두 가지 문제에 대해서 이야기하고 싶어요. 요즘 많이 화가 나는 것과. 제 내면에서 어떤 일이 일어나고 있는지 알고 싶어요.

학교 상담자: 우선, 네가 자주 화가 나는 것부터 이야기 해볼까? 화는 주로 최근 몇 달 동안에만 일어났기 때문에 어렵지 않게 해결할 수 있을거야. 네가 화를 내는 문제가 지금과 달리 전혀 없다면, 지금과 어떤 점이 다를까? 이번 금요일 경기를 예로 한번 들어보자.

캐시: 반칙을 하지 않겠죠.

학교 상담자: 어떤 사람이 너를 노려보고, 심지어 너에게 반칙을 했는데도 심판이 이를 못 봤다고 해 보자. 네가 반칙하지 않기 위해서 무엇을 하겠니?

> 캐시: 제가 퇴장당해서 벤치에 앉아 있으면 얼마나 기분이 안 좋을지 생각하면서 그냥 계속 경기를 할 것 같아요.
>
> 학교 상담자: 네가 반칙하지 않기 위해서 그 정도면 충분하다고 생각하니?
>
> 캐시: 네. 충분해요.
>
> 학교 상담자: 그럼 이걸 시도해 볼 의향이 있니?
>
> 캐시: 네. 별로 피곤하지도 않고, 저번처럼 걱정거리가 많지 않아서 이번주에는 더 쉬울 거예요.
>
> 학교 상담자: 좋아. 교사 응원석에서 너를 보고 응원할게!
>
> 목표가 설정된 후, 우리는 캐시가 목표를 성취할 수 있는 방안을 함께 계획했다. 캐시가 스스로 설계한 계획의 결과에 따라서, 우리는 캐시의 행동과 잠재적 목표에 대한 관계를 살펴볼 수 있다(예를 들어, 힘을 얻기 위한 행동이었는지 아니면 관심을 끌기 위한 행동이었는지).
>
>   캐시의 성적 지향성에 대한 혼란을 다루는 것은 더 많은 시간이 걸릴 수 있고, 어쩌면 학교 환경에서 다룰 수 있는 것이 아닐 수도 있다. 처음에 우리는 캐시의 통찰력을 키우기 위한 활동에 중점을 둘 것이다. 우리는 캐시의 생활양식과 신념에 대해 상담자가 어떻게 가정하고 있는지 나눌 수 있다. 자신의 부모님과 친구를 기쁘게 하지 못하는 행동을 했을 때 나타날 수 있는 위험에 대해 캐시는 어떻게 생각하는지 이야기해 볼 수 있다. 부모님의 기대치에 도달하지 못했을 경우 일어날 수 있는 일에 대해 캐시가 느낄 수 있는 두려움을 탐색해 볼 수 있을 것이다.
>
>   변화를 이루어내지 못하는 통찰력은 가치롭다고 할 수 없을 것이다. 따라서 우리는 캐시가 자신의 상황을 보다 명료하게 인식했을 때, 지금과는 무엇이 다를지를 묻는 '질문'을 활용할 수 있다. 그리고 우리는 캐시에게 다음 주 중에 특정한 시간을 선택해서 그러한 변화가 진짜 일어난 것처럼 행동해 보라고 요청할 수 있다.

활동

1. 짝을 정한 후 "너의 …… 을/를 고맙게 생각해", "너의 …… 을/를 존중해" 또는 "너는 …… 하기 때문에 나한테 중요해"를 언어적, 비언어적 방식으로 표현할 수 있는 방법을 알아보고 연습해 보자.
2. 학교 상담자에게 도움이 될 만한 것들 중에서, 개인심리학에서 도출해 낼 수 있는 여러 방법들을 혼자서 또는 집단활동을 통해 목록을 만들어 보자.

저널 주제

주제 1

한 주 동안 다른 사람을 다음과 같은 언어적 표현을 통해서 격려할 수 있는 기회를 의식적으로 찾아 보자.

- "오늘 너랑 시간을 보낸 것이 너무 즐거웠어. 왜냐하면……"
- "너의 도움이 너무 고마워. 왜냐하면……"
- "네가 만든 과자는 진짜 맛있어. 어떻게 만드는지 알려줄래?"

격려할 수 있는 다른 활동들은 다음을 포함한다.

- 친구에게 생일축하 카드를 보내기
- 다른 사람의 말을 공감하며 듣기
- 인내심을 보여주기(Sweeney가 제안한 방법을 수정하여, 1989, pp. 140-151)

이러한 활동을 하면서 당신이 관찰한 것과 경험한 것에 대한 일지를 작성해 보자.

주제 2

지금까지 살면서, 당신을 화나게 했거나 귀찮게 했던 사람을 생각해 보자. 목표와 행동 가설에 대한 Adler의 기초 이론을 사용해서 그러한 행동을 했던 사람의 행동을 설명하고 동시에 그것에 대한 당신의 반응을 설명해 보자.

CHAPTER 06

학교상담에 대한
인지-행동적 접근

학습목표

- 인지-행동적 개입의 핵심적 원리들을 검토한다.
- 아동 및 청소년과 상담하기 위해 인지-행동적 개입의 적용을 고려한다.
- 인지-행동적 전략에 대한 지식을 신장시킨다.

증거기반 실행에 대한 강조가 고조되면서, 인지-행동적 치료(cognitive-behavioral therapy : CBT)는 학교 내에서 빈번히 사용되는 하나의 접근이 되어왔다(Mennuti, Christner, & Freeman, 2006). 불안, 섭식 장애, 혹은 분노나 공격성과 같이 아동과 청소년이 고통받는 많은 공통된 어려움들은 인지적 그리고 행동적 전략들의 조합을 통해 쉽게 다루어진다(Reinecke, Dattilio, & Freeman, 2003). 인지-행동적 개입은 개인이 자신의 경험을 해석하는 방법과 이러한 해석이 이들의 정서적 기능과 행동적 기능에 미치는 영향을 이해하는 데 초점을 맞춘다(Freidberg & McClure, 2002; Reinecke et al., 2003). 이 접근에서의 강조점은 학생 내담자의 현재 상황에 영향을 미치고 있는 인지, 신념, 그리고 행동들의 이해와 변화에 있다.

철학자들은 오랫동안 우리의 일상적 삶에서 인지의 중요성에 대한 신념을 가지고 있었다. 행동적 접근들은 비교적 후반부에 등장하였고, 본래는 동물 모델에 기반을 두고 있다(DiGiuseppe, 2009). 초기에 사고의 역할은 행동적 진영에서 환영받지 못했다. 왜냐하면 사고의 역할은 관찰이나 측정이 불가능했기 때문이다. 하지만 1970년대 초반이 시작되면서, 인지 이론가들은 그들의 치료 모델을 소개했고, 그들의 접근에 행동적 기술을 통합시키기 시작했다(DiGiuseppe, 2009). 이러한 두 모델은 대략 같은 시기에 인기가 상승했고, 전개되면서 높은 수준의 통합이 이루어졌다. 오늘날 인지행동적 개입은 환경적/맥락적 요인을 고려함과 더불어 행동적 접근, 인지적 치료 및 자기조절 연구가 모두 통합된 것을 의미한다(Mayer & Van Acker, 2009). 합의된 하나의 접근법이 있는 것은 아니지만 인지-행동적 개입들은 이 이론적 성향과 일치하는 수많은 다양한 전략들과 관련되어 있다.

인지-행동 접근은 광범위하게 정의되기 때문에, 학생의 정신건강 요구를 다루는 데 사용될 수 있는 다양한 전략들이 있다(Christner, Mennuti, & Pearson, 2009; Mayer & Van Acker, 2009; Mennuti et al., 2006). 예를 들어, 아리엘은 슬픈 정서를 나타내는 15세 학생이다. 아리엘은 또래들과 어울리는 데 어려움을 겪고, 점점 스스로를 고립시키고 있다. 상담에 있어서 인지-행동적 접근은 아리엘의 자동적 사고(automatic thoughts) (예 : "아무도 날 좋아하지 않아. 모두 내가 실패자라고 생각하고 있어."), 아리엘의 신념(예 : "모두가 날 좋아하거나 수용하지 않으면, 난 아무짝에도 쓸모없는 거야."), 그리고 아리엘의 행동(예 : 사회적 상황에 대한 회피)에 초점을 둔다. 이 관점에서 행동은 내적 사고에 의해 매개된다. 따라서 변화를 촉진하려는 노력은 대안적 사고 패턴을 학생이 깨닫도록 도우며, 생각 일지(thought logs), 역할놀이, 그리고 다른 전략들을 포함할 수 있다. 추가적으로 학생 내담자에게 행동적 과제가 주어질 수 있다(예 : 할 수 있는 사회적 활동에 참여하기).

6.1 인지-행동 접근의 핵심적 원리

이 접근의 이름이 암시하듯 인지-행동적 모델들은 사고와 행동 모두에 초점을 둔다. 우리는 먼저 이 접근의 인지적 측면을 탐색하고자 한다. 이 관점에서 우리의 주요 질문은 개인이 자신의 세계에서의 사건을 어떻게 인지하고 해석하는가이다. 인지는 "조직화된 일련의 신념, 태도, 기억, 그리고 기대이며, 나아가 이러한 지식 자체를 적응적인 방법으로 사용하기 위한 일련의 전략들"로 정의된다(Reinecke et al., 2003, p. 3). 인지에 대한 이러한 두 가지 측면은 중요하다. 즉 상담자는 개인의 사고에서 단지 '내용'에만 초점을 맞추어서는 안 된다. 정보가 기억에 표현되는 방법, 사고가 새로운 정보를 중재하는 방법, 그리고 개인이 자신의 사고 과정을 통제할 수 있는 정도에도 초점을 맞추는 것이 필요하다.

Dobson과 Dozois(2010, p. 4)는 인지-행동적 치료에 대한 세 가지 기본적인 전제를 다음과 같이 간략히 제시했다.

1. 인지적 활동은 행동에 영향을 미친다.
2. 인지적 활동은 감지되고 변화될 수 있다.
3. 바람직한 행동 변화는 인지적 변화를 통해 일어날 수 있다.

문제 해결, 대처 전략, 대인관계 기술, 그리고 정서 조절과 같은 다양한 인지적 과정들은 다른 기술들과 마찬가지로, 학습하여 획득할 수 있다. 인지의 핵심적 성향 때문에 인지에서의 변화는 행동적 변화를 이끄는 것으로 여겨진다.

인지-행동적 관점에서 보면, 매일의 일상에서 우리의 정서적이고 행동적인 반응들은 우리가 사건을 어떻게 인지하느냐에 따라 좌우된다(Friedberg & McClure, 2002; Reinecke et al., 2003). 게다가 우리의 사전 경험들, 사건에 대해 우리가 생성하는 귀인, 그리고 사건이 우리 자신의 관점에 영향을 미치는 방법은 우리가 행동적으로 반응하는 과정에서 영향을 미친다. 아동은 성장하면서 경험과 이러한 다양한 인지적 과정(예 : 인식, 기억) 둘 모두에 기초한 자기 자신과 세계에 대한 근본적인 신념을 획득한다. 시간이 흐르면서, 아동은 전반적인 믿음, 즉 스키마(schema)를 발달시키는데, 이를 통해 생활 사건을 선별하고 내적 그리고 외적 의미를 부여한다(Reinecke et al., 2003).

앞서 언급했듯이 그녀는 자신의 믿음을 뒷받침하는 증거에 더 많은 관심을 기울인다. 예를 들어, 누군가 복도에서 그녀에게 인사를 하지 않는다면, 아리엘은 자신이 무가치하다는 것을 다시 한번 확인하는 식으로 이 사건을 해석하는 것이다. 결국, 그녀는 실제보다 또래로부터 부정적인 반응을 자초하는 식으로 행동하기 쉽다. 예를 들어, 그녀는 고개를 숙인 채 다른 아이들과 눈을 마주치지 않으며 복도를 지날 수도 있다. 이와 같이 아리엘의 인식에는 거절당하는 것이 계속해서 자리를 잡게 되고, 그 때문에 또래에게 접근하기가 더 어려워진다. 따라서 생각을 변화시킬 가능성도 점점 줄어들 것이다.

6.1.1 잘못된 생각과 신념

이러한 생각의 패턴이나 신념들은 인지이론에 따라 다양한 이름을 가지고 있지만 개인의 잘못된 반응을 이끄는 가장 핵심적인 요인으로 여겨진다. 예를 들어, Ellis(1994)는 감정적인 문제는 비이성적이고 비논리적인 생각 패턴에서 비롯된다는 개념을 바탕으로 합리적 정서 행동 치료(rational-emotive-behavioral therapy: REBT)를 개발하였다. Ellis는 사람들의 생각, 감정, 신념과 행동을 통제하는 것을 가르칠 수 있다고 믿었다. 이 관점에서 보면, 만약 학생들이 합리적인 신념체제를 가지고 있다면 그들의 환경에 잘 적응하고, 예기치 못하거나 통제 할 수 없는 일이 일어났을 때 이런 문제를 잘 다룰 수 있을 것이다. 하지만 만약 학생들이 비합리적인 신념체제를 가지고 있다면, 그들은 자신을 열등하다고 느끼거나 자신을 싫어하게 될 것이다. 결과적으로 이들은 항상 다른 것들에 대해 자신의 기대에 미치지 못한다고 생각하게 될 것이다.

Ellis(1979)는 사람은 선천적으로 비논리적이고 자기 파괴적(self-defeating)이라고 간주하였다. 그의 관점으로 이 비논리적인 생각 패턴들은 양육의 실제, 교사 행동, 그리고 다른 환경에서의 경험을 통해 강화된다. 그래서 이런 비논리적인 신념들은 초기에 발달하기 시작하고, 아동기에 나타난다. 비논리적인 생각들은 종종 '반드시(must)' 또는 '당연히(should)'라는 단어를 포함함으로써 확인되기도 한다(예를 들어, "모든 사람은 반드시 나를 좋아해야 해요", "나는 당연히 실수를 해서는 안돼요"). Ellis(2005)는 이러한 패턴을 과도한 요구(demandingness)라고 설명했는데, 이것은 이들이 원하는 것과 필요한 것이 일치한다고 믿는 경우이다. 반대로 이러한 기대는 다른 잘못된 신념을 가져올 수 있다. 예를 들어, 파국화(catastrophizing) ("만약 이 파티에 초대받지 못한다면 정말 최악일거야"), 좌절을 받아들일 수 없는 것("나는 더 이상 참을 수 없어"), 그리고 자기 자신의 등급을 매기거나 낙인을 찍는 것("나는 능력이 없고, 멍청해")과 같은 경우이다.

같은 시기에 Beck(1976)은 우울증 치료를 받고 있는 개인 간의 부정적 생각 패턴에 대해 주목하였다. Beck은 이러한 생각을 '자동적(automatic)'이라고 묘사하였다. 특정 상황에서 즉각 나타나는 반응으로 보였기 때문이다. 이런 잘못된 패턴이나 과장된 생각은 포괄적 용어로서 인지왜곡(cognitive distortion)이라고 부른다(Mennuti et al., 2006). 인지왜곡을 잘하는 아동과 청소년 또는 이러한 현상을 강하게 보이는 사람들은 더 많은 내재화 문제를 가지는 경향이 있다(예 : 불안, 우울).

비록 어른들을 위한 인지왜곡의 많은 예시들은 존재하지만(예 : Beck, Rush, Shaw & Emery, 1979; Burns, 1999), 이 왜곡들이 아동과 청소년들에게 어떻게 나타나는지는 잘 알려지지 않았다. Christner와 Stewart-Allen(Mennuti et al., 2006, p. 7에 언급되었듯이)은 아동에게서 나타나는 참고가 될 만한 일반적인 인지적 왜곡 목록을 제공하였다. 이것은 '이분법적 사고 (dichotomous thinking), 과잉 일반화(overgeneralizing), 긍정의 박탈(disqualifying the positive) 과 낙인(labeling)' 같은 패턴을 포함하고 있다.

앞선 예시에서, 아리엘은 '긍정의 박탈'에 빠질 수 있다. 만약 누군가 복도에서 인사를 하더라도 '저 아이는 친구가 아무도 없어서 나한테 인사를 한 걸 거야' 또는 '쟤는 내가 불쌍해서 인사해주는 거야'와 같이 생각하게 되는 것이다. 이와 같은 흐름으로, 아리엘은 스스로에 대한 부정적인 생각을 극복하지 못하게 된다.

6.1.2 인지적 결핍

CBT의 다른 모델은 인지적 결핍(cognitive deficiency)에 중점을 둔다. 이 관점에서는 적절한 대처능력을 위해 필요한 기술을 발달시키지 못한 사람들이 있다고 본다. 그들은 정보처리에 어려움을 가지고 있을 수 있으며, 이러한 인지 결핍은 아동의 사회적, 정서적 문제에 영향을 미치는 것으로 여겨진다(Kendall & MacDonald, 1993). 예를 들어, 이들은 사전숙고나 문제-해결 전략을 사용하지 않는 경향이 있다. 대신에, 인지결핍이 있는 아동이나 청소년들은 충동과 주의력이 결핍된 상황에서 반응하게 된다. 이 부분에서 결핍을 해결하기 위한 전략으로는 사회적 문제 해결(social problem solving)과 자기교수훈련(self-instructional training)이 제시된다.

6.1.3 행동적 모델

행동적 관점으로 보면 개인의 관찰된 행동은 변화의 요소 중 가장 중요한 부분이다. 이 분야의 초기 연구는 행동수정(behavior modification)과 응용행동분석(applied behavior analysis)과 같은 치료적 모델로 조작적 원리(operant principles)의 응용에 초점을 두었다(Akin-Little, Little, Bray & Kehle, 2009). 이러한 행동적 모델(Behavioral Models)이 행동변화에 효과적이라는 것은 의심할 여지가 없다. 하지만 이 접근에 있어서도 잠재적인 문제점은 존재한다. 전문 상담자가 항상 이상적인 행동을 강화시킬 수만은 없고, 일반화를 위한 광범위한 계획이 없다면, 이러한 변화는 일어나지 않을 것이다. 결과적으로, 몇몇 행동주의자들은 스스로의 행동을 강화시키기 위해 개개인을 가르치기 시작하였다. 그리고 행동주의자들은 그들의 훈련 안에 중요한 인지 기술을 포함시키기 시작하였다. 오늘날, 많은 행동치료들은 인지적 개입을 포함하고 있다(DiGiuseppe, 2009).

CBT의 행동적 요소는 새로운 행동을 가르치고 이를 강화하는 측면에서 도움을 준다. 연습 혹은 리허설(rehearsal)은 어떤 사람의 목록에 새로운 행동 패턴을 포함시키기에 가장 좋은 방법이다. 생각은 행동의 한 형태로 간주될 수 있기 때문에 조작적 조건의 원리(예 : 강화, 리허설)로 인해 생각에 있어서 긍정적 변화를 일으킬 수 있다고 본다(DiGiuseppe, 2009). 행동적 개입은 긍정적 강화의 사용, 행동 형성(shaping), 소거(extinction)를 포함한다. 가정과 학교 환경 사이에서 이러한 내용을 일관성 있게 적용할 때 이러한 접근법의 효과성을 향상시킬 수 있다(Crawley, Podell, Beidas, Braswell & Kendall, 2010).

6.2 상담의 과정

왜곡(혹은 비합리적 생각) 또는 결핍과 같은 다양한 유형의 인지적 요인들을 고려해 볼 때, 인지-행동적 접근을 사용하는 학교기반 전문가는 학생 내담자들이 생각과 행동에 있어서 새로운 기술을 습득하도록 돕고 인지적 과정의 변화를 촉진시키도록 돕는다(Mennuti et al., 2006). 나아가 인지 행동적 개입을 사용하는 전문가는 한 개인의 생각과 행동에 대해 책임을 지는 것의 중요성을 강조한다.

6.2.1 학교기반 전문가의 역할

CBT 이론을 사용하는 학교기반 전문가는 자문가/협력자(consultant/collaborator), 진단자(diagnostician), 교육자(educator)로서 행동하는 코치로 묘사된다(Kendall, 2006). '자문가/협력자'로서 상담자는 모든 해결책을 가지고 있지 않은 사람으로 간주된다. 대신에, 학교기반 전문가는 해결해야 할 어떤 것에 대한 아이디어를 제시하고, 학생 내담자가 그렇게 할 수 있도록 기회를 만들어 낸다. 이 경우 상담자와 학생 내담자는 함께 학생의 목표에 도달할 수 있는 최상의 접근법을 결정하기 위해서 문제 해결 모델을 사용한다(Kendall, 2006).

Kendall(2006)은 또한 상담자를 '진단자'로 묘사했다. 왜냐하면 그들은 문제를 명확히 파악하기 위해 지식과 경험을 이용하기 때문이다. 때때로 아동은 "이 학생은 우울해 보여요." 혹은 "이 학생의 행동이 너무 산만해서, 도저히 함께 상담을 할 수 없어요. 그는 ADHD임에 틀림없어요."와 같은 애매모호한 설명과 함께 학교기반 전문가에게 위탁된다. 학교에서 당신은 학생을 관찰하고, 다음과 같은 질문에 대답하게 함으로써 부모와 교사로부터 더 많은 정보를 얻을 수 있다. 아동의 행동이 나이에 적합한가요? 아동의 행동이 학급의 다른 학생과 비교하여 차이가 있나요? 이 학생에게 학교는 어떤 의미인가요? 이러한 과정들을 통해서, 학교 전문가는 드러나는 문제들을 보다 정확하게 '파악하는' 활동에 관여하게 된다.

한편 '교육자'로서 학교기반 전문가는 학생들이 새로운 생각과 행동들을 배울 수 있도록 돕는 최상의 전략들을 고려한다(Kendall, 2006). 즉, 전문가는 새로운 전략을 직접 가르쳐 주는 역할도 하지만, 학생 내담자가 스스로의 힘으로 생각할 수 있도록 도와야 한다. 전문적인 상담자는 학생 내담자가 이러한 개념을 이해하고, 적용할 수 있는지를 확인하기 위해서 새로운 정보를 활용하는 최상의 전략들을 고려할 것이다. 가장 중요한 것은 교육자로서의 상담자는 학생이 새로운 행동을 수행하는 것을 관찰하고 그에 대한 피드백을 제공하는 것이다(자문가로서).

6.2.2 치료동맹을 형성하기

인지-행동적 접근의 초점이 생각과 행동일지라도, 이러한 강조가 치료적인 관계를 배제하는 것은 아니다. 실제로 Beck과 동료들(1979)은 치료 과정에 있어서 가장 흔한 오류중의 하나가 "치료적 관계를 무시하는 것"이라고 말했다(p. 79). 상담자는 학생이 스스로 자신의 생각과 느낌을 탐색하도록 돕는 공감적이고 내담자의 역량을 강화시키는 관계를 맺기 위해 노력한다. 사실, Kendall과 Southam-Gerow(1996)는 CBT 치료를 마친 아동들에게 있어서 치료적 관계가 가장 중요한 요소 중의 하나로 여겨진다는 것을 발견하였다. 신뢰와 안전한 관계가 존재할 때, 청소년은 상담 회기에 더 많이 참석하고, 그들이 목표를 충족할 때까지 상담을 유지하며, 보다 나은 결과들을 경험하는 경향이 있다(Hawley & Weisz, 2005).

인지적 개입은 외부와 단절된 상태에서 일어나지 않는다. 학교기반의 전문가들은 그들이 매우 구조적인 인지-행동적 개입을 사용한다고 할지라도, 반드시 그들의 학생 내담자와 치료적 관계를 발전시켜야 한다. 초기 행동치료에서 이러한 관계는 불필요하다고 여겨졌었다(예 : Eysenck, 1960). 하지만 지금은 치료적 관계가 상담 결과에, 특히 상담을 '선택'하지 않는 어린 내담자에게 있어서는 매우 중요한 것으로 잘 알려져 있다(DiGiuseppe, Linscott, & Jilton, 1996). 학교기반 전문가는 또한 그들의 인지 행동적 개입을 전달하는 데 있어서 사회와 가족 맥락의 역할을 고려해야만 한다.

6.2.3 사회 맥락에 주목하기

아동은 성인보다 그들의 환경에 더 많이 의존한다. 그들은 스스로 선택할 자유나 결정대로 행동할 수 있는 독립성이 부족하다. 따라서 CBT 모델에 기초하여 상담하는 학교기반 전문가들은 학생 내담자에게 영향을 미치는 내적, 외적 요인 모두에 주의를 기울여야 한다. 모든 인지적 발달은 사회적 맥락 속에서 일어나기 때문에, 이 모델의 지지자들은 생각의 특정한 패턴을 만들고 강화시키는 학습과 환경적 영향에 큰 강조점을 둔다. 때로는 이러한 환경적인 요인들이 부정적일 수도 있으며, 행동적이고 감정적인 문제를 발생시키는 위험에 빠뜨리기도 한다.

　　부모는 자녀의 삶에 있어서 가장 중요한 영향력 중의 하나이기 때문에, 상담에서 학생의 삶에 영향을 미치는 성인을 상담에 포함시키는 것은 유익할 수 있다(Crawley et al., 2010). 부모는 그들 자녀의 상담을 지지하기 위해서 자문가, 공동내담자(coclient), 협력자와 같은 적어도 세 가지 다른 역할을 수행할 수 있다(Kendall, 2006). 만약 부모가 문제의 성격을 밝히기 위해 상담자와 함께 한다면, 그들은 '자문가'로 간주될 수 있다. 경우에 따라서 부모들은 자신도 의식하지 못하는 문제의 원인이 될 수도 있다. 이 경우에 부모는 '공동내담자'로 여겨진다. 이는 당신이 반드시 상담을 위해서 가족들을 만나보아야 한다는 것을 의미하지는 않는다. 대신에 자문, 교육, 혹은 의뢰를 통해서 부모들이 그들의 학생 내담자와의 관계를 변화시키기 위해 교육이나 지원을 필요로 하는지를 확인해 보아야 한다. 마지막으로, CBT를 사용하는 상담자는 아동에게, 특히 어린 아동을 돕는 경우에는 가족들의 협조를 요청한다. 이 경우에 부모는 '협력자'로 여겨진다(Kendall, 2006). 가족들과 학생 내담자의 승인이 있다면, 이러한 접근은 교사나 학교에서의 다른 중요한 성인들을 협력자로서 포함시키는 것으로 확대될 것이다.

6.2.4 인지-행동 상담의 구조

개인 또는 집단상담의 형식과 상관없이 인지-행동 상담은 비슷한 형식의 구조를 따르는 경향이 있다. 상담의 회기는 지난 주 내용을 검토하는 것부터 시작된다. 발생하는 문제에 따라, 학교기반 상담자와 학생 내담자는 목표설정 및 상담의 계획을 위해 함께 노력한다. 상담 회기의 많은 부분은 상담자와 내담자의 협력적 관계에 기초를 두게 된다. 이와 같이 전문 상담자는 아동이 상담에 참여할 수 있도록 돕는 방법에 초점을 두며, 아동이 자신의 삶에서 변화시키고 싶은 영역을 확인할 수 있도록 돕는다.

　　다양한 형태의 전략이 상담에서 사용된다(이들 중 일부는 이 책에서 간략히 설명하였다). 예를 들어, 교수, 문제 해결, 모델링과 피드백을 수반한 역할 놀이가 포함될 수 있다. 아동과 상담할 경우 아동이 재미있어 하고 관심을 보이는 전략을 선택할 뿐만 아니라 아동의 발달수준에 적합한 전략을 사용해야 한다. 실제 치료의 내용은 워크북을 이용하여 소개할 수도 있고 그 밖에 이야기, 인형, 그림 및 기타 손쉬운 활동을 통해서 이뤄질 수도 있다(Kingery et al., 2006). 상담을 마치는 경우, 숙제를 종종 제공하는데 이는 학생이 새롭게 배운 기술과 전략을 적용하는 것을 돕기 위한 방법이다.

　　최근에는 매뉴얼화된 형태의 치료법이 증가하는데, 이 방법은 특정 문제 영역(예를 들면, 불안, 우울증)에 대처하기 위한 전략을 선택하고 실행하는 데 필요한 과정을 단계별로 제시한 접근법이다.

　　Kendall(2006)은 이러한 매뉴얼화된 개입을 사용할 경우 기계적으로 그 절차를 따르기보다는 융통성 있게 적용하고 내담자와의 관계의 중요성을 간과하지 말라고 경고했다. 매뉴얼화된 치료법은 표준화된 증거기반 접근이란 점에서 중요하지만 그렇다고 이 접근법이 모든 학생들에게 효과성을 보장하는 것은 아니다. 따라서 매뉴얼에 제시된 내용을 바탕으로 여러분은 이를 조금 수정하는 것이 필요할 것이다. 실제로 매뉴얼화된 치료를 사용하는 경우 유연성은 매우 중요한 요소로 알려져 있다(Kendall & Chu, 2000).

여러분이 학교에서 직면하게 되는 다양한 형태의 문제에 대한 일종의 '매뉴얼'은 존재하지 않는다. 따라서 인지-행동 모델 안에서 활용할 수 있는 다양한 기법에 대해 충분히 숙지하는 것은 매우 중요하다. 학생 내담자를 상담할 때, 어떠한 전략을 사용하는 것이 학생에게 가장 도움이 되는지를 선택할 때 학생과 함께 결정함으로써 학생이 자신의 구체적인 목표를 성취할 수 있도록 도와야 한다.

6.3 전략 : 효과적인 전략을 실행하기

인지-행동 치료는 한 개인을 둘러싼 네 가지 체제(예 : 가족, 학교, 지역 사회, 문화)에 대한 개인의 반응(인지, 정서, 행동 및 생리)에 초점을 둔다. 따라서 인지-행동 치료에 관련된 기술은 이러한 네 가지 체제 중 하나 이상에 효과적으로 대처하는 방법이라고 볼 수 있다. 예를 들어, 인지적, 정서적 개입의 방법으로 (1) 왜곡된 생각에 도전하기 (2) 혼잣말 (3) 문제 해결 및 (4) 생각 멈추기(thought stopping)가 사용될 수 있는데, 이러한 방법은 부정적인 생각과 비합리적인 두려움으로 힘들어하는 학생에게 효과적일 수 있다(Mennuti et al., 2006). 행동적인 원칙과 개입들, 예를 들어, 유관성 강화(contingent reinforcement), 행동조형(shaping), 역할놀이, 모델링 등은 행동적 문제, 인지적 결핍 및 생리적 반응 문제(예 : 우울)를 다루기 위해 상담 회기에 통합될 수 있다. 상담자는 이러한 인지적, 행동적 전략들을 적절히 혼합하여 학생에게 새로운 기술을 습득하도록 가르칠 수 있다. 예를 들어, 스트레스 관리뿐만 아니라 사회성 기술, 자기 평가 및 자기 모니터링 등을 가르칠 수 있다(Thompson & Henderson, 2007).

6.3.1 인지적 전략 및 정서적 전략

인지-행동 접근의 주요 전략 중 하나는 학생 내담자의 부정적인 자동적 사고 패턴을 변경하는 것이다. 학생과 협력적 관계를 유지하면서 학교기반 상담자는 어떠한 부정적 생각 패턴이 존재하는지 이해해야 하며 이것이 내담자의 정서와 행동에 어떻게 영향을 미치는지 보여주어야 한다. 일지를 쓰게 하거나 '자동적 사고 일지'를 작성하게 한 후, 상담자와 학생은 이를 검토하면서 대안적 사고를 만들기 위해 함께 노력한다. 아리엘의 경우 다음과 같은 경우가 가능하다. "아이들이 너를 싫어하기 때문에 복도에서 너를 봤을 때 인사를 안 했다고 생각하지 말고, 걔네들이 너를 잘 몰라서 너에게 뭐라고 인사할 말이 없었을 수도 있어"라고 접근할 수 있다. Beck 등(1979)은 이러한 과정을 인지적 재구성(cognitive restructuring)이라고 설명하였는데, 이 과정을 통해 부정적인 생각, 인상 및 신념을 변화시킬 수 있다고 보았다. 이러한 기술은 성인들을 위해 고안되었지만, 아동과 청소년들에게도 효과적인 것으로 밝혀졌다(Kendall, 2006; Stark et al., 2006).

학생 내담자가 효과적으로 인지적 전략을 사용할 수 있도록 돕기 위해, 상담자는 추가적인 기술로서 긍정적 자기대화(self-talk)와 생각 멈추기(thought stopping) 기법을 소개할 수 있다. 유명한 TV 쇼인 Saturday Night Live를 패러디하여 긍정적 자기대화 기법을 활용할 수 있다("난 정말 괜찮아, 난 정말 똑똑해, 이런 빌어먹을 사람들이 날 좋아해!"). 이런 기법은 얼핏 보면 우스워 보이지만, 상담할 때 다음과 같이 접근한다고 가정해 보자—"난 실패할 거야. 뭐라고 말해야 할지 모르겠어. 뭘 해도 안 될거야." 반면 같은 상담을 다음과 같이 접근한다고 생각해 보자. "난 정말 상담을 잘 해. 난 학생이 말하는 것을 경청하고 무엇을 이야기하는지 이해할 수 있어. 학생이 성공할 수 있도록 어떻게 도와야 할지 알겠어." 이 두 가지 형태의 접근을 비교해보면 어떻게 상담을 접근해야 할지 쉽게 파악할 수 있다. 동일하게 부정적인 사고의 패턴을 지닌 아동과 청소년에게도 이와 같은 예는 그대로 적용된다.

자기대화는 자기지시(self-instruction)의 형태로서 작용하기도 한다. 예를 들어, 아리엘은 종종 복도를 걸을 때 머리를 숙이고 다른 사람들과 시선을 맞추지 않는다. 상담자는 그녀를 상담하면서 상담과제를 제시할 수 있다. 예를 들어, 복도를 걸으면서 상대방을 쳐다보고 한 두 사람에게 미소를 짓는 과제를 제시할 수 있다. 그리고 이러한 자신의 경험을 일지로 작성하게 한 후 다음 상담회기에 가져오게 할 수 있다. 학교기반 상담자는 상담에서 행동을 시연하고 아리엘이 이를 몇 차례 연습하도록 도울 수 있다. 이러한 연습의 과정으로서, 원고를 함께 만들어 자신에게 혼잣말을 하도록 할 수 있다(예 : 복도를 걸을 때 난 고개를 들 거야. 친근하게 보이는 사람을 찾은 후 나에게 다가오면 그 사람을 향해 미소짓고 안녕 이라고 말할거야.). 어떤 사람들은 부정적인 생각을 지속적으로 해서 새로운 행동을 시도해 보지 못하는 경우도 있다. '생각 멈추기(thought stopping)' 기법을 통해, 이러한 부정적인 생각이 들 때 시도해 볼 수 있는 기법이다(예 : 자신에게 '그만'이라고 혼잣말로 외친다).

REBT 성향을 지닌 상담자는 또한 부정적인 생각을 확인하고, 도전하며 이를 대체할 수 있는 보다 적극적인 과정을 사용할 수도 있다(DiGiuseppe, 2009). Ellis는 개인이 강점과 약점을 모두 갖고 있다고 보았으며 이러한 두 가지 측면은 한 개인의 전반적인 가치를 결정짓는 데 그리 중요하지 않다고 보았다(Ellis & Bernard, 2006). 이러한 생각에 기초하여 개발한 그의 기술이 있는데 자신을 무조건적으로 수용하면서 부정적인 생각에 도전하고 동시에 부정적 생각과 반대되는 행동에 참여하도록 하는 접근이다(예 : 마치~처럼 행동하기). 예를 들어, 아리엘의 상담과제로서 자신이 학교에서 가장 인기있는 학생인 것처럼 복도에서 행동하도록 돕는 과제를 부여하는 것이다.

6.3.2 기술 개발

앞서 소개한 인지적 전략들과 함께 학교기반 전문가들은 이후에 설명하게 될 보통 네 가지의 기술신장 전략들(문제 해결, 정의적 교육, 이완 훈련, 역할극/모델링)에 대해 구체적인 설명을 할 것이다(Crawley et al., 2010). 일반적으로, 다양한 기술들이 학생의 필요에 따라 혼용되어 쓰인다. 학교기반 전문가들은 교실 수업과 함께 개별 또는 집단 상담을 통해 학생이 이러한 중요한 기술들을 배울 수 있도록 도와줄 수 있다(예 : Mayer & Van Acker, 2009; Weist, 2005).

문제 해결 이 전략의 초점은 학생들이 문제 해결의 과정을 통해 문제를 극복할 수 있도록 도와주는 것이다. 사람들은 먼저 '문제'가 심각하지 않을 때, 어떻게 문제를 해결하는지에 대해서 배우게 된다. 예를 들면, 숙제가 무엇이었는지 잊어버렸다면, 당신은 집에서 무엇을 할 수 있을까? 이처럼 불안을 유발하지 않은 상황에 대해 학생들과 함께 토론하면서, 문제 해결의 과정을 익힐 수 있다. 비교적 간단한 이 일을 해내면, 보다 스트레스를 유발하는 예들을 이용하여 배운 기술들을 직접 실행으로 옮길 수 있다(예 : "당신이 파티에 갔는데 욕실에서 마약을 하는 사람들을 발견했다면 여러분은 무엇을 할 수 있겠습니까?"). 개인 상담의 일환으로 이러한 접근을 사용한다면, 학생 내담자가 겪는 사건이나 상황에서 문제 해결 전략을 적용하는 것에 초점을 맞출 수 있을 것이다.

이와 관련된 개념으로는 사회적 갈등 상황에 문제 해결 모델을 적용하는 사회적 문제 해결이 있다. 원래 이 사회적 문제 해결 모델은 공격적 청소년에게 사용되었다(예 : Spivak, Platt, & Shure, 1976). 이 모델의 첫 번째 단계는 존재하는 문제를 찾고 정의하고 난 뒤에 문제를 해결할 대체전략을 만드는 것이다. 이러한 목록을 작성한 후 학교기반 전문가와 내담 학생은 각각의 대안들을 살펴보고 각 행동에 따른 가능한 결과들에 대해 생각해본다. 이러한 분석 과정을 통해, 전략이 선택되고, 해결책을 실행하기 위한 계획을 만든다. 사회적 문제 해결은 예방 프로그램(Daunic, Smith, Brank, & Penfield, 2006)과 마찬가지로 공격적인 학생들에 대한 개입을 할 때 효과적이다(예 : Sukhodolsky, Golub, Stone, & Orban, 2005).

정의적 교육 인지 기반 개입의 중요한 역할 중 하나는 학생이 적절한 방법으로 자신의 감정들을 깨닫고 표현하는 방법을 배우도록 도와주는 것이다. 나이가 어린 학생들은 대부분 매우 한정된 감정 어휘들을 가지고 있다(예 : 화나거나 슬프거나). 그러나 교육을 통해 학생들은 감정의 중요한 개념들에 대해 배울 수 있다. 예를 들면, 학교기반 전문가들은 감정의 다른 유형들, 학생들이 어떻게 느낄지, 또는 어떻게 보일지, 강한 감정들을 어떻게 다루어야 하는지에 대해 가르쳐 줄 수 있다. 전문가들은 학생들이 자신의 생각과 감정 사이의 상관관계를 이해할 수 있도록 도움을 줄 수 있다. 무엇보다 학생은 감정이 변할 수 있다는 것을 배울 수 있다(Southam Gerow & Kendall, 2000).

많은 인지 행동적 기술들과 함께, 이런 기술들은 개인, 집단 또는 교실 환경에서 가르칠 수 있다. 사실, I Can Problem Solve(Shure, 2001), Second Step(Committee for Children, 2010), the Incredible Years(Webster-Stratton & Herman, 2010)와 같은 기존의 많은 프로그램들은 인지 행동 원리들에 기반을 두고 있으며 교실 환경이나 소규모의 환경에서 실행할 수 있도록 개발되었다(Mennuti et al., 2006).

이완 훈련 인지 행동 모델의 또 다른 중요한 기술 중 하나는 이완 훈련을 이용하는 것이다. 이완 훈련의 목표는 불안이나 높은 수준의 흥분을 동반하는 생리학적인 반응을 다루거나 통제하도록 돕는 것이다. 학교기반 전문가들은 학생이 불안해하거나, 화를 내거나, 충동적이거나, 단순히 무기력한 경우 사용할 수 있는 대처 기술의 일환으로 이완 훈련을 사용한다(Crawley et al., 2010). 사용할 수 있는 많은 다른 모델들이 있는데, 학교기반 전문가는 점진적인 근육 이완을 위해 제작된 원고형식의 진술을 사용할 수도 있고(Ollendick & Cerny, 1981) 유도 심상법(guided imagery) 또는 단순히 깊게 숨을 내쉬는 연습을 하는 것 중에서 선택하여 사용할 수 있다(Ollendick & Cerny, 1981).

역할극과 역할모델링 인지-행동적 접근은 사고에 초점을 맞추고 있지만, 이 접근을 지지하는 상담자들은 행동기반 접근을 강조한다. 왜냐하면 행동적 접근은 왜곡된 인식이나 치료적 기술의 부족을 개선하는 측면에서 가장 좋은 방법으로 여겨지기 때문이다(Kendall, 2006). 상담 회기 동안, 상담자는 역할극과 리허설의 기회를 제공하고 내담 학생에게 기술을 가르치며 기술의 신장을 위해 피드백을 제공하여 자신감을 심어 준다. 이러한 기술은 특히 사회적 기술 훈련 접근에서 많이 사용된다. 학생 내담자의 발달적 연령에 따라, 당신은 모델링이나 역할극을 사용할 때 손인형이나 다른 집단원, 매체 혹은 상담자와 내담자의 역할을 바꾸어 보는 방법 등을 사용할 수 있다.

6.3.3 숙제

마지막 회기에 학생들은 보통 새로운 생각이나 행동을 보다 넓은 학교 환경에서 실행해 보기 위해 몇몇 종류의 과제를 부여받는다. 학교기반 전문가들은 학생이 자신의 생각과 행동을 관찰할 수 있는 기회를 제공하기 위해 숙제를 부여하기도 하고 상담을 통해 배운 기술을 '실제 삶'에 적용하도록 돕기 위해 숙제를 내기도 한다. 이런 숙제는 저널(상황, 생각, 감정, 생각의 대체방식을 기록하기 위해 구조화된 형식), 긍정적 자기진술의 연습 또는 두려워하는 상황에 대한 노출을 늘리는 등의 방식으로 부여된다.

> 숙제는 처음에는 15분이나 30분으로 제한하지만 학생 내담자가 변화 과정에 보다 참여하게 되면 시간을 늘릴 수 있다.

6.3.4 행동 수반성과 수반성 강화

행동 개입 전략은 당신의 상담 접근 방식에 통합될 수 있다. 예를 들면, 행동 수반성(behavioral contingencies)은 학생 내담자가 특정한 행동을 할 가능성을 높이기 위해서 사용될 수 있다. 수반성(contingency)은 환경과 행동 간의 관계에서 일어나는 모든 '만약 ~라면 ~할 것이다'와 같은 진술문을 의미한다. 즉, 중간에 너무 힘들어진 브랜든이 만약 쉬는 시간을 가져도 되겠냐고 상담자에게 정중하게 묻는다면, 아이는 예외적으로 5분 더 '놀이상자'를 가지고 놀 수 있도록 허락받을 것이다. 이처럼 학생들이 새롭게 생각하고 행동하는 방법을 배워 감에 따라, 당신은 학생들이 계속해서 달라진 모습으로 행동할 수 있도록 돕고 지지적인 환경을 만들 수 있도록 더 다양한 전략을 도입하여 통합해야 할 수도 있다. 이러한 다양한 다른 전략의 예로, '행동 조형(shaping)'을 들 수 있다. 이 기법은 당신이 학생 내담자가 복잡한 기술을 배우는 것이 필요할 때 유용한 도구가 될 수 있다. 복잡한 기술을 작은 단위로 나누고, 각각의 행동 단위에서 성공적으로 성취를 보였을 때 보상을 제공하는 것이다. 이러한 일련의 과정을 통해 학생은 여러 단계를 통해 요구되는 행동을 독립적으로 실행할 수 있게 된다(Alberto & Troutman, 2006). 학교기반 전문가가 모든 학생들에게 이 접근을 사용하는 것은 아니지만, 이 전략은 인지 장애를 가진 학생과 어린 학생에게 효과적이다.

> 긍정적 행동 지원과 적절한 행동을 위해서 분배되는 교실 내의 강화(예 : 쿠폰)는 긍정적 행동에 영향을 줄 수 있는 여러 활동 중의 일부이다.

6.4 인지-행동적 전략의 적용

다음 대화에서 학교 심리사는 학생 내담자의 현재 고민을 확실하게 이해하기 위해서 기본적인 상담 기술과 인지-행동적 전략을 함께 사용하고 있다. 학생의 문제를 확실하게 이해한 후, 상담자는 15살의 10학년 학생 내담자인 마리아에게 적용할 목표에 대한 자신의 생각과 개입을 확인한다.

학교 심리학자(SP) : 안녕, 마리아, 오늘 무슨 이유 때문에 왔니?

마리아 : 음…… 결석을 많이 해서요. 출석 담당 선생님이 선생님에게 가보라고 했어요.

SP :	매일 학교 오는 것이 많이 힘들었나 보구나…… 왜 그랬니?
마리아 :	글쎄요…… 잘 모르겠어요. 그냥 학교가 싫어요(아래를 쳐다본다).
SP :	이야기하기 힘들어 보이는 걸…… (잠시 멈춘다)
마리아 :	네. 누군가에게 말하는 게 소용이 없을 것 같아서요. 그냥…… 어떨 때는 학교에 있으면 미칠 것 같아요.
SP :	미칠 것 같다고?
마리아 :	네. 처음에는 떨리기 시작하고 이어서 숨 쉬기가 힘들어요. 도대체 왜 그런지 모르겠지만, 집에 있으면 안 그래요.
SP :	심각해 보이는데. 얼마나 자주 그러니?
마리아 :	학교에 올 때마다 그러는 건 아니에요. 오늘은 괜찮았어요. 그런데 어떤 날은 모든 것이 괜찮을 것이라고 생각하다가도 갑자기 시작해요. 제 생각에는 아마도 몇 주에 한 번씩 그러는 거 같아요.
SP :	혹시 특정한 수업이나 특정한 상황에서 그러는지 확인했니?
마리아 :	아니요. 저는 그냥 주위를 둘러보기 시작하고 그냥…… 제 주위에 있는 많은 학생들 때문에 놀라기도 해요. 걔네가 저를 보는 것처럼 느껴져요. 무슨 이야기냐면, 저희 가족은 다른 곳에서 이사 왔고, 돈이 많지 않기 때문에 걔네랑 다르다는 것을 전 알아요.
SP :	다른 학생들이 너를 받아들이지 않을까 봐 걱정하고 있구나? 그리고 네가 걔네랑 다르다고 느끼고…… 그럼 네가 그렇게 느낄 때 어떤 일이 일어나는지 좀 더 자세히 말해 줄래?
마리아 :	그냥…… 교실이 이상하게 느껴져요. 멍해지구요. 숨이 빨라지구요. 엄청 더워지면서 심장이 빨리 뛰어요. 그냥 그 상황에서 나와야 돼요. 지금까지는 선생님들이 친절하셨고, 양호실이나 화장실에 가도록 허락해 주셨어요. 그런데 결국 어떤 시점이 되면 모든 사람들 앞에서 그럴 것 같아요. 발작이 일어날 때마다 집에 있으면 좀 나아지지 않을까 하고 며칠 동안 집에 있었어요.
SP :	학교에 오면 발작할까 봐 학교에 오는 것이 겁이 나고, 집에 있는 것이 더 편하게 느끼는구나.
마리아 :	네. 그냥 어떻게 해야 할지 모르겠어요. 부모님은 제가 학교에서 잘하기를 정말로 원하시지만, 전 그냥 여기 학교에 올 수가 없어요.
SP :	어떤 문제를 겪고 있는지 이제 잘 알 것 같구나. 질문이 몇 가지 더 있는데. 언제부터 이랬니?

마리아 :	음…… 학기 초에, 크리스마스 방학에서 돌아온 직후부터 그런 것 같아요.
SP :	그때쯤 지금 상황과 관련될 수 있는 일이 일어났는지 생각할 수 있겠니? 어떤 일이든지.
마리아 :	딱히 모르겠어요. 작은 일들은 항상 일어나잖아요. 어떤 남자애들은 절 놀리고, 많은 여자애들은 저를 그냥 무시해요. 사촌도 학교에 다녀서 사촌이랑 놀지만, 그것 외에는 보통 혼자 지내요.
SP :	내가 잘 이해하고 있는지 한번 확인해 볼게. 겨울 방학 이후에 '공황'에 빠지게 되는 매우 힘든 상황을 경험하고 있구나. 이런 상황들은 격주에 한 번 정도 일어나고, 네가 학교에 있을 때만 일어나고, 정확하게 일어나는 시간대는 없지만, 네가 교실에서 다른 학생들에게 둘러싸여 있을 때 일어나는 것처럼 보이는구나.
마리아 :	맞아요. 제가 이상한 거죠?
SP :	지금은 네가 힘든 시간을 보내고 있고, 스트레스에 반응하는 것처럼 보이는구나. 어떤 경우는 네가 왜 이런 식으로 느끼는지 그 이유를 찾기가 쉬운 때도 있지만, 어떤 경우는 정말 그 원인을 정말 모르는 경우도 있어. 사람들은 별다른 이유 없이 걱정을 하는 경우도 있거든.
마리아 :	전 그냥 이제 그만 힘들었으면 좋겠어요.
SP :	무슨 말인지 충분히 이해해. 학교에 있으면 끔찍하지만 집에 있으면 또 출석 담당자랑 말해야 되고, 그러면 성적이 떨어질 가능성도 높아지겠지. 정말 곤란한 상황이구나. 이런 '상황'들을 멈출 수 있는 방법을 찾아내면 네가 보다 규칙적으로 학교에 올 수 있을 것 같구나.
마리아 :	네. 제가 가장 좋아하는 장소는 아니지만, 좋아하는 수업도 있어요, 그리고 졸업하고 싶어요.
SP :	좋아. 그럼 우선 이런 상황을 줄이거나 없애는 방법을 찾아내는 것을 첫 번째 목표로 시작하자. 두 번째 목표는 학교를 보다 좋은 곳으로 만드는 방법을 생각해 보자. 네가 학교를 지금 보다 좋아하도록 돕는 것이 있다면 무엇이라고 생각하니?
마리아 :	잘 모르겠어요. 아이들이 더 친절했으면 좋겠어요, 어떨 때는 제가 시간을 낭비하는 것 같아요. 저는 그림 그리기를 엄청 좋아하고, 그래픽 아티스트가 되고 싶지만, 역사랑 과학이랑, 제가 절대 사용하지 않을 것 같은 것을 배우는 데 시간을 다 보내요.

SP : 음…… 그러면 추가적인 목표는 더 많은 친구를 사귀는 것이 되겠구나. 그리고 너의 시간표를 한번 확인해 봐야겠구나. 역사와 과학 수업과 관련해서는 내가 아무런 도움을 줄 수 없지만, 네가 살면서 하고 싶은 일과 관련된 수업과 활동에 네가 보다 참여할 수 있도록 도와줄 수는 있거든.

마리아 : 그러면 좋을 것 같아요. 저는 그저 학교에 올 수 있었으면 좋겠고, 다른 사람들처럼 졸업하고 싶어요.

SP : 첫 번째 목표를 어떻게 성취할 수 있을지, 그리고 네가 느끼는 스트레스와 '상황'을 어떻게 줄일 수 있을지 생각났어. 교실이 '이상하게' 느껴질 때 사용할 수 있는 전략을 가르쳐 줄 수 있거든. 그리고 네가 이런 상황에서 어떤 일이 일어나는지 기록했으면 좋겠어. 예를 들면, 어떤 일이 일어났는지, 어떤 기분이 들었는지, 어떤 생각을 했는지를 기록하는 방법 말이야. 그러면 어떤 일이 일어나는지 파악하는 데 도움이 될 수 있거든. 시작할 준비가 됐니?

마리아 : 네, 그럼요.

이 짧은 축어록에서 우리는 인지-행동적 접근의 몇몇 요소들을 강조하였다. 상담자는 마리아의 문제에 대해 보다 구체적인 정보를 수집하는 과정을 통해 문제를 진단하고 있다. 이러한 노력은 마리아를 진단하기 위해서 필요할 뿐만 아니라, 마리아가 경험하고 있는 것을 보다 잘 이해하도록 돕고, 필요한 경우 마리아를 외부기관이나 가족 주치의에게 의뢰하기 위해서도 필요하다. 뿐만 아니라 상담자는 신체의 스트레스에 대한 반응에 대해 설명함으로써 마리아를 교육하기 위해 노력했다. 마지막으로 상담자는 상담회기 동안 마리아의 목표를 이끌어내고, 개입하기 위해 사용될 전략들에 대해 마리아와 함께 협력적 관계를 유지하면서 상담을 진행하였다. 이어지는 회기에서 상담자는 마리아의 학교와 가정에서의 관계에 대해 더 알아보려고 노력할 것이고(예 : 가정에 스트레스를 주는 사람이 있는지?), 그 전략들이 마리아가 스스로의 목표를 달성하는 데 도움을 주는지에 대해 지속적으로 평가하고자 할 것이다.

6.5 경험적 지지

직업적 책무성에 대한 강조가 증가함에 따라, 상담 분야에서도 증거 기반 개입을 사용하는 쪽으로 방향이 모아지고 있다. 수년간 CBT가 아동과 청소년에게 효과적인 접근이라고 제시한 대규모 조사가 수행되었다(Ishikawa, Okajima, Matsuoka, & Sakano, 2007; Klein, Jacobs, & Reinecke, 2007; Watson & Rees, 2008). 인지-행동적 접근이 청소년 우울증(Clarke, & Lewinsohn, Rohde, Hops, & Seeley, 1999), 아동의 불안(Barrett, Dadds, & Rapee, 1996;

Flannery-Schroeder & Kendall, 2000), 외상후 스트레스 장애(Wells & Sembi, 2004), 약물 남용 (Waldron & Kaminer, 2004), 그리고 아동과 청소년의 공격성(Daunic et al. 2006; Stark et al., 2006)을 다루는 데 효과적이라고 설명되었다. 인지-행동적 개입은 매우 구조화된 경향을 띠고, 각각의 회기가 목표 지향적이기 때문에 경험적 연구에 적합한 특징을 지니고 있다.

일찍이 수행된 많은 연구는 학교환경보다는 임상적 환경에서 시행되었기 때문에, 일부 사람들은 상대적으로 장시간의 치료, 구조화된 실행, 그리고 상담자에게 요구되는 기술 수준이 실제 맥락(즉, 학교)에서 현실적인지에 대한 의문을 제기한다. 그러나 현재 시행된 연구들은 학교 맥락에서 시행된 CBT가 임상환경에서 시행된 것과 비슷한 결과를 보인다고 제시했다(예 : Bernstein, Bernat, Victor, & Layne, 2008; Shirk, Kaplinski, & Gudmunsen, 2009).

6.6 문화적 차이에 대한 대응

사용되는 치료적 접근과 상관없이, 학교기반 전문가는 상담하는 학생과 학생의 가족을 존중한다는 것을 보여주어야 한다. 비록 인지-행동적 접근이 다양한 대상에 대해 효과적(예 : Waldron, Slesnick, Brody, Charles, & Thomas, 2001)이라고 몇몇 조사를 통해 지지를 받고 있지만, 그 결과들은 때때로 의견이 엇갈린다. 또한 조사에 참여한 연구대상이 다양한 문화를 지닌 학생들을 포함하고 있지 않은 취약성을 지니고 있다. Ortiz(2006)는 학교기반 전문가는 가장 먼저 문화적 민감성을 발달시켜야 한다고 주장하였다. 그래야만 어떤 문화적 요소가 치료의 계획과 개입의 과정에서 영향을 미치는지 인식할 수 있다고 보았다. 예를 들면, 한 연구는 치료적 동맹의 발달이 히스패닉계 인구에게는 특별히 중요하다는 것을 발견하였는데, 이 연구에서는 치료 동맹이 치료 효과의 약 45%를 설명하는 것으로 나타났다(Bernal, Bonilla, Padilla-Cotto, & Perez-Prado, 1998). 다양한 집단의 상이한 요구에 대해 지식을 발달시키고, 언제 문화적 요소가 치료에 영향을 미치는지를 인식함으로써 학교기반 전문가는 특정 학생 내담자의 요구에 보다 반응적이 될 수 있다.

6.7 결론

인지-행동적 접근은 학교에 잘 맞는다. 왜냐하면 상담이 비교적 단기간에 이뤄지고 긍정적인 변화에 초점을 두기 때문이다(Mennuti et al., 2006; Reinecke et al., 2003). 게다가 이 체계는 학습을 강조하는 '코치로서의 치료자'를 강조하며, 이것은 학교의 목표와 일치하는 접근으로 볼 수 있다. CBT의 개념은 다양한 형식으로 전달될 수 있고, 모든 학생들은 문제해결 전략, 대처기술, 그리고 사고와 감정의 연결에 대해 배움으로써 도움을 얻을 수 있다. 더 나아가, 아동과 청소년이 경험하는 많은 문제들에 대해 CBT를 사용하는 것을 지지하는 상당한 경험적 증거들이 있다.

상담 사례

도입에서 제시한 캐시 이야기에서 살펴본 바와 같이, 우리는 그녀가 많은 일들을 겪고 있다는 것을 보았다. 우리는 그녀의 문제 행동에 영향을 미친다고 생각되는 슬픔과 불안에 초점을 맞추기로 했다. 우리는 인지-행동적 접근에 기반하여 가상의 상호작용을 묘사하였다. 많은 연구들은 이 접근이 우울과 불안에 효과적임을 뒷받침한다. 또한 우리는 캐시가 자신의 삶에서 일어나는 일들에 대해 '왜곡된' 생각을 가지고 있을지도 모른다고 생각했다. 아래의 가상의 축어록에서는 CBT에서 종종 사용되는 사고일지(thought journal)를 사용할 것을 강조하고 있다. 사고일지의 목적은 학생들이 어떻게 자신의 생각이 감정에 영향을 미치는지를 이해하도록 돕는 것이다. 또한 이것은 학생 내담자가 비적응적인 생각을 넘어서도록 돕는 시발점으로 작용하기도 한다.

캐시 : 잭슨 선생님 안녕하세요. 우리가 지난 상담 때 이야기했던 것들에 대해 생각을 해 봤는데요.

Mr. 잭슨 : [고개를 끄덕인다.]

캐시 : 제가 어떻게 사람들이 저를 거부할거라는 생각을 자동적으로 하는지에 대한 것들 말이에요. 무슨 말인지 아시죠?

Mr. 잭슨 : 지난 시간에 우리가 나눈 이야기가 너에게도 해당한다고 생각하는구나. 계속 이야기해보렴.

캐시 : 사고일지를 한번 써 봤어요. 친구들이랑 있을 때나 농구장에 갈 때마다 제 자신에게 했던 말들에 대해 생각하게 되었어요. 정말 화가 날 때는 이렇게 생각해요. "만일 이 사람들이 나의 속마음을 안다면, 나와 어울리려 하지 않았을텐데."

Mr. 잭슨 : 네가 남자보다 여자와 어울리는 것을 더 좋아한다는 것을 친구들이 알까 봐 걱정하는구나. 이런 생각을 할 때마다, 화가 나고 말이야. 우리가 지난 번에 이야기했던 것 중에서 네가 친구들에게 공격적이고 짜증을 내는 내용도 있었잖아. 지금 생각해 보니 네가 먼저 친구들을 거부한 것은 아닐까하는 우려도 생기는걸.

캐시 : 저도 그런 것 같아요. 만일 제가 그들을 먼저 거부하면, 그들이 저를 받아주든 말든 상관없으니까요.

Mr. 잭슨 : 그건 네 자신을 보호하려는 방법인 것 같은데, 문제는 부정적인 영향이 있다는 거지. 너를 가장 지지하는 친구들을 거부하니까 말이야. 차라리 친구들이 너의 '진정한' 모습을 알았을 때, 너를 거부할 거라고 생각하기보다는 이 상황에 대해 다른 방식으로 생각해보는 건 어떨까?

캐시 : 잘 모르겠어요. 예를 들면 어떤 방식이요?

Mr. 잭슨 : 글쎄, 만일 모두가 너를 거부할거라고 생각하기보다, 스스로에게 이렇게 말하는 건 어떨까? '나는 친구를 조금 잃을지도 모르지만, 나의 진정한 친구는 있는 그대로의 나를 받아들일 거야'라고 말이야.

활동

1. 일주일 동안 당신의 생각에 대한 일지(journal)를 작성해 보자. 이 과정을 통해 발견한 것을 소집단에서 논의해 보자. 자신에 대해 어떤 것을 알게 되었는가? 일지를 쓰는 것이 어떤 점에서 어려웠는가? 다른 연령대의 학생들에게 이 방법을 어떻게 적용할 수 있다고 생각하는가?

2. 당신이 누군가와 했던 혹은 해야 하는 어려운 대화에 대해 떠올려 보자. 소집단에서 이 대화의 내용으로 역할극을 해 보자. 만일 어려운 주제에 대해 생각이 나지 않는다면, 다음의 상황에 대한 역할극을 해 보자.

   a. 최근 누군가가 당신에게 거리를 두려는 것 같아 보여서, 당신은 무엇이 문제인지를 알고자 한다.

   b. 당신은 파트너와 함께 일을 하는데, 그가 당신만큼의 노력을 하지 않는다고 생각한다.

   c. 당신의 친구가 한 달 전에 당신에게서 돈을 빌려갔는데, 이를 갚으려고 노력하지 않는다.

3. 이번 장에서 우리는 자신의 가치와 사회적 상호작용에 있어 어려움을 겪는 여자 청소년 아리엘의 예시를 들었다. 인지-행동적 접근을 활용하여 아리엘을 위한 상담 계획을 세워보자. 이번 장에서 다루지 않은 다른 접근들을 추가하는 것은 좋지만 각각의 접근을 사용하는 목적을 분명하게 제시하여라.

저널 주제

주제 1

생각을 읽는 것(mind reading)은 자동적 사고(automatic thought)의 한 예시라고 볼 수 있다(예 : "나는 그녀가 무슨 생각을 하는지 안다"). 당신과 상호작용하는 사람들의 의중을 읽어내려는 당신의 경향성에 대해 생각해 보자.

주제 2

당신이 갖고 있는 비합리적인 믿음은 무엇인가?

주제 3

만일 당신이 어려운 상황에서 스스로를 격려하기 위해 긍정적인 혼잣말(self-talk)이나 자기지시(self-instruction)를 한다면 어떤 말을 하겠는가?

CHAPTER 07

학교에서의 해결중심 단기치료

학습목표

- 해결중심 단기치료의 핵심적 원리들을 검토한다.
- 학교에서 아동 및 청소년의 상담에 해결중심적 접근의 적용을 고려한다.
- 해결중심적 접근이 당신에게 얼마나 관련이 있는지, 즉 한 개인으로서 또는 학교 심리사나 학교 상담자로서 얼마나 타당한 접근인지 생각해 본다.

당신은 전문적인 상담자가 되기 위해 필요한 다양한 기술들을 배울 수 있는 기회를 지금까지 많이 가져왔을 것이다. 이곳에서는 한 가지의 상상에 당신을 초대하고자 한다. 당신이 잠을 자는 동안 기적이 일어났다고 상상해보자. 다음 주도 좋고 그다음 주의 어느 밤도 좋다. 물론 기적이 일어났다는 것을 알지 못할지라도, 당신은 바로 상담의 기초기술과 심화기술이 매우 능숙해진 자신을 발견하게 된다. 신뢰할만한 이론에 기초하여 상담이 잘 진행되고 반영기술 또한 정확하고 명확하게 이뤄진다. 던지는 질문은 학생이 자신의 목표를 향해 나아갈 수 있도록 도움을 준다. 내담자와의 작업동맹 또한 매우 견고해진다.

이러한 기적이 밤 사이 일어났다면 그다음 날 아동 혹은 청소년과 상담을 할 때 이러한 기적이 일어났다는 것을 어떤 단서를 보고 알아차릴 수 있을까? 기적이 일어난 후 처음 상담을 하는 동안 당신은 어떤 모습일까? 당신은 내담자에게 무엇을 말하고 있을까? 상담을 받는 내담자는 어떻게 반응을 할까? 여러분의 동료는 이런 기적이 일어났다는 것을 어떻게 알아차릴까?

물론 이런 기적은 하룻밤 사이에 일어나지 않는다. 대체로 오랜 시간이 걸린다. 우리는 당신의 기적이 이미 어느 날부터 시작되었다고 생각한다. 당신의 개인적인 상담 기술이 성숙해지는 것과 관련하여 어떻게 기술이 발전했는지 생각해 보자. 그러한 기적이 일어난 후 다음 단계를 받아들이고 이를 통합시키게 되었다는 것을 알려주는 징후가 있다면 무엇일까?

이번 장은 해결중심 단기치료(solution focused brief therapy : SFBT)의 개관을 살펴보고 이 접근의 학교현장에의 적용을 제시한다. 가족치료 분야의 선구자 Steve de Shazer는 해결중심 치료의 창시자로 여겨진다(Presbury, Echterling, & McKee, 2002). 그는 자신의 접근을 Milton Erickson과 정신연구소(Mental Research Institute)의 전문가들과의 작업으로부터 이끌어냈다 (O'Hanlon & Weiner-Davis, 1989). 이 모델은 이후에 그의 아내 Insoo Kim Berg(2005), Bill O' Hanlon과 Michele Weiner-Davis(1989), 그리고 밀워키에 있는 단기 가족치료센터(Brief Family Therapy Center in Milwaukee)의 다른 동료들에 의해 더욱 발전되었다.

해결중심적 접근은 전문적인 학교 상담자에게 분명한 이점을 제공한다(Berg, 2005; Davis & Osborn, 2000; Legum, 2005; Mostert, Johnson, & Mostert, 1997; Murphy, 2008; Sklare, 2005). 낙관주의는 이 접근의 핵심적인 요소이다. 이 접근에서 사용하는 언어는 희망을 북돋고 자신감을 심어준다. 정확하고 구체적인 언어는 도전에 대한 빠른 해결에 도움을 준다. 문제 해결은 행동과 인식을 변화시키고, 이미 존재하는 강점과 자원들을 활성화시킴으로써 촉진된다.

7.1 해결중심 단기치료의 핵심적 원리

SFBT의 중심 철학은 다음 세 가지의 원칙으로 요약될 수 있다(de Shazer, 1987, p. 59).

1. 어떤 것이 효과적이면, 그것을 바꾸지 않는다.
2. 일단 효과가 있는 것을 알면, 그것을 더 많이 한다.
3. 효과가 없다면 같은 방법이 아닌 다른 방법을 사용한다.

이 틀 안에서 해결중심 치료자들은 현재의 문제에 대한 예외상황(exceptions)을 확인하는 것을 촉진한다. 여기서 예외상황이란 '불만이 없을 때 일어나는 그 모든 것'을 뜻한다(p. 58).

해결중심 치료는 학교기반 전문 상담가가 직면하게 되는 일정과 도전들에 빠르게 반응하는 장점을 지니고 있다(Legum, 2005; Sklare, 2005). Legum(2005, pp. 33-34)은 임상기반의 해결중심 치료를 학교기반 상담에 적용할 수 있도록 핵심적인 가정들을 다음과 같이 수정하였다.

1. 학교기반 전문가는 학생들을 능숙하고 긍정적으로 변화할 수 있는 존재로 간주해야 한다.
2. 모든 문제에는 예외가 있다. 즉, 문제가 일어나지 않았을 때의 상황이 존재한다. 학생들은 문제가 없었을 때 효과적이었던 것에 초점을 맞추어야 한다.
3. 학생들은 스스로 자기 미래의 목표와 비전을 구성해야 한다. 목표는 긍정적으로 진술되어야 하며, 부정적인 단어('할 수 없는'과 같은)들을 포함하지 않아야 하고, 학생이 무엇을 변화시키고 하는지를 담아야 한다. 이러한 목표는 타인과는 독립적으로 학생들이 통제할 수 있는 것이어야 한다.
4. 긍정적인 변화는(첫 번째 회기와 두 번째 회기 사이에서) 즉각적으로 기대된다.
5. 작은 변화는 큰 성공으로 여겨진다. 결국, 작은 변화가 큰 변화를 이끌어낸다.
6. 과거와 문제의 원인에 초점을 둘 필요가 없다.
7. '왜' 문제가 일어났는지에 초점을 둘 필요가 없다. 초점은 학생들에게 효과적이었던 것과 그러한 효과를 증가시키는 것에 두어야 한다.

7.2 상담 과정 : 상담회기를 통한 개입

회기의 구조화에 있어서의 정확성, 긍정적 언어의 사용, 그리고 대상에게 초점을 둔 개입은 간결하고 빠른 문제의 해결에 도움을 준다. 해결중심 치료자들은 긍정적인 언어를 사용한다. 그들은 효과적인 것에 초점을 둔다. 그들의 행동과 언어는 상황이 해결될 것이고, 내담자들은 실행 가능한 해결책을 찾아낼 자원을 가지고 있으며, 변화는 필연적인 것이라는 상담자의 신념을 내담자에게 전달한다(de Shazer, 1985; O'Hanlon & Weiner-Davis, 1989). 해결중심적 치료자들은 계속해서 문제 해결에 초점을 맞춤으로써 변화에 대한 기대를 형성한다(de Shazer, 1985).

SFBT 회기의 대표적인 요소는 (1) 라포 형성하기[때로는 합류(joining)라고 불리는], (2) 문제를 기술하기, (3) 문제행동이 일어나지 않았을 때의 예외상황을 확인하기, (4) 목표를 분명히 표현하고 시각화하기, (5) 피드백 주기[때론 칭찬(compliments)으로 불리는], 그리고 (6) 과제 부여를 포함한다. SFBT모델을 기반으로 상담하는 지역사회 정신건강 전문가들은 피드백을 주고 과제를 제시하기 전에 잠시 휴식을 취하기도 한다.

7.2.1 라포 형성하기

앞서 언급한 것처럼, SFBT는 정확하고 의도적인 언어의 사용, 구조화, 그리고 개입이라는 특징을 지닌다. 그러나 유치원생이든 고등학생이든 이러한 수준의 의도성은 강한 작업동맹(working alliance)에 기초하지 않으면 하나의 속임수로 전락해 버리고 말 것이다. 이것과 관련하여 Presbury와 동료들(2002)은 '상담 관계의 중요성'에 대해 언급했으며 '마법의 기술은 없다(no magic tricks)(p. 39)'는 것을 강조하였다. 따라서 의도적인 언어는 별책으로 제시한 **실제 및 적용**을 위한 가이드북에 제시된 기본적인 상담 기술을 대체하는 기법이 아니라, 기본적 상담 기술과 함께 이용된다.

숙련된 SFBT 전문가들은 자신의 환경과 상관없이 항상 핵심적인 조건을 내담자에게 전달한다. 이 핵심적인 조건은 존중(respect), 무조건적인 긍정적 관심(unconditional positive regard) 및 공감적 이해(empathic understanding)이다(Murphy, 2008; Prebury et al., 2002). SFBT 전문가들은 내담학생이 공감을 직접 경험해보지 못한다면 상담 과정에서 공감하지 못할 것이라는 것을 안다. 그래서 문제 해결의 도입 부분에서 신뢰로운 관계를 형성하고 학생이 자신의 고민을 충분히 표현하고 설명할 수 있도록 상담 환경을 제공하고자 노력한다. 전문가들은 내담자를 충분히 이해하기 힘들거나 확신이 들지 않는 경우, 학생의 미묘한 메시지에 반응한다. 이를 통해 상담을 진행시킬 단서들을 인식하게 되고, 나아가 정확한 요약기술을 통해 다음 단계로 나아갈 방향을 소개한다.

7.2.2 문제를 기술하기

해결중심 모델을 적용하는 상담자들이 문제 자체를 덜 중시한다고는 해도, 상담자는 기본적으로 내담 학생의 고민이나 학생에 대한 주변 어른들의 고민을 철저히 파악해야 한다. 문제에 대한 이해가 부족하면 상담을 진전시키는 데 어려움을 겪을 것이다. 첫 번째 질문을 던지는 방식에 있어 해결중심 접근은 차별적이다. 예를 들어, 해결책에 초점을 두는 전문가는 "나에게 상담을 요청하였을 때, 너는 어떤 일이 일어나길 바랬니?" 혹은 "상담을 통해 너는 무엇을 변화시키고 싶었니?"라고 물을 것이다.

주된 걱정을 알아낼 때, 내담학생이 어떻게 고민을 경험했고 이를 어떻게 설명하는지에 대한 이해를 하는 것 또한 중요하다. 학교의 전문가는 "이 상황에서 네가 가장 걱정하는 게 무엇이니?" 또는 "너에게 가장 어려운 부분이 무엇이니?"라고 물을 것이다.

7.2.3 예외 확인하기

예외를 확인하는 것은 문제 해결 기술과 깊은 관련이 있다. 예를 들면, 학교 상담자는 "저번 주 수업 중에 네가 잘했다고 느낀 시간에 대해 말해 줄래?" 또는 "저번 주에 학교 오는 것이 두렵지 않았거나 심하지 않았던 적이 있었다면 말해 줄래?"라고 말할 것이다.

예외를 발견함으로써, 학생 내담자는 자신이 직면한 문제가 언제나 어김없이 일어나는 것도 아니고, 모든 상황에서 반드시 발생하는 것만도 아니라는 것을 깨닫기 시작한다. 해결중심 전문가는 "그런 예외 상황을 어떻게 일어나게 했니?"라고 물으면서 학생에게 자신감을 심어 주고 역량을 강화시켜줄 수 있다.

7.2.4 목표를 명료하게 시각화하기

SFBT를 사용하는 전문가들은 좀처럼 "상담을 통해 얻으려는 너의 목표가 뭐니?"라고 묻지 않는다. 오히려 전문가들은 싫증을 느끼게 할 수도 있을 만큼의 정확한 언어로 이전에 말했던 어려움에 대한 해결책에 대해 명확하고 구체적인 심상을 개발하는 것을 촉진한다. 전문가들은 다음과 같은 질문들을 통해 목표의 개념에 대해 설명할 수 있다.

"네가 다시 학교 가는 것을 즐거워한다면, 지금과는 무엇을 다르게 하고 있을까?"
"누가 제일 먼저 이러한 변화를 알아차릴까?"
"다른 사람들은 너의 어떠한 것들을 보고 변화를 알아차릴까?"

물론 "불쾌하지도 않을 거고 불평도 많이 안 하겠죠"와 같이 부정적인 형식으로 학생이 대답을 했다면, 해결중심 전문가는 다음과 같이 물어볼 것이다.

"네가 불쾌하거나 불평하지 않는 경우, 그 대신 넌 뭘 하고 있을까?"

그렇지만 당신이 적극적으로 경청하면서 학생이 반응할 답변을 위해 적당한 시간을 주는 것이 중요하다는 것을 명심해라.

"그래, 아침에 네가 학교에 오면 웃고 있는 너를 보겠지, 네 친구가 그 밖에 또 어떠한 변화를 알아차릴까?"

기적 질문은 해결중심 상담에서 대표적인 기법이다. 매일 학교 가기를 두려워하는 학생을 위해, 해결중심의 전문가는 다음과 같이 말할 수 있다.

"네가 다음 주에 어떤 하루를 상상해 봤으면 해. 가능한 수요일과 가깝게, 한 목요일 정도? 아니면 다음주 일요일처럼 아주 늦어도 괜찮고. 네가 잠든 동안에 기적이 일어났는데, 너는 무슨 일이 일어났는지 몰랐던 거야. 그럼 다음날 아침에 기적이 진짜로 일어났다는 것을 어떻게 알아차릴 수 있을 것 같아?"

기적 질문에 대한 일반적인 흔한 답변은 "기분이 나아지겠죠(I will feel better)."이다. 해결중심 접근을 사용하는 전문가는 이러한 답변에 대해 아래에 제시된 예와 같이 시각적 언어(video language)로 반응한다.

"네가 기분이 좋아지면 다른 사람들은 네가 뭘 하는 걸 보게 될까?"
"네가 기분이 좋다는 것을 처음으로 알게 된 사람은 누구일까?"
"네가 기분이 좋아졌다는 걸 그 사람은 어떻게 알게 되었을까?"
"내가 비디오 카메라로 보고 있다면, 너의 어떤 행동을 보고 너의 기분이 좋아졌다는 걸 내가 알 수 있을까?"
"네가 학교에 갔을 때 그러한 변화를 누가 알아볼까?"

이러한 방식의 질문은 최소한 두 가지 면에서 효과적이다. 내담 학생은 본질적으로 목표를 찾을 수 있고 더불어, 내담 학생은 상황에 대해 부정적인 면보다 긍정적인 면에 집중하게 될 것이다.

성공적 이미지가 명확해지면, 해결중심 접근을 사용하는 상담자와 학교 심리사는 다음과 같이 말하면서 실행 계획을 개발할 수 있을 것이다.

"기적은 하룻밤에 잘 일어나지는 않잖아. 거의 시간이 좀 걸리지. 기적이 일어났다는 것을 알려주는 첫 번째 신호가 있다면 어떤 것이 있을까?"

다시, 학생이 대답한 모호한 반응들은 시각적 언어를 통해 명료화시키고, 다음과 같은 질문을 이어서 사용할 수 있다.

"기적이 일어났을 때 네가 알아차릴 만한 그 밖의 다른 행동들은 뭐가 있을까?"

이러한 기적 질문이 모든 상황에서 적절하고 효과적인 것은 아니다. 솔직한 태도를 취하고 다음과 같은 질문을 하는 것이 더 도움이 될 수도 있다.

"아침에 일어났을 때 어려움이 극복되었다는 것을 너는 어떻게 알 수 있을까?" 또는 "문제가 해결되었다는 것을 어떻게 알 수 있을까?"

유사한 방식으로, 다음과 같은 시각적 언어 질문을 사용하고 그러한 반응들에 대해 후속 질문을 할 수 있다.

"네가 문제를 극복하기 시작했다는 것을 보여주는 첫 번째 신호들이 있다면 어떤 것들일까?"

이러한 질문에 대한 대답을 하면서 내담 학생들은 자신감을 얻게 된다. 전문가는 내담학생과 협력적 관계를 유지하며 해결 가능하거나, 관찰 가능하거나, 측정 가능하고 구체적인 목표를 설정하게 된다.

7.2.5 쉬는 시간

물론 학생과 상담을 할 때 상담실을 나가는 것이 적절하지는 않지만, 의도적으로 잠시 멈추거나 생각하기 위해 휴식을 갖는 것은 도움이 된다. 해결중심 모델을 사용하면서 쉬는 시간을 활용하는 경우, 전문 상담자는 이렇게 말할 수 있다. "오늘 아침에 상담을 통해 중요한 몇 가지 이야기를 했잖아. 네가 이야기한 것들을 생각할 시간을 좀 가져보자. 그러면 아마 도움이 될 만한 생각이 날거야."쉬는 시간은 강하고 빠르게 진행되는 상담회기의 여러 측면들을 상담자가 생각하고 통합할 수 있도록 도와준다. 이 시간은 또한 학생 내담자에게 자신을 반영해 볼 수 있는 기회를 제공한다.

쉬는 시간 동안, 해결중심 접근법을 사용하는 전문 상담자는 도전을 극복하고 원하는 결과를 성취하는데 도움을 주는 예외적인 부분들과 강점들을 고려해봐야 한다. 이들은 또한 해결중심 접근법의 다른 특징인 과제를 부여하는 것을 고려해 볼 수 있다. 전형적으로, 쉬는 시간은 회기의 마지막 부분에 갖게 되며, 대개 칭찬이라고 부르는 강점에 대한 기분 좋은 평가와 개입을 이어 실시한다.

7.2.6 피드백 주기

칭찬은 학생 내담자의 강점에 주목하여 실시한다. 학생 내담자의 강점은 그들이 원하는 결과를 성취하는 데 도움을 줄 수 있다. 몇몇 칭찬들은 다음과 같은 내용을 포함할 수 있다.

"이렇게 어려운 시기를 극복하기 위해 노력하는 모습이 역력하구나. 네가 학교를 좋아하고, 학교에서 더 잘하고 싶어하는 것을 잘 알아. 네가 올해에 이루고 싶은 많은 것들에 대해 나에게 이야기했었잖아. 또 네가 힘든 상황에서도 나를 찾아와서 어려움을 털어놓고 올해 이루고 싶은 것들을 이야기해 주어서 아주 용기 있었다고 말해주고 싶어."

SFBT와 개인심리학의 유사점 중에서 특히 격려(encouragement)의 개념에 주의해야 한다. 당신은 Watts와 Pietrzak(2000)이 제시한 이 두 접근의 유사점에 대한 보고서를 읽으면 흥미를 느낄 것이다. SFBT와 개인심리학의 상호보완적인 방법을 생각해보자. 예를 들어, 개인심리학은 내담자의 상황을 개념화하는 측면에서 도움을 제공할 것이고, SFBT는 그러한 변화를 촉진시키기 위한 당신의 노력 측면에서 도움을 제공할 것이다.

칭찬은 자원을 강조한다. 뿐만 아니라 칭찬은 학생 내담자에게 용기를 북돋아 주고, 현재의 어려움을 극복할 수 있도록 도와주며 지속적인 상담을 통해 학생 내담자를 격려한다.

7.2.7 과제 부여하기

해결중심 접근법을 사용하는 전문가는 전형적으로 과제를 부여하면서 매 회기를 마친다. De Shazer가 첫 회기에 과제를 부여하는 개입을 다음과 같이 제시하였다.

"일주일 동안 일어나는 일들을 주의 깊게 살펴보렴. 언제 그런 일들이 잘 해결되는지 말이야. 다음 주에 만나서는 그것에 대해 이야기해 보자."

물론, 개입에서 사용하는 언어는 이전의 설정한 목표와 부합되어야 한다. 사용된 언어와 부과된 과제는 학생 내담자가 효과적인 것과 잠재적인 해결책에 보다 초점을 맞추는 것을 촉진한다.

7.3 중요한 상담 도구 : 언어의 정확성

학교에서 우리가 상담할 때 가장 중요한 것은 성공을 가정하는 추정적인 언어(presuppositional language)를 집중적으로 사용하는 것이다. 해결중심 접근법을 사용하는 상담자들은 내담자의 변화를 촉진할 수 있는 가정을 표현하기 위해 추정적인 언어를 사용한다. 상담자가 가정하는 결론은 이러한 것이다. '이 상황은 해결될 것이다! 당신은 이 문제를 해결할 것이다!' 이러한 언어가 강조하는 것은 현재의 문제 상황은 변할 것이고, 보다 큰 변화를 이뤄내는 작은 변화가 존재한다는 점이다. 따라서 상담자는 '만약(if)' 또는 '~일 수 있다(would)'와 같은 단어를 사용하기보다는 '~ 할 때(when)' 또는 '~일 것이다(will)'와 같은 단어를 사용한다. 왜냐하면 이러한 단어들이 긍정성을 유지하고, 해결중심 접근법의 가속화를 도와주기 때문이다.

다음에 제시한 내용은 추정적인 언어를 사용한 질문과 진술에 대한 예시이다.

"그래, 너는 스스로 과제를 어떻게 해야 하는지 아직은 배우지 않았어."
("So, you have not learned to do your homework on your own yet.")
"예전에는 수업시간을 활용해서 과제를 마치지 않았지. 그리고 과제가 엄청 많았었지."
("In the past you haven't used your class time to complete work, and you've had lots of homework.")

"네가 스스로 과제하는 방법을 알게 되었다는 것을 누가 가장 먼저 알아차릴까?"

("Who will be the first to notice that you have learned to do your homework on your own?")

"네가 공부시간을 보다 효율적으로 사용하는 법을 알게 된 것을 어떻게 알 수 있을까?"

("How will you know when you have learned to use your study period more effectively?")

"음악 선생님과 어떻게 해야 잘 지낼 수 있을지 알아냈다면, 지금과 어떤 점에서 다르게 행동할까?"

("When you have figured out how to get along with your music teacher, what will you be doing differently?")

"너의 문제가 개선되고 있다는 것을 확인할 수 있는 작은 변화가 있다면 무엇일까?"

("What will be some small steps you will see to know you have begun to make progress?")

"그 밖에 누가 차이점을 알아볼 수 있을까?" ("Who else will see a difference?")

자주는 아니지만 가끔씩 말다툼으로 인해 의뢰된 3명의 4학년 여학생과의 대화를 통해 학교 상담자 필립이 어떠한 단어를 사용하는지 주목해보자.

여학생들 : 담임 선생님이 상담하라고 선생님에게 우릴 보냈어요.

필립 : 상담실에 오기 전에 무슨 일이 있었니?

여학생들 : 오늘 아침 학교 시작하기 전에 말다툼을 했어요. 선생님은 우리가 화해하길 바랐어요.

필립 : 선생님이 너희 친구 관계에 대해 걱정하셨겠네. 너희 스스로 그 해결방법을 찾지 못했다는 것을 아셨겠지. 이 문제에 대해 어떻게 생각하니?

여학생 A : 글쎄요, 우리는 말다툼을 자주해요. 저도 말다툼이 지긋지긋해요.

필립 : (다른 여학생들에게) 너희들은 어떠니?

여학생 B와 C : 저희도 그래요.

필립 : 말다툼 때문에 뭐가 가장 힘드니?

여학생들 : 집중도 잘 안 되고 걱정도 돼요.

친구들이 저한테 화나 있는 것이 싫어요.

선생님이 우리한테 화내는 것이 정말 싫어요.

필립 : 그랬구나. 지금까지는 너희 말싸움 때문에 집중하기가 어려웠구나. 너는 네 친구들과 선생님이 너한테 화가 나있는 것이 싫었고. 알겠어. 그런데 만약 너희들이 다툼을 해결할 방법을 찾았다면, 그걸 너희들은 어떻게 알아차릴 수 있을까?

여학생들 :	쉬는 시간에 우리가 같이 놀고, 잘 지내겠죠.
	선생님 말씀에 집중하겠죠.
	서로에게 친절하게 대할 것 같아요.
필립 :	이런 변화를 누가 가장 먼저 알아차릴까?
여학생들 :	아마 선생님, 아니면 우리 중 한 명이요.
필립 :	선생님이 너희들이 어떻게 하는 것을 보고 알아차릴까?
여학생들 :	우리가 교실에서 말싸움하지 않겠지요.
필립 :	그럼 너희가 교실에서 말싸움을 하지 않는다면, 대신 선생님은 너희의 어떤 행동을 보게 되실까?
여학생들 :	우리가 서로서로 돕는 것을 보시겠죠. 그리고 우리는……
필립 :	내가 앞으로 이야기하는 것을 잘 듣고 마치 그런 것처럼 상상해 보는 거야. 자, 다음 주 어느 날 저녁을 상상해보자—아마 화요일, 수요일, 아니면 목요일—너희들이 모두 잠들어 있을 때 너희 중 한 명에게 기적 같은 일이 일어난 거야. 하지만 어느 누구도 어떤 일이 일어났는지는 몰라. 너희들도, 너희 부모님들도, 그리고 너희 선생님조차도. 기적이 일어났기 때문에 너희들이 가지고 있던 모든 어려움과 의견 충돌이 다 없어진거지. 넌 더 이상 말다툼을 원하지도 않고 그럴 필요도 없어진거야. 이러한 기적이 일어났다는 것을 너는 무엇을 통해 알아차릴 수 있겠니?
여학생들 :	우리가 싸우지 않는 걸로 알겠죠?
필립 :	너희가 싸우지 않는다면, 말다툼 대신 어떤 일이 일어날까?
여학생들 :	아마 잘 지내겠죠.
필립 :	너희가 친하게 지내는 방법을 알고 있다는 것을, 너희 선생님이나 내가 무슨 행동을 보고 알 수 있을까?
여학생들 :	같이 웃고 있겠죠.
	문제가 있을 때 서로 도와줄 것 같아요.
필립 :	그럼 내가 너희를 보면, 너희들은 웃고 있겠구나. 그리고 너희가 서로 도와주는 것도 볼 수 있겠고. 그런데 조금 걱정이 들기도 해. 사람들은 모든 상황에서 항상 의견이 같은 것이 아니거든. 만일 너희가 무언가 동의하지 않는다면, 그 상황에서 난 너희들의 어떤 행동을 보게 될까? 예를 들어, 그럼 금요일 오후에 특별활동 시간에 무엇을 할지에 대해 서로 의견이 맞지 않는다면 말이야.
여학생들 :	뭘 할지에 대해 서로 이야기해 볼 거예요.

우리 모두가 원하는 것이 무엇이고 어떻게 해야 하는지 방법을 찾아내겠죠. 우린 싸우지 않도록 노력할 거예요.

필립 : 자, 보통 기적은 하룻밤에 일어나지는 않아. 몇 시간 만에 일어나지는 않지. 그럼 너희에게 기적이 시작되었다는 것을 오늘이나 내일 아침에 알 수 있는 작은 표시가 있다면 무엇이 있을까?

여학생들 : 우리가 학교에 등교했을 때, 우리 모두 체육관에 앉아서 함께 웃고 있을 거예요.

필립 : 그 밖에 다른 어떤 일이 일어날 수 있을까?

여학생들 : 음, 우리가 학교에 등교했을 때 서로서로 "안녕"이라고 인사하겠죠. 그리고 서로에 대해 뒤에서 욕하지 않을 거예요.

필립 : 너희가 오늘 아침에 상담받으러 왔을 때 숙제를 하게 될 거라고 예상하지 못했겠지만 너희에게 숙제가 있어. 너희 선생님이 허락한다면 너희를 금요일 학교 시작 전에 다시 만나고 싶구나. 숙제가 뭐냐하면 너희가 서로 친하게 지낼 때, 의견 충돌이나 말다툼 없이 문제를 해결할 때, 그리고 서로 재미있게 지낼 때가 언제인지 확인하는 거야. 그리고 우리가 금요일에 만났을 때 그러한 경우에 대해 이야기해 보는거야.

7.3.1 척도를 통해 해결책 만들기

해결중심 접근을 사용하는 전문적 상담자는 내담자와 학생이 보다 유익한 행동을 취할 수 있도록 돕는 여러 가지 기술을 사용한다. 예를 들어, 문제의 심각성을 판단하고 진행 상황을 관찰하기 위해 척도(scaling)를 사용한다. (앞서 언급했듯이) 등교하는 것을 두려워하는 학생에게 상담자는 다음과 같이 말할 수 있다.

"네가 아침에 경험하며 느낀 것을 10점 척도로 생각해보면 좋겠구나. 1점은 네가 학교 가는 것을 전혀 생각할 수 없을 때라고 하자. 두려움이 너무 심해서 침대에 계속 있기로 결정하는 거지. 10점은 네가 학교에 가는 것이 즐겁게 느껴지는 아주 좋은 날이야. 빨리 가고 싶어 안달이 나는 경우야. 그렇다면 현재 너 자신은 몇 점이라고 생각하니?"

학생의 대답 후에, 상담자는 다음과 같이 덧붙일 수 있다.

"우리가 다음 주 이 시간에 다시 만난다고 가정해보자. 네가 다시 상담받으러 왔을 때, 상담을 받으러 오기 전 2일 동안 1점 더 높은 점수를 표시했다고 가정해 보자. 그렇게 현재와 비교하여 1점이 높은 경우라면 지금과는 무엇이 다르겠니?"

척도 질문은 자신의 진척을 관찰하고 변화에 대한 기대를 향상시키기 위해 매주 상담에서 활용될 수 있다. 척도는 해결중심 접근에서 학생으로 하여금 가장 걱정되는 문제가 무엇인지 확인하도록 돕는 경우에도 사용될 수 있다. 예를 들어 "네가 언급한 세 가지 문제 중에 어떤 것이 첫 번째 고민이라고 생각하니?"라고 질문하는 경우에 해당한다.

7.3.2 재구성을 통해 상황의 의미 변화시키기

때때로 해결중심 접근을 사용하는 전문가들은 학생과 내담자로 하여금 행동의 패턴을 변화시키기 위해 노력한다. 경우에 따라서는 학생과 내담자로 하여금 상황에 대한 다른 의미를 탐색하도록 돕기 위해 상황을 재구성(reframe)하기도 한다. 이 때 상담자는 재구성을 통해 부정적인 의미를 지닌 상황을 긍정적으로 바라볼 수 있도록 돕는다. 예를 들어, 다른 사람을 지배하려는 성향이 강한 사람은 지도자로 간주될 수 있다. 또한, 조용한 사람은 경청하는 사람으로 묘사될 수 있다. 그리고 어려운 상황은 도전이 되는 상황 내지는 학습이나 성장을 위한 기회로 논의될 수 있다.

학교기반 전문가는 상황에 대한 내담자의 설명에 대해 의심할 수 있다. 예를 들어,

"너무 피곤해서 침대에서 일어나기 힘든 아침과 등교하기가 두려워서 침대에 누워 있는 아침의 차이가 무엇이라고 생각하니?"

좀 더 직설적으로 다음과 같이 재구성을 할 수도 있다.

"그것은 네가 낙담한 여러 이유에 대한 한 가지의 설명일 뿐이야. 다른 방식으로 설명해보면 올해는 다른 해에 비해 네가 해야 할 일이 너무 힘이 들었다는 것이지. 특히 올해는 리더십의 역할까지 수행해 왔잖아."

7.3.3 병리적 용어를 피하여 재명명하기

학생, 교사, 부모, 학교 심리사, 그리고 학교 상담자가 사용하는 전문 용어들은 심각성(severity)이나 불변성(immutability)을 의미할 수도 있다. 예를 들어, ADHD 진단은 학생이 ADHD로 인한 자신의 어려움을 극복하지 못할 것이라고 인식하게 할 수 있다. 그러나 ADHD라는 용어를 사용하지 않고 이와 관련된 구체적인 행동을 언급하면 학생은 스스로 자신의 행동에 대해 통제할 수 있다는 인식을 증진시킬 수 있다. 또한, 해결중심 접근을 사용하는 전문가는 ADHD 학생에 대해 이들이 집중할 수 있었던 경우에 대해 물을 수 있다. 마찬가지로, 그들은 이러한 상황을 위기로 간주하기보다는 과도기라고 언급하곤 한다. 그들은 또한 매우 의존적인 아동의 경우 스스로 해결하는 방법을 학습하고 있는 아동이라고 표현하기도 한다. 진단이나 비관적 형용사보다는

행동과 증상에 초점을 두는 것이다. 다시 말해, 언어를 통해 비관적 생각이 퍼지기도 하지만 언어를 통해 문제를 해결로 이끄는 방법으로 해석할 수도 있다.

7.3.4 정상화하기

정상화(normalizing) 기법을 사용하여 해결중심 접근을 사용하는 전문가는 학생의 문제나 경험을 최소화하지 않으면서 현재 문제를 해결 가능한 범주에 놓는다. 다음과 같은 사례가 있을 수 있다.

> '정상화' 기법을 사용할 때에는 학생 내담자의 문제를 축소해서 보지 않도록 주의해라.

> "나는 이전에 네가 설명한 것과 비슷한 어려움에 직면한 학생들과 상담한 경험이 있어. 보통 두 달 내지 석 달 후에 그 학생들은 새로운 학교에 대한 스트레스를 극복할 수 있게 되었지. 그 때도 우리는 처음 2~3개월 동안 어떻게 문제를 다룰지에 초점을 두었거든."

7.4 자원의 확인

해결중심 접근을 사용하는 전문가는 전이가 가능한 재능과 능력을 파악하고, 혹은 비슷한 상황에서의 예전 반응을 고려함으로써 이들이 지닌 자원을 확장한다. 예를 들어,

> "나는 네가 수학에 어려움을 겪는다는 것을 알아. 하지만 너는 영어를 좋아하고, 또 수업에서도 정말 잘 하고 있다는 걸 알아. 나는 네가 영어 시간에 하는 것 중에서 어떤 것이 수학 시간에 도움이 될지 궁금해."

자원을 확인하기 위하여 내담자를 파악할 때 비슷한 상황의 범위를 넘어 자원을 파악해야 한다. 해결중심 모델에 기초하여 상담하는 상담자와 학교 심리사는 내담자의 취미나 스포츠 참여에 대해 물을 수 있고, 상담의 초기에 이루어진 관계 형성 대화에서 통찰을 이끌어 내어 찾아낼 수도 있다.

학생들은 또한 그들의 개인사를 통해서도 자원을 이끌어 낼 수 있고, 현재의 강점에 초점을 둘 수도 있다. 등교하는 것을 두려워하는 학생의 경우, 해결중심 상담자는 다음과 같이 말할 수 있다.

> "나는 네가 이전에 비슷한 경험을 했었던 경우에 대해 생각해 봤으면 좋겠어. 어떻게 그 어려운 상황을 이겨냈니?"

또한 다음과 같이 말할 수 있다.

"네가 지난 두 주간 힘든 시간을 보낸 걸 알아. 네가 학교에 오기 싫었는데도 불구하고 어떻게 학교에 올 수 있었는지 정말 궁금해."

7.5 첫 회기 이후의 접근

해결중심 전문가가 세밀한 용어를 사용하여 힘을 북돋워 주는 언어를 사용하여도 그들은 전형적으로 학생을 적어도 한 번 이상은 만나게 된다. 이어지는 회기의 첫 과제는 첫 회기 이후의 변화를 강화하는 것이다. Sklare(2005, p. 85)는 해결중심 전문가가 추가적인 회기를 순서대로 진행하는 것을 돕기 위하여 EARS로 이루어진 사용법을 제안했다. EARS가 의미하는 것은 다음과 같다.

- 개선된 것을 이끌어 내라(Elicit what's better)
- 개선된 것의 효과를 증폭시켜라(Amplify the effects of what's better)
- 이러한 변화가 발생한 방법을 강화하라(Reinforce how these changes were brought about)
- 또 다른 성공을 찾으면서 이 과정을 반복해라(Start over again, discovering additional successes)

이전에 소개한 4학년 여학생의 상담을 참조하면 필립은 다음과 같이 말할 수도 있다.

"우리가 지난번 만났을 때 다른 친구들과 잘 지내고 함께 있는 것이 좋았던 때가 있다면 언제인지 잘 살펴보라고 했지? 그렇게 해 보니 어떤 걸 알게 되었니?"

학생들은 이러한 예외적인 시간들에 대해 언급할 때, 상담자는 다음과 같이 말할 수도 있다.

"축하해! 어떻게 그런 일이 일어난거야?"

이와 같은 언어를 사용함으로써 필립은 개선을 이끌어 낸 행동에 초점을 맞추도록 돕는다. 또한, 개선된 관계가 다른 상황에도 어떻게 영향을 미치는지 학생에게 물어볼 수 있다. 이를 위해 다음과 같이 물어볼 수도 있다.

"학생들이 대인관계 문제가 개선되고 나면, 다른 부분에서도 더욱 좋아지는 경우가 많더라고. 너희에게도 그런 경험이 있었니?"

물론 분명한 긍정적인 결과를 항상 인식할 수 있는 것은 아니다. 중요한 것은 학생 내담자가 상담자나 학교 심리사와의 관계를 통해 충분히 자신감을 얻어서 문제가 오히려 악화되거나 낙심하게 되는 경우에 대해서도 솔직하게 이야기할 수 있도록 돕는 것이다. 그렇다고 해서 해결중심 접근을 포기할 필요는 없다. 학생의 문제가 개선되지 않는 경우 그러한 낙심과 좌절을 충분히 반영하는 것은 매우 중요하다.

SFBT를 사용하는 전문가는 문제가 개선되지 않는 경우 솔직하게 다음과 같이 말할 수 있다.

"지난주에 내가 했던 제안은 그렇게 좋은 제안이 아니었던 것 같구나. 학교에 등교하는 것을 가장 힘들어했던 지난 수요일에 무슨 일이 있었는지 말해줄 수 있겠니?"

상담의 회기 사이에서 얻은 부가적인 정보를 활용하여 추가적인 지시를 할 수도 있고, 보완적인 접근을 실시할 수도 있다. 이 경우 내담자가 낙심하거나 실망하지 않도록 도우면서 내담자의 부정적 정서를 반영하는 것이 중요하다.

예정된 상담 회기에 대한 결정은 상담하는 학생의 요구에 기초해야 하며, 이들이 보이는 문제의 개선과도 관련지어야 한다. '단기'라는 단어가 다소 애매할 수 있는데, 이것은 정해진 시간에 마쳐야 한다거나 정해진 회기로 상담을 종료해야 한다는 의미는 아니다. 오히려 이 접근은 시간을 효율적으로 사용하기 위해 고안된 접근으로 학교기반 전문가들에게는 대표적인 접근이 되었다.

7.6 경험적 지지

SFBT가 다른 상담 접근과 비교하여 상대적으로 새로운 접근인 것과 마찬가지로, 이 접근을 사용한 개입의 경험적 지지에 대한 인식 역시 시작 단계에 있다(Kelly, Kim, & Franklin, 2008). de Shazer, Berg 및 동료들이 이 접근을 개발하였을 때, 이 접근을 활용한 단기적 결과와 장기적 결과를 점검하는 것은 매우 중요한 사항이었다. SFBT의 효과에 대한 평가는 주로 임상 환경 및 성인을 대상으로 수행되었다. 그러나 이후 학교에 기반한 연구들도 SFBT의 효과를 지지하는 결과를 내놓았다.

Franklin, Kim 및 동료들은 학교에서의(또한 임상 환경에서) SFBT와 관련된 성과 연구에서 앞서 나가는 학자들이다. 이들은 학교에서 또는 학령기 학생들을 대상으로 한 실험 설계 연구의 종합적인 분석을 기반으로 'SFBT는 긍정적인 결과를 보여준다'고 결론지었다(Kim & Franklin, 2009, p.469). 단 이러한 결론에 대해 그들은 하나의 단서를 달았다. 그것은 SFBT가 학교 학생들을 대상으로 한 증거기반 개입이라는 인식이 확산되려면 추가적인 연구가 필요하다는 것이다. SFBT개입은 학생들의 부정적인 감정, 행동문제, 그리고 학교 수행(예 : 학점 이수)을 다루는 데 가장 유용한 것으로 나타났다.

학교에서 수행된 몇몇 연구는 이후 반복 연구를 이끌어 내었다. 예를 들면, Littrell, Malia, 및 Vanderwood(1995)는 고등학교 학생을 대상으로 실시한 연구에서 매우 효과적인 결과를 얻어냈다. 이 연구는 수정된 해결중심 상담기법을 첫 회기에 사용한 후 다음 주와 6주 후에 짧은 후속 회기(15분 이내)에 참여한 내담자의 변화를 다루었다. 저자들은 해결중심 상담기법이 효과가 있다는 결과를 제시했는데, 그 효과는 주로 특히 발달적인 문제나 학업 성취와 관련된 경우 두드러졌다(예 : 학습 기술, 목표 설정, 그리고 시간 관리).

Mostert와 동료들(1997)은 2단계로 구성된 연구를 수행하기 위해 상담자들과 함께 연구를 실시했다. 우선, 그들은 해결중심 접근을 사용하여 훈련시키는 것에 대한 상담자의 반응에 주목하였다. 두 번째로 그들은 해결중심 개입에 대한 학생들의 반응에 초점을 맞추었다. Littrell과 동료들(1995)이 수행한 연구에서도 해결중심 상담기법으로 훈련받은 상담자들은 이 모델을 매우 좋아하였다. 왜냐하면 자신의 상담에 대한 효능감(efficacy)의 상승을 경험했기 때문이다. 이들은 또한 학생뿐만 아니라 그들의 부모와 함께 상담할 때에도 해결중심 기법을 사용할 때 "명확하고, 실용적이며, 긍정적인 정서"를 느꼈다고 보고했다(p. 23).

Newsome(2005)은 학교에서 실패의 위험성이 높은 것으로 확인된 중학생들을 위하여 8회기 집단 형태로 SFBT를 적용하였다. 연구 결과 참가자들의 학급 행동과 과제완수의 점수가 향상하였고 그 밖에도 사회적 기술의 점수가 증가하였다. 그 집단상담이 종료된 뒤 6주 후 추수적인 자료수집에서도 이러한 향상이 유지되었다. Newsome은 집단상담의 효과성을 입증하는 결과 이외에도 전문 상담자들이 이 접근을 사용하여 상담하거나 연구하는 데 도움이 될만한 충분한 자료를 제공하였다.

비슷한 연구로서 Daki와 Savage(2010)는 SFBT 개인상담의 효과를 조사하였는데. 이 연구는 방과 후 학습센터에 등록한 학생의 학업적 성공, 동기 및 사회정서적인 요구를 다루기 위한 상담이었다. 연구에 참여한 학생들은 치료적 읽기 수업과 튜터링 서비스를 제공받았다. 실험집단에는 7~14세의 학생 14명이 참가하였다. 이들은 SFBT와 보충 활동에 기반한 5회기로 구성된 개인 상담회기에 참여한 반면, 통제집단에 속한 15명의 학생들은 숙제에 대한 지원 서비스를 제공받았다. 읽기 기술과 학업적 목표 설정에 SFBT의 기술이 적용되었다. 이들은 이 연구를 통해 SFBT를 활용한 상담기법이 일반적인 치료적 읽기 수업보다 효과적이라는 결과를 확인하였다. SFBT 상담을 받은 학생은 독해기술, 태도, 자신감이 통제집단에 있는 학생들에 비해 현저하게 향상되었다.

Franklin, Biever, Moore, Clemons와 Scamardo(2001)는 학교환경에서 해결중심 치료의 효과성을 평가하기 위하여 단일사례설계(single-case design)를 사용하였다. 이 설계는 기저선(A)과 치료를 수행하는 동안의 변화(B)를 비교하는 방식이다(흔히 AB 설계라고 불리운다). 7명의 학생들에게 개인상담을 제공하는 것 이외에, 담임 교사들에게 정기적인 자문을 제공하였다. 그 결과 학생의 문제행동이 감소하는 것을 확인하였다. 이들이 내린 결론은 SFBT가 학습의 어려움과 교실행동의 문제를 가진 학생의 경우에 효과적이라는 것이다.

이처럼 자문을 활용하는 모델의 효과성 검증은 이후 광범위한 준실험 설계를 통해서 이루어졌다(Franklin, Moore, & Hopson, 2008). 4명의 석사 수준의 상담자는 행동문제를 보인 5, 6학년 학생들에게 SFBT를 활용한 개인상담 회기(5~7회)를 제공하는 것 이외에 교사들에게 4시간의 연수 프로그램을 제공하였다. 이 과정에서 교사들은 자문을 제공받았고, 공동 회의에 참여했다. 교사의 사후 검사 결과에 따르면 실험집단의 학생은 행동을 내재화하는 것과 외현화하는 측면에서 통제집단의 학생보다 긍정적인 결과를 나타냈다. 실제로 연구의 마지막에 실시된 평가 결과 실험군 학생들의 행동문제 수준은 임상적 기준보다 낮았다. 이런 결과는 학교기반 전문가들이 SFBT 접근에 보다 관심을 기울일 필요가 있다는 점을 시사한다. 또한, 이런 결과는 흥미로운 질문을 끌어낸다—교사 연수, 협력 및 자문이 얼마나 이러한 인상적인 긍정적 결과에 영향을 미치는 것일까?

7.7 문화적 차이에 대한 반응

다양한 집단으로 구성된 내담자들에게 적용된 해결중심 접근에 관한 연구는 제한적이다(Seligman, 2006). 해결중심 접근을 지지하는 사람들은 이 접근이 내담자에게 민감하게 반응한다는 점을 강조해왔다. 다시 말해, SFBT는 문제에 대해 내담자가 어떻게 해석하는지 중요시 여기며 적절한 해결책에 대한 내담자의 결정을 존중해주는 상담자의 민감성을 강조해 왔다(Murphy, 2008; Murphy & Duncan, 2007; Sklare, 2005). 저자들은 이 모델이 아프리카계, 멕시코계 및 아시아계의 내담자들에게 성공적으로 적용되었음을 확인하였고, 긍정적 결과뿐 아니라 긍정적 반응도 확인하였다. SFBT는 해결과 행동에 초점을 두기 때문에 문제에 초점을 두었을 때 느낄 수 있는 수치심이 최소화되는 장점이 있다.

동시에 Seligman(2006)은 다양한 문화를 지닌 개인들에게 이러한 접근을 사용할 때 폭넓은 적용점을 자세히 살펴보라고 임상가들에게 주의를 주었다. 내담자의 관점을 존중한다는 것이 문화적 다양성과 문화적 요인을 충분히 고려한다는 것을 의미하지 않을 수도 있기 때문이다.

7.8 결론

SFBT는 학교기반 전문가들에게 유용한 도구이다. 이 접근은 효율적이고 신뢰할 만하며 긍정적이고 내담자의 역량을 강화시킨다. 어떤 경우에는 이 모델만 사용해도 충분하다. 경우에 따라서는 언어를 정확하게 사용하는 것이 다른 접근들을 보완해 줄 수 있다.

SFBT는 간단하게 보일 수 있지만, 요구되는 기술의 난이도는 낮지 않으며 초보자가 사용할 경우 쉽게 실수할 수 있다. 사례 개념화는 반드시 필요하며 적절하게 속도를 유지하는 것도 요구된다. 과제를 계획할 때에도 신중함과 적절한 주의가 필요하다. 정신건강 전문가들이 이 모델을 사용하는 경우 이들에 대한 수퍼비전은 매우 중요하다.

당연한 이야기지만 SFBT를 모든 상황에 적용하는 것이 적절한 것은 아니다. 예를 들면, 아동이 사랑하던 사람이나 애완동물의 죽음을 털어놓는 데 기적 질문을 사용하는 것은 모욕감과 수치스러움을 유발할 수 있다. 학대하는 부모를 가진 학생에게 예외에 대해서 이야기하면 아동은 부모의 행동이 자신의 책임이라고 생각할 수 있다. 어떤 학생들은 질문을 이해하지 못하거나 기적을 나타내는 요인을 파악하지 못할 수 있다. 그러므로 SFBT는 우리가 사용할 수 있는 여러 상담의 도구 중 하나일 뿐이다.

상담 사례

우리는 한스와 캐시에게 어떻게 해결중심 접근을 적용할지 고심하였다. 한스에 대한 우리의 초기 생각은, '이건 한스가 해결할 수 있는 문제가 아니야. 실제로 그는 상처받기 쉬운 상태이고 그가 내려야 하는 결정의 대부분은 주변의 성인에 의해 이루어질거야'라는 것이었다. 우리는 해결중심 언어로부터 다음과 같은 진술을 도출할 수도 있다. "네가 두렵고 슬프고 혼란스러웠을 텐데 어떻게 매일 등교하고 교실에서 놀라울 만큼 잘 해왔는지 궁금하구나.", "이번 주에는 두 가지에 초점을 맞추려고 해. 집안 문제로 힘들겠지만 그래도 친구들과 잘 지내온 시간들이 언제였는지, 그리고 모든 숙제를 다 했던 경우는 언제였는지 말이야. 다음 주에 만나면 이 두 가지 경우에 대해 이야기하면 어떨까?"

캐시를 상담할 때에도 유사한 방식이 적용될 수 있다. 캐시가 현재 겪는 어려움과 학업 문제의 원인에 대해 다양한 설명이 가능하다. 만일 우리가 현재 밝혀진 문제인 대학 진학 점수와 관련하여 해결책에 초점을 둔다면, 우리는 다음과 같이 말하지는 않았을 것이다. "내가 보기에는 대학이 아닌 다른 무언가가 너를 힘들게 한다는 느낌이 드는구나. 나를 다시 만나고 싶은지 궁금한데." 성적 지향(sexual orientation)에 대한 캐시의 불안과 의문은 100퍼센트 일리가 있다. 따라서 캐시는 상담실에서 아무런 해결의 실마리를 찾지 못하고 상담실을 나왔을 수도 있다.

우리는 캐시와 상담을 할 때 오로지 해결중심 접근에만 의지하여 상담하는 것에 주의해야 한다. 캐시는 해결, 정상화, 재구성에 초점을 맞추는 것을 모욕적이고 무시당하는 것이라고 느낄 수 있다. 동시에 캐시는 그녀가 직면한 결정을 내려야 하지만 실패와 포기에 사로잡힌 채 어떠한 해결책에 대해서도 생각하지 못할 가능성이 있다.

해결중심 접근에서 우리는 문제를 일으키는 촉발요인과 과거에 일어났던 사건들에 대해 큰 관심을 두지 않는다. 아래에 제시한 바와 같이 캐시와 해결중심 전문 상담자(Solution-Focused Professional Helper : SFPH) 사이의 축어록을 통해 우리가 실시한 상담을 소개하고자 한다.

SFPH : 오늘 네가 와줘서 기쁘구나. 우리가 함께 상담을 통해 무엇을 하면 도움이 될까?

캐시 : 안녕하세요. 저는 제 수능 점수를 보고 싶어요.

SFPH : 그래. 그럼 우리 함께 점수를 살펴보자.

[다음 회기에서]

SFPH : 　오늘은 어떤 이야기를 하면 도움이 될까?

캐시 : 　잘 모르겠어요. 이제 다 지겨워요.

SFPH : 　그럴수도 있지. 너는 너무 많은 것을 하고 있고, 너무 오랫동안 쉬지 않고 열심히, 꾸준하게 해왔잖아. 너는 지난 몇 년간 정말 많은 것을 이루어냈어. 다른 아이들이 너와 같이 열심히하면 보통 지치고, 때로는 에너지를 모두 소진하기도 하지(정상화).

캐시의 대답에 근거하여, 우리는 다음과 같은 언어를 사용하였다.

- 지금 네가 겪고 있는 슬럼프가 너의 내면적 지혜라고 생각해 보자. 그 슬럼프가 너에게 다음과 같이 말한다고 말이야. "나는 휴식이 필요해. 나는 피곤해. 내가 어느 대학을 가고 싶고, 내가 무엇을 하고 싶은지를 생각해 볼 수 있도록 모든 활동을 중단하고 생각해 보는 것이 필요해"(재구성화). 만일 이러한 활동의 중단이 제 역할을 달성해서 네가 다시 원래대로 회복되었다면 어떤 것을 통해 네가 회복되었다는 것을 알 수 있겠니?(추정적인 언어)
- 과거에 네가 공부가 잘 되지 않는다고 생각했을 때, 너는 일상으로 돌아가기 위해 무엇을 했었니? (개인적 자원을 확대하기)

캐시의 점점 더 심각해지는 스트레스의 다양한 원인 때문에, 우리는 또한 그녀가 한 번에 한두 가지에만 집중할 수 있도록 도와야 했다. 우리는 "무엇이 너를 가장 힘들게 하니?"라고 물어볼 수 있었다. 우리는 다음과 같이 이 질문을 확장하였다.

- 지금까지 중요한 몇 가지를 이야기했었는데, 내년에 할 수 있는 다양한 선택과 가능성을 탐색하고 있다는 내용이었어. 그런데 무엇을 할지 결정하는 것과 계획을 하는 것을 도대체 어디에서부터 시작해야 할지 모르는 것 같구나. 부모님을 기쁘게 해드리고 싶지만 궁극적인 결정과 책임은 너 자신의 몫이라는 것 또한 잘 알고 있는 것처럼 보여. 너는 최근에 친구들에게 짜증을 내고, 학교에서 최선을 다하기 위해서 자신에게 동기부여하는 것이 힘들다고 느끼는 것 같아. 또한 너를 괴롭히는 매우 개인적인 질문들도 갖고 있고. 이러한 다양한 문제 중에서 때로는 하나만 골라서 먼저 해결하는 것이 좋아. 학생들은 종종 자신이 가장 쉽게 바꿀 수 있는 것부터 시작하고 싶어하지. 너는 어떤 것을 가장 먼저 바꾸고 싶니? (우선순위 정하기)

이 질문에 대한 캐시의 대답이 상담의 방향을 지시해 줄 수 있다. 우리는 다음과 같이 언급하고 질문함으로써 캐시가 해결책을 보다 가시화하도록 유도할 수 있다.

- 중요한 질문을 해 주었구나. 비록 네 주변 사람들이 네가 이 중요한 문제들로 힘들어하고 있다는 것을 모를지라도, 뭔가가 달라졌다는 것을 가장 먼저 인식할 사람이 누가 있을까? 물론 그들은 네가 문제를 해결했다는 것을 모를 수도 있지만 말이야. 너의 부모님은 어떤 행동을 통해 네가 달라졌다는 것을 아실까? 네가 다시 나타났을 때 친구들은 무엇을 통해 너에게 변화가 일어났다는 것을 알게 될까? (해결에 초점 맞추기)
- 다음 주나 그 다음 주 어느 날 밤에, 뭐 어쩌면 수요일 밤이나 화요일 밤도 좋아—곧 다가 올 어느 날

밤—네가 잠든 사이에 기적이 일어나고, 너는 이 사실을 전혀 모른다고 가정해보자. 하지만 다음날 아침에 네가 일어나서 내년 계획을 세우는 힘든 일을 잘 할 수 있을 것이라는 강한 확신을 갖게 된 거야. 뿐만 아니라, 너는 의사 결정과 계획 과정에 관한 어려운 일을 해낼 동기와 힘이 생긴 거지. 그러한 기적이 실제로 일어났다면 너는 지금과는 달리 어떠한 행동을 하고 있을까? (기적 질문)

- 그래, 네가 더 자신감이 생기고 활기가 생겼으니 네가 변화했다는 것을 알게 되겠지. 부모님이나 선생님, 친구들은 너의 자신감과 활력이 되돌아왔을 때 네가 무엇을 하고 있는 모습을 보게 될까? 나는 어떻게 그것을 알아차릴 수 있을까? 내가 그 밖에 또 어떤 행동을 통해 너의 변화를 알아차릴 수 있을까? 그 기적이 일어나기 시작했다는 신호가 될 만한 가장 작은 첫 조짐은 무엇일까? (해결과 해결 후 행동에 초점 맞추기)

캐시가 학업 성적을 가장 높은 우선순위로 설정했다고 가정하자. 우리는 다음과 같은 말을 하면서 일반적인 첫 회기의 개입을 시작할 수 있을 것이다. "우리가 다음 주에 다시 만나는 시간을 가졌으면 좋겠어. 네가 그렇게 하길 원한다면 이번 한 주 동안 네가 등교한 경우, 수업에 정시에 도착한 경우, 제출한 과제에 만족해하는 경우를 보다 주의 깊게 관찰해 보렴. 다음 주에 만나서는 이러한 경우에 대해 네가 무엇을 새롭게 알게 되었는지 이야기했으면 해. 괜찮겠니?"

캐시와의 상담은 그녀에게 일어난 각 상황이 해결될 때까지 계속될 것이다. 자신의 성적 지향에 대한 그녀의 질문은 즉각적인 해결책을 가져다주지 않는다. 특히 이 단계에는, 해결중심 접근의 철학이라고 할 수 있는 "만일 효과가 있으면 수정하지 않고, 효과가 없으면 다른 것을 시도하라"라는 것을 적용할 수 있다. 만일 해결중심 접근이 캐시에게 효과적이라면, 우리는 다음과 같은 질문으로 도움을 줄 수 있다.

- 네가 과거에 지금과 같은 질문으로 고생을 했을 때에, 누구에게 도움을 요청했었니? 어떻게 다시 확신을 갖게 됐니? 무엇이 너에게 도움이 되었니?
- 한동안 이 질문들에 대한 확실한 답을 알지 못할 수도 있어. 비록 걱정이 되고 혼란스럽더라도, 확실한 정답은 네가 성장할 때까지 너를 피해갈지도 몰라. 이번 주에 확실한 정답을 찾기 어렵겠지만, 적어도 조금은 더 편안해진 (혹은 덜 괴로운) 순간이 언제였는지를 잘 살펴봤으면 좋겠어.

활동

1. 친구들에게 추정적 언어를 사용하여 질문하는 것을 연습해 보자.
2. 기적질문하는 것을 연습하고, 해결에 대한 행동적, 시각적 이미지를 시도해 보자.

저널 주제

주제 1

아동과 청소년 상담에 대한 당신의 신념과 이론을 다음에 제시한 전제들과 비교해 보자. 이 목록과 일치하거나 상반되는 당신의 학창 시절의 기억을 되살려 보자.

1. 낙인하지 말고 경청해라(Listen, do not label).
2. 심문하지 말고 조사해라(Investigate, do not interrogate).
3. 강의하지 말고 눈높이를 맞춰라(Level, do not lecture).
4. 설득하지 말고 협력해라(Cooperate, do not convince).
5. 따지지 말고 명료화해라(Clarify, do not confront).
6. 해결책을 주지 말고, 해결책을 유도해라(Solicit solutions, do not prescribe them).
7. 고쳐주지 말고 자문해라(Consult, do not cure).
8. 비난하지 말고 칭찬해라(Commend, do not condemn).
9. 불평하지 말고 탐색해라(Explore, do not complain).
10. 독재적인 방식이 아니라 지시적인 방식을 취해라(Be directive, not dictatorial).

(Osborn, 1999, pp. 174-175)

주제 2

당신이 생각하는 이 접근 방식의 장점과 단점은 무엇이라고 생각하는가?

CHAPTER 08

학교상담에 대한 선택이론과 현실치료 접근

학습목표

- 선택 이론의 핵심적 원리를 검토한다.
- 현실 치료 전략과 절차를 학교 내 학생들에게 적용한다.
- 학교와 교실 환경을 위한 William Glasser의 권고 사항을 검토한다.

Villiam Glasser와 현실치료(reality therapy)는 실패 없는 학교(*Schools without Failure*)가 출
간된 1960년대 후반 이래로 학교 분야에서 주목을 끌어왔다. Glasser의 초기 작업 대부
분은 기숙 치료 센터인 Ventura 여학교에서의 경험에 기초하고 있다. 이 같은 두드러진 심리교육
적 요소와 더불어, 현실치료 그리고 그와 관련된 선택이론(choice theory)은 학교 상담, 부모 및
교사와의 자문, 학교 내 풍토, 그리고 학급 내의 학생들의 관계를 다룬다.

선택이론[원래는 통제 이론(control theory)이라고 불렸다]은 현실치료에 대한 이론적 기초를
제공한다(Wubbolding, 2009). 현실치료라는 용어는 이론이 적용되는 방식을 의미한다. 이 장에
서는 선택이론, 현실치료, 그리고 Glasser의 좋은 학교(Glasser Quality Schools)에 대하여 검토
하였다. 다른 장들과 마찬가지로 실증적 지지에 대한 간단한 검토를 제시하였고 다양한 문화적
배경을 지닌 학생과 상담할 때 유의할 점을 포함하였다.

활동

1단계

이번 장의 준비과정으로, 일지를 작성하는 형식의 간단한 활동에 참여해보기를 권한다. A4용지를 4분면으
로 나누고, 다음의 것을 적는다. (a) 소속감과 사랑, (b) 힘과 내적 통제, (c) 자유, 그리고 (d) 즐거움과 기쁨.

2단계

4분면 각각을 채울 수 있는 현재 당신 주변의 사람들(혹은 애완동물), 활동, 또는 상황들의 이름을 생각한다.

- A사분면 : "내가 누구와 가깝게 지내며 신뢰할 수 있는 관계에 있지?" 혹은 "내가 누구와 친밀한 관계
  를 나누지?"와 같은 질문을 스스로 해본다. (대답을 A사분면에 적는다.)
- B사분면 : "내가 유능하다고 느끼거나 개인적으로 강하다고 느끼기 위해 지금 무엇을 하고 있지?"에
  대한 대답을 적는다.
- C사분면 : 당신이 자유롭게 선택하거나 자율성을 실행할 수 있는 삶의 영역을 적는다.
- D사분면 : 당신이 자주 참여하는 즐거운 활동을 적는다.

3단계

잠깐 생각할 수 있는 시간을 가진 후 대비되는 색깔의 필기류를 선택한다. 당신의 삶에 있기 원하는 사람(혹
은 애완동물), 활동, 또는 상황을 잠시 생각해본다. 각각의 적절한 사분면에 다음 질문에 대한 답을 적는다.

- A사분면 : 당신은 누구와 소속감과 유대감 느끼며 가깝고, 친근한 관계를 갖고 싶은가?
- B사분면 : 어떤 성취가 당신의 유능감과 자신감을 불러일으키는가?
- C사분면 : 선택하고, 결정을 내리며 이 결정에 따라 행동할 자유를 느끼는 것과 관련하여 당신의 삶의
  어떤 영역에서 이러한 것이 중요한가?
- D사분면 : 재미라는 단어에 대한 응답으로 무엇이 생각나는가? 당신에게는 무엇이 정말 재미있고 기
  쁜가? 어떤 활동에 참여하고 싶나?

8.1 선택이론의 핵심적 원리

선택이론의 핵심은 다섯 가지의 기본적이고, 보편적이며 유전적으로 구조화된 요구에 대한 개념이다—(1) 생존, (2) 사랑, 소속감, 우정, 돌봄, 그리고 참여, (3) 힘, 성취, 인정, 그리고 가치, (4) 재미, 기쁨, 즐거움, 그리고 웃음, 그리고 (5) 자유, 독립, 그리고 자율성. 모든 삶의 형태에서 나타나는 생존에 대한 요구는 살기 위한 하나의 타고난 욕구이다. 생존에 기여하는 많은 행동들은 자기도 모르게 행동하는 것들이다. 예를 들어, 우리의 심장이 자동적으로 뛰는 것은 마치 나무가 자연스럽게 봄에 새로운 잎을 자라게 하는 것과 같다. 다른 네 가지 요구들은 심리적이다. 하지만 나머지 네 가지 요구들도 이 이론에 따르면, 필수적이며 똑같이 중요하다(Wubbolding, 2000). 모든 행동은 이러한 필수적인 요구들을 충족시키는 방향으로 이루어진다. Glasser는 또한 관계가 정신건강의 핵심적 구성 요소라고 주장했다(Wubbolding, 2011).

　요구(needs)란 보편적이고 유전적으로 코드화된 것이다. 욕구(wants)는 어떻게 이러한 필요들이 충족되어야 하는지에 대한 각 사람들의 독특한 생각들이다. 따라서 개인들은 직감적으로 각 요구가 어떻게 충족되는지에 대한 정신적 사진을 생성한다. 우리의 욕구나 욕망은 비유적인 '사진첩(picture albums)' [질적 세계(quality world)라고 불리기도 한다.]에 저장되는 이미지가 된다. 고통, 외로움, 그리고 불행은 종종 '사진'과 현실 사이에 지각된 불일치가 원인이다. 고통을 해결하려는 시도는 우울해하기(depressing), 부적절하게 행동하기(acting), 아프기(getting sick)를 포함한다. (Glasser는 동사를 사용했는데, 그 이유는 그가 우울, 분노, 그리고 다른 감정들을 행동으로 간주했기 때문이다.)

　질적 세계(사진첩)는 대부분의 사람들이 그 존재를 모른다 하여도 행동에 영향을 미친다. 보편적 요구와 개인적 욕구에 주목하는 것은 현실 치료의 핵심적인 특징이다. 예를 들어, 전문적 상담자는 다음과 같이 질문할 수 있다. "내가 의미 있고, 믿을 만하고, 사랑하는 관계에 대해 이야기했을 때, 당신의 마음속에 무엇이 생각났나요?" 혹은 "어떤 그림이 당신의 머릿속에 떠올랐나요?" 다음과 같은 유사한 질문도 할 수 있다. "누구와 가깝고, 사랑하는 관계를 갖고 싶나요?" 다른 요구를 언급하며, 상담자는 다음과 같이 질문할 수 있다. "무엇을 하면 당신은 자부심과 유능감을 느끼나요?" 몇몇 사람들과 생각들 혹은 '사진들'이 확인되면, 전문적 상담자와 학생은 그것들을 개인적으로 혹은 함께 검토할 수 있다. 현존하는 현실(혹은 현실에 대한 인지)과 사진(욕구) 사이에 불일치가 얼마나 큰가? 사진들(예 : 욕구들)이 합리적이고 달성 가능한가? 그것들이 일치하는가? 몇몇은 더 이상 쓸모없게 되었는가? 무엇이 가장 중요한가? 어떻게 사진들이 학생의 행동과 연결되는가?

　위에서 언급한 바와 같이 행동들은 욕구를 성취하고, 사진과 현실 사이의 불일치를 최소화하려는 노력들이라고 볼 수 있다. 선택이론의 틀 내에서, 행동은 네 가지 구성요소로 이루어진다—행동(actions), 생각(thoughts), 느낌(feelings), 그리고 신체 반응(physiology). 다양한 요소들을 강조하기 위해, 전문적 상담자는 전행동(total behavior)과 같은 용어나 불안하게 만들기(anxietying), 우울하게 만들기(depressing), 그리고 화나게 하기(angering)와 같은 동사들을 사용한다. 그렇게 함으로써, 어느 정도의 수준에서 우리가 느끼는 감정은 우리가 스스로 선택한 것이라는 것을 지속적으로 암시한다. 초점은 우선적으로 행동에 있고 그 다음은 사고에 있는데, 사고는 감정에 비해 더 쉽게 변화된다.

　　Glasser는 지속적으로 변화를 일으키는 개인적 책임과 개인의 능력을 옹호해왔다. 이러한 개념적 틀 안에서 행동은 선택된다. 따라서 행동은 포기되고, 수정되고, 대체될 수 있다. 각 사람은 자신의 요구와 욕구를 만족시키기 위해 효과적인 전략들을 선택하는 것에 책임을 진다. 치료의 목적은 기본적인 요구를 만족시키기 위한 적절하고, 책임감 있고, 효과적인 전략들에 대한 선택을 하도록 돕는 것이다.

　　개인적 책임감에 대한 개념은 14가지 습관에 대한 리스트로 더욱 깊이 정의된다(다음에 제시된 표를 참조). 그 중 7가지는 '관계를 파괴시키는 치명적인 습관들'이다(Glasser, 2001, p. 7). 나머지 7가지 습관들은 '관계를 형성하는 습관'으로 강한 관계에 기여한다(Glasser, 2001, p. 49). Rapport(2007)는 중고등학생과 상담하는 전문적 상담자가 흥미롭게 느낄 만한 이러한 단어의 정의와 단어의 변형 형태의 목록을 제시하기도 하였다.

관계를 파괴하는 습관들	관계를 형성하는 습관들
비판하기(criticizing)	돌보기(caring)
비난하기(blaming)	경청하기(listening)
불평하기(complaining)	지원하기(supporting)
잔소리하기(nagging)	기여하기(contributing)
위협하기(threatening)	격려하기(encouraging)
처벌하기(punishing)	신뢰하기(trusting)
보상을 통해 통제하기(controlling with rewards)	친해지기(befriending)

8.2 현실치료의 과정

1970~1980년대의 현실치료를 배우는 학생들은 예비 및 초기단계의 상담자들에게 특히 매력적인 4단계의 순서를 따랐다. 이 순서는 다음과 같다. (1) 신뢰관계를 형성한 후, "무엇을 원하니?"라고 물어보기. (2) "지금 무엇을 하고 있니?"라고 물어보기. (3) "그것이 도움이 되니?" 또는 "규칙에 어긋나지는 않니?"라고 물어보기. (4) 계획 세우기 그리고 (5) 계획을 실천하기(Glasser, 1983). 이러한 체제를 토대로 현실치료자들은 핑계를 받아들이지 않고, 처벌하는 것을 피하며, 결과에 연연하지 않으며 포기하는 것을 허용하지 않는다.

신뢰관계를 형성하는 단계에서는 필수적인 요구가 어느 정도 충족되는지를 평가한다. 전문 상담자들은 관계(사랑과 소속감), 학교 또는 직장에서의 수행(권력과 역량), 제한과 기회에 대한 생각(자유), 그리고 여가 활동(즐거움)에 대해 물어본다. 일단 구체적인 목표를 설정한 후에는 ("무엇을 원하니?"라는 질문에 대한 답을 통해) 목표를 이루기 위해 현재 어느 정도 노력하는지 확인하고 학생 내담자들의 결과에 대한 만족도를 확인한다. 결과에 대해 불만족하는 경우, 변화를 위한 새로운 행동의 동기를 제공하게 된다.

'신뢰관계를 형성하기'는 초기 훈련 모델에서 다른 단계의 전제 조건에 해당된다. 신뢰관계는 이후 단계에도 지속적으로 중요하다. 이것과 관련하여 Robert Wubbolding(현재 현실치료센터의 원장)은 포괄적인 단어로 치료적 환경(therapeutic environment)이란 용어를 사용했다. 치료적 환경이란 전문 상담자와 학생 사이 혹은 선생님과 학생 사이에 형성하는 신뢰관계를 의미하며 이러한 관계는 전체 학교, 교실, 집단 상담, 개인 상담 및 자문의 관계에서 형성될 수 있다. 이러한 치료적 환경의 요소를 구성하고 있는 세 가지 주요사항은 '단호함(firmness), 공정성(fairness), 친근감(friendliness)'이다(Wubboding, 2009, p. 232). 높은 기대, 경청, 유머, 참신함, 결과 및 결정을 위한 기회 역시 이러한 환경을 형성하는 데 도움을 준다. 학생 사이의 관계 및 성인과 학생 사이의 긍정적 관계는 격려되고 지지된다.

오늘날의 현실 치료자들은 Wubbolding의(2000) 'WDEP 체제'를 따른다. 이 모형은 순환적인 구조를 제시하고 있기는 하지만, 하위 요소들이 순차적이거나 기계적으로 작용하는 것을 제시하지는 않는다. 숙련된 현실 치료자들은 유연하게 학생 내담자들에게 반응하고, 상담의 속도와 내담자의 참여에 주의를 기울인다. 숙련된 현실 치료자들은 환경에 상관없이 치료의 중요한 전체 조건으로 신뢰와 안정적인 환경을 손꼽는다. 반면 라포를 형성하기 위한 노력으로, 현실 치료자들은 취미나 관심(즐거움과 힘), 우정과 가족 관계(사랑과 소속감), 꿈(자유) 이외에도 학교(소속과 힘)에 대해 물어볼 수 있다.

WDEP(Wubbodling의 현실치료를 위한 약자)

욕구(Wants) : 상담 전문가는 학생 내담자가 무엇을 성취하기 원하는지를 명확하게 확인하도록 도와준다.

> 너의 꿈이 뭐니?
> 선생님과 이야기할 때 어떤 일이 일어나기를 원하니?

방향과 행동하기(Direction and Doing) : 상담 전문가는 학생 내담자가 자신의 행동의 결과를 예상하고 단계를 확인(신체적 반응, 느낌, 생각과 행동)하여, 학생이 자신의 요구를 성취할 수 있도록 도와준다.

> 너의 목표를 성취하기 위해 무엇을 해왔니?
> 너 자신에게 이것에 대해 뭐라고 이야기했니?
> 언제 네 두통이 시작되었니?

평가(Evaluation) : 상담자는 학생 내담자가 자신의 요구를 얻기 위해 자신의 행동에 대한 효과성을 평가하고 시험하도록 한다.

> 이것이 너에게 어떻게 도움을 주었니?
> 네가 이것을 실천했을 때 어떤 일이 일어났니?

계획(Plan) : 상담자는 단순하고, 이룰 수 있고, 측정 가능하며 즉각적인 행동 계획의 개발을 촉진한다.

> 너의 목표에 더 가까워지기 위해 오늘 오후 할 수 있는 한 가지 행동이 있다면 무엇일까?
> 보다 효과적인 것 중에서 당장 내일 아침에 할 수 있는 일이 있다면 무엇일까?
> '시도해 봤자 소용이 없을거야'라고 생각할 때 할 수 있는 것이 있다면 무엇일까?

8.2.1 욕구

WDEP 체제 내에서 현실 치료자들은 W 부분, 즉 욕구(wants), 요구(needs) 및 인식(percpetion) (사진첩이나 질적 세계)에 주목한다. 그들은 변화하기 위해 실천했던 것들을 평가하는 동안 여전히 충족되지 않는 요구와 욕구에 관심을 갖는다. 전문 상담자는 WDEP 체제 내에서 다음과 같은 질문들을 할 수 있다. "지금까지 얻지 못한 것 중 당신이 원하는 것은 무엇인가?"와 "당신이 원하지 않는 것 중 얻은 것은 무엇인가?"(Wubbolding, 2011, p. 274).

학교 심리사들은 아래에 제시된 사례에서 론과의 관계 형성하기, 론이 원하는 것 확인하기, 이어지는 대화에서 론의 요구가 어느 정도 충족 되었는지를 알아보기 위해 어떻게 노력하는지 주목해 보자. 론은 교실에서 문제행동을 하여 학교 심리사(SP)에게 의뢰된 17세의 고등학교 2학년 학생이다.

론 : 이 학교 정말 싫어요!

SP : 너 정말 이 학교에 다니는 것이 싫구나.

론 : 네, 선생님도 잘 아시네요.

SP : 학교를 정말 싫어하는데도 학교는 잘 오고 있구나.

론 : 내가 여기 있을 필요가 없다면 오지 않았을 거예요.

SP : 네가 학교에 오기 싫어한다는 것을 나도 알아. 그리고 내 생각에는 네가 상담실에 오는 것도 싫어하는 것 같은데. [잠시 멈춤] 네가 여기에 어떻게 오게 되었는지 좀 더 자세히 나에게 말해 줄 수 있겠니?

론 : 우리 부모님은 저를 학교에 가라고 하세요. 그건 꼭 해야 하는 것이라고 말씀하세요.

SP : 그럼 만일 부모님이 학교에 꼭 갈 필요가 없다고 하신다면, 넌 대신 무엇을 하겠니?

론 : 직업을 찾아서 돈을 벌고 싶어요. 그리고 차를 사서 내 길을 가고 싶어요.

위 대화의 요점은, 학교 심리사가 론과 신뢰관계를 형성하기 위해 노력하면서 동시에 충족되어지지 않은 론의 요구에 대한 인식을 탐색하는 것이다. 이처럼 학교 심리사는 론의 개인적 힘과 능력, 자유, 즐거움과 소속감을 탐색할 수 있는 방법을 고민하게 된다. 론은 부모로부터 통제당한다고 느끼는 것처럼 보이고, 그래서 자신이 스스로 선택을 할 자유를 원하는 것처럼 보인다. 자유를 갖고 싶다는 론의 생각(즉, 론의 요구)은 다소 덜 현실적인 것처럼 보인다. 학교 심리사는 론을 도울 수 있는 방법으로 나이에 걸맞은 자유를 누릴 수 있도록 학교에 남아서 할 수 있는 방법을 생각해 봐야 한다. 또 다른 목표가 있다면, 만약 론이 화가 났는지 그리고 학교에 대한 혐오감을 오랜 시간 지속적으로 가지고 있었는지에 대해 확인하는 것이다.

학교 심리사는 론이 바람직한 결과를 성취하는 데 필요한 전략들과 목표를 확인하는 단계로 들어가기 이전에 론과의 협력적인 관계를 어느 정도 형성했는지 점검해야 한다. 학교 심리사는 다음과 같은 말을 할 수도 있을 것이다. "학교를 다니면서 네가 독립적으로 스스로 돈을 버는 방법을 탐색해보고 싶은지 알고 싶은데 어떠니?"

8.2.2 행동하기와 방향

현실치료 상담자들은 의도적으로 학생들의 현재 행동, 그들이 지금 하고 있는 행동(doing), 그리고 그러한 행동들이 어떻게 그들의 욕구와 필요 혹은 그들 삶의 방향(direction)과 연결되었는지에 대해 면밀히 살펴본다(D). 상담자는 학생의 인지와 행동에 주된 강조점을 두며 전행동(total behavior) (예 : 생리반응, 감정, 인지, 그리고 행동)에 대한 대화를 시도한다. 예를 들어, 그들은 "너는 정말 농구부에 들고 싶구나. 너는 그 동안 어떤 노력을 해왔니?" 혹은 "너는 농구부에 들고 싶다는 것을 코치가 알도록 하기 위해 무엇을 하고 있니?"라고 질문할 수 있다.

현실치료 상담자들은 종종 부정적인 혼잣말과 이의 파괴적인 영향력을 강조하기도 한다. 예를 들어, "나는 이 상황에 갇혀 있고, 내가 여기서 벗어나기 위해 할 수 있는 것은 아무것도 없어"와 같이 부정적이고 자기비하적이며 비생산적인 인식들에 맞서는 전략을 학생들에게 가르치기 위해 노력한다. 이러한 전략의 일환으로 상담자는 다음과 같은 말을 할 수 있다. "나에게는 여기 몇 가지 선택권이 있어. 그리고 선택을 통해 변화를 만들 수 있어." 성장과 목표 달성을 끊임없이 방해하는 내담자의 행동과 생각에 도전감을 주기 위하여, Wubbolding(2004)은 상담자가 내담자에게 다음과 같이 말할 것을 제안했다. "글쎄, 네가 이야기하는 것을 들어보니 마치 상황을 개선하는 데 효과가 없고 오히려 방해가 되는 일들을 해서 속상하다고 말하면서, 동시에 앞으로도 그런 것을 계속 하겠다는 것처럼 들리는걸?"(p. 213).

현재의 행동과 방향에 초점을 맞추는 동안에, 현실치료 상담자들은 종종 학생 내담자에게 경과와 잠재적 결과를 예측해 보도록 묻는다. 상담자는 다음과 같이 명시적인 질문을 사용할 수 있다. "네가 계속해서 연습에 빠지고 코치와 말다툼을 하게 된다고 생각해보자. 그렇다면 이후 3주간 무슨 일이 일어날 거라고 예상하니?…… 너는 이것이 내년이나 그 즈음에 너에게 어떤 영향을 미칠 것이라고 생각하니?" 이러한 질문을 하는 대신에, 현실 치료자들은 다음과 같은 제안할 수도 있다. "너의 생각은 '아무도 나에게 이래라 저래라 할 수 없어'라는 것인데, 장기적으로 이런 태도가 너에게 도움이 된다고 생각하지는 않아. 학교에서 규칙은 중요한 것이고, 선생님 역시 규칙을 지킬 수밖에 없어. 나는 네가 스스로를 불행하게 만들고 있지는 않은지, 그래서 네가 원하는 기회를 얻지 못하는 것이 아닌지 걱정되는걸."

8.2.3 평가

현재의 행동과 방향에 대한 대화는 현실치료의 중심이 되는 평가(evaluation)(E)로 이어질 수 있다. 현실치료 상담자들은 필수적으로 "네가 현재 하고 있는 것이 효과적이니?"라고 묻는다. 학교에서 우리는 "네가 하고 있는 것이 학교의 행동 지침을 따르는 것이니?"라고 물을 수 있다. 이러한 질문에 답하는 과정에서 학생 내담자는 자신의 행동에 대한 효과를 평가해야 한다는 책임감을 느끼게 된다.

이러한 평가는 사진첩(picture album)의 내용, 이미지의 실행 가능성, 그리고 적절한 대안에 초점을 맞출 수 있다. 인식과 신념, 인지의 정확성 또한 제기된다. 앞서 언급한 바와 같이, 생각은 총체적 행동의 요소이다. 이 생각은 종종 행해질 변화를 인식하는 과정 속에서 일어난다.

아래에 제시된 론과의 대화에서 학교 심리사(SP)는 독립성을 기르기 위한 현재 전략들의 효과성을 평가하도록 론을 돕는다. 여기서 주목할 것은 학교 심리사가 론과 형성하는 관계에 초점을 두면서 론의 관심이 무엇인지 확인하는 부분이다.

SP : 네 스스로 결정할 수 있도록 부모님이 보다 많은 기회를 주셨으면 하는구나. 그리고 용돈을 더 받아서 스스로 뭔가를 해 보고 싶고. 두 가지를 이야기했고 그 두 가지가 서로 관련이 있는데 무엇이 더 중요하다고 생각하니?

론 : 제 스스로 결정할 수 있으면 좋겠어요. 용돈은 그렇게 문제되진 않아요. 제게 용돈을 주시면서 어떻게 쓰라고는 이야기하시겠죠.

SP : 그러니까 지금 당장 원하는 것은 네 스스로 결정하는 것이구나. 그러면 네 스스로 결정하기 위하여 네가 지금까지 노력한 것이 있다면 뭐가 있을까?

론 : 항상 불평만 했어요. 친구들에게도 그만 간섭하라고 말했고. 선생님에게도 그런 식으로 이야기했어요.

SP : 그렇게 이야기하는 것이 도움이 됐니?

론 : (학교 심리사를 쳐다보며) 아니오. 선생님도 제 결정에 간섭하시려구요?

SP : 그런 게 아니고 네가 원하는 것을 어떻게 하면 이룰 수 있을지 돕고 싶어서 그래. 문제를 일으키지 않고 이룰 수 있는 방법 말이야. 그 밖에 뭔가 해 보고 싶은 것은 없니?

론 : 모르겠어요. 글쎄요.

SP : 일단 잘 알겠어. 내가 믿을 만한 사람인지 의심하는 것 같은데 너의 마음을 충분히 이해해. 네 스스로 결정하고 싶고 네가 스스로 선택하고 싶은 것 말이야. 그러한 너의 생각을 존중해. 한 가지 더 생각해 보면 좋겠는데. 지금까지 이야기한 것 말고 그 밖에 네 스스로 결정을 하는 것에 도움이 될 만한 것이 있다면 뭐가 있을까?

론 : 생각이 안 나요.

SP : 아무런 생각이 안 난다구(잠시 쉬며). 그래 그럼 방향을 좀 바꿔서 이야기해 볼까? 괜찮겠니? (론은 어깨를 으쓱하며 괜찮다는 메시지를 보낸다). 요즘 학교 생활은 어떠니?

이상에서 살펴본 바와 같이 론이 더 자유롭고 싶어 한다는 것을 알 수 있고, 이것은 나이에 적합한 욕구라고 볼 수 있다. 반면 론은 어떤 방향(direction, D)으로 가야하는지에 대해 인식하지 못하고 있다. 학교 심리사는 이 대목에서 어떻게 상담을 진행할지 난감해 하였고, 다른 욕구와 관련된 론의 만족도를 알아보는 것으로 초점을 바꾸었다.

SP : 지금까지 여러 가지를 이야기했었잖아. 네 스스로 결정하고 싶다고 했고. 학교 생활은 큰 문제가 없다고 했고. 학교 생활이 그리 재미있지는 않지만. 학교 생활을 충실히 하고 있다고 말이야. 한두 시간 후에 어떤 일이 일어나면 좋겠니?

론 : 오늘 아침에 있었던 모든 것을 잊어버리고 그냥 교실로 돌아가면 좋겠어요.

SP : 그럼 그렇게 되기 위해서는 무엇을 할 수 있을까?

Wubbolding(2004)은 "아동이 완고하고 비협조적이며 저항적일 때, '지금 당장 무엇을 원하니?' 혹은 '네 상황을 변화시키기 위해 얼마나 열심히 하고 싶니?'라고 물으면, 교사와 학부모는 그러한 비협조적인 행동이 감소하거나 사라지는 것을 보고 놀라워한다. 물론, 이러한 질문에 기반한 개입은 마법처럼 즉각적으로 혹은 완전하게 행동을 바꾸지는 못한다. 그러나 그러한 개입을 자주 할 필요는 있다."라고 제안하였다(p. 212).

8.2.4 계획

마지막으로, 현실 치료자들은 효과적인 계획(plans)(P)을 세운다. 현실 치료의 기반 안에서, 계획은 'SAMIC' 즉, '간단하고(Simple), 달성 가능하고(Attainable), 측정 가능하고(Measurable), 즉각적이며(Immediate), 계획자에 의해 통제(Controlled by the planner)'되어야 한다(Wubbolding, 2007, p. 214). 교사는 학생의 통제하에 있지 않기 때문에 "선생님을 참견하지 못하게 하는 것"은 부적절한 목표이다. "동기화되기(get motivated)"를 계획하는 것은 측정이 불가능하다. 유용한 계획은 명확히 규정된 행동에 초점을 맞춘다.

목표와 계획을 확인할 때, 현실 치료사들은 또한 헌신도를 평가한다. 그들은 다음과 같이 직설적인 질문을 하고나서 헌신도가 증가할 가능성이 있는지 알아본다. "너는 그것이 일어나게 하려고 얼마나 헌신을 했니?" 헌신도를 측정하기 위해, Wubbolding(2000, p. 142)은 자기 스스로 측정할 수 있는 5단계로 구성된 틀을 제공하였다. 학생들과 함께 나눌 수 있는 다섯 가지 단계는 다음과 같다.

1. 이곳에서 상담받고 싶지 않아요. 선생님은 저를 돕지 못해요.
2. 어떤 결과가 나오면 좋겠어요. 하지만 어떤 노력도 하고 싶지는 않아요
3. 노력할게요. 할 수 있을 것 같아요. 할 수 있어요.
4. 최선을 다 할 거예요.
5. 어떤 일이 있어도 할 거예요.

일단 계획이 정해지고 헌신도가 확실해지면, 현실치료사들은 계획을 실행하기 위해 동의를 구한다. 적절한 방법을 통해 상담자는 내담자와의 상담 동의서를 작성할 수 있다. 또한 상담자는 경우에 따라서는 "내일 상담실에 잠깐 들러 상담 계획이 어떤지 말해줄래?"라고 말하며 상담 계획이 적절한지 확인할 수 있다.

Passaro, Moon, Wiest와 Wong(2004)은 학급에서 물의를 일으키거나 교칙을 위반한 학생에게 적용할 수 있는 WDEP 과정을 제시하였다. 그들은 '개선을 위한 계획(plan for improvement)'의 개요를 설명했는데 다음의 다섯 가지 질문을 포함하고 있으며 각각의 질문에 학생들이 답변을 하도록 설계되었다. "학급에서 무슨 일이 있었나? 나의 행동이 학급에 어떠한 영향을 미쳤나? 학급에서의 나는 어느 정도 협력적인가? 나는 무엇을 하고 싶은가? 누가 나의 계획을 돕고 지원해줄 수 있는가?"(p. 507). 이러한 질문을 사용한 이후 학교기반 전문가는 학생의 답변들을 검토하고 이에 대해 논의한다. 대화를 모두 마치면 학생들은 교실로 돌아간다.

8.3 Glasser의 좋은 학교

이 장의 앞부분에서 언급하였듯이, Glasser의 공헌은 1969년에 실패 없는 학교(*Schools without Failure*)가 출판된 이래로 인식되어 왔다. 그가 선택이론과 현실치료를 교육환경으로 확장시켰고 그의 이론을 실천하는 학교에는 Glasser의 좋은 학교(Glasser Quality School)라는 이름을 붙여 주었다(Glasser, 1998a, 2001). 그리고 학급 교사들뿐 아니라 관리자들에게도 학교에 대한 지침을 제공하였다.

좋은 학교 환경은 성인과 학생의 기본적인 요구 충족을 우선시한다. 성인과 학생 사이의 긍정적인 관계는 Glasser의 좋은 학교의 핵심적 특징이다. 실제로 Glasser는 "어떤 노력을 통한 성공도 상호 좋은 관계를 형성하는 사람들에게 달려있다"고 강조했다(Wubbolding, 2007, p. 254).

Glasser의 좋은 학교의 필수적인 요소는 이끌어가는(lead management) 운영 방식인데, 이것은 '항상 이끌어 가되(always lead)', '절대 군림하지 않는(never boss)' 방식으로 학교의 관리자뿐만 아니라 교사들에 의해서도 실행된다(Glasser, 1998b, p. 1). 이들은 계속적으로 헌신, 성실, 그리고 배려를 보여준다. 이끌어가는 운영 방식을 사용하는 교사는 내용의 적절성을 확인한 후 그 내용을 학생이 성취할 수 있는 능력이 있다는 것을 학생에게 보여준다. 이들은 협동학습과 또래 교수를 효과적으로 사용한다. 뿐만 아니라 이들은 교실환경을 학습에 가장 도움이 되도록 꾸미기 위하여 학생들의 제안을 받아들인다. 학생들은 개별적인 시험 일정에 따라 자신들의 수행 평가와 학습을 평가하고 기록한다. 학생들은 다음 단계로 나아가기 전에 내용을 완전히 숙달하게 된다. 내용을 완전히 성취하지 못하는 경우 다음 단계를 위한 계획을 세우지 않는다.

Glasser의 좋은 학교의 교직원과 학생들은 선택이론과 현실치료에 대해 배운다. 이곳에선 필수적인 요구를 충족시키기 위한 개인적 책임이 강조된다. 개인에게는 다른 사람의 요구를 침해하지 않고 자신의 요구를 채워야 할 책임이 있다. 학생들이 적절한 행동을 하지 못한 경우, 교사들은 종종 WDEP 체계로 학생을 대응한다. 교사들은 전형적으로 다음과 같은 일련의 질문들을 한다. "너 지금 뭐하는 거니?", "그것이 학교의 행동 규칙을 위반하는 것은 아니니?", "규칙을 지키기 위해 네가 할 수 있는 일은 뭐가 있을까?", "이 일이 다시 발생하지 않도록 하기 위해 네가 할 수 있는 일은 뭐가 있을까?" 물론 교사들은 각각의 질문을 한 후 여유있게 학생이 말한 내용과 감정을 적절히 반영하여 사려깊고 타당한 반응을 이끈다.

Glasser의 좋은 학교의 교육자들은 변명을 허용하지 않는다. 그들은 학생들이 자신의 행동에 책임을 지게 하며 논쟁을 줄인다. 학생들이 문제 해결 과정에 참여할 준비가 되지 않으면, 그 학생들은 '타임아웃 방'에서 준비가 될 때까지 기다리게 된다(Glasser, 1998a, p. 148).

학급 회의는 Glasser의 좋은 학교의 또 하나의 특징이다. 회의는 정기적으로 진행되며 학급 구성원들의 요구 만족과 관련하여 정해진 주제에 대해 터놓고 논의하는 자리이다. 교사와 상담자가 회의를 주도하고, 학생들이 지적인 논의를 할 수 있도록 소크라테스식 질문을 사용한다. 따라서 학생들은 자신의 입장에서 참여할 수 있도록 권한을 부여받는다. 학생들은 회의를 통해 지식과 대인관계 기술을 습득하고 다른 관점의 중요성에 대해 인식하게 된다.

> 당신이 어떤 이론을 선호하든, 학급 회의를 열어 학생들이 자신의 생각을 표현하고 활동을 계획하고 문제의 해결책을 마련하도록 돕는 것은 효과적인 전략이다.

8.4 선택이론 및 현실치료를 위한 경험적 지지

현실치료의 효과성은 한국의 학교를 포함한 다양한 환경에서 수행된 여러 연구들에 의해서 평가되었고 지지되었다. 이러한 연구들은 개인 상담, 학교 상담, 그리고 학교 풍토를 대상으로 진행되었다. 자아존중감, 자기조절의 인식, 자기결정, 학교 행동, 그리고 관계의 질에서 긍정적인 결과가 나타났다(Wubbolding, 2009; Wubbolding et al., 2004).

예를 들면, Kim(2006)은 따돌림으로 인해 부정적인 영향을 경험했던 16명의 한국 학생들에게 집단 상담을 제공했다. 5, 6학년 학생들이 10회기에 참여했는데, 그 시간 동안 학생들은 요구와 필요, 전행동, 생각이 감정에 미치는 영향, 자기주장, 그리고 협동 기술을 배웠다. 집단활동의 시작과 끝에 시행된 평가결과에 기초하여 연구자는 집단에 참여한 것이 개인적 책임을 향상시키고, 따돌림의 피해를 줄이는 효과를 낳았다고 결론 내렸다.

Yarbrough와 Thompson(2002)은 상담 개입의 효과를 평가하기 위해 반복 가능한 설계를 사용하였다. 단일 참여자 연구 방법을 수행하면서 연구자들은 8세의 남학생과 9세의 여학생을 위한 일련의 개인적 상담회기를 제공했다. 두 아동에 대한 교사들의 걱정은 백일몽, 부주의, 그리고 과제 미완성과 관련된 것이었다. 두 아동은 현실치료 또는 해결중심 단기치료에 기초한 일련의 5회기에 참여하도록 무작위로 선택되었다. AB 연구설계에 따라 목표를 향한 진척은 목표달성척도를 사용하여 측정되었다. 결과적으로, 두 학생에게 의미있는 향상이 확인되었다. 연구자들은 현실치료 또는 해결중심 단기치료가 학생들의 수업참여 행동의 개선에 도움을 주어 궁극적으로 학교에서의 성공을 이끌 수 있었다고 결론지었다. 비록 Yarbrough와 Thompson(2002)의 연구는 수년 전에 수행된 것이지만, 그들의 설계, 개입 모델, 그리고 결과는 현재에도 학생의 학업적 성공과 성취를 모니터링 하기 위하여 현실치료를 사용하는 것에 대한 실증적 지지를 제공한다.

Wubbolding(2009)은 학교에서의 현실치료적 접근에 대한 경험적 지지를 제시하였는데, 특히 학교 경영 방식과 Glasser의 좋은 학교 철학을 동시에 활용하는 학교에서 그 효과가 높다고 보았다. 그러나 그는 이 연구가 기대했던 것보다는 덜 철저하게 설계되었던 것을 인정했다. 연구에 따르면 Glasser의 좋은 학교 철학이 학생의 학업 성취도를 향상시키고 학급의 문제행동을 감소시켰다고 보고했다.

8.5 문화적 차이에 대한 대응

오늘날의 지도자들(예 : Glasser와 Wubbolding)은 현실치료가 다양한 집단을 대표하는 내담자와 학교에 적용하기에 적합하다고 주장한다. 뿐만 아니라 여러 국가에서는 전문적 조력자들이 선택이론과 현실치료에 대해 훈련받고 있다(Wubbolding et al., 2004). 이를 위해 이론을 번역하는 과정에서 일부 내용이 수정이 되었고, 그러한 과정에서 문화적 차이에 대한 관심이 더욱 증대되었다. 예를 들면, 강하고 노골적인 질문은 그러한 상호작용이 거슬리거나 무례하게 받아들여지는 문화에서는 최소화되었다.

Wubbolding과 동료들은(2004) 현실치료는 다양한 배경을 지닌 사람들에게 효과적이라고 주장하였다. 이들은 현실치료가 친근함과 따뜻함 같은 특징을 지닌 관계를 중요시하기 때문에 다양한 내담자에게 효과적이라고 주장한다. 또한 내담자가 편안한 분위기 속에서 자신의 문화와 관습을 상담자에게 설명할 수 있도록 격려받는 경우 신뢰관계가 성장한다고 제안하였다.

전 세계의 전문가 및 내담자와 상담했던 경험에 기초하여 Wubbolding(2000)은 각 개인의 경험과 문화 및 선호를 파악할 때 선입견을 갖거나 일반화된 지식을 적용하는 것을 경고하였다. 유능한 현실치료 상담자는 각 개인의 문화적 차이에 따라 자신의 접근 방식을 수정해야 한다고 보았다.

8.6 결론

Glasser의 좋은 학교 원리를 적용하는 학교에서 일하는 여부와 상관없이 당신은 Glasser의 영향이 미치는 증거를 볼 가능성이 높다. 예를 들면, 교사들은 종종 문제를 해결하고 계획하기 위하여 학급 모임을 사용한다. 또한, 다른 교사들은 이러한 모임에서 다양한 자료들을 사용하는데 이러한 것들은 Passaro와 동료들이 제안한 개선을 위한 계획과 유사한 것들이다(Passaro et al., 2004). 선택이론에 기반한 상담과 심리교육 자료들도 이용할 수 있다. 예를 들면, Glasser 연구소는 학급 활동을 위한 자료와 활동들을 제공해 왔다. 학생들이 직면할 수 있는 다양한 상황에 적용할 수 있는 교육 자료 시리즈도 제공하였다(이 장의 마지막 부분에 제시한 자료 부분을 참조). 그 밖의 자료들은 미국 학교 상담자 협회와 그 밖의 다른 출판사를 통해 얻을 수 있다.

한스의 사례로 보는 현실 치료

선택이론과 현실치료를 사용하여 한스나 캐시를 상담할 수 있다. 한스의 기본적인 요구에 초점을 두고, 한스가 느끼는 사랑과 소속감에 대해 질문할 수 있다. 우리는 한스의 가족이 한스가 느끼는 사랑, 지지와 소속감의 주요한 요소라는 것을 가정하였다. 한스 부모님의 결혼 생활에서 불안정함과 불확실함으로 인해 한스는 자신의 가족과 부모님에 대해 불안함과 혼란을 겪을 수 있다. 이러한 상황에서 한스가 개입할 수 있는 부분은 제한되어 있다. 따라서 한스는 무기력함과 갑갑함을 느낄 것이다. 즐거움을 위한 기회도 제한될 것이다. Glasser는 한스가 나타내는 '분노(angering)'는 가족의 현재 상황과 '생각하고 있는 이상'의 차이를 줄이기 위한 노력이라고 말한다. 또한, Glassers는 한스의 행동이 힘을 가지려는 한스의 요구를 충족시키기 위해 행해진다고 가정한다.

선택이론의 관점에서 볼 때, 우리는 캐시의 기본적 요구도 고려해야 한다. 그녀는 자신이 학업적으로 성공하지 못하거나 성적 성향에 대해 질문을 하면 그녀와 친밀한 가족간의 관계가 무너질 것에 대해 두려워 할 수 있다. 캐시가 아무리 바쁜 고등학교 스케줄을 소화하고 있다하더라도, 그녀는 아마 많은 활동을 즐겁게 할 것이다. 아마 조금 두렵기는 하겠지만, 선택할 수 있는 진로의 길도 아주 다양하다. 체육 시간에 보인 그녀의 '분노'와 '우울함(depressing)'은 아마도 힘을 얻기 위한 요구에 대해 잘못 표현한 결과일 수 있다. 아마도 그녀는 부모님의 직업보다는 지위가 낮은 다양한 직업을 자유롭게 탐색해 보고 싶어 할 것이다. 그러나 동시에 캐시는 가까운 관계를 지속하고 자신의 가족 구성원들에게 인정을 받고 싶어한다.

우리는 한스와 학교 심리사(SP)의 상담을 사례로 들면서 현실 치료의 초기 상담 부분을 제시했었다. 첫 만남을 준비하기 위해, 학교 심리사는 넬슨 선생님에게 미리 한스를 상담하는 것에 관해 이야기함으로써 한스가 교실에서 상담을 위해 나올 때 당황하거나 놀라지 않게 조치할 수 있다. 또한, 학교 심리사는 넬슨 선생님에게 부탁하여 상담이 성찰실 의뢰(discipline referral)나 훈련과 같은 것이 아니라는 언질을 주도록 부탁했다(Glasser의 좋은 학교였다면 아마 이러한 사항은 문제가 되지 않았을 것이다).

SP : 안녕 한스, 어디 보자. 전에 내 상담실에 온 적이 없는 것 같은데, 맞니?

한스 : [고개를 끄덕이며 맞다는 것을 인정함]

SP : 학생들이 내 상담실에 처음 올 때 약간 긴장하거나 불편해 하기도 해. 네가 편해질 수 있도록 천천히 상담을 하려고 해. 상담을 어떤 식으로 하는지에 대해 걱정하지 않았으면 해. 우리가 무엇을 이야기할지에 대해 이야기해 주려고 하는데 괜찮지?

한스 : [알겠다는 의미로 고개를 끄덕임]

SP : 먼저 내가 한스 너를 조금 알아야 할 것 같아서 몇 가지 질문을 하려고 해. 네가 좋아하는 것에 대해 이야기해 주겠니? 친구여도 좋고, 뭐 너의 취미여도 되고 그런 것들 말이야. 그리고 네가 학교에서 어떻게 지내지는도 알고 싶어. 너의 가족에 대해서도 이야기할 거고 네 상황이 좋아지기 위해 어떤 일이 일어났으면 좋겠는지도 알고 싶어. 괜찮겠니?

한스 : [알겠다는 의미로 고개를 끄덕임]

SP : 내가 생각했을 때 너도 질문하고 싶은 것이 있을 것 같은데.

한스 : [아니라는 의미로 고개를 끄덕임]

SP : 아버지가 너에게 내 상담실로 가보라고 권유했을 때, 아버지와 이야기했던 내용에 대해 말해줄 수 있겠니?

한스 : [약간은 신중하게] 아버지는 상담실에 가는 게 문제를 해결하는 데 도움을 줄 것이라고 생각하셨어요.

SP : 너는 어떻게 생각했는데?

한스 : 모르겠어요. 제가 말해야 되는 건가요?

SP : 아직 준비가 안됐다면 말 안 해도 돼[잠시 멈춤]. 화제를 조금 바꿔서 잠깐 다른 이야기 좀 해보자. 내가 너한테 "당신이 즐거워하는 것을 하기 위해 2시간과 10달러를 얻었다. 당신과 함께 3명을 데려갈 수 있다"라고 적힌 표를 주었다고 가정해 봐. 넌 무엇을 하겠니?

한스 : 아마 내가 원하는 것을 할 수 없을 거예요.

SP : 그런 상황이라고 가정해 봐. 표랑 돈이 마치 있는 것처럼 말이야.

한스 : Rockies 야구 게임을 보러 갈 것 같아요.

SP : 오, 너 Rockies의 팬이구나.

한스 : 작년에 저랑 엄마, 아빠 셋이 거의 모든 홈게임에 갔어요.

SP : 너는 부모님과 게임 보러 가는 걸 되게 좋아하는구나.

한스 : 우리 자리는 포수 바로 뒷자리였고, 모든 선수들의 이름을 다 알고 있었어요.

SP : 이름을 다 안다고? 너 정말 엄청난 팬이구나!

한스 : 하지만 이제는 더 이상 못보는 걸요.

SP : 그래서 슬프구나. 경기를 다시 보고 싶구나.

한스 : 별로요. 전 저희 엄마가 보고 싶어요.

SP : 엄마를 사랑하기 때문에 엄마가 멀리 계시는 것이 힘들구나. 너희 엄마께서 일이 다른 지역에 있어서 그곳에서 머문다는 것을 너희 아빠가 말씀해주셨어.

[이후에]

SP : [대화 전환을 위한 요약] 우리가 함께한 시간 동안 이야기한 것을 정리해 볼게. 한스는 부모님과 야구 게임 보러 가는 것을 좋아하지만, 어머니는 멀리 계시고, 아버지는 일 때문에 바쁘기 때문에 현재는 할 수 없는 상태야. 엄마와 아빠에 대해 걱정하고 있고, 엄마가 돌아오시길 바라고, 혹시 엄마가 다시 돌아오지 않을까봐 걱정하고 있지. 엄마와 아빠 사이에서 무슨 일이 있었는지 잘 몰라 현재의 상황이 정말 싫은거지. 두 분에 대해 가끔 너는 화가 나기도 하고, 부모님이 너에게 화가 나있을까봐 걱정도 되고. 다른 무엇보다, 엄마가 다시 돌아와서 예전처럼 엄마와 아빠가 잘 지내길 바라고 있어. 학교에서도 상황이 더 좋아지길 바라지. 너는 학교 생활을 잘하기를 바라고 선생님과 너의 친구들과 잘 지내길 바라지.

한스 : 대충 맞는 것 같아요.

SP : 엄마와 아빠의 상황을 개선하기 위해 네가 무엇을 할 수 있을지 잘 모르겠구나. 부모님이 해결해야 할 문제니까. 물론 너에게 학교가 가족과 부모님처럼 그렇게 중요하게 느껴지지 않겠지만 네가 학교에 대해서 이야기하고 싶은 것이 있는지 궁금해. 말해 줄 수 있겠니?

한스 : 네, 괜찮아요.

SP : 학교에서 문제를 일으키고 싶지 않기도 하고 또 평소 좋은 성적을 받고도 싶어하는데 어떤 것을 먼저 이야기하고 싶니?

한스 : 글쎄요. 문제를 일으키는 거요.

SP : 그래, 문제를 일으키지 않기 위해 네가 노력했던 것들에는 어떤 게 있을까?

한스 : 모르겠어요. 별로 한 일이 없어서. 가끔 등굣길에 아빠랑 이야기를 했는데 그 때 아빠가 입을 다물고 있으라고 하셨어요.

SP : 그게 효과가 있었니?

한스 : 그래서 선생님의 질문에 대답을 안했다가 곤경에 처했었어요.

SP : 음, 다른 노력은 뭐가 있을까?

한스 : 제 생각엔 제가 한 게 없는 것 같아요.

SP : 알았어. 한 3~4일간 네가 다른 걸 한 번 해보는 게 어떨까 하는데.

한스 : 선생님 맘대로 해요.

SP : 선생님이 정하는게 아니라 '네가 정하는 것'이 정말 중요하거든. [목표 : 힘과 성취의 요구를 강조하기]

한스 : 제 생각에는 선생님 말씀에 집중하고, 선생님이 지시하신 것을 잘할 수 있을 것 같아요.

SP : 어떻게 할 건데?

한스 : 가만히 앉아있고 친구들과 잡담하지 않도록 노력할 거예요.

SP : 그게 잘 될거라고 생각하니?

한스 : 할 수 있어요.

SP : 기꺼이 한번 해 보지 않겠니?

한스 : 한 번 해볼 수는 있어요.

SP : 네가 정말 할 수 있을 거라는 확신이나 하고 싶다는 확실한 의지가 없는 것처럼 들리는구나[실천 의지 정도를 가늠하기]

한스 : 3일간 할 수 있을지는 잘 모르겠어요.

SP : 아침에 세 번 정도는 할 수 있겠니?

한스 : 오늘이랑 내일은 어때요?

SP : 그럼 오늘이랑 내일 하루 종일 선생님 말씀에 집중하고 선생님의 말씀을 따르겠다는 거니?

한스 : 네

SP : 그럼 그것에 대해서 약속할 수 있어?

한스 : [약속의 의미로 학교 심리사와 악수함]

SP : 그래. 네가 어떤 전략을 썼는지 나한테 말할 수 있게 나랑 같이 오늘 방과 후에 확인해 보는 것은 어떨까?

한스 : 좋아요. 이제 수업으로 돌아가도 되지요?

활동

1. 목적이 있는 행동이나 생활 양식과 관련이 있는 '질적 세계(quality world)', '요구(needs)', '욕구(wants)'와 같은 Adler 이론의 개념과 비교해 보자.
2. WDEP 과정을 동료와 역할극으로 해 보자. 실제 생활 속의 문제를 사용한다면 역할극이 보다 수월하게 진행될 것이다. 동료들과 활동하기 편안할 만한 주제를 선정해 보자(예 : 룸메이트와의 문제, 학교와 관련된 문제)

저널 주제

주제 1

선택이론과 현실치료가 학교기반 전문가로서 당신에게 어느 정도 도움이 된다고 생각하는가?

주제 2

이 장을 읽기 전에 당신이 그려 보았던 사진첩(picture album)을 다시 보자. 어느 정도 그 그림들이 당신의 질적 세계를 보여주고 있는가? 현재의 상황과 질적 세계 간의 어떤 차이가 당신에게 중요하게 느껴지는가? 차이를 줄이거나 없애기 위해 당신은 무엇을 할 수 있는가?

PART 03

남의 말을 경청하라. 귀가 화근이 되는 경우는 없다.

-Frank Tyger-

우리는 젊음을 위해 항상 미래를 개발할 수는 없지만,
미래를 위해 우리의 젊음을 개발할 수는 있다.

-Franklin D. Roosevelt-

모범을 보이는 것이 리더십이다.

-Albert Schweitzer-

우리가 학교에 기반을 둔 전문적인 상담자라는 것을 다른 사람들이 알게 될 때 이들의 반응은 흥미롭다. 사람들은 상담실에 앉아서 문제가 있는 한 학생에게 개인적인 상담을 제공하는 우리의 모습을 상상한다. 대중매체에서 그려지는 것처럼 이들은 우리가 날카로운 질문들을 던지고, 현명한 충고를 전달하기 전에 오랫동안 생각에 잠긴 듯 멈추어 있는 우리의 모습을 떠올린다. 그러나 실제로 학교기반 상담은 다양한 형태를 취할 수 있다. 상담의 기술은 상호작용의 다양한 유형들(개인, 집단, 학급 전체 등)에 모두 적용될 수 있는 도구이다. 이러한 기술들은 다양한 발달 단계에 있는 개인에 따라, 그리고 여러 상황들에 따라 조정될 수 있다.

우리가 지금까지 가르쳐온 많은 예비 상담자들은 문제를 해결하려는 의지가 있고, 문제를 분명히 알고 있는 내담자와 상담했을 때는 보통 편안하게 상담을 하였다. 그러나 앞으로 맞닥뜨릴 온갖 형태의 책임을 깨닫고 나면 회의감을 느끼기도 한다. 우리는 "나는 고등학생들과 상담하는 것이 좋아요. 하지만 어린 학생들과는 어떻게 상담해야 할지 모르겠어요!", "내 학생 내담자가 말을 하지 않으면 어쩌죠?", "어떻게 내가 도움이 필요한 학생들 모두를 상담할 수 있겠어요.", "내가 어떻게 스트레스 관리에 대한 수업을 가르치러 교실에 갈 수 있겠어요. 나는 대집단 앞에서 말하는 걸 좋아하지 않아요." 등과 같은 말들을 듣는다.

1부와 2부에서 우리는 예비 및 현직 학교기반 전문가들에게 중요한 광범위한 주제들을 다루었다. 우리는 당신이 학교라고 불리는 복잡한 시스템 속에 들어갔을 때 맞닥뜨리게 될지도 모르는 도전들을 가급적 현실적으로 보여주고자 노력하였다. 따라서 이 책은 이론적 관점을 꽤 많이 소개하고 있기도 하지만, 내담 학생의 발달 단계에 맞게 언어와 기술을 적절히 사용하는 것의 중요성 역시 강조해 왔다. 우리는 또한 학생, 그들의 가족들, 학교 내 동료들과의 효과적인 상담관계에 대한 실천적 견해를 제시하였다.

이 책의 3부에서는 놀이 및 미술 기반 양식(play-and art-based modalities), 집단 상담(group work), 위기대응(crisis response)의 관점에서 상담하는 전문가들의 차이점을 소개한다. 사례 개념화의 과정뿐만 아니라 2부에 소개되었던 이론적인 관점을 통해서, 상담자들은 학교와 학생들의 필요에 반응하기 위해 이러한 다양한 양식을 상담에 사용한다. 이 책에서 계속 강조한 바와 같이, 학교기반 전문가들은 계속해서 아동의 다양한 연령들을 염두에 두고 그에 부응하는 상담 전략을 사용해야 한다.

어린 학생의 경우 장난감, 놀이 혹은 미술을 포함하거나 놀이를 사용했을 때, 보다 편안함을 느끼며 효과적으로 적용될 수 있다. 놀이와 미술치료를 활용한 접근은 연구 문헌과 전문 학회에서 자주 소개된다. 9장을 읽은 후에 당신이 이러한 접근에 대한 전문적인 대화에 참여할 수 있게 되기를 바라고 이 분야에 대해 더 배우고 싶어 하기를 소망한다.

집단은 학교의 본질적인 요소이다. 사실상 학교는 서로 겹치는 여러 하위 집단으로 구성된 하나의 큰 집단이다. 효과적인 학교기반 전문가는 집단의 참여자로서, 그리고 집단의 리더로서 집단의 생산성에 기여한다. 리더십과 참여를 위한 전략은 10장에 소개되어 있다. 우리는 집단의 유형, 리더십 기술, 그리고 집단발달이론(group development theory)을 소개한다. 또한 교육과정 개발을 위한 기초적인 정보와 기본적인 자원을 제공할 것이다.

학교기반 상담자에게 집단이 중요한 것처럼, 위기(crises) 역시 중요하며 준비와 주의를 요한다. 위기란 무엇인가? 개개인은 다양한 방식으로 사건들을 경험한다. 그러므로 여러분은 각 개인의 경험의 정도(예 : 국가적인 위협이 되는 사건, 태풍 경보, 혹은 학교 공동체 일원의 사망)를 인식하고 적절히 반응해야 할 필요가 있다. 11장에서 우리는 당신의 전문성 계발을 지속할 수 있는 기반을 제공할 것이다. 캐시와 한스의 사례는 각각의 장에서 계속될 것이다.

CHAPTER 09

학교상담에서의 놀이 및 미술 기반 접근

학습목표

- 놀이 치료를 사용하는 것의 기본적인 원리와 근거를 이해한다.
- 학생에게 미술 치료를 사용하는 것의 가능성을 인식한다.
- 치료적 양식으로 활용되는 게임에 대해 배워본다.
- 전문적인 접근의 사용을 위한 훈련과 수련감독의 중요성을 인정한다.

아동, 청소년, 심지어 성인들도 자기 이해와 의사소통을 위해 오직 언어와 단어만을 사용하라고 요청받으면 도전이나 한계에 부딪힌다. 장난감, 미술, 놀이 활동 등은 언어적으로 뒤떨어지는 학생들에게 효과적인 상담방법이 된다. 드라마, 춤, 음악, 연극, 모래상자, 미술 등은 정신건강 전문가들이 학교나 임상현장에서 사용하는 양식의 몇 가지 예이다.

우리는 이 장의 초점을 놀이감, 게임, 미술을 활용한 상담으로 제한시켰다. 여러분이 놀이 및 미술 치료의 넓은 영역을 충분히 이해할 수 있도록 관련 내용을 제공하였다. 우리는 간략하게 아동 발달에 있어서 놀이의 중요성, 학생과 상담할 때 놀이 기반 활동을 사용하는 이유, 놀이 기반 접근의 변천, 이론을 바탕으로 한 놀이 치료 사례, 놀이감 고르기, 절차와 기술 등을 알아볼 것이다. 그다음으로는 상담에 있어서 구조화된 게임의 사용과 시각적인 예술을 이용한 상담에 대해 알아보고자 한다.

우리는 문헌에 기초하여 놀이 치료와 미술 치료라는 포괄적인 용어를 사용해왔다. 하지만 학교에서 상담하는 전문가들은 종종 놀이감을 사용한 상담(counseling with toys), 놀이매체와 미술을 사용한 상담(working with play media and art) 등과 같은 전문용어들을 사용한다. 우리는 또한 학생을 상담할 때 놀이 매체를 이용하는 것과 학교현장에서 놀이 치료사 혹은 미술치료사라는 직분에서 접근하는 것 사이의 차이점에 주목하였다. 이 장에서 소개하는 접근들은 교육과 수퍼비전을 포함한 필수적인 훈련 준비과정을 요구하는 전문 분야이다. 따라서 적합한 자격증을 지닌 상담자만이 놀이치료사나 미술치료사로 불릴 수 있다. 훈련, 수퍼비전, 자격증, 관련 전문 단체에 관한 정보는 이 장의 마지막에서 다루어질 것이다.

당신이 학교에서 상담을 시작하거나 혹은 준비하고 있다면 학교에 기반을 둔 전문적인 상담자로서 이러한 방법을 사용하는 것이 적합한 지에 대해 서로 다른 의견들을 접하게 될 것이다. 당신이 상담에서 놀이와 미술의 위치에 대해 결론을 내리기 전에 학교에서의 전문적인 상담 혹은 놀이감을 이용한 상담과 관련된 문헌들(예 : Perryman & Doran, 2010; Ray, 2010)을 읽어보길 바란다. 놀이 매체를 사용하는 전문가뿐만 아니라, 놀이 매체를 사용하지 않는 전문가 모두에게 자문해보는 것 또한 도움이 된다. 당신이 이 영역에서 심화된 훈련과 수퍼비전을 받는 것을 선택하든 그렇지 않든, 당신은 다양한 관련 치료를 받고 있는 학생을 상담하게 될 가능성이 높다. 따라서 이러한 접근들에 대한 기본적인 이해를 갖는 것이 중요하다.

9.1 놀이란 무엇이며, 놀이 치료란 무엇인가?

다음의 인용문들이 지니는 의미에 대해 깊이 생각해 보는 시간을 가져보자.

- "아동은 단순히 성인의 미니어처가 아니다."(Rousseau, 18C)

- "놀이는 아동기에 있어서 최고의 발달을 이끌어낸다. 왜냐하면 놀이는 아동 영혼의 자유로운 표현이기 때문이다. 아동의 놀이는 단순한 운동이 아니다. 그것은 다양한 의미로 가득 차 있다."(Froebel, 1903)

사람들은 테니스를 치다(playing tennis), 카드놀이를 하다(playing cards), 퍼즐을 맞추며 놀다(playing with a puzzle to figure it out) 등의 다양한 맥락에서 놀이(play)라는 용어를 사용한다. 가끔 성인들은 새로운 도전에 부딪힐 때, "내가 잠깐 해 볼 테니까(play with this for a while) 어떻게 되는지 봐봐"와 같은 말을 하기도 한다.

일반적으로 놀이는 자발적이다. 놀이는 그것을 어떻게 실행할지 선택할 수 있다. 놀이는 또한 재미있다. 순수한 의미로 놀이는 외적인 목표를 가지지 않는다. 놀이가 끝났다고 해서 어떤 결과물이 생기는 것도 아니다(Landreth, 2002). 놀이는 창조성, 스트레스 감소, 일반적인 웰빙과 관련이 있다(Honig, 2007; Schaefer & Drewes, 2010).

놀이는 또한 아동 발달의 다양한 측면에 영향을 미친다(Honig, 2007; Schaefer, 1993; Schaefer & Drewes, 2010). 노는 동안 아동은 문제를 해결하고, 사회적 관계를 형성하며, 자율성을 계발하게 된다. 아동들은 소꿉장난을 하거나 소방관인 척하면서, 다양한 성인 역할과 직업 기회를 실험한다. 이러한 점에서, Piaget(1962)는 놀이가 아동 발달의 핵심적인 요소라고 주장하였다. Piaget의 의견을 기반으로 하여, Bruner(1975)는 놀이를 "아동에게 있어서 매우 심각하고 중요한 일"이라는 범주로 구분하였다(p. 83).

놀이의 의미는 이후 정신건강 전문가들에 의해 전문화되었다. 놀이 치료는 "대인관계 과정을 확립하기 위한 이론적 모델로 사용된다. 이러한 점에서 훈련된 놀이치료사들은 내담자가 심리적인 문제를 해결하거나 예방하도록 도우며 최상의 성장과 발달을 이루도록 돕는 과정에서 놀이의 힘을 사용한다."

9.1.1 어떻게 놀이가 치료적일 수 있는가?

학교에서 교수학습 시간은 제한되어 있으며 그 시간은 매우 소중한 시간이다. 따라서 학교에서 학생을 상담할 때마다 상담자는 상담의 가치를 상담자 자신뿐만 아니라 다른 사람들에게도 입증해야 한다. 상담에서 놀이를 사용하는 이유를 제시할 때, 우리는 관련된 연구 결과뿐만 아니라 발달 이론적 측면에서 놀이 치료의 명분을 제시할 수 있어야 한다.

예를 들어, 놀이가 구체적 경험과 추상적 생각 사이에서 연결고리를 제공해준다고 설명할 수 있다. 성인은 언어적 및 비언어적인 의사소통을 통해 관계를 형성한다. 성인은 종종 정신건강 전문가와 대화를 하거나, 친한 친구와 대화하면서 문제를 해결한다. 이처럼 성인은 해결책을 찾기 위한 노력으로 그들을 위험에 처하게 했던 상황이나 사랑하는 사람의 부재에 대해 언어적으로 이야기한다.

그러나 어린 아동은 상담실에 앉아 그들의 생각이나 걱정에 대해 이야기를 좀처럼 하지 않는다. 오히려 아동은 놀이감과 놀이를 통해 자연스럽게 자기 자신을 표현한다. 아동은 종종 해결에 이르는 과정으로 놀이감을 통해 상황을 재창조하기도 한다. 또한 그들은 놀이감과 놀이를 통해 관계를 형성하기도 한다.

9.1.2 놀이 치료의 역사

아동의 정신건강에 대한 관심은 20세기 초반에 시작되어 비교적 짧은 역사를 가지고 있다. Freud, Adler, Jung과 그 밖의 다른 이론가들은 놀이 치료의 발달에 기여했다. 이들은 성인과의 상담에서 문제를 겪고 있는 내담자를 위한 성격 발달과 개입 측면에서 종합적인 이론을 제공하였다. 이러한 관심은 아동에게까지 확대되었고 아동 클리닉의 설립이 이러한 증가된 관심을 잘 보여준다. 처음에 정신건강 전문가들은 어른에게 시행하는 치료법을 아동에게 적용하려고 하였다. Hermine Hug-Hellmuth, Melanie Klein, Anna Freud와 Margaret Lowenfield는 아동을 위해 연령별로 적합한 치료 개입의 개발이 필요하다고 생각했던 선구자들이다. 이들은 자신의 개별적인 활동과 관점에 기초하여 놀이와 놀이감을 치료방법으로 제시(Carmichael, 2006)하였고 다양한 접근과 함께 넓은 범위에서 놀이 치료의 기초를 만들었다.

Hug-Hellmuth, Klein, Freud와 Lowenfield는 서로 다른 가정과 개입 방법을 주장하였지만 이들은 주로 정신분석적 접근을 사용하였다. 이후 1930년대에는 다양한 접근들이 생겨났다. 몇몇 놀이 치료자는 아동이 트라우마를 극복하거나 카타르시스를 성취하는 것을 돕기 위해 놀이 활동을 사용했다. 다른 놀이 치료자는 놀이감과 놀이를 통한 환경을 제공함으로써 형성할 수 있는 관계의 치료적 가치를 중요하게 생각했다. 놀이 치료의 중요성은 Play Therapy(1947)와 Dibs in Search of Self(1964)를 집필한 Carl Rogers의 후배인 Virginia Axline의 연구로부터 발달하였다.

*Dibs in Search of Self*는 가볍게 읽을 수 있는 쉬운 책이고 영감을 주는 책이다. 강력하게 추천한다!

9.2 접근의 다양성

놀이를 아동치료와 결합하는 개념이 소개된 이후 100년 동안, 이 분야는 성장하여 구조적인 양식에서부터, 지시적인 양식, 가르치는 양식 및 아동 중심의 양식까지 많은 양식들을 포함하게 되었다. 어떤 접근은 광범위한 부모 참여를 중요한 면으로 간주하고, 다른 접근은 기본적으로 아이들과 개별적으로 상담하는 것에 초점을 맞추기도 한다. 어떤 접근은 내담자 중심이나, Adlerian식, Jungian식, Gestalt식의 접근이나 인지적 행동과 같은 주요 이론들을 기반으로 한다. 치료놀이(theraplay)와 발달적 놀이 치료는 애착 이론에 기초를 두고 있다.

오늘날의 놀이치료사들은 참고할 수 있는 견고한 이론들이 아주 많기 때문에, 매우 유리한 환경에 놓여 있다. 우리는 놀이 치료가 효과성이란 측면에서 분명(robust)하면서도 동시에 방법적 측면에서 유연한(flexible) 접근이라는 것을 안다. 놀이 치료는 여러 이론과 관련이 있으며 다양한 형태의 상담과 결합하여 사용될 수 있다. 예를 들어, 집단 상담, 가족 상담이나 부모 교육과 같은 다른 양식과 놀이 치료를 혼용할 수 있다. 또한, 놀이 기반 활동은 다양한 환경에서 효과적으로 활용될 수 있다.

9.2.1 핵심적 요소 : 전문적 상담자의 자질

상담자의 이론적 성향이나 내담 학생의 상황에 상관없이, 학교에 기반을 둔 상담자의 특성은 상담에 매우 결정적인 영향을 미친다.

어린 내담자를 성공적으로 상담하는 전문적 상담자는 아동이 세상을 바라보는 방법을 민감하게 인식한다. 이들의 상담은 이론에 기반을 두고 있으며, 상담 기술은 매우 섬세하고, 지속적으로 훈련을 받기도 한다. 이들은 또한 윤리적 지침을 따르며 자신의 정신건강을 잘 관리한다 (Landreth, 2002).

9.2.2 놀이감 선택과 상담환경 조성하기

놀이 치료에서 전문가의 자질은 두말 할 나위 없이 중요하다. 전문가는 많은 놀이감의 선택과 물리적 환경의 조성이란 측면에서 보다 많은 자율성을 가지고 있다. 나(Sandy Magnuson)는 평소에 고급 놀이방(Cadillac playroom)을 꿈꾸곤 했다. 이 방은 12~14피트 정도 되는 높이로 물을 사용할 수 있는 싱크대가 있으며 학생의 관찰을 위한 일면경(one-way mirror)이 설치된 곳으로 수퍼비전을 위한 녹음 장치를 가진 놀이방이다. 무엇보다 중요한 것 중의 하나는 회기 중간에 청소하는 사람이 놀이방을 치워주는 것이다(이 꿈은 적어도 아직까지는 실현되지 못했다!).

나는 대부분의 상담에서 값싼 소형 모형들을 주로 사용했다. 놀이 치료에 적합한 공간에서 상담을 할 기회가 적었기 때문에, 나의 상담실에 놀이를 결합하기 위한 공간을 마련했다. 덜 정교한 환경이라고 해서 놀이 치료의 효과가 덜 발휘되는 것은 아니다. 실제로 휴대용 놀이감도 효과적일 수 있다. 나는 접을 수 있는 휴대용 집이 하나 있는데, 이 집에 필요한 놀이감을 채워 넣고 차에 넣은 후 상담이 필요한 곳을 다니면서 쉽게 놀이 치료를 하곤 한다. 물론 접는 집모양 대신에 여행용 가방이나 큰 가방을 대신 사용해도 된다.

최근에 나는 놀이 치료를 사용할 때 사용하는 물건들을 미니어처로 제한하고 있는데, 이러한 미니어처를 모래 상자와 함께 사용한다(예 : Homeyer & Sweeney, 1998). 미니어처 모음에는 다양한 민족을 나타내는 사람 모형, 직업분야, 동물들, 문화적 종교적 상징들, 건물들, 다리들, 교통 수단 등이 포함되어 있다(이 장의 마지막에 제시된 캐시의 사례를 참조).

화려하든 그렇지 않든, 놀이 치료 공간과 물건들은 목적에 맞게 디자인되어야 한다. 물건의 의도적 선택은 지침이 되는 이론, 목적과 내담 학생에 달려 있다. 다양한 놀이감과 물건들은 다음의 내용을 촉진하기 위해 사용된다. (1) 관계 형성 (2) 생각과 감정의 표현 (3) 삶의 상황에 대한 조사 (4) 한계의 확인 (5) 숙달, 성공, 효과성의 성취 (6) 자신과 타인들을 이해하기 등이 포함된다(Landreth, 2002). 놀이를 위한 물건들은 형태를 변화시킬 수 있는 것이 좋으며, 내구성이 있고 씻어서 재사용할 수 있는 것이 좋다.

놀이 매체의 모음에 포함되는 물건들은 기본적으로 놀이 치료의 맥락에서 제공된다. 예를 들면, Landreth(2002, p. 143)는 가지고 다니면서 사용할 수 있는 다음과 같은 물건들(다음의 표)을 추천했다. 장난감 칼과 같이 학교에서 허용되지 않는 물건은 아마 사용하지 않겠지만, 이 목록은 학교 환경에서도 활용할 수 있다.

방의 크기나 물건의 모음과 상관없이 사생활과 안전성을 고려하는 것은 중요하다. 다른 사람들이 상담의 일부분을 보거나 들을 수 있도록 해서는 안 된다. 또한, 놀이방의 소음으로 인해 다른 사람을 방해해서도 안 될 것이다. 놀이감을 진열해 놓을 선반이 있다면, 그 놀이감들이 아동에게 떨어지지 않도록 안전하게 고정되어야 할 것이다. 놀이감은 또한 정기적으로 깨끗이 위생처리를 해야 한다. 따라서 소독하는 스프레이나 물티슈는 항상 충분해야 한다. 평소에는 소독용 액체를 사용하여 놀이감을 깨끗이 씻어야 한다.

Landreth가 권장하는 놀이감 목록

크레용	나무 막대	신문 인쇄용지	파이프 청소도구
무딘 가위	면 재질의 밧줄	젖병	전화기
장난감 칼	공격적인 손인형	인형	가족 인물 모형
찰흙이나 플레이 도우	인형집 가구	다트 총	인형집
수갑	투명 테이프	장난감 군인	구급 상자
모조 장신구	놀이 접시와 컵	숟가락	반창고
작은 비행기	작은 자동차	론 레인저(Lone Ranger) 마스크	스폰지 볼(Nerf ball)
휘어지는 놀이감 (bendable Gumby)			

9.3 놀이감을 이용한 상담의 과정

놀이 치료는 여러 이론에 근거한 다양한 측면으로 접근 가능하다. 기반 접근법(아동 중심이나 Adlerian과 같은)에 기초하여 상담하는 놀이 치료사들은 전형적으로 첫 시간에 이렇게 말한다. "이곳은 우리가 오늘 30분 동안 놀이를 할 방이야. 여기서 네가 하고 싶은 많은 것들을 할 수 있어." 몇몇 놀이 치료사들은 "만약 네가 할 수 없는 것이 있다면, 내가 알려줄게"라고 덧붙인다.

반면 지시적 접근법에 기초하여 상담하는 놀이 치료사는 회기를 시작하기 전에 놀이방을 미리 구조화시키고 다음과 같이 말하며 시작하곤 한다. "오늘은 너를 위해 세 가지가 준비되어 있어. 첫 번째는 미니어처 모형을 가지고 놀 거야. 그다음엔 네게 그림을 그려보자고 할 거야. 끝나기 전에는 같이 인형극 공연을 만들어 볼 거야."

또한 인지-행동 접근법과 놀이 치료를 함께 사용하는 학교 상담자는 대인갈등을 해결하기 위한 방법을 만들기 위하여 시나리오를 만들어 사용할 것이다. 학교 상담자는 아동이 인형이나 가족 모형을 이용하여 해결 전략을 연습하도록 도울 수 있다. 이를 통해 이야기를 진행하면서 다양한 선택의 결과들을 아동이 탐색하게 된다.

놀이 치료사들은 추적 기법(tracking)과 반영 기법(reflection)을 종종 사용한다(연습 및 적용 지침서 참조). 예를 들어, 놀이 치료사들은 이렇게 언급하면서 활동에 대해 추적한다. "오늘은 집과 가족에 대해 이야기하고 싶구나. 찰흙으로 뭔가 만들려고 하네? 이 블록을 사용해서 높은 걸 쌓았네!" 놀이 치료사들은 또한 다음과 같이 말하며 느낌을 반영한다. "네가 만든 것에 대해 만족스러운 것 같은데? 왠지 그걸 이야기할 때 네 목소리가 슬프게 들리는 걸? 저 요새를 네가 혼자 다 만들다니 너도 놀라지 않았니?"

9.3.1 한계 설정하기

한계(limits)는 놀이 치료의 핵심적인 구성요소이다. 한계를 설정하고 꾸준하게 이를 적용함으로써 학생은 상담에서 현실감을 체득하고 책임감과 자기조절 기술을 획득하게 된다. 한계는 (1) 아동, (2) 상담자 및 다른 중요한 성인, (3) 상담실 또는 놀이방을 보호하기 위해 사용된다. 학교 안에서 놀이 치료가 이뤄지는 경우 학교의 규정을 준수하기 위해서도 한계를 확실하게 설정해야만 한다.

치료적 한계 설정의 과정은 아동들이 상담실 밖에서 경험하는 상황과 종종 다르다. 예를 들어, 한계는 보통 필요한 경우 설정하게 되는데 상담에서 정한 규칙이 지켜지지 않을 것으로 예상되면 상담자는 한계를 설정하게 된다. 한계는 구체적이고, 세부적이며, 시행할 수 있어야 하고, 지속적으로 강조되어야 한다. 한계는 단호하고 간결하게 전달되어야 하지만 다정한 목소리와 일관적인 비언어적 의사소통이 동반되어야 한다.

한계를 명시하고 강조하기 위한 다양한 모델들이 있다. 다음 표에서 제시하고 있는 Landreth

(2002)의 방법은 많은 놀이 치료사들이 사용하고 있다. 약자 ACT로 표시하여 기억하기도 쉽다.

아동의 잘못된 행동 목표를 성인의 내적반응으로 탐색하기

단계(Step)	예(Example)
A(Acknowledge) : 감정이나 욕구를 인정하기	"Beth야, 너 화가 나서 비행기를 부수고 싶구나."
C(Clearly) : 한계를 명확히 설명하기	"비행기는 부수라고 있는 것이 아니야."
T(Target) : 대안적인 것을 명시하기	"달걀 곽은 부셔도 돼."

한계가 무너지거나 또는 한계가 무너질 가능성이 있을 때 아동중심 놀이 치료사들은 다음과 같이 반응한다. "망치로 이 의자를 꽝꽝 두드리는걸 보니 네가 화가 났구나. 의자는 두드리라고 있는 것이 아니야. 달걀 곽을 치거나 스펀지 블록을 내려치는 것은 괜찮아." 만약 한계가 다시 도전을 받는다면, 그러한 행동을 하게 되면 어떤 결과가 나타나는지를 다음과 같이 설명한다. "망치로 의자를 내리쳐서 네가 얼마나 화가 났는지 보여 주고 싶구나. 의자는 두드리라고 있는 것이 아니야. 만약 네가 의자를 또 내리친다면, 오늘은 망치를 다른 곳에 치워 버릴 거야." 어떤 놀이 치료사들은 한계를 위반하면 회기를 종료하기도 한다. 반면 어떤 치료사들은 관련된 장난감을 회기 내내 치워놓거나 회기의 일정 시간 동안 치워두는 것을 선호하기도 한다.

Adlerian 관점으로 상담을 하는, Kottman(1995)은 다음에 제시한 표와 같이 4단계의 한계 설정 과정을 제안하였다.

Kottman의 한계설정 모델

단계(Step)	예(Example)
한계 설명하기	"모래 상자 밖으로 모래를 꺼내는 건 규칙에 어긋나는 거야."
관련된 느낌을 반영하거나 행동의 목적에 대해 가정하기	"화가 났구나." 또는 "넌 네가 최고라는 것을 보여주기 위해서 모래상자 밖으로 모래를 꺼내고 싶구나."
적절한 대안적 행동을 만들기 위해 협력하기	"네가 규칙을 어기지 않으면서 강하다는 느낌을 줄 수 있는 행동이 뭐가 있을까?"
만약 아동이 규칙을 계속 어긴다면, 논리적 결과를 부과하기	"내가 모래상자 밖으로 모래를 꺼내는 것이 규칙에 어긋난다고 말했는데도 네가 모래를 계속 밖으로 꺼냈잖아. 그래서 모래 상자 뚜껑을 10분 동안 닫아 둘 거야. 10분 후에 타이머가 울리면 그때 모래상자 뚜껑을 열어줄게."

가끔은 3단계와 4단계를 적절하게 통합하기도 한다. 이 사례에서 3단계를 다음과 같이 진행할 수도 있다. "난 네가 상자 밖으로 모래를 꺼내지 않고도 네가 강하다는 것을 보여줄 수 있다고 믿어. 하지만 만약 네가 모래를 다시 밖으로 꺼내면, 오늘 남은 시간 동안은 모래를 가지고 놀지 못할 거야." 어떤 상담자들은 규칙을 계속 어긴 것에 대한 결과를 부여할 때 그 결과를 아동 스스로 도출하도록 돕는다. "네가 규칙을 어겨서 모래를 상자 밖으로 꺼냈잖아. 만약 네가 상자 밖으로 계속 모래를 꺼내면 어떤 결과가 일어날 거라고 생각하니?"

> 놀이 기반 접근법을 사용하지 않더라도, 이 전략은 한계를 설정할 때 활용할 수 있다.

9.3.2 놀이 치료가 적절한 경우

학교기반 전문가들은 자신의 상담실이나 상담을 위한 놀이방에 다양한 이유로 놀이감을 배치해 두곤 한다. 어떤 상담자들은 놀이와 놀이감을 가지고 관계를 형성하는 데 사용하기도 하고, 다른 전문가들은 치료적인 놀이 활동에 사용하기도 한다. 이러한 전문가들의 목적에 상관없이, 꼭 사용해야 할 필요가 없더라도 상담실에 놀이감을 놓아두면 아동은 놀이감을 사용하거나 이를 이용하여 대화를 할 수도 있다. 또한 '이곳은 어린이를 위한 곳'이라는 메시지를 전달해 주기도 한다.

놀이 치료가 아동에게 적절한지를 결정할 때, 아이가 놀이를 통해 경험할 수 있는 어려움에 대해 고려하는 것 또한 중요하다. 이것과 관련하여 Fall(2001)은 다음에 제시한 글상자에 요약된 것처럼 문제의 종류에 따른 접근법의 선택을 위한 지침을 제공하였다.

학교에서 일어나는 흔한 문제

아동중심 놀이 치료는 다음 학생들에게 도움이 된다.

- 화나 슬픔으로 가득한 아동
- 자신감이 부족한 아동
- 마음의 상처가 깊은 아동
- 대화를 꺼려하거나 위험해 보이는 아동

Adlerian 놀이 치료는 아래의 학생들에게 도움이 된다.

- 사회적 문제가 있는 아동
- 가정적 문제가 있는 아동
- 힘, 관심, 복수, 부족감 같은 잘못된 행동 목표를 가지고 있는 아동

인지-행동 놀이 치료는 다음 학생들에게 도움이 된다.

– 어떻게 집중을 하는지 배워야 할 필요가 있는 주의력 문제가 있는 아동

– 사회적 기술을 필요로 하는 아동

– 학습 기술이 부족한 아동

– 우울한 아동

– 특정 행동에 대해 배우기 원하는 아동

– 특수교육을 받고 있는 아동(p. 325)

9.3.3 청소년 대상의 놀이와 놀이감

청소년에게 추천되는 놀이기반 활동에는 그림 그리기, 손인형 사용하기, 드라마, 게임 및 그 밖의 촉진 활동이 있다. 청소년을 위한 소재로는 보드 게임과 카드, 상호 대화식(interactive-process) 게임(예 : the Ungame), 인형, 다트판, 퍼즐, 점토 및 미술용품이 있다(Breen & Daigneault, 1998).

청소년에게 이러한 물건들을 사용하도록 하면, 이들이 상담자와 대화할 때 보조적인 방법으로 대화를 촉진할 수 있다. 예를 들면, "선생님은, 네가 이 찰흙을 이용해서 축구팀에 대한 너의 경험을 잘 나타낼 수 있는 작은 작품을 만들 수 있는지 궁금한걸?" 또는 "현재의 상태가 어떠한지 설명할 적절한 단어를 찾지 못하는 것처럼 보이는걸? 그럼 그림을 그려보는 것이 더 쉽지 않을까 싶은데." Breen과 Daigneault(1998)는 중학생과 고등학생의 상담에서 놀이감을 사용하는 다른 예들을 제시하기도 하였다.

9.3.4 놀이와 관련된 양식의 변형과 활용

이 장에서 말하는 상담 양식은 학교에서 행해지는 집단상담과 심리교육에서 활용될 수 있다. 예를 들어, 손인형은 초등학교 교과활동에서 흔히 사용된다. 도전적 과정(challenge courses)은 팀워크 형성을 위한 활동에서 자주 사용된다. 놀이 치료와 모래상자를 활용한 집단은 모든 학년 수준에서 다양한 문제를 다루기 위하여 사용되어 왔다.

다양한 놀이기반 전략들은 집단상담에서 통합되어 사용된다(Sweeney & Homeyer, 1999). 예를 들어, 집단의 첫 만남에서, 구성원들은 자신을 소개하는 활동에서 자신을 상징하는 장난감이나 모형을 이용할 수 있다. 집단 구성원들은 자신들이 직면한 도전에 대한 해결책으로 그림을 그릴수도 있다. 그들은 놀이 활동과 꼭두각시 인형을 활용하여 친사회적 행동을 연습할 수도 있다.

전문적인 상담자들은 아동-교사 관계 훈련(Child-Teacher Relationship Training)과 같이(예 :

Helker & Ray, 2009) 변형된 형태의 놀이 치료에 관심을 보이기도 한다. 이 훈련에서 교사와 보조교사는 놀이 치료에 기반한 개념과 기술을 배우는 훈련에 참여한다. 내용에 대한 설명을 들은 후에, 교사와 보조교사는 수퍼비전을 통해 진행되는 회기 동안 한 학생에게 배운 기술을 적용한다. 마지막으로 교사와 보조교사는 구조화된 정기 집단 활동에서 이러한 기술을 활용한다. 이들은 또한 주당 한 학생을 배당받아 15분의 개인 놀이 시간을 계획한다. 학업중단의 위험을 보이는 아동에게는 한 주당 30분씩의 회기를 계획한다. 교사와 보조교사를 훈련시킬 때 참여한 아동의 숫자와 상관없이, 습득된 기술은 학생 전체에게 일반화할 수 있다. 따라서 개입은 많은 학생들에게서 긍정적인 결과를 보일 수 있다. 이러한 개입을 통해 확인된 효과적 결과는 성인과 아동에게 긍정적인 영향을 미칠 수 있다.

9.4 게임

게임을 통해 아동, 청소년 및 성인은 기술을 배우고, 정보를 기억하고, 스트레스를 완화하며 문제 해결 전략을 강화할 수 있다. 우리와 마찬가지로, 당신도 초등학교 때 학습 게임 하는 법을 배웠던 것을 당연히 기억할 것이다. 우리는 Scrabble을 하면서 철자를 연습하였고, 끝말잇기를 하며 경쟁했다. 우리는 또한 공기놀이를 하면서 소근육과 민첩성을 길렀다. 그리고 우리는 팀 스포츠를 하면서 협동과 관계에 관련된 기술을 습득했다.

　게임은 또한 치료적으로도 사용될 수 있다(Schaefer, 1993; Schaefer & Reid, 2001). 예를 들면, 게임은 라포를 형성하기 위해 사용될 수 있고, 조심스럽고 말이 없는 아동 및 청소년과 상담자 사이의 의사소통의 장을 열어주기도 한다. 또한, 게임은 아동 및 청소년이 어떻게 활동에 접근하고, 경쟁하고, 승패를 협상하는 지를 상담자가 관찰할 수 있는 기회를 제공함으로써 진단에 사용되기도 한다. 게임은 자기 인식을 이끌고, 사회적 기술을 향상시키는 기회를 제공하기도 한다.

　전통적인 게임들은 치료적인 적용을 위해 변형될 수 있다. 나(Sandy Magnuson)는 5학년 남학생을 상담한 적이 있는데 그 아동은 경쟁심이 너무 강해서 팀이나 개인 스포츠에서 올바르게 참여하지 못하기 일쑤였고, 같은 이유로 대인관계에도 어려움을 겪고 있었다. 우리는 체커스 게임을 통해 누가 게임에서 지는지 보았다. 누가 A지점에서 B지점까지 가는 데 가장 긴 시간이 걸리는지 보기 위해 걷기시합도 했다. 이러한 활동을 통해 이기고 지는 것에 대한 아동의 생각을 파악하려고 했고 이기지 않고도 게임에서 재미를 느끼는 방법을 알도록 도왔다.

　McDowell(1997)은 전통적인 스틱 뽑기(pick-up sticks) 게임을 변화시켜 색상과 감정을 매칭하여 수정하였다(예 : 노란색은 행복, 파란색과 검은색은 슬픔의 단계적 표현, 빨간색과 보라색은 분노의 단계적 표현, 초록색은 질투, 갈색은 지루함, 그리고 오렌지색은 흥분함). 차례가 된

사람이 쌓아놓은 스틱에서 다른 막대기를 건드리지 않고 막대기 하나를 꺼내면, 그는 그 막대기의 색이 의미하는 기분과 관련된 자신의 경험을 이야기 한다. 젠가(Jenga)와 같이 쌓은 블록을 이용하는 게임도 이러한 목적을 위해 충분히 활용할 수 있다.

게임은 관심을 증가시키고 암기 기술을 향상시키기 위해 활용될 수도 있다. 예를 들면, 상담자와 학생이 번갈아 가면서 연속적인 지시를 내린다. 아동은 "앉아, 일어서, 그리고 다시 앉아."라고 지시받을 수 있다. 그 아동이 이 세 가지 지시에 따라 성공적으로 해내면, 지시의 수는 늘어난다. "앉아, 일어서, 돌아, 그리고 다시 앉아." 아동은 지시를 주고 받으면서 단기 정보 기억을 연습하게 된다.

다양한 협동적 집단 활동은 아동과 청소년에게 유익할 수 있다. 예를 들면, 몇몇 학교 상담자들(Sabian & Gilligan, 2005)은 초등학생과 중학생을 위해 협동적 게임에 맞춰 프로그램을 설계했다. 그 프로그램은 성공적인 결과를 보였는데, 프로그램 참여자들은 사회적, 학업적 어려움이 있었다. 이들은 ADHD, 아스퍼거 증후군, 불안장애 또는 사회적 상호작용에 대한 어려움과 같은 문제를 지니고 있었다. Sabian과 Gilligan(2005)은 전통적인 어린이들의 잡기놀이를 수정하여, 협동 없이는 성공할 수 없는 게임으로 변형하기도 했다. 그들은 사회적 기술을 향상시키고 긍정적인 자기상을 갖도록 돕기 위해 문제해결 게임과 도전과정 게임을 추천했다.

Schaefer와 Reid(2001, pp. 30-31)는 아동을 상담할 때 언제 게임이 적합한지를 결정하기 위한 지침을 다음과 같이 제시했다.

1. 아동의 나이와 특정 유형의 게임에 대한 발달적인 선호도를 고려하라.
2. 복잡성의 수준에 따라 다양한 게임을 고려하여 아동의 요구에 맞춰 게임을 사용해라.
3. 게임이나 게임 세트를 사용하는 목적, 아동이 보이는 문제점, 치료의 목표 및 치료자의 이론적 성향을 분명히 밝혀라.
4. 게임에 포함된 잠재적인 치료적 요소와 변화의 방법을 확인하라.
5. 치료를 시작할 때, 게임의 기본적인 원칙을 정하라.
6. 게임의 가치를 아동의 관점에서 평가하라.
7. 치료 시간 동안 몇 차례 반복하여 실시할 수 있는 게임을 선택하라.

9.5 시각 예술

예술 활동은 고통스러운 경험, 생각, 감정을 표현하는 또 다른 방안이 될 수 있다(Malachiodi, 2003). 예술은 도전적인 학업 성취, 갈등 관계, 그리고 발달적 전환의 해결을 촉진하는 비언어적 상담 양식이다. 이러한 맥락에서의 개입은 치료적일 뿐만 아니라 교육적일 수도 있다(Levitt, 2009). 미술 치료와 연관된 기술은 개인상담, 집단상담 및 교실 수업을 통해 이뤄질 수 있다(Levitt, 2009). 예술적 접근은 특히 청소년에게 도움이 된다(Kahn, 1999).

Gladding(2005)은 미술을 통한 자기표현의 효과를 다음과 같이 설명했다.

> 시각 예술은 역사가 기록되기 이전부터 지금까지 인류의 소중한 자산이었다. 사람들은 그들의 세상을 단지 머릿속으로만이 아니라 회화, 조각, 사진 등을 통해 시각적으로 표현한다. 사람들은 자신이 창조한 것의 구체성을 직면하고 이해할 때, 이들은 종종 자아에 대한 새로운 개념과, 내적-외적인 인간관계에 대해 깊은 이해를 얻게 된다. 따라서 시각 예술은 감정을 불러일으키고 가능성을 촉진한다.

비록 미술 치료가 비교적 새로운 개념이긴 하지만 정신 질환과 미술의 연관성은 꽤 오랜 기간 동안 관심을 끌어왔다(Malchiodi, 2003). 특히 회화와 같은 다양한 형태의 미술이 20세기에 정신적 평가 척도로 부상했다. 미술 치료라는 용어는 1940년대에 전문적 문헌과 담화에서 처음 나타났다. 네 명의 저명한 미술 치료사인 Margaret Naumberg, Edith Kramer, Hanna Kwiatkowska와 Elinor Ulman은 광범위하게 관련 내용을 저술하였고, 이후 몇 십년간 훈련을 제공함으로써 이 분야의 발전에 기여하였다(Malchiodi, 2003). 현대 미술 치료사들은 Naumburg를 특히 미국의 미술 치료 창시자라고 인식한다.

초기 미술 치료사들은 Freud의 영향을 강하게 받았다. 현대 미술 치료사들은 내담자 중심 접근, 실존주의적 접근, 인지-행동적 접근 등 전통적 접근법을 포함하여 다양한 이론적 기반에 근거하여 치료를 한다. 그들은 또한 포스트모던 접근법인 해결 중심과 이야기식 접근법을 사용한다(예 : Riley & Malchiodi, 2003).

9.5.1 상담에서 미술을 이용하기 위한 재료 선택과 준비

Kahn(1999, p. 293)은 학교에서 미술 개입을 도입할 때 더 만족스러운 결과를 가져오는 실행 단계에 대한 개요를 설명했다.

1. 상담실 한쪽에 항상 있는 미술 공간을 만들어서 학생들이 누구나 볼 수 있고 이용할 수 있도록 준비하라.

2. 상담에서 미술의 사용을 일반화하라. 학생, 교직원 및 학부모와의 첫 만남에서 그들에게 그 과정을 설명하라.

3. 미술을 모든 연령의 내담자에게 사용하는 것의 가치를 학부모와 교사에게 설명하라. 청소년의 발달적 욕구와 연계하여 강점을 강조하라.

4. 교사가 개인적으로 그 과정을 경험하도록 만들어라. 예를 들어, 교사와의 회의에서 그림이나 잡지 사진 붙이기를 통해 현재 직업을 선택하기까지 그들의 진로의 여정을 만들고 함께 나누어 보도록 하라.

5. 이 과정은 미술을 통해 의사소통을 하고 표현을 하는 것이지 미술적 재능을 보려는 것이 아님을 학생들에게 지속적으로 상기시켜라.

6. 비밀 보장의 원칙은 미술작품에도 적용이 되며, 첫 회기에 이를 분명히 언급하여라. 학생의 허락 없이는 미술작품을 교사, 부모, 전문가에게 보여주지 말아라.

7. 상담 과정 동안 미술 작품에 대한 결정을 내려라(예 : 상담자가 가지고 있을 것인지 혹은 학생이 집에 가져갈 것인지?).

상담실, 공간, 그리고 기타 요소들은 치료적인 미술 치료 공간을 준비하는 데에 지침이 될 수 있다. 비록 영구적인 공간의 장점이 있기는 하지만 이동식 공간도 똑같이 효과적일 수 있고, 교실이나 다른 공간으로 더 쉽게 이동될 수 있다. 특히 상담실이나 지정된 공간 밖에서 상담을 할 때에는 안전성과 편안함이 보장되어야 하며 비밀 보장이 이루어져야 한다(Levitt, 2009).

Rubin(1984)은 미술 치료를 위한 공간에는 (1) 소묘, (2) 그림, (3) 조형 및 (4) 구성을 위한 재료를 포함해야 한다고 제안했다. 전형적인 준비물로는 찰흙, 그림을 그리기 위한 종이, 색연필, 크레용, 마커, 붓, 물감, 핑거 페인팅 물감, 그리고 파스텔이 있다. 사진, 풀, 종이, 가위, 그리고 기타 재료는 콜라주를 위해 필요하다. 다시 강조하자면, 다양한 재료와 선택권은 다양한 표현 방식과 발달적 능력을 가능케 한다. 미술을 사용하는 학교기반 상담자들은 또한 정리 도구뿐만 아니라 그림 그릴 때 입을 옷도 준비해 두어야 한다.

> 미술 도구들은 다양한 방법으로 통합될 수 있다. 그림을 그리는 것은 라포 형성을 도와주고, 말이 적은 아동이 자신의 이야기를 하도록 도와줄 수 있다. 찰흙(Play-Doh)을 '만지작(fidget)'거리게 하는 것은 상담 도중 가만히 있지 못하는 학생 내담자들에게 도움이 될 수 있다.

9.5.2 상담 과정

Kahn(1999)은 전문 상담자들에게 학생들을 도울 때 미술 활동을 포함하기 위한 목표를 고려하라고 격려하며 다음과 같이 말했다. "미술을 치료로서 성공적으로 사용하는 것은 단계적으로 적절히 실시하는 미술 및 상담자 과정에 달려 있다. 이것은 청소년이 이 단계를 거침으로써 자기표현을 하도록 돕는다(p. 295).” 목표를 설명하기 위한 안내 질문으로 다음과 같이 말할 수 있다. “상담의 이 단계에서 어떤 미술 활동을 통해 청소년이 변화할 수 있도록 도울 수 있을까?” 그리고 “이 단계에서는 미술을 통해 무엇이 표현되어야 하는가?” Kahn은 또한 상담 초기에는 덜 세분화된 지시를 하고, 상담이 진행된 후 지시적, 구조적 설명을 증가시키라고 제안하였다. “나는 네가 친구가 있을 때의 너의 모습을 표현한 그림과, 네가 혼자 있을 때의 너의 모습을 표현한 그림을 그렸으면 좋겠어.” 이러한 단계 이후에는 “너는 친구들과 함께 있으면 무엇이 좋니?”와 같이 지시적으로 물어 볼 수 있다.

앞에서 언급한 바와 같이, 다양한 이론을 기반으로 일하는 전문 상담자는 미술 역시 통합시킬 수 있다. 만일 지시적인 모델에 기반하여 상담을 한다면 미술 재료나 활동의 종류는 보통 전문 상담자에 의해 사전에 선정된다. 전문 상담자들은 학생 내담자에게 스트레스 요인, 괴로운 생각, 혹은 목표 달성 단계를 설명하라고 요구할 수 있다. 덜 지시적인 접근으로는, 전문 상담자들이 전형적으로 학생 내담자가 나열된 재료들 중에서 선택하도록 하고, 그들이 걱정하는 무언가에 대한 생각과 그들의 감정을 묘사하도록 요구할 수 있다. 실존주의적 접근에 기반한 그림의 경우에는, 전문 상담자들이 학생 내담자가 콜라주를 통해 자신의 모습을 표현하도록 하고, 그를 통해 자기 이해를 높이는 것에 초점을 둘 수 있다.

미술은 또한 다양한 결과를 가져올 수 있다. 어떤 학생은 미술과 관련된 것을 한두 번만 만들 수 있다. 그림을 색칠하면서 학생은 직면하고 있는 어려움에 관한 통찰력을 얻게 될 수도 있다. 반면, 어떤 학생들은 지속적으로 미술을 이용하여 도움을 얻을 수 있다. 예를 들어, 트라우마나 상실로부터 회복 중인 아동은 자신을 표현하는 지속적으로 표현함으로써 도움을 얻고 미술을 통해 해결에 도달할 수 있다.

9.6 경험적 지지

치료적 양식으로서 놀이의 효과성은 경험적으로 입증되어왔다. 예를 들어, 놀이 치료에 관한 94개의 연구들에 대해 최근에 행해진 메타 분석은 긍정적인 치료 결과의 중요한 증거들을 보여주었다(Bratton, 2010; Bratton, Ray, Rhine, & Jones, 2005). Bratton(2010)은 학교에서 행해진 놀이 치료 개입(‘의사소통을 촉진하는 단순한 방법이 아닌, 경험의 통제, 이해, 표현을 가능하게 하는 주된 방법으로 놀이를 사용하는’것으로 정의된다. p. 26)에 관련된 51개의 결과보고 연구에 대한 비슷한 메타 분석에 초점을 맞추었다. Bratton은 이와 같은 메타 분석을 행하는 것의 한계점과 어려움을 인정하였다. 하지만 그녀는 다음과 같이 결론지었다.

현존하는 실험 연구 결과에 따르면, 학교기반 놀이 치료는 학교 환경에서 활용되는 다른 정신 건강 개입에 대한 실험 연구에 비해 효과성의 정도가 동일하거나 그 이상이다. 놀이 치료는 내재화 및 외현화 행동문제를 줄이고, 자아 개념을 증가시키고, 사회적 기술과 사회 적응을 향상시키며, 학업적 수행과 관련된 기술 및 성취를 향상시키고, ADHD 증상, 공격성, 품행 문제 및 문제 행동을 줄이는 것으로 보인다(Bratton, 2010, p. 50).

Fall, Balvanz, Johnson과 Nelson(1999)은 반복이 가능한 비교집단 연구를 수행하였다. 참여 아동은 학습을 방해하는 대처 기제(예 : 수줍음, 좌절, 주의를 끄는 행동)에 따라 의뢰되었다. 5~9세의 아동을 대상으로 30분씩 총 여섯 번의 개별 아동 중심의 놀이 치료 회기가 시행되었다. 회기 전-후의 측정은 구조화된 관찰, 표준화된 행동평가, 자기효능감 척도를 포함하였다. 평가 도구는 행동 평가 척도에서 유래되었으며, 실험집단과 통제집단에 거의 비슷한 수준으로 구조화 된 관찰을 실시하였다. 자기효능감의 변화를 확인한 결과, 놀이 치료를 받는 학생은 유의미한 자기효능감의 증가를 보인 반면, 통제 집단은 경미한 감소를 나타내었다.

Garza와 Bratton(2005)은 문제가 있는 내재화 및 외현화 행동으로 인해 학교 상담자에게 의뢰 된 스페인어를 하는 아동을 대상으로 비슷한 연구를 수행하였다. 5~11세의 아동은 15주 동안 매주 30분씩 아동 중심 놀이 치료 회기에 참여하였다. 외현화 문제행동을 보였던 아동은 가장 주 목할 만한 변화를 보였다. 그리고 내재화 문제행동에서는 중간 정도의 변화를 나타내었다.

9.7 문화적 차이에 반응하기

놀이감, 게임, 미술, 모래, 놀이 등은 보편적이기 때문에, 이러한 접근은 말하기를 배우고 있는 아동이나 새로운 문화에 적응하려는 아동을 상담할 때에 귀중한 연결고리를 제공한다(Cochran, 1996). 하지만 의도치 않은 결례와 오해들을 피하기 위해서는 학교 교직원들이 학교 안에 있는 문 화적 집단에 대해 잘 아는 것이 필수적이다. 놀이의 패턴이나 인식(Coleman, Parmer, & Barker, 1993) 혹은 예술적 유산(Gladding, 2005)에 대해 배우는 것 또한 중요하다. 문화적 영향이 미치는 생활방식을 존중하고 이해하는 것을 통해 학교 교직원은 학생에 대한 접근 방식을 반응적으로 조 정할 수 있다.

뿐만 아니라 상담실 장식과 놀이감 선정에서도 문화의 다양성(특히 학교에서 나타나는)을 고 려해야 한다(Perryman & Doran, 2010). 미술재료의 경우 반드시 다양한 피부색의 크레용이 있 어야 한다. 소장하고 있는 인형들 또한 다양한 민족을 표현하는 것이어야 한다.

9.8 전문단체와 자격증

이 장에 소개된 상담 양식은 전문화된 영역이다. 그러므로 전문단체들은 준비와 훈련에 대한 문 헌, 자원 및 지침을 제공하기 위해 설립되었다. 우리는 여러분이 계속적인 전문성 신장을 위한 기회를 활용하고, 이러한 접근들에 대해 더 배우기 위해 전문단체의 웹 사이트 방문을 권장한다.

놀이 치료학회(Association for Play Therapy)는 1985년에 설립되었다. 이 단체는 (공인된 놀이 치료사, 공인된 놀이 치료사의 수퍼비젼을 위한) 준비와 자격증을 취득하는 최소한의 과정과 기준들을 설정해왔다. 이 단체는 학술지(*The International Journal of Play Therapy*)와 소식지(*Play Therapy*)를 출간한다. 또한 웹 사이트에서 이용 가능한 Play Therapy Best Practices를 채택해 왔다. 놀이 치료학회는 또한 연차 대회를 개최한다.

미국미술치료학회(American Art Therapy Association : AATA)는 1969년에 설립되었다. 이 단체는 '작품 활동에 관련된 창조적인 과정들이 치유적이며 삶을 강화시킨다'는 믿음에 기초한다. AATA는 미술 치료의 질 높은 실행을 촉진하고, 회원들에게 11월에 열리는 국제학회를 포함하여 지속적이고 다양한 교육기회를 제공한다. AATA는 학술지(*Art Therapy: Journal of the American Art Therapy Association*)를 출판한다. 또한 미술치료사 자격위원회(Art Therapy Credentials Board)는 두 수준의 자격 (1) Registered Art Therapist, (2) Board Certified Registered Art Therapist을 감독하는 관련 기관이다.

9.9 제안

학교에 놀이 및 미술기반 상담 개입을 포함시키기 이전에, 이러한 개입을 사용하는 근거에 대하여 분명하게 입장을 정리해야 한다. 그래야 당신은 아이들을 상담할 때 어떻게 놀이감과 미술을 상담에 사용하는지에 대해서 쉽게 설명할 수 있을 것이다. 흔히 이러한 설명을 적어서 하는 경우도 있다. 놀이 및 미술기반 상담 개입을 사용하는 이유를 적은 안내지를 한 가지 준비하는 것은 도움이 된다. 안내지를 작성하면서 다시 한 번 전체적인 과정을 명확하게 할 수 있으며, 준비물이나 장난감을 사용할 때 실제로 어떤 말을 할지도 정리할 수 있다.

상담 회기 동안에 허용된 자유의 정도에 따라서, 학생 내담자가 그들의 학급 활동에 돌아가 잘 적응할 수 있도록 준비시키는 것이 중요하다. 상담실에서 정해지는 한계와 교실에서의 한계가 다르다면, 그러한 차이점들을 다시 짚어보아야 한다. 예를 들어, "네가 상담실에 있을 때 보보인형을 내리 치는 것과 달걀 곽을 부수는 건 괜찮아. 하지만 네가 교실에 있는 어떤 것을 치거나 망가뜨린다면 무슨 일이 일어날지에 대해 말해보자. 네가 무언가를 때리고 싶다고 느낄 때, 이런 행동 말고 무엇을 할 수 있겠니?"

이러한 접근들을 사용할 때 관련 문서 및 비밀 보장에 특별히 주의를 기울여야 한다. 예를 들어, 사진은 한 학생 내담자의 의사소통을 위한 수단이다. 따라서 그 사진에 대해서는 비밀을 보장해 주어야 한다(Hammond & Gantt, 1998). 시각적인 상담의 결과물들을 게시해서는 안 된다. 마찬가지로 놀이와 모래상자 활동도 상담양식으로서 사용될 때는 비밀 보장이 이루어져야 한다. 모든 물건들이 원래의 위치에 정리될 때까지 놀이방과 모래상자 활동은 다른 사람이 보지 못하도록 해야 한다. 아동의 미술작품과 모래 상자에 대해 사진을 찍는 경우에도 미리 허락을 받아야 한다.

상담의 내용을 서류화하거나 작품의 소유권을 결정할 때 주의 깊게 고려해야 할 점이 있다 (Hammond & Gantt, 1998). 학생 내담자들은 자신이 그린 그림이나 직접 만든 작품을 갖고 싶다고 요청할 수도 있다. 반면 정신건강 전문가들은 상담의 내용을 서류화하기 위해서 미술품을 보관하고 싶어 할 수 있다. 명백한 지침이 없다면 학교기반 전문가는 학생 내담자의 요구, 학교의 상황 및 직업과 관련된 윤리 규정을 고려할 필요가 있다.

이전에 언급한 바와 같이 이 장에서 설명한 어떠한 상담 양식으로 상담하든지 간에, 당신의 훈련 수준, 수퍼비전에 대한 접근성 및 학생들의 요구를 고려하는 것이 중요하다. 훈련과 수퍼비전의 기회들에 대한 정보를 얻기 위해서 전문 협회에 가입하여 참여하거나 당신의 지도교수에게 자문을 받을 것을 권장한다.

9.10 결론

전문적 문헌에는 놀이 및 미술 치료와 관련된 다양한 상담양식을 위한 정보, 지침 및 자원이 풍부하다. 이 장에서 다루어진 접근법 이외에도 실천 및 적용 지침서의 마지막 장에서 우리는 여러 가지 형태의 표현 중심 상담 방법을 제시하였다. 우리는 당신이 문헌을 정독하고, 당신이 흥미를 느끼는 것, 그리고 당신의 성격, 상담 스타일, 선호하는 이론과 가장 일치하는 것처럼 보이는 상담방법을 탐색해보라고 권하고 싶다.

한스의 사례

놀이 치료는 스트레스와 변화를 극복하고 있는 아이들에게 도움이 된다. 그렇기 때문에 놀이 치료는 한스를 위한 적절한 치료 방법이 될 수 있다. 아동중심 놀이 치료에 기반한 다음의 사례와 같이, 독립심과 자신감을 기르는 것 역시 상담의 목표가 될 수 있다.

학교 상담자(SC) : 안녕, 한스. 오늘은 대략 30분 정도 상담할 거야. 네 마음대로 많은 놀이감을 가지고 놀아도 돼. 벌써 몇 개는 네가 본 듯하네.

한스 :   이건 뭐에요?

SC :   그 놀이감에 대해 궁금하구나.

한스 :   이걸로 제가 뭘 할 수 있어요?

SC :   이 방에서는 네가 하고 싶은 것을 정할 수 있어. 네가 뭘 할지 궁금한걸?

한스 :	그렇지만 저는 이 놀이감이 진짜 뭔지 알고 싶어요.
SC :	네게 그걸로 뭘 할지 내가 말해주지 않으니까 속상하니?
한스 :	알 것 같아요. 음식이죠.
SC :	그래, 그걸 음식이라고 정한거구나.
한스 :	(식사 준비를 하는 것처럼 한 뒤) 저녁준비 다 됐어요.
SC :	(속삭이듯) 내가 뭘 했으면 좋겠니?
한스 :	"알겠어" 라고 말해주세요.
SC :	(속삭이듯) 어떤 행동을 취할까?
한스 :	오늘이 생일이라 선생님은 현재 기분이 좋은 상태예요.
SC :	어머! 내 생일이라 이렇게 저녁을 준비해주어서 나는 정말 행복하구나. 온통 내가 제일 좋아하는 음식들이네.

우리는 인지 행동 이론에 기초한 접근으로 지시적 개입을 고려할 수도 있다. 왜냐하면 한스는 친구들과의 관계, 교실에서의 행동과 숙제에 있어서 명백한 어려움을 겪고 있기 때문에 현재 자신감이 떨어져 보이기 때문이다.

학교 심리사 (SP) :	안녕, 한스. 오늘 하려고 준비해 둔 활동이 있어. 일단 우리는 네 친구들이 다른 교실에 있을 때 네 교실에 가서 사진을 몇 장 찍을 거야. 그리고 돌아와서는 네가 사용할 큐 카드(cue card)를 만드는 데에 그 사진들을 사용할거야.
한스 :	제가 사진을 찍어야 해요?
SP :	사진 찍고 싶니?
한스 :	네.
SP :	그래? 그럼 내가 몇 개 찍고 그리고 나서 네가 찍으렴.
한스 :	알겠어요!
SP :	(교실에서) 네 자리는 어디야? 네 자리에 앉아서 네 선생님이 너와 네 친구들한테 이야기를 하고 있는 것처럼 하고 있어봐. 집중을 잘하려면 네가 어떻게 앉아야겠니?…… 자 그럼 이제 사진 찍는다.
	이제, 네 선생님이 교실에서 토의를 진행하시는 것을 상상해보자. 네가 말하고 싶은 것이 있다는 것을 선생님에게 어떻게 알리겠니? 그걸 사진으로 찍어보자. 그 밖에 다른 행동에는 뭐가 있을까?
한스 :	숙제 제출하는 건 어때요?
SP :	좋은 생각이네! 어떻게 찍고 싶니?
한스 :	아침마다 바구니에 숙제를 제출하니까 바구니에 넣는 모습을 하고 있을게요.
SP :	알겠어. 준비되면 말하렴. [한스 포즈를 취하고, SP는 사진을 찍는다.]
SP :	하나 더 생각났어. 기분 좋게 하루를 시작하기 위해 아침에 학교에 오면 네가 무엇을 할 수 있을까?

한스 :	보통은 그냥 제 자리로 와서 앉아요.
SP :	그 행동 말고 어떤 행동을 할 수 있을까? 당분간 시험 삼아 다른 걸 해보았으면 하는데.
한스 :	선생님 책상으로 가서 "좋은 아침이에요!"라고 말할 수 있을 것 같아요.
SP :	그렇게 하고 싶니?
한스 :	네.
SP :	그건 어떻게 찍지?
한스 :	선생님 계실 때 찍으면 안돼요?
SP :	물론, 상관없어. 네가 직접 사진을 찍고 싶다고. 그럼 상담실 가기 전에 찍자.

상담실에 오자마자, 사진을 인쇄해서 '한스의 행동 계획' 또는 '한스의 전략들'이란 제목의 큐 카드 혹은 작은 포스터를 만들 것이다. '하이파이브와 미소로 하루를 시작하기', '바구니에 숙제 놓기', '집중하기'와 '생각을 말하기 위해 손을 들기'가 사진의 부제로 들어갈 것이다.

캐시의 사례

캐시의 사례 개념화에서 우리는 캐시의 발달 단계와 관련하여 해야 할 것들에 대해 살펴보았다. 캐시는 정체성, 가치, 목표 및 관계와 관련된 고민을 해결하려고 애를 쓰고 있다. 일반적으로 고등학교 졸업을 앞둔 학생들은 졸업 후의 계획을 세울 때 다양한 영역에서 혼란을 경험하곤 한다. 캐시가 명확하게 자기인식을 하도록 돕기 위해서 진로 발달과 관련된 놀이기반 개입의 적용사례를 제시하고자 한다. 활동의 준비로, 줄이 쳐져 있지 않은 종이 혹은 11~17인치 정도 되는 판지를 탁자에 올려놓았다.

SC :	오늘은 어떤 실험을 한 가지 하려고 하는데 네가 좋아할지 모르겠네? 강의 시간표 짜기, 조 편성하기 같은 중요한 결정을 해야 하잖아? 이러한 결정을 하는 과정에서 네가 무엇을 원하는지를 알도록 돕는 실험을 하나 해보려고 해.
캐시 :	이상한 것만 아니면 괜찮아요!
SC :	약간 이상할 수도 있어. 너무 이상하면 나에게 이야기하렴. 일단 탁자로 가자…… 선반[바구니]에 있는 모형들을 한번 보렴. 지금부터 내가 너에게 어떤 특정한 것들을 선택하라고 할 테니까, 너는 선택한 걸 탁자 위에 올려놓으면 되는 거야.
캐시 :	알겠어요.
SC :	먼저, 너를 잘 상징하거나 너에게 중요한 것을 의미한다고 생각하는 5개나 6개의 모형들을 골라봐. 그걸 염두에 두고, 그 중에 너의 마음이 가는 모형들을 골라. 네가 다 선택하면 나에게 알려줘. [상담자는 말을 하지 않고 적극적이고 세심하게 관찰한다.]
캐시 :	(공, 지구본, 하트, 불상, 농구 선수, 졸업 가운을 입은 청소년 모형, 어른 모형 4개, 어린 여성 모형 2개를 고른 뒤) 다 골랐어요.
SC :	이제 너한테 맞게끔 그것들의 순서를 배열해 봐. 이 종이 왼쪽에서부터 배열하면 돼.

캐시 :	(공, 지구본, 하트, 불상, 농구 선수, 졸업 가운을 입고 있는 청소년 주변에 가족 모형을 배열하고 끄덕임)
SC :	됐니? 이제 지금으로부터 4년 후가 되었다고 상상해보자. 그럼 너는 그때는 몇 살이지?
캐시 :	22살이겠죠(웃으며).
SC :	선택한 모형들을 다시 한 번 보렴. 그때까지도 네가 가지고 싶은 것을 나타내는 물건들이나 네가 이루고 싶은 것들을 나타내는 물건들 5~7개 골라봐. 확실히 왜 그게 끌리지는 모르겠어도, 너의 관심을 끄는 물건이 있으면, 포함해도 좋아.
캐시 :	(차, 졸업 가운을 입은 여성 모형을 추가하고, 빌딩, 청소년 모형 5개, 돌과 무지개를 선택한 후) 이것도 배열해요?
SC :	응. 종이의 오른쪽에다가 배열해보렴.
캐시 :	(배열을 다 한 후) 이제 뭐해요?
SC :	게임 한 번 더 해볼래? (알겠다는 표시로 캐시가 고개를 끄덕임.) 이제 여기(왼쪽에 있는 모형들을 가리키며)에서 여기(오른쪽에 있는 모형들을 가리키며)로 가기 위해 네가 극복해야할 방해물들이나 네가 겪게 될 어려움들을 나타내는 모형들을 골라봤으면 좋겠어.
캐시 :	아! 그건 쉽죠!(남아있는 모형들을 보며 생각을 하더니, 울타리를 종이 한가운데 놓고, 불꽃을 추가하더니 어깨를 으쓱인다.) 제 생각엔 다한 것 같아요.
SC :	네가 선택한 모형들에 대해 설명해주겠니?
캐시 :	(캐시는 자신을 지지해 주는 가족을 가장 가치 있다고 설명하면서 배열에 대한 해석을 한다.) 운동 선수와 공은 선반에 두려고 했는데, 그냥 포함시켰어요. 운동이랑 공 때문에 힘들어 하면서도 제 생각에는 제가 팀을 좋아하는 것 같아요. 저는 불상처럼 제가 평화로웠으면 좋겠어요. 제 가족이 저를 지지해주는 걸 알고 있어요(캐시는 덧붙여서 대학교에 진학하고 싶고, 차를 가지고 싶으며, 친구들과 즐겁게 지내면서 마음이 편했으면 좋겠다고 이야기했다.)
SC :	그럼 이거는(울타리와 불꽃을 가리키며)?
캐시 :	방해물과 어려움이 뭐가 될지 생각했을 때 적합한 게 없었어요. 그래서 그냥 울타리와 불을 넣었어요. 울타리처럼 뭔가 넘기 어려운 것이 있을 것 같긴 한데…… 잘 모르겠어요. 불은 뭐와 관련된 건지 전혀 모르겠어요.
SC :	글쎄. 네가 알아낼 수 있을 거야. 아닐 수도 있고. 네가 만든 이 모형들을 보았을 때 네가 지금 무슨 생각을 하고 있는지 궁금한데.
캐시 :	재미있어요. 잘 모르겠어요. 확실한 건 농구를 빼고는 제 자신을 상상할 수 없었어요. 그리고 불상처럼 정말 제가 평화로움을 원하고 있는 것 같아요, 저 돌처럼 말이죠. 제 생각은 그래요.
SC :	네가 만든 모형물들을 내가 만져 봐도 될까? (캐시가 끄덕였고, 상담자는 불상과 돌을 울타리 옆에다 두고 다리로 그것들을 이었다.) 불상이랑 돌이랑 다리랑 이야기를 한다고 상상해봐.
	[잠시 후]
캐시 :	뭐 좀 옮겨도 될까요?
SC :	당연하지.
캐시 :	(운동선수와 불상을 울타리로 옮긴 후에) 운동선수의 도움을 받아서, 불상이 울타리를 넘을 수 있어요.

SC :	한번 해봐.
캐시 :	(불상과 운동선수를 울타리 넘어 '점프'시키고 웃음을 지었다.)
SC :	울타리의 한쪽 부분을 이쪽으로 치우면 너에게 어떨 것 같니?
캐시 :	재밌겠는데요! (캐시가 울타리 한쪽 부분을 치워버렸다)
	[잠시 멈춤]
	이제 가도 되나요? 이것에 대해서 잠시 생각해 보고 싶어요.
SC :	물론이지. 사진 찍어줄까?
캐시 :	지금 말구요. 다음에 저랑 이야기할 때까지 사진 찍어서 보관해주실 수 있으세요? (상담자 고개 끄덕임) 그런데, 제가 이것들을 제자리에 돌려놓고 가야하나요?
SC :	아니, 그건 내가 할게. (캐시가 가고, 상담자는 모형들의 사진을 찍고 모형들을 선반 제자리에 되돌려 놓는다.)

활동

1. 2명이나 3명 정도의 집단을 이루어, 이 장에서 나온 상담양식에 대해 어떻게 생각하는지 토론해 보자.

2. 같은 반 구성원이나 소집단의 구성원과 함께, 한스의 사례에 대하여 토론해 보자. 이 사례에 대해 어떤 의문점이 있는가?

3. 같은 반 구성원이나 소집단의 구성원과 함께, 캐시의 사례에 대하여 토론해 보자. 이 사례에 대해 어떤 의문점이 있는가?

저널 주제

주제 1

당신의 어린 시절을 회상해 보자.

제일 재미있었던 놀이는 무엇이었는가?

당신이 놀 때 놀이의 주제는 무엇이었는가?

주제 2

당신의 어린 시절 활동을 회상해볼 때, 놀이 경험으로 당신은 무엇을 배웠는가?

당신의 어린 시절 놀이의 맥락에서 당신 자신과 성인이 된 현재 당신의 행동을 어떻게 생각하는가?

CHAPTER 10

학교에서의 집단상담

학습목표

- 학교 내에서 제공되는 다양한 집단의 유형을 알아본다.
- 효과적인 집단 리더십 기술을 검토한다.
- 심리교육프로그램을 개발하고 시행하기 위한 전략을 탐색한다.
- 학교기반 집단상담이 효과적인 독특한 상황을 고려한다.

유아기 초반에 모든 사람들은 집단 내에서 성장하고, 배우고, 지지를 받으며 경우에 따라서는 좌절하기도 한다. 학교의 맥락 안에서는 성인뿐 아니라 아동들 역시, 변화하는 다양한 집단의 역동을 경험한다. 학교 상담자와 학교 심리사에 따라 이들이 운영하는 집단의 유형은 조금씩 다를 수 있지만 대부분 중복된다. 예를 들어, 학교 상담자는 교실 내에서 학생 집단과 상담하고 학생 단체를 후원한다. 학교 심리사는 부모 집단과 상담하고 개별화 교육 프로그램(individual educational programs : IEPs)의 실행을 위해 동료들과 회의를 하게 된다. 양쪽 분야에 있는 전문적인 조력자들은 소집단 형태의 상담을 학생들에게 제공하게 된다. 이들은 중재반응(response to intervention : RTI) 회의에도 참여한다. 또한 교직원 및 다양한 위원회 회의에 참석할 뿐만 아니라 다른 조력자들과 협력함으로써 프로그램을 개발한다. 이런 모든 역할에서 이들은 집단 진행 과정을 촉진하기 위한 집단 리더십 기술을 사용할 수 있는 기회를 갖게 된다. 효과적인 집단원으로서 이들은 역할 모델을 강화하고, 긍정적인 또래 지지를 극대화하며, 긍정적 결과를 얻는데 공헌한다.

집단 상담을 위한 기술은 광범위하다. 실제로 모든 교재와 교과목의 내용은 집단 상담을 운영하는데 활용될 수 있다. 이 장의 내용은 교과목이나 교과서의 내용보다는 일반적인 집단 이론을 적용하고 우리가 일하고 있는 학교에서 실천하기 위한 내용이다. 집단상담 전문가들을 위한 협회(The Association for Specialists in Group Work, ASGW: 미국 상담학회의 한 분과)는 (1) 과업 혹은 일 (2) 상담 (3) 심리교육 (4) 심리치료의 네 가지 유형으로 집단상담을 구분하였다. 과업 집단(task group)은 위원회의 회의, 계획을 위한 회의 등을 포함한다. 이 집단들은 단기간에 시행되며, 목표, 목적 또는 결과물에 중점을 둔다(예 : 학교의 철학에 관한 진술의 초안 만들기). 집단의 형태

> 효과적인 집단 리더는 기초 상담기술을 기반으로 적용 기술을 확장한다. 이들은 집단을 구조화하고 조직화하고, 상호작용을 관찰한다. 또한, 구성원들의 경험을 바탕으로 참여를 연결하고, 활동을 시행하고 설계하고, 참여를 권장하며, 한 명이나 두 명의 구성원에 의해 집단이 지배되는 것을 예방한다. 집단 리더십이라 부르는 집단 촉진 기술은 표 10.1에 예시와 함께 설명하였다.

로 상담(counseling)하는 것은 자격을 갖춘 정신건강 전문가에 의해 운영되고, 개인의 성장 또는 문제 해결을 촉진하기 위한 것이다. 예를 들어, 집단의 참여자들은 불안과 같은 유사한 고민을 가지고 있다. 반면, 다양한 요구와 목적을 가지고 있는 참여자들이 하나의 같은 상담집단에 참여할 수도 있다. 심리교육(psychoeducation) 집단 역시 자격을 갖춘 정신건강 전문가에 의해 운영된다. 그러나 이 경우 주안점은 정보를 교환하고 기술을 가르치는 데 있다. 마지막으로 심리치료(psychotherapy) 집단은 심각하고 지속적인 심리적 장애를 가진 개인을 도와주기 위한 것이다. 일반적으로 교정에 초점을 두고 장기적인 문제를 해결하며 성격 변화에 목적을 두고 있다.

학교기반 전문가들의 일은 보통 처음 세 가지 영역에 속해 있다. 예를 들어, 학교기반의 전문 적인 조력자들은 협력 프로그램 개발을 위해 정기적으로 모이는 학교기반 정신건강 팀을 이끌 수도 있고, 참여하기도 하며, 학생 개인이나 집단을 돕는 활동을 개발하거나 개입의 효과성(과업 집단)을 측정하는 도구를 개발할 수 있다. 그들은 관계, 갈등해결 기술, 학습기술 등에 초점을 두 고 있는 집단상담을 이끌기도 하고 교실에서 수업을 가르치거나 더 큰 학생집단인 모든 학생에 게 심리교육을 제공하기도 한다. 또한 학부모와 정보를 교환하고 집단의 형태로 학부모 교육을 제공하기도 한다.

개인 상담에서 가장 중요한 기술들은 실행 및 적용 지침서에 잘 제시되어 있다. 집단리더는 과 업집단을 촉진할 때, 대화기술 집단에서 6명의 학생과 상담할 때, 또는 분노조절에 대해 전체 학 급에서 가르칠 때 모두 같은 기술을 사용한다. 다음 예시를 생각해 보자.

- 교직원 회의에서 내용에 대해 반응하기 : "제가 이해한 것을 확인해 볼게요. 학생들이 아침 에 무기력해서 집중시키기 어렵고, 그렇기 때문에 시간표를 바꾸기 원한다는 거죠."
- 요약하고 교실 내에서 개방형 질문하기 : "우리는 진로에 대해 이야기했었어. 그리고 너에 게 매력적인 직업에 대해 배울 수 있는 세 가지 방법에 대해 말했지. 본격적으로 관심사에 대해 이야기하기 전에 질문할 것 있니?"
- 상담집단 안에서 즉시성(immediacy) 사용하기 : "여기서 한 가지 짚고 넘어가고 싶은데 몇 분 전에 부정적인 또래 압력을 피하기 위한 방법들을 토론했고, 모두가 참여하고 있는 것처 럼 보였어. 내가 느끼기에 집단 내에서 각자가 강하게 소통한다고 느꼈지. 그런데 그 순간 우리가 하고 있는 일을 방해하는 어떤 일이 일어난 것처럼 느껴졌어."
- 학생회 회의에서 내용과 감정에 대해 반영하기 : "너희들은 침묵의 날(Day of Silence)을 성 공적으로 이끌기 위해 열심히 노력했는데 너희 몇 명이 토네이도 경보를 알려주기 위해 할 수 없이 침묵을 깨야만 해서 실망했겠구나."

유능한 집단 상담자는 기본적인 상담기술을 확장하여 적용한다. 집단을 구성하고 조직하며, 집단원의 상호작용을 관찰하고 집단원의 경험을 연결 짓는다. 또한 활동을 설계하고 진행시키며 참여를 독려하고 집단이 한두 명에 의해 지배되지 않도록 힘쓴다. 집단 리더십이라고도 불리는 집단촉진기술은 표 10.1에 예시와 함께 제시되어 있다.

Irving Yalom은 집단 상담의 대가이다. 그는 집단상담 시연 동영상에 자주 등장하는 상담자이 다. Lieverman, Yalom 및 Miles(1973)는 효과적인 집단 리더의 자질을 밝히기 위해서 연구를 시 행했다. 비록 그 연구가 30년도 더 전에 시행된 것일지라도, 오늘날의 연구자들은 계속해서 그 연구를 인용하며, 현대적 관련성을 인정한다. 이러한 연구자들은 효과적인 집단 리더가 정성과

표 10.1 집단 촉진 기술에 대한 요약

기술	설명	사례
구조화하기 (structuring)	구성원들이 안정감을 느끼고 환영받고 있다는 경험을 할 수 있도록 절차를 확립하기	"오늘 우리는 평소에 하는 것처럼 몇 가지를 확인하며 시작하려고 해. 오늘은 또래 압력에 초점을 둔 활동을 하려고 해. 역할 놀이를 하고 활동을 마칠거야."
모델링하기 (modeling)	명료한 의사소통, 존중, 수용성, 그밖의 다른 바람직한 특징들을 지속적으로 보여주기	피드백을 받아들인다. 나-메시지(I-message)를 활용한다. 각 구성원을 참여시킨다.
촉진하기 (facilitating)	참여를 촉진하고 의사소통을 명료하게 할 수 있도록 돕는 환경을 제공하기; 참여자들이 지속적으로 집중하며 생산적인 방법으로 상호작용하도록 돕기	"내 생각에는 우리가 주제에서 벗어난 것 같아. 우리 학교 신입생인 존의 이야기로 다시 돌아가자. 존, 올해 들어서 혼자 남겨진 것 같은 느낌을 여러 번 받았다고 했잖아. 존이 우리 학교를 차가운 곳으로 느꼈다는 것에 대해 다른 친구들은 어떻게 생각하니?"
참여 격려하기 (encouraging involvement)	각 구성원이 집단 활동과 상호작용에 적극적으로 참여하도록 요청하기	"예레미야. 오늘 네 이야기를 못 들었네. Chi Sigma Iota 첫모임을 위한 프로그램에 대해 어떻게 생각하는지 궁금하구나."
관찰하기 (observing)	비언어적 의사소통과 구성원 간의 상호작용에 의도적으로 주의를 기울이기	주목할 점 : 누가 누구와 앉았나? 누가 팔짱을 끼거나 다리를 꼬았나? 누가 불안해 보이나?
적극적 경청하기 (active listening)	언어적이고 비언어적인 의사소통에 주의를 기울이고 반응하기	주목할 점 : 어떤 몸짓들이 말과 불일치하나? 목소리의 톤에서 어떤 감정이 느껴지나?
감정 반영하기 (reflecting affect)	구성원들의 참여를 충분히 이해하려는 모습을 보여주기; 집단 구성원들의 감정적 경험을 이해하고 있다는 점을 소통하기	"너는 집단에 남고 싶어 하는구나. 하지만 집단 상황에서 종종 불안하기도 했었지? 무엇을 말해야 할지 모르기도 하고 누군가 널 놀릴까 봐 두려웠구나."
내용 반영하기 (reflecting content)	구성원들의 참여에 대한 인지적 측면을 이해하고 있다는 점을 소통하기	"넌 이미 마음을 결정했구나. A대학교에 가면 경영학과에서 학사 학위를 받을 수 있을 거야."
명료화하기 (clarifying)	모호함을 줄이고 핵심적 메시지를 파악하려는 구성원들의 참여를 재진술하기; 혼란스러워하거나 갈등을 겪는 구성원들이 명확성을 획득하도록 돕기; 경험을 정확히 명명하기	"내가 생각하는 것이 맞는지 확인하고 싶어. 메리가 존과 이야기할 때 혼란스러움에 대해 이야기했는지 물었을 때, 이런 느낌이 들었어. '존에게 직접적으로 이야기해야겠구나'라는 생각 말이야."
재구성하기 (reframing)	부정적이거나 중립적인 상황에 긍정적인 의미를 부여하기.	"아무도 나의 질문에 대답하지 않았는데…… 너희들이 아직도 질문에 대해 고민하고 있는 것이라고 생각했어."
요약하기 (summarizing)	종종 전환을 위한 준비로, 집단 상호 작용의 핵심 요소를 재검토하기	"오늘 오후에 또래 압력에 대해 이야기했잖아. 상담을 통해 거절하기, 상황을 피하기, 주제를 바꾸기, 농담하기, 또 어려움을 잘 넘기는 방법을 연습했지. 처음에 너희는 이러한 전략들을 배울 수 있을지에 대해 부정적이었는데 지금 보니 자신감이 생긴 것 같은 걸?"

표 10.1 집단 촉진 기술에 대한 요약(계속)

기술	설명	사례
해결중심 언어 사용하기(using solution-focused language)	자신감과 희망을 북돋기 위해 해결중심 단기 치료의 언어를 사용하기	"오늘 우리가 처음 만났는데, 만일 우리가 여섯 번 상담한 후에 마지막으로 만나고 있다고 가정해 보자. 집단상담에 참여한 것이 좋았다는 점을 어떻게 알 수 있을까?"
도전(직면)하기(challenging, confronting)	불일치를 설명하기; 언어와 비언어적 의사소통 사이의 차이, 또는 행동과 말 사이의 불일치에 주목하여 환기시키기	"마리아, 매주 너는 집단이 너에게 얼마나 중요한지, 그리고 집단 목표를 이루기 위해 네가 얼마나 노력하고 있는지 이야기했잖아; 그런데 지난 3주 동안 최소 10분씩 늦게 도착했어."
제한 설정하기(limit/boundarysetting)	설정해 놓은 절차를 따르고 있는지 확인하기	"엘리, 정말로 무언가를 말하고 싶어하는 것은 이해해. 그런데 다른 사람이 말하는 것을 방해하지 않는 것은 우리가 만든 원칙 중 하나잖아. 아냐와 자히가 말하는 것이 끝날 때까지 잠깐 기다릴 수 있겠니?"
연결하기(linking)	구성원들의 경험과 참여 사이에서 발견된 공통점에 주의를 환기시키기	"마르게타, 네가 이야기한 것을 들으니까 캐롤라이나가 앞서 말했던 것이 기억나는구나. 너희 둘 모두 새 학교에서 상당히 부끄러움과 불안감을 느끼지. 캐롤라이나는 또한 아무도 자신의 친구가 되지 않을까 봐 두려웠다고 말했잖아. 비록 캐롤라이나는 라틴계이고 너는 흑인이지만, 너희 둘의 공통점은 모두 학생 대부분이 백인인 학교에 다닌다는 거잖아."
집중하기(focusing)	새로운 주제로 방향을 전환하기 전까지 구성원들이 계속해서 한 사람이나 한 가지 주제에 집중하도록 돕기	"미카와 한 가지를 더 이야기하고 싶어. 나는 네가 어떻게 또래 압력을 견뎌왔는지에 대해 더 할 말이 있다고 생각하는데."
집단 과정 반영하기(reflecting group process)	집단 구성원들의 상호작용에 대해 언급하기	"메리가 데이트 폭력에 대해 이야기할 때 너희 모두 아주 잘 참여했구나. 메리가 이야기한 것에 대해 모두들 큰 영향을 받았고, 또 불편할 수도 있는 주제에 대해 터놓고 이야기할 수 있을 정도로 서로를 믿는 것처럼 느껴졌어."
저지(중단)하기(blocking)	언어적이든 비언어적이든, (1) 횡설수설 혹은 (2) 개인이나 집단에게 해를 주는 대화나 행동들을 중단시키기 위해 개입하기	"호세, 네가 말하는 것이 다른 집단 구성원에게 잘 전달이 안 되는 것같아 잠깐 말을 중단하려고 해. 모니크, 호세가 말하려 한 것이 무엇인지 요약해 줄 수 있겠니?"
평가하기(evaluating)	집단의 효과성과 지도력의 질을 측정하기; 결과와 구성원들의 목표 성취를 평가하기	집단 경험을 통해 집단 구성원의 상호작용과 목표를 향한 과정을 되돌아보기. 계속해서 다음의 질문들에 답하기 위한 자료들을 수집하기 : (1) 집단 구성원들의 목표가 어느 정도 충족되었는가? (2) 리더가 그러한 목표 획득을 촉진하는 데 어느 정도 능숙했는가? (3) 집단의 발달 단계를 통해 어느 정도 성취하였는가?

친근함을 유지함으로써 끊임없이 집단과 집단 구성원들에 대한 자신의 배려(care)를 보여준다고 결론지었다. 효과적인 집단 리더는 집단의 구성원 및 그들의 요구와 선호에 귀를 기울인다. 효과적인 리더는 의미, 목적, 활동의 가치뿐만 아니라 목표에 대한 명확한 인식을 유지하며 집단을 구조화한다. 뿐만 아니라, 이들은 집단 구성원의 정서적 연결(예 : 정서적 자극)을 이끌어낸다. 다른 구성원, 집단, 주제 혹은 목적에서도 구성원 간의 연결을 이끌어 낸다. 마지막으로 효과적인 리더는 구조를 제공하고, 시간이 잘 활용되었는지를 확인하고, 초점을 유지시키며, 집단이 목적을 향해 나아가도록 촉진한다.

10.1 집단 과정

집단의 주된 장점이자 경우에 따라서 중요한 도전이 되는 집단의 과정(process)은 집단 구성원들이 상호작용하고 서로와 연결되는 역동적인 방법이다(Gladding, 2008). 리더는 이러한 집단의 과정을 고려하는 것이 중요하다. 이것이 내용, 주제, 혹은 과업에 대한 초점을 발전시킬 뿐만 아니라 유지시켜주는 역할을 한다.

집단과정에서 필수적으로 고려해야 할 요소는 집단의 발달 단계이다. 집단은 일반적으로 어느 정도 예측 가능한 모습으로 발달한다. 이러한 단계들은 별개의 것이 아니며, 특히 장기적인 집단에서는 순환적이다(Donigian & Malnati, 1997). 이러한 단계의 특징은 집단의 지속 기간과 목적에 영향을 받는다(예 : 단기 위원회 업무, 주간 학급 활동). 또한 각 단계에서 집단 구성원과 리더가 동시에 해결책을 찾아 내지는 못할 수도 있으며, 상담의 주제가 되풀이될 가능성도 있다. (Johnson & Johnson, 2009).

많은 상담자는 Tuckman과 Jensen(1977)이 제시한 형성단계(forming), 폭풍단계(storming), 규범화단계(norming), 수행단계(performing), 해산단계(adjourning)를 사용하기도 한다. 이 모델은 실용적이고, 기억하기 쉽기 때문에 매력적이다. Corey(2010)는 다음의 6단계의 비슷한 틀을 제공하였다. 형성단계(formation), 오리엔테이션 단계(orientation), 전환단계(transition), 작업단계(working), 강화단계(consolidation), 평가와 후속단계(evaluation and follow-up). Corey 모델의 중요한 장점은 집단이 전개됨에 따라 상담자가 어떠한 역할을 해야 하는지 명확하게 제시한 점이다. 표 10.2에 요약되어 있는 이 모델은 특히 집단 상담을 하는 초보적인 학교기반 전문가에게 세부 지침을 제공한다.

표 10.2 집단 발달의 단계

단계(Corey)	단계(Tuckman & Jensen)	집단과 구성원의 특징	리더의 책임
형성단계 (formation)		가끔씩 인식하지 못한다; 자주 불안하다; 대체로 희망적이다. 질문과 호기심이 많은 편이다.	• 계획하고 준비한다. • 구성원들을 선별하고, 선택하고, 초대하고, 준비시킨다. • 일정과 만남 장소를 설정한다. • 필요시 부모의 동의를 얻는다.
오리엔테이션 단계 (orientation)	형성단계 (forming)	불안하다; 자신 없다; 조심스럽다; 의존적이다; 회의적이다; 신중하다; 집단의 신뢰성에 대해 걱정한다.	• 신뢰가 형성될 수 있는 수용적 분위기를 촉진한다. • 따뜻하게 의사소통한다. • 구성원들을 소개한다. • 절차를 설명한다. • 목표를 명확히 한다. • 불안을 다룬다. • 좋은 경험을 최적화시키기 위한 안내를 제공한다. • 리더와 구성원들의 기대/요구를 설명한다. • 질문에 대답한다. • 집단과 구성원의 독특한 요구에 반응한다.
전환단계 (transition)	폭풍우 단계 (storming)	참여하는 것에 대해 양가감정을 느낀다; 위험을 감수하려는 의지에 대해 갈등을 겪는다; 진실을 드러내는 것을 두려워한다; 방어적이다; 저항적이다.	• 방어적이 되는 것을 경계한다. • 공손한 태도를 유지한다. • 구성원의 불안에 반응한다. • 집단 과정에 대해 언급한다. • '나'메시지로 표현한다.
	규범화단계 (norming)	응집력을 보인다; 활기차다; 집단과 리더의 신뢰성에 대해 확신한다; 경험을 개방한다; 참여를 원한다.	• 구조와 안정감을 제공한다.
작업단계 (working)	수행단계 (performing)	서로 소통한다; 상호적이다; 집단 및 개인의 목표에 전념한다.	• 응집력, 바람직한 행동 및 생산성을 강화한다. • 보편성(universality)에 대한 인식을 증진하도록 연결 짓는다. • 바람직한 행동에 대해 시범을 보인다.
강화단계 (consolidation)	해산단계 (adjourning)	집단을 끝내는 것에 대해 양가적이다; 슬프다; 과정에 만족한다.	• 양가 감정을 정상화한다. • 변화를 강화한다. • 재발을 예방하고, 성장을 유지시키는 전략을 제공한다. • 종결, 통합, 정리를 촉진한다.

10.2 학교에서 집단상담 이끌기

학교에서의 집단 상담은 학생들의 학습과 학교에서의 성공을 방해하는 장애물을 다루기 위해 진행된다. 초등학교의 경우 집단 상담을 통해 사회성 기술, 친구 관계, 분노 관리, 학업적 성공, 자기조절 그리고 가정의 변화를 자주 다룬다. 중, 고등학교의 경우 학교기반 전문가들은 스트레스 관리, 상실, 관계적 공격성, 진로 발달과 학습 기술에 관련된 집단 상담을 추천할 수 있다. 상담자와 학교 심리사는 성적, 진로 계획, 행동과 개인적 상황에 어려움을 겪고 있는 학생들을 위해서 예방과 개입에 초점을 둔 집단 상담을 제공한다. 또한, 학업중단이나 자퇴 위기에 놓여 있거나, 중재반응 과정을 통해 확인된 학생들을 위해 집단 개입도 제공한다.

아동과 청소년은 때때로 발달상의 과제를 또래와의 소통을 통해서 해결한다. 따라서 집단 상담에 참여하는 것이 많은 아동에게 도움이 된다는 것은 당연한 일이다. 심리교육과 같은 상담 집단은 예방, 교정 및 성장을 위해 설계된다(Gladding, 2008). 집단은 일반적으로 2~12명으로 구성된다(학생의 나이에 따라서). 일반적으로 집단은 여러 차례 정기적 회기를 통해 만난다.

> 연령이 낮은 아이들과 상담을 할 때에는 집단 발달의 단계가 눈에 덜 띌 수 있다.

10.2.1 형성 단계

한 집단의 성공과 실패는 때때로 집단 리더의 준비성과 관련이 있다. 주의 깊은 체계적인 계획을 통해서 전문가는 난관들을 넘어갈 수 있고, 집단 상담을 위한 탄탄한 토대를 제공할 수 있다. Corey(2010)는 집단 리더에게 다음과 같은 요소를 바탕으로 상담을 시작할 것을 권고한다.

- 목적과 목표
- 정당성과 이유
- 집단이 어떤 학생들을 위해 형성되었는지에 대한 일반적 설명
  - 집단 구성원의 명 수와 나이
  - 성별
  - 동질집단/이질집단
- 예상되는 집단 구성원의 명 수
- 모집과 공고절차
- 선별 과정
- 구성원의 선별 기준
- 집단의 지속 기간과 회기의 빈도

- 집단의 구성과 형식
- 구성원 준비에 대한 계획
- 평가 과정

부모에게 집단상담의 참여를 알리고 필요한 경우 부모의 동의를 받는 과정을 위의 목록에 추가할 수 있다. 준비 계획은 각 회기가 진행되는 형식과, 각 회기에서 다룰 활동을 포함해야 한다. 이러한 각각의 요소를 살펴보고 다루는 과정을 통하여 난관을 예상하고 피할 수 있으며 확실성을 얻을 수 있다.

구성원을 모집하기 위해 다양한 전략들이 사용된다. 비슷한 어려움을 겪는 학생들을 전문가가 알고 있는 경우도 있다. 전문가는 개인/사회적, 학업적, 진로 발달 및 유사한 맥락에서 어려움을 겪고 있는 학생들을 인식할 수 있다. 이러한 경우 전문가는 집단을 형성하기 전에 구성원을 선별하고, 목표를 세울 수 있다. 전문가는 교사들과 부모들에게 특정한 주제에 대한 집단에서 도움을 받을 수 있는 학생들을 추천해 달라고 부탁할 수 있다.

집단 구성원의 모집 과정과는 별도로 구성원의 선별은 중요한 활동이다(Hines & Fields, 2002). 전문가는 의도적인 선발 과정에서 구성원 후보들과 만나서 그들이 집단에 적합한지, 집단을 통해서 도움을 받을 수 있을지, 집단에게 도움이 될 지를 고려한다. 전문가는 또한 집단 경험에 대한 안내를 제공하고, 비밀 보장과 한계에 대한 설명과 목표에 대해 소개할 수 있다. 그밖에 구성원 후보들은 자신의 관심사와 비관심사를 표현할 수 있다.

10.2.2 오리엔테이션 단계

구성원이 느끼는 상담에 대한 걱정과 불확실성은 구성원들과 집단 리더와의 친숙함 또는 어색함에 영향을 받는다. 그럼에도 불구하고, 첫 번째 회기에서 집단의 구조를 설정하는 것은 중요하다. 집단의 리더는 처음에는 일반적인 집단의 목표를 설명하고, 집단 구성원이 서로를 알아갈 수 있는 활동을 한다. 리더는 구성원들에게 서로에게 편안함을 느끼는 데 도움이 되는 집단 규칙을 만들자고 요청할 수 있다(이번 장의 끝에 소개되어 있는 캐시가 속한 집단과 같이). 비밀 보장은 구성원의 연령에 맞는 언어로 다루어져야 한다.

예를 들어, 학교 심리사는 첫 번째 집단 회기를 다음과 같이 소개할 수 있다. "오늘 너희들이 와서 기뻐. 너희를 위해 몇 가지 계획을 세워놨지. 우선, 자기소개를 하고, 서로의 이름을 외워보자. 그다음에, 너희들이 각 회기에서, 그리고 회기가 끝난 다음에도 편안하고 안전하다고 느끼기 위해서 필요한 규칙에 대해서 이야기할 거야." 규칙을 정하는 과정에서 집단 리더는 여러 차례 구성원들에게 규칙을 생각하고, 그다음에 서로를 존중하고, 비밀을 보장하며, 자발적으로 참여하도록 요청한다. 비밀 보장에 대해 이야기할 때, 비밀 보장 위반에 대한 예시를 제시하고, 비밀 보장이 깨졌을 때의 결과를 제시하는 것이 도움이 된다. 비밀 보장의 한계를 반복해서 이야기하고, 책임이 집단의 모든 구성원에게 있기 때문에 학생 한 명의 노력만으로는 비밀을 보장할 수 없다는 것을 강조하는 것이 중요하다.

10.2.3 전환 단계

학교의 특성 때문에, 전환 과정은 덜 드러날 수 있다. 하지만 지도자는 집단의 역동, 집단의 주제에 대한 흥미도의 변화, 구성원 간의 소통, 그리고 기본 규칙과 리더십에 대한 어려움을 민감하게 인식해야 한다. 전환에 대한 집단 리더의 반응은 구성원의 나이와, 집단의 특성에 달려있다. 경우에 따라서는 단순히 전환이 집단의 발전에 있어 중요한 하나의 측면이라는 것을 인정하는 것만으로도 적절한 경우도 있다. 또 다른 경우에는 집단리더가 소통과 관련된 변화에 대해 논의하는 것의 장점을 생각해 볼 수도 있다.

10.2.4 작업 단계

결속력이 보다 명확하게 나타나는 단계이기 때문에, 집단리더는 성장과 목표 성취를 위해 집단을 활용할 수 있는 기회를 인식하게 된다. 특히, 집단 상담에서는 소통에 있어 구성원에게 더 많은 책임이 있다. 구성원은 목표 성취의 방향으로 나아갈 수 있도록 서로에게 이의를 제기하거나 격려할 수 있다.

10.2.5 종결/강화 단계

계획하는 것이 집단 형성에 중요하듯이 집단 경험의 종결에도 계획은 중요하다. 집단 종결의 계획은 집단이 경험하는 회기의 수와 집단의 성질에 의해 좌우된다. 강한 결속과 구성원 간의 상호작용이 있을 때, 집단리더들은 마지막 회기 이전에 집단의 구성원들로 하여금 종결에 대한 준비를 시작하게 해야 한다. 과업 집단 혹은 심리교육 집단에서는 마지막 만남의 일부분에 이러한 내용을 다루는 것으로 충분할 수 있다.

강화나 종료라고도 불리는 종결 단계에서는 집단구성원들의 성취와 경험뿐 아니라, 이렇게 이루어낸 행동 변화를 다른 맥락에서 파악하는 데에 초점을 맞춘다. 뿐만 아니라 작별 인사의 표현과 지속적인 성장의 기회를 돕는 것이 이 단계에서는 중요하다.

이 단계에서는 다양한 전략들이 사용된다. 예를 들어, 집단의 리더는 각 구성원들에게 집단 전체에서 얻은 자신의 경험을 요약하도록 요구할 수 있다. 참여자들은 집단 상호작용이나 목표의 달성에 집중할 수도 있다. 리더는 종종 구성원들이 서로에게 격려 혹은 바라는 점 등과 관련된 피드백을 하는 것이 좋다.

지역사회에서 이뤄지는 대부분의 상담 집단의 경우에는 후속 상담 서비스나 대안 서비스를 위한 준비가 필요하다. 일반적으로 집단 구성원들은 상담의 종료 이후에 서로를 다시 보지 않을 수도 있다. 반면 학교기반 전문가들은 보통 상담이 종료된 이후에도 학생들과 같은 학교 건물 내에 머무른다. 그래서 마지막 집단 모임은 사뭇 다를 수 있으며 때로는 집중도가 덜할 수 있다. 하지만 종결과 지속적인 지원에 대에 설명해 주는 것은 여전히 중요하다.

10.3 개입과 활동에 대한 프로세싱

집단의 유형과 관계없이 과정을 이끄는 프로세싱은 개입과 활동을 하는 데 있어서 중요한 요소이다(Jacobs, Masson, & Harvill, 200; Kees & Jacobs, 1990). 프로세싱은 종종 집단 회의나 수업에서 "그래서 뭐?"("So what?")라고 생각하는 것과 관련된 구성요소이다; 활동에 대한 반응과 메타커뮤니케이션을 통해서, 구성원들은 집단의 구성원들과 집단 외적인 구성원의 관계에 대한 통찰력을 얻을 수 있는 기회를 갖는다. 프로세싱 활동들은 개인화(personalization), 실제적 적용 및 구성원의 변화에 영향을 미친다.

Glass와 Benshoff(1999)는 모험 중심의 상담 집단을 설명한 PARS(processing, activity, relationships, self) 모델을 개발했다(Glass & Shoffner, 2001). 이 모델은 학교기반 전문가에게 특히 유용하다. 표 10.3에 그 내용이 요약 및 설명되어있다.

PARS 접근의 첫 번째 단계에서, 리더들은 활동의 다양한 측면을 분석하기 위해 구성원들을 이끈다. 본질적으로, 구성원들은 '우리는 무엇을 했나?', '활동에서의 내 경험은 무엇이었나?'에 대답한다(p. 17).

집단 상호작용과 자기 인식은 두 번째 단계에서 중요한 사항이다. 구성원들은 "우리는 얼마나 잘 협동하였나?"(p. 22) 그리고 "나는 어느 정도 기여했는가?"에 대답하게 된다.

마지막 단계는 적용을 목적으로 하고, "본 활동에서 나의 참여 모습은 집단 밖에서의 내 행동과 얼마나 비슷했는가?"와 "나는 내 자신에 대해 무엇을 배웠는가?"(p. 23)의 질문에 대답한다. 구성원들은 바라던 결과와 부정적 행동에 도움이 되는 전략에 대해 의논할 것이다. 그들은 또한 집단 활동의 경험으로부터 얻은 이로운 점에 대해 이야기할 수도 있다.

전문가들은 집단 진행 과정을 고안할 때, 적절한 상담 이론과 집단 과정 이론들을 고려한다. 예를 들어, 사회적 기술 집단은 종종 인지-행동 접근과 선택 이론에 기반한다. 진로 탐색 집단은 진로 개발의 적절한 이론들에 기반한다. 해결 중심의 단기 치료 접근들은 때로는 문제 해결 과업 집단을 위한 이론적 구조를 제공한다.

표 10.3 프로세싱 모델의 설명: 활동(activity), 관계(relationships), 자신(self)

활동: 라이트 씨 가족의 휴가 계획 짜기는 웹사이트(http://aa.utpb.edu/media/files/driven.pdf http://www.moneycrunch.net/planning/iceBreakers.pdf)에서 이용할 수 있다.

목표 A: 경청의 기술을 연습하고 발전시키기
목표 B: 집단의 활동 기술을 평가하고 개발하며 연습하기
연령 집단: 5학년부터 12학년까지 적용함

	활동	관계	자아
	반영-활동	반영-관계	반영-자신
반영하기 프로세싱 시점	• 어떤 일이 일어났나? • 개인으로서 어떤 것을 했나? • 집단으로서 어떤 일을 했나? • 당신에게 어려운 것은 무엇이었나? • 당신에게 쉬운 것은 무엇이었나?	• 진체를 통틀어, 당신의 집단이 잘한 것은 무엇인가? • 당신의 집단에서 일어난 일 중에 제대로 성취하지 못한 것은 무엇인가? • 당신이 집단 리더십에 대해 인식한 것은 무엇인가?	• 당신에게 이 체험은 어떠했나? • 개인적으로 좋은 결과를 얻기 위해 당신은 무엇을 해야 했나?
	이해-활동	이해-관계	이해-자신
이해하기 프로세싱 시점	• 이 활동이 어려웠던 이유는 무엇인가?	• 집단이 서로 협력적인 분위기 속에서 성공적으로 진행되었는지 가정하자. • 어떤 점에서 성공적인 집단이라고 볼 수 있는가? • 어떤 행동이 성공적인 종결을 방해했나? • 도움이 되었던 집단의 행동은 무엇이었나? • 더 좋은 결과를 위해 집단에서 당신은 무엇을 할 수 있었을까?	• 집단 활동에서 당신의 참여도에 대해 어떻게 생각하는가? • 집단이 성공하는 데 당신은 어떤 기여를 했나? • 집단이 성공적으로 진행되는 것에 방해가 됐을 만한 당신의 행동은 무엇이었나?

표 10.3 프로세싱 모델의 설명 : 활동(activity), 관계(relationships), 자신(self) (계속)

작동하기	작동-활동	작동-관계	작동-자신
프로세싱 시점	• 이 활동으로 당신은 무엇을 배웠는가?	• 당신은 어제 문화 수업에서 집단 프로젝트를 했었다. 어제 그 활동에서 당신이 보여준 행동은 오늘 이 활동과 어떤 점에서 차이가 있는가? • 당신의 집단이 이때도 오늘 오후 과학 실험과 같은 비슷한 활동을 한다면, 더 좋은 결과를 위해 당신은 무엇을 할 수 있을까?	• 여러분이 자신에 대해 배운 것이 한 가지 있다면 무엇인가? • 여러분이 집단에서 활동한 방식을 생각해보기 바란다. 오늘 여러분의 참여 방식은 집단 활동에서 보인 모습과 비교했을 때 어떠했나? • 언제 경청하는 것에 어려움을 겪었나? • 무엇이 지시를 따르는 것을 방해했었나? • 이 활동을 통해 당신의 교우 관계에 도움이 될 만한 한 가지 배운 점이 있다면 무엇인가? • 이 활동에서 학교 생활에 도움이 될 만한 한 가지 배운 점이 있다면 무엇인가? • 사람들은 집단으로 참여하는 것에 자기 다른 양상을 보인다. 어떤 사람은 빠르게 리더의 역할을 맡을 버이고 심지어 오스래기도 한다. 또 어떤 사람은 활동할 때보다 편안함을 느낀다. 그리고 또 다른 사람들은 참여하는 데 주저한다. 당신은 어떠한가? 오늘 당신의 활동 모습은 어떠했나?

활동 : 라이트 세 가족의 휴가 계획 짜기는 웹사이트(http://aa.utpb.edu/media/files/driven.pdf와 http://www.moneycrunch.net/planning/iceBreakers.pdf)에서 이용할 수 있다.
목표 A : 경청의 기술을 연습하고 발전시키기
목표 B : 집단의 활동 기술을 평가하고 개발하며 연습하기
연령 집단 : 5학년부터 12학년까지 적용함

출처 : Glass & Benshoff, 1999.

10.4 학교에서의 심리교육 집단 이끌기

당신이 초등학교, 중학교 그리고 고등학교 학생으로서 겪은 경험을 떠올려 보라. 당신은 어떤 교사로부터 가장 많이 배웠는가? 당신을 도전하게 하면서 동시에 격려한 교사는 누구인가? 어떤 교실에서 당신은 물리적인 측면뿐만 아니라 심리적으로 안전함을 느꼈는가? 모든 학생들의 학업적 성공에 가장 도움이 되도록 교실 환경을 조성한 교사는 누구였는가? 당신이 뛰어난 교사들에 대해 생각할 때 떠올린 경험들에 영향을 미친 그들의 행동, 실행, 전략을 탐색해 보길 바란다.

이러한 질문들에 대한 전형적인 답변들은 다음과 같다.

- 선생님은 교수 내용에 대해 열정을 갖고 열심히 가르쳤다.
- 선생님은 항상 준비가 잘 되어 있었다.
- 선생님은 명백히 그 분야의 전문가였다; 그는 자신이 무엇을 이야기하고 있는지 알았다.
- 선생님은 말을 잘하였다.
- 선생님은 나의 주의를 끌었다.
- 선생님은 내가 잘 하도록 동기를 주었다.
- 선생님은 나를 알기 위해 노력했다.
- 나는 선생님이 나에 대해 관심을 기울인 것을 알았다.

만약 우리가 반대의 질문을 묻는다면, 우리는 이와 같은 답변들을 얻을 것이다.

- 선생님의 수업은 지루했다.
- 선생님은 내내 책상 뒤나 책상 위에 앉아있었다.
- 선생님은 체계적이지 않았다.
- 선생님은 자신이 무엇을 이야기하고 있는지 알지 못했다.
- 선생님은 시간에 쫓겼다.
- 선생님은 할 일을 충분히 준비하지 않아서 항상 '때우기 식'으로 가르쳤다.
- 그 선생님은 우리가 몇 학년인지를 잊은 채 아이 다루듯 했다.

학교기반 전문가들은 정보를 공유하고, 생활 기술을 가르치고, 학생들이 전환을 준비하도록 하고, 성공적인 졸업 이후의 활동에 필요한 지식과 기술을 학생들이 갖출 수 있도록 다양한 기회를 제공한다. 심리교육 집단은 치료적이거나 예방적일 수 있다. 이 형태의 집단은 성장을 촉진하도록 고안될 수 있다(Gladding, 2008). 참여자들은 학생뿐만 아니라 부모들도 포함된다. 예를 들어, 학교 상담자는 졸업 이후의 계획 세우기 워크숍에 초·중등학생들과 그들의 부모를 초청할 수 있다.

심리교육, 일명 생활지도 교육과정(guidance curriculum)은 ASCA의 국가 모형: 학교 상담을 위한 틀(2005)에서 핵심적인 부분을 차지한다. 교실에서의 직접적인 교육을 통해, 학교 상담자들은 (1) 개인/사회, (2) 학업, (3) 진로의 세 영역에서 발달을 촉진한다. 수업은 종합적이고 순차적이며 발달적으로 적절한 교육과정에 기초해야 한다. 그래서 각 수업은 기준[1](standard)과 학생의 역량(competency)들을 다루게 된다. 목표들은 명확하게 제시되어야 한다. 활동들은 그 목표들을 다루고 학생들이 구체적인 역량을 성취할 수 있도록 설계되어야 한다. 물론 평가방법도 포함되어 있어야 한다.

10.4.1 교육과정 설계

1년 전체의 교육과정을 계획하는 것은 새로운 교육자 누구에게나 벅찬 업무가 될 수 있다. 많은 교사들은 교육과정 지도(curriculum map)를 하나의 계획하는 틀로 사용한다(Jacobs & Johnson, 2009). 교육과정 지도 틀 내에서 전문가들은 그들이 제공하는 강의를 끌어갈 수 있고, 교육 활동을 배열하거나 발판을 만들 수 있고, 시간을 구성할 수 있고, 다른 사람과 협력할 수 있으며 자신의 프로그램을 관리자나 교사들에게 설명할 수 있다. 교육과정 지도는 또한 순차적이고 발달적으로 적합한 교육과정 활동을 계획할 때 유용한 자료로 활용될 수 있다.

University Schools(3명의 상담자들이 있는 K-12 학교)에 근무하는 학교 상담자들은 학급 교사들을 위해 교내 연수를 통해 교육과정 지도의 사용법을 설명하였다(계획을 위한 템플릿이 표 10.4와 같이 제공된다.). 상담자들은 먼저 이 템플릿을 해당 학년도에 자신들이 진행한 활동을 기록하는 데 사용했다. 이 템플릿 초안은 주제 중심 활동을 다음 해에 수행하는 것을 계획하는 과정에서 유용한 도구로 활용되었다. 상담자들은 요구 평가와 학교의 긍정적 행동 지원 프로그램(PBS)의 결과들에 기초하여 주제들을 선정하였다. [학교의 PBS 프로그램은 불독 마스코트를 보완하기 위해 설계되었다. 따라서 그들은 'BARK'라는 약어를 사용했다[2]. 그 약어는 책임감 지니기(Be responsible), 친절하게 행동하기(Act with kindness), 다른 사람을 존중하기(Respect others), 안전을 유지하기(Keep Safe)를 의미한다.]

주제를 선택한 후 상담자들은 협력적인 다양한 활동, 복도 장식, 학부모 회의 및 기념 행사를

---

1 역자 주 : ASCA 국가모형은 학생이 성취해야 할 목표를 세 가지 수준으로 나누어 제시하고 있다. 가장 상위의 목표는 Standard(기준)으로, 그 다음 목표는 Competency(역량)로, 가장 세부적인 목표는 Indicator(지표)로 제시하고 있다.

2 역자 주 : 이 학교의 마스코트가 불독이기 때문에 불독이 '짖다(bark)'는 표현을 이용하여 'BARK'라는 두문자어(acronym)로 주제를 기억하기 쉽게 표현하였다.

표 10.4 격려와 칭찬의 비교

UNIVERSITY SCHOOLS
2015~2016학년 교육과정 지도 계획

월	주제	복도 장식	개인/사회	진로	학업
8	환영	다양한 언어의 "안녕하세요"	• 사람들 만나기 • 친구 만들기		• 학교 프로그램 오리엔테이션 • 목표 설정하기
9	책임 있게 행동하기	학습 기술 포스터			학업적 성공 기술
10	안전 유지하기	• 게시판 • 빨간 리본들 • RRW(Red Ribbon Week[3]) 포스터	• 빨간 리본 주간(Red Ribbon Week) • 또래 압력 전환 • 의사결정 • 적극적 대처 • 안전한 접촉 • 홈커밍 행사의 안전 유지		
11	감사	상호작용인 복도 전시	• 관계 형성 능력 • 나−메세지(감사를 주고 받기 위해서)		
12	친절하게 행동하기		변화를 이끌기		
1	타인을 존중하기	• 세계의 국기들 • 불독 발자국을 찍을 수 있는 세계지도	• 학교에서의 다양성을 기념하기 • 차이를 인정하기 • 평화유지 소모임		
2	지도력 발휘하기	적극적 대처 전략들	• 리더십 • 따돌림 예방과 개입		
3	지식의 향연	학습 기술들			• 학업적 성공 • 시험 기술
4	진로 사다리의 활용	• 진로 포스터 • 진로 사다리	진로 발달(6~12학년을 위한 행사)		
5	성공에 투자하기	여름방학 프로그램을 위한 자료들			• 교육적인 전환 • 6, 7월 방학에 지속적으로 유지하기

---

3 역자 주 : 술, 담배 및 폭력을 지양하기 위한 캠페인으로 매년 10월 미국에서 열린다.

계획했다. 상담자들은 ASCA의 세 영역 걸쳐 넘나드는 주제를 선택하였다. 그 후에 각 활동들을 ASCA에 제시된 기준과 역량과 관련지었다. 이후 회의들은 교육과정 지도(curriculum map)에 초점을 두었고, 활동들은 교육과정 지도의 관점에서 수평 및 수직적으로 연결되도록 의도적으로 설계되었다. 상담자들은 교육과정 지도를 부모, 담임 교사, 교장 및 학교 관리자와 공유했다. 그들은 또한 학급 교사들에게 통합 교과적인 활동을 제안했다. 상담자들은 상담 프로그램을 수행하면서 이러한 활동들을 보고했다. 이를 통해 교육과정 지도는 유동적으로 다음 해의 계획, 외부 활동 참여, 그리고 자료 구매에 도움을 주었다. 이처럼 교육과정 지도는 한 상담자가 퇴직했을 경우에도 교육과정 운영에서 매끄러운 전환이 이뤄지도록 기여했다.

다양한 형태의 패키지화된 교육과정 집단 활동은 주변에서 쉽게 구할 수 있다. 또한 그러한 프로그램 중에는 경험적으로 입증된 프로그램들도 많다. 패키지화된 자료를 선정할 때 학교 심리사들과 상담자들은 학생의 읽기 수준, 문화적 다양성, 연령대 및 학생의 독특한 요구를 고려해야 한다. 뉴욕 시에서 성공적으로 사용되어 온 자료가 와이오밍 주의 시골 학생들에게는 적절하지 않을 수 있다. 또한 아무리 훌륭한 자료라 할지라도 그 자료가 특정 학교의 목표를 위해 개발된 것은 아니다. 비싼 수업 자료를 구매하였지만 활용되지 않는 것을 많이 봐왔기 때문에, 우리는 당신이 그러한 자료를 구매하기 전에 신중하게 검토할 것을 권장한다.

10.4.2 강의 준비 및 전달

단일 회기로 수업을 하든, 아니면 여러 회기에 걸쳐 수업을 하든 유능한 집단 리더는 목표, 목적, 그리고 기대되는 결과를 명확히 함으로써 집단상담의 기초를 확립한다. 그들은 활동의 배열뿐만 아니라 선택에 있어서 학습 이론에 대한 자신의 지식을 활용한다. 그들은 또한 수업이 집단 구성원의 요구를 충족시킬 수 있도록 다듬는다. 그리고 그들은 흥미로운 자료를 통해 보다 쉽게 설명할 수 있도록 내용을 설계하고 조직한다.

아동이나 청소년을 대상으로 할 때, 집단 리더들은 다음과 같이 말하며 여유를 부릴 시간이 없다. "잠깐만 기다려 봐. 유인물을 못 찾겠네. 상담실에 두고 왔나 보다. 금방 가지고 올게." 특히 아동과 청소년을 대상으로 하는 집단 리더들에게는 시작부터 이렇게 진행되면 수업을 회복시키기가 쉽지 않다.

반면 심리교육적 집단의 유능한 집단 리더들은 교실에 들어가기 전에 자료와 지원 기술을 포함한 수업의 모든 측면을 빈틈없이 준비한다(Cobia & Henderson, 2007). 이들은 열정적이고 활기가 넘친다. 이들은 친절하며 집단 구성원의 참여를 유도하고 수업 내내 적절히 구성원의 행동을 확인한다. 이들은 자료를 학생과 상황을 고려하여 의미 있게 만들고, 수업과 실제 생활 상황에 적용하여 전개함으로써 학생의 이해를 돕는다. 이들은 접근 방식에 변화를 주고 모든 학급원의 참여를 촉진한다. 이들은 교실을 돌아다니며 학생들과의 접근성을 유지하고 각 집단 구성원과 연결하기 위해 노력한다. 또한 이들은 각 개념에 대한 학생들의 이해 정도를 파악한다. 마지막으로, 이들은 요약과 함께 수업을 종료하거나 추가적인 복습을 제공하며 수업을 통해 배운 행동을 동기화하고 (만약 수업이 단원의 한 부분이었다면) 다음 수업을 준비한다.

10.4.3 학급 경영

학습하기에 좋은 환경을 만들기 위해 학급에서 적절한 질서를 유지하는 것은 대부분의 초보 교육자들에게는 도전적인 과제이다. 학교기반 상담자들은 학급에서 다양한 상담활동을 진행할 때 추가적인 도전에 직면하게 된다. 사실, 교사의 학급에서 학교기반 상담자는 손님에 해당된다. 이들은 종종 이전에 만들어진 규칙, 과정 및 학급 경영 방식에 적응해야 한다. 학교기반 전문가들은 주로 학교 내에서 순회하면서 이루어지기 때문에, 이들은 학생의 이름을 모를 수도 있다.

이러한 어려움은 철저한 계획이나 준비를 통해 예방하거나 최소화할 수 있다. 교실 안팎에서 학생과의 관계를 형성하는 것 또한 혼란을 완화할 수 있다. 그밖에 문제를 예방하는 전략에는 명확하게 설명한 후 다음 내용으로 넘어가기 전에 충분히 이해했는지를 확인하는 것, 지루함이나 단조로움을 피하기 위해 학습 내용의 계열을 맞추는 것, 학생들과 보조를 맞추는 활동을 준비하는 것 등이 포함된다.

교사, 상담자 그리고 학교 심리사들은 학생의 행동을 지도하기 위하여 종종 관례나 일반화된 규칙들을 사용하기도 한다. 긍정적 행동지원(PBS) 프로그램을 시행하고 하고 있는 학교의 경우에는 학교기반 전문가들이 공통적인 언어 혹은 보편화된 도구를 사용할 수 있다. 이전에 언급했던 학교의 예를 들면, 초등학교 교사가 학생들이 주의집중을 유도하기 위하여 "불독(bulldogs)"이라고 외치면 아이들이 "멍멍(bark)"이라고 반응하도록 할 수 있다. 어떤 상담자는 학생의 참여 행동을 강화시키기 위해 긍정적인 행동을 보인 학생에게 불독 발자국 스티커를 사용하기도 하였다. 또 다른 전략으로는 다음과 같은 내용을 말할 때 부드러운 목소리를 사용하는 것이다. "만약 내 목소리가 들린다면, 박수를 쳐줄래?" 이와 비슷한 전략으로 더 조용히 말하는 것이다. "박수 한 번, 박수 두 번, 박수 세 번."

우리가 제시한 이러한 방법을 통해 교실에서 발생할 수 있는 다양한 도전적 상황을 예방하거나 잘 넘어가기를 바란다. 사실, 학생이 적절한 집단행동을 배우도록 기회를 제공하는 것은 학교의 중요한 역할이다. 그러므로 우리는 학생들의 부적절한 행동을 훈계하기 보다는 개선하도록 돕기 위해서 어떻게 반응해야 하는지 생각해보라고 권하고 싶다. 뿐만 아니라 새로운 활동이나 새로운 사람에 대해 흥분한 나머지 돌출 행동을 하는 학생이 있을 경우 이러한 행동에 대해 적절히 대응하기를 기대한다.

학생의 부적절한 행동을 교정하기 위하여 학교기반 전문가들은 다음과 같은 사항을 활용하여 대응할 수 있다.

- 자기탐색(self-examination)을 해보기(왜 이렇게 신경이 쓰이지? 다른 사람들도 이렇게 신경이 쓰일까?)
- 학생의 인권을 보호하기
- 적절하거나 가능한 경우라면 부적절한 행동을 무시하기
- 행동의 방향을 바꿔보기
- 행동의 원인이 될 수 있는 행동의 목적을 생각해 보기(5장에 설명한 Adler 이론을 지침으로 사용할 수 있다.)
- 논리적 또는 자연적 결과를 사용해 보기
- 힘겨루기를 피하기

10.4.4 그 밖의 행정적 결정

많은 학교기반 전문가들은 학급 상담 활동을 할 때 교사가 교실에 있는 경우와 그렇지 않은 경우 중 어느 한 쪽을 뚜렷이 선호한다. 사실, 두 경우 모두 이점이 있다. 교사가 학급에 머물러 있을 때는 전문가로부터 교사가 상담 전략을 배울 수 있고, 교사는 배운 전략들을 학급 운영에 적절하게 사용할 수 있다. 그러나 교사가 전문가보다 더 권위적이고 엄격하다면 이들이 교실에 남아있는 경우 해가 되기도 한다. 또한 이러한 권위적인 교사가 교실에 없는 경우, 학생들은 전문가가 이끄는 토론에 더 편안하게 참여할 수도 있다.

> 만약 당신이 학급운영에 대해 너무 긴장하고 있다면, 당신의 수퍼바이저와 함께 학급활동을 협동하여 진행해라. 만약 이것이 가능하지 않다면, 첫 번째 혹은 두 번째 회기까지 교실에 함께 있어 달라고 요청하는 것에 대해 고려해 보자. 그리고 시간이 지나 당신이 좀 더 학급운영에 자신감을 갖게 되면, 그때 떠나 달라고 부탁하는 것도 좋다.

10.5 학교에서 과업 집단 이끌기

Hulse-Kilacky, Killacky와 Donigian(2001, pp. 8, 21-22)은 효과적인 과업 집단(예 : IEP 또는 RTI 회의)을 촉진하는 일련의 요인들을 확인하였다. 이 구성요소들은 다음과 같은 내용을 포함하고 있다.

- 집단의 목적을 모든 참여자들이 명확하게 알고 있어야 한다.
- 과정과 내용은 균형을 이뤄야 한다.

- 집단 내에서의 체제적 역할과 개인적 역할은 인식되고 인정되어야 한다.
- 분위기를 형성하는 것과 서로를 이해하는 것에 시간이 투자되어야 한다.
- 협조, 협력 및 상호 존중의 윤리가 형성되어야 한다.
- 갈등이 있는 경우 다뤄져야 한다.
- 구성원 간의 의견이 교환되어야 한다.
- 지금 이 순간(here-and-now)의 문제가 다뤄져야 한다.
- 구성원은 환영받아야 하며 활동적인 자원으로 활용되어야 한다.
- 구성원들의 능력이 발휘되도록 격려해야 한다.
- 리더는 효과적인 리더십과 대인관계 기술을 연습해야 한다.
- 집단 구성원들과 집단리더는 과제와 상호작용에 대해 초점을 두어야 한다.

우리는 과업집단의 리더가 준비, 활동 및 마무리에 초점을 둔 회의를 계획해야 한다고 제안하였다. 준비단계 동안 리더는 다음과 같이 소개에 대한 언급과 함께 활동을 위해 자신과 구성원을 준비시켜야 한다. "우리가 위기대처 계획을 실행하기 전에, 계획 회의에 매주 참여하는 여러분께 감사하다는 말씀을 드리고 싶습니다. 사실, 우리가 준비하고 있는 위기대처 계획의 질을 높이기 위해 우리는 매주 자신의 경험을 가지고 이 회의에 참석해야 합니다. 우리가 준비하는 위기대처 계획을 사용할 위기가 발생하지 않는다면 좋겠지만, 이러한 위기 대처 계획이 있으므로 우리 아이들은 더 안전한 환경을 보장받고, 어른들 역시 유사시에 보다 자신있게 대처할 수 있을 것입니다. 오늘 우리 과제의 목표는 내부적인 의사결정 구조를 완성하는 것입니다." 이러한 회의를 통해 구성원들은 다음과 같은 세 가지 질문에 쉽게 답할 수 있게 된다. "나의 역할은 무엇인가? 당신과 함께 어떤 역할을 해야 하나? 함께 해야 할 과업의 목적은 명확한가?"(Hulse-Killacky, Kraus, & Schumacher, 1999, p. 116).

이러한 질문들에 대해 스스로 답을 하면서 집단의 구성원은 활동단계에 접어든다. 이때 구성원은 다음과 같은 질문을 하게 된다. "우리는 누구와 함께 과업을 해결하는가? 모든 것들이 해당 내용과 관련되어 있는가?"(Hulse-Killacky et al., 1999, p. 116). 개인과 집단의 참여를 높이고 효율성과 생산성을 최대화하기 위해서는 리더십이 필요하다. 능숙한 리더들은 집단의 과정뿐만 아니라 내용까지 점검하고 촉진한다.

"마지막 질문인 "이 집단 상담으로 인해 어떤 결실이 맺어졌을까?"에 대한 답은 과업 집단 모임이 종결되기 전에 찾을 수 있어야 한다. 생산적인 마무리 단계는 다음과 같은 (1) 성취, (2) 미래에 대한 방향, (3) 목표의 관점에서 집단의 이점, (4) 감사에 대한 언급이 있어야 한다. 게이 · 이성애자 연합(Gay-Straight Alliance) 운영위원회를 이끄는 집단 리더는 다음과 같이 말할 수 있다. "오늘 우리는 침묵의 날(Day of Silence) 행사를 위한 계획을 완성했습니다. 존은 포스터를 맡아주세요, 아나는 학생회로부터 승인을 받아 주세요. 브랜든은 학교소식에 공고를 위한 준비를 해주시구요. 제가 또 잊은 건 없나요?······ 계획을 시작하기 위해 다음 주 목요일에 만나요. 마치기 전에 모임을 통해 서로 알게 된 것과 오늘 마친 일에 대해 이야기해 보고 싶은데요. 여러분은 어떤 경험을 하셨나요?······ 침묵의 날 행사를 위한 여러분의 노력에 정말 감사합니다."

10.6 집단 개입에 대한 경험적 지지

많은 변수들이 학교의 집단 상담에 영향을 미친다. 예를 들면, 학교의 맥락과 환경은 학교 별로 각기 다르고, 학생들의 어려움과 자원 역시 다양하기 때문에 집단 역동의 효과를 예측하기 어렵다. 또한 집단 리더의 능력과 스타일이 다르고 학생의 성숙이 집단의 성장에 영향을 미치기도 한다. 따라서 아무리 정교하게 계획된 연구를 통해 집단의 성과를 확인한다 할지라도, 이를 일반화시켜서 말하기는 쉽지 않다. 학교기반 전문가는 집단 상담과 관련된 연구의 결과를 조심스럽고 주의 깊게 해석해야 한다. 자신의 학교에 그 접근 방식을 그대로 사용할 수 있는지, 또는 그 결과가 자신의 학교에 적용 가능한지 판단하는 과정에서 주의 깊게 해석해야 한다. 이러한 내용은 현장 연구를 수행하는 데 있어서 매우 흥미로운 쟁점이다.

여러 사람들은 집단 상담의 효과를 지지했다(Erford, 2011). 아동과 청소년을 위한 집단 상담에 대한 Hoag와 Burlingame의 메타 분석에 의하면(1997), 집단 상담에 참여한 학생은 대기자 집단(wait-list)이나 위약 집단(placebo groups)과 비교하여 월등한 효과를 경험하였다. 지지적인 환경을 통해 학생들은 새로운 기술을 배우고, 연습하고, 친구들에게 피드백을 받을 수 있기 때문에, 집단상담이 개별 상담보다 더 신뢰 있는 환경을 제공한다고 볼 수 있다. 더욱이 집단을 활용할 경우 학교 상담사와 학교 심리사는 더 많은 학생들에게 상담 서비스를 제공할 수 있으며 이를 통해 보다 긍정적인 결과를 도출할 수 있다.

다양한 문제에 대한 학교기반 집단상담의 효과성은 연구를 통해 지지되어 왔다. 예를 들면, Brannigan(2007)은 교사와 부모에 의해 의뢰된 6학년 학생들을 위한 심리교육 집단을 이끌었다. 참여 학생들은 정리, 시험, 그리고 도움을 구하는 것에 어려움을 겪고 있었다. 16회기가 끝난 후의 결과와 추후 기간에 측정된 결과는 긍정적이었다. 이와 비슷하게 표준화된 시험 성적으로 집단상담의 성과를 측정한 연구는 5, 6학년 학생들을 대상으로 실시되었다(Campell & Brigman, 2007). 집단에 참여한 학생의 시험 성적은 확실히 올랐다. 뿐만 아니라 교사는 학생들의 행동에 대한 긍정적 변화를 보고했다.

집단은 또한 개인적 문제를 다루기 위해 제공되기도 하였다. Hal(2066)은 폭력과 따돌림의 피해자가 되는 중학생을 위한 집단의 효과성를 조사했다. 결과에 의하면 참여 학생들의 자기주장성과 문제 해결 능력이 향상되었다. Ziffer, Crawford 및 Penney-Wietor(2007)는 부모의 별거나이혼을 경험하는 학생들과 부모를 위한 집단상담의 효과를 연구했다. 연구가 끝난 3년 후, 모든부모는 자신과 자녀에게 있어서 긍정적 결과를 보고했다. Bostick과 Anderson(2009)은 사회적기술을 다룬 집단상담 이후 3학년 학생들의 변화를 관찰했다. 외로움, 사회불안과 학업 성취의측면에서 긍정적인 결과가 나왔다.

상담자가 교육과정의 일환으로 집단활동을 실시한 것에 대한 효과성 연구는 제한되어 있다(Erford, 2011). 신뢰할 수 있는 한 연구는 진로발달과 학업성취를 위해 계획된 교실 활동에 대한중학생들의 반응을 조사하는 것이었다(Jarvis & Keeley, 2003). 모든 변수에 원하던 결과가 나오지는 않았지만, 자기 효능감, 학교 참여 및 친사회적 행동 측면에서 의미 있는 변화가 나타났다.

10.7 문화적 차이에 대한 반응

집단은 그 특징상 집단 리더와 다양한 경험과 배경을 가진 구성원을 포함한다. 어떤 집단은 하나의 문화적 집단의 요구를 다루지만, 또 다른 형태의 집단은 다양한 집단의 상호적 이해를 돕기위해 계획되기도 한다(예 : Nikels, Mims, & Mims, 2007). 집단에 상관없이 다양성에 대한 관심은 중요하다(Merchant, 2009).

다양성 측면에서 유능한 집단 리더가 갖춰야 하는 필수적 능력 중에는 자기 인식, 배려심과 융통성이 포함된다(Salazar, 2009). 우리는 예비 혹은 활동 중인 학교기반 전문가에게 자기 자신이속한 문화를 가능한 풍부하게 이해하고, 또 그에 대한 스스로의 태도나 믿음, 편견을 계속해서고찰하라고 조언한다. 상담자는 자기 자신, 다른 문화, 그리고 그런 문화에 속한 개인에 대해 많이 배우면 배울수록, 문화적 공감에 대한 자신의 능력을 키우게 된다. 이러한 통찰력이 융통성과융합되면, 전문가들은 다양한 집단과 집단 구성원에게 효과적으로 반응할 수 있다. 다양성 측면에서 역량 있는 집단 리더는 집단 상담을 통해 문화적 요소를 섬세하게 다룰 수 있다.

10.8 결론

집단은 어디에나 존재한다. 당신이 집단 상담 레퍼토리를 개발하고 이를 다양화하면, 여러분은위원회 모임을 이끄는 것에 기여하게 될 것이고, 교실에서 수업을 진행하는 것에 도움이 될 것이며, 집단 상담 역시 효과적으로 진행하게 될 것이다. 집단 역동과 과정에 대한 당신의 지식은 여러분이 학교 사회의 다양한 집단원 속에서 상호간의 소통을 이해하는 것에 도움을 제공할 것이다. 따라서 집단 상담에 대한 기술은 다양한 상황에서 도움이 된다. 당신이 집단을 이끌든 그렇지 않든 상관없이 여러분의 삶에 도움이 될 것이다. 물론 학교의 현장에서는 더욱 그러하다.

2장에서 언급한 것처럼 학생들의 시간표를 관리하는 것(scheduling)[4]은 학교기반 전문가에게 는 큰 도전이다. 이러한 도전은 다른 학년의 학생을 한 교실로 편성하여 집단을 운영할 경우 더 욱 복잡해진다. 그럼에도 불구하고, 집단 상담은 효율적이며 효과적이다. 실제적으로 학교기반 전문가가 개별 학생과 상담하기에는 시간이 매우 부족하다. 개별 상담으로는 불가능한 개입과 경험을 집단 상담을 통해 제공할 수 있다는 것도 중요하다. 따라서 우리는 여러분이 학생들과 집 단을 통해 상담할 기회를 만들라고 조언하고 싶다.

캐시의 집단상담 사례

진로발달은 고등학교에서 일하는 상담자에게는 중요한 주제이며, 고등학교 2, 3학년 학생들의 스트레스 원 인이 된다. 캐시의 사례에서도 그렇지만, 학생들은 시험과 심리검사 결과를 상의하기 위해 자주 상담자를 만나게 된다. 노련한 상담자는 학생들과 이러한 일상적인 만남을 통해 학생들이 가지고 있을 다른 고민들도 민감하게 확인한다.

고등학교 상담자는 많은 경우 진로교육과 진로정보를 학생에게 제공한다. 직업을 아직 결정하지 못한 학생이나 직업 탐색에 흥미를 보이는 학생들은 진로상담 집단에 참여하게 된 기회에 감사하는 경향이 있 다. 어떻게 학교 상담자(SC)가 캐시가 속해 있는 집단의 첫 번째 상담 회기를 이끌어 가는지 주목하라.

학교 상담자(SC) : 좋은 아침이야. 어서와! 너희를 위해 집단 상담을 계획했을 때, 너희들을 만날 수 있 게 되어서 매우 즐거웠단다. 너희가 이미 서로를 알고 있을지도 모르겠지만, 간단하게 소개를 하면서 서 로의 이름을 함께 공유했으면 좋겠어. 그리고 너희가 '진로'에 대해 생각했을 때 마음속에 떠오른 세 가지 단어를 말해보자. 내가 진로에 대해 생각했을 때. 나 또한 대학(colleges), 직업학교(vocational school), 두려움(being scared)에 대해 생각했단다. 누가 이어서 말해볼래?

[한 바퀴 돌아본 후] 우리는 앞으로 5번 더 만나게 될 거야. 나는 너희가 이 집단에서 지켜야 할 지침과 기본원칙—난 그것을 합의(agreement)라고 부를 텐데—에 대해서 생각했으면 좋겠어. 이 합의를 통해 상담에 참여하는 동안 충분히 편안하고 안전하다고 느낄 수 있을 거야.

Group
Member #1 : 저는 어느 정도 편안하게 집단 상담이 진행됐으면 좋겠어요.
SC : 네가 말한 "어느 정도 편안하다"는 말이 무슨 의미니?
Group
Member #1 : 모르겠어요. 아마 우리가 이야기하고 싶을 때마다 허락을 받지 않고 손을 들어도 되는 뭐

---

4 역자 주 : 미국은 고등학생들은 한국의 대학생들처럼 자신이 원하는 시간에 원하는 과목을 선택하여 듣는데, 이처 럼 과목선택과 시간관리를 학교 상담자들이 책임지고 돕게 된다.

그런 거요?

SC :   나머지 친구들은 어떻게 생각하니?

(집단 구성원 대부분이 동의한다. 그리고 상담자는 칠판에 '편안한 환경을 유지하기'라고 쓴다.)

SC :   좋아. 만약 한 번에 한 사람만이 말하고 그동안 나머지 사람들이 이야기를 잘 들어준다면 정말 좋을 것 같아. 두 명 혹은 그 이상의 사람들이 동시에 이야기하지 않도록 하거나 모든 사람들이 참여의 동등한 기회를 가지게 하려면 어떻게 해야 할까?

Group
Member #2 :   다른 사람이 이야기할 때 듣는 거요. 그리고 하고 싶은 말이 있을 때 이야기할 기회를 기다리면서 상대를 존중하는 모습을 보여주는 방법이요.

Group
Member #6 :   그리고 한 학생이 이야기할 때 모든 시간을 독차지하지 않는 것도요.

SC :   이것에 대해서 다른 학생들은 어떻게 생각하니?

(집단 구성원들 대부분이 동의하고, 상담자는 "상대방의 말을 잘 듣기", "말하기 위해서는 아무도 이야기 하지 않을 때까지 기다리기", "모든 사람이 참여할 수 있도록 시간을 공유하며 독점하는 것을 자제하기"라고 쓴다.)

SC :   그 밖에 어떤 것이 필요할까?

Group
Member #3 :   앞으로 우리가 집단에서 무슨 이야기를 할지 모르겠지만, 뭘 이야기해도 큰 문제가 될 것 같진 않아요. 다만 저는 다른 사람들이 제가 말한 것을 집단 밖에서 이야기하지 않았으면 좋겠어요.

SC :   이것에 대해서 다른 친구들은 어떻게 생각하니?

(집단 구성원 대부분이 동의한다.)

SC :   이 말에 대해선 어떻게 생각하니? "집단에서 말해진 것이 무엇이든지, 집단 밖에서는 절대로 이야기하지 않기."

(집단 구성원 대부분이 동의한다. 상담자는 칠판에 "집단 내에서 말한 것은 집단 밖에서 이야기하지 않기"라고 적는다.)

SC :   나는 집단 구성원들이 뜻하지 않게 혹은 무심코 이 합의를 위반한 경우에 대해 이야기해보는 시간을 갖고 싶어. 너희 중에 2명이 이 집단에 속해 있지 않은 다른 학급친구와 함께 카페에 있다고 생각해 보자. 너희 2명 중 한명이 "네가 아침에 말한 거 말이야!"라고 말할 수도 있어. 그것이 사소하고 중요하지 않아 보여도 이런 행동은 합의를 깨뜨리는 행동이야. 너희는 또한 집단에서 이야기한 주제에 대해 수업 시간에 이야기할 수도 있지. 아마 집단 내에서 이야기된 내용에 대해 말하게 될지도 몰라. 이것 역시 우리의 합의를 깨뜨리는 행동이 되는 거야. 이것에 대해서는 어떻게 생각하니?

Group
Member #5 :   우리가 집단 상담에서 이야기한 주제나 집단 구성원에 관한 이야기를 다른 곳에서 이야기하지 않는다는 합의를 지켜야 할 것 같아요.

SC :   나머지 친구들은 어떻게 생각하니?

(집단 구성원들이 동의를 나타낸다.)

SC : 또한 나는 우리가 합의한 내용에 대해 예외가 있다는 것을 이야기하고 싶어. 만약 너희 중에 한 명이 어떤 이야기를 했는데, 그것이 말한 학생이나 사람들을 다치게 할 위험이 있는 경우라면 비밀을 유지할 수 없어. 적절한 성인에게 너희와 다른 사람의 안전을 지키기 위해서 도움을 요청해야만 하거든. 또한 만약 집단 안이나 밖에서 누군가가 너희나 다른 사람을 해친다는 것을 내가 알게 된다면, 나는 모든 학생의 안전을 유지하기 위한 행동을 해야만 해. 그것이 바로 상담자가 반드시 따라야 하는 학교의 규칙이야. 이러한 예외상황에 대해 질문이나 궁금한 친구가 있니?

Group
Member #7 : 이미 그걸 알고 있어요.

SC : 그렇구나. 하지만 너희들 모두가 그러한 예외에 동의한다는 것을 분명히 하려고.
(집단 구성원들이 동의를 나타낸다.)

SC : 또한 우리가 이야기한 비밀 보장의 경우 너희가 주의할 점이 한 가지 더 있단다. 나는 우리가 이야기한 이러한 합의가 반드시 지켜진다고는 약속할 수 없다는 거야. 따라서 만약 네가 전적으로 사람에게 알리고 싶지 않은—너 자신 혹은 너의 친구나 가족들에 관한—내용이 있다면, 얘기하지 않아도 돼. 너의 사생활 혹은 다른 사람의 사생활을 보호하는 것이 더 중요하니까. 그러니까 언제든지 네가 질문에 대답하고 싶지 않다면, "저는 그 질문에 그냥 넘어갈게요"라고 말하면 돼. 이와 관련해서 질문 있니?…… (상담자는 칠판에 "통과해도 좋음"이라고 쓴다.) 우리의 합의 목록에 더 덧붙이고 싶은 다른 것이 있니?

Group
Member #7 : 음…… 재미있는 것이 아닌 이상, 만약 사람들이 제가 말한 것에 대해 웃지 않으면 좀 더 편안함을 느낄 것 같아요. 다른 사람을 존중해야 할 필요가 있으니까요.

SC : 다른 친구들은 어떻게 생각하니?
(집단 구성원들이 동의를 나타낸다. 그리고 상담자는 칠판에 "다른 사람에 대한 존중을 보여주기"라고 적는다.) 그 밖에 또 있을까?

Group
Member #4 : 음, 출석을 잘 해야 할 것 같아요. 만약 결석하는 사람이 있으면 어떻게 되는지 궁금해요.

SC : 다른 친구들은 어떻게 생각하니? (집단 구성원들이 동의를 나타낸다.) 아마도 누군가는 상담에 빠지는 날도 있을 거야. 이러한 경우 어떻게 하면 좋을까?

Group
Member #4 : 만약 우리가 빠져야만 한다면, 선생님께 전화나 이메일로 알릴 수 있어요. 그러면 선생님께서 다른 모두에게 알려줄 수 있으니까요.

SC : 다른 친구들은 어떻게 생각하니?
(집단 구성원들이 동의를 나타낸다. 상담자는 칠판에 "상담에 빠져야만 한다면 상담 선생님께 알리기"라고 적는다.) 또 다른 것이 있을까?
(집단 구성원들은 추가적인 동의 항목들을 제안하지 않는다.)

SC : 알았어. 그럼 이제 각자는 다른 친구들과 눈을 맞추고, "난 우리의 합의에 서명할 수 있어"

하고 함께 외치면 좋을 것 같아. 오늘 떠나기 전에 내가 너희들에게 합의한 내용을 적을 테니 너희의 이름을 그 종이에 서명하면 돼. 그리고 매 회기의 시작 때마다, 만약 멤버가 참석하지 않았다면 너희에게 알려줄 거고, 합의한 내용을 앞으로도 복습할 거야. 매 회기가 끝날 때마다, 우리는 합의사항을 잘 따르고 있는지 확인하기 위해 합의 문항을 다시 읽을 거야. 그렇게 해도 될까? (집단 구성원들이 동의를 나타낸다. 상담자는 첫 번째 활동을 시작한다.)

한스의 집단상담 사례

한스의 상황은 다소 애매모호하지만 그의 경험은 흔한 일이다. 변화하는 가족 집단에 참여한 학생들은 자신이 겪는 고통을 다른 학생들도 겪고 있다는 것을 알게 됨으로써 심리적 지지와 편안함을 느끼게 된다. 이러한 집단을 운영할 때 다양한 자료를 활용하고 이들의 연령에 적합한 책들을 이용하는 것은 큰 도움이 된다. 하지만 학교 심리학자(SP)에 의해 운영된 아래의 짧은 사례에서 보듯이, 안전한 환경 속에서 학생들이 자신의 이야기를 할 수 있고, 다른 또래로부터 비슷한 이야기를 들을 수 있는 기회를 마련하는 것은 이들에게 큰 도움이 된다. 아래의 사례는 가족이 과도기에 있는 남학생으로 이루어진 집단의 사례이다. 학생들이 어떻게 그들의 경험을 공유하는지 주목하라.

SP : 오늘은 너희들의 가정을 표현하기 위해 테이블 위에 있는 재료들을 활용할 거야. 우리가 지금까지 이야기한 것처럼 너희는 집에서 중요한 변화들을 경험해왔고, 너희 중에 몇몇은 두 가족을 가지고 있어. 너희에게 정말로 자신의 집이라고 느껴지는 집 혹은 장소를 그리거나 만들어 보았으면 좋겠어. 다 끝마치면 다른 사람에게 너의 집에 대해서, 그리고 그곳에 있는 기분이 어떤지를 이야기해 주었으면 좋겠어. (학생들이 집을 만들고 있을 때, 학교 심리학자는 학생들을 관찰하고 적절하게 반응한다.)

SP : 누가 먼저 자신의 집에 대해 이야기해 줄래?

한스 : 제가 할게요. 이건 내가 세 명의 형제들과 아빠와 함께 살고 있는 집이에요. 마당에 있는 것은 애완견이구요.

SP : 평소와 비교하여 너의 집은 지금 어떤 점이 다르니?

한스 : 음. 예전에는 집에 오면 엄마가 있었어요. 하지만 지금은 아니죠. 학교가 끝난 후에 집에 오면 외로워요. 제 형은 작은 동생을 보살피기 위해서 집에 있어요. 하지만 형은 매일 방에서 비디오 게임만 해요.

마이클 : 네가 무엇을 말하는지 알 것 같아. 나도 아빠가 이사를 간 이후로는 뭔가 기분이 달라요.

그레그 : 나도 아빠가 보고 싶어요.

SP : (반영과 연결) 그레그, 너도 마이클과 같이 외로움을 느끼는구나. 마이클과 그레그는 아빠를 그리워하고 있구나. 한스 너는 엄마를 그리워하고. 부모님처럼 중요한 누군가를 잃게 되면 슬프고 외롭지. 너희가 그런 감정들을 느낄 때 기분이 좀 나아지도록 돕기 위해서 어떤 일을 할 수 있을까?

활동

1. 당신이 현재 속해 있는 집단을 생각해 보자(어쩌면 교실 집단). 당신이 속한 집단이 형성단계인지, 폭풍단계인지, 아니면 규범화 단계인지 어느 정도 알아차릴 수 있는가? 집단이 각 단계에 있다는 것을 어떤 근거로 파악하였는가?
2. 한스와 캐시를 생각해 보자. 한스 혹은 캐시에게 집단상담이 어느 정도 도움이 된다고 생각하는가? 어떤 종류의 집단이 도움이 된다고 생각하는가?

저널 주제

주제 1

저자는 상담자를 위한 상담 집단을 제안했다. 학교 상담자나 학교 심리사로서, 전문가를 위한 상담 집단에 참여하면 어떤 유익을 얻을 수 있다고 생각하는가? 이러한 집단에 참여하는 것에 대해 어떤 염려를 가지고 있는가?

주제 2

집단 리더로서 또는 집단의 구성원으로서 집단의 생산성에 도움이 되는 당신의 특징이 있다면 무엇인가?

CHAPTER 11

학교에서의 위기 대응과 개입

학습목표

- 학교에 영향을 미치는 위기의 범위를 고려해 본다.
- 위기 대응 계획의 주요 요소를 이해한다.
- 다양한 시나리오를 통해 적절하고 효과적인 위기 대응 방법을 익힌다.
- 학교에서의 위기를 준비하고 대응해야 하는 학교기반 전문가의 역할을 이해한다.

최근 학교기반 전문가들은 모든 종류의 위기에 대응하고 대처하는 것에 책임을 지고 있다. 이 장에서 우리는 효과적 위기 대응 계획의 기본 요소, 위기 대응과 관리의 많은 측면들 그리고 위기 대응과 관리에 있어서의 학교기반 전문가들이 갖는 역할을 소개한다. 이 장에서 제시한 정보는 이용 가능한 방대한 양의 정보 중에서 오직 일부를 보여주는 것으로 이해하면 된다. 이러한 정보와 당신의 현장 수퍼바이저의 지원을 통해 위기에 대응하는 능력은 신장되겠지만 이곳에서 제시한 것이 위기 개입에 있어서의 완벽한 안내서는 아니다. 여러분은 위기 개입에 관한 훈련 프로그램을 수강해야 한다. 만약 여러분이 속한 프로그램이 이러한 훈련 과정을 포함하지 않는다면, 우리는 당신이 다른 곳에서 제공되는 훈련 과정을 찾길 바란다. 우리는 또한 위기 개입이 교육적 문제 상황에서 중요한 부분임을 강조한다. 학교기반 전문가로서 위기 예방과 개입을 다뤄야 하는 책무가 있기 때문이다. 하지만 제한된 지면으로 인해 위기의 예방은 이 장에서 다루지 않을 것이다.

관련 연구들은 학교 상담자들이 효과적으로 위기에 대응하고 대처하도록 훈련시키는 것의 중요성을 강조한다. Allen 등(2002)의 연구에 따르면 35%의 학교 상담자들이 대학원 과정에서 위기 개입에 관한 훈련을 받은 적이 없다고 답했다. 더 나아가서 설문에 응답한 학교 상담자들의 57%는 위기 개입에 '전혀' 준비가 안 되어 있거나 또는 '최소한으로' 준비된 상태라고 생각했다(Allen et al., 2002).

위기 대응이 현재 이러한 상태에 머물러 있기 때문에, 2009년 상담 및 관련 교육 프로그램의 인증을 위한 위원회(CACREP) 기준에서는 위기에 대해 더 큰 관심을 보여야 한다고 강조하였다. 이 기준들은 ASCA(2007)에서 개발된 학교에서의 위기/중요 사건 대응에 관한 임무 진술(position statement)을 바탕으로 한다. 이 진술문에서는 "전문적인 학교 상담자들의 주된 역할은 계획을 촉진하고, 위기/중요 사건에 영향 받은 모든 사람들의 감정적 요구에 대한 반응을 조정하고 지지하는 것이다. 이는 사건이 진행되는 동안과 사후에 직접적인 상담 서비스를 제공함으로써 이뤄진다"라고 적혀 있다(p. 12).

전미학교 심리사협회(NASP: The National Association of School Psychologists, 2010b) 또한 예방, 개입 그리고 위기 대응에 있어서 학교 심리사의 역할이 증가될 필요가 있다고 밝히고 있다. NASP의 2010년 기준에서는 계속해서 다음과 같은 책임들을 언급하고 있다. "학교 심리사들은 학교 위기 팀에 참여하고 방법, 문제 해결 전략, 자문, 협력 그리고 위기 예방, 준비, 대응, 회복 측면에서의 직접적인 서비스들을 진행할 때 자료에 기반한 결론을 내려야 한다"(p. 6).

11.1 위기란 무엇인가?

학교 총기 난사 사건은 그 사건을 겪은 학교에 두려움과 극도의 충격을 준다. 이러한 사건은 우리가 학교에서 매일 겪는 다른 위기에 비해 상당히 특수한 경우이다. 학교에 영향을 줄 수 있는 위기들을 고려해 보자(학생, 교사 또는 학교장의 죽음, 사고, 질병, 성폭력, 폭발 협박, 학교에서의 무기 소지, 토네이도, 허리케인 또는 다른 기상 이변으로 인한 재해 그리고 범죄 조직 폭력). 2001년 9월 11일 아침 세계무역센터인 쌍둥이 빌딩이 무너질 때, 당신 옆에 모여 있는 학생들과 창문 밖을 통해 이 광경을 보고 있다고 상상해 보자. 상상하기 어렵고 믿기 힘든 일로 느껴질 것이다.

학교 기반 전문가들이 직면하는 가장 일반적인 위기 중에서 두 가지는 자살과 사고이다. 미국 질병통제예방센터(CDC; 2009)에 따르면, 자동차 사고가 미국 십대들의 죽음에서 1/3 이상의 비율을 차지하는 가장 주된 원인이다. 자살은 10~19세의 죽음에서 세 번째로 많은 비율을 차지한다. CDC(2009)는 청소년 위험 행동 조사(Youth Risk Behavior Survey)를 통해 청소년의 위험을 정기적으로 관찰하는데 가장 최근의 통계에 따르면 13.8%의 학생이 자살을 심각하게 고려한 적이 있었고, 6.3%의 고등학생들은 적어도 한 번의 자살 시도를 했다고 보고한다.

위기는 다양하게 정의될 수 있다. Heath와 Sheen(2005)은 위기를 "종종 사전 경고 없이 일어나고 개인이나 집단에 압도적인 위협을 가하는 사건이나 상황"(p. 2)으로 정의했다. 이후에 James(2008)는 "현재 지니고 있는 자원과 대처 메커니즘을 넘어서는 견딜 수 없는 어려움의 상황이나 사건을 인식 또는 경험하는 것"으로 위기의 정의를 확장했다(p. 3). 후자의 정의는 컬럼바인에서의 총기 사건, 존경받던 교사의 죽음, 자살 충동을 겪는 학생 또는 이전에 기록된 다른 위기들 등 다양한 위기 사건과 대응을 포함한다.

11.2 위기 대응 계획의 주요 원리들

우리 대부분은 캔터키 주의 West Paduch, 미시시피 주의 Pearl 그리고 콜로라도의 컬럼바인 고등학교에서 벌어진 폭력적이고 무분별한 총기 사건을 기억하거나 들어봤을 것이다. 우리는 학교가 아이들이 학업적으로, 인간적으로 그리고 사회적으로 성장하기에 안전한 장소라고 믿어왔기 때문에 이러한 사건들은 아마 다른 폭력 사례들에 비해 우리에게 보다 큰 영향을 미쳤을 것이다. 이러한 위기 이후에 나타난 당연하고도 긍정적인 결과 중 하나는 학교에서 위기 대처 계획 수립을 최우선 과제로 선정하기 시작했다는 점이다. 컬럼바인 사태 이후 대부분의 교육청에서는 각 학교에 출입구 폐쇄와 대피 과정을 포함하는 위기 대응 계획을 세웠다.

그러나 이는 첫 단계에 불과하다. 위기가 벌어지는 도중에도 그리고 그 후에도 학생들이 적절하고 효과적으로 보호받고 있음을 확신할 수 있게 하는 더 많은 것이 필요하다. 몇몇 학교와 교육청들은 다음 단계로 나아갔고 위기에 대처하기 위한 팀을 결성했다. 이 팀들은 트라우마 대응 팀(Trauma Response Team), 위기 대처 팀(Crisis Management Team), 중요 사건 팀(Critical Incident Team) 또는 위기 대응 팀(Crisis Response Team)으로 불린다. 혼란을 방지하기 위해, 이 장에서 우리는 CRT라는 용어를 일관되게 사용할 것이다.

학교 심리사들과 학교 상담자들은 종합적인 위기 대응 계획의 개발과 실행을 돕는 과정에서 중요한 역할을 한다. 그리고 이 계획은 학생들의 자원을 강화하고 개개인이 사건에 대응하는 적절한 기술을 발달시킬 수 있도록 돕는 것에 초점이 맞춰져 있다. 효과적인 계획은 위기에 의해 가장 영향 받은 사람들이 안정을 얻고(James, 2008), 더 심한 위기에도 극복할 수 있도록 돕는 기능을 한다(Thompson, 2004).

11.3 학교기반 위기 대응의 시점

적당한 대응 시점과 관련된 쟁점은 주로 학교의 환경과 관련이 있다. 종종 평균적인 대응과 불충분한 대응 간에 차이는 대응 시점(timing)에 의해 발생한다. 효과성 면에서 시의 적절한 대응은 위기 이전의 균형점으로 상황을 복원시키는 반면, 뒤늦은 대응은 피할 수 있었던 신체 및 정서적 결과를 낳게 한다. 이렇듯 위기의 신속한 대응과 개입은 휴대폰이나 이메일, 혹은 페이스북, 트위터와 같은 소셜 네트워크 서비스의 등장으로 더욱 계획하거나 대처하기가 어려워졌다. 학교와 기관 직원들은 이러한 변화를 실감하고 있다. 그리고 흔히 '응급 관리(emergency management)'를 위기 개입 계획에 포함시킨다.

위기 개입의 시의성(timing)과 관련하여, 먼저 최상의 환경(예 : 계획할 시간이 있는 경우)에서의 위기 대응과 응급 관리를 생각해보자. 이것에 대한 일반적인 사례는 주말에 한 학생이 다치거나 사망했을 때이다. 학교와 CRT는 효과적으로 위기에 대응할 수 있는 계획할 시간을 갖는다. 하지만 위기는 정해진 스케줄에 따라 발생하는 것이 아니기 때문에, 우리는 또한 갑작스럽게 발생했거나 예상치 못한 위기에 관한 쟁점과 전략을 이 장의 후반에 논의할 것이다.

주말에 학생이나 교직원이 사망 혹은 부상을 당한 경우에, 일련의 사건들에 따른 절차들을 계획에 따라 진행할 수 있다. 사건이 일어났을 때, 일반적으로 경찰들은 특정 시점에 어느 정도 개입한다. 경찰들은 사건으로 인해 가장 큰 영향을 받을 수 있는 사람들에게 사건 정보를 알리도록 훈련되어 있다. 따라서 위기 개입의 시점이 마을, 도시, 또는 나라마다 약간 차이가 있지만 경찰들은 보통

> 당신의 학교와 교육청에서 이 같은 사건에 대해 어떠한 규정이 마련되어 있는지를 아는 것은 예비 혹은 신참 전문가에게 중요하다.

교육청 직원이나 이러한 사건과 관련된 학교장에게 먼저 알린다. 이 정보를 가지고, 학교장들은 보통 CRT를 통해 조치를 시작한다.

11.3.1 대응의 규모

우리는 어떻게 위기 대응에 필요한 적절한 CRT 구성원의 수를 결정하는가? 이 질문에 답하기 위해 수많은 것들이 고려되어야 한다.

- 누가 피해자인가?(또는 누가 피해자들인가?)
- 피해자의 나이, 성별, 그리고 민족성은 무엇인가?
- 피해자가 학교 공동체에서 얼마나 잘 알려져 있나?
- 부상이나 사망의 세부사항(예 : 그것은 우발이었나, 예상되었는가, 자살인가, 범죄인가 등)은 무엇인가?
- 최종 결과(죽음, 입원, 다른 사람 연루, 미결인 채로 있는 법적 고소 등)는 무엇인가?

일단 이 정보가 결정되면, 우리는 위기를 경험한 학생과 성인들을 확인하기 시작할 수 있다. 이 확인 작업을 통해 대응의 규모를 확인할 수 있다. 명백하지만, 학교 공동체에 미칠 영향이 클수록 더 많은 수의 대응자가 필요할 것이다. 고등학교 풋볼팀의 쿼터백이 차 사고로 사망한 경우에 대한 대응 규모와 초등학교 5학년 교사가 길고 잘 알려진 암 투병을 하다가 사망한 경우의 대응 규모를 비교해 보자. 두 사건 모두 어렵고 영향력이 크겠지만 대응의 규모는 유의미하게 다를 것이다.

> 우리가 단지 학교를 위한 대응을 논의하고 있다는 것을 기억하라. 지역사회 또한 대응을 개발할 수 있는데, 때로는 학교와 함께 하기도 하고, 분리되어 하기도 한다.

각 위기에 대응하는 데 있어서 그 차이를 설명하기 위해 다음의 시나리오를 더 검토해 보자. 고등학교 풋볼팀의 쿼터백이 학교 공동체의 많은 사람에게 알려져 있다는 것은 흔히 있는 일이다. 대부분의 미국 학교에서 미식 축구는 주류 스포츠이며, 특히 홈커밍 행사를 동반하기도 하므로 더욱 중요한 행사이다. 쿼터백처럼 눈에 띄는 존재는 모든 학년을 아울러 많은 수의 학생이 쿼터백 학생의 죽음으로 인해 영향받을 수 있다. 모든 종류의 팀과 집단은 본질적으로 구성원의 높은 결속력에 기초하기 때문에 팀원의 사망은 더 큰 영향을 미칠 수 있다. 스포츠 팀이든, 밴드부이든, 또는 체스 클럽이든지 그 영향이 구성원들에게는 더 클 수 있다는 것은 쉽게 예상할 수 있다. CRT의 구성원 수는 학교 내 구성원의 전체적인 소속감을 반영하여 결정할 필요가 있다. 예를 들어, 2,500명의 학생이 다니는 학교는 학생 간 결속력이 높은 500명의 학생이 다니는 학교에 비해 더 적은 위기 대응자로 지원할 수 있을 것이다.

이제 쿼터백 시나리오를 5학년 교사의 죽음과 관련한 상황과 비교해 보자. 초등학교는 일반적으로 단단히 결속된 공동체의 성격을 지닌다. 특별히 교사, 직원, 그리고 부모들 사이의 관계는 매우 결속력이 높다. 일반적으로 학생들 사이에 결속은 주로 같은 학년 수준에서 이뤄지는 경향이 있다. 왜냐하면 단위 학급의 학생들은 대부분의 시간(예 : 점심 시간, 쉬는 시간, 특별 시간)을 같은 학년의 다른 학생들과 함께 보내기 때문이다. 이러한 상황을 고려한다면 누가 교사들의 죽음으로부터 가장 영향을 받겠는가? 담임 교사는 학교 전체에 알려져 있는 사람이다. 그러나 가장 지속적인 상호작용과 결속력의 측면에서 본다면 선생님이 가르쳤던 학생들(현재 5학년들과 아마도 이전 해에 가르쳤던 6학년들까지)과 그녀의 동료들이 가장 영향을 받을 것이다. 이 시나리오에서 CRT는 쿼터백 시나리오보다 더 적은 구성원이 필요할 수도 있다. 그러나 CRT 구성 시 대응의 규모뿐만 아니라 다음에서 제시할 다양한 요소들을 고려해야 한다.

11.3.2 대응의 유형과 기간

쉽게 예상할 수 있듯이, 대응의 유형과 기간은 매우 다양하다. 어떤 경우에는 대응이 단순히 CRT를 '대기시키는' 것을 의미할 수도 있다. 이후에 학교장이 예상치 못했거나 처리하기 힘든 영향을 인식하게 된다면, 그 때 팀이 동원될 수도 있다. 5학년 교사와 관련된 상황에 대해 생각해보라. 구성원 사이의 관계가 긴밀한 공동체이기 때문에, 학교 관리자들은 처음에는 '조직 내'에서 자신들만의 학교기반 전문가들과 그 위기로 인한 영향을 다루고 싶어 할 수 있다. 그러나 학생과 직원에 대한 영향이 예상보다 크다는 것을 인식하게 되면 CRT에게 도움을 요청하게 될 것이다.

반면 위기 대응 스펙트럼의 다른 반대쪽은 한 주 동안 보다 큰 규모의 CRT가 학생과 교직원을 돕는 위기에 해당된다. 고등학교 쿼터백의 경우, 대응은 더 복잡하고 더 길 것으로 예상된다. 왜 그런지 생각해보자. (초등 5학년 교사의 사망 상황과는 달리) 쿼터백의 사고로 인한 죽음은 갑작스럽고 뜻밖의 일이다. 이러한 상황은 직접적으로 위기를 경험하는 대부분의 사람들에게 더 큰 충격을 가져다 줄 것이다(Thompson, 2004). 이처럼 서로 다른 반응의 수준에 기초하여 CRT의 개입 수준을 결정하게 된다.

개입은 또한 사건의 상황에 의해 영향을 받는다. 나쁜 날씨 상황 때문에 사건이 일어났는가? 그가 약물을 하였거나 음주 후에 운전하고 있었는가? 운전자는 차 사고에서 살아남았는가? 사고로 인한 죽음이 예방 가능했던 것처럼 보이는 경우, 사람들은 종종 비난하고 잘못을 돌릴 누군가를 찾는다(Thompson, 2004). 같은 학교에 있는 다른 학생이 사건에 책임이 있다는 것이 밝혀지고 그 학생이 학교로 돌아올 것이라고 상상해 보자. CRT는 대응에 대한 유형과 기간을 설계할 때, 이러한 역동성을 신중하게 고려할 필요가 있을 것이다.

대응의 기간에 영향을 미치는 사항은 고인을 위한 장례식이나 추도식을 포함한다. 종종 장례식이나 추도식에 CRT 구성원이 관여해 달라고 요청을 받을 수도 있다. 위기 대응에서 이러한 상황은 일정을 잡거나 계획하기가 보다 어려울 수 있다. 5학년 교사의 경우, 장례식과 같은 행사의 날짜와 시간은 빨리 발표될 수 있다. 참석하리라고 예상되는 학생의 수에 따라 행사에 참석할 필요가 있는 CRT 구성원의 수를 결정해야 한

> 이 단계에서 위기 대처를 계획할 때에는 또 어떤 요인들이 영향을 미칠까?

다. 반면 예상치 못한 죽음의 경우, 이러한 행사는 다소 느리게 계획될 수 있다. 그리고 경우에 따라서 장례식은 사후 일주일이나 그 이상 걸릴 수도 있다.

11.3.3 팀의 구성

완벽한 경우라면 교육청에 다양한 위기대처팀이 있을 것이다. 그리고 이 대처팀의 구성원들은 위기 대응 훈련을 받고, 각 교육청의 인구통계학적 다양성을 반영하여 배치된 경우일 것이다. 팀원의 대부분은 학교기반 전문가들로 구성된다. 팀원을 선택하는 과정에서 주의해야 할 요소는 이들의 성별, 인종, 발달수준에 대한 경험(초등학교, 중학교, 고등학교)과 이중 언어 수준 등이다. 물론 이처럼 한 교육청에 다양한 위기대처팀을 갖추는 것은 현실적으로 가능하지 않더라도 한 팀 이상을 마련하는 것이 권장된다. 만약 1년 동안 4~5번 호출된다면 한 팀 밖에 없는 경우를 상상해 보자! 또한 구성원들이 자신이 속한 학교의 위기 대응에 투입되지 않도록 하는 것도 중요하다. 자신이 속한 학교의 위기로 인해 영향을 받게 되는 학교기반 전문가들은 다른 사람을 돌보기 이전에 위기에 대한 자기 자신의 경험을 탐색할 기회를 가져야 한다.

　가장 효과적으로 위기 대처를 하기 위해서는 CRT 구성원들이 어떤 개인적 혹은 전문적 특성을 가지고 있어야 한다. James(2008)는 바람직한 개인적 특성으로 침착하고, 창의적이며, 융통성이 있고, 끈기가 있으며, 도전적이고, 경험이 풍부하고, 탄력적이어야 한다고 보았다. Kanel(2007)은 누군가의 감정, 가치, 의견, 또는 행동을 의식하는 '치료적 인식(therapeutic awareness)'은 위기를 맞고 있는 내담자를 도울 때 CRT 구성원의 기술을 강화시킨다는 것을 확인하였다(p. 18). CRT 구성원 중에 최근에 큰 슬픔을 겪었거나 사랑하는 사람을 떠나 보낸 사람이 있다면 단기적으로 팀에서 제외시키는 것이 타당하다. 마찬가지로 해결되지 않은 슬픔을 상담자가 지니고 있을 때 자신의 경험을 내담자에게 역전이함으로써 상담을 비효과적으로 만들 수 있다(James, 2008; Kanel, 2007; Thompson, 2004).

11.4 대응자의 역할과 책임

이 절에서는 CRT 구성원들의 다양한 역할과 책임에 대해 살펴보고자 한다. 역할의 종류와 책임에 대한 짧은 논의는 우리들의 개인적 경험에 기초하였다. 이 역할과 책임은 위기, 교육청, 주에

따라 아주 다양하다. 하지만 위기에 포함된 주제와 책임 면에서 일관되게 중요한 것으로 간주되는 역할은 조정자(coordinator)의 역할이다. CRT의 조정자는 강한 리더십 능력, 좋은 조직 기술과 트라우마에 대한 반응과 개입 훈련을 통해 습득한 역량을 지니고 있어야 한다. 조정자의 역할은 다른 팀 구성원들이 대처를 위해 호출되기 훨씬 전에 시작한다.

일단 학교 또는 교육청 직원들이 위기를 인식하고, 위기대처 팀이 필요하다고 결정하면, 조정자에게 연락하게 된다. 위기를 맞은 학교에서는 조정자와 위기가 발생한 학교의 학교장이 회의를 갖는다. 종종 현장에 있는 학교기반 전문가들은 이 회의에 참석한다. 첫 회의의 목적은 교직원들이 조정자의 지침과 함께, 학교 공동체에 심리적 지원이 필요하다는 것을 결정하도록 돕는 것이다. 조정자는 학교 직원들이 위기를 인식하고 필요한 반응이 무엇인지를 면밀하게 고려할 수 있도록 돕는 역할을 한다. 이 단계에서 바위가 물속에 빠지는 것을 시각적으로 보여주는 것이 도움이 될 수도 있을 것이다. 바위의 크기(돌멩이 또는 바위?), 물의 부피(호수 또는 양동이의 물?), 그리고 예상되는 결과(작은 물결 혹은 큰 파도?)를 가늠하는 것이 조정자의 책임이다. 정확한 영향력을 판단하기 위해서 조정자는 위기의 모든 면과 학교, 학생, 지역사회의 독특하거나 특수한 상황까지 고려해야만 한다. 이후 조정자는 학교가 예상할 수 있는 위기로 인한 영향의 정도를 정확하게 파악할 수 있다.

> 학교 교직원, 전문가, 위기 대처 팀 조정자 및 그 밖의 팀 구성원의 노력을 통해 위기로 인한 영향을 최소화시킬 수 있다.

첫 회의에서는 '파장효과(ripple effect)'를 추정해 본 후, 조정자와 학교 직원은 적절한 위기대처 팀의 구성요소를 결정한다. 추가로 학생이나 학부모에게 전달하기 위한 통신문을 작성한다. 학교, 학생, 지역사회의 독특하거나 특수한 상황은 계획할 때 논의의 사항에 포함되어야 한다. 예를 들어, 이전 또는 최근의 트라우마, 문화적 고려사항들, 방학 계획 및 예정된 휴업일 등에 주의를 기울여야 한다.

> 당신의 학교에 존재하는 문화적 다양성을 이해하고 인식하는 것은 위기 대응에 있어 결정적인 역할을 할 것이다.

회의의 마무리 단계에서 팀 구성원에게 연락하고, 위기의 정확한 세부사항을 제시하고, 계획했던 시간 계획을 설명하고, 위기를 맞은 학교에 도착하는 방법 등을 설명하는 것은 조정자의 책임이다. 위기대처 팀의 구성원들은 얼마 동안 자신의 학교를 비울지 학교에 알리는 것이 중요하다. 예상했던 것보다 더 오랜 시간이 걸릴 수도 있다. 그렇기 때문에 학교 기반 전문가로 구성된 위기대처 팀이 교육청에 적어도 하나 이상 존재하는 것이 중요하다.

위기대처 팀이 학교에 도착했을 때(예 : 시나리오에서는 주말에 사고로 위기가 발생한 후 월요일 아침), 조정자는 학교 공동체에 대한 관련 정보(예 : 구체적인 학교의 규정, 인원, 그날의 스케줄 등)를 팀원에게 제공한다. CRT의 팀원이 학생, 교사 또는 학부모와 상담하기 전에 정확한 최신 정보를 갖고 있어야 하는 것은 중요하다. 이것은 사실의 왜곡, 소문이 멀리 퍼지면서 겪는 학생들의 트라우마 또는 소문으로 인해 또 다른 트라우마를 겪는 것을 줄일 수 있다. 이후 조정자는 위기대처 팀에게 구성원으로서 역할을 부여한다. 다음에 제시된 목록은 일반적인 역할과 책임을 포함한다.

- **최초 대응자**(first responders) : 가장 큰 위기를 경험한 학생에게 개인과 집단 위기 상담을 제공하기. 이것은 미리 정해둔 공간에서 진행될 수도 있다. 예를 들어, 상담실 또는 학생들이 모일 수 있는 곳 어디에서든지 간단하게 할 수 있다.
- **학급 대응자**(classroom responders) : 전체 학생들에게 위기에 대해서 차근차근 설명하거나 위기를 경험한 선생님을 대신하여 담임 선생님의 역할을 대신한다.
- **학부모 대응자**(parent responders) : 필요한 경우 학부모에게 정보와 자료를 제공하고 상황을 차근차근 설명한다.
- **교무실 대응자**(front-office responders) : 학부모와 함께 하교한 학생들(초등학교와 중학교) 또는 혼자 하교한 학생들(고등학교)의 상황을 살피고, 전화로 연락하며 그 밖의 점검활동을 돕는다.
- **대집단 대응자**(large-group responders) : 여러 학생들이 모일 수 있는 공유 공간(보통은 도서관이나 교내 식당)에서 학생들을 살피고 이들이 그러한 공간에서 사고를 당한 학생에 관한 글을 쓰거나 그림을 그리는 활동을 보조한다.
- **이동 대응자**(traveling responders) : 학생들이 모여 있는 집을 방문하거나 풋볼 팀원들과 함께 지내거나(또는, 사망하거나 부상당한 학생이 속한 집단과 지내기) 또는 그 밖에 학생들이 모일 수 있는 주차장이나 그 밖의 공간을 감시한다.

어떤 역할과 책임이 보다 중요한지 파악하기 위하여 다시 한 번 두 가지 시나리오를 살펴보자. 두 시나리오에서 조정자의 역할은 동일하지만 교직원들과의 자문과 후속 반응은 아주 다를 것이다.

첫 번째 시나리오의 경우, 위기의 대부분이 고등학생에게 해당된다는 사실이 대응자에게는 큰 도전이 된다. 이러한 경우 개인상담과 집단상담의 요구가 높을 수 있다. 슬픔을 주로 다루게 되는 애도 상담자(grief counselor)와 상담이 가능하다는 안내를 하게 되면 학생들은 상담을 신청할 것이다. 최초 대응자들은 일반적으로 '심리적 분류(psychological triage)'를 통해서 취약하거나 위험 수준

> 트위터와 문자 메시지를 통해 잘못된 정보를 퍼뜨리는 것은 위기 상황에서 부정적인 영향을 미치며 이러한 것이 대응의 모든 상황에서 고려되어야 한다.

이 높은 개인과 집단을 선별한다(National Institute of Mental Health, 2001). 그들은 어떤 학생들이 신체적으로, 또는 감정적으로 가장 위기에 처해 있는지 파악해야 한다. 이러한 학생들은 즉각적인 서비스가 필요하기 때문이다. 이러한 서비스는 현장에서 집중적인 개인상담을 통해 이뤄지거나 자살할 생각이나 의도를 평가하는 보다 집중적인 개입을 포함한다. 학생들이 분류되면, 최초 대응자들은 직접적으로 위기 상담을 제공한다. 직접적인 위기 상담은 이 장의 뒷부분에서 다루어질 것이다.

그러나 위기로 인해 영향을 받은 학생들의 일부는 위기에 대해서 들은 후에 학교에 오지 않거나, 학교에 머무르지 않거나, 상담 서비스를 받지 않으려 할 수 있다는 점을 기억하는 것이 중요하다. 이러한 학생들은—보통 사고를 당한 학생의 남자친구나 여자친구, 풋볼 팀의 멤버, 가장 친한 친구, 그리고 직접적인 목격자—보통 대응의 첫 번째 초점이 된다. 이러한 학생들이 학교를 회피하는 것은 흔히 있는 일이다. 따라서 이동 대응자와 교무실 대응자는 중요한 역할을 하게 된다. 학교 직원들의 도움을 통해, 조정자는 피해자와 가장 심리적으로 친한 학생들, 즉 가장 많이 영향을 받았을 학생들의 이름을 파악할 수 있다. 유능한 교무실 대응자는 학생의 위치를 파악하기 위해서 추가적인 정보 수집을 위해 부모에게 전화하는 것을 포함하는 가능한 모든 수단을 동원한다. 한편 이동 대응자는 가정, 주차장, 근처 공원, 또는 길거리에서 개인상담 또는 집단상담을 제공할 준비를 하고 있어야 한다.

> 위기 상황이 발생했을 때 부모들이 자기 자녀에게 심리적 지원을 제공하는 중요한 역할을 하게 된다. 하지만 경우에 따라서는 CRT 멤버가 추가적인 지원을 제공하는 것이 필요하며 이러한 추가적인 지원은 팀이나 지역에 있는 전문가를 통해 제공받을 수 있다.

대집단 대응자들도 바쁘게 움직이게 된다. 어떤 학생들은 위기의 영향을 상대적으로 적게 받기도 한다. 이러한 학생들은 집중적인 개별 또는 집단 위기 상담이 필요하지 않다고 여길 수도 있다. 그러나 이 학생들 역시 해당 위기 또는 과거에 극복한 트라우마에 관한 전반적인 생각이나 감정을 표현하며 도움을 받을 수 있다. 카드나 편지, 배너 만들기를 통한 개입 또한 좋은 위로의 수단이 될 수 있으므로 자주 사용된다. 상대적으로 적게 영향을 받은 학생들은 짧은 시간 내에 학교 일정의 활동으로 돌아간다. 하지만 대집단 대응자들은 자신의 감정을 관리하기 힘들어하는 학생들을 주의 깊게 관찰하고 이러한 학생들을 위해 추가적인 상담을 제공하는 것이 좋다.

초등학교 교사의 죽음에 관한 두 번째 시나리오의 경우, 첫 번째 시나리오에서 나타난 대응자들의 역할과 책임은 동일하지만 그것이 활용되는 정도는 다르다. 앞서 언급한 바와 같이 초등학생, 교사, 직원과 부모는 친밀하고, 때때로 서로와 가까운 개인적 관계를 형성하는 경우가 많다. 따라서 이러한 상황에서 대응하는 것은 보다 어려울 것이다. 교장이 CRT에게 개입을 최소화하거나, 눈에 드러나지 않게 개입하도록 부탁하는 것은 이상한 것이 아니다. 교장들은 교사에 대해서 잘 알고, 외부 관계자의 개입 없이 교사를 돌보고 지원하고 싶어 할 수 있다(Heath & Sheen, 2005). 같은 맥락으로, 교사들의 입장에서도 학생들을 이와 같은 방식을 통해 보호하려는 성향이 존재할 수 있다. 교사들은 자신의 학생들을 스스로 돌보고 싶어 할 수 있다. 이러한 상황에서, 조정자는 주어진 위기에 대한 교사와 학생들에게서 예상되는 반응을 정확하게 파악하고 추가적인 자원을 제공하면서 자문가의 역할을 할 수 있다.

교사의 죽음에 대한 대응을 계획할 때, 조정자는 CRT가 학교에 머무는 것을 지지할 수 있다. CRT가 교내에서 어떻게 활용될 수 있는지 살펴보자. 이러한 위기 상황에서, 부모가 학교에 와서 도움을 제공하고, 자녀의 상태를 확인하는 것은 이상한 일이 아니다. 이러한 예상에 대해 조정자는 필요한 부모 대응자의 인원을 파악하여 결정한다. 부모 대응자는 교실을 확보하고, 적절한 자원을 모으고(슬픔과 상실에 대해 발달적으로 적절한 학교 도서관의 도서의 목록을 포함하는), 교무실 대응자를 통해 학부모가 학교를 방문할 경우 부모 대응자를 만날 수 있도록 공지할 수 있다.

학급 대응자는 일반적으로 초등학교에서 매우 중요하다. 조정자는 위기를 경험한 학생을 위해 상담한 경험이 있는 팀원을 선정하여 학생의 발달 수준에 맞게 돕도록 역할을 부여한다. 자격이 있는 학급 대응자는 교사가 휴식을 취하거나 서비스를 제공받을 동안 교사의 역할을 대신해 주는 요청을 받을 수 있다. 또 다른 경우에는 교사와 짝을 지어서 담임 교사와 같이 교실 전체 학생들에게 함께 위기에 대해 설명할 수 있다. 이러한 과정을 통해서 더 많은 개별적 관심이 필요한 학생을 선별할 수 있다. 이러한 과정을 보다 효과적으로 진행하기 위해서는 대응자들이 슬픔과 상실에 대해 발달 단계에 따른 차별적 반응에 대해서 알고 있어야 한다. 보다 더 심도 있는 트라우마에 대한 발달적 반응은 이 장의 뒷부분에서 다루어질 것이다.

최초 대응자와 대집단 대응자 역시 초등학교에서도 충분히 활용될 수 있다. 예를 들면, 최초 대응자는 동료의 죽음에 의해 가장 많이 영향을 받는 교사를 위하여 배정될 수 있다. 몇 명의 교사들이 큰 영향을 받았다면, 집단 상담 또는 설명의 과정을 통해 도움을 제공할 수 있다. 어느 정도 위기 상담 또는 설명이 필요한지는 교사들과 사망자의 관계에 의해서 결정된다.

교장 역시 죽음에 대해 크게 영향을 받을 수 있다. 교장이 지원을 받거나, 상담을 받거나 설명을 들도록 돕는 것이 조정자의 책임이기도 하다. 어떤 경우, 이것은 그저 교장에게 음료수를 제공하거나, 음식을 제공하거나, 산책을 권유하거나, 혼자의 시간을 가지라고 권유하는 것일 수도 있다. 교장들이 거절할 수 있지만, 교장들도 이렇게 감정적으로 힘든 위기 상황에서는 스스로를 돌봐야 한다.

두 가지 대응 시나리오에서 조정자와 CRT 구성원은 추가적인 중요한 책임을 지니는데, 그것은 바로 기록을 보관하는 것이다. 대응자가 학생, 교사, 또는 부모와 만날 때, 그 만남에 대한 기록을 남겨야 한다. 이 기록은 대응자의 이름, 서비스를 제공받는 사람의 이름, 서비스를 제공받는 이유(수혜자와 희생자 또는 위기와의 관계를 포함한), 제공받은 서비스에 대한 설명, 서비스를 제공받은 날짜와 시간, 그리고 필요한 경우 추후 서비스에 관한 지침을 포함한다. 조정자는 정기적으로 만남의 기록을 검토해서 추가적인 대응이 필요할 지 결정해야 한다. 다음은 이러한 상황에서 사용할 수 있는 일지 기록의 예시이다.

CRT 대응 일지

대응자 _____

날짜 _____

대응 장소 _____

이름	위기와의 관계 (서비스 제공 이유)	제공한 서비스	시간	추후 서비스 필요 유무/ 내용과 시간	기타사항

　기억해야 할 점은 효과적인 대응은 위기의 고유한 상황과 학교의 맥락을 고려한 맞춤형 대응이라는 것이다. CRT가 위기 상황에 관여하는 것은 몇 시간부터 몇 주에 이르기까지 다양하다. 관리자와 조정자는 CRT가 학교 현장을 떠날 적절한 타이밍을 결정한다. 조정자는 CRT가 역할을 충분히 수행할 수 있도록 위기 상황 내내 학교의 학교기반 전문가와 의사소통해야 한다.

　지금까지 우리가 논의한 위기는 충분한 시간을 갖고 대응 준비를 해야 하는 경우였다. 반면 아래에 제시한 상황들은 이러한 위기상황에 대한 대응 계획을 세울 충분한 시간적 여유가 없는 경우이다. 어떻게 CRT가 이러한 상황을 효과적으로 다룰 수 있을지 생각해 보자.

　세 명의 고등학교 학생들이 점심식사 이후 학교로 되돌아오고 있는 중이었다. 그들은 지각을 피하기 위하여 속도를 내었다. 자동차를 제어할 수 없게 되었고, 정면으로 전봇대와 충돌하였다. 운전자와 조수석의 학생 한 명이 그 자리에서 숨졌다. 뒷자리에 앉아있던 학생은 살아남았으며, 병원으로 옮겨져 생명유지 장치를 사용하게 되었다.

- 한 중학교 학생이 학교에 총을 가지고 왔고, 7학년 학생들의 점심식사 시간 동안 구내식당에 있는 학생들을 위협하였다. 그는 교감 선생님과 한 학생을 쏜 뒤 스스로 목숨을 끊었다. 다행히 학교 관리자와 다른 학생들은 살아남았다.
- 토네이도 사이렌이 울렸고, 학교는 이에 대한 적절한 대응 절차를 따랐다. 몇 분 안에 토네이도가 학교를 강타했고, 건물과 떨어져 있던 이동식 교실이 심하게 손상되었다. 그 안에 있던 학생들과 교사는 부상을 입었다.
- 한 초등학교 교사가 아침 쉬는 시간을 감독하는 중이었다. 한 학생이 수업을 시작하기 위해 건물 안으로 들어왔고, 교사는 갑자기 심장마비를 일으켰다. 구급차가 도착했고 한참 동안 선생님을 살리기 위해 노력했다. 하지만 선생님은 살아나지 못했다.
- 어느 날 아침, 등교 중인 고등학교 학생들로 가득 찬 버스가 교차로 옆으로 삐져나온 자동차를 들이받았다. 승용차의 운전자는 즉사하였다. 학생들은 다른 버스로 갈아타고 학교로 갔다.

학교로 돌아오는 중 사고를 당하게 된 세 명의 학생들의 이야기를 생각해보자. 그리고 대응과 관련된 다음 질문에 답해 보자. 누가 가장 직접적으로 영향을 받으며, 누가 가장 먼저 서비스를 필요로 하는가? 같은 학교에 다니는 희생자의 가까운 친구들, 형제들, 친척들이 리스트의 가장 위에 있을 것이다. 위기 상황에서 학교를 임시 폐쇄하는 정책이 없는 경우라면, 고등학교의 경우 점심시간에 많은 학생들이 교실을 나와 웅성일 것이고, 점심시간이 끝날 무렵 많은 학생이 다시 교실로 돌아올 것이다. 사고를 직접 목격한 학생이 있거나, 사고 현장을 지나갔던 학생이 있을 경우, 최초 대응자는 이들을 만날지 여부를 결정할 필요가 있다. 만약 이러한 학생들이 학교에 등교하였다면, 이들은 최초 대응자에게 배정될 수 있다. 하지만 만약 이러한 학생들이 학교에 등교하지 않기로 했다면, 교무실 대응자와 이동 대응자가 더 많은 책임을 지게 된다.

다른 대응자의 역할 중 어떤 역할이 활용될 수 있으며 어떻게 활용되는가? 가까운 친구뿐만 아니라 희생자의 학급 친구들에게 미칠 영향을 고려할 필요가 있다. 모든 교실에 있는 희생자의 자리는 비어있을 것이다. 학급에 3명의 희생자를 가진 교사, 그리고 그 희생자들과 관계를 맺은 적이 있는 다른 식

> 기억해야 할 것은 지역 CRT가 조직되고 소집되는 동안에는 현장에 있는 학교기반 전문가들이 위기 대응에 대한 책임을 지게 될 것이다. 사실상 CRT가 도착하기까지 학교기반 전문가들은 이러한 모든 역할을 맡아야만 한다.

원들 역시 영향을 받을 것이다. 따라서 필요하다면 학급 및 대집단 대응자들이 배정되어야 한다. 이러한 대응자들은 그들이 만나는 사람들의 요구를 끊임없이 평가해야 한다는 점을 기억하라. 더욱 집중적인 서비스가 필요하다면 조정자에게 알리고 최초 대응자가 배정되어야 한다.

그렇다면, 같은 질문을 심장마비를 경험했던 초등학교 교사의 상황에 적용해보자. 누가 가장 직접적으로 영향을 받으며, 가장 먼저 위기 대응 서비스를 필요로 하는가? 사건을 목격한 학생들에게 즉각적인 서비스를 위한 우선순위가 주어질 것이다. 이 사건에 의해 직접적인 영향을 받은 또 다른 사람들로는 도움을 청했던 첫 번째 성인 직원을 들 수 있다. 의료진이 도착하기 전까지 교사에게 CPR를 행하는 누군가를 상상해 보자. 그 사람이 위기 상담을 받음으로써 도움을 얻을 수 있는 것은 분명해 보인다. 최초 대응자는 자신이 도와야 할 학교 내의 다른 개인 또는 집단 역시 떠올릴 수 있을 것이다.

> 학교기반 전문가들은 리더십을 발휘하여 CRT가 도착하기 전까지 즉각적인 서비스를 제공해야 한다. 따라서 그들은 서비스가 가장 필요한 곳이 어디인지 빠르게 결정을 내릴 수 있어야 한다. 위기 상황을 다루도록 훈련받은(예 : 학부모들의 방문과 전화를 처리하기, 영향을 받은 교사의 학급에서 대리인으로서 행동하기) 또 다른 교직원이 있다면 전문적인 상담자는 위기 상담에 보다 집중할 수 있을 것이다.

그 밖에 어떤 대응자의 역할이 필요하며, 어떻게 활용되는가? 대집단 대응자들은 그 사건에 가까이 있지는 않았지만 운동장에 있었을지 모르는 학생들이나 교직원에게 도움이 될 수 있도록 도서관에 배치될 것이다. 학급 대응자의 경우 위기 상황 당시에는 교실에 있었지만, 긴급 직원이 도착한 것을 듣고 보았던 학생들에게 배정될 것이다. 아동의 경우 그들의 부모에게 전화하여 무슨 일이 일어났는가를 말하고 싶어 하는 것은 흔한 일이다. 학교의 교무실 직원들과 함께 있었던 교무실 대응자들은 불필요한 혼란과 방해를 예방하기 위해서 이러한 전화를 감시한다. 이러한 학생들에 의해 경험된 트라우마의 수준이 증가하는 것을 막기 위하여, 교무실 대응자들은 학부모들이 자녀로부터 전화를 받기 전에 미리 전화로 상황을 알리는 것이 좋다. 학부모들은 그들의 자녀를 데리러 오기로 결정할 수도 있고, 학부모 대응자에 의해 제공되는 이용 가능한 서비스나 자원에 대한 정보를 받을 수도 있다.

11.5 위기 상담

예비 전문가 혹은 초보 전문가로서 자신을 인식하는 경우라면, 위기 상황에서 자신을 초기 대응자로 상상하기 어려울 것이다. 우리는 종종 "저는 처음에는 이 분야에서 몇 년 일 하다가 이 후에 지역 교육청의 위기대응팀(CRT)에 지원할 예정이에요"라는 말을 듣는다. 우리가 잘 알듯이, 학교에서의 위기는 흔한 일이다. 또한 그 위기들을 관리하는 것은 꼭 필요하다. 우리가 이야기한 것처럼, 대응할 충분한 시간이 없고, CRT가 모집되는 중일 때, 또는 학교나 교육청이 CRT를 구성한 적이 없을 때, 학교 상담자와 심리사들은 초기 대응자, 심지어는 조정자의 역할까지 떠맡을 수밖에 없다. 그것은 매우 어려운 일이 될 수 있지만, 한편으로 상담자의 업무 중에서 상당히 가치 있는 일이 될 수도 있다.

이러한 상황을 염두에 두고 초기 대응자의 실질적인 업무—위기 상담—에 대해 보다 자세히 알아보자. 그들의 책임을 더 명확히 하기 위해서, 우리는 트라우마나 상실이 발생했을 때 예상할 수 있고 일반적이라고 할 수 있는 감정 반응을 이해해야 한다. 앞에서 언급한 바와 같이, 트라우마에 대해 아동이나 청소년이 보이는 반응은 성인의 반응과는 다르다. 학교 기반 전문가들은 그들이 교육청 CRT의 구성원이든 아니든 이러한 발달적 차이에 대한 지식이 있어야 한다. 우리는 몇 가지 고려사항과 제공되는 자원들을 이 장의 마지막에 개략적으로 서술해 두었다.

국립피해자지원기구(National Organization for Victim Assistance : NOVA)에 따르면, 트라우마에 대한 아동들의 반응은 죽음에 대한 두려움, 사건의 원인이 본인이라고 생각하는 죄의식 행동, 자신들의 감정을 신체적으로 드러내는 것(예를 들어, 두통 및 구역질), 그리고 높은 긴장과 큰 감정 기복을 경험하는 것 등을 포함한다. 게다가 아동의 안정적이고 예상 가능한 세계관도 일시적으로 사라져서(American Red Cross, 2007), 두려움, 혼란, 무기력함을 경험할 수 있다.

> 학생 집단과 활동을 함께 할 때, 학급 대응자 또한 이러한 종류의 반응을 고려해야 한다. 예를 들어, 자신의 담임 교사가 사망한 5학년 학생들은 개별적, 집단적으로 이러한 반응들을 보일 것이다.

같은 사건이라도 성인의 반응은 아동 및 청소년의 반응과는 다르게 나타날 것이다. 청소년의 반응 중에서 가장 기본적인 특징은 일관성이 없는 것이다. 그래서 청소년이 트라우마에 대해 보이는 반응도 일관적이지 않다. 이러한 점은 대응자로 하여금 추적하고 후속 관리를 하는 데 어려움을 줄 수 있다. 화난 감정은 분노로 바뀔 수 있고, 슬픔은 자살 생각으로 표현될 수도 있다.

또한 청소년에게서 우려되는 점은 청소년들이 죽음을 자신과는 상관이 없는 것으로 여기는 성향과 관련이 있다. 이는 성인과 차이를 보이는데 십대들은 죽지 않을 것이라는 환상을 지니고 있어서 죽음에 대해 깊게 인식하지 못하는 경향이 있다. 심지어 어떤 청소년들은 자신들이 죽음보다 강하다는 것을 증명하려고 시도하기도 한다. 이런 경우 위험이 따르는 활동에 관여할 가능성이 높으며, 이로 인해 상해를 당할 가능성이 높아진다(Heath & Sheen, 2005). 청소년들은 죽음과 같은 상실에 대한 경험을 상징적으로 표현하기 위해서, 그리고 다치거나 사망한 사람과의 확실한 관계를 표현하기 위해 종종 기념물을 만든다.

슬픔이라는 개념은 복잡하고 다차원적이다. 우리는 슬픔을 사람이 상실을 경험했을 때 생기는 감정으로 정의한다(Kanel, 2007). 모든 연령대의 사람들이 정신적 외상을 야기하는 사건을 겪을 때 슬픔의 여러 단계를 거친다는 것은 정설로 받아들여진다(James, 2008; Kubler-Ross, 1969;

Schneider, 1984; Worden, 1991). 이 절의 나머지 부분에서는 초기 대응자와 학교기반 전문가들이 다룰 필요가 있는 감정과 단계들에 초점을 맞추었다.

> 학교 기반 전문가들은 슬픔을 지나치게 보이는 학생의 경우 외부 기관에 의뢰할 수 있다.

학교 상담자, 학교 심리사 그리고 초기 대응자의 주된 책임은 학생과 교사가 위기로 인한 상실의 초기 경험 단계들을 통과할 수 있도록 돕는 일이다. 슬픔의 초기 단계에서는 충격, 불신, 혼란, 부정을 느끼는 것이 주된 양상이다(James, 2008; Kubler-Ross, 1969; Schneider, 1984; Worden, 1991). 이것은 사람이 화 또는 분노와 같은 감정(Kubler-Ross, 1969), 죄의식, 그리움, 두려움, 슬픔(Schneider, 1984)을 경험할 때 주로 나타난다.

사람들이 언제, 어떻게 이 단계를 경험하는지, 또한 어떻게 다음 단계로 이행하는지에 대해 확인된 공식은 없다. 하지만 생존자와 관련된, 그리고 과정에 영향을 주는 위기에 관련된 일반적인 요소들은 존재한다. Kanel(2007)은 이것들을 슬픔의 결정 요소라고 언급했고, NASP(2010c)는 심리적 고통의 정도에 영향을 줄 수 있는 요소로 정의했다. 슬픔의 정도에 영향을 미치는 두 요소들은 생존자와 피해자가 나타내는 관계의 유형과 질이다. 다시 말해서, 새로 사귄 절친한 친구의 죽음을 슬퍼하는 16살 학생은 관계가 소원하던 가족 구성원이 죽는 경우보다 더 큰 어려움을 겪을 수도 있다.

슬픔의 과정에 영향을 미치는 또 다른 요소는 상황이나 죽음의 방식이다(Kanel, 2007). 예를 들어, 사고, 자살, 살인에 의한 죽음과 예상 밖의 죽음에 대한 감정은 자연사한 사람에 대한 상실감보다 더 고통스럽다. 슬픔의 과정에 영향을 주는 추가적인 요소는 이전에 경험한 트라우마, 정신 건강 상태, 상실 후 받을 수 있는 심리적 지원의 양과 질이다(Kanel, 2007).

11.6 위기 상담의 주요 원리와 과정

지금까지 살펴본 모든 관련 정보를 바탕으로 위기 상담의 실질적 과정을 살펴볼 것이다. 위기 개입에 관여하기 위해 개발된 다양한 접근법들이 있다. 대표적 접근법과 모델들은 다음과 같다.

- 6단계 모델(The Six Step Model) (James, 2008)
- ABC 모델(The ABC Model) (Kanel, 2007)
- 심리학적 응급 처치(Psychological First Aid) (NIMH, 2001)
- PREPaRE(Prevent, Reaffirm, Evaluate, Provide and Respond, Examine) 과정(NASP, 2010d)

NOVA는 웹사이트(www.trynova.org)를 통해 접근 가능한 다른 프로토콜을 알려준다.

위기에 처한 개인을 상담할 때 사용되는 일반적 단계들의 개요는 간략히 제시된다. 하지만 우리는 당신이 자료들을 탐색하고 추가적인 훈련을 받아 유능하게 이 역할을 자신 있게 수행할 수 있기를 바란다.

11.6.1 안심시키기와 라포 형성하기

대부분의 접근은 위기 개입의 첫 단계에서 내담자(들)의 신체적 안전성을 확보하는 것의 중요성을 강조한다(James, 2008; NASP, 2010d; NIMH, 2001; NOVA, 2010). 이것에 대한 분명한 사례는 식당에서 총을 소지한 중학생 사례와 토네이도가 학교에 들이닥친 사례이다. 어느 경우에나 상담이나 개입을 실행하기 전에, 모든 학교 직원들은 모두가 더 심한 신체적 상해 위험이 발생하지 않도록 분명히 해야 한다.

일단 학생(들)의 신속한 신체적 안전성을 확보하면, 라포를 형성하고, 기초 상담 기술을 활용하여 관계를 형성해야 한다(James, 2008; Kanel, 2007; NOVA, 2010). 이러한 기초 기술들은 주의 기울이기, 내용 및 감정의 반영, 환언하기, 그리고 요약을 포함한다(실행과 적용을 위한 지침서에 제시한 바와 같이). 위기에 처한 낯선 사람과 기초 상담 기술로 라포를 형성하는 것은 쉽지 않다. 특히 학생들의 활동이 많고, 스스로 독립적이라 생각하는 고등학교 환경에서는 관계 형성을 가급적 빨리 해야 한다.

점심시간에 일어난 차 사고의 사례를 생각해 보자. 만약 최초 대응자가 빨리 연락하여 신뢰 관계를 형성하지 못한다면, 학교 내 학생들은 사건에 대해 들었을 때 학교를 떠날 수도 있다. 그러면 우리가 서비스를 제공할 기회는 더 어려워지거나 아니면 모두 사라지게 된다.

NOVA(2010)에서 일하는 전문가들은 상담의 개념을 발전시켜 관계 형성 과정에 '환기(ventilation)'와 '확인(validation)'의 중요성을 강조했다. 대응자들은 편안하게 따뜻한 태도를 취하면서 학생들이 자신의 이야기를 하도록 도와야 한다. 어떤 학생들은 적절한 단어를 찾고 그들의 경험과 반응을 정확하게 표현하기 위해 이야기를 여러 번 반복할 수도 있다. 이때 최초 대응자는 이들을 적극적으로 경청하고 각 학생의 인식과 반응을 확인하는 것이 중요하다. 만약 그들의 이야기에 잔인한 장면을 생생하게 묘사하는 부분이 포함되어 있다면, 이 과정은 특히 어려울 수 있다.

11.6.2 자살과 위협 평가하기

일단 라포가 형성되면, 최초 대응자는 문제를 확인하고 정의하기 시작한다(James, 2008; Kanel, 2007). 이 개입 단계는 평가를 포함한다(NASP, 2010d; NIMH, 2010). 대응자들은 자살의 위험 수준을 포함하는 학생들의 고통 수준을 반드시 평가해야 한다. 그들은 또한 반드시 기능 수준과

적절한 대처 기술 수준을 평가해야 한다(Kanel, 2007). 이전에 설명한 심리학적 분류를 기억하는가? 자살 위험을 나타내는 학생들은 우선순위가 된다. 따라서 대응자들이 자살과 위험 평가에 있어서 숙련되고 능숙하게 훈련받는 것이 중요하다.

자살 위험을 예측하기 위해 많은 척도들이 개발되었다. 기억하기 쉽고 초보 전문가들에게 효과적인 접근 중 하나는 머리글자인 SLAP을 사용하는 것이다.

S = **S**pecificity(구체성)

L = **L**ethality(치명성)

A = **A**vailability(이용가능성)

P = **P**roximity(근접성)

자살하려는 학생의 계획에 얼마만큼의 구체성이 존재하는가? 그 계획이 얼마나 자세한가? 주말에 가족이 여행을 떠나 학생이 홀로 남겨지고 창고가 비기를 기다리고 있는가? 가장 친한 친구의 생명 유지 장치가 벗겨진다면 본인도 자살할 수 있다고 말했는가? 언제 어디서 자살할지 계획하는 학생은 모호한 계획을 갖고 있는 학생보다 더 위험하다고 여겨진다.

현재 계획이 얼마나 치명적인가? 자살 실행에 있어서 방법이 치명적일수록 위험 또한 높다. 이것이 평가할 상황의 가장 어려운 측면이 될 수 있다. 총을 사용하는 계획은 지붕에서 뛰어내리는 것보다 더 위험하다. 하지만 학생이 총기를 어디에서 구할 지 전혀 모르는 상태이며, 지붕이 17층 높이라면 그 위험성의 정도는 달라질 것이다. 마약이나 알코올을 수반한 계획 역시 이러한 맥락에서 측정하기가 쉽지 않다. 예를 들어, '약을 먹을 것'이라는 학생이 있다면 여기에서 약은 아스피린 한 움큼일 수도 있고, 강력한 약을 여러 병 구입하는 것일 수도 있으며, 아버지가 처방받은 통증 치료제를 몰래 먹는 것을 의미할 수도 있다.

평가의 다음 단계를 통해서 보다 명확한 정보를 얻을 수 있다. 이용 가능한 수단이 많을수록 위험은 더 높아진다. 학생이 계획을 실행할 이용 가능한 수단을 가지고 있는가? 학생이 총기와 탄약에 접근할 수 있는가? 학생이 치명적인 양의 약물이나 알코올에 접근할 수 있는가? 학생이 운전할 수 있고, 차에 접근할 수 있는가? 운전면허를 가졌다는 것은 청소년의 자살 위험을 평가할 때 고려할 주요 요인이다. 왜냐하면 그것은 많은 방법들에 더 접근하기 쉬워진다는 것을 의미할 뿐만 아니라, 자살의 수단으로서 차를 사용하는 것은 치명적이기 때문이다.

SLAP의 마지막 단계는 다른 사람에 대한 학생의 근접성

청소년에 비해 아동은 더욱 가족 구성원을 지원 시스템의 일부로 인정하는 경향이 있다. 발달적으로 청소년들은 친구를 지원의 가장 큰 원천으로 인정한다. 또래 지원의 중요성을 인정하지만 학교기반 전문가는 청소년에게 지원 역할을 충실히 할 수 있는 성인을 확인할 수 있도록 도와야 한다.

을 결정하는 것과 관련된다. 누가 학생의 지원 시스템에 있는가? 학생에게 지원을 제공할 위치에 있는 성인으로부터 분리되어 있는가? 최소한의 혹은 일관성이 없는 지원 시스템을 가진 학생들은 높은 자살 시도 위험에 있다고 볼 수 있다.

SLAP 머리글자에 해당하지 않지만 자살의 위험을 측정할 때 또한 고려되어야 하는 몇 가지 다른 사항이 있다. 가족이나 가까운 친구 중에 자살을 시도했거나 실행했던 과거가 있다면 학생의 위험 수준은 더 높다. 특정 정신건강 진단을 받은 경우 위험의 수준 또한 증가한다(예 : 우울과 약물 남용). 게다가 학생의 삶에서 스트레스 요인들을 확인하는 것은 유용하다. 최근 경험한 상실을 통해 중요한 변화가 있었는가?(예 : 사랑하는 사람의 죽음, 가족 수입의 손실, 학교 변화, 가족 구성원의 실업 등) 학생이 다루고 있는 스트레스 요인이 더 많을수록, 자살을 시도할 위험이 더 높아진다.

SLAP의 각 요소만을 통해 위험을 평가하는 것은 효과적이지 않다. 관련된 다른 내용의 평가와 관련지어야 하고 이를 평가하는 대응자 역시 그 내용을 충분히 숙지하고 있어야 한다. 자살의 위험 수준을 평가하는 것은 초보 전문가에게는 극도로 어려울 수 있다. 올바른 질문을 하는 것만 중요할 뿐만 아니라, 편견 없이, 공감을 바탕으로 진솔하게 평가하는 것은 매우 중요하다. 학교에서 아동과 청소년과 상담할 때 이런 측면에 효과적으로 역할을 수행하는 것은 상담자의 윤리적 책임과도 관련이 있다.

자살 위험 평가를 통해, 학교기반 전문가들은 학생이 자살에 대해서 위험 수준이 낮은지, 중간인지, 혹은 높은지를 결정한다. 평가 후에 대응자는 조정자에게 알리고, 평가 서류를 제공하고, 조치에 대한 가장 적절한 방안을 제안한다. 고등학교 수준의 경우 가능한 일련의 조치는 부모나 경찰을 부르는 것에서부터 입원을 통해 심화된 평가를 실시하는 것(고위험 경우), 개인 혹은 집단 상담을 지속적으로 제공하는 것(위험이 없거나 저위험 경우)까지 다양하다. 위험 수준에 상관없이 초등학교와 중학교 학생의 부모와 보호자들은 평가의 결과를 통지받아야 한다.

위험이 의심될 때는 언제든지 수퍼바이저와 동료들을 통해 자문을 받는 것이 권장된다. 학교상담자를 위한 윤리기준(Ethical Standards for School Counselors, ASCA, 2010a, A.7)에서는 모든 학교기반 전문가들과 관련된 지침서를 제공한다.

학교상담 전문가는……

(1) 학생 자신이 위험에 처하거나 다른 사람이 위험에 처했을 때 부모/보호자 또는 적절한 관계자에게 알려야 한다. 이러한 과정은 충분히 생각하고 다른 전문 상담자와 상의한 후에 이뤄져야 한다.

(2) 위험에 처한 자식에게 조치를 취해줄 것을 강조하는 부모에게는 위험 측정 결과를 보고한

다. 학생들은 경우에 따라 더 많은 조사를 피하거나 부모님께 알려지고 싶지 않아서 속이는 경우가 있으므로 위험성을 결코 과소평가하지 말아야 한다.

(3) 자살할 위험이나 누굴 해칠 가능성이 있는 학생을 필요한 지원 없이 가정으로 보내주는 경우 관련된 법률과 윤리적 책임에 대해 이해해야 한다.

이러한 사항과 관련하여, 이 규정의 저자는 자신이나 다른 사람에게 잠재된 위험에 대한 평가를 할 때 복합성에 대해 강조하였다. 비밀 보장을 다룬 A.2 조항에서, 저자들은 다음과 같이 기술하였다.

[학교상담 전문가]는 학교에서 비밀 보장의 본질이 복잡하다는 것을 인식하고, 각 사례마다 맥락을 고려하여야 한다······ 학교에서 심각하고 예측할 수 있는 피해의 정도는 학교에 있는 각각의 세부사항에 따라 결정된다. 예를 들어, 학생의 발달 연령과 실제 연령, 환경, 부모의 권리 및 피해의 특징이 관여한다. 학교 상담자는 비밀 보장을 지키지 않는 예외상황에 대한 타당성에 관해 의심이 들 때에 적절한 전문가에게 자문을 구한다.

11.6.3 예측과 준비

> 최초 대응자는 살인 또는 위협에 대한 평가를 하도록 요청받기도 한다. 자신의 친한 친구가 교통사고로 죽어 거의 실성한 학생과 상담을 한다고 상상해 보자. 이 학생이 자신은 화가 나서 사고를 낸 운전자를 죽일 것이라고 말한다고 생각해보자. 당신은 이 학생이 운전자를 죽이기 위한 계획을 실행할 수 있는지 그 위험 수준을 평가해야 한다. 이 과정에서 SLAP의 원리를 활용하여 위협을 평가할 수 있다.

개입의 다음 단계는 NOVA가 '예측(prediction)과 준비(preparation)'라고 규정한 것을 포함한다. 최초 대응자들은 학생들의 다음과 같은 질문에 답하는 것을 도와준다. "지금 무슨 일이 일어났어요?", "내가 이것을 어떻게 극복해야 해요?" James(2008)는 이 단계에서 해야 할 일로서 계획을 세우고, 실행에 옮기는 것을 제시하였다. 대응자들은 학생들에게 애도과정에 대한 정보를 제공하고, 이때 일어나는 감정 반응이 자연스러운 것이라고 확신시킨다.

이 단계 동안, 대응자들은 학생들의 대처기술을 검토한다. 그들은 현재 학생들이 가지고 있는 기술을 강화시키는 전략을 제공할 뿐만 아니라 학생들이 시도할 수 있는 새롭고 추가적인 기술을 소개한다. 대응자들은 학생들에게 다음 시간, 내일, 이번 주를 위한 계획에 대해 물어 본다. 그들은 학생들에게 이러한 전략을 적절하게 지도한다. 학생과 성인이 가능한 많은 계획을 통합할 수 있도록 도와주는 것도 중요하다(Heath & Sheen, 2005). 마지막으로, 추가적인 서비스가 필요할 경우 학생들은 그에 맞는 자원을 제공받을 것이다. 이러한 자원은 학교는 물론 학생들의 요구를 받아들이는 지역 사회 내의 어떤 것이든 될 수 있다.

11.7 결론

시기적절하고 효과적인 위기 개입은 상실로 인한 깊은 슬픔의 부정적인 영향을 최대한 줄여 주고, 외상 후 스트레스성 장애(PTSD)의 발생을 완화하도록 도와준다(American Red Cross, 2007; NOVA, 2010). 위기 대응자로서 상담자의 역할은 더욱 중요해졌다. 학교기반 전문가들은 학교 내에서 위기에 대한 대응을 피하기 어렵다. 이제 상담자들은 학교 내에서 위기 개입을 위한 훈련을 받고, 위기 상황에서 지지를 제공하며 위기 상황에 대한 대응 계획을 세우는 것이 필요하다.

캐시와 한스를 도왔던 위기 상담의 사례

이 마지막 부분에 제시하는 사례를 보다 생생하게 구성하기 위하여, 우리는 실제로 저자들이 다루었던 위기 상황을 활용했다. 물론 우리는 학생의 익명성을 보호하기 위해 개인 정보를 바꾸었다. 한스와 캐시는 우리가 겪었던 위기에 영향을 받았던 학생들이다.

첫 번째 사례에서, 우리는 학교기반 전문가들과 캐시와의 상호 작용을 제시한다. 전날 밤에 발생한 학생의 죽음에 대한 반응으로, CRT가 한 고등학교에 동원되었다. 린다는 첫 번째 대응자이고, 사망한 학생의 사물함 근처의 복도를 감시한다.

린다 : 안녕. 기분이 안 좋아 보이는 것 같은데. 혹시 이야기할 사람이 필요하니?

캐시 : 누구세요?

린다 : 나는 린다라고 해. 사망한 학생에 대한 소식을 들은 후에 도움이 필요한 사람이라면 누구든지 도와주기 위해 네 학교에 온 상담자 중 한 명이야.

캐시 : 나는 낯선 사람과 말하지 않을 거예요.

린다 : 너를 모르는 사람과 말한다는 것이 어렵다는 것을 알아 [멈춤]. 사망한 학생을 아니?

캐시 : 네. 그런데요?

린다 : [멈춤] 데니스를 어떻게 아니?

캐시 : [아래를 내려다보고 아무 말도 하지 않는다]

린다 : 네 말을 듣고 싶은데. 천천히 말해도 돼 [멈춤]. 말하고 싶으면 그때 말해줘.

캐시 : 걔랑 저는 학교 연극에서 주연을 맡았어요. 그런데 왜 저에게 신경 쓰세요?

린다 : 음. 나는 주연들이 일하면서 많은 시간을 같이 보내고, 어떨 때는 좋은 친구가 된다는 것을 알지.

캐시 : [멈추고 울기 시작한다]

린다 : [최소한의 격려와 열린 신체 언어(open body language)를 사용함]

캐시 : 데니스가 죽었다는 것을 믿을 수가 없어요! 난 어제 밤 걔랑 이야기했어요. 괜찮아 보였거든요. 저는 전혀 눈치를 못 챘어요. 나한테는 모든 것이 괜찮다고 말했어요. 나한테 거짓말했다는 것을 믿을 수가 없어요.

린다 : 친구들은 보통 거짓말을 안 하는데 데니스는 너에게 괜찮다고 말했구나?

캐시 : 전 이제 어떻게 해요? [멈춤] 전 데니스가 너무 싫어요!

린다 : 내가 보기에는 네가 어떤 생각을 하고 어떤 감정을 느껴야 하는지 모르는 것처럼 보이는구나.

캐시 : 나는 데니스가 여자 때문에 자살했다는 것을 믿을 수가 없어요! 데니스는 문제가 없다고 했어요. 다 이겨냈다고 했어요. 이젠 문제가 아니라고 했어요.

린다 : 누구와 헤어지는 것은 진짜 어렵지.

캐시 : 아! 맞다! [멈춤] 데니스의 부모님과 남동생도 데니스를 봤나요?[멈춤]. 혹시 데니스가 쪽지를 남겼나요? 있잖아요, 유서 같은 거요.

린다 : 나는 데니스가 유서를 남겼는지에 대해서는 몰라. 궁금해 하는 것이 많은데 내가 대답할 수 있는 것은 별로 없구나. 아마도 지금 상황을 이해하기 어렵겠지.

캐시 : 유서에 뭐라고 적혀있는지 궁금해요. 자살한 이유에 대해서요. 데니스가 마르셀라한테 차인 것에 대해서 말했는지 궁금해요. 만약에 유서를 남겼다면. 데니스가 마르셀라를 탓했으면 좋겠어요. 데니스가 그걸 이겨내든지, 아니면 저한테 전화를 하거나, 저한테 오거나, 왜 문자를 하지 않았을까요? 우리는 항상 서로를 위하겠다고 다짐했는데 말이에요. 데니스는 정말 너무 해요[욕설]. 데니스는 나한테 전화를 했었어야 해요.

린다 : 너희 둘은 항상 서로를 위한다고 다짐했고, 데니스가 이렇게 큰 문제를 너와 상의하지 않은 것이 믿겨지지 않는구나?

캐시 : 데니스는 저에게 작별인사도 하지 않았어요 [멈춤]. 왜 나한테 이렇게 했을까요?

린다 : 데니스가 자살하기로 결정했을 때 어떤 생각을 하고 어떤 감정이었을지 알아내는 것은 어려울 거야. 네가 견디기 힘든 것은 데니스랑 작별인사 할 기회조차 없었다는 거구나. 사람들은 다른 해결방안을 찾지 못하는 경우 자살을 하기도 해.

캐시 : 그냥 이해가 안 돼요. 우리는 가끔 그것에 대해 이야기했지만. 우리 둘 다 자살은 멍청한 것이라고 했어요.

린다 : 데니스가 "그것에 대해서 말했다"고 금방 말했지? 자살에 대해 이야기했다는 거니?

캐시 : [시선을 회피한다]

린다 : 괜찮아. 나는 너의 이야기를 들어주는 사람이고 네가 안전하도록 돕기 위해 이곳에 있는 거야. 궁금한데, 캐시야, 혹시 학교 상담자나 다른 상담자와 상담한 적이 있니?

캐시 : 아니요. 왜요? 저는 좋은 학생이에요.

린다 : 상담자들은 다양한 학생들과 많은 것에 대해서 이야기 해. 상담에서 이야기한 것은 비밀이 보장이 된다는 것을 알지? 우리도 마찬가지야. 네가 말 한 것은 비밀이 보장이 된다는 것을 기억해. 우리가 지금 말한 것에 대해서 내가 다른 사람한테 말하지 않는다는 말이지. 그리고 네가 안전하도록 돕기 위해 내가 상담한다고 말한 것을 기억하니? 내가 다른 사람한테 우리의 대화를 하는 유일한 경우는 네가 예측 가능한 심각한 위험에 처해 있다고 생각하는 경우야. 만약에 네가 위험에 처해 있거나, 너 자신 또는 다른 사람을 해칠 위험이 있다고 생각하면 내가 다른 사람한테 알려서 모두를 안전하게 지켜야 하거든. 내가 말한 것이 이해되니?

캐시 : 네, 하지만 우리가 자살을 이야기했다고 해서 진짜로 그런다는 것은 아니에요!

린다 : 맞아, 나도 알아. 자살에 대해서 데니스와 했던 대화를 말해줄 수 있니?

캐시 : 잘 모르겠어요, 그냥 일반적으로 말했어요…… 많은 애들이 그래요…… 그냥 이야기한 것뿐이에요.

린다 :	그냥 일반적으로 말했다고 했잖아. 캐시야, 혹시 스스로 자살하는 것에 대해서 생각해 본 적 있니?
캐시 :	아니요! 지금 농담하시는 거예요? 전 절대 안 그럴 거예요. 자살은 멍청하다고 생각해요.
린다 :	어느 누구도 데니스가 선택했던 행동을 하지 않았으면 좋겠어. 나는 사람들한테 지금 자신의 삶에 일어나는 일을 해결할 수 있는 다른 방법들이 있다는 것을 알려주고 싶어. 너는 문제를 다룰 수 있는 다른 방법들이 있다는 것을 잘 아는 것처럼 보이는구나.
캐시 :	네, 자살은 말도 안 되는 일이에요. 쓸데없는 일이잖아요.
린다 :	그러면 너는 어떻게 문제들을 해결할 수 있니?
캐시 :	무슨 뜻이에요?
린다 :	내 말은, 너는 방금 너의 친구 데니스가 사망한 것을 알게 됐잖아. 내 생각에는 앞으로 며칠 아니 몇 주는 매우 힘들 거야. 이런 상황을 어떻게 이겨나갈래?
캐시 :	잘 모르겠어요. [멈춤]
린다 :	네가 겪는 아픔을—친구를 잃은 슬픔—경험하는 다른 사람들도 정말 많은 감정을 느끼거든. 너는 감정이 급격히 변하는 것을 느낄 수도 있어. 캐시야, 너를 지지해 주는 것에는 무엇이 있는지 말해줄래?
캐시 :	가족처럼 말이에요?
린다 :	맞아. 가족처럼 이런 상황에서 너를 지지해줄 것이라고 생각하는 모든 사람들 말이야..
캐시 :	드라마 연습 모임의 모든 친구들이요. 우리는 진짜 하나예요. 우리는 방과 후에 모여서 촛불 추모를 할지 정할 거예요. 저는 엄마한테 전화했어요, 엄마는 우리가 촛불과 종이컵을 사는 것을 도와주겠다고 했어요. 우리가 촛불 추모를 학교에서 해야 될까요 아니면 데니스의 집에서 해야 될까요?
린다 :	좋은 질문이야. 내가 방과 후 모임에 참여해서 너희들을 도와줘도 괜찮겠니?

> 자살에 대한 위험을 측정할 때, 직설적으로 물어보는 것과 명확한 언어를 사용하는 것은 중요하다. 때때로 예비 또는 초보 상담자들은 직설적으로 질문하는 것에 불편함을 표현한다. 다음과 같은 질문을 하는 것이 어렵고 어색할 수 있다. "자살하는 것에 대해 생각해 본 적이 있니?" 또는 "자살하는 것을 생각하고 있니?", 만약에 학생에게 자살할 생각 또는 의도가 있을 때 전문가가 학생에게" 자해할 생각은 안 해봤지?"라고 물었을 때 학생의 반응을 상상해 보자. 아마도 학생은 "네, 안 할 거예요"라고 대답할 것이다.

　다음의 두 번째 사례에서 우리는 한스와의 위기 상담을 소개한다. 금요일 오후에 한스의 학교 학생들은 발렌타인데이 행사에 참여했다. 많은 학생들은 몇 달 전에 암 진단을 받고, 암이 빠르게 진행되고 있는 4학년 학생인 프랑코에게 선물을 주었다. 프랑코의 부모님은 발렌타인데이 행사 이후에 프랑코를 홈스쿨링하기로 결정했다. 하지만 프랑코는 일요일 아침에 세상을 떠났다. 학생들이 월요일 아침에 학교에 등교하기 전에 CRT는 학교에 동원되었다. 교실 대응자인 랍은 프랑코와 한스의 교실을 배정받았다. 교사는 프랑코의 몸이 암을 이길 수 없었고, 주말에 세상을 떠났다고 설명했다. 한스는 일어나 연필을 벽에 던지고 교실을 떠났다. 랍은 교사에게 한스를 따라가면서 다른 대응자를 교실에 보내겠다고 했다. 랍은 복도에 앉아있는 한스를 발견했다.

랍 : 　여기 너랑 같이 앉아도 될까?

한스 : 　상관 없어요. [멈춤]. 성함이 뭐예요?

랍 : 　내 이름은 랍이야. 너 이름은 뭐니?

한스 : 　한스요.

랍 : 　만나서 반갑구나. 너랑 같이 앉을 수 있게 해줘서 고마워.

한스 : 　아니에요. 아저씨는 여기 선생님이 아니죠?

랍 : 　우와. 너는 관찰력이 대단하구나. 나는 방문객이고 [배지를 가리킨다] 오늘 아침에 여기 도착해서 교무실에서 체크인을 했어. 너는 4학년의 로스 선생님 반 학생이 맞지?

한스 : 　네. 어떻게 아셨어요?

랍 : 　음. 오늘 아침에 로스 선생님이 너희에게 프랑코에 대해 말할 때 교실에 있었거든. 네가 방금 교실을 나갈 때 정말 화난 것처럼 보이던데.

한스 : 　제가 또 문제를 일으킨 건가요?

랍 : 　아니. 지금 너랑 같이 앉아서 이야기를 하고 싶은데. 프랑코가 너의 친구니?

한스 : 　네. 프랑코는 암에 걸렸어요.

랍 : 　응. 알아. 암은 진짜 무서운 병이지.

한스 : 　나는 무섭지 않아요. 저는 프랑코한테 스폰지밥이 있는 발렌타인데이 하트를 줬고, 프랑코는 그걸 휠체어에 놔뒀어요.

랍 : 　한스야. 정말 친구를 배려하는구나. 프랑코가 좋아했을 것 같아[멈춤]. 그런데 오늘 아침에 로스 선생님이 하는 말을 듣고 싶어 하지 않는 것처럼 보였는데.

한스 : 　나를 힘들게 하는 이야기를 계속 듣는 것이 싫어요.

랍 : 　그게 뭔데?

한스 : 　듣고 싶지 않은 데 들어야만 하는 그런 거 있잖아요.

랍 : 　아, 이제 알겠어. 설명해 주어서 고마워. 너를 힘들게 하는 소식을 계속 듣는다고 했는데. 그래서 어렵겠구나.

한스 : 　그런 것 같아요.

랍 : 　때로는 힘든 것을 다른 사람과 나누는 것이 도움이 되기도 해. 한스야, 나는 상담자고, 많은 아이들과 그들을 힘들게 하는 것에 대해서 이야기 해. 때때로 나와 이야기하는 아이들은 대화를 나누고 나서 기분이 좋아져.

한스 : 　우리 학교의 상담자인 스완 선생님 같은 분이세요?

랍 : 　응. 스완 선생님과 나는 모두 학교 상담자야.

한스 : 　스완 선생님은 멋져요.

랍 : 　나도 그렇게 생각해. 어쩌면 스완 선생님과 네가 힘들어하는 것에 대해 나누는 것이 괜찮겠니?

한스 : 　저를 힘들게 하는 것은 프랑코에 관한 것이 아니에요 [멈춤]. 제 엄마에 대한 거예요 [멈춤]. 아빠는 엄마가 집에 오지 않을 수 있다고 해요.

랍 : 　[멈춤] 한스야. 진짜 힘들겠구나.

> 한스 : 엄마는 이번 주말에 집에 온다고 말했는데, 저는 그냥 엄마가 마음을 바꿨다고 생각했어요. 우리는 주말 내내 기다렸어요. 저는 엄마한테 스폰지밥 발렌타인데이 카드를 만들어줄 거라고 아빠한테 말했고, 아빠는 엄마가 집에 올 것이기 때문에 우체국에 가서 보내지 않아도 된다고 했어요. 엄마가 보고 싶어요. 아빠는 우리가 용감해야 하고 저와 형제들이 그냥 견뎌야 한다고 했어요 [울기 시작한다].
>
> 랍 : 한스야. 네가 엄마를 많이 보고 싶어 하는 것 같구나. 너는 진짜 예쁜 카드를 만들었고, 이번 주말에 직접 카드를 줄 수 있을 것이라고 기대했었는데 말이야. 그런데 엄마가 오지 않아서 그럴 수 없었구나. 그래서 마음이 아프고 슬프구나.

활동

1. 당신의 지역사회 내에서 트라우마 또는 슬픔을 경험한 청소년과 아동을 보낼 수 있는 기관의 목록을 만들어 보자. 당신이 작성한 목록을 학급에 가져와 당신의 동료들과 목록에 대해 토론해 보자.
2. 현재 당신 학교의 위기 계획은 무엇인지 찾아 보자. 그것의 강점과 약점이 무엇인지 분석하고 학급 내에서 토론해 보자.
3. 외상적 사건에 대한 아동과 청소년의 반응은 성인과 다르다. 선생님의 죽음에 대한 토론에서 1학년 학급과 6학년 학급을 비교하여 달랐던 점을 생각해 보자. 선생님의 죽음에 대해 6살 아이와 12살 아이와 이야기할 때 당신이 사용할 단어에 대해 생각해 보자.

저널 주제

주제 1

학교에서 위기를 관리하는 것의 중요성을 어떤 계기를 통해 인식하게 되었는가?

주제 2

어떤 종류의 위기에 반응하는 것이 자신 있는가? 또는 어떤 종류의 위기에 반응하는 것이 가장 어려운가?

주제 3

James와 Kanel이 제안하는 개인적이고 전문적인 특성과 당신의 특성을 비교해서 생각해 보자.

주제 4

자살 위험을 효과적으로 평가하기 위해서 어떻게 준비해야 하는가?

PART 04

모든 변화는 생각해 보면 기적이다. 매 순간 일어나는 것이 바로 기적이다.

−Henry David Thoreaur−

이 책의 마지막 부분은 학교의 전반적인 맥락과 이런 환경 속에서 어떻게 당신의 노력을 최대화할 수 있을지에 주목한다. 지금까지 우리는 당신이 학생들과 함께한 개인 및 소집단 활동에서 당신이 사용할 이론과 기술들뿐만 아니라 학교 맥락을 강조해왔다. 그러나 이러한 접근은 당신이 학교에서 수행하는 일의 극히 일부만을 보여줄 뿐이다. 최대한 많은 학생들에게 영향을 주기 위해서, 당신은 서비스의 다른 중요한 측면들을 고려하고 싶을 것이다. 4부에서 우리는 법적, 윤리적 실제와 관련된 방대한 주제들과 책임 관련 주제들을 다룬다. 구체적으로 말하면, 당신이 제공하는 서비스에 평가를 통합시키는 방법들이 설명된다. 우리는 이 책을 통해 당신이 학생들의 생활 속에서 학교의 다른 구성원들과 협력할 방법을 소개하고자 노력해왔다. 이러한 맥락에서 학교에서의 영향력을 가장 효과적으로 발휘하기 위하여, 협력적 관계의 형성 또한 강조된다. 마지막 부분에서 우리는 서비스 전달의 새로운 모델을 제안한다. 이 모델은 전체적인 예방을 강조하고 집중적인 개입을 촉진하는 방식을 제안한다.

고위험 학생을 돕기 위해서는 다양한 전문가들과 협력적 관계를 발전시키고 유지하는 것이 필요하다. 이것을 보다 생생하게 설명하기 위해 우리는 다음의 사례를 통해 현장에서 흔히 발생하는 복합적인 문제에 직면하고 있는 가상의 학교를 소개하였다. 다시 말해, 이 학교에서는 많은 학생들이 높은 수준의 위기를 경험하고 있다. 이 학교의 교직원은 다른 전문가들과 협력하는 것에 관심이 적고, 자신의 업무가 과중하다고 느끼며 학교 생활에서 보람을 느끼지 않는다. 이들은 서로를 지지해줄 수 없으며, 더 나아가 교원이 이용 가능한 서비스들은 단편적이다. 또한 서비스 제공자들은 이용 가능한 제한된 자원을 서로 차지하려고 경쟁하는 분위기이다.

사례 설명

외부에서 본 말리 초등학교는 근처의 다른 초등학교와 큰 차이가 없다. 이곳은 1960년대의 초등학교를 대표하는 블록형식의 건축물을 갖고 있다. 이 곳에는 필요한 만큼의 그네와 테더볼[1] 막대, 그리고 정글짐 기구가 있는 운동장이 있다. 하지만, 전문가가 아니더라도 누구나 주변을 한번 둘러보면 이 학교의 위치가 좋지 않음을 알 수 있다. 주변 지역의 주택들은 수리가 필요하다. 사람들은 길거리에 차를 주차하기도 하고 많은 건물들은 각 창문에 방범창을 갖추고 있다. 또한 하루 종일 건물 앞에서 할 일 없이 시간을 보내는 많은 사람들이 항상 있는데, 이는 이 지역이 높은 실업률을 보이기 때문이다.

매일 주변 지역의 아동들은 그들의 부모들이 학교까지 바래다준다. 보통 말리 초등학교에서

---

1 역자 주 : 기둥에 매단 공을 라켓으로 치는 2인용 게임

는 아동의 20%가 결석하거나 지각을 한다. 최근 3년 동안 이 학교의 학생들은 주정부에서 실시한 성취도 검사에서 '숙달되지 않은(not proficient)' 범주에 속해 있었다. 결과적으로, 주정부의 교육 위원회는 학교를 인수할 것이라 경고하고 있다. 학교 관리자들은 긍정적인 변화를 이끌어내려고 노력해왔으나 이러한 노력들은 교직원의 빈번한 이직 때문에 성공을 거두지 못하고 있다.

교장은 학생들의 낮은 학업 성취뿐만 아니라 만성적인 행동 문제를 해결하는 것에도 노력하고 있다. 학생들은 운동장과 복도에서 일상적으로 싸운다. 그들은 학교에서 어떻게 행동해야 하는지 모르는 듯 보이며 교실에서 학생들이 과제를 끝마치도록 돕는 과정은 계속되는 전쟁과 같다. 많은 교사들은 낙담하였고, 이 학교의 학생들은 배우길 원하지 않는다고 믿게 되었다. 어떤 교사들은 더 이상 학생에게 관심을 갖지 않는 것처럼 보이며 학생들은 학업적인 과업에서나 그들의 나쁜 행동에 대해 지적받지도 않는다.

학교 리더십 팀은 교장, 교감, 학교 상담자, 시간제 학교 사회복지사와 학교 심리사, 학교에 오랜 기간 근무한 세 명의 교사 그리고 학부모로 구성된다. 그들의 가장 시급한 주제는 학생들의 성취도를 높이는 것이다. 하지만 이 목표를 추구하기 위한 최상의 전략에 대해 합의된 바는 없다. 회의에서는 구성원 사이의 깊은 갈등이 명백히 존재한다. 교사들은 지지받지 못한다고 느끼며 지역사회와 지도자들 구성에 대해 그들의 실망감을 표출한다. 전문적인 조력자들(즉, 학교 상담자, 학교 심리사, 학교 사회복지사)은 위기 상황을 다루는 데 필요한 시간과 노력이 너무 많아 도와주는 것에 대해 무력감을 표현한다. 학부모들은 학교가 그들의 자녀에게 더 좋은 교육을 제공하지 않고 있어서 화가 나 있다.

이 학교에 대해 비록 짧게 설명했지만 이 학교가 문제를 겪고 있는 학교임은 확실하다. 말리 초등학교와 비슷한 환경에서 근무하는 전문적 조력자들에게 우리가 제공할 수 있는 똑 부러진 답은 없다. 그러나 우리는 많은 도전을 겪는 학생의 학교를 효과적으로 지원하기 위해서 효과적인 서비스, 위기에 처한 청소년의 요구를 다루는 전략이 필요하다고 믿는다. 뿐만 아니라, 높은 수준의 협력 및 체제적인 관점에서 학교상담을 바라보는 것이 필요하다고 본다.

12

학교 환경에서 법적 및 윤리적 쟁점

학습목표

- 학교 환경 내에서 비밀 보장의 한계와 관련 상황을 다루는 방법을 이해한다.
- 학생 내담자와 상담한 것을 문서화하는 전략을 학습한다.
- 윤리적 딜레마에 의사결정 모델을 적용한다.
- 슈퍼비전의 필요성을 인식하고, 필요한 지원과 피드백을 얻는 방법을 이해한다.

학교 환경 내에서, 사전 동의, 비밀 보장, 기밀 정보(privileged information), 그리고 부모 권리와 관련된 쟁점들은 서비스 전달을 어렵게 하기도 하지만 또한 아동과 그 가정을 보호하는 중요한 지침을 제공하기도 한다. 학교 내 전문가로서, 당신은 학교 환경에서 미성년자와 그 가정과 상담하는 데 관련한 학교 정책뿐만 아니라 연방 정부 및 주 정부 법을 알 필요가 있다. 게다가 학교 기반 전문가들(예를 들어, 학교 상담자, 학교 심리사)은 학교 내에서 아동, 청소년, 가정, 그리고 다른 직원의 상담에 적용되는 윤리 규정을 가지고 있다(예를 들어, American Counseling Association, 2010a; American Psychological Association, 2010; American School Counselor Association, 2010a; National Association of School Psychologists, 2010a). 이 장에서 제시하는 윤리적 쟁점에 대한 내용은 완전하거나 자세한 것은 아니다. 다만 이를 통해 학교상담의 핵심적인 측면 몇 가지를 살펴보고, 이러한 면들이 당신이 활용해 오던 지침과는 어떤 차이가 있는지 짚어보고자 한다. [이 윤리적 지침의 전문(全文)은 이 장 끝의 웹사이트 목록에서 찾아볼 수 있다.]

12.1 사전 동의

학교 내 상담의 가장 중요한 측면 중 하나는 당신이 누구를 상담할 수 있으며, 그것에 대한 동의가 필요한지를 아는 것이다. 이 광범위한 영역은 사전 동의(informed consent)라고 불리고, "동의하는 사람이 동의를 결정할 법적 권리가 있고, 어떤 내용에 동의하는 것인지에 대해 명확히 이해하고 있으며, 권리의 침해 없이 이를 자유롭게 철회할 수 있다는 점을 바탕으로 동의한다는 것"을 의미한다(Dekraai, Sales, & Hall, 1998, p. 541). 이 영역에서, 학교 심리사와 학교 상담자의 윤리적 지침은 다르다. 그렇기 때문에 각 전문가들은 그러한 차이를 명확하게 인식하고 있어야 한다.

전문가 윤리를 위한 NASP의 원칙(NASP Principles for Professional Ethics, 2010a)은 사전 동의는 권한을 가진 사람에게 구해야 한다고 분명하게 언급한다. 왜냐하면 아동은 18세 이전에 법적 권한이 없기 때문에, 학교 심리사들은 학교 내 학생 상담 전에 반드시 사전 동의와 부모의 허가를 얻어야 한다. 부모들(혹은 성인 보호자)은 비밀 보장의 한계, 정보를 제공받을 학교 내 다른 사람들(보통 평가 관련자), 그리고 학생 내담자와의 상담에 대한 가능한 결과에 대해 통지받는다. 당신은 이러한 모든 정보를 제공하면서 동의에 대한 내용을 문서화해야 한다. 사전 동의를 제공하기 위해, 부모와 학생은 동의서에 제시된 정보를 이해할 수 있어야 하고, 제공된 정보를 바탕으로 합리적인 결정을 내릴 수 있어야 한다(Salo, 2006).

응급 상황에서 혹은 학생이 스스로 의뢰했을 때, 학교 심리사들은 부모나 보호자에게 사전 동의를 얻기 전에 학생 내담자를 먼저 도울 수 있다. 학교 심리사들은 상황을 탐색하고 학생 문제의 특성을 알아내기 위해 학생 내담자를 '한 번이나 여러 번' 만날 수 있다. 만약 학생 내담자가 '다른 사람에게 위험하고, 자해 위험이 있고, 혹은 상해, 착취, 학대의 위험이 있으면' 그 아이들은 부모 동의를 받기 전에 학교 심리사를 만나야 한다(NASP, 2010a). 이러한 경우 당신은 사전 동의에 관한 조건을 배제하고 학생 내담자의 문제를 탐색할 수 있다. 이러한 예비 만남 후에, 당신은 부모 동의를 얻어야 한다.

만약 학생 내담자가 다른 사람(예를 들어, 부모나 교사)에 의해 당신에게 의뢰되었다면, 학생 동의를 얻는 것이 중요하다. 그러나 상담 서비스가 법적으로 요구되거나 학생에게 이로울 것으로 여겨지는 경우에는, 동의를 얻는 것이 필수는 아니다. 당신이 동의를 얻지 않는다면 최소한 학생들에게 제공될 상담 서비스에 대해 통지해야 한다. 가능하다면, 학생들에게 상담 서비스를 받는 것에 대한 선택권이 주어져야 한다(NASP, 2010a). 게다가 당신이 부모나 외부 기관과 학생 내담자에 대해 정보를 공유하려면, 학생 동의를 얻어야 한다.

학교 심리사 업무에서 애매한 부분 중 하나는 부모 동의가 필수적이지 않은 다른 상황과 관련 있다. 예를 들어, 만약 당신이 학급에서 학생을 관찰하거나 특정 학생에 대해 교사에게 자문한다면, 그것에 대한 부모의 동의가 필요할까? 가장 최근의 윤리 기준의 경우, NASP(2010a)는 이러한 종류의 활동에는 동의가 요구되지 않는다고 분명히 언급하고 있다. 하지만 안내 자료에 이러한 정보(예를 들어, 교사들은 학급 경영 지원을 위해 학교 심리사에게 자문을 구할 수 있다)를 포함시켜서, 교사가 본인의 자녀에 대해 학교 심리사와 이야기했다는 것을 부모가 알아도 깜짝 놀라지 않도록 하는 것이 필요하다.

ASCA 윤리 기준(2010a)의 경우, 학교 상담자들은 학생 내담자들에게 사전 동의를 얻기 위한 모든 노력을 기울이지만, 그것이 불가능할 때, 그들을 대신해 의사결정을 내릴 수 있다고 밝히고 있다. 이 기준에서는 '비밀 보장의 주요 의무는 학생에 대한 것'이라고 언급한다. 학생의 동의는 상담의 목적과 목표뿐만 아니라, 기법과 절차에 대한 동의도 포함한다. 학교 상담자가 상담 관계에 들어가기 위해 학부모나 보호자로부터 동의를 얻는 것이 필요한지에 대해서는 명확하게 제시되어 있지 않다. ASCA 기준(2010a)은 비밀 보장의 의무의 경우 부모의 권리와 균형을 유지해야 하는 것으로 설명하고 있다. 학생 동의에 대한 명확한 답은 학생의 나이, 제공되는 상담 서비스의 유형, 특정 분야에 대한 전문가 윤리, 주 정부 법, 그리고 교육청 정책에 따라 달라질 수 있다(Davis, 2005).

학교 상담자와 학교 심리사는 그 역할과 기능이 매우 다르기 때문에, 각 분야는 사전 동의를 구하는 자신들만의 지침을 가지고 있다. 예를 들어, 학교 상담자들은 사전 동의의 조건을 충족시킬 필요가 없을 수 있다. 왜냐하면 학교상담은 학교 교육과정의 범위와 계열의 일부분으로 여겨지기 때문이다(Remley & Herlihy, 2005). Glosoff와 Pate(2002)는 사전 동의는 브로셔, 대화, 워크숍 등과 같은 다양한 방법을 통해 학부모, 교사, 행정가 및 학생들에게 직접적으로 미리 정보를 제공하는 것이 가장 적합하다고 강조했다. 또한 학생에게 이야기하기 전에, 다음과 같은 간단한 언급이 권유된다. "누군가 너를 해치려고 하거나, 다른 위험한 일이 일어나고 있지 않은 이상 네가 여기서 이야기하는 것은 전부 비밀이 보장돼. 하지만 앞서 말한 경우에는 다른 사람들과 선생님이 이야기를 더 나누어 볼 수밖에 없어." Glosoff와 Pate는 이 쟁점을 부모 권리, 비밀 보장에 대한 기대, 그리고 학교 시스템에 대한 법적 책임과 관련한 '복잡한 균형 행동(complex balancing act)'으로 설명하였다.

앞서 언급한 바와 같이, 법적 관점에서 보면 미성년자들은 상담 서비스를 제공받기 위해 스스로 법적인 동의를 할 수는 없다(Welfel, 2006). 하지만 학교 상담자들은 학생 내담자가 상담에 기꺼이 참여하도록 도와야 하며 상담 관계에서 이뤄지는 의사 결정의 모든 측면에 학생이 관여할 수 있도록 도와야 한다. 학교 상담자는 또한 학부모가 아동에 대해 가장 잘 알고 있기 때문에 상담의 동반자로서 참여해주길 기대한다. 따라서 부모에게 사전 동의를 얻는 것은 상담의 과정에서 가장 먼저 이루어져야 할 업무라고 볼 수 있다(Davis, 2005). 또한 앞서 언급했듯이 몇몇 학교들은 학생에게 개인이나 집단상담을 제공하는 경우 부모 동의와 관련하여 학교 규정을 마련하는 경우도 있다.

Muro와 Kottman(1995)은 비밀 보장과 그 한계를 강조하고 설명하는 브로셔나 동의 편지의 사용을 제안했다. 또한 아동이나 청소년이 상담에서 자신의 권리를 이해하도록 돕기 위한 소책자를 만들 수도 있다. 이러한 브로셔 형태의 자료에 포함될 수 있는 정보로는 상담자의 전문성을 나타내는 자격증, 학위 및 치료 방법을 포함한다. 또한 제공되는 서비스 유형(예를 들어, 개인 상담, 집단 상담, 혹은 학급 활동)과 관련된 정보를 포함하는 것 또한 중요하다(Thompson & Henderson, 2007).

일단 학부모들이 상담과 관련된 자신의 권리를 이해하고 상담 관계에 있는 자녀의 권리를 인식하게 되면, 상담자에게 자녀의 상담을 허용하는 일종의 계약 관계가 형성된다. 상담자가 공식적인 사전 동의 방식을 사용하면, 부모에게 사전 동의에 관한 정보를 받았다고 표시하는 용지에 서명하라고 요청하게 된다. 법적 윤리적 지침을 통해 상담자는 학부모와 학생과의 상담을 통한 상호작용에서 서로의 권리를 이해하도록 돕고 상담의 한계를 정하게 된다.

부모가 모르는 상태이거나 부모의 동의 없이 학생 스스로가 상담을 의뢰한 경우라면, 후에 상담자가 곤란한 상황에 처하게 될 수도 있다. 만약 당신의 교육청이 정책적 입장에서 학부모 동의를 요구한다면, 학교 규정을 만들어 학부모 동의 없이도 학생을 한두 번 정도 만나 학생이 자살 위험에 있지 않은지 확인하는 방법을 사용할 수 있다. 이렇게 일단 동의 없이도 학생을 만난 후에, 보다 지속적인 상담이 필요하다고 판단되면 공식적인 부모 동의를 얻는 방법도 가능하다.

12.2 돌봄의 기준과 고지의무

전문가들이 상담하면서 학생 내담자와 상담 관계를 맺기 시작할 때, 여기에는 특별한 책임감 즉 '의무(duties)'가 있다. 이 의무는 상담 분야에서 요구되는 돌봄의 기준에 부합하는 방식을 충실히 따르는 것을 의미한다. 다소 애매모호한 말처럼 들리겠지만, 당신을 전문적인 조력자로 소개할 때(예 : 학교 상담자 또는 학교 심리사), 여러분은 그 분야에서 요구되는 전문적 기준에 부합하는 방식으로 행동하리라고 여겨진다. 예를 들어, 자기 스스로를 해치려는 학생 내담자를 보호하거나, 만약 내담자가 다른 사람을 해치려고 할 경우 또 다른 사람에게 알려야 한다. 또한 아동학대가 의심되면 신고하는 것과 같이 법률적, 직업적으로 요구되는 특별한 의무가 있다는 것을 상담자는 받아들이게 된다.

학생이 자신이나 다른 사람을 위협할 때 또는 학대당하고 있다고 신고할 때, 학생을 위한 상담자의 행동 계획은 분명해야 한다. 전문 상담자들은 상황을 정확히 평가해야 하고, 적절한 사람들에게 알려야 한다. 11장에서 우리는 학생의 자살의도를 평가하기 위한 전반적인 과정에 대해 살펴보았다. 많은 학교들은 학생의 위협 수준을 결정하기 위한 위협 평가 지침서(threat assessment guideline)를 만들었다(예 : 계획이 얼마나 구체적인지의 정도를 평가). 위협의 수준에 근거하여 취해야 할 구체적인 행동을 알고 있어야 한다. 예를 들어, 한 미성년자 학생이 다른 사람을 노골적으로 협박하고 있다면 상담자는 이 학생이 미성년자이기 때문에 부모에게 이러한 위험에 대해 알려야만 한다. 뿐만 아니라 위협적인 행동을 한 학생에 대해 안전 계획을 세워 실행해야 한다(예 : 아침에 책가방 확인하기, 화장실까지 동행하기). 비밀검찰국(The Secret Service)과 교육부(Department of Education)는 서로 협력하여 '학교에서의 위협 평가'(Threat Assessment in the Schools)라는 문서를 제작하였다. 이 문서는 학교 내에서 다른 사람에게 위협을 줄 수 있는 학생을 확인하고, 평가하고, 다루기 위한 과정을 설명하고 있다(Fein et al., 2002).

아동학대의 경우, 적절한 관련 기관에 보고되어야 한다(예 : 아동보호국). 만약 미성년자가 신체적, 성적, 정서적 학대를 당하거나 방임되고 있다고 의심되면, 이러한 의심을 하게 된 사람은 이 사안을 적절한 기관에 신고해야 할 법적 의무가 있다. 물론 주정부와 교육청에 따라 신고 시 요구되는 세부사항과 서류작업은 다르겠지만, 학대의 경우 이를 알려야 할 의무가 있다.

위험 가능성이 모호할 때, 예를 들어 청소년이 상담교사에게 자기 남자친구와의 성적 관계에 대해 고민한다고 이야기하거나, 술 마시기를 시도해 보려 한다고 알릴 때, 전문 조력자들은 자신의 슈퍼바이저에게 자문을 구하는 것이 필요하다. 또한 의사결정 과정을 위해 제작된 행동 지침을 사용하는 것이 좋다. 주에 따라 다른 다양한 법은 이런 쟁점과 연결되어 있으며, 교육청들 또한 이러한 사항과 관련하여 제공하는 정보의 범위를 추가적으로 제한하기도 한다. 그러므로 교육청의 규정과 주정부의 관련 법을 완벽하게 사전에 알아두는 것은 중요하다. 그래야 당신은 예상하지 못한 내담자의 위험 상황에 어떻게 대응하는지 대비할 수 있을 것이다.

12.3 학교에서의 비밀 보장에 대한 쟁점

당신이 상담하고 있는 학생 내담자의 비밀 보장을 유지하는 것은 학교 상담 측면에서 가장 어려운 일 중 하나이다. 전문가들은 치료관계의 맥락에서 얻은 정보뿐만 아니라 상담을 받는 사람의 신변을 보호해야할 책임이 있다. 학생이 상담실을 들어오면서 상담 받으러 온 다른 학생을 보았을 때 어떻게 학생들의 비밀 보장을 유지할 수 있을까? 이처럼 비밀 보장의 제한적인 상황들은 다양하게 발생한다. 상담실에서 도우미를 하는 학생은 상담을 받고 있는 학생을 보기도 하며, 당신과 학생이 같이 걸어가면서 상담하는 것을 교사가 볼 수도 있다. 이러한 장면을 본 사람들은 당신과 이야기한 학생은 상담자와 치료적 관계를 맺고 있다고 추측할 수 있다.

초등학교 학생들의 경우 학교기반 전문가가 일하는 상담실에 들르는 것은 일반적으로 문제가 되지 않는다. 하지만 청소년기의 학생들은, 자신이 그들 또래와 '다르게' 보이는 것을 원하지 않는 성향이 강하기 때문에 정신건강을 위해 상담실에 오는 것에 대한 낙인을 우려한다. 이런 이유에서 전문가들은 이 문제를 미리 다루는 것이 중요하다. 예를 들어, 교실에서 자신을 소개할 때, 상담을 비롯해 다양한 다른 서비스를 제공한다고 언급해야 한다(예 : 지역사회 자원에 대한 정보, 학교 장학금, 강의 시간표 짜는 것을 도움). 게다가 당신은 학생 내담자들을 수업 중간에 불러내는 것보다 학생들과 미리 약속을 잡는 것이 좋다. 다른 학생들이 상담자를 '만나러' 오는 것에 대해 놀리거나 의문을 가질 수도 있음을 학생들과 터놓고 이야기하는 것은 매우 중요하다. 또한, 학생 내담자가 복도에서 상담자를 마주쳤을 때 어떻게 대처하기를 원하는지 명확히 하는 것도 도움이 될 수 있다. 동시에 상담자는 학생 내담자에게 정신건강 서비스를 찾는 것은 부끄러운 일이 아님을 일깨워 주어야 한다. 학생, 교사 및 학교 관리자와 협력적 관계를 형성하여 언제라도 도움이 필요하면 상담을 받을 수 있는 분위기를 만드는 것이 중요하다.

학생, 가족 및 학교기반 전문가가 학교 건물 내에서 나눈 대화는 비밀이 보장되어야 한다. 학교의 정신건강 전문가로서 당신은 학생과 가족에 대한 많은 양의 개인정보에 접근할 수 있을 것이다. 당신이 다른 사람과 대화를 나눌 때 학생 내담자와 상담한 내용이 그 사람에게 도움이 된다할지라도 비밀을 유지하도록 주의해야 한다. 또한 상담 받는 학생에게 무슨 일이 있는지 단순히 궁금해 하는 사람들이 정보를 요구할 경우 어떻게 정중하게 거절해야 하는지 알고 있어야 한다. 가끔 선생님들은 특정 학생을 당신에게 의뢰하고 학생의 문제에 대해 알고 싶어 한다. 일반적으로 이러한 캐묻기 식의 질문은 단순히 학생에 대한 교사의 걱정에 기반한 것이기 때문에 악의적이라고 볼 수는 없다. 다음에 제시한 사례는 교사가 내담 학생에 관한 정보를 요청할 경우 학교 심리사(SP)가 어떻게 강화와 질문을 사용하여 대처하는지를 잘 보여준다.

7학년 스미스 선생님 : 제가 오늘 브래든이 '쳐져' 있는 것처럼 보여서 보냈어요. 그 학생 가족에게 무슨 일이 있어요? 브래든이 요즘 말이 없고 기분 변화가 심했어요. 뭐 좀 알아내셨나요?

SP : 그 학생을 상담실로 보내줘서 고마워요. 학생의 요구를 정말 잘 살펴보고 있으시네요. 대단하세요. 선생님이 학생에게 얼마나 관심을 갖고 계신지 알 것 같아요.

스미스 선생님 : 음…… 저도 브래든이 언제 문제가 생겼는지는 알고 있어요. 작년에 브래든 가족이 정말 어려운 일을 겪었는데 거의 안정됐다고 생각했거든요. 그 아이 엄마랑 이야기해 보셨어요?

SP : 음…… 왜 물어 보시는 거예요?

스미스 선생님 : 작년에 브래든 누나도 저희 반에 있었거든요. 그리고 브래든 엄마가 오셔서 집에서 일어나고 있던 일에 대해 이야기했었어요. 그 가족이 정말 안쓰러워요.

SP : 선생님 마음은 충분히 알겠어요. 이런 상황에 대해 이야기해줘서 다시 한 번 고마워요. 제가 브래든을 학교에서 어떻게 도와줄 수 있을지 알아볼게요. 혹시 브래든의 행동에 다른 변화가 있으면 알려주세요.

이러한 상호작용에서 학교 심리사는 상대방을 존중하고 지지하지만 교사의 질문에도 불구하고 학생과 관련된 사적인 정보를 제공하지 않았다. 물론 이런 유형의 대화는 사적인 상황에서 진행될 수 있다. 만약에 동일한 유형의 대화가 보다 공적인 자리에서 일어난다면, 상담자는 대화의 주제를 적절하게 돌리는 것이 필요하다. 학교기반 전문가들은 그들에게 제공된 정보의 비밀을 보장해야할 뿐 아니라, 중요한 사적인 정보를 어떻게 다루어야 하는지 다른 사람들에게 본보기가 되어야 한다. 이를 통해 학교기반 전문가들은 민감한 정보에 대하여 신뢰하고 터놓고 이야기할 수 있는 사람으로 인식될 수 있으며, 학생 또는 학부모 돕는 것을 어려워하는 교사들이 보다 쉽게 당신에게 도움을 요청할 수 있을 것이다. 또한 당신은 다른 사람들과 정보를 나누거나 소문을 퍼트리지 않는다는 인식이 생길 것이다.

아동과 청소년의 상담 중 가장 힘든 것 중 하나는 학부모와 학생 사이의 비밀 보장에 대한 지침을 세우는 것이다. 한편으로는 가족들과 상담 내용을 공유하면서 상담하고 싶을 것이다. 그러나, 학생의 입장에서는 (비록 겉으로는 그렇게 심각하지 않은 문제일지 몰라도) 상담 내용을 부모님이 알게 될 것이라는 점을 학생이 두려워한다면 완전히 솔직하게 상담에 임하지 않을 가능성도 있다. 학교 상담자는 미성년자와 주로 상담하는데 이들은 일반적으로 자신의 비밀을 보장받지 못한다. 비밀 보장에 대한 권한이 부모에게 있기 때문이다. Buckley 수정법안(Buckley Amendment)이라고도 알려진 가족 교육권 및 사생활 보호법(Family Educational Rights and Privacy Act : FERPA)에 의하면, 부모는 교육과 관련된 기록을 볼 권리를 갖고 있고, 그러한 기록과 관련하여 비밀 보장을 기대할 권리가 있으며 해당 기록에 대한 정정을 요구할 권리가 있다. 다시 말해, 부모가 상담의 기록을 보고 싶어 한다면, 그 기록이 교육과 관련된 기록을 포함하기 때문에 상담 기록을 볼 수 있다. 또한 어떤 부모들은 상담 회기에 대한 내용을 알고 싶어 하며, 그에 상응하는 법적 권리를 갖고 있다.

나(Robyn Hess)는 상담할 때 가족과의 첫 회기에서, 상담 관계에 대해 설명하면서 학생 내담자와 상담자 사이의 정보는 비밀이 보장되어야 관계가 효과적으로 형성된다는 것을 설명한다. 또한 부모가 상담 내용을 알아야 한다고 생각되면, 부모에게 알릴 방법을 학생과 함께 이야기할 것이라고 확신시켜준다. 상담에 참여한 모든 가족 구성원들과 이것에 대해 자유롭게 이야기함으로써, 나는 학생이 사생활에 대한 어느 정도의 '권리'를 갖고 있지만, 정보를 알고 싶어 하는 부모의 필요가 존중된다는 것을 명확히 한다. 또한, 상담을 통해 변화하는 아동의 상태에 대해 부모에게 알려줌으로써 일반적으로 상담에 대해 알고 싶어 하는 부모의 요구를 충족시켜 줄 수 있다.

학생이 공유한 정보가 굉장히 우려되는 사안이라 당신이 학생의 사생활에 대한 비밀 보장을 깨야 할 경우가 있을 것이다. 이러한 일이 발생하면, 학교기반 전문가가 학생 내담자에게 비밀 보장을 깨야만 하는 필요성에 대해 먼저 이야기하고, 최선의 방식을 결정할 때 학생의 의견을 듣는 것이 바람직하다. 다음에 제시한 제시카와 학교 상담자의 사례는 학생과의 상담 관계를 유지하면서 정보를 공유하는 방법을 보여준다.

제시카 : 저는 오늘 여기 오고 싶지 않았는데 제 친구 사라가 가보라고 했어요.

SC : 너한테 지금 일어나고 있는 중요한 일에 대해 네 친구가 걱정을 해주는구나?

제시카 : 사라는 제가 직접 오지 않으면 자기가 와서 선생님께 말씀드린다고 했어요 (멈춤). 저는 …… 저는 …… 저는 최근 들어서 기분이 안 좋아요. 그래서 사라한테 제가 태어나지 않으면 좋았을 거라고 이야기했어요 (멈춤). 요즘 너무 힘들어요. (훌쩍거리며)

SC : 오늘 이렇게 찾아와줘서 정말 고맙구나. 지금 너한테 너무 많은 일이 일어나고 있어서 견디기 힘들어하는 것 같아. 금방 네가 태어나지 않았더라면 좋았을 거라고 말했다고 했는데. 이런 일들로 힘들어 하는 학생 중에는 자살을 생각하는 학생들도 있어. 제시카, 너도 그런 생각을 하고 있니?

제시카 : 어느 정도요. 그런데 그렇게 심각한 건 아니에요. 그런데 어떨 때는 그냥 차 앞으로 걸어가거나, 아파트 옥상에서 뛰어내릴 수 있지 않을까 생각하기도 했어요. 그냥, 하나의 가능성으로만 생각하는 거예요.

SC : 어느 정도 자살에 대해 생각해본 것 같구나. 전에 자살을 시도한 적이 있니?

제시카 : 아니요. 한번은 지붕 위에 서 봤는데, 할 수 없었어요. 아플 것 같다고 계속 생각했어요 (멈춤). 전 진짜 죽고 싶지는 않아요. 그냥 상황이 더 나아졌으면 좋겠어요.

SC : 지금이 너무 힘들어서 죽는 것이 이대로 계속 가는 것보다 더 좋아 보이는구나? (멈춤). 오늘 우리가 이야기한 것 중에서 걱정이 되는 것이 있는데. 오늘 이야기한 것 중에서 부모님한테 알려드려야 할 부분이 있어서 말이야. 너를 안전하게 하는 것은 나의 책임이거든. 만약에 제시카와 부모님, 그리고 내가 같이 만나서 이야기하면, 상황을 더 좋게 만들 수 있는 방법을 찾을 수 있을 거야. 그리고 네가 기분이 좋아질 때까지 보다 안전하도록 도울 수도 있고.

제시카 : 엄마는 진짜 놀랄 거예요. 엄마는 제가 기분이 좋지 않은 것을 이미 알고 있어요. 엄마도 우울해 한 적이 있어요. 엄마는 다 엄마 탓이라고 생각할 거예요.

SC : 엄마와 그런 것에 대해 이야기하기 힘들지? 특히 어머니가 현재 상황에 대해 자신 탓이라고 생각하니 더욱 그렇겠구나. 제시카는 엄마를 걱정하고, 엄마한테 상처를 주고 싶지 않구나? 엄마한테 말할 가장 좋은 방법이 무엇일까 함께 생각해 보자.

위에서 제시한 요약된 사례는 당신이 학생들에게 상담 회기에서 이야기한 것을 부모 또는 다른 사람에게 알려야 할 필요가 있는 경우 어떻게 이야기하는지 보여준다. 앞서 언급한 바와 같이 상담 이전에 당신은 교실 활동을 통해 상담 오리엔테이션을 하며 상담의 비밀 보장과 그 한계에 대해서 이미 알려주었을 수 있다. 위의 간략한 예시에서는 상담자의 가장 중요한 책임으로 자살 생각 또는 의도를 부모나 보호자에게 알려서 미성년자의 안전을 확보하는 것을 보여준다. 이러한

학생들에게 '칼로 긋기(cutting)' 또는 자해 행동은 생소한 것이 아니다. 그러나 이 행위는 비밀 보장의 관점에서 학교기반 전문가가 다루기 어려운 사안이다. 칼로 긋는 것은 다소 애매해서 '명백하고 임박한 위험' 또는 '심각하고 예측 가능한 위험'으로 간주하기 힘들 때가 있다. 나(Linda Beeler)는 자해에 대한 문제로 비밀 보장을 깨야만 하는 경우 우리 학교의 담당 변호사의 말을 명심한다. 변호사는 이렇게 말했다 "마치 눈이 많이 내려 교육청에서 휴교령을 내리는 것과 비슷하지요. 휴교령에 대한 지침이 있지만 눈이 5인치 내렸다고 쌓인 눈이 항상 5인치는 아니거든요. 날씨가 차고 바람이 불 때 눈이 5인치 내리는 것과, 앞으로 날씨가 풀릴 것으로 예상될 때 눈이 5인치 내리는 것은 다르잖아요." 다시 말하면. 고려해야 할 다른 변수들이 있다는 것이다. 자살하려고 종이 클립으로 손목을 그은 학생은 면도날로 팔에 남자친구의 이니셜을 재미로 새긴 학생과는 다르다.

상황에서 학교 상담자는 학생과 빠르게 라포를 형성해야 하고, 학생의 자살 생각에 대한 위험성을 평가해야 하며, 학생을 안전하게 할 수 있는 최선의 계획을 구성하고, 부모에게 적절하게 통지하면서 동시에 치료 관계를 유지하는 어려운 임무를 수행해야 한다.

12.4 문서화

무엇을, 언제 문서화할 것인지는 비밀 보장과 관련이 있다. 상담의 실제가 그러하듯, 상담 기록을 어느 정도로 세밀하게 기록해야 하는지에 대해서는 다양한 의견들이 있다. 어떤 사람들은 주제, 목표 그리고 목표에 대한 경과를 상세하게 기록해야 한다고 믿는다. 반면 어떤 이들은 이러한 기록들이 학부모에게 열람되거나(FERPA에 따라서) 공개를 요청당하는 경우도 있기 때문에 학생의 변화를 간략하게 기록하라고 추천한다(Davis, 2005). 우리는 당신이 남긴 학생 기록이 당신에게 유용해야 하고 학생의 변화를(예를 들면, 외모나 정서의 미묘한 차이) 확인하는 데 도움이 되어야 한다고 믿는다. 그리고 이전의 상담회기를 충분히 회상하도록 도와 다음 상담을 도와야 하고, 이러한 과정을 통해 어느 정도 책임감을 느끼도록 해야 한다고 믿는다.

자기성찰의 일환으로 당신은 몇 주 간격으로 상담 기록을 검토할 수 있다. 이를 통해 학생 내담자와 당신이 만들어가는 변화를 확인할 수 있고, 당신이 특정 학생을 위하여 적절하고 효과적인 상담 기술을 사용하고 있다는 것을 알 수 있으며, 매주 상담을 잘하고 있는지 확인할 수 있다. 학교 환경에서는 업무에 쫓겨 계획되지 않은 시기에 상담이 이뤄지기도 하고, 상담 기록을 대충할 수도 있으며, 상담 시간 역시 짧아질 수 있다. 이처럼 기록을 재검토함으로써 상담을 통해 내담자가 개선되고 있는지 확인할 수 있으며 변화를 위해 무엇이 필요한지 점검할 수 있다.

예비 전문가들은 한 회기에서 어떤 형식의 정보가 문서화되어야 하는지 종종 궁금증을 갖는다. 때때로 갈등을 겪는 청소년은 자신의 가족, 친구, 또는 그들의 삶에 대해 길고 복잡한 이야기를 풀어놓는다. 이 모든 것들이 문서화될 필요가 있을까? 기록해야 할 가장 중요한 정보는 무엇일까? 일반적으로 사용되는 회기 기록 방법 중에서 유용한 두 가지는 SOAP와 DAP이다. SOAP는 주관적인(subjective)의 S, 객관적인(objective)의 O, 평가(assessment)의 A, 계획(plan)의 P를 의미한다(Cameron & Turtle-song, 2002). DAP 기록은 SOAP의 변형으로 D는 자료(data)를 말한다. 이 방법은 상담 회기로부터 나온 주관적인 정보와 객관적인 정보의 조화를 반영한다.

이런 구조화된 접근법을 사용하는 것의 이점은 이러한 양식이 문제해결에 도움을 주고 학생 내담자의 문제에 대한 전문가의 생각을 조직화하는 데 유용하다는 것이다(Cameron & Turtle-song, 2002). 보다 충분한 설명을 기록할 수 있다면, 특정 전략을 선택하는 이유가 무엇인지 주관적인 요소와 객관적인 요소를 바탕으로 보다 명확하게 기술할 수 있을 것이다. 다음 사례는 이런 요소들을 보여주는 한 회기의 기록이다.

날짜 : 2010년 8월 1일 〈변화 기록〉

S. 학생과 30분 동안 만났다. 학생은 공부에 대한 부담(예를 들어, 밤에 잠을 못 잔다. 긴장이 계속된다. 포기하고 싶다 등)을 느낀다고 말하였다. 그는 또한 어느 대학에 입학할지, 어떻게 학비를 마련할지에 대한 걱정들을 언급했다. 학생은 자신의 성적이 오르기를 바라며 좀 더 마음이 편안해지길 원한다. 그는 현재 자신이 '불가능한' 상황에 처해 있다고 묘사했다.

O. 학생은 다소 불안하고 어쩌면 우울한 듯 보였다. 그는 대화 내내 자신의 손을 다리 위에 문질렀다. 또한 그는 눈을 마주치지 않았고 평소와 같은 단정한 차림새가 아니었다(예를 들어, 단이 풀린 셔츠, 빗지 않은 머리). 회기의 마지막에 그는 다소 안정된 모습을 보였다.

A. 학생 내담자는 학업과 앞으로의 진로 계획에 대해 상당한 스트레스를 겪고 있는 것처럼 보인다. 이런 걱정은 그의 수면을 방해하고 있으며 이로 인해 지치고 우울함을 느끼는 것처럼 보인다. 나는 학생에게 그가 겪고 있는 불안의 정도를 등급으로 매겨보라고 했고(1은 안정적인 상태, 10은 강박적인 상태). 그는 '7등급'이라고 대답했다.

P. 다음 주에 나는 학생과 현재의 스트레스 요인을 탐색하려고 한다. 그는 또한 자신의 집과 학급에서 연습할 수 있는 이완 훈련에 관심을 보였다. 한 주 동안 학생은 그가 가장 많이 그리고 가장 적게 스트레스 받았던 시간을 알려줄 것이다.

당신의 기록 중 주관적인 요소에는 학생 내담자가 이야기한 정보를 반영하라. 즉 학생에게서 느껴진 감정, 생각, 계획, 목표 그리고 학생이 인지한 문제의 심각성을 기록하면 된다(Cameron & Turtle-song, 2002). 학생이 상담을 하고자 했던 이유와 직접적인 관련이 없다면, 가족이나 친구에 관한 관계없는 세부사항을 기록할 필요는 없다. 또한 학생의 행동에 대한 예시를 제공하고 모호한 용어를 정의하는 것은 도움이 된다. 상담 기록에 구체적인 이름은 생략하는 것이 좋다는 의견도 있기는 하지만, 나(Robyn Hess)는 중요한 친구, 애완동물 또는 형제자매의 이름을 함께 기록하고 상담에서도 이를 활용하는 편을 선호한다(Cameron & Turtle-song, 2002). 학생에게 직접적인 상담 서비스를 제공하는 시간에 이러한 기록을 하는 것은 바람직하지 않다.

객관적인 부분에는 회기 진행 중에 학생 내담자로부터 당신이 관찰한 바를 기록한다. 학생은 어떤 모습이었는가? 학생은 어떤 감정을 보였는가? 학생의 행동은 어떤 점에서 쉽게 눈에 띄었는가? 다른 강점을 관찰한 것이 있는가? 또한 이 부분에서는 상담 과정에 대한 학생의 반응을 기록할 수 있다. 당신이 관찰한 것을 입증할 수 있는 증거들을 제시하라. 예를 들어, 당신은 학생의 어떤 행동을 보고 그가 불안한 상태였고, 실망했고, 좌절했다고 생각하였는가? 당신은 판단적

(예를 들어 '버릇없는', '간절한')이거나 의견을 고집하는 듯한, 또는 낙인(예를 들어 '애착장애', '반사회적인')을 나타내는 표현은 피해야 한다(Cameron & Turtle-song, 2002).

평가 부분은 학생 내담자의 문제나 고민에 대한 당신의 생각을 기록하기 위한 곳이다. 임상 현장에서는 진단을 내리겠지만, 학교에서는 진단하는 것이 적절하지 않다. 대신, 다음의 질문에 답해야 한다. "회기 동안 학생이 이야기한 정보와 내가 관찰한 것에 기초해 볼 때 이 학생에게 무슨 일이 일어나고 있는 것일까?" 이 부분은 또한 잠정적인 가정을 나타내는 곳이 될 수 있다. 하지만 추측으로만 이해되어야 한다. 예를 들어, 앞서 제시한 노트의 사례에서 만약 상담자가 현재 상황 때문에 학생의 자살 의도에 대해 걱정한다면, 다음과 같이 적을 수 있다. "당장 자살 의도 징후가 없더라도, 학생의 고통과 의욕 상실 수준을 고려하면, 어떠한 기색이든 계속 관찰하는 것이 중요하다." 이러한 종류의 느낌을 변화기록에 포함시켜야 하는지 아니면 단지 개인적인 견해나 생각이기 때문에 불필요한지에 대한 논쟁은 계속 있어 왔다. Cameron과 Turtle-song(2002)은 당신의 평가와 잠정적인 느낌 모두를 하나의 노트에 기록하라고 권유했다.

노트의 마지막 요소인 계획 부분에는 당신이 어떻게 개입할 것이며, 어떤 목표를 향할 것인지를 포함해야 한다. 또한 계획을 세울 때에는, 이러한 계획이 학생의 요구 또한 반영하도록 학생 내담자와 함께 하는 것이 중요하다. 학생과의 이러한 협력을 보여 주는 말들을 상담 계획에 활용하는 것도 좋다. 만약 당신이 주중에 '과제'를 학생에게 부여했다면, 학생의 '과제'를 잊지 않고 확인할 수 있도록 관련 정보를 이곳에 기록하는 것도 좋다. 학생 내담자와 상담을 계속하면서 언급된 목표에 대한 경과를 기록해야 한다.

당신이 기록한 노트는 학생 내담자와의 전문적인 상담 활동에 대한 문서가 될 수 있다. 가능한 확실히, 가장 정확하게 기록하기 위해 노트를 회기 직후에 작성하는 것이 가장 좋다. 당신은 또한 특정 학생과 관련하여 학생과 만나려는 시도, 부모와의 연락, 그리고 적절하다면 외부 기관과의 연락을 기록해야 한다. 이러한 모든 정보는 자물쇠로 보안을 유지할 수 있는 파일 보관함에 보관되어야 한다. 대안적인 방법으로 많은 학교기반 전문가들은 그들의 기록을 전자 형태로 보관한다. 이러한 경우 상담실 자리를 비울 때는 상담 일지를 컴퓨터 화면에 남기지 않았는지 확인해야 한다. 파일을 닫았는지 그리고 컴퓨터를 로그아웃 했는지 확인해야 한다. 컴퓨터는 비밀번호를 사용하여 보안을 철저히 하고, 학교 내 다른 사람들이 파일을 열지 못하도록 해야 한다.

당신이 작성한 일지를 오직 당신만 본다 하더라도, 적절한 문법과 철자법을 사용해야 한다. 만약 어쩌다 당신의 일지에 대한 공개를 요구받을 경우, 이러한 일지는 당신의 전문성을 반영하기 때문이다. 만약 당신이 일지를 작성하다 잘못 쓰면, 오류를 수정하기 위해 한 줄의 선을 긋고, 수정된 정보에 서명하고 올바르게 다시 적어라. 이러한 실행은 당신이 어떤 정보를 '은폐하려'는 것이 아니라, 단지 정확성과 명확성을 지키려는 것을 의미할 수 있다. 노트는 잘 알아볼 수 있도록 타자로 치든지 잉크로 써야 한다. 마지막으로, 당신의 이름 전체를 써서 서명을 해라. 슈퍼비전을 받는 경우 슈퍼바이저로부터 일지 검토 후 서명을 받아야 한다.

12.5 이중 관계

학교기반 전문가는 그 역할이 독특하기 때문에, 직업상 고유한 역할과 그 외의 역할 사이에 명확한 경계를 유지하는 것이 중요하다. 이러한 구분은 단순히 말보다 실천에 옮기는 것이 훨씬 어렵다. 학교기반 전문가들은 때때로 학생 집단의 조언자도 되기도 하고 교내 코치가 되기도 된다. 이러한 역할로 인해 결국 당신은 학생들과 상담하게 될 기회가 많아진다. 학교기반 조력자가 같은 지역에서 일하거나 살면, 그 지역의 학생과 학부모와 마주칠 가능성이 매우 높다. 만약 당신이 시골 지역에 산다면, 학교의 전문가로서의 역할과 사적인 역할 간의 엄격한 경계를 유지하는 것은 사실상 불가능할 것이다.

이러한 어려움을 극복하기 위한 합리적인 방법은 가능한 한 최선을 다해 전문가로서의 명확한 경계를 유지하고, 관련된 사람들과 특정 환경에서의 당신의 역할에 대하여 명확히 알려주는 것이다. 학생과 가족들에게 개방적이고 진실된 태도를 보이는 것만으로도, 당신은 이미 발생할 수 있는 위험을 어느 정도 줄였다고 볼 수 있다. 학교기반 전문가가 전문가로서의 객관성을 유지할 수 없다면(예를 들어, 학생 내담자가 친한 친구의 자녀 혹은 친척의 자녀인 경우, 학생 내담자가 같은 학교에 다니고 있는 당신의 자녀를 폭행한 경우), 교육청이나 외부 기관에 있는 다른 정신 건강 전문가(예를 들어, 학교 심리사, 학교 상담자)에게 의뢰하는 것은 중요하다.

12.6 윤리적 의사결정 모델

윤리적 딜레마에 직면했을 때, 최선의 행동 방침을 결정하는 것은 쉬운 일이 아니다. 고려해야 할 요인이 많고 한 가지의 해결책이 존재하지 않기 때문이다. 이러한 경우 정신 건강 전문가들은 관련 쟁점, 전문가 윤리 및 학교나 교육청 정책과 관련된 법을 명확하게 이해하는 것이 중요하다. 관련 쟁점에 대해 법이 제시하는 바가 명백하다면, 그것은 우리가 어떻게 행동해야 하는지가 분명하다는 것을 뜻한다(예를 들어, 아동 학대 보고하기). 일반적으로 교육청에서 제시하는 지침 역시 비슷한 성격을 지닌다.

하지만 경우에 따라서는 윤리 지침에 기초하여 의사결정을 내려야 하는 상황도 발생한다. 그런데 윤리 지침은 보통 모호하고 애매한 언어로 되어 있어 결정을 내리기 쉽지 않다. 학교 상담자들을 위한 ASCA의 윤리적 기준(ASCA's Ethical Standards for School Counselor, 2010a)에 따르면, 다음에 제시한 학교 상담자는 학교 내 윤리적 문제 해결(Solutions to Ethical Problems in Schools : STEPs; Stone, 2001, ASCA 2010a에 언급되어 있듯이) 규약과 같은 의사 결정 형식을 따를 수 있다.

학교 내 윤리적 문제에 대한 해결책(STEPS)

1. 문제를 정서적인, 지적인 관점에서 정의하라.
2. ASCA 윤리 기준(ASCA's Ethical Standards)과 법을 적용하라.
3. 학생의 연령 수준과 발달 수준을 고려하라.
4. 환경과 부모의 권리 및 미성년자의 권리를 고려하라.
5. 도덕적 원리를 적용하라.
6. 가능한 행동 방침을 결정하고 그에 대한 결과를 예상하라.
7. 선택한 행동을 평가하라.
8. 자문을 구하라.
9. 가능한 일련의 행동 방침을 실행하라.

윤리적 의사 결정의 다른 모델들이 존재하기도 하지만 대부분의 다른 모델들도 유사한 내용을 담고 있다. Sileo와 Kopala(1993)는 기억하기 쉬운 ABCDE전략으로 요약될 수 있는 윤리적 의사 결정 체제를 제시하였다.

A : **평가**(assessment)—전문적 조력자는 내담자들을 포함하여 상황의 모든 측면뿐 아니라 그들 자신을 고려한다.

B : **이익**(benefit)—전문적 조력자는 어떤 행동 방침이 내담자 및 다른 사람들(예 : 가족 구성원)에게 가장 큰 이익을 줄 수 있을지 평가한다.

C : **결과**(consequences)**와 자문**(consultation)—전문적 조력자는 다른 행동 방침 및 관련된 잠재적 결과들에 대해 고려한다. 또한 슈퍼바이저에게 자문을 구하기도 하고, 더 많은 경험이 있는 전문가들과 구성요소에 대해 논의한다.

D : **의무**(duty)—전문적 조력자는 자신이 책임을 지고 있는 대상을 고려해야만 한다. 대부분의 경우에는 학생 내담자가 되겠지만 경우에 따라서는 잠재적 위험을 갖고 있는 또 다른 개인이 될 수도 있다.

E : **교육**(education)—전문적 조력자는 특별한 쟁점과 관련된 교육을 받고, 관련 문헌과 전문적 윤리기준을 활용하여 의사결정을 내린다.

초반에는 일을 할 때 앞서 제시된 단계를 최대한 따르려고 노력해야 할 것이다. 그러나 경험과 전문적 지식이 풍부한 슈퍼바이저 또는 멘토로부터 일관된 슈퍼비전을 받게 되면, 이러한 의사 결정이 점차 자연스럽게 느껴질 것이다.

12.7 역량과 슈퍼비전

12.7.1 역량

앞선 논의에서 밝힌 바와 같이 학교기반 전문가가 모든 상황에서 항상 가장 좋은 행동 방침을 결정할 수는 없다. 현실이 그러하기 때문에 우리는 다음의 두 절을 통해 상담 역량과 지속적인 슈퍼비전이 필요성을 배우고자 한다. 일반적으로 역량 있는 학교기반 조력자는 아동 발달과 가족 체제에 대해 충분히 이해하고 있으며, 자신의 이론과 일관되는 다양한 개입전략들을 능숙하게 사용한다(Neill, Holloway, & Kaak, 2006). 당신이 졸업을 하고 적절한 인증이나 자격을 취득하게 되면 학교에서의 위치에 대한 자격은 얻게 되지만, 그렇다고 일어나는 모든 상황을 해결할 수 있을 만큼 능숙하다는 것을 뜻하지는 않는다.

모든 학교기반 전문가들의 윤리적 지침서는 자질의 중요성과 역량 유지를 강조한다. 당신은 모든 수업에서 높은 성적을 받고 인턴 평가에서 최고 평가 점수를 받아 왔을지도 모른다. 그러할 지라도, 당신이 잘 모르는 분야의 문제를 가지고 있는 아동, 청소년, 가족들을 상담에서 만날 때가 올 것이다. 많은 문제를 가지고 있는 학생들은(예 : 약물남용, 임신, 문화적응 문제, 성 정체성에 대한 의문) 학교에서 자신들을 지지해 줄 수 있는 전문가로서 당신에게 도움을 요청할 수 있다.

물론 당신이 상담을 시작한 처음 몇 년 동안은 이러한 모든 문제에 대해 자신이 전문가라고 장담하기는 어려울 것이다. 그렇다고 당신이 이전에 자세히 다뤄보지 않은 문제를 가지고 있는 학생 모두를 다른 사람에게 의뢰할 수도 없다. 역량을 규정하는 명확한 표시는 없지만, 특별한 분야에서 역량을 가지고 있다고 말할 수 있는 기준은 당신이 그 문제에 대해 훈련이나 슈퍼비전을 받았다는 것이다. 특정 문제에 대해 연수를 받지 않았다면 당신은 적절한 훈련이나 슈퍼비전 경험이 있는 누군가에게 자문을 구하거나 슈퍼비전을 받아야 한다. 당신이 훈련받지 않은 범위 밖의 문제를 가지고 있거나 지속적인 치료적 개입이 필요한 경우, 또는 학교에서 다루기 부적절한 심각한 문제(예 : 오랜 기간 지속된 성적학대, 심각한 정신 병리)를 가지고 있는 학생의 경우라면 확실히 외부에 의뢰해야 한다(ASCA, 2010a).

당신이 경력을 쌓는 동안 스스로를 점검하고, 동료에게 자문을 구하고, 신뢰성 있는 자료를 통한 부가적인 정보를 수집하고 적절한 슈퍼비전을 지속적으로 받는 것은 중요하다. 이것 외에도, 당신이 만약 특별한 기술 또는 치료적 개입(예 : 놀이 치료, 안구운동 민감 소실 재처리과 정[1](Eye Movement Desensitization and Reprocessing: EMDR), 변증법적 행동치료[2](Dialectical Behavior Therapy: DBT)가 필요하다면, 추가적으로 훈련요건을 충족하여 적절한 인증 또는 자격증을 획득하는 것이 필요하다. 전문가로서의 역량은 최신 연구를 따라가고 당신의 전문적 지식 수준을 지속적으로 높임으로써 신장될 수 있다. 우리는 당신이 새로운 기술을 신장시키기를 기대한다. 더 나아가 역량이란 학생 내담자와의 상담에서 당신의 효과성을 극대화시키기 위하여 자신의 감정적이고 육체적인 건강을 관찰하고 능숙함을 유지하는 것을 의미한다. 당신의 지속적인 성장을 위하여 당신은 경력이 쌓이는 동안 필요에 따라 슈퍼비전을 받는 것이 좋다.

12.7.2 슈퍼비전

당신의 첫 번째 임상적 슈퍼바이저를 상담기술 수업이나 상담실습 장면에서 만났을 수 있다. 상담 인턴을 하는 동안 당신은 대학 소속 슈퍼바이저뿐만 아니라 현장의 임상 슈퍼바이저 역시 만났을 수도 있다. 학교기반 전문가에게 학위 취득 후 슈퍼비전을 요구하는 것은 주정부의 교육부에서 결정된다. 각 주마다 차이가 있지만, 당신이 거주하는 주정부의 기준과 상관없이, 자리를 잡아가는 초반 기간 동안 당신을 지지해 주고, 지속적인 발전을 위해 도전할 거리를 제공하는 슈퍼바이저를 적극적으로 찾아볼 것을 권한다. 나아가 모든 영역의 전문가들이 평생 배우는 자세를 가지고, 전문가로서 일하는 동안 슈퍼비전을 받는 것이 좋다.

대학에서 상담 실습을 할 때에는 보통 한 명의 슈퍼바이저가 슈퍼비전의 행정 및 임상적 측면 모두에 대해 책임을 진다. 행정적 슈퍼바이저는 기관의 요구사항과 과정, 출석, 시간 엄수 등에 초점을 맞춘다. 임상적 슈퍼바이저는 기본 기술, 고급 기술, 상담 실행하기, 변화 촉진하기 등에 초점을 맞춘다. 학교환경에서는 주로 교장이 행정적 슈퍼비전에 대한 책임을 지게 된다. 그러나 아쉽게도 임상적 슈퍼비전은 학교에서 자주 등한시되는 경향이 있다.

우리의 관심은 임상적 슈퍼비전에 있다. 임상적 슈퍼비전이란 무엇인가? 슈퍼비전 전문가

---

1 **역자 주** : 안구운동 심리학 기법으로 1987년 프란시 샤피로가 사고 과정을 주의 깊게 관찰했을 때 고통스러운 생각이 떠오르면 자동적으로 눈이 빠르게 움직이지만 안구 운동 후 다시 그 생각을 떠올리면 고통과 같은 아픈 감정이 덜해진다는 것을 우연히 발견하여 만들어졌다. 안구의 움직임에 의한 자극은 위축된 감정 뇌의 활동을 변화시켜 준다는 발견을 바탕으로 감정 뇌의 변화로 예전에 받았던 외상 후 스트레스 장애나 현대인들의 정서 장애를 치료해 주는 기법이다.

2 **역자 주** : 변증법적 행동치료란 특정한 문제에 대한 주장(정)이 있고 이에 반하는 주장(반)이 공존하고 있으며, 최종적으로 이 정과 반이 양 극단의 중간 지점에서 타협점을 찾으며 통합화하는 과정(합)이 있다고 본다. 이런 정반합 과정을 변증법이라고 하며, 변증법적 갈등은 개인이 지닌 경쟁적이고 모순적인 요구들 사이에서 생겨난다. 이러한 요구들이 타협할 때 잘못된 타협 형성으로 인한 긴장감을 잘 다루고 균형을 찾도록 도와주는 치료방법이다.

Bernard와 Goodyear(2004)는 임상적 슈퍼비전의 본질을 다음과 같이 말했다.

> 한 직업의 선임자가 동일한 직업의 후임에게 제공하는 개입이다. 이 관계는 (1) 평가적이
> 고, (2) 시간이 소요되는 일이며, (3) 초보 전문가(들)의 기능을 향상시키고 동시에 그들
> 이 만날 수 있는 내담자에게 제공하는 서비스의 질을 점검할 뿐만 아니라 그 특정 직업에
> 진입하는 사람들을 위한 문지기(gate-keeper)의 역할을 한다.

이들은 다음과 같이 말하면서 슈퍼비전의 중요성을 설명했다. "슈퍼비전은 한 세대가 다음 세대에게 특정한 직업에서의 기술, 지식과 태도를 전수하는 방법이다"(2004, p. 2). 또한 다른 저자들은 "슈퍼바이저들은 상담을 공부하는 학생이 인턴십 경험에서 최고의 경험을 할 수 있도록 돕는 역할을 한다"라고 주장하였다(Magnuson, Black, & Norem, 2001, p. 5).

훌륭한 슈퍼비전은 우연으로 이루어지지 않는다(Magnuson, Wilcoxon, & Norem, 2000). 슈퍼바이저들은 자신의 일을 위하여 자기훈련을 하고, 자신이 행하는 슈퍼비전에 대한 또 다른 슈퍼비전을 받고 추가적인 교육을 통해 자신의 전문성을 향상시켜야 한다. 상담처럼 슈퍼비전에도 예술적 요소와 과학적 요소가 있는데, 이 두 요소는 상호보완적이며 각각의 요소를 통해 서로 다른 점을 배울 수 있다. 슈퍼바이저는 상담자를 슈퍼비전 하면서 슈퍼비전에 관한 이론들을 추출하여 사용한다. 또한 그들은 슈퍼비전에 관한 윤리 지침에 근거한다. 슈퍼바이저(supervisor)는 상담자와 슈퍼바이저로서의 수월성을 입증할 뿐 아니라 슈퍼비전을 제공받는 슈퍼바이지(supervisee)에게 영감을 제공한다. 슈퍼바이저는 또한 슈퍼바이지의 성장에 도움이 되는 관계의 발전을 촉진한다.

슈퍼바이저는 세 가지의 중요한 역할을 하는데, 그것은 교사, 자문가, 그리고 상담자이다(Bernard & Goodyear, 2004). 먼저 교사로서의 슈퍼바이저는 정보와 지침을 제공한다. 한편 자문가로서는 슈퍼비전을 받는 상담자가 내담자와 어떻게 작용하는지에 관하여 조언하며, 상담자로서는 슈퍼바이지가 내담자를 상담할 때 자신의 경험에 초점을 맞출 수 있도록 돕는다. 물론 슈퍼바이저가 슈퍼바이지를 상담한다고 할 때의 상담은 상담자가 내담자를 상담한다고 할 때의 상담과는 질적으로 다르다. 예를 들어, 슈퍼바이저와 슈퍼바이저 사이의 치료적 관계는 윤리적이라고 볼 수 없다.

상담일지를 검토한 후에 슈퍼바이저가 피드백을 줄때, 평가는 명확하지 않을 수도 있고 비형식적일 수도 있다. 그러나 학기 말에 서면 평가 형식으로 피드백이 주어지거나 자격증 심사 전에 이뤄지는 슈퍼비전은 형식적이고 구조화된 형태로 이루어진다. 슈퍼비전이 어떤 형식으로 제공되든지 슈퍼비전에 있어서 평가는 필수적인 요소이다.

슈퍼비전과 관련된 책임은 다양하고 복잡하다. 슈퍼바이저의 가장 중요한 책임은 먼저 내담자

또는 학생들을 보호하는 것이고 크게 보면 사회까지도 보호하는 것이다. 또한 슈퍼바이저는 슈퍼바이지에 대한 책임도 있다. 슈퍼바이저들은 슈퍼바이지의 현재와 미래 내담자들에 대한 책임이 있다. 슈퍼바이저들은 또한 그들이 일하고 있는 기관, 학교와 대학교에 대한 책임이 있다.

슈퍼바이저들의 주요 책임은 슈퍼비전을 구조화하고 이를 실행하는 것이지만, 슈퍼비전의 관계는 상호적이라는 특성도 있다. 슈퍼바이지는 경험과 결과에 대해서 슈퍼바이저보다 더 많은 영향력을 행사할 수도 있다. 슈퍼바이지는 슈퍼비전을 통해서 자신의 역량을 강화시킨다 (이 장의 참고 자료에 제공된 관련 논문을 참고해라). 또한 슈퍼바이지는 성공적인 결과를 이끌어 내는 방법을 시도할 수 있고, 부정적인 결과를 초래하는 행동을 피할 수도 있다.

슈퍼비전의 성공에 슈퍼바이지가 기여한다는 것을 다룬 연구는 제한적이다. 한 연구 논문은 12명의 노련한 슈퍼바이저와 인터뷰를 통해서 결론을 내렸는데 우수한 슈퍼바이지는 매우 다양한 요인에 의해 결정된다는 것이다(Norem, Magnuson, Wilcoxon, & Arbel, 2006). 이러한 슈퍼바이지들은 성숙하고, 자율적이며, 자기인식이 높고, 경험에 개방적일뿐만 아니라 동기 수준이 높다. 이러한 특징들은 독립적인 성격의 요소로 나타나기보다는 상호의존적이고 시너지를 만들어 낸다. 저자들은 다음과 같이 결론지었다.

> 다른 관점이나 피드백을 열린 마음으로 받아들이는 태도는 슈퍼바이지에게 중요할 수 있다. 열린 태도를 갖추고 있다면 다른 시각들에 대해 더 많은 것을 알게 되고, 또 그들을 더 잘 수용할 수 있게 되기 때문이다. 이러한 경험에서 비롯된 자신감과 독립성은 슈퍼바이저에게 피드백을 받을 때나, 위험을 감수하는 선택을 할 때에도 도움이 된다. 유사한 맥락에서, 지혜에 관한 자질 (예 : 공감, 예리한 지각, 안목, 타당한 평가, 깊은 이해, 직관과 통찰력) 역시 경험으로 길러질 수 있으며 반대로 이러한 자질을 통해 기존의 삶에서도 한층 더 많은 것을 배울 수 있다. (p. 46)

이 저자들은 또한 불만족스러운 슈퍼비전 결과에 슈퍼바이지가 어떠한 영향을 미치는지 조사했다(Wilcoxon, Norem, & Magnuson, 2005). 마찬가지로 슈퍼바이지의 영향은 한 가지의 특성이나 자질로 설명되지 않았다. 오히려 행동, 태도, 관점과 지식의 혼합은 슈퍼비전을 어렵게 만들고 불만족스러운 결과를 낳는 것처럼 보였다. 저자들은 네 가지의 상호작용적인 영역에서 제한과 관련된 저해요인을 다음과 같이 결론지었다. (1) 대인관계의 발달(예 : 해결되지 않는 개인적 문제 또는 변화에 대한 두려움), (2) 개인 내의 발달(예 : 세심함의 부족, 내담자의 관점을 이해하지 못하는 것, 피드백을 거부하는 것), (3) 인지적 발달(예 : 인지적 복잡성의 부족, 개념화를 하지 못하는 것, 경직된 사고), 그리고 (4) 상담자의 발달(예 : 학습에 있어서 제한된 동기, 한정된 기술과 지식 기반, 성장하고 변하기를 꺼리는 태도).

우리가 권하고 싶은 것은 당신이 전문 분야에서 계속해서 일할 때, 슈퍼비전의 중요성에 대해 충분히 숙지하고 슈퍼비전을 충분히 받는 것이다. 슈퍼비전에서 유익을 얻지 못한다고 생각된다면, 슈퍼바이저를 만나서 솔직하게 자신의 전문적 성장을 어떻게 이룰 수 있을지 논의하라고 이야기하고 싶다.

활동

1. 당신의 전문직의 윤리 규범과 다른 전문직의 윤리 규범을 비교해 보자.
2. 당신의 구체적인 규칙(예 : 비밀 보장, 고지의무)과 관련된 법적, 윤리적 지침서와 당신의 서비스에 대해 학부모가 이해할 수 있는 적합한 언어로 설명한 책자를 만들어 보자.
3. STEPS나 A-B-C-D-E 의사 결정 모델을 사용하여 다음에 제시하는 예시의 문제를 해결해 보자.

교장선생님이 당신에게 세리를 만나 봐 달라고 부탁하였다. 세리는 14세로 수업 시간에 졸고, 숙제를 제출하지 않고, 친구도 없어 보인다. 세리의 출석은 아침 지각이 잦은 것만 빼면 일반적으로 큰 문제는 없다. 세리가 짙은 화장을 하고, 미니스커트를 입고 팔찌를 여러 개 차고 있는 모습으로 당신의 상담실에 찾아온다. 세리는 매우 방어적이어서 라포를 쉽게 형성할 수 없다. 당신이 세리에게 수업 중에 자는 것에 대해 물어봤을 때, 세리는 자신이 밤에 잘 수 없다는 말만 한다. 30분이 지난 후 세리가 어느 정도 준비가 되고 자신의 삶에 대해 조금씩 이야기하기 시작한다. 세리는 아빠와 살고 있고 세리가 아주 어렸을 때 엄마는 '술고래'였기 때문에 엄마로부터 떨어졌다고 한다. 당신이 세리에게 계속 상담을 하자고 제안했을 때, 세리는 마지못해 동의한다. 세리를 계속 보기 위해 아빠의 허락이 필요하다고 말하자, 세리는 당황스러워 하며 자신이 이야기한 것을 아빠에게 말하지 말아 달라고 부탁한다. 대신 세리는 당신에게 계속 만나고 싶지만 자신의 아빠에게 말하지 않기를 약속하자고 요청한다. 교육청의 규정에 따르면 세리를 상담하기 위해서는 학부모 동의가 필요하다. 당신은 세리가 집에서 심각한 문제를 가지고 있다고 생각되기 때문에 세리가 걱정되고 계속 상담을 하고 싶다.

저널 주제

주제 1

당신은 윤리적 또는 법적 상황에서 무엇을 가장 고려하는가?

주제 2

초보 수련자로서 지난 몇 주 동안 겪었던 경험 중 한 사건에 대해 생각해 보자. 어떤 면이 부족하여 상황이 더욱 어렵게 되었는가?

CHAPTER 13

학교상담 서비스의 책무성

- 아동과 프로그램의 관점에서 책무성의 단계들을 이해한다.
- 개입의 효과를 파악하기 위해 간단한 평가 양식을 만든다.
- 프로그램 평가 전략을 배운다.

ㅠ스를 본 적이 있거나, 학교 건물 안에 들어가 봤거나, 자신의 분야에 관련된 수업을 수강했던 사람이라면 '책무성(accountability)'에 대해 들어봤을 것이다. 책무성은 본 장에서 계속 언급할 개념으로 다양한 의미를 내포하고 있다. 어떤 사람들은 학생이 시험에서 어느 정도의 성취를 보였는지를 '책무성'이라고 믿는 반면, 또 다른 사람들은 광범위한 행동들을 통해 한 사람의 책임을 인정하는 것으로 본다. 본 장에서 말하고자 하는 책무성은 두 번째 해석으로, 학교의 정신건강 전문가들이 학생, 교사, 가족, 교장, 그리고 다른 전문가들에게 책무성을 설명할 수 있는 다양한 방법을 제공하고자 한다.

최근에 책무성이 강조되는 것에는 많은 이유가 있다. 교육의 비용이 증가하면서, 사람들은 학생의 성취가 향상되기를 기대해왔다. 그러나 현실은 달랐다. 미국 청소년들의 학업 성적과 다른 국가 청소년들의 성적을 비교해보면 미국이 후퇴하고 있다는 것을 알 수 있다. 또한 고등학교 졸업자들이 독해와 같은 기본적인 기술을 제대로 갖추고 있지 않다는 점이 공론화되면서, 대중은 공교육의 질을 우려하게 되었다.

책무성에 대한 강조가 교육 시스템에만 국한되어 온 것은 아니고, 이는 다른 분야에서도 확산되었다. 학교 상담과 학교 심리학에 관한 학회 역시 증거에 기초한 활동을 수행하고 이를 통해 프로그램 및 학생 상담의 효과성을 입증하는 것을 강조해왔다(ASCA, 2005). ASCA는 "학교상담 프로그램 결과로 학생들은 얼마나 달라졌는가?"라는 본질적인 질문으로 요약할 수 있는 노력들을 계속해왔다(ASCA, 2005, p. 59). 이 질문에 대한 최고의 답변을 하기 위해 학교기반 전문가들은 프로그램의 즉각적 결과와 장기적 결과에 대한 보고를 제시해야만 한다. 게다가 모든 조력자들은 추구했던 목표가 모두 충족되었음을 증명하기 위해 그들의 프로그램을 상세하게 확인해야 한다.

상담의 효과성을 증명하는 것에 대한 보다 실용적인 이유들도 존재한다. 많은 사람들의 요구를 충족시키기 위한 자원이 충분치 않기 때문에, 우리는 제한된 시간과 에너지를 소비하여 보다 긍정적인 결과를 만들어낼 수 있는 방법을 알아야 한다. 더 나아가서, 우리는 상세하고 측정 가능한 방법들로 이 효과성을 다른 사람에게 증명할 필요가 있다.

13.1 책임을 진다는 것은 무엇을 뜻하는가?

가장 넓은 의미에서, 책무성은 자신의 행동에 책임을 지는 것과 자신의 행동 및 결정을 설명하는 능력을 의미한다. 교육 분야에서는 이러한 책무성이 곧 교사와 교육행정가들이 학생의 성취를 책임지는 것으로 생각되어 왔으며, 이는 학교 순위나 학생들의 성적 향상에 따른 재정 지원과도 연결되어 왔다. 교육의 주된 책임이 교사에게 부여되어 오기는 했지만, 학교에서 일하고 서비스를 제공하는 교원들 또한 일련의 책임이 있다.

전화 음성 메시지에 즉각 반응하고, 모든 책무를 완수하며, 기회가 생겼을 때 동료를 도와주는 행동들도 책무성을 보여준다.

책무성은 두 가지 수준으로 나뉘며, 기대되는 결과를 증명하는 방법도 다양하다. 예를 들어, 전문가들이 긍정적인 변화가 개입의 결과에 의한 것이라는 것을 증명하기 위해 자료를 수집하는 경우는 공식적 책무성에 해당된다. 반면에, 이러한 효과성을 입증하는 비공식적인 방법들도 있다. 이러한 비공식적인 자료 수집 형식은 학교 관계자와의 대화, 교실 관찰, 또는 학생 그리고 그들의 가족들과 함께 '점검(check-in)' 하는 것을 포함한다. 당신이 이룬 모든 변화들을 기록하는 것은 어렵고 시간이 많이 걸릴 수 있다. 따라서 당신이 가장 많은 시간을 할애하는 몇 가지 주요 영역을 선별하는 것이 중요하다. 또한 자료를 수집할 때에는 공식적 방법과 비공식적 측정방법을 모두를 활용해야 할 것이다.

13.2 효과성의 공식적인 측정방법

개입의 효과를 기록할 때, 당신은 기본적으로 학생의 행동이 상담 이후 어떻게 변화했는지 보여주려고 노력한다. 이 기록에는 두 가지 중요 요소가 있다. 학생의 행동이 변화했는가? 만약 그렇다면, 그 변화는 당신의 개입과 관련이 있는가?

첫 번째 질문은 두 번째보다 대답하기 쉽다. 예를 들어, 한 학생이 행동 측면에서 긍정적인 변화를 보일 수도 있는데, 그러면 이것은 그녀가 성숙해졌기 때문일까? 정해진 기간 동안, 학생은 당신과 개인적으로 만나기 시작했지만, 동시에 방과 후 태권도 모임에 참석하고, 그의 부모와 더 많은 시간을 보내기 시작했을지도 모른다. 이 행동들 중 무엇이 그러한 긍정적인 결과를 낳았는가? 현실적으로 말하면, "뭐가 영향을 주었든 그게 무슨 상관이에요?"라고 생각할지도 모른다. 어찌 됐든 그 학생은 더 나은 모습을 보이고 있다. 한편으로는 학생이 자신의 환경에 더 잘 적응하는 것이 목표였기 때문에 무엇이 영향을 주었는지는 중요하지 않을 수도 있다. 그러나 다른 한편으로는, 만약 우리의 노력이 변화를 만들었다고 증명할 수 없다면 중요한 재정 지원, 직원 채용 그리고 자원 결정을 할 때, 다른 사람들이 이러한 노력의 중요성을 묵살하기 쉽다.

13.2.1 사전 및 사후 측정

앞서 언급했듯이, 학생 행동의 변화는 공식적 혹은 비공식적인 방법으로 측정이 가능하다. 결과 측정은 집단 및 개인 상담 관계에서 학생과 함께 세운 목표와 부합해야 한다. 예를 들어, 만약 학생이 성적 올리는 목표와 '문제를 일으키지 않는' 목표를 제시했다면, 당신은 두 학기에 걸쳐 학생의 성적 평균을 측정하고, 같은 기간 동안 문제를 일으켜 교무실로 보내진(office referrals) 수를 비교할 수 있다. 경우에 따라 어떤 상담 목표들은 측정하는 것이 훨씬 어렵다. 예를 들어, 당신은 '보다 많은 친구들'을 원하는 매우 수줍은 학생과 상담할 수도 있다. 이 경우 만약 다른 학생이 친구가 됐는지 어떻게 알 수 있을까? '친구'를 어떻게 정의할 수 있을까? 이런 사례에서 당신은 학생을 관찰하고 학생이 다른 학생들에게 다가가서 대화를 시작하는 시간의 수를 기록하고 싶을 것이다. 또는 당신이 학생을 상담하는 기간 동안 놀이터에서의 상호작용이 증가하는지 측정하기 위해 그 수를 관찰하고 싶어할 수도 있다.

방금 설명한 두 기술은 상담 전에 특정 행동을 하는 빈도와 상담 끝에(혹은 상담 관계 중 다양한 시점에서) 행동하는 정도를 측정하기 위해 간단한 사전 사후 측정을 필요로 한다. 이렇게 상대적으로 단순한 평가 방법에는 몇 가지 단점들이 있다. 전문가는 변화가 일어났다는 것 외에는 변화가 일어난 이유를 완전히 파악할 수 없다. 게다가 이러한 유형의 평가 전략이 개인 또는 소집단 상담의 효과성 측정에 종종 사용되는데 전문적 조력자는 변화에 대한 통계적 유의미성이 실제적 변화를 의미하는지 확인하기 어렵다. 즉, 확인된 변화가 '진정한(real)' 변화가 아닐 수도 있다.

때때로 우리는 목표 행동의 증가와 감소를 볼 수도 있다. 우리는 새로운 프로그램을 널리 알리거나 시작하기 전에, 실제로 변화가 일어났는지, 또한 그러한 변화가 충분한지를 확인하는 것이 필요하다. 각 개입의 유의미한 변화 수준을 결정하기 위해 복잡한 통계 실험을 하라고 당신에게 권유하는 것은 아니지만, 우리는 결과가 '임상적으로 유의미한(clinical significance)'지 결정하는 것을 돕기 위해 실행할 수 있는 몇몇 쉬운 유형을 소개하고자 한다. 다시 말해, 이러한 개입들이 실제적이고 의미 있는 변화를 일으키는 것인가?

13.2.2 단일-사례 설계

단일-대상 또는 소수사례 설계(small-N design)는 개인 내 변화를 평가하기 위한 경험적 방법으로 인식되어 왔다(McDougall & Smith, 2006). 사실 미국 장애인 특수교육 협의회(The Council for Exceptional Children)는 개입의 효과성을 평가하기 위한 방법 중 학교 환경에서 사용하기에 적절한 하나의 모형으로 단일-사례 연구 설계를 지지해왔다(Odom et al., 2005). 평가 모델을 개발할 때, 평가 모델의 구조화 정도와 통제의 정도가 연구 결과의 신뢰성에 영향을 미친다는 것을 기억할 필요가 있다. 개입이 미치는 영향에 초점을 맞추게 하고 다른 요인의 방해를 최소화하는 단일-사례 연구를 실행하기 위한 다양한 전략들이 있다. 안타깝게도, 학교 환경에서 실험적 설계를 엄격하게 시행하는 것은 불가능한 것은 아니지만 어려울 수 있다.

단일-사례 설계에서 흔히 사용되는 세 가지 전략들은 사례 연구(case study, AB), 반전 설계(reversal design, ABAB), 그리고 중다기준선(multiple-baseline) 설계이다(Brown-Chidsey & Steege, 2005). 사례를 통해 이러한 다양한 모형들을 이해하는 것이 가장 쉬울 것이다. 수학을 어려워하는 6학년 학생인 지나에게 개입한다고 가정하고 각각의 전략에 하나씩 적용시켜보자. 수업 중에 지나는 과제나 시험을 잘 수행하지 못한다. 시험 동안 매우 불안해하고 공부한 것을 기억할 수 없다. 게다가 매일 지나는 딴 짓을 많이 하고, 시끄럽게 떠들거나 농담을 하는 경향이 있으며, 수업에 방해를 준다. 이 모든 것을 종합하여 지나의 문제 영역과 관련한 세 가지 목표를 다음과 같이 설정한다. (1) 수학 성적 올리기, (2) 수학 시험에 불안을 덜 느끼기, 그리고 (3) 수학 수업에서 행동을 개선하기.

세 가지 모형 중 가장 간단한 것은 사례연구(AB)로서 A는 개입 전 학생 수행이고, B는 기간 중 실행된 개입(예를 들어, 상담) 후 학생 행동을 의미한다. AB 설계에서, 학생의 수행은 개입 전에 측정된다. 데이터를 수집하는 이 기간은 기준조건(baseline condition)이라 불린다. 이 장에서 제공한 몇몇 그래프의 경우, 데이터 표현을 단순화하기 위해 기준조건

> SMART 목표를 세우라. 즉, 목표는 구체적(Specific)이어야 하고, 측정 가능(Measurable)해야 하며, 달성 가능(Achievable)하고, 현실적(Realistic)이며, 그리고 때에 알맞아야(Timed) 한다.

으로서 단일시점(single point)을 제시하였다. 개입을 실행한 후에는 결과 행동이 예상한 결과에 접근하는지를 확인하기 위해 목표 행동을 자주 측정한다. Kazdin(1998)은 다음과 같은 조건들이 만족되면, 개입과 결과가 연결되는 사례가 만들어진다고 주장해왔다. (1) 정확하게 측정했을 때, (2) 표본 행동에 대한 일관된 조건을 사용했을 때, (3) 의도한 대로 개입을 실행했을 때, 그리고 (4) 개입 실행 이후 (거의)즉시 행동이 변화했을 때.

개입을 통해 수업 중 지나의 수학 수행이 향상되었는가를 확인하기 위해서는 이러한 모형을 사용할 수 있다. 교사는 매주 부여된 수학 과제의 수와 지나가 실행한 것들의 비율을 기록한다. 기록 후 당분간은 과제의 정확성에는 초점을 두지 않는다. 과제 완성을 하는지에 초점을 둔다. 이 경우 과제 완성은 대부분의 질문에 대해 완성한 답안지를 제출하는 것으로 정의한다. 아래의 도표에서 수직선은 개입이 시작되는 시점을 의미한다.

단일사례연구의 취약점은 확인된 변화가 개입의 결과로 일어난 것인지 아닌지 확신할 수 없다는 것이다. 두 번째 모델은 반전설계(ABAB)이다. 이 모델은 학생의 행동 측정을 개입이 시작하기 이전에 측정하고, 어느 기간 동안 개입을 실행한 후 다시 측정한다. ABAB 설계에서, 두 번째 A는 언제 행동이 이전 수준으로 돌아오는지를 알기 위해 당신이 개입을 제거한 것을 나타낸다. 만약 학생의 행동이 이전 수준까지 혹은 기준 조건에 가깝게 떨어진다면, 개입이 다시 시행된다. 만약 행동이 개입에 따라(예 : 개입이 없을 때 행동 문제가 더 증가하고 개입 중에 행동 문제가

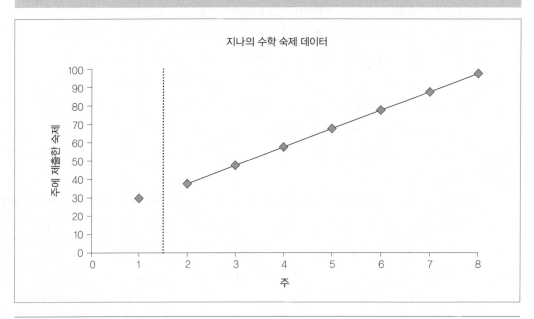

그림 13.1 개입 전(1주)과 개입 후(2~7주)의 지나의 수학 완성도를 보여주는 간단한 그래프

목표 : 지나는 수학 과제의 완성 비율을 높여 적어도 80%에 이른다.

덜 나타난다) 변화한다면, 전문 조력자들은 개입이 학생의 행동 변화에 긍정적인 영향을 미친다고 확신할 수 있다.

비록 높은 실험적 통제력을 가지고 있는 반복설계(ABAB)의 결과는 보다 확실한 결과를 산출하지만 많은 학교기반 전문가들은 단순 설계에 만족하는 경향이 있다.

앞선 예시들에서 우리는 지나가 자신의 숙제를 완성하도록 도와주기 위한 전략을 실행했다. 우리는 아마 지나의 과제 수행 행동이 향상되도록 도와주기 위한 개입 계획 역시 세워 두었을 것이다. 여기서 지나의 감정 폭발의 큰 부분이 불안 및 과제회피와 관련되어 있다고 판단하고 이완 기법과 긍정적 자기대화 기법을 상담회기동안 실시했다고 가정해보자. 이러한 기법과 동시에 지나에게 행동적 개입의 일환으로 숙제 면제권을 부여하는 전략을 적용할 수 있다. 이러한 숙제 면제권을 얻기 위해서는 주중 과제 수행이 반드시 75% 이상을 유지해야 한다. 아래의 그림은 이 개입에 반응하는 지나의 가상적인 자료를 보여준다. 개입(즉, 숙제 면제권)을 제거하고 이후 다시 실행한다. 이 그래프를 통해 알 수 있는 것은 숙제 면제권과 같은 강화가 없는 이완 기법은 지나의 목표 달성을 도와주기에 충분하지 않다는 점이다.

지적한 바와 같이 이 접근은 학교에서는 인기가 없을 수도 있다. 게다가 긍정적 효과를 가지고

그림 13.2   지나의 과제 수행 행동을 위한 ABAB 설계를 나타내는 그래프

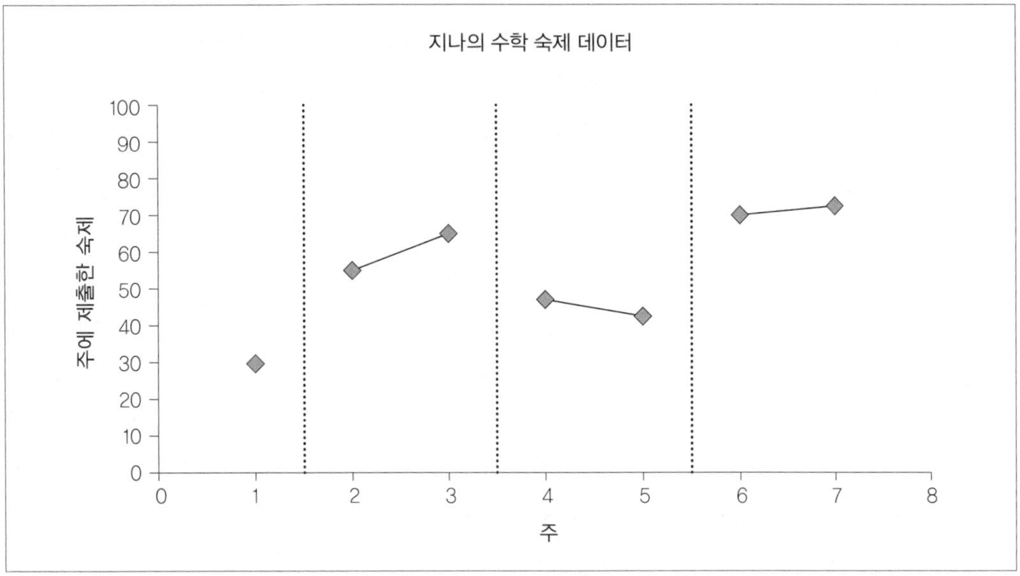

목표 : 지나는 주중에 20분간의 관찰 동안 75% 이상의 과제 수행을 할 수 있다.

있는지 여부를 확인하기 위해 개입을 중단하는 것은 부적절할 수 있다. 하지만 만약 당신이 상담 관계 외부에서 실행되는 어떤 특정 개입 또는 기술이 효과가 있는지 여부를 확인하기를 원한다면 이러한 전략은 필요하다.

이런 유형의 설계를 변형한 것으로 첫 번째 개입을 적용한 후, 두 번째 개입을 추가하는 방법을 생각해 볼 수 있다. 그리고 어떠한 개입이 차이를 가져오는지 확인할 수 있다. 예를 들어, 지나는 시험 시간 동안 불안을 느끼는 것이 가장 큰 고민이라고 이야기했다고 하자. 그래서 시험이 다가오면 지나는 기분이 좋지 않다. 지나는 너무 불안해서 당혹스러운 일(예 : 토하는 일)이 생길 것에 대해 걱정하고, 자신이 공부한 모든 것을 잊어 버릴까 봐 걱정한다.

지나는 상담을 통해 배운 이완 기법으로 이런 상황에서 자신의 스트레스를 조절할 수 있지만, 자기 대화 기술 기법을 수학 과목에 적용하는 방법을 소개해 줄 수 있다. 이완 기법뿐만 아니라 자기 대화 기술이 필요한지 아닌지를 평가하고 싶다면 다음과 같이 진행할 수 있다.

첫 번째로, 당신은 지나의 선생님이 매주 수학 시간마다 치르는 퀴즈에서 지나가 보고한 불안 수준의 기준이 되는 데이터를 수집해야 한다. 일반적으로 처음 3주 동안 지나의 불안 수준은 9 또는 10이었다. 상담 초기동안 당신은 지나가 이완 전략을 배우도록 도와주었고, 지나가 그녀의

불안이 약 7 또는 8 수준으로 조금 줄어든 것을 보고하기 시작한다. 다음으로, 당신은 지나가 수학 시험과 관련된 긍정적 자기 대화를 연습하고 적용해 보도록 도와준다. 지나가 이 두 전략(즉, 이완 전략과 긍정적 자기 대화 기법)을 사용한 후 불안 수준을 다시 측정한다. 만약 지나의 불안 수준이 더욱 감소하였다면, 당신은 두 전략을 모두 사용하는 것이 지나를 위해 가장 좋은 방법이라고 결론 내릴 수 있다. 하지만 일차 조건(이완 전략만 사용)과 관련하여 추가적인 데이터를 수집한 경우에는 이 결론을 더욱 확신할 수 있을 것이다. 예를 들어, 자기 대화를 중지한 후 지나의 불안이 이전 수준으로 되돌아갔다면, 자기 대화가 도움이 되었을 확률이 크다. 만약 불안 수준이 계속 낮다면, 지나가 이완 전략을 더 잘 시행하고 있으므로 자기대화를 사용할 필요가 없다고 볼 수도 있다. 물론, 이 접근의 잠재적 문제점 중 하나는 당신이 긍정적 자기대화 전략을 완벽히 '제거'할 수 없다는 것이다. 비록 지나가 긍정적 자기 대화를 적극적으로 사용하지 않는다고 보고했을지라도, 지나는 시험 전에 스스로에게 주는 긍정적 메시지를 더 잘 인식할 수 있고, 부정적 자기대화를 하지 않을 수 있기 때문이다. 이 예시에서 당신은 어떤 전략이 지나에게 가장 효과적인지에 대한 확답을 얻지는 못하겠지만, 지나의 불안을 감소시키는 데 도움을 주었다는 것은 확실하다. 게다가 지나에게서 일어난 변화가 환경에 의한 변화가 아니라 당신의 개입으로 인한 변화라는 증거를 제시한 셈이다.

단일사례 설계 내에서 개입의 효과성을 측정하기 위한 다른 모델은 다양한 기준점을 사용하는 것이다. 이 전략은 효과적인 것으로 보이는 개입을 제거하지 않아도 되기 때문에 보다 유용하다. 이 모델의 경우 개입과 긍정적 결과의 관련성을 다양한 반응, 사람, 환경 차원에서 반복적으로 살펴볼 수 있다는 장점이 있다. 그래서 다양한 학생들에게 가장 일반적으로 사용되고 있다.

예를 들어, 만약 당신이 유치원 학생을 대상으로 집단상담을 하고 있다면, 사회적 기술 개입 체제(Social Skills Intervention System)를 사용하여 문제 해결 기술(problem-solving skills)을 가르칠 수 있다(Elliot & Greshanm, 2008). 집단 내에서, 학생들은 개선되고 있는 것처럼 보이지만, 담임교사는 여전히 이 학생들에게서 보이는 공격성 수준에 대해 염려할 수 있다. 따라서 당신은 해당 교실에 경고 제도 (예 : 그린 · 옐로 · 레드 카드)를 도입하고 그들이 바람직한 행동을 할 때와 교실 규칙을 어겼을 때를 구분하여 이해할 수 있도록 도울 수 있다. 학생들에게 일정 간격(예 : 1~2주)을 두고 서로 다른 시점에서 이 제도를 적용할 수 있는데, 이는 새로운 요소가 기존 개입에 더해졌을 때 학생들의 행동이 변화하는지를 보기 위함이다. 그림 13.3에 제시한 바와 같이 추가적인 경고체제 시행 이후 집단 내 학생들의 공격성이 감소하는 효과가 나타났다. 3명의 학생들은 이러한 경고 체제를 추가한 프로그램에서 공격성 수준이 감소한 반면, 한 학생(학생 2)은 초기에 개선을 나타냈지만 다시 높은 공격성을 보이기 시작했다.

13.2.3 치료적 유의미성 확인하기

우리가 이러한 단일 사례 연구를 진행할 때 그 변화가 유의미한 정도를 어떻게 알 수 있을까? 학생의 태도는 조금 변화했을 수 있지만, 그러한 변화는 충분한가? Scruggs(1992)는 단일 사례 설계에서의 개입의 효과를 밝히기 위해 사용할 수 있는 PND(percentage of nonoverlappaing data)라 불리는 비교적 단순한 기법을 설명했다. 이 기법을 적용하기 위해서 학교기반 전문가는 어떠한 개입이 시행되기 전 기준조건 동안 데이터를 수집해야 한다. 예를 들어 '교실에서 지나의 행동을 개선하기'를 단일목표로 삼아 지나의 사례를 단순화하여 이해해 보자. 한 주 동안, 우리는 지나가 정해진 수업 시간에 농담이나 웃기는 말을 몇 번이나 하는지 관찰하거나 교사에게 메모를 부탁할 것이다.

이전에 언급했듯이, 기준조건에는 최소한 세 가지의 측정 지점에서 얻은 데이터가 포함되어야 한다. 일단 기준점을 세운 후에는, 가장 높거나 혹은 가장 낮은 지점을 정할 것이다(개입을 통해 변화되는 방향으로). 그림 13.2의 정보를 설명하면, 지나의 평균 과제 행동 수행을 측정하기 위해 오직 하나의 데이터 측정 지점이 사용되었다. 이 예시에서, 지나의 과제 수행이 월요일에 32%, 수요일에 28%, 그리고 금요일에는 26%이었다고 가정하자. 지나의 성취도가 가장 높았을 때, 지나는 수학 시간의 32% 동안 과제에 몰입해 있었고, 이 점을 시작점으로 설정하였다. 우리가 시행하는 개입의 목표는 수학 수업에서 지나가 과제를 수행하는 시간을 늘리는 것이다. 우리가 이러한 데이터를 표로 만들면, 그림 13.4와 같이 개입 단계로 확장되는 가로 좌표에 평행한 선을 그을 수 있다.

우리는 이러한 실험설계(예 : AB, ABAB, 또는 중다기준선 설계)와 상관없이, 수학 수업 동안 지나의 과제 행동 수행에 대한 데이터를 계속 수집할 수 있다. 우리의 예시에서는 관찰을 통한 데이터 수집만을 활용하였지만, 자기 보고, 교사 보고, 주기적인 관찰 등 학생의 태도를 측정할 수 있는 방법은 다양하다. 관찰을 통해서, 지나가 과제 수행을 하고 있는 시간을 토대로 지나에 대한 데이터를 표에 그릴 수 있다. 목표 선과 비교했을 때, 데이터 측정 지점이 그려지는 위치를 관찰함으로써(위인지, 아래인지) 우리는 개입이 효과가 있는지의 여부를 알 수 있다. 개입의 효과를 확인하려면, 단순히 32%(기준점에서 지나의 수행이 가장 좋은)보다 위에 있는 데이터 측정 지점의 숫자를 세보면 된다.

우리가 제시한 예시에서 지나의 데이터 측정 지점 중에 여섯 개가 선 위에 있다. 이 숫자를 개입 지점의 총 개수로(모든 데이터 지점) 나눈다. 이 예시에서는 개입의 수도 6개이기 때문에 1점이 나온다. 이 숫자에 100을 곱한다. 이 통계는 기준점과 겹치지 않는 개입 점의 퍼센트가 된다(Bonner & Barnett, 2004), 이는 지나가 기본 수행보다 더 높은 성과를 보인 시간의 퍼센트를 의

그림 13.3 다양한 기준선이 있는 데이터를 보여주는 그래프

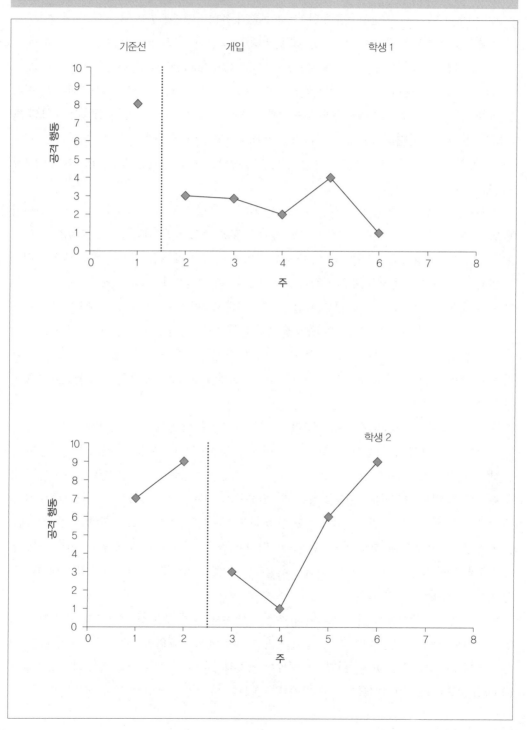

그림 13.3 다양한 기준선이 있는 데이터를 보여주는 그래프(계속)

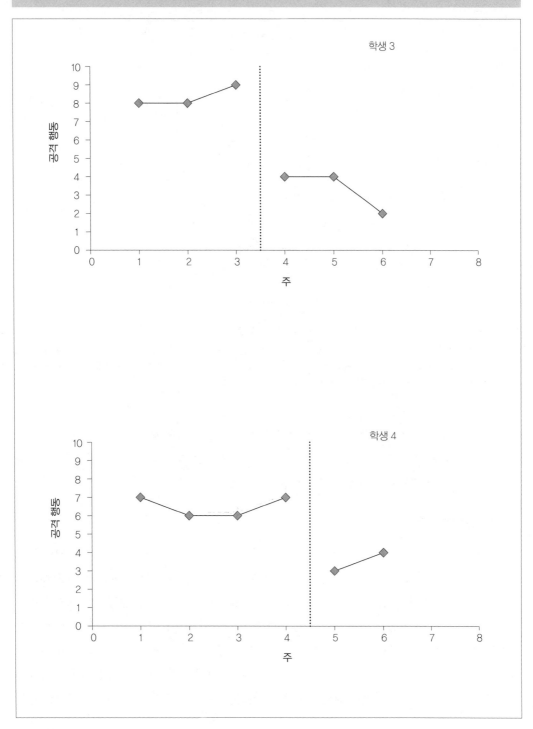

그림 13.4 지나의 과제수행 행동을 위한 PND 그래프

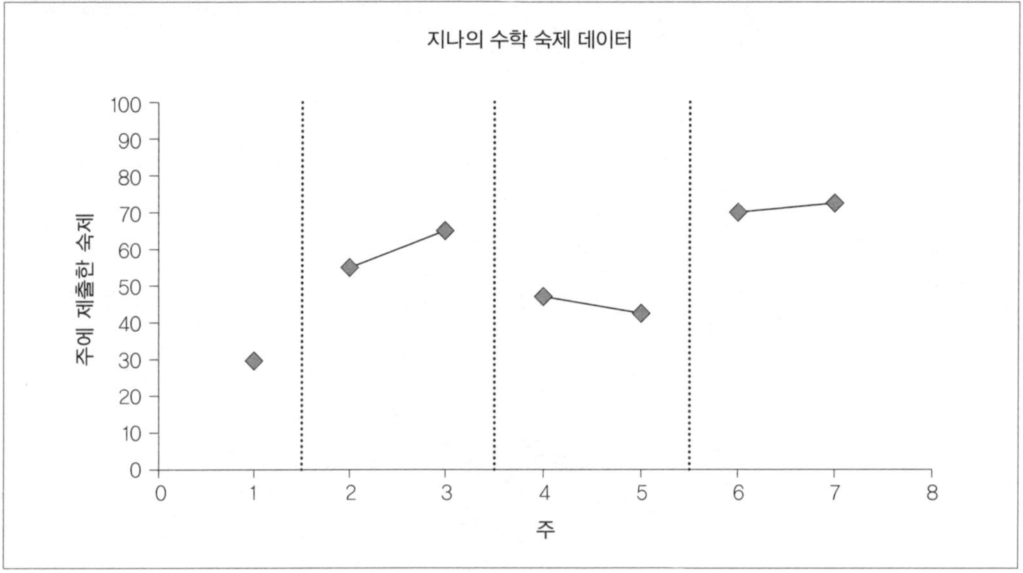

목표 : 지나는 주중에 20분간의 관찰 동안 75% 이상의 과제 수행을 할 수 있다.

관찰내용 : 매주 이루어진 20분간의 관찰 모두 지나는 기준선을 넘는 수행력을 보였다. 이것은 이완훈련과 숙제면제권이 효과적이라는 점을 시사한다. 이완훈련만 제공된 4~5주에는 기준선에 비해 약간 상승된 결과를 보인 반면, 숙제면제권과 이완훈련을 동시에 제공한 6~7주의 경우 지나는 자신의 목표를 성취할 수 있었다.

미한다. 85% 이상은 꽤 효과적인 개입을 뜻하고, 65%와 85% 사이의 수는 적당히 효과적인 개입을 뜻한다. 50%와 65% 사이의 점수가 나오면 그 개입의 효과성에 대해 의문을 가져야 한다(Bonner & Barnett, 2004; Scruggs & Mastropieri, 1998).

13.2.4 목표 달성 척도

어떤 행동은 다른 행동에 비해 추적 관찰하기 힘든 경우가 있다. 만약에 다양한 목표행동을 추적하여 관찰하고 싶다면, 앞서 설명한 과정은 보다 더 복잡해질 수 있다. Kiresuk, Smith 및 Cardillo(1994)는 목표 달성 척도(Goal Attainment Scaling)라고 불리는 상담결과의 평가를 위한 도구를 개발했다. 이 기법을 사용해서, 상담자와 학생은 협력하여 1~5가지의 목표를 설정한다. 이어서 상담자는 학생에게 어떤 목표가 본인에게 가장 중요한지 결정하도록 하고, 그에 따라서 목표의 비중을 결정한다. 예를 들면, 지나가 설정한 세 가지의 목표 중에서, 가장 중요한 목표는 수학 퀴즈나 시험을 볼 때 느끼는 불안한 감정을 줄이는 것이라고 가정하자. 지나가 자신의 낮은

표 13.1 수학 수업을 위한 목표 달성 척도

목표 달성 수준	척도 1 : 성적 중요도=30	척도 2 : 불안감 중요도=50	척도 3 : 행동 중요도=20
예상되는 최악의 결과 (−2)	수업 통과하지 못하는 것, 성적 F를 받는 것	퀴즈와 시험 도중에 교실을 나가야 할 만큼 불안감을 느끼는 것	수업 시간의 30% 이하로 과제 몰입도를 보이는 것 ★★★
기대한 성공에 미치지 못하는 것(−1)	성적 D를 받는 것 ★★★	불안감을 느끼고 산만해지는 것, 시험에 집중하지 못하는 것 ★★★	수업의 31~45% 동안 과제에 집중하는 것
기대되는 수준(0)	성적 C를 받는 것 ★★★	불안감을 느끼지만 전반적으로 집 중할 수 있는 것	수업의 46~60% 동안 과제에 집중하는 것
기대한 성공보다 잘하 는 것(+1)	성적 B를 받는 것	처음에만 불안감을 느끼고 점차 불 안감이 해소되는 것	수업의 61~75% 동안 과제에 집중하는 것
예상되는 최상의 결 과(+2)	성적 A를 받는 것	불안감을 느끼지 않고, 시험 내내 집중할 수 있는 것	수업의 76% 이상 과제에 집중 하는 것

목표 : ★★★=현재의 수행 수준

수학 성적이 불안감에서 비롯된다고 생각하기 때문이다. 중요한 목표는 성적을 향상시키고 궁극적으로 자신의 행동을 변화시키는 것이다. 각각의 목표에 할당된 상대적 비중의 총합은 100이 되어야 한다. 이 장에서 제시한 예시의 경우 지나는 불안감에 60의 비중을 두고, 향상된 성적에 30, 그리고 개선된 행동에 10을 부여한다고 하자.

다음 단계는 각각의 목표를 성취하는 데에 필요한 다섯 가지의 수준을 만드는 것이다. 목표달성 단계에서는 최악과 최상의 결과에 −2와 +2 사이의 점수를 부여하였으며, 학생이 달성할 수 있을 것이라고 평가되는 성공에는 0을 부여하였다. 표 13.1에 제시된 지나의 목표와 성취 단계의 예시를 참조하여라. 학생 내담자가 성공을 경험하기 시작하면 성취 단계가 보다 어려워질 수 있다.

이 차트를 만든 후에, 학교기반 전문가와 학생은 현재 수행이 어떤 단계에 해당되는지 결정한다. 예를 들면, 현재 지나는 수학에서 D를 받고, 수학 퀴즈와 시험 동안 집중하지 못하고, 수학 수업 시간의 30%만 집중한다고 하자. 당신이 만든 차트의 적절한 칸에 현재의 수행 단계를 별표와 함께 표시하여라. 수행에 대한 평가는 점수들을 더해서 계산할 수 있다. 이 예시에서, 지나의 현재 목표 점수는 −4이다.

수준을 결정할 때에 당신이 생각하는 특수성을 고려하여 우선순위에 따른 점수의 가중치를 정할 수 있다. 그리고 이러한 목표들에 대한 개인의 전반적인 향상을 보여주기 위하여 T점수의 형

GAS자료를 그래프로 만들 때, 윗부분에 긍정적인 평가를 배치하고 예상보다 나쁜 평가는 아래에 배치하여 다른 사람들이 당신의 자료를 보다 쉽게 해석하도록 할 수도 있다.

태로 변환할 수도 있다(Kiresuk & Sherman, 1968; Kiresuk et al., 1994). 원래 GAS는 외부 평가자로부터 평가받는 결과 측정 방식으로 설계되었다(Kiresuk & Sherman, 1968). 그러나 GAS의 심리측정적인 특성에는 의문이 제기되어 왔으며 (Donnelly & Carswell, 2002), 제대로 설계된 평가 모형을 만드는 것은 생각보다 어렵다. 이를 어렵게 만드는 주요 원인에는 수준의 다차원성(예 : 한 가지 이상의 행동을 측정하기), 달성 수준 간의 차이 또는 중복, 세부사항 미흡 등이 있다(Kiresuk et al., 1994). 한편 Coffee와 Ray-Subramanian(2009)은 변화를 점검하는 도구로 GAS의 사용을 제안했다. 이들은 또한 GAS를 이러한 방식으로 사용할 때 등급을 5~7(-3부터 +3)개로 확대하는 것을 추천하였다.

각각의 목표에 대해 간단한 표를 사용하여 당신은 왼쪽에는 달성 수준, 아래에는 주 단위 개입으로 이뤄진 표를 만들 수 있다(Coffee & Ray-subramanian, 2009). 각 목표들을 위해 당신은 독립된 표를 만들고 지나의 목표 달성 척도를 적용하여 지나의 각 목표에 대한 일주일간의 수행을 관찰하면서 평가할 수 있다(표 13.1을 참조). 지나의 변화를 관찰하기 위해 당신은 교사의 생활기록부에서 그녀의 주별 성적을 이용할 수도 있다. 또 한 주간 회기에서는 시험불안 관찰을 위해 지나의 자기보고를 이용할 수도 있다. 최종적으로는 당신이나 담임 교사, 또는 다른 학교구성원에 의한 관찰을 통해 그녀의 주간 행동 수행을 확인할 수 있다. 매 주마다 당신의 개입 목표에 대해 자료를 기입하라. 학생의 목표 달성 척도에 따른 행동과 이에 상응하는 칸에 × 표시를 하라.

앞선 예시의 경우, 상담 시작에 앞서 지나의 자기평가는 -4였다. 일정 기간 동안의 상담에 참여한 이후, 지나와 그녀의 상담자는 그녀가 목표에서 어느 정도 위치에 있는지 알고 싶어 한다. 자료의 첫 3주는 기준 자료, 라포 형성과 목표 설정의 시기를 나타낸다. 약 2주 후에 개입이 적용되고 4주차에 지나는 변화를 보이기 시작했다. 그녀의 새로운 전략을 실행한 지 6주가 지났다고 생각해보자. 그녀는 성적에서 +1(즉, B를 받음), 불안에서 +1(즉, 약간 불안하지만 이 감정은 곧 사라진다), 그리고 행동에서 +1(즉, 수학 시간의 61~75%만큼 과업을 수행) 이라고 자기 스스로 평가했다고 하자. 그녀는 이제 상담 전 -4라는 점수와 비교하여 +3이라는 점수를 갖게 되었다. 굳이 T점수를 사용하지 않아도 당신은 그녀가 목표를 향해 성장했음을 확인할 수 있다. 상담 중에 그녀의 성장을 관찰하면서, 당신은 만약 원하는 효과가 나타나지 않는다면 필요에 따라 개입을 바꾸는 역할을 할 수도 있다.

지금까지 설명한 과정들은 꽤 간단하지만 당신이 다양한 학생 내담자를 위해 사용할 수 있는 시트와 그래프를 마련하는 것은 시간이 좀 걸릴 수도 있다. 대안으로서, GAS를 포함하는 상업적으로 이용 가능한 제품이 있다. 이에 대한 예시로 학업 역량 평가 척도(Academic Competence

그림 13.5 지나가 자신의 세 가지 목표에서 보인 주별 변화

지나는 수학 수업에서 C+ 이상의 점수를 얻을 것이다.

+2								
+1								X
0					X	X	X	
−1	X	X	X	X				
−2								
주	1	2	3	4	5	6	7	8

지나는 수학 퀴즈와 시험에서 불안을 다루는 데 향상된 능력을 보일 것이다.

+2								
+1								X
0				X	X	X	X	
−1	X	X	X					
−2								
주	1	2	3	4	5	6	7	8

지나는 수학 수업 중 적어도 75%의 시간은 과업 수행을 할 것이다.

+2								
+1								
0						X		X
−1		X		X	X		X	
−2	X		X					
주	1	2	3	4	5	6	7	8

Evaluation Scales; DiPerna & Elliott, 2000)와 성과 PME: 계획(Planning), 점검(Monitoring), 평가(Evaluation) (Stoiber & Kratochwill, 2001) 두 가지가 있다. 그 밖에 행동 개입 점검 평가 시스템(Behavior Intervention Monitoring Assessment System; McDougall, Bardos, & Meier, 2010), AIMSweb for Behavior(Pearson, 2010), 그리고 사회적 기술 향상 척도(Social Skills Improvement Scale, Elliott & Gresham, 2008)와 같은 새로운 도구들도 있다. 이러한 것들을 활용하면 개입의 결과를 좀 더 쉽게 파악할 수 있다. 반면 우리는 표준화된 행동관찰 척도(예를 들면, *Behavior Assessment System for Children*, 2판; Reynolds & Kamphaus, 2004)를 추천하지는 않는다. 왜냐하면 표준화 척도는 이러한 목적을 위해 설계되지 않았고, 학생 행동의 작은 변화에 민감하지 않기 때문이다.

13.2.5 기존의 자료 사용하기

선택된 개입의 효과를 측정하기 위해 당신이 어떤 전략을 사용하건 간에, 당신은 기존의 자료를 가능한 많이 사용하고 싶어 할 것이다. 자료 수집과 프로그램의 평가는 시간이 소요될 수 있고, 어떤 경우에는 이런 활동들이 다른 과업에 비해 낮은 우선순위가 부여된다. 그러므로 당신은 가장 쉽게 실행할 수 있는 간소화된 자료수집절차를 사용하고 싶을 것이다. 학교는 학생에 대한 엄청난 양의 정보를 보유하고 있다. 학교가 학생의 자료를 Infinite Campus[1]와 같은 자료 관리 시스템을 통해 한 장소에 보관하기 시작하면서, 학생의 자료에 접근하기가 더욱 용이해졌다. 당신의 노력의 효과성을 증명하기 위해 당신이 접근할 수 있는 기존의 자료에는 (결석과 지각 모두를 포함하는) 출석 기록, 행동문제 의뢰(behavioral referrals), 정학, 성적 및 시험 결과 등이 포함된다.

13.3 효과성의 비공식적 측정

앞서 설명한 과정들은 노력의 효과성을 숫자로 나타낸 요약을 제공한다는 측면에서 이점이 있지만 동시에 결점도 존재한다. 이런 기법들의 대부분은 명확한 행동적 지표를 요구한다. 그러나 내적 갈등을 겪고 있는 학생과 상담할 때에는 명확한 행동 지표를 활용하는 것이 불가능하다. 또 이 방법들은 학생 성과의 추이를 보여주는 것이 아니라 즉각적으로 나타나는 지표들에만 초점을 맞추어 측정한다. 바쁘고, 예측이 어려운 학교 특성으로 인해 자료의 수집은 어려울 수 있다.

이러한 이유로 인하여, 비공식적 기술을 활용하여 공식적 측정방법을 보완하는 것이 중요하다. 이러한 전략의 유형은 학교 현장에서 학생을 관찰하는 일반적인 방법을 포함한다. 학생들

---

1 역자 주 : 미국에서 시행되는 학생 정보 시스템 중 하나이다. Infinite Campus 회사가 제공한다.

의 자기 평가와 자기 점검은 당신에게 중요한 정보를 제공할 수 있다. 우리가 지나의 예를 통해 GAS로 증명했듯이, 그녀의 목표 중 하나는 자기 보고를 통해 평가되었다. 당신은 또한 학생의 교사, 부모와 함께 대화하고 싶을지도 모른다. 그들이 학생의 행동이나 태도에서 변화를 발견했는가? 학생 내담자가 한 영역에서는 향상되고 있지만 다른 영역에서는 여전히 갈등하는 것이 가능하다. 간접적인 지표이지만, 특정한 학생과 관련된 기존의 자료를 살펴보는 것 또한 도움이 된다. 학생의 성적, 출결 그리고 행동문제에 개선이 보이는가? 당신이 이런 구체적인 목표를 위해 상담하고 있지 않다 하더라도 이러한 간접적인 자료는 학생이 전반적으로 어떻게 활동하고 있는지 알려주는 일반적인 지표의 역할을 한다. 예를 들어, 출결에서의 긍정적인 변화는 학생이 학교에 보다 잘 적응하고 있음을 암시할 수 있다.

13.4 프로그램-수준에서의 책무성

앞서 설명한 기술들은 아동 수준에서의 책무성을 다루었다. 즉, 개입이 한 아동이나 소집단 학생들에게 얼마나 효과적이었는지를 살펴보았다. 반면 전체 프로그램에 관한 다른 수준의 책무성이 있다. 가장 광범위한 수준에서, 이러한 유형의 책무성은 '학교 학생들이 서비스의 결과로 유익을 얻었는가?'와 같은 질문과 관련이 있다. 학생이란 단어를 교사, 가족, 그리고 관리자로 바꾸어 추가적으로 질문할 수 있다. 또한 모든 학생에게 유익했는지, 아니면 단지 몇 명에게만 유익했는지도 중요하다. 당신의 서비스가 훌륭했고, 모든 학생들이 상당한 발전을 보였다 할지라도, 한 학기에 오직 10명의 학생에게만 서비스를 제공했다면, 더 많은 학생들의 요구를 충족시킬 기회를 잃고 있음을 의미한다.

프로그램 수준의 책무성을 확립하기 위해서는 다양한 방법이 있다. 그 중 어느 한 방법도 충분하진 않을 것이다. 프로그램 수준의 책무성을 높이기 위해서는 학교와 학교 내 학생들에게 가장 유익한 방법으로 시간을 사용해야 한다. 책무성에 대한 이러한 몇몇 다양한 유형들은 증거기반 개입들을 선택하고, 개입을 교육적 결과에 연결시키며, 전문적 활동에 시간을 효과적으로 사용하고, 상담의 효과성을 평가하며 제공하는 서비스가 특정 학교나 교육청의 필요를 충족시킨다는 것을 보여줌으로써 입증할 수 있다. 이러한 것들에 대해 좀 더 자세히 살펴보고자 한다.

13.4.1 증거기반 개입 선택

학교기반 전문가가 학생 내담자를 만나서 학생의 고민을 파악한 후 전문가는 무엇을 할지를 결정해야 한다. 선택할 수 있는 수많은 개입 전략들이 있다. 일반적으로, 학교기반 전문가는 자신의 이론을 바탕으로 이용할 수 있는 자원을 활용하여 가장 효과적일 것 같은 개입을 선택한다. 특정 문제에 대해 경험적으로 입증된 선별된 접근을 사용하는 경향이 증가하는 추세이다 (Deegear & Lawson, 2003). 특정 문제나 쟁점에 대한 특정 개입의 효과성을 입증하는 연구물이 증가하면서, 어떤 접근을 사용해야 하는지를 결정하는 것은 보다 쉬워졌다. 이처럼 경험적으로 효과성이 입증된 실행은 증거기반(evidence-based) 실행이라고 불린다(증거 기반 개입의 추가적 내용은 15장에 나와 있다).

증거기반 실행을 학교에 적용한다는 것은 과학적 증거에 기반을 둔 개입 프로그램을 선택하고 실행하는 과정을 의미한다(Kratochwill, Albers, & Shernoff, 2004). 이 관점에서 엄격하게 통제된 경험적 연구(예를 들어, 무선 통제; 표준화, 대규모 표본; 반복 연구)를 통해 입증된 결과가 있다면, 그 개입은 증거기반 개입이라고 부를 수 있다. 또한 몇몇 개입들은 임상 환경에 더 적합하므로 학교에서 이러한 유형의 증거기반 실행을 수행하는 것은 쉽지 않다. 또한 이러한 임상적 개입은 학교 환경보다는 임상적 환경에 적합하게 개발된 접근이다. 가장 중요한 점은 학생에게 일어날 수 있는 모든 특정 문제에 대해 증거기반 개입이 항상 존재하는 것은 아니라는 것이다. 따라서, 앞서 언급한 두 접근을 함께 활용하여, 가능한 증거 기반을 바탕으로 개입 기법을 선정할 것을 권고한다.

경험적으로 입증된 집단 개입 혹은 학급 개입을 선택하는 일은 덜 어렵게 되었다. 증거기반 개입의 선택을 다소 용이하게 하는 유용한 자료와 웹사이트들이 있다(이 장의 마지막 부분에 제시한 자료를 참고하여라). 이처럼 책무성이 나날이 강조되면서, 많은 프로그램들이 그 효과성을 검증하고 결과를 보급하는 추세이다. 뿐만 아니라 학교기반 전문가는 학교의 필요와, 학교 구성원의 인구통계학적 특성 및 프로그램 비용(시간과 경제적 비용 모두)을 고려해야 한다.

13.4.2 개입을 교육적 결과에 연결하기

교육적 결과를 개입에 연결함으로써 학교기반 전문가들은 자신들이 학생이 성공하도록 돕는 교육적 팀의 일원이라는 것을 입증할 수 있다. 상담적 개입을 통해 학습의 장애 요소를 감소시킬 수 있다는 것을 개념화하고 전달하는 데 Adelman과 Taylor(2008)의 연구 결과는 유용한 자료로 활용될 수 있다. 이들은 여섯 가지 항목으로 이러한 틀을 체계화했다.

1. 학생의 문제를 잘 다루고 발달을 촉진시키는 교사의 능력을 신장시키기
2. 학교가 전환(transition)을 잘 다룰 수 있도록 지원하기
3. 위기 상황을 예방하고, 사건이 일어났을 때 효과적으로 대처하기
4. 가족 구성원의 참여를 독려하기
5. 지역사회를 통합하기
6. 특별한 지원을 제공하기

이러한 틀을 사용하면, 상담 서비스(예를 들어, 자문, 학급 특강, 부모 훈련, 지역사회의 봉사 활동)가 학생의 학습 향상에 도움이 되는지(혹은 방해를 감소시키는지) 보다 명확하게 설명할 수 있다.

13.4.3 시간을 효율적으로 사용하기

학교에서 우리는 시간의 활용 방법을 고민해 보아야 한다. 우리 목표 중 하나는 가능한 가장 많은 학생에게 우리의 서비스를 제공하는 것이다. 1장에서 언급했듯이, 어떤 학교는 전교생이 400~700명 임에도 불구하고 학교기반 전문가가 단 1명밖에 없을 수도 있다. 당신이 학교에서 해야 하는 역할(예 : 당신이 실제로 어떤 활동에 시간을 보내는지 또는 당신이 해야 할 것으로 예상되는 활동)은 당신이 소속된 교육청에 따라 다르다. 당신은 융통성 있게 학교의 요구를 충족하고자 할 수도 있겠지만, 직무에서 기본적으로 기대되는 사항에 맞추어 시간을 활용해야 함을 기억해야 한다.

미국의 학교상담학회가 제시한 국가모형(ASCA National Model, 2005)은 학교 상담자들이 시간을 어떻게 할당해야 하는지에 대한 일반적인 지침을 제공한다. 표 13.2에서 볼 수 있듯이, 이

표 13.2 ASCA National Model(2005) 학교급에 따른 학교 상담자의 시간 사용 비율 지침

구성요소	학급	시간 배당
생활지도 교육과정 (guidance curriculum)	초등학교	35%~45%
	중학교	25%~35%
	고등학교	15%~25%
개별 학생 계획 (individual student planning)	초등학교	15%~25%
	중학교	15%~25%
	고등학교	25%~35%
반응적 서비스 (responsive service)	초등학교	30%~40%
	중학교	30%~40%
	고등학교	25%~35%
체제 지원 (system support)	초등학교	10%~15%
	중학교	10%~15%
	고등학교	15%~20%

지침서는 유연적이며 학생들의 역동적인 발달적 요구를 반영하였다. 예를 들어, 개별 학생 계획 (Individual student planning)에 사용되는 시간은 학교급이 높아질수록 늘어난다. 반면 중학생과 고등학생을 위한 생활지도 교육과정(Guidance curriculum)은 초등학교에 비해 짧다. 상담자들은 또한 시간의 15% 내외를 체제 지원(system support)(간접적 활동)에 할애한다. 결국 생활지도 교육과정, 개별학생계획, 반응적 서비스 등 직접적 활동을 위해 약 85%의 시간을 사용한다.

상담 이외의 학교기반 전문가들은 이런 구체적인 지침이 없다. 종합적이고 통합적인 학교 심리 서비스를 위한 NASP모델은(2010b) 학교 심리사들에 의해 제공되는 10가지 주요 서비스를 제시하고 있다. 이 서비스들은 지역사회에서 가족과 학생의 요구를 충족시켜주는 서비스의 전달 방식이다. 최근 학교 심리사를 대상으로 한 설문조사에 의하면, 학교 심리사들은 가장 많은 시간을 평가활동에 소요하고 있으며 그 뒤로 자문과 직접적 서비스(예 : 상담, 집단)에 할애하고 있는 것으로 확인되었다(Larson & Choi, 2010).

13.4.4 당신의 일에 대한 효과성 평가하기

학교기반 전문가들은 그들이 하는 일의 효과성 평가를 지속적으로 해야 한다. 당신의 프로그램 평가를 위한 모델을 개발할 때 고려해야 할 요소는 여러 가지가 있다. 당신은 어떤 프로그램의 구성요소를 평가할 것인가? 당신은 어떤 결과를 측정할 것인가? 당신은 데이터를 쉽게 사용하기 위해서 어떻게 조직하고 관리할 것인가? 이러한 정보를 표현하기에 최선의 방식은 무엇인가?

당신의 프로그램 평가 계획을 개발하기 위해 기억해야 할 몇 가지 핵심 개념이 있다. 첫째로, 평가 계획을 초반부터 개발해야 한다. 당신이 어떤 서비스를 제공할지를 고려함과 동시에 서비스의 결과를 어떻게 평가할 것인가도 생각해야 한다. 만약 당신의 서비스를 실행할 때까지 평가 계획의 수립을 유보한다면 너무 늦다고 볼 수 있다. 평가가 잘 이뤄지지 않으면 당신이 이루어낸 변화를 설명하기 힘들다. 두 번째는 당신이 측정한 결과와 제공한 서비스 사이의 논리적 연결을 입증해야 한다는 것이다.

프로그램 평가의 결과를 다른 사람에게 효과적으로 전달하는 것은 전문적 옹호 (professional advocacy)를 위한 간접적 전략으로 볼 수 있다. 우리가 하는 일의 가치를 학교 구성원에게 알림으로써 학생의 성장과 학습을 도울 뿐만 아니라 상담의 전문성을 향상시킬 수 있다.

예를 들어, 3학년 남학생으로 구성된 소집단에 분노 폭발 감소를 위한 개입을 설계하고 이를 적용한다고 가정해보자. 학교기반 전문가들이 서비스의 효과를 평가하기 위해 일반적으로 사용하는 전략 중 하나는 만족도 설문지이다. 이 경우 집단의 만족도가 높다고 해서 분노 폭발이 줄어들었다고 볼 수는 없다. 평가해야 할 하나의 요인 중 하나로 집단의 만족도를 사용하는 것도 중요하지만 당신의 개입이 목표로 삼

앗던 결과를 성취했는지의 여부를 파악해야 한다.

마지막으로, 결과 데이터의 수집, 집계 및 분석의 과정에서 가장 중요한 측면 중 하나는 다른 사람에게 분명하고 의미 있는 방법으로 보고할 수 있는 능력이다. 프로그램 평가의 전체 내용을 이 책에서 다루지는 않는다. 하지만 당신의 서비스 전달을 도와줄 수 있는 몇몇의 좋은 논문과 교재들이 있다(예 : Stone & Dahir, 2011).

Stone과 Dahir(2011)은 학교기반 전문가들이 자신이 하는 일의 효과성을 증명하는 것을 도와주는 종합 평가 모델을 설명하였다. 이 모델은 ASCA의 국가 모형에 맞추어 모델을 설정하였고 이를 MEASURE의 약어로 요약하였다(p. 26).

- Mission : 임무
- Elements : 요소
- Analyze : 분석
- Stakeholders-Unite : 관련 당사자 연합
- Results : 결과
- Educate : 교육

종합 평가 모델을 활용하면 학교기반 전문가들이 그들의 노력을 조직화하고 효과성을 입증하며 의미 있는 체제적 변화에 기여하고 있다는 것을 보다 수월하게 보여줄 수 있다(Stone & Dahir, 2011).

13.4.5 당신이 속한 체제의 요구를 충족하기

책무성을 구성하는 또 다른 요소는 당신이 제공하는 서비스가 당신의 체제에 필요하다는 것을 입증하는 것이다. 이 목표를 달성하기 위한 여러 전략들이 있다. 학교기반 전문가들은 학교 리더십 팀과 협력하여 학교에 가장 필요한 것을 알아보기 위한 평가를 진행할 수 있다. 평가 방법으로는 교사, 학생, 가족 및 관리자들에 대한 설문조사를 실시할 수 있다. 또한 하나의 특정 집단에 초점을 맞출 수 있다(평가를 진행할 때 필요한 추가적인 전략에 대해서는 15장을 참조하라).

학교에 필요한 것에 대한 정보를 수집하기 위한 또 다른 방법은 기존의 데이터를 분석하는 것이다. 학교기반 전문가들은 성취도 시험에서 성적이 낮은 학생들의 수, 행동 문제로 교무실로 보내진(office referral) 학년별 학생의 수, 학생들의 전반적인 출석 현황이나 학업 중단자 현황 등의 지표를 살펴볼 수 있다. 이러한 정보를 지역이나 국가 수준의 데이터와 비교함으로써, 학교기반 전문가가 포함된 의사결정 팀은 해당 학교에서 가장 개선이 필요한 영역을 확인할 수 있다.

13.4.6 모든 학생에게 서비스 제공하기

마지막으로, 그리고 가장 중요한 것은 학교에 있는 학생들과 가족들에 대한 당신의 책임이다. 이미 언급했듯이 이 책무성은 당신이 시행한 서비스와 프로그램을 통해서 입증할 수 있다. 그리고 당신이 학교에 있는 학생들의 필요를 충족시킴으로써 입증될 수 있다. 하지만 당신의 학교에는 여러 가지의 독특한 요구를 갖고 있는 상당수의 학생들이 있다.

모든 학생들의 요구를 충족시키는 프로그램을 만들었는가? 우리는 '당신이 모든 학생들의 필요를 충족시키고 있는가?'라고 묻는 것이 아님을 상기시켜주고 싶다. 때때로 신입 상담자는 모든 학생에게 개별적으로 서비스를 제공하려는 초인간적인 능력을 발휘하고자 한다. 여기서 우리가 권고하는 접근 방식은 학교기반 전문가들이 학생들의 구체적인 요구에 주의를 기울이고 이러한 필요를 다룰 수 있는 프로그램 자원들을 확충하라는 것이다.

13.5 결론

체제를 변화시키는 데 필요한 노력의 핵심적인 부분은 면밀한 평가와 함께 이루어져야 하고, 이러한 평가는 학교상담 모델의 모든 측면에 통합되어야 한다. 우리는 이러한 노력에 대해 책임감을 가져야 하고, 우리의 노력이 학생의 성취를 효과적으로 뒷받침할 수 있도록 해야 한다. 결과에 대한 평가는 ASCA의 국가모형(2005)에서도 강조하고 있는 부분이다. 또한 결과에 대한 평가는 NASP의 종합적, 통합적 학교심리 서비스(2010b)에 제시된 것처럼 학교 심리사 역량의 중요한 부분이다. 특히 서비스를 제공할 수 있는 우리의 시간이 한정되어 있기 때문에, 긍정적인 결과를 높이기 위해서는 우리의 노력을 최대화해야 한다.

활동

1. 당신의 학교에 있는 학생 내담자를 위한 목표 달성 척도를 만들어 보자.
2. 할 수 있다면, 당신이 상담하고 있는 학생 내담자를 위한 간단한 AB 계획을 세워 보자. 상담을 시작하기 전이나 특정한 개입을 시행하기 전에 기준조건 데이터를 수집하라. 가능하다면, 다음 며칠 동안 목표 행동을 관찰하고 수업에 대한 정보를 수집하라. 소집단으로 행동을 관찰하는 것의 장점과 어려운 점을 토의하라. 학생에 대한 접근권이 없다면, 대신 자기 자신의 행동을 관찰하라.
3. 당신의 시간 사용과 참여하는 활동의 종류를 기록하라. 활동들이 ASCA National Model (2005) 또는 종합적, 통합적 학교심리 서비스(2010b) 모델에 어떻게 부합하는가?

저널 주제

주제 1

평가와 책임에 관련된 기대에 대해 생각할 때, 당신은 어떤 반응을 보이는가?

주제 2

당신이 학교에서 경험한 다양한 상황 중에서 개입했지만 결과의 효과성을 입증하기 힘들었던 상황을 생각해 보자. 이러한 개입의 효과성을 측정하기 위해 사용할 수 있었던 다른 방법을 생각해 보자.

자문과 협력을 통한
동맹 형성하기

학습목표

- 자문과 협력의 차이를 이해한다.
- 자문을 실행하기 위한 모델을 배운다.
- 효과적인 협력의 원리를 배운다.

학교기반 전문 조력자들은 종종 학생들의 부모나 보호자, 교사 그리고 다른 성인들에 대한 자문활동을 통해 학생들을 간접적으로 돕는다. 중요한 성인들과 협력함으로써 우리는 서비스를 확장한다. 자문과 협력에 대해 알아보기 전에, 학교 현장에서 다른 전문가들의 역할을 명확히 이해하는 것이 도움이 될 수 있다.

이 글의 전반에 걸쳐서, 우리는 학교 상담자와 학교 심리사들이 학생들에게 상담 서비스와 다른 정서적인 교육 프로그램을 전달하도록 훈련받는다고 언급하였다. 1장에서, 우리는 이 두 전문가의 서로 다른 역할에 대해 설명하였다. 반면에 이 전문적 조력자들이 학교나 교육청에서 이용 가능한 자원들을 최대한 활용하기 위해 어떻게 협력할 수 있을지 탐색해보지는 않았다.

몇몇 학교 기반 전문 조력자들은, 자신들만이 학생이 겪는 문제를 해결할 유일한 책임자라고 가정하는 사고방식에 빠지기 쉽다(Epstein & Van Voorhis, 2010). 이러한 어려움은 협력적인 파트너십을 통해 경감될 수 있지만, 그러한 동반적 관계를 형성하는 것 자체가 때로는 또 다른 부담이 될 수 있다. 미묘한 정치적인 과정들, 대립적이고 협력적인 관계, 힘, 그리고 도전들은 모든 학교 체제 안에서 벌어진다. 우리가 학교에서 예비 전문가의 역할을 논의할 때, 이러한 관계에서 겪게 되는 도전에 대해서는 크게 주목하지 않아 왔다. 상담자는 사회적이고 정치적으로 복잡한 역동을 통해 그러한 도전을 경험하고 이를 극복해야 한다. 아쉽게도 이러한 노력에는 불필요한 영역 싸움이 포함되어 있다.

유감스럽게도, 특히 학교 재정이 달려 있는 경우에 각 영역은 서로 경쟁의 대상이 될 수 있다. 특히 교육 재정이 어려운 경우에는 서로의 영역이 침범되기도 한다. 즉, 체계적으로 확립된 학교 기반 정신건강 팀이 학교 심리사와 학교 상담자의 상호보완적 특성을 최대한 활용하여, 학교 자원을 효율적으로 투자할 수 있도록 계획하는 것이 좋다. 이렇듯 학교의 재정적 측면 뿐 아니라 협력은 그 자체로 매우 중요하기 때문에, 서로 다른 학교기반 조력자들의 독특한 강점, 능력 그리고 한계점을 이해하는 것이 중요하다. 우리는 이미 학교 심리사, 학교 상담자, 학교 사회복지사의 역할과 기능에 대한 비교를 1장에서 제공했다. 그러므로 여기에서는 그 정보를 간략하게 정리할 것이다. 이에 더하여, 우리는 학교 상황에서 학생 및 가족에게 사회적-정서적 지원을 제공할 책임을 지고 있는 학교 사회복지사의 역할에 주목한다. 우리는 각각의 역할에 대한 간단한 정의, 그들의 교육과 준비 그리고 그들이 학교에서의 하루를 보내는 방법으로 시작하고자 한다.

14.1 역할 정의

14.1.1 학교상담 서비스

전문적인 학교 상담자들은 주의 교육부를 통해 자격증을 취득한다. 그들은 학교상담 프로그램을 통해 모든 학생들의 요구를 충족시키기 위한 종합적인 프로그램을 제공할 책임이 있다. 또한 상담자들은 학생의 성장을 촉진하고 발달 단계와 관련된 요구, 과업 그리고 관심을 다루기 위한 발달적 접근법을 사용한다. 상담자가 제공하는 네 가지 주요한 개입은 상담(counseling)(개인, 집단), 대집단 생활지도(large-group guidance), 자문(consultation) 및 조정(coordination)으로 구성된다. 그들은 학생의 학습을 촉진하고 강화하는 프로그램을 개발하는 데 강조점을 둔다. 그들의 기술, 시간 그리고 노력의 대부분은 학생, 교사, 가족들에 대한 직접적인 서비스에 초점이 맞춰진다.

14.1.2 학교심리 서비스

학교 심리사들 또한 자격증을 취득한 전문가로 학교 현장에 속해 일할 수 있다. 그들은 아동, 청소년, 가족 그리고 모든 연령의 학습자들에게 도움을 주기 위해 교육 과정과 함께 심리학의 과학적 측면과 실제적 측면을 종합적으로 이용한다. 학교 심리사는 심리학적·행동적 평가, 개입, 예방, 위기 대응, 그리고 개인 및 집단 상담을 포함하는 직접적인 서비스를 다양하게 제공한다. 그들이 제공하는 간접적 서비스에는 교사 및 학부모 자문, 프로그램 개발, 그리고 서비스 평가가 있다. 그들은 학교, 가족, 그리고 지역사회의 맥락 속에서 학생의 역할을 이해하는 것을 강조한다. 더불어 학교 심리사는 학생의 사회적·학업적 능력을 강화시키기 위해 연구를 기반으로 한 효과적인 프로그램들을 사용한다. 그리고 이를 통해 건강한 환경 조성을 위해 노력한다(NASP, 2010b).

14.1.3 학교사회복지 서비스

학교 사회복지사들 또한 자격증을 지닌 전문가들이다. 이들은 학생의 학업 중단의 요인이 되는 맥락 관련 장벽(예를 들어, 사회적, 문화적, 경제적)을 줄이는 데 주력한다. 이들은 학생의 성취, 안전, 출결, 사회행동적 역량, 그리고 가족과 지역사회로의 통합을 촉진한다. 학교 사회복지사들은 평가, 사회적·감정적 문제의 예방, 개인 및 집단 상담, 위기 개입, 가족 지원, 옹호, 그리고 학급 교육을 포함한 다양한 서비스를 학생에게 제공한다. 이들은 지역사회의 관련 기관들과 협력하여 학생과 가족이 필요한 서비스를 받을 수 있도록 돕는다. 또한 학교 사회복지사들은 가족, 교사, 교장에게도 자문을 제공한다. 그들은 학교에서 학생의 성공을 극대화하기 위한 새로운 프로그램, 자원, 그리고 정책의 개발과 실행을 돕는다(National Association of Pupil Service Organizations, n.d.).

14.2 각 전문가들이 하는 일

14.2.1 학교 상담자

오늘날의 학교 상담자들은 프로그램의 기초를 ASCA 국가모형(2005)에 두는데, 이 모형은 학교 상담 프로그램의 개발과 실행을 위한 틀을 제공한다. 이 모형은 서로 독립적이지만 상호 관련성을 지니고 있는 4요소, 즉 기초(foundation), 관리 체제(management system), 전달 체제(delivery system), 책임 체제(accountability system)를 제시한다.

기초는 프로그램에 대한 철학과 전반적인 사명, 국가모형에 제시된 내용의 목표 및 세 가지 영역에 연계된 초점을 제시한다. 이 세 가지 영역은 진로(vocational), 학업(academic), 그리고 개인/사회(personal/social)적 영역이다. 관리 체제는 프로그램, 자문 위원회, 그리고 시간 관리를 협력적으로 설계하고 이를 실행하기 위한 협약과 실행 계획으로 이루어져 있다.

체제지원(system support) 책무성은 프로그램을 위한 건전한 인프라(기반 시설) 마련에 기여한다. 학교상담 프로그램의 설계에는 많은 시간이 필요하다. 상담자는 전체 학교 팀의 구성원으로서 학교의 발전에 공헌하고, 회의에 참석하고, 위원으로 활동해야 한다. 또한 책임감이 강한 전문적인 상담자는 학회에 참여하거나 슈퍼비전을 받는 등 자신의 전문성 개발을 위해 최선을 다한다.

전달 체제는 가장 가시적인 요소이다. 이것은 (1) 생활지도 교육과정, (2) 개별 학생 계획, (3) 반응적 서비스, (4) 체제 지원 사이에서 상담자의 시간 분배에 대한 일반적 지침을 제공하는 국가 모형의 일부이다(앞 장에서 표 13.2에 학교급에 따른 각 영역에서의 시간 사용 비율을 제시하였다).

일반적으로 교육과정 설계는 교사가 수학, 영어, 또는 과학을 가르칠 때 따르는 범위와 계열 계획의 수준을 반영한다. 교육과정은 의도적으로 예방에 초점을 맞추며 학생의 발달 수준에 맞게, 순차적으로, 그리고 종합적으로 만들어진다. 역량[1](competency)은 초·중·고등학생 별로 구분된다. 학생이 역량을 숙달했는지 확인하는 지표(indicator) 또한 제공된다. 앞서 언급했듯이, 생활지도 교육과정 영역은 학업, 진로, 그리고 개인/사회 영역으로 나누어진다.

일반적으로 상담자는 학급에서 수업을 통해 학생이 다양한 교육과정 목표를 이루도록 돕는다. 예를 들어, 초등학교 상담자는 학업 성취와 관련해서 목표 설정(goal setting)에 관한 단위 수업을 실시할 수 있다. 목표 설정을 위한 수업 모형은 이후 또래압력에 관한 수업에서도 사용될 수 있다. 또한 목표 설정 모형은 진로 계획에도 사용될 수 있다.

교육과정 활동은 또한 팀티칭 활동, 학생 요구에 기초한 소집단 활동, 그리고 부모를 위한 워

---

1 역자 주 : ASCA 국가모형에서 제시하는 역량은 일반 교과의 경우 목표(goal)와 유사한 성격을 지닌다. 또한 ASCA 국가모형의 지표(indicator)는 세부 목표(objective)와 유사한 성격을 지닌다.

크숍이나 강의 등을 통해 이루어지기도 한다. 상담에서 다루는 많은 역량이 다른 과목의 목표들과도 유사하거나 일치하기 때문에 교사와의 협력은 매우 중요하다. 몇몇 아동들은 역량을 성취하기 위해서는 교사들로부터 추가적인 지원을 받아야 하는 경우도 있다.

둘째로, 개별 학생 계획 활동은 학생의 진급이나 진학, 졸업 이후의 진로 설정 등을 돕는 것을 의미한다. 또한 진학이나 재정적 지원 신청, 구직을 할 때 필요한 서류의 작성을 돕기도 한다. 이러한 활동들은 학급에서 실시할 수도 있고, 상담실에서 개별적으로 실시할 수도 있으며, 소집단의 형태나 부모와 함께 실시할 수도 있다. 개별학생계획에 할당된 시간은 중학교에서 고등학교로 진학할수록 계속 증가한다.

반응적 서비스는 학생의 즉각적 요구에 대한 반응으로 서비스를 제공하는 것이다. 상담자는 개인 혹은 집단 상담과 부모 자문, 혹은 위기 상담 등을 제공할 수 있다. 상담자는 상담실 문을 두드리며 "할 이야기가 있어요"라고 말하는 학생들에게 서비스를 제공할 수 있다. 반응적 서비스의 초점은 종종 부모가 이혼한 학생 집단, 대인관계 문제를 겪거나 우울한 학생 집단을 포함한다. 일반적으로, 반응적 서비스는 학생의 개인 및 사회적 영역의 문제를 주로 다루게 되며, 학생의 정신건강 문제와 관련이 있는 경우가 많다. 그러나 오늘날 학교 상담자는 학업 지원 및 진로 개발과 개인/사회적 영역의 개입 사이에 균형을 이룬다.

학교 상담자와 이들의 활동은 다양한 수준에서 관리된다. 자격증은 각 주의 교육부에서 수여되고 관리된다. 자격증 취득을 위한 요구사항은 주 별로 다양하지만, 학교상담 관련 분야의 석사 학위는 공통된 최소한의 요구 사항이다. 대부분은 그렇지 않지만 몇몇 주에서는 이전의 교직 경험을 요구한다. 전문적 학교 상담자는 미국 학교 상담자협회(ASCA : American School Counselor Association) 및 자신의 주에 있는 협회의 회원인 경우가 많다. 많은 학교 상담자들은 또한 미국상담학회(ACA : American Counseling Association)와 교사를 대표하는 다양한 기관에 속해 있다.

14.2.2 학교 심리사

최근 소개된 종합적, 통합적인 학교심리 서비스 모형(Model for Comprehensive and Integrated School Psychological Services)에서 NASP(2010b)는 학교심리 서비스를 학교에 실행하는 것과 관련된 공식적인 정책을 제시하고 있다. 이 모형은 소단위로 나눠지는 10가지 실행 영역에 기반을 두고 있다. 예를 들어, 정보 기반 의사결정과 자문/협력이라는 두 영역이 있다. 그 영역들은 '서비스 전달의 모든 측면에 퍼져있는 실행'이다. 직접적, 간접적 서비스의 큰 영역 아래, 학교 심리사는 학업을 지원하는 개입과 사회 및 생활 기술을 발달시키기 위한 정신건강 서비스를 제공한다. 이 두 영역은 학생 수준에서의 서비스이다. 이 영역 아래 포함되는 다른 유형의 서비스는 체제 수준에서의 서비스이다. 이 서비스는 학습, 예방 및 반응적 서비스, 그리고 가족과 학교의 협력을 촉진하기 위한 학교 전체의 실행 사항을 포함한다. 이 모델의 근본적인 기초는 발달 및 학습, 연구 및 프로그램 평가, 법적·윤리적·전문적 실천에서의 다양성 등이다.

학교 심리사의 역할과 기능은 이들이 고용되어 있는 주와 교육청에 따라 매우 다양하다. 좀 더 시골 지역의 경우 학교 심리사들은 여러 소규모 학교를 순회하는 모형을 적용한다. 반면 도시와 교외 지역의 경우 몇몇 교육청은 학교 심리사가 오직 한 학교에서만 일하는 학교기반 모형을 적용한다. 이 분야의 일반적 추세는 진단자(diagnostician)와 게이트키퍼(gatekeeper)의 역할에서 특수교육 분야의 전문가로 옮겨가는 것이다. 최근에는 학교 심리사들이 자문과 체제 개입 활동에 초점을 두는 광범위한 서비스를 제공하는 역할을 수행하고 있다. NASP의 종합모형(NASP, 2010b)은 학생 500~700명당 한 명의 학교 심리사의 배치를 권장하고 있다.

학교 심리사는 석사(60학점 이상), 전문가(specialist), 박사 수준으로 양성된다. 학교 심리사들은 일반적으로 해당 주의 기관뿐만 아니라, 학교 심리사협회(National Association of School Psychologist)나 심리학회의 16분과인 학교심리학 협회(Division 16: School Psychology of the American Psychological Association)의 회원이다.

14.2.3 학교 사회복지사

학교 사회복지사의 역할은 학교, 가정 및 지역사회를 연결하는 것이다. 학교 사회복지사는 개인 및 집단 상담, 교실 교육 및 위기 개입과 같은 직접적 서비스를 통하여 모든 학생에게 서비스를 제공한다. 이들은 또한 자문과 지역사회 서비스를 의뢰하는 것과 같은 간접적 서비스를 제공하기도 한다. 학교 사회복지사는 학생 가정의 정보를 수집하거나 평가도구를 사용하여 사회 정서적 기능을 측정하여 특수 교육과정의 한 부분으로 분류되기도 한다. 권고되고 있는 학교 사회복지사의 비율은 학생 400명 당 1명이다.

학교 사회복지사의 대부분은 사회복지 석사학위(MSW)를 소지하고 있다. 학교 사회복지사 자격증을 수여하기 위한 인증 과정을 가지고 있는 주 정부는 31개 주밖에 없으며 사회복지사들은 주로 주정부의 교육기관에서 관리한다(Altshuler, 2006). 각각의 주 정부는 주마다 다른 자격 요건을 만들어 사용하고 있으며, 몇몇 주 정부는 학사 학위만 가지고도 현장에 배치되는 것을 허락한다(Altshuler, 2006).

이상에서 설명한 바와 같이 각 서비스 분야에 대한 간략한 서술을 비교해보면 왜 학부모와 일반인들이 이 세 가지 전문가들의 구별을 어려워하는지 이해할 수 있을 것이다. 비록 구체적인 직무와 관련한 역할들(예 : 상담, 자문)은 같지만, 학부모들은 특정 집단에 대해 다른 집단보다 더 많은 편견을 가지고 있을 수 있다. 예를 들어, 학부모들은 학교 상담자나 학교 사회복지사의 서비스는 환영하는 반면, 학교 심리사가 '정신과 의사'이며 자신의 아이에게 약물을 복용할 것이라는 생각 때문에 자녀가 학교 심리사와 이야기하는 것을 거부할 수도 있다.

이상의 세 집단은 공통적인 서비스를 제공하기는 하지만 각 집단의 관점은 다르며 대부분의 시간은 매우 다양한 유형의 서비스를 제공하는 데 소요된다. 예를 들어, 학교 심리사는 그들의 대부분의 시간을 평가 및 자문에 할애하며 개인 및 집단 상담에는 덜 할애하는 경향이 있다. 반대로, 초등학교 상담자는 대부분의 시간을 교실기반 생활지도 수업과 개인 및 집단 상담에 할애하고, 자문 또는 교육적 평가의 해석에는 덜 할애한다. 마지막으로, 각각의 전문 영역은 서로 다른 역사와 전통을 갖고 있으며 학생의 성장과 학습에 대한 서로 다른 관점을 가지고 있다. 학교 사회복지사는 그들의 서비스를 조직화하고 학생의 삶의 맥락에 노력을 기울이는 경향이 있다. 학교 상담자는 교육, 직업 발달 및 심리 영역에 초점을 둔다. 학교심리학 분야는 역사적으로 임상적 모델과 함께 발전하였으며 의료적 모델과 부합되는 면이 많다. 다시 말해, 학교 심리사들은 학교의 전체 학생에 대한 건강을 증진시키는 것보다는 개인의 취약성을 확인하는 것에 초점을 두는 경향이 있다. 이러한 세 전문가들은 일반적으로는 서로 함께 일을 하지만 각각 개별적으로 일하는 경향도 있다. 아쉽게도 이 세 전문가들은 정해진 요일에 학교에서 근무할 수 있으며 이러한 경우 협력적 관계를 유지하기 쉽지 않다.

우리는 전문 조력자들이 "학교 심리사는 심리검사에만 전문성이 있으므로 집단 상담을 하면 안 된다"와 같은 발언을 지양할 것을 권고한다. 우리는 전문 조력자들이 그들이 해야 할 역할에 대해 결정할 때 자신의 지식, 훈련 및 역량에 기초해야 한다고 본다. 그리고 다른 영역의 전문가들은 그들이 지닌 전문지식을 공유하지 않을 것이라고 추측하지 않는 것도 중요하다. 전문가의 정체성은 전체적인 철학, 훈련 및 전문성에 의해 형성되는 것이지 우리가 하는 특별한 역할로 만들어지는 것이 아니다.

다른 분야의 전문가들이 같이 일을 할 때, 그들은 서비스의 통합적 모델을 전달하거나 계획할 수 있다. 오늘날의 전문가들과 교장선생님들은 이 모델의 가치를 인정한다(예 : Adelman & Taylor, 2010). 통합적 모델의 중요한 측면은 자문과 협력을 포함한다.

14.3 자문과 협력

자문(consultation)과 협력(collaboration)이라는 말은 다양한 맥락에서 사용되며 어느 정도 포괄적인 용어가 되었다. 자문과 협력은 일반적으로 가치 있는 활동으로 여겨지며 다양한 계획들을 포함한다. 이 용어의 다양한 해석은 전문적 문헌을 통해 찾을 수 있다. 예를 들어, 어떤 저자는 자문의 모델들을 개념화한다(예 : 학교 기반, 정신 건강, 행동적, 교육적 및 구조적 자문 모델).

또 다른 저자들은 자문과 협력을 혼용하기도 하며, 자문을 협력의 한 방법으로 설명하기도 한다. 자문과 협력에서 서로 겹치는 요소가 있기는 하지만, 여러 상황에서 둘 중 어떤 역할을 해야 하는지를 결정할 때에는 둘의 차이점을 충분히 활용할 수 있다. 자문과 협력은 매우 빈번하게 활용됨에도 불구하고 효과적인 자문은 아주 드물며, 진정한 협력을 이루는 것 역시 쉽지 않다.

14.4 자문의 정의

자문은 '자발적인 문제 해결과정'이라고 요약할 수 있다(Brown et al., 2011, p. 1). 물론 이런 간략한 정의는 자문의 관계에 대한 전체적인 목적을 정확히 담아내지는 못한다. 자문의 모델 선정에 상관없이, 자문의 목표는 "의뢰인이 개인, 집단 또는 조직 등의 내담 대상을 상대로 더 효과적인 기능을 할 수 있도록 의뢰인의 태도와 기술 개발을 도와주는 것이다." (Brwon et al., 2011, p. 1) 자문은 광범위하고 다양한 맥락적 특성을 지니기 때문에 간단한 정의보다는 과정의 설명이나 예시로 자문을 보다 쉽게 표현할 수 있다.

학교기반 전문가들은 다양한 형태의 자문을 제공한다. 예를 제시하면 다음과 같다.

- 선생님은 학급 경영에 어려움을 겪고 있기 때문에 전문 조력자에게 도움을 요청한다.
- 교장선생님은 학교 심리사에게 결석 문제를 보이는 학생을 위해 수업에 직접 들어가서 학생을 관찰해 달라고 요청한다.
- 상담자는 건강관리에 도움이 필요한 학생을 집단 상담하는 과정에서 이들을 도울 수 있는 지역사회 자원을 알아보기 위해 사회복지사에게 도움을 요청한다.
- 학부모는 곧 닥칠 자신들의 이혼문제에 딸이 잘 적응하도록 도울 수 있는 전략을 개발하기 위해 상담자에게 도움을 요청한다.
- 교육청은 실행 계획을 개발하기 위해 교육청 안에 속한 다양한 학교의 학교기반 전문가의 집단과 작업하며 새로운 프로그램을 시행한다.

이런 상황들은 다양하기는 하지만 다음과 같은 3가지 공통요인을 가지고 있다. (1) 자문가는 학교 상담자, 학교 심리사 혹은 학교 사회복지사일 것이다. (2) 자문을 지시적으로 받는 의뢰자는 학부모, 선생님, 학교 기반 전문가, 교직원 또는 전체 체제(즉, 교육청)일 것이며 (3) 자문의 초점은 학생, 교사집단 혹은 가족일 것이다(Dougherty, 2009). 일반적으로, 자문가의 역할은 비지시적이며, 의뢰인은 권고 및 개입 계획을 따라야 할 기본적인 책임이 있다.

자문의 두 가지 목적은 (1) 직접적인 문제를 해결하고 (2) 미래에 일어날 수 있는 비슷한 문제들을 다루기 위한 지식과 기술을 습득하기 위해 성인 또는 심지어 아동의 경우에도 역량을 강화시키는 것이다. 이 과정은 효율적이며, 자문을 통해 역량이 강화되고 그 결과는 오래 지속된다. 예를 들어, 담임 선생님이 한 아동의 요구를 충족시키기 위하여 보다 효과적인 기술을 습득했다면, 학급 내의 모든 아동(현재나 미래 모두)들도 수혜자가 된다. 소집단의 학부모에게 교육적인 프로그램을 제공하는 것은 세대에 걸쳐 많은 아이들에게 영향을 줄 수 있다(Dinkmeyer & Carlson, 2006).

다른 자문 관련 전문가들과 비슷하게 Brown과 동료들은(2011) 자문의 고유한 과정을 다음과 같이 설명하였다(p. 2).

1. 의뢰인 또는 자문가 중 한 사람에 의해 시작될 수 있다.
2. 관계는 진실된 의사소통에 기반을 둔다.
3. 의뢰인들은 전문가일 수도 있고 비전문가일 수도 있다.
4. 궁극적으로 의뢰인이 내담자와 더 효과적인 기능을 하도록 의뢰인이 기술 및 지식을 개발하도록 돕는 지시적인 서비스를 제공한다.
5. 내담자에게 비지시적 서비스를 제공한다는 점에서 3각 관계적인 성격을 지닌다.
6. 자문은 목표 지향적이며, 종종 동시에 의뢰인 및 내담자 두 가지 목표를 추구한다.
7. 자문 과정에서 고려되는 문제의 유형은 넓은 의미에서 받아들여지는 '일'과 관련되어 있다.
8. 자문가의 역할은 의뢰인의 요구에 따라 가변적이다.
9. 자문가의 활동 영역은 내적일 수도, 외적일 수도 있다.
10. 자문가와 의뢰인의 모든 대화는 비밀이 보장된다.

14.4.1 상담의 기초 기술 활용하기

자문과 협력이 상담과는 확실히 다르지만, 실제 및 적용을 위한 가이드북에 제시된 기본적인 상담 기술은 자문과 협력 관계에도 그대로 사용될 수 있고 직접 적용될 수 있다. 사실, 학교기반 전문가가 자문을 의뢰하는 사람의 요구사항과 상황을 완벽하게 이해하지 못할 때, 또는 협력하는 동료의 개념을 충분히 존중하지 못하는 경우 관계의 가치는 위협받게 된다. 아래에 제시된 예시에서, 신임 학교기반 전문가인 엔리케는 캐시의 영어 교사와 대화한다. 엔리케의 말에 내포된 잠재적 영향력을 고려해 보자.

고등학교

영어 교사 : 캐시를 어떻게 해야 할지 모르겠어요. 캐시가 공부를 하지 않아서 결국 낙제하지 않을까 걱정돼요.

엔리케 : 캐시가 몇 살이죠?

교사 : 17살이요. 2학년이예요.

엔리케 : 그렇군요. 제가 캐시를 알고 있는지 모르겠는데. 머리가 무슨 색이지요?

교사 : 캐시의 머리는 긴 갈색이에요.

엔리케 : 혹시 작년에 치어리더에 지원했던 여학생인가요?

교사 : 잘 모르겠어요.

엔리케 : 혹시 캐시의 어머니가 변호사 아니신가요?

교사 : 그런 것 같아요.

엔리케 : 어떤 수업에 대해서 말씀하시는 거죠?

교사 : 고급 영어요.

엔리케 : 캐시가 수업 시간에 어떤 행동을 하길래 우려가 되시나요?

교사 : 음, 오히려 행동을 안 해서 걱정이 돼요. 제가 말했듯이 숙제를 해오지 않아요. 주로 수업에는 오지만, 때로는 지각도 하고요, 수업에 참여하지는 않아요. 사실 캐시는 참여하지 않고 그냥 앉아만 있어요.

엔리케 : 캐시에게 고민거리가 있다고 생각하세요?

교사 : 음, 잘 모르겠어요.

엔리케 : 캐시와 이 상황에 대해서 이야기해 보셨나요?

교사 : 아니요.

엔리케 : 캐시랑 이야기 하는 것이 좋을 것이라고 생각하세요?

교사 : 잘 모르겠어요. 전 캐시를 당황시키거나 깊게 캐고 싶지는 않아요.

엔리케 : 왜요?

교사 : 글쎄요, 잘 모르겠어요.

엔리케 : 선생님은 제가 어떻게 도와줬으면 좋으시겠어요?

위의 예와 같이 엔리케는 기초 기술을 사용해서 의뢰인이 자신의 걱정을 잘 표현하도록 돕고 있지만 좋은 예를 제시해 주지는 못하고 있다. 반면 다음에 이어지는 대화에서, 다른 학교기반 전문가인 세바스티안은 반영 기술을 사용하면서 동시에 정보도 얻는다. 세바스티안은 반영 기술과 질문 기술의 균형을 잘 맞추고 주제와 관련된 질문을 효과적으로 한다.

교사 : 캐시를 어떻게 해야 할지 모르겠어요. 캐시는 공부를 하지 않아요. 그래서 장학금을 못 받을까 봐 걱정이 돼요.

세바스티안 : 선생님은 캐시에 대해 정말 많이 염려하시는 것 같네요.

교사 : 정말 그래요. 지난 학기에는 공부도 잘 했고 항상 참여했었거든요. 지금은 수업 토론에 참여하지 않고 숙제 몇 개는 하지도 않았어요.

세바스티안 : 혹시 어떤 일이 일어나고 있는지 짐작 가는 것이 있으세요?

교사 : 없어요. 선생님과 먼저 이야기하고 싶어서 아직 캐시와 직접 말하지는 않았어요. 집에서 문제가 있다고는 말하지 않았고, 쉬는 시간에 보면, 거의 항상 친구들과 놀고 있어요.

세바스티안 : 지금 이 상황이 이해가 안 되고 선생님이 어떻게 해야 캐시가 다시 제자리로 돌아갈지 그 방법을 알고 싶으신 것 같네요.

교사 : 바로 그거예요. 선생님은 어떤 생각이신지 궁금해요.

세바스티안 : 글쎄요. 같이 이야기하면 시도해 볼 수 있는 방법을 생각해 낼 수 있을 거예요. 캐시에 대해서 조금 더 알려주시면 도움이 될 것 같아요. 몇 살이에요?

교사 : 17살이에요.

세바스티안 : 그렇군요. 고급 영어 수업에 있는 학생이라고 하셨죠?

교사 : 네.

세바스티안 : 이전까지는 상당히 공부를 잘하는 학생이었던 것 같네요. 언제부터 변했나요?

교사 : 저번 학기에는 진짜 잘했어요. 수업 토론에 참여했고 항상 숙제를 제출했어요. 거의 잘했었죠. 실제로 1학기 동안 내내 A를 받았어요. 음…… 겨울 방학 직후에 성적이 떨어지기 시작한 것 같네요. 저번 주에 캐시가 숙제를 제출하지 않는다는 것을 발견했군요, 그때 캐시가 수업 토론 동안 조용하다는 걸 더 알게 됐어요.

세바스티안 : 그러면, 선생님이 보시다시피 캐시의 성적이 2학기 초부터 떨어지기 시작한 거네요.

교사 : 네, 맞아요. 저번 주에 숙제를 제출하지 않았다는 것을 알아차리기 전까지는 많이 생각해보지는 않았어요. 그 이후에 캐시의 성적과 수업 참여에 대해 생각하기 시작했죠.

세바스티안 : 또 다른 생각도 있으세요?

교사 : 진짜 모르겠어요. 캐시를 방해하는 것이 무엇인지 모르겠어요. 모범생이었거든요. 아마도 어떤 일이 생겼을 거예요.

세바스티안 : 이런 모든 것 때문에 당황하셨겠어요. 이런 모든 상황을 이해하기 힘드시겠어요.

교사 : 맞아요. 그리고 저는 캐시랑 대화하는 것이 불편해요. 너무 간섭하고 싶지도 않고 신경 쓰기도 싫어요.

세바스티안 : 캐시를 돕기 위해 어떻게 협력하면 좋을까요?

14.5 교사와 학부모 자문을 위한 모델과 전략

학교에서의 자문은 다른 전문가들이 학생의 발달을 촉진시키거나 학생의 개인적, 학업적 성장에 도움이 되는 환경을 제공하기 위해 노력할 때 그들을 돕는 것에 초점을 맞춘다. 보다 자세히 말하자면, 자문은 학생의 행동 또는 학업 성과의 변화에 영향을 주기 위해 실행된다. 학교기반 자문가는 학교의 체제적 특징을 살펴보고 학교가 발전하기 위한 조언을 제공함으로써 도움을 주기도 한다.

앞서 언급한 바와 같이, 정신건강 전문가도 사람이기 때문에 아동과 바람직한 행동 및 인간 본성에 대한 타당하지 않은 신념(또는 이론)을 가지고 있을 수 있다. 따라서 정신건강 전문가들은 의도치 않게 자신의 개인적 이론과 경험이 학생에게 영향을 주지 않도록 분명한 이론에 근거하여 돕는 것이 필요하다. 상담 분야에 다양한 이론이 존재하는 것처럼, 자문에도 관련된 수 많은 이론들이 있다. 가장 흔히 사용되는 자문 형식은 다음과 같다—(1) 정신건강 및 의뢰인 중심(mental health and consultee-centered)(Caplan, 1970; Knotek & Sandoval, 2003), (2) 행동 및 연합 행동(behavioral and conjoint behavioral)(Bergan, 1977; Sheridan, 1997), (3) Adler식(Adlerian)(Dinkmeyer & Carlson, 2006), (4) 해결-중심(solution-focused)(Kahn, 2000), 그리고 (5) 체제적(systems)(Beer & Spector, 1980) 자문과 같은 형식이 있다. 이 책에서 각각의 접근 방식을 자세히 설명할 수는 없지만, 이 장 끝에 추가적인 자료를 제공하였다.

자문 모델은 자문가가 정보를 수집하고 개입을 설계하는 과정에서 구조를 제공한다. 이론을 통해서 자문의 내용과 방향을 결정할 수 있다. 개입은 이론에 기초를 두어야 함과 동시에(예 : Adler식, 또는 행동주의), 아동, 교사 또는 가정의 독특한 필요를 충족시킬 수 있도록 설계되어야 한다. 유능한 자문가는 이론을 실용적인 개입 전략으로 전환시킨다(Dinkmeyer & Carlson, 2006).

자문은 문제-해결 과정으로 인식되는데, 다음에 소개한 자문의 단계는 자문가가 선택한 모델에 상관없이 자문의 과정에 적용될 수 있다(Brown et al., 2011). Dougherty(2009)는 다음과 같은 요소를 포함하는 포괄적인 4단계 모형을 통해서 자문 과정의 핵심을 설명하였다—(1) 도입, (2) 진단, (3) 실행 및 (4) 종료. 한편 Dougherty의 모델은 자문의 임시적이고 단기적인 속성을 강조한다. 그리고 Brown 등(2001)은 Dougherty와 비슷한 과정을 8단계로 제시하였다—(1) 조직에의 진입, (2) 자문 관계의 시작, (3) 조사, (4) 문제 정의와 목표 설정, (5) 전략 선택하기 (6) 전략 실행하기 (7) 평가 및 (8) 종료.

표 14.1 자문의 단계와 자문가의 대화 예시

단계 및 단계별 목표		자문가의 대화 예시
1단계	**조직에의 진입(entry into the organization)**	
	탐색하고 정보를 교환하기	• 우리의 협력 과정에서 당신이 목표하는 것을 말해주세요. • 우리가 협력하는 것에 제가 생각하는 것을 조금 이야기해볼게요.
	비밀 보장을 명료화하기	• 학생에 대해 우리가 하는 논의는 비밀이 보장됩니다. 하지만 다른 사람과 정보를 나눠야 할 때가 있어요.
	편리한 회의 시간을 정하기	• 우리가 이 일을 같이 할 수 있어 기쁩니다. 저는 무슨 일이 벌어지고 있는지 정확히 알고 싶어요. 우리가 만나기에 좋은 시간은 언제인가요?
2단계	**자문 관계의 시작(initiation of a consulting relationship)**	
	라포를 형성하고 의뢰인을 동등하게 대하기	• 각자 자신의 생각과 전문지식을 이 상황에 적용해 보기로 하지요. 그러면 우리가 좋은 계획을 만들어 낼 수 있으리라고 확신해요.
	역할을 구조화하기	• 우리는 A의 해결책을 찾기 위해 앞으로 4~5주간 같이 일하게 됩니다. 제 역할은 당신에게 무엇을 할지 지시하는 것이 아니라 계획을 만들기 위해 함께 협력하는 것이에요. • 우리가 만든 자문 계획에 따라 제가 도울 수 있는 부분이 정해질 것 같아요. 만약 계획이 성공적이라면, 만나는 횟수가 줄어들겠지요.
	기초 상담 기술을 활용하기	• 학생 A에 대해 우려하는 많은 것들을 설명하셨잖아요. 가장 힘든 주제는 반항적인 학생의 태도 같아요. A가 전체 수업 분위기를 흐리는 것에 대해 걱정하시는 것 같네요.
3단계	**조사(assessment)**	
	문제와 관련된 요인들을 조사하기 (자문의 모델에 따라 다름)	• 교실에서 주로 어떤 상황에서 학생 A가 반항적인가요? (행동적) • 학생 A가 만일 공손한 태도로 행동한다면 지금과는 어떤 점이 다를까요? (해결 중심) • 학생 A 때문에 정말 화나신 것 같네요. 평소에 학생의 이런 행동에 신경 쓰지 않는 편이신 것 같은데, 특히 학생 A에 대해서는 다른 점이 있나요? (의뢰인 중심)
	문화적 요인들을 고려하기	• 학생 A의 가족은 이슬람교인입니다. 이 상황에서, 이슬람교인이라는 점이 어떠한 영향을 미칠까요?
	의뢰인이 다양한 관점으로 문제를 바라보도록 돕기	• 당신이 여성이기 때문에 학생 A가 당신에게 반항적인 것이라고 생각할 수 있지요. 그러면 그의 행동에 영향을 줄 수 있는 다른 요인들에 대해 계속 생각해 보죠.
	정보를 요약하기	• 요약하자면 ……

표 14.1 자문의 단계와 자문가의 대화 예시(계속)

단계 및 단계별 목표		자문가의 대화 예시
4단계	문제 정의 및 목표 설정(problem definition and goal setting)	
	문제를 명료화하기	• 학생 A가 당신에게 반항적일 때 어떤 모습인지 구체적으로 이야기해 주세요. • 이게 최근의 문제인가요 아니면 일 년 내내 발생해온 문제인가요? • 학생 A의 생활에서 일어난 변화 중에서 당신이 알고 있는 변화가 있나요?
	문제가 무엇인지 진술하기	• 제가 제대로 이해했는지 확인해 볼게요. 당신이 교육 관련 요구를 할 때, 주로 읽기 시간에, 학생 A는 "아니요" 또는 "제가 왜 그걸 하죠?"와 같은 반항적인 말을 하지요. 그가 이런 행동을 할 때, 반 아이들은 웃고, 당신은 그 학생을 교실에서 내쫓지요.
	원하는 결과 또는 목표를 합의하기	• 바뀌었으면 하는 점은 당신이 학급에 어떤 지시를 내렸을 때, 학생 A가 별다른 말없이 따르는 것이지요. • 지금 그 학생은 하루에 6~8번 그런 언행을 보입니다. 그가 즉시 멈추기를 기대하는 것은 비현실적이에요. 학생이 현재 상태와 앞으로 변화되기를 바라는 상태의 중간 정도에서 목표를 세울 수 있을 것 같아요.
5단계	전략 선택(strategy selection)	
	의뢰인의 목표 성취를 돕는 다양한 전략 고려하기	• 이 주제를 다루는 다른 방법이 몇 가지 있는데요. 당신이 시도해 보거나 고려했던 방법은 무엇인가요?
	경험적으로 입증된 전략의 선택을 지지하기	• 몇 가지 다른 대안들을 고려해 봤습니다. 행동 계약을 사용하고 긍정적 행동에 대한 강화를 사용하는 방법은 연구를 통해 학교에서도 효과적이라고 입증되었거든요. 이에 대해서 보다 자세히 살펴보죠.
	전략의 실행과 관련된 쟁점을 탐색하기	• 이 접근들 모두 당신의 추가적인 노력이 필요해요. 어떤 것이 가장 효과적일 것 같으세요? 이 전략을 실행하는 데에 당신이 겪을 수 있는 어려움은 무엇이 있을까요?
	전략의 가능성과 관련된 쟁점을 탐색하기	• 이 접근에 대해 어떻게 생각하세요? 당신이 시도할 수 있을 만한 것으로 보이나요?
6단계	전략 실행(strategy implementation)	
	실행과 추수활동을 계획하기	• 당신은 우리의 계획을 월요일에 시작하고 싶다고 이야기했었지요? 좋아요. 진행 상황을 파악하기 위해 수요일에 당신과 함께 점검해 보지요. 모든 기본적인 것을 다뤘다고 생각하지만 실제로 적용하는 과정에서 세부 사항의 조절이 필요하고 계획의 일부도 조율이 필요할 거에요.
	정규적인 실행을 확인하기	• 계획은 어떻게 진행되고 있나요? 학생 A의 기록을 보니 목요일과 금요일에 기록이 없던데요?
	문제를 해결하고 필요한 경우 계획을 수정하기	• 이야기를 들어보니 마지막 날에 강화물을 주는 것은 적절해 보이지 않아요. 언제가 효과적일까요?
	계획대로 실행할 수 있도록 지지하기	• 요즘이 일 년 중에서 가장 바쁜 시간이라는 것을 알고 있어요. 학생도 하루의 마지막에 강화물을 항상 받는 것은 아니라는 걸 알잖아요. 학생이 새로운 행동을 학습하는 동안 계획을 일관되게 지속하는 것은 매우 중요해요. 그에게 강화물을 주기에 더 적합한 다른 시간이 있을까요?

표 14.1 자문의 단계와 자문가의 대화 예시(계속)

단계 및 단계별 목표		자문가의 대화 예시
7단계	**평가(evaluation)**	
	계획의 효과성을 평가하기 위한 전략을 개발하기	• 우리는 학생 A의 순응적인 행동이 증가하고 반항적인 말은 감소할 것이라고 계획했지요. 어떤 방식으로 그것을 측정할 수 있을까요? 학생 A가 보다 순응적으로 변한다면, 그는 학급에서 과제를 보다 잘 수행하겠지요. 학급 안에서 반항적인 말도 줄어들고, 결과적으로 문제행동 때문에 교무실로 보내지는 횟수는 줄어들 겁니다.
	책무를 설정하기	• 몇 주간 당신이 이 계획을 수행한 후, 읽기 시간에 다시 방문할게요. 학생이 불평하는 횟수와 그가 읽기 과제를 수행하는 데 걸리는 시간을 기록할 겁니다.
	평가 기준과 방법을 만들기	• 반항적인 말을 6~8번 이하로 하는 것이 목표라면 4번이 초기 목표로 적절할 것 같아요. 또한 학생이 지시를 따르도록 하는 데에 일반적으로 5분이 걸린다고 하셨죠? 그렇다면 그가 2~3분 안에 교사의 지시를 따른다면 순응하는 것으로 간주할 수 있겠네요?
8단계	**종료(termination)**	
	검토 회기(review session)를 실행하기	• 당신의 관점에서 상황이 점점 나아지고 있지요? 좋은 신호예요. 자료를 살펴보고 새로운 목표를 정해야할 때인지 판단하기 위한 시간을 정해 보지요.
	자료를 검토하고 결과를 분석하기	• 학생 A는 아주 잘하고 있어요. 그는 하루에 평균 1번 이하로 반항적인 말을 하고, 교사의 지시를 꽤 빨리(30초~1분) 따라요. 물론 우리가 주로 읽기 시간에 한정되어 관찰했지만, 그의 행동은 향상된 것으로 보입니다.
	종료를 준비하기	• 학생 A의 행동이 호전되는 데 당신이 많은 도움이 되었어요. 아마도 매주 만났던 것에서 3주마다 점검하는 방식으로 만나도 좋을 것 같아요. 어떻게 생각하세요?

14.5.1 자문의 8단계

우리는 Brown 등(2011)이 제안한 자문의 단계를 수정하였다. 그리고 각 단계에서 해야 할 일, 각 단계 사이의 전환 및 정보에 대한 설명을 제공하였고 각 단계에서 필요한 구체적인 행동을 제시하였다. 표 14.1에서 우리는 자문 과정의 8단계에서 전문적 조력자가 교사와의 자문활동에서 사용할 수 있는 대화의 일부를 정리하여 소개하였다.

14.5.2 해결 중심 집단 자문

자문의 유용성은 종종 학생, 학부모, 혹은 교사가 집단으로 참여할 때 증가된다. 앞서 설명한 많은 모델들은 개별로 자문하는 것에 초점을 둔 경향이 있다. 우리는 각 개인(예를 들어, 부모, 학생 및 학생을 상담하는 3명의 교사)으로 구성된 소집단의 형태로 해결 중심 접근을 사용하는 대안적인 모델을 소개하고자 한다. 다양한 개인으로 구성된 집단을 성공적으로 이끌기 위해서는 전문성과 리더십이 필요하다. 사실 자문가의 이러한 책임은 다소 벅찬 일일 수 있다. 집단 자문 과정을 위해 7장에 설명된 해결 중심 회기의 구조는 도움이 된다.

1. 모든 사람이 함께 구조를 만들어라.
   - 모든 집단 구성원이 참여하는 것의 중요성을 강조한다.
   - 부모와 학교 간 협력의 긍정적 효과를 활용한다.
   - 자문의 목적을 요약하고 회의의 개요를 제공한다.
2. 구성원들이 합의한 문제에 대해 간단한 설명을 해라.
3. 문제가 없었던 예외상황을 확인해라.
4. 문제 상황에 대처했던 이전의 방법과 그 결과를 조사해라.
   - 새로운 전략을 위한 아이디어를 창출해 낼 수 있도록 구성원을 독려해라.
5. 상황을 가정하는 언어로 목표를 세워라.
   - 조가 분노를 다루는 방법을 학습했다는 것을 어떻게 알 수 있을까?
   - 조가 이제 분노를 다스릴 수 있다는 것을 알게 하는 첫 단계는 무엇일까?
6. 중간에 휴식하는 것을 고려해라.
7. 각 구성원이 해결에 기여한 방법과 앞으로 기여할 방법을 확인해라.
8. 해야 할 업무를 제시하라.
   - 자문가로서, 행동적 자문, Adler 식 자문, 혹은 다른 자문 접근 중에서 어떤 방식이 효과적인지 결정한다.
   - 또한 추가적 정보가 필요한지 인지할 수 있다.
9. 추가적 회의나 추수 활동을 계획해라.

집단 자문을 조직하는 데 있어서, 전문적 조력자들은 학교의 전반적 상황과 맥락에서 누가 참여해야 하는지 고려해야 한다. 집단 참여에서 학부모의 사적인 문제는 개입의 대상이 아니다. 초점을 두어야 하는 것은 학생과 그들의 학업 성취가 되어야 한다. 예를 들어, 넬슨 부인이 최근의 가정 사정 때문에 집단 자문에 참석하지 못한 경우를 가정해 볼 수 있다. 하지만 학교기반 전문가들은 넬슨 부인의 아들인 한스의 삶에서 의미 있는 그녀의 역할을 간과해서는 안 된다.

자문가 : (참여 시키기와 구조화하기)	오늘 참석해 주셔서 고맙습니다. 넬슨씨(한스의 아버지), 스케줄을 재조정하여 참석해주신 것 감사드려요. 담임 선생님도 학급 업무를 조정해 참석해주셔서 감사드려요. 그리고 한스야, 너를 만나면 항상 반갑구나. 때론 아이들은 어른과 한 공간에 있는 것을 불편해하기도 하지. 특히, 자신에 대한 대화를 하려는 것을 알았을 때 말이야. 괜찮겠니?
한스 :	괜찮아요.
자문가 :	제가 넬슨 부인(한스의 어머니)께 연락해 보았는데 오늘 못 오시게 되었어요. 하지만 한스야, 어머니는 너를 매우 사랑한다는 말로 회의를 시작해달라고 부탁하셨어. 그리고 힘들어 할 수 있는 상황에 처한 너를 돕기 위해 무엇이든 하고 싶다고 하셨어.
한스 :	네.

자문가 : 한스야, 오늘 이 모임 이후에, 너희 아버지와 내가 너희 어머니께 스피커폰으로 전화할거야. 우리의 모임의 결과에 대해 이야기하려고 하는데. 괜찮겠니?

한스를 지원하고, 편안하게 하고, 그리고 자문 과정에 적극적으로 참여하도록 돕기 위해 자문가가 한스에게 어떻게 개입하는지 주목하라. 구조화에 학생을 참여시키는 것은 관찰자가 아닌 참여자로서 학생의 역할을 확립하는 데 도움이 된다.

한스 : 네, 물론이요.

자문가 : 우리가 오늘 할 일을 조금 이야기해볼게요. 아마도 많은 질문을 할 거예요. 그리고 각자 질문들의 답을 생각해보길 바래요. 무엇보다, 우리는 한스의 학교 생활이 어떠한지와 한스를 돕기 위해 각자가 하고 있는 일에 대해 이야기할 거예요. 그리고 나서 우리는 한스가 정상으로 회복하려면 무엇을 해야 하는지에 대해 이야기할 거예요. 그리고 나서 잠시 쉬면 좋을 것 같아요. 쉬는 동안 한스에게 도움이 될 만한 조언들을 생각해 보기로 하죠. 제가 돌아왔을 때, 그 조언들을 여러분과 공유하고 다음 단계를 함께 결정할 거예요. 시작하기 전에 질문 있으신가요?

[이러한 안내를 통해 자문가는 회기의 구조를 자연스럽게 형성하며 드러나지 않게 각 사람들이 관여해야 함을 암시하였다.]

참가자들에게 승낙을 요청한 것에 주목하여라. 만일 한스가 자문가가 회기를 시작하는 것에 동의하지 않으면, 그의 의견을 존중해 주는 것은 중요하다. 이런 경우 "그래. 그럼 먼저 아버지부터 시작해 볼까?"와 같은 질문을 통해 회기를 유도할 수 있다.

자문가 : 한스야, 너부터 시작해도 될까?

한스 : 좋아요.

자문가 : 고맙구나, 한스야. 우리가 모인 이유에 대해 어떻게 생각하니?

[다른 참여자들에게도 같은 질문을 하고, 참여자의 대답을 요약한다. 요약은 한 사람이 대답할 때마다 한다.]

자문가 : 제가 이해한 바로는, 모두 한스가 최근 학교에서 행복해 보이지 않다고 생각하신 것 같아요. 한스는 평소만큼 노래를 하지 않았고, 평소만큼 웃지 않았어요. 친구들과 어려움이 있었고, 성적이 떨어졌어요. 한스의 아버지께서는 한스의 현재 어려움이 아버지와 어머니 사이의 문제와 관련 있다고 생각하세요. 한스, 그것에 대해 넌 어떻게 생각하니? [조금 후에]

자문가 : 이제 다른 질문을 드리고 싶어요. 오늘 함께 모인 모임의 결과로 어떤 일이 일어나길 각자 원하시나요?

[조금 후에]

자문가 : 한스에게 여러 가지 어려운 일들이 있었음에도 불구하고, 지난주 동안 한스가 과제를 하고, 친구와 어울리고, 학급 활동에 참여한 시간들이 있었다고 들었어요. 선생님, 언제 그것들을 인지하셨나요?…… 아버지께서는 언제 한스가 정말 그렇게 행동했다고 느끼셨나요?

[다시, 자문가는 반영하고 요약한다. "한스는 아침에 우울했음에도 불구하고 책을 준비하고 학교에 갈 모든 준비를 했어요. 한스야, 어떻게 그렇게 할 수 있었니?"]

자문가 : 한스에게 이 시간이 힘들었다는 것을 과소평가하고 싶지 않아요. 한스는 자신의 어머니를 사랑해요. 아버지도 물론 사랑하구요. 한스는 가족에게 무슨 일이 일어나고 있는지를 몰라요. 물론, 한스는 걱정하고 있어요. 또한 혼란스러워하고 있어요. 아이나 성인들은 본인이 혼란스러울 때, 집중하는 게 더 힘들 수 있지요. 아무 일 없다는 듯이 행동하는 게 힘들 수 있어요. 특히 많은 일이 일어났을 때 말이에요. 한스야, 네게 좀 힘들 수도 있는 질문을 하려고 해. 나는 네가 지금 당장은 힘들지라도 현재의 상태를 유지할 수 있도록 너희 선생님이 할 수 있는 일이나, 아버지가 할 수 있는 일, 어머니가 할 수 있는 일, 또는 내가 널 도울 수 있는 일을 생각해보길 바래.

기적 질문이 항상 적절할 순 없고, 이 자문에서는 사용되지 않는다. 한스는 그의 부모를 통제할 수 없고, 부모의 결정에 사소한 영향밖에 끼칠 수 없다. 따라서 자문은 그가 극도로 취약할 때 그를 돕는 데 초점을 둔다.

한스 : 잘 모르겠어요. 아마도 밤에 집에 갔을 때, 제가 과제를 잘했는지 확인하도록 선생님이 도와주실 수 있을 것 같아요.

자문가 : (교사에게) 해주실 수 있나요?

교사 : 물론이죠. 다른 것을 좀 더 제안해도 될까요?

자문가 : 한스에게 물으세요.

한스 : 당연히 돼요.

교사 : 때론 쉬는 시간을 갖는 것이 너에게 도움이 될 것이라는 생각이 들어. 나에게 신호를 주면, 잠시 혼자 있기 위해서 도서관에 가는 거라고 생각할게.

자문가 : 한스야, 어떻게 생각하니? [이 과정은 창출된 아이디어로 계속 이어진다.]

자문가 : 좋습니다. 우리는 몇 가지 가능성들에 대해 이야기해보았어요. 선생님께서 매일 밤 과제를 준비하는 것을 도와주실 거예요. 한스는 혼자 있는 게 도움이 된다고 느껴질 때는 선생님께 신호를 보낼 거고요. 매일 밤 40분 동안은 TV를 켜는 대신 숙제를 할 거예요. 아버지와 한스는 매일 밤 10분 내지는 15분 동안 체스 게임을 할 수 있어요. 우리는 매일 밤 어머니에게 한스에게 전화해달라고 요청할 수 있어요. 그 밖에 뭐가 있을까요?…… 우리는 몇 가지 아이디어를 생각해보았는데, 어떤 것이 가장 유용할까요?

> 자문의 과정에서 휴식시간은 전반적인 회기와, 각 구성원의 참여, 계획의 실현가능성에 대해 생각해보는 기회가 된다.

[이 단계에서, 집단은 아이디어를 평가하고, 따라야 할 최선의 전략을 결정한다.]

자문가 : 다시 한번 정리하면, 우리는 함께 많은 것들에 대해 이야기했어요. 몇 분간 생각하기 위해 나갔다 와도 괜찮을까요? 제가 잊은 게 있는 것 같아서요.

자문가 : 감사합니다. 제가 나간 짧은 사이에, 여러분이 이미 한스를 지원하고 있는 많은 것들에 대해 생각할 수 있었어요. 무엇보다 한스야, 네가 오늘 모임에 참석한 것이 참 용감하다고 말하고 싶구나. 내 질문에 신중하게 답해 주어 고맙다. 너는 어머니와 아버지, 그리고 친구들에 대해 마음을 쓰고 있어. 너는 당장은 힘든 시기를 보내더라도 모든 것이 순조롭게 해결되길 원하는 듯 보여. 한스에 대한 아버지의 관심과 사랑은 의심할 여지가 없네요. 아버지 또한 힘든 시기이시지만, 매일 밤 숙제를 돕고 한스에게 한스와 함께 시간을 보내려 헌신하시는 것이 분명하네요. 그리고 선생님도 한스가 불편함이나 스트레스를 느꼈을 때, 스스로를 가다듬을 수 있는 시간을 허락하셨고 매일 저녁에 가방을 챙기는 것도 도와주기로 하셨어요. 제 생각엔 한스가 조만간 어려움을 이겨내리라고 믿어요. 하지만 가족에 대한 불확실성과 혼란을 다루는 데 어느 정도의 시간이 걸릴 거예요. [잠시 멈춤] 다시 만나는 것에 대해 여러분은 어떻게 생각하세요?

14.6 자문에 대한 최종 생각

당신이 상담기술의 이론적 접근을 학생 내담자와 실습하고 개발한 것처럼, 당신의 이론적 성향과 일치하는 자문 모델을 개발하고 싶을 것이다. 우리는 신임 학교기반 상담자들에게 상담과 자문을 확실히 구분하라고 주의를 준다. 상담과 자문의 비슷한 점 또한 분명 존재한다. 상담과 자문 모두에서 당신은 어떤 개인이 겪는 문제에 대해 이야기할 것이다. 그리고 어떤 점에서는 같은 기술을 사용할 것이고(예 : 반영, 요약), 같은 이론적 접근을 사용할 수 있다. 하지만 이 두 서비스를 혼동하지 않기를 바란다. 상담의 경우에 당신은 개인이 자신의 목표를 성취하도록 역량을 강화시키고자 치료적 관계를 형성한다. 반면 자문의 경우에도 개인의 목표를 성취하도록 돕지만 직접 돕는 것이 아니라 의뢰인을 통해 간접적으로 돕는다. 예를 들어, 당신의 궁극적인 자문 목표는 선생님이 학생과 더 효과적으로 일하는 것이며, 학부모가 그들의 사춘기 자녀를 보다 효과적으로 양육하는 것이고, 체제 변화를 통해 모든 학생이 도움을 받을 수 있도록 하는 것이다.

14.7 협력의 정의

학교기반 전문가들은 협력적으로 일하기도 한다. 협력의 과정에서 이들은 자문의 요소를 활용할 수도 있다. 하지만 자문과 협력에는 중요한 차이가 있다. 자문의 경우 전문 조력자는 자문 과정의 많은 단계에서 1차적인 책임을 진다. 그리고 직접적으로 자문을 받는 의뢰인은 자문 결과에 대한 최종적인 책임을 지게 된다.

반면 협력의 경우 과정에 대한 책임, 결정, 계획의 집행 및 결과를 공유한다. Brown 등(2011, p. 3)은 협력을 다음과 같이 표현했다. "협력은 협력자의 전문성을 통합하며 문제 해결을 위하여 통합된 정보를 사용한다." 그래서 협력은 문제해결 과정의 결과에 대한 책임을 공유한다. 협력은 전문가 사이에서 혹은 비전문가 사이에서 모두 일어날 수 있다. 효과적인 협력을 위해 Homan(2004)은 협력하는 사람들이 명확하게 의사소통하며, 신뢰 및 확실한 규칙을 제정하고, 결과를 검토하기 위한 과정을 마련해야 한다고 제안했다.

이러한 정의를 접했을 때, "이건 사람들과 함께 있을 때 우리가 항상 하는 일 아닌가? 저녁식사를 준비할 때에도 협력하는 것 같은데"와 같은 반응을 하는 것도 무리는 아니다. 이처럼 협력은 간단한 과정이라고 생각할 수 있으나, 사람들끼리 협력적으로 일하려 노력하는 과정에서 어려움과 부담은 흔히 발생한다. 이런 점에서, Stone과 Dahir(2006, p. 184)는 다음과 같이 주장한다.

협력은 부족한 사람을 위한 것이 아니다. 협력은 위험을 수반하며, 관계 형성, 평균보다
높은 상호교류기술, 협동하는 자세, 리더십 능력, 중재 기술, 학교의 기능과 본질에 대한

철저한 이해, 호감, 완전히 회복할 수 있다고 믿는 능력, 유연성, 기꺼이 타협할 수 있는 의향, 자신감 및 진실된 태도와 신념을 포함한다. 이를 통해 회의적으로 생각하는 사람들의 주장과 관계없이 변화를 이루어 낸다.

"협력은 혼자 일하는 것보다 어렵다"라는 말은 협력의 정의에 대한 설명으로부터 끌어낼 수 있는 명백한 결론이다. 동시에 협력은 "조직 변화의 전략으로서 자문과 비교하여 보다 적절할 수도 있다"고 여겨진다(Brown et al., 2011, p. 4). 개입의 설계 및 시행 과정에서 책임을 공유하게 되므로, 협력은 학교에서 분명히 도움이 될 수 있다(Brown et al., 2011). 15장에서 제안한 바와 같이 만약 학교기반 전문가들이 대규모의 체제 변화에 성공하려면, 협력적 관계를 형성하는 것은 필수적이다.

14.8 학교기반 협력을 위한 모델과 전략

협력관계에서 영향력 있는 지도자들은 효과적인 모델과 전략을 활용한다. 자문과 관련된 다양한 모델들은 협력적인 동반자(collaborative partnerships)의 역할을 강조한다(Brown et al., 2011). 협력의 또 다른 특징은 자발적인 참여, 참여자의 동등성, 상호적 목표, 책임감 공유, 자원 공유 및 의사결정의 공유이다.

Rubin(2002)은 협력을 문제 해결의 관점에서 바라본 12단계의 모델을 개발하였다. 이 모델의 처음 3단계는 문제를 확인하고, 평가하고, 잠재적인 협력자를 선정하는 것을 포함한다. 예를 들어, 만약 당신이 학교 내부와 주변의 안전성을 증가시키고 싶다면, '주민회의(town meeting)'를 개최하여 학부모, 경찰, 지역 사회 및 학교 교직원을 초대하고 이 문제를 같이 다루어 보기로 결정할 수 있다. 이 회의를 통해 당신은 어떤 참여자가 가장 많이 안전에 기여해 왔으며, 안전에 대해 특별한 관점을 제안하였는지 확인할 수 있고, 누가 이 문제에 시간을 들여 앞으로 헌신할 수 있는지를 결정할 수 있을 것이다.

Rubin(2002) 모델의 다음 5단계는 협력집단의 업무를 다룬다. 이 단계는 협력자들의 차별화된 역할을 확인한 후, 각 개인들의 연결성을 확립한다. 이 단계가 준비 되었을 때, 집단은 단기 목표를 위한 행동 계획을 개발한다. 협력집단은 계획의 실행을 돕기 위해 지역사회 및 그 밖의 도움을 줄 수 있는 관계자를 섭외한다. 마지막 4단계는 계획이 실행된 후 집단이 긍정적인 결과를 나타낸 이후 이뤄진다. 이 단계는 계획의 성공에 대한 축하와 추가적인 정보 수집, 결과 보고 및 다음 단계를 결정하기 위해 협력집단과 일하는 것을 포함한다(Rubin, 2002).

모델의 각 단계에 주의를 기울인다 할지라도, 참여하는 사람의 상호작용 및 반응의 다양성 때문에 예상했던 결과가 줄어들 수 있다. 이러한 부정적인 면을 최소화하기 위해, Homan(2004)은 다음에 제시한 '전략과 조언'을 따르라고 제안하고 있다(p. 420).

- 모든 수준과 단계에서 소통하기(Homan은 집단이 작을 때 일관된 대화와 참여가 가장 쉽다고 제안하였다)
- 기대에 대한 합의와 상호 이해를 명확히 하기(가급적 문서화한다)
- 리더십(협력이 잘 이루어져도, 리더십은 생산성을 위한 전제 조건이다. 그러나 리더십의 스타일은 협력적이어야 한다)
- 의사결정의 조건과 방식에 대해 의견을 조율하기(의견일치가 선호된다)
- 인정과 감사를 표현하기(공식적으로나 개인적으로)
- 신뢰(각 집단원의 신뢰할 만한 행동에 기초하여 신뢰를 형성한다)

이러한 요인들에 주의할 때, 전문 조력자들은 생산성을 높이는 협력적인 리더십을 제공할 수 있다. 우리는 다음과 같이 주장한 Stone과 Dahir(2006)의 의견에 동의한다.

> 협력(collaboration)은 중요하며 동료 간 협력(collegiality)은 더욱더 중요하다. 동료 간 협력은 일반적인 협력과 다르고, 더 깊이 있고, 더 전문적으로 만족스러운 수준의 협력이어야 한다. 동료 간 협력을 이루게 되면 학교는 결과적으로 교사들의 집단적 재능, 경험 및 에너지를 극대화시킬 수 있다. 강한 동료 간 협력을 이루게 되면 학교는 놀랄만한 성취를 이룰 수 있다(p. 196).

학교기반 전문가들은 학교의 문화에 영향을 미치는 지식과 기술을 소유하고 있어야 한다. 이를 통해 보다 협력적인 상담을 이끌어 내고, 협력적인 문화가 유지될 수 있도록 노력해야 한다. 학교 내에 영향력을 행사할 수 있는 사람들의 협력은 의심할 여지없이 상당한 결과를 만들어낼 수 있다. 따라서 우리는 당신이 지속적으로 협력 관계를 맺고, 협력적인 학교 환경을 유지하는 방법을 고려해 보기를 권장한다.

14.9 학부모와 협력하기

아이가 학교 생활을 잘 할 수 있고, 성인 단계로 성공적으로 진입하는 것을 돕도록 부모나 다른 양육자를 지원하는 것은 학교기반 전문가의 중요한 업무가 되었다(Bryan & Holcomb-McCoy, 2010). 과거에는 이러한 업무를 위해서 학생의 필요에 따라 가족과 짧은 개별 미팅을 하거나 학부모 연수를 제공했을 수 있다. 그러나 가족 협력과 관여에 대한 현재의 관점은 과거에 비해 확장되었다. 학부모의 관심이 학생의 성공에 영향을 미치는 중요한 요소이기 때문에, 학교기반 전

문가는 모든 단계에서 가족의 참여 및 협력과 의사 결정을 증
진시키기 위해서 노력한다(Patrikakou, Weissberg, Redding,
& Walberg, 2005).

    가족과 협력, 가족에 대한 지원 및 가족 치료의 제공 사이
의 차이를 고려하는 것은 중요하다. 당신이 가족을 도울 때,
초점을 학생 내담자에게 집중해야 한다는 것을 명심해야 한
다. 당신의 역할은 학생을 옹호하고 지지해 주는 것이다.

    학교 심리사와 학교 상담자가 학부모에게 다양한 자문을

> 학부모의 개인적 고민에 대해 상담하는 경
> 우, 보통 다음과 같은 질문을 하면서 원래의
> 이야기 주제로 돌아갈 수 있을 것이다. "이
> 것이 제이슨(학생 내담자)의 현재 행동에 어
> 떤 영향을 미칠 수 있다고 생각하세요?" 이
> 러한 질문을 통해서 두 사람은 대화의 초점
> 이 학생이라는 것을 환기시킬 수 있다.

하기는 하지만, 가족 치료는 상당수의 학교 심리사와 학교 상담자가 전문적으로 훈련받지 않은
영역이다. 모든 전문가는 훈련을 받고 슈퍼비전을 받은 경험의 범주 내에서 일을 해야 한다. 또
한 그들은 필요한 경우 자격이 있는 가족 치료사에게 가족을 의뢰해야 할 정확한 시점을 포착해
야 한다.

14.9.1 가족 체제 이론

가족 상담에 대한 이론과 접근 방식의 확장된 범주를 이 책에서 다루기에는 너무 방대하다. 하지
만 우리는 개별 가족과의 자문 활동이나 학부모 교육 프로그램이나 학교기반 전문가들이 가족과
일하는 것을 준비할 때 주의해야 하는 몇 가지의 체제에 관한 개념을 소개하고자 한다. 가족 체
제에 대한 개념과 접근에 대한 기본적 이해는 학교기반 전문가가 학부모와 자문할 때, 의뢰를 계
획할 때, 그리고 지역사회 서비스 제공자와 협력할 때 도움이 된다. 가족 체제 이론의 기본 규칙
과 가족이 효과적으로 작동하는 다양한 방법을 숙지함으로써 학부모와 가족과의 동반자 관계를
강화할 수 있다.

    체제 치료는 체제에 관한 일반적 이론에서 유래되었다. 이러한 맥락에서, 생물학적, 기계공학
적, 그리고 사회적 체제의 원리들은 가족으로 확대되어 적용될 수 있다. 체제란 서로 도움이 되
는 관계로 묶인 어떠한 요소 또는 부분을 의미하며 순환 체제, 자동화 체제 또는 가족 체제와 같
은 맥락에서 사용된다. 2장에서 논의되었듯이, 체제의 한 구성 요소의 변화는 체제 전체와 체제
의 구성 요소에 영향을 미친다. 또한 각각의 개별 부분의 가치는 독립적이기보다는 맥락적 관점
에서 고려된다. 예를 들면, 휘발유 액체를 기체로 만드는 기화기(carburetor)는 엔진의 다른 부
품과 연결되어 있지 않은 이상 별로 쓸모가 없다. 심장 역시 인간 신체의 다른 부분과 상호의존
적이다.

    체제는 반복적이고 예측 가능한 것으로 여겨진다. 따라서 체제는 꽤 일관적인 행동 사건과 관
련되는데, 이런 행동 사건은 일반적으로 체제 치료의 중점이 된다. 체제 치료를 사용하는 상담

자는 학부모, 교사 또는 학생과 같은 어느 한 독립체를 탓하기 보다는 패턴을 설명하려고 한다. 예를 들어, 서로 역효과를 낳는 두 학생의 관계 패턴에 대한 체제적 관점은 다음과 같을 것이다. "존은 질과 함께 시간을 보내고 싶어하는데, 질은 숙제를 하고 리허설을 하느라 바쁘다. 존은 질에게 전화를 하고 문자를 남긴다. 질은 존에게 할애할 시간이 없어서 전화와 문자를 무시한다. 존은 더 많은 문자를 보내고 더 자주 전화한다. 질은 존에게 대응할 만한 시간을 낼 여유가 없으며 어떻게 대응해야 할지 모른다. 그래서 결국 질은 존의 접근을 무시한다. 존은 질에게 다가가기 위한 시도를 더 많이 한다." 체제적 접근은 이러한 패턴을 깨기 위한 개입의 설계에 관심을 둔다.

개인이 발달적 단계에 적응하면서 도전을 받듯이, 가족도 가족 구성원 개인들의 발달과 관련된 변화에 대응해야 한다. 예를 들면, 첫째가 학교에 갈 때와 막내가 학교에 입학할 때 가족의 상황은 매우 다르다. 또한 아동이 청소년기에 접어들 때 적절하게 대응하여야 하고, 아동의 정신적 독립에도 대비하여야 한다.

개인상담과 집단상담에서 사용된 모형처럼, 가족체제이론들과 접근 방식은 다양하다. 몇몇 이론가들은 세대를 따라 내려오는 유산과 패턴을 강조하였다. 반면 또 다른 이론가들은 소통 패턴과 호혜적인 상호작용에 초점을 두었다. 구조적 가족치료를 개발한 Minuchin(1974)은 핵가족, 핵가족의 하부조직과 구조, 외적과 내적인 범주, 가족의 규칙(명시되어 있는 규칙과 암시된 규칙), 그리고 소통하는 방법에 주목하였다. 구조적 가족치료사는 문제를 구조적 맥락에서 조망하고 구조를 변화시킴으로써 문제를 해결하고자 노력한다. 예를 들면, 구조적 가족치료사는 부모에게 가정의 지도자로서의 책임에 대한 권한을 부여한다.

구조적 접근에 관한 개념들은 학교 현장에서 다양하게 적용될 수 있다. 아동은 일관되고 명확한 안내 사항이 있을 경우에, 가장 성공적으로 주어진 역할을 수행한다. 또한 성인 양육자와 각자의 역할에 대한 경계(boundaries)가 분명히 존재하는 관계가 형성되었을 때에 올바르게 성장할 수 있다. 성적 학대는 이러한 경계가 침해되는 극단적이고 파괴적인 예시라고 볼 수 있다. 또한 성인에게로 한정되어야 하는 대화를 아동과 나누는 것 역시 경계가 침해되는 또 다른 예라고 볼 수 있다.

가족들이 가족 자신, 학교, 공동체, 교실과 같은 여러 체제의 접점에서 적절하게 합의점을 마련하는 것이 중요함을 기억하여라. 대부분의 경우, 학생들은 이처럼 다양한 체제에서 적절하게 행동하기 위해 명시된 규칙 또는 암묵적인 규칙을 각각의 상황에서 알맞게 지킬 수 있어야 한다. 또한 학생들은 기대에 영향을 미치는 다양한 가치관을 마주하게 된다. 이와 같은 어려움에 대한 민감성은 전문가가 학생이나 가족들의 요구에 대응할 때 도움이 된다.

14.9.2 가족 참여 이론

Epstein(2001)은 가족과 학교가 학생의 성공을 증진시키기 위해 성공적으로 협력하는 데 지침이 되는 이론을 개발했다. 이 이론은 영향력 중복 영역(overlapping spheres of influence)으로 불린다. 이 이론에 의하면 "학생들은 부모, 교육자 및 지역사회의 사람들이 학생의 학업에 대한 공통된 목표와 책임을 공유하고 협력할 때 보다 효과적으로 배운다."(Epstein & Van Voorhis, 2010, p. 1) 이 모형에서 겹치는 영역은 가정, 학교 및 지역사회를 의미한다. 이 모형은 학교기반 전문가가 조직적인 구조, 제도 및 과정을 통해 가족-학교의 파트너십을 강화하도록 돕는다(Epstein & Van Voorhis, 2010).

이 모형의 가장 유용한 특징 중 하나는 가족 참여에 대한 정의가 확장되었다는 점이다. 과거에는 학부모의 참여가 매우 제한적으로 정의되었다(예 : 학부모-교사 회의 참석, 학부모-교사 단체 참여). Epstein(1995)은 육아, 소통, 자원봉사, 가정에서의 학습, 의사결정 및 지역사회와의 협력을 포함하는 여섯 가지의 학부모 참여를 제시하였다. 이러한 영역들은 학부모의 참여 및 파트너십에 대한 뚜렷하고 가치 있는 영역을 대표한다.

학교기반 전문가는 체제적인 관점에서 이 틀을 사용할 수 있다(Epstein & Van Voorhis, 2010). 예를 들면, 당신의 환경에서 학부모의 참여가 이루어질 수 있는 다양한 방법을 고려해 보자. 이 여섯 가지 종류의 참여에서 몇 가지가 이루어졌는가? 다른 종류의 참여를 늘리기 위해서 당신은 어떤 조치를 취할 수 있는가? 많은 학교는 이메일, 소식지와 알림장을 통해서 명백한 소통을 하고 있다. 또한 학교에는 일반적으로 학부모 자원봉사 프로그램이 있다. 하지만 경우에 따라서 의사결정 영역은 학부모-학교 파트너십 관계가 반영되지 않는다. 학교기반 전문가는 이러한 유형의 참여가 이루어지도록 학교 위원회에 학부모가 참여할 수 있도록 자신의 학교 리더십 팀과 협력할 수도 있다.

학부모 참여를 증가시키려고 노력하는 사람들이 갖는 불만 사항 중의 하나는 일반적으로 참여하는 부모만 반복하여 참여한다는 것이다. 그래서 어떤 경우에는 당신의 노력이 오직 소수의 학부모에게만 영향력을 끼치는 것처럼 보일 수 있다. 학교기반 전문가에게 주어지는 어려운 임무 중 하나는 자신의 주장을 표현하지 않는 학부모도 참여시키는 것이다. 학교기반 전문가들은 학부모가 학교 행사에 적극 참석할 수 있는 친근한 학교 환경을 만들기 위해 노력할 수 있다(Epstein & Van Voorhis, 2010). 당신이 행하는 모든 노력의 결과는 그 효과를 평가할 수 있다. 예를 들어, 더 많은 가족이 '학부모의 밤(back-to-school night)'[2]에 참석하였는가? 학부모-교사 회의의 참가자 수는 증가했는가? 중요한 학교 위원회에서 학부모 대표가 있는가? 등을 확인할 수 있다.

---

2 역자 주 : 학급의 1년 동안의 계획에 대한 전반적인 설명을 듣는 학부모 총회

14.10 결론

협력과 자문을 통해서 학교기반 전문가는 자신의 서비스를 최대화하고 보다 많은 가족, 교사 및 학생을 도울 수 있다. 이러한 노력은 하룻밤 사이에 이루어지지 않는다. 초임 학교기반 전문가로서, 초반 몇 년 동안은 자문 기술을 향상시키고 그 역할에 적응하도록 노력하는 것이 좋다. 그러나 보다 효과적인 협력을 이루기 위해 노력하는 것 역시 중요하다. 학교기반 팀과 함께 일하며 현실적인 연간 목표를 세우고, 학교-가족-공동체 파트너십을 강화할 수 있기를 바란다.

활동

1. 당신이 자문가로서 다음에 제시된 일화 중 하나에 어떻게 대응할지 그룹별로 토론해 보자. 당신의 자문과 관련하여 관련된 법적, 윤리적 쟁점을 다루어 보자.
2. 당신이 자문을 행하는 동안 어떠한 윤리적, 법적 고려사항이 관련될 것인가?
3. 당신은 어떻게 대응할 것인가(수업시간에 제시된 모형 중 하나를 선택하라)?

일화 1 : 당신은 학교 교장과 만난다. 교장은 몇 년 동안 학교의 관리자였다. 학교에 갑자기 학생들이 증가하는 바람에 이동식 컨테이너 교실이 추가로 필요한 상황이다. 교장은 학교에 3명의 경력 많은 교사와 2명의 신규 교사를 이동식 교실로 이동시켰다. 교장은 교사들 사이에서 일어나고 있는 변화를 알아차렸다. 교사들 사이에서 험담, 비꼼과 언쟁이 증가했다. 교장은 최근에 임용된 교사들과 개별적으로 회의를 진행했다. 한 명은 울면서 '산간벽지에 떨어져 있는' 고립된 느낌을 받는다고 말했다. 다른 한 명은 이동식 교실에 배정된 것에 대해서 버림받은 느낌을 받았다고 했다. 3명의 경력 많은 교사들은 교장에 대해서 거리를 두었고 알아차릴 수 있을 만큼 차갑게 대했다. 교장은 교사들의 협력과 통합을 어떻게 회복시킬 수 있는지 고민하고 있다. 교장은 당신에게 도움을 요청한다.

일화 2 : 며칠 후, 당신은 마르티네즈 부부에게서 연락을 받는다. 부부는 자녀가 집과 학교에서 말썽을 피우는 것에 대해 염려를 하고 있다. 부부는 자녀가 집에서는 가족과 불화가 있고, 학교에서는 학급 친구들과 사이가 좋지 않다고 말했다. 최근 보이는 이러한 행동은 예전에 보였던 자녀의 행동과 불일치하기 때문에 부모는 이 상황이 이해가 되지 않는다.

일화 3 : 그리고 그 주에 워싱턴 선생님은 당신에게 자문을 요청한다. 선생님은 "저는 교실 정리정돈을 하지 않아요. 사실 저는 차고에서 제 차를 못 찾을 정도로 무질서해요. 이러한 저의 무질서함이 학생들을 가르치는 것에 방해가 돼요"라고 말한다.

저널 주제

주제 1

당신이 학교를 방문할 때, 당신의 처음 반응을 기억해 보자. 학교에 들어설 때 어떤 기분이었는가? 왜 그러한 기분이 들었는가?

주제 2

당신은 협력적 문화가 무엇이라고 생각하는가? 동료들과 소통하고 있다는 것을 어떻게 알아차릴 수 있는가?

주제 3

방문객이 당신의 학교를 방문했을 때 환영받는 느낌을 받으며 긍정적인 인상을 받도록 하기 위해서 당신은 어떤 일을 할 것인가?

주제 4

자문가로서 당신은 '좋은 가족'과 '좋은 교수법'의 개념에 대해서 본인이 가지고 있는 가치를 어떻게 점검해야 하는가?

CHAPTER 15

돌봄의 연속성 형성하기

학습목표

- 서로 다른 수준(보편적, 선택적, 지시적)의 서비스를 이해한다.
- 학교에서 제공하는 서비스를 극대화하기 위한 전략을 학습한다.
- 학교에서 시행하는 요구조사 도구를 개발한다.
- 포괄적인 학교기반 서비스와 지역사회 자원 간의 연계를 통하여 어떻게 효과적인 서비스를 제공할 것인지 이해한다.

오늘날의 신문이나 뉴스 프로그램은 항상 학생들이나 학교의 학업 성취가 어떻게 부족한지에 관한 이야기로 가득하다. 하지만 우리가 학업 성취도를 높이기 위해 시도했던 많은 접근들은 매우 중요한 전제조건 중 하나—아동의 사회정서적 요구에 주목하는 것—를 간과해 왔다. 실제로 경우에 따라 상담 서비스로 인해 일어날 수 있는 수업결손에 대해 교사와 상담자 사이에 의견이 분분하다. 이러한 인식의 차이에도 불구하고, 선행연구는 두 가지의 목표—학업성취와 사회정서적 건강—가 서로 얽혀 있음을 보여준다(Adelman & Taylor, 2010; Merrell & Gueldner, 2010). 교육현장에서 필요한 것은 모든 아동의 사회정서적 발달을 지원하고, 높은 수준을 요구하는 아동에게는 선별적인 증거기반 서비스 제공하며, 동시에 학업성취를 향상시키려는 학교목표에 부합하는 서비스 모델을 만드는 것이지만 이는 매우 어렵다.

정신건강과 관련하여 돌봄(care) 서비스가 광범위한 연속성(continuum)을 보이는 것은 오늘날 교육적 환경의 중요한 요소이다. 매일 아침 등교하는 학생들은 가족 사이 및 또래 사이에 있었던 갈등, 환경적인 스트레스, 증가하는 정신건강 문제들로 인해 학업에 집중하지 못한다(Christner, Mennuit, & Whitaker, 2009). 아쉽게도 이러한 학생들의 증가하는 요구를 충족시킬 수 있는 자원은 제한되어 있다. 왜냐하면 학교에 이들을 도울 수 있는 학교기반 전문가가 부족하기 때문이다(ASCA, 2010b; Curtis et al., 2004). 1장에서 제시된 관련 통계가 보여주듯이, 우리는 학교기반 전문가가 학생 개개인을 모두 상담할 만한 '인간적 힘(person power)'을 가지고 있지 않다는 것을 인식하여야 한다.

체제적 관점에서 학생 복지에 접근하는 것은 효과적이다. 학생의 강점과 회복탄력성(resiliency)을 계발시키는 프로그램은 어떻게 만들 수 있는가? 부정적인 결과(예 : 괴롭힘, 무단결석, 학교중퇴)를 줄이거나 예방하기 위해서는 어떤 종류의 프로그램이 필요한가? 당신은 어떻게 학교운영팀(school leadership team)이 최선의 프로그램을 선택하도록 도울 수 있는가? 분명한 것은 이 장에서 이러한 모든 질문에 답할 수는 없다는 것이다. 이 장의 목표는 당신이 예방에 초점을 두고, 다양한 수준으로 서비스를 제공하는 것에 대해 생각할 수 있도록 개념적 틀을 제공하는 것이다.

15.1 예방의 수준

지난 20년간 예방 과학(prevention science)의 영역에 대한 관심이 증가하면서, 교육, 상담 그리고 심리학의 영역이 점점 더 성장하였다. 간단히 말하자면, 예방은 효과적이다. 연구 결과에 따르면 예방적 접근은 아동의 긍정적인 발달을 증진시키며, 감정적이고 행동적인 문제들을 줄여

준다(Kellam & Langevin, 2003; Weisz et al., 2005). 나아가 예방 프로그램과 관련된 긍정적인 결과들은 프로그램이 끝난 후 수년간 지속되는 것으로 나타났다(Weisz et al., 2005). 가장 널리 수용되는 예방 모델 중 하나는 세 가지 수준—보편적(universal), 선택적(selected), 지시적(indicated)—의 개입을 포함한다(Barrett & Turner, 2004). 이러한 개입의 상이한 수준들을 잘 이해하기 위해서, 우리는 개별 수준의 예방에 대해 살펴볼 것이다.

15.1.1 보편적 예방

보편적 예방은 가장 기본적인 예방으로 학생이 특별한 요구나 문제를 가지 있지 않은 경우이다. 대신에 많은 수의 아동을 지원하는 긍정적인 기반을 제공하는 것이 목표이다. 1차적인(primary) 혹은 보편적인 예방의 목표는 모든 학생들의 학습과 복지를 증진시킬 수 있도록 환경을 향상시키는 것이다. Rutter와 Maughan(2002, p. 470)이 언급한 바와 같이 "학생의 성취와 행동은 학교 환경의 전반적인 특성에 의해 (더 좋게 혹은 나쁘게) 영향을 받을 수 있다."

가장 흔한 학교기반 프로그램 중 하나는 학교 전반에 걸친 긍정적 행동지원(schoolwide positive behavioral support)이다(SWPBS; Sailor et al., 2009). Sugai와 Horner는 학교가 사회적, 행동적 기대를 분명하게 전달하고 지지적이고 안전하며 일관적으로 유지되는 환경을 제공할 때 학생의 80%가 우호적인 반응을 보이며 추가적 지지가 불필요하다고 주장했다. 학교가 SWPBS를 개발하고 시행했을 때, 학생의 행동 문제는 줄어들었고, 학업성취는 향상하였으며, 학교 직원의 참여도 역시 향상하였다(Bradshaw, Koth, Bevans, Ialongo, & Leaf, 2008; Horner et al., 2005; Lassen, Steele, & Sailor, 2006).

이 방법은 협력적인 팀 접근을 요구한다. 개인들(예 : 부모, 교사, 행정가)은 (1) 데이터를 검토하고, (2) 문제를 분석하고, 기술하며 우선순위를 매기고, (3) 학교를 위해 구체적인 목표를 설정하기 위하여 집단으로 함께 협력한다. 다음으로, 팀은 목표를 달성하기 위해 다양한 증거기반 접근을 선택한다. 이러한 접근들은 예방적일 수 있고, 아동의 광범위한 요구를 다루며, 증거기반 접근이 선택된다. 학교기반 전문가는 시행과 결과를 감독하는 것뿐만 아니라, 팀을 조직화하고, 자문가로서 행동하며, 정확하고 지속적인 실행을 지지하며 '감독(coach)'으로서 역할을 수행한다.

15.1.2 선택적 예방

모든 학생들의 요구를 충족시키는 환경을 만들기 위하여 최선의 노력을 다한다 할지라도, 몇몇 아동은 높은 위험에 처하게 되며 다양한 위험요인 때문에 더 높은 수준의 지지를 필요로 한다. 예를 들어, 당신의 학교에는 괴롭힘과 공격적 행동에 관여되어 있는 학생이 있을 수 있다. 친구의 자살로 인한 후유증으로 고통받고 있는 학생들도 있을 것이다. 이런 경우에 우리는 2차적 (secondary) 수준의 예방을 실시하는데, 이 수준에서는 문제가 규명되고, 추가적인 지원이 제공된다. 이러한 서비스들은 위기에 처한 학생들을 위해 개인 및 집단 상담을 포함한다.

이차적인 예방 행동은 때때로 선택적(selected) 개입으로 불린다. 이러한 유형의 개입은 학교 전체에 해당되는 것이 아니라, 위험요인에 노출되어 있는 개별 학생 혹은 학생집단에게 제공된다. 가끔 학생들은 문제의 초기 징후(예 : 공격적 행동)를 보이기도 한다. 선택적 개입은 개별 혹은 집단적 접근을 통해 제공될 수 있다.

경우에 따라 이차적 예방 프로그램을 받아야 하는 학생들은 스크리닝 도구를 통해 확인된다. '위험에 처해 있는(at risk)' 집단을 확인하는 작업은 크게 어렵지 않다. 학교기반 전문가들이 문제가 있는 학생들을 알아낼 수 있는 가장 흔한 방법 중 하나는 교사의 의뢰이다. 아쉽게도 이 방법은 행동문제를 보이는 학생들을 지나치게 문제시하는 경향을 보일 수 있다. 우리는 또한 눈에 띄지 않는 감정적인 문제들을 경험하고 있는 학생들을 식별할 수 있는 방법을 알고 있어야 한다. 갑작스런 출결 사항의 변화, 평균 학점의 변화, 건강 센터의 방문 등의 징후를 통해 학생이 어려운 시기를 겪고 있음을 판별할 수 있다.

몇몇 효과적인 선택적 예방 프로그램은 학교와 지역 사회의 환경에서 적용할 수 있도록 개발되었다. 이 수준에서 가장 일반적인 유형의 프로그램 중 하나는 기술을 신장시키는 집단활동이다. 이러한 유형의 프로그램은 일반적으로 역할극, 성인 및 동료 모델링, 그리고 실제 상황 맥락(예 : Greenberg & Kusche, 2006; Shure, 2001)에서의 실천을 포함한 구조화된 학습의 시리즈로 구성되어 있다. 또 다른 일반적인 프로그램은 SWPBS의 일환으로 사용되는 체크 인-체크 아웃(Check In-Check Out) 프로그램을 들 수 있다(CICO; Todd, Campbell, Meyer, & Horner, 2008).

이 선택적 개입은 학교의 PBS의 프로그램을 기반으로 학생이 매일 보고 카드를 작성하여 자신의 목표 성취를 확인하는 과정을 포함한다. 매일 아침 학생들은 체크인하고 그 날의 목표를 설정한다. 하루가 끝나면, 학생들은 어떻게 그들이 자신의 목표들 수행하였는지 그리고 몇 점을 얻었는지를 멘토와 함께 얘기하고 체크 아웃한다. 연구 결과에 따르면 이 프로그램은 문제 행동을 줄이는 데 효과적인 것으로 나타났다(Todd et al., 2008).

15.1.3 지시적 예방

돌봄의 연속선상에서 지시적 예방은 문제 행동의 징후를 보이거나 감정 조절을 못하거나 자신을 소외시키는 학생들에게 초점을 맞춘다. 이러한 징후들은 이후에 발생할 수 있는 보다 심각한 문제의 지표일 수 있다. 그러므로 지시적 예방 개입은 종합적으로 이루어지되 각 개인 환경의 다양한 측면에 초점을 맞추게 된다. 어떤 경우에는 집중적인 서비스를 학교와 지역사회의 상담기관을 통해 제공하기도 하는데, 이러한 경우는 심각한 정신건강 혹은 행동 문제를 보이는 아동과 가족을 대상으로 이루어진다(Horner et al., 2005).

이 단계의 개입을 받게 되는 학생들은 주로 이전 단계의 개입에 효과를 보이지 않는 경우가 많고 행동과 정서에 있어서 보다 심각한 문제를 보이는 경우가 대부분이다. 따라서 시간도 많이 소요되고 요구되는 노력과 자원 역시 더 크다. 이러한 개입의 일부는 소집단 형태로 이뤄지기도 하지만 전형적인 개입은 개인상담을 통해 이뤄진다. 투입되는 시간, 노력 및 개입의 수준은 매우 높고 많지만, 장기적인 관점에서 보면 효율적이라고 볼 수 있다(NRC & IOM, 2009).

특히 공격성은 문제가 지속되는 성향을 가지고 있는데, 3학년 이전에 개입되지 않으면 성인까지 지속될 가능성이 높고 보다 심각한 문제를 보일 가능성이 높다(Crick et al., 2006). 실제로 Petras 등(2008)은 청소년의 위험행동을 줄이기 위해서는 초등학교 시기에 이들의 공격성을 줄이는 것이 가장 효과적이라고 결론 내렸다. 따라서 조기 개입하는 경우 공격성의 패턴을 효과적으로 줄일 수 있을 것이다.

개인에 나타는 위험요인을 줄이기 위한 예방적 개입은 모든 연령대에서 실시될 수 있다. 그러나 대부분의 증거기반 개입 프로그램은 초등학생 또는 그 이전의 연령에 초점을 맞추고 있다(예: Fast Track, Conduct Problems Prevention Research Group, 1999; Incredible Years, Webster-Stratton & Herman, 2010). 올베우스의 괴롭힘 예방 프로그램 역시 증거기반 프로그램으로 추천할 만한 프로그램이다.

지시적 프로그램은 공격성과 외현적(externalizing) 행동에만 해당되는 것이 아니다. 내재화(internalizing) 문제의 경우에도 집중적인 프로그램이 효과적이라는 연구들이 증가하고 있다(예: Cuijpers, van Straten, Smit, Mihalopoulos, & Beekman, 2008; Horowitz & Garber, 2006). 실제로, 내재화 문제의 경우 집중적인 프로그램은 보편적인 프로그램에 비해 효과적이다. Horowitz와 Garber(2006)는 우울 증상을 보이는 학생들을 대상으로 실시한 예방 개입을 통해 긍정적인 결과를 확인하였다(예: 우울 증상의 감소). 그러나 메타 분석에 따르면, 우울증상을 감소시키는 데 있어서는 지시적 개입이 보편적 개입보다 효과적인 것으로 나타났다. 보다 최근에 Cuijpers 등(2008)은 우울을 경험하는 청소년을 대상으로 실시한 예방적 개입이 우울 장애를 23% 감소시킨다고 밝혔다. 이러한 연구들은 주로 인지-행동 개입에 기반을 둔 것이었다.

몇몇 학생과 가정은 지역사회의 상담 기관을 통한 확장된 상담 서비스가 필요한 경우가 있다. 관련된 효과적인 두 가지 모델은 돌봄 시스템(system of care) 철학(Stroul & Friedman, 1996)과 랩어라운드 팀 과정(Wraparound team process)이다(Eber, Sugai, 스미스, & Scott, 2002). 돌봄 시스템 모형은 학생 내담자와 가족을 위해 제공되는 다양한 형태의 서비스 개발을 강조한다. 이러한 목적을 달성하기 위하여 학교 상담자는 가족 및 다양한 지역사회의 상담기관(예 : 사회복지 서비스, 지역정신건강센터, 청소년 교정기관 등)과의 파트너십을 형성해야 한다. 이 모형을 통해 아동과 가족은 종합적인 맞춤형 서비스를 제공받고 학생 내담자의 맥락을 고려하여 최적화된 증거기반 서비스를 제공받게 된다(Stroul & Friedman, 1996). 랩어라운드 팀은 가족의 요구에 부응하기 위하여 지역사회의 지원 서비스를 조직화한다. 돌봄 시스템과 랩어라운드 모형 모두 아동과 가족의 요구를 보다 정확히 파악하기 위하여 의사소통을 강조하며 불필요한 중복 서비스를 피하고 서비스의 공백을 최소화할 것을 강조한다. 학교기반 전문가는 이러한 돌봄 시스템과 랩어라운드 모형에서 적극적인 역할을 수행해야 한다.

15.2 학교기반 돌봄의 요소

3단계로 이루어진 서비스 이외에도, 학교기반 전문가는 다양한 학생의 요구에 부응하기 위한 최고의 상담 서비스를 제공할 수 있는 모형을 개발하는 것이 필요하다. 이와 같은 관점에서, 이러한 모형은 (1) 학교의 구성원이 긍정적인 행동지원을 제공하고 이를 통해 학생의 관계를 개선할 뿐만 아니라 긍정적인 학교 분위기를 형성하도록 도와야 한다. 또한 (2) 개인 및 집단상담과 자문 및 다른 형태의 개입을 통해 증거기반 프로그램의 실행 비율을 높여야 한다. 그리고 (3) 학교 내의 구성원들과 협력을 이끌어 냄과 동시에 학제적 접근을 시도해야 한다. 마지막으로 (4) 가족과 지역사회의 상담 기관과 연계를 강화함으로써 정신건강 문제를 포함한 다양한 학생의 요구에 부응할 수 있어야 한다.

15.2.1 학교 차원의 긍정적 사회, 정서 및 행동 프로그램

이상에서 언급한 모형을 성공적으로 실행하기 위해서는 다양한 정신건강 문제의 해결을 위한 체제적, 예방적 접근이 필요하다. Nastasi(2004)는 아동 및 청소년에게 학교 정신건강 서비스를 제공하기 위해서 공중보건모형(public health model)의 도입을 주장하였다. 공중보건모형은 예방을 강조하면서 광범위한 요구를 충족시키는 연속적인 서비스를 제공한다. Doll과 Cummings(2008)도 유사한 모형을 주장하였는데, 이 모형은 학교환경을 강조하면서 특정 개인보다는 광범위한 대상에 초점을 두고 있다. 이러한 모형은 ASCA의 국가모형(2005)과 NASP의 광범위한 서비스 모형과 일맥상통한다. 왜냐하면 지도(guidance)와 체제적 개입을 통해서 많은 수의 대상에게 서비스를 제공하기 때문이다.

돌봄을 하나의 연속체(continuum)로 가정할 때, 이러한 연속체의 한쪽 끝은 학교 전반에 걸친 예방 프로그램이 차지한다. 이러한 예방 접근은 학습에 초점을 두며 긍정적인 학교의 분위기 조성에 영향을 미친다. Greenberg 등(2003)이 지적한 바와 같이 "잘 계획되고 충실히 실행된 학교기반 예방 프로그램은 학교에 긍정적인 영향을 미쳐 궁극적으로 다양한 사회적, 신체적 및 학업적 성과를 이뤄낸다(p. 472)"고 볼 수 있다. 이처럼 예방 서비스를 빈틈없이 제공하면 학생의 안녕(wellness)은 향상되고 '연속성을 지닌 돌봄'(continuum of care)을 통해 학생의 요구를 충족시킬 수 있다. 이상적인 관점에서 보았을 때 이러한 연속성을 지닌 서비스는 학교의 분위기를 긍정적으로 조성하고, 관련된 다양한 기관과 파트너십을 확장하며, 예방 프로그램을 실행하고, 모든 학생의 정신건강을 향상시키는 활동들이 유기적으로 연결된 상태라고 볼 수 있다. 또한 변화를 위한 체제적인 접근은 효과적이나, 체제적인 접근은 장기적인 관점에서 실행되어야 하므로 학교에서 적용하는 것이 쉽지는 않다.

앞선 부분에서 언급한 바와 같이, 많은 학교들은 이미 학교 전반에 걸친 긍정적 행동지원(Sailor et al., 2009)과 반응중재(Brown-Chidsey & Steege, 2005)를 예방 프로그램과 통합시켜 적용하고 있다. 이러한 접근은 많은 수의 학생을 대상으로 이들의 요구를 충족시켜주는 예방적, 보편적 프로그램의 틀을 제공한다. 새로 학교에 부임한 신규 학교기반 상담자라면 이러한 예방적, 보편적 프로그램을 통해 많은 수의 학생에게 서비스를 제공하는 것에 초점을 두라고 조언하고 싶다.

15.2.2 증거기반 서비스의 확대

학교기반 전문가는 많은 수의 학생에게 서비스를 제공할 뿐만 아니라 이러한 서비스가 원하는 성과를 내고 있는지 확인할 수 있어야 한다. 우리가 제공하는 서비스의 모든 측면은 연구에 의해 효과적이라고 입증된 내용을 반영해야 한다(예 : 자문, 개입 등). 증거기반 실행(evidence-based practice)이라는 용어는 과학적인 지식에 기반을 두고 엄격한 연구를 통해 효과성이 입증된 프로그램 혹은 개입을 의미한다(Hoagwood, Burns, & Weisz, 2002). 한 접근이 증거기반 실행이라는 의미는 그 접근이 특정 문제에 대해 분명하게 실증적으로 효과가 있다는 것을 뜻한다. 그러나 아쉽게도 어떠한 상황에서 어떤 대상에게 무엇이 효과적인지에 대한 우리의 지식은 아직 부족한 상태이다.

연구는 임상적인 성격이 강하기 때문에, 임상적으로 확인된 접근을 실제 학교 상황에 적용하는 것이 쉽지는 않다. 더욱이 학교의 역동적인 특성과 자원이 제한된 상황에서(예 : 시간, 전문성 등), 계획된 개입을 기대했던 수준만큼 실행하는 것은 쉽지 않다. 또한 학교 관계자들은 효과성이 입증되고 원하는 성과를 보이는 것으로 확인된 프로그램을 선택하는 것에 관심이 적어 보인다(Ennett et al., 2003). 결과적으로 학교에서 증거기반 프로그램을 실행하는 것은 쉽지 않다(Hoagwood & Johnson, 2003). 실제로, Zins, Weissberg, Wang 및 Walberg(2004)는 학교기반 전문가들은 학생들의 사회-정서적 문제를 돕기 위해 평균적으로 14가지의 각기 다른 프로그램을 실행하는데, 대부분의 프로그램은 증거기반 프로그램이 아니라고 주장한다.

그러나 훈련 프로그램이나, 학회 및 전문적 문헌에서는 이러한 증거기반 개입의 중요성을 지속적으로 강조하고 있기 때문에, 앞으로 교육환경에서도 증거기반 개입을 보다 많이 선택하는 변화가 일어나리라고 예상한다. 확실한 점은 여러분이 학교상담과 학교심리 분야에서 증거기반 개입과 프로그램의 보급과 확산에 선구적인 역할을 해야 한다는 것이다.

15.3 협력을 통한 역량 강화

역량을 강화시킨다는 것은 '증거기반 및 역량강화 개입을 충실히 실행하여 인적, 기술적, 재정적 및 조직적 자원을 향상시키는 노력'으로 정의된다(Spoth, Greenberg, Bierman, & Redmond, 2004, p. 32). 장기적인 관점에서 실행되는 예방 및 개입 프로그램은 이러한 노력을 지지하고 유지시키는 체제에 많이 의존하게 된다. 역량 강화를 구성하는 기본 요소는 다른 사람들을 교육시키고 이들의 실력을 향상시키기 위한 협력(collaboration)을 포함한다. 이러한 목표(예 : 교육시키고 실력을 향상시키는)를 성취하기 위해서는 지속적인 전문성 신장활동을 통해 팀 구성원의 지식과 기술을 향상시켜야 한다. 학교기반 전문가로서 여러분은 역량 강화와 관련된 그 밖의 많은 요소들을 활용하여 자신의 역할을 수행해야 한다.

15.3.1 교육과 역량 강화를 위한 협력적 팀 구성

체제적인 접근을 위한 첫 단계는 학교나 지역 사회에서 한 목표에 관심을 갖고 있는 개인이나 집단으로 팀을 구성하는 것이다. 앞 장에서 논의한 바와 같이, 다른 사람들과 협력을 하면 제공할 수 있는 서비스의 수준을 높일 수 있다. 학교기반 전문가가 다른 정신건강 전문가(예 : 학교 사회복지사, 지역 정신건강 전문가 등)와 학생의 사회적, 정서적, 행동적 및 학업적 요구를 충족시키기 위하여 협력할 때 보다 많은 학생들의 요구에 부응할 수 있다(Adelman & Taylor, 2006).

학교기반 전문가가 효과적인 의사소통 기술을 갖고 있으면 다양한 배경을 지닌 여러 개인들과 효과적으로 협력하기에 유리하다. 한 집단에 속한 사람들이 서로 다른 관점을 지닌 경우 이들을 하나로 뭉치도록 돕는 데는 자문 및 상담 기술이 활용될 수 있다. 문제해결 과정에서 요구되는 절차를 실행할 때, 전문적 상담자는 학생의 요구를 확인하고, 목표를 설정하며, 그러한 목표의 성취를 위한 계획을 개발할 수 있다. 우리는 교사, 관리자, 가족 및 다른 학교 기반 전문가들로 구성된 협력적 팀 구성을 권장한다.

15.3.2 지속적인 학제적 전문성 계발

체제적 변화를 촉진하기 위해서는 학생에게 서비스를 제공하며 이들의 변화를 이끌어 낼 수 있는 사람들을 훈련하는 것이 필요하다. 부모, 담임교사, 지역의 구성원(예 : 종교 지도자, 방과후 프로그램 교사, 체육부 감독 등)은 학생의 삶에 영향을 미칠 수 있는 사람들이다. 정신건강 전문가는 자신의 전문성을 이러한 사람들에게 제공함으로써 이들이 학생과 보다 효과적으로 의사소통 할 수 있도록 돕고, 건강한 학교 환경을 만드는 데 일조하며, 추가적인 정신건강 서비스가 필요한 학생을 확인해야 한다.

여러분의 전문적 계발 활동은 예방 활동의 수준(예 : 보편적, 선택적, 지시적)과 잘 매칭되어야 한다. 다시 말해, 프로그램의 실행을 위해 적절한 환경을 조성하려면 어떠한 종류의 훈련이 필요한지를 고려해야 한다. 학교 전체의 변화를 위해서 노력하는 경우라면, 어떠한 정보와 기술을 갖고 있어야 학교의 체제를 성공적으로 변화시킬 수 있을지 생각해야 한다. 예를 들어, 학생의 공격성 수준을 감소시키기 위하여 학교 전반에 걸친 긍정적 행동지원(SWPBS)을 실행하고자 한다면, 학교와 지역사회의 구성원이 이 프로그램을 효과적으로 실행하기 위하여 요구되는 어떤 특정 절차가 있을 것이다.

전문성 계발의 1차적인 목표는 다른 사람들이 문제를 인식하고 이를 해결하기 위하여 조치를 취하는 것의 중요성을 깨닫도록 돕는 것이다. 2차적인 목표는 교직원과 가족이 상담 프로그램을 이해하고 필요한 변화가 무엇인지 이해하는 것이다. 일단 프로그램이 공식적으로 학교에서 실행되면, 전문성 계발을 위한 훈련은 보다 힘을 얻게 된다. 예를 들어, 어떤 프로그램을 학생의 발달적 수준에 맞춰 수정하기 위하여 특정 학년의 교사들과 협력할 수 있다. 또 다른 예로는 다양한 학교의 직원들(예 : 학교 버스 기사, 청소부, 교무실 직원 등)을 훈련하여 어떻게 자신의 역할 속에서 프로그램의 실행을 도울 수 있을지 탐색하도록 가르칠 수 있다. 가장 구체적인 예라면, 프로그램을 실행하는 데 있어서 어려움을 겪고 있는 사람들의 문제를 듣고 해결책을 제시하는 경우에 해당된다.

선택적 예방의 경우 학교의 직원들이 문제의 위험성이 높은 학생들을 조기에 발견할 수 있도록 충분한 정보를 제공하는 것이 중요하다. 이들에게 제공할 수 있는 또 다른 형태의 훈련 프로그램으로는 긍정적 행동 지원 계획에 관한 연수를 실시하여 어려움에 처한 학생들에게 추가적인 지원을 제공할 수 있도록 돕는 것이다.

지시적 예방의 경우 전문성 계발 활동은 지역의 정신건강 기관과 연계하여 팀을 구성하고 협력적 관계를 형성하는 것을 포함한다. 이러한 파트너십을 통하여, 교사와 행정직원이 가정에게 제공 가능한 자원을 더 잘 인식하도록 도울 수 있을 것이다.

15.3.3 가정 및 지역 기관과의 관계 강화

지역사회는 청소년의 성장에 중요한 역할을 한다. 지역사회는 이들에게 생명과 같은 역할을 하기도 하고, 지지적인 환경을 제공해 주기도 하며, 경우에 따라서는 폭력과 공격이 넘치는 안전하지 못한 환경을 제공해 주기도 한다. 학교기반 전문가는 학교의 요구를 보다 효과적으로 충족시키기 위하여 안전하고 건강한 학교 환경을 조성할 뿐만 아니라 지역사회의 다양한 기관들과 긴밀하고 협력적인 관계를 형성해야 한다(14장에 제시한 학교-지역사회의 협력적 관계 형성 부분을 참조).

학교와 지역사회는 서로 다른 구조와 철학을 가질 수 있다. 학교와 지역사회가 분리되어 독립된 프로그램을 실행하는 것은 바람직하지 않다. 학생의 학업적, 사회적, 정서적 요구에 부응하기 위하여 우리는 최선을 다해 학교와 지역사회가 협력할 수 있도록 노력해야 한다. 학교의 전문가와 지역사회의 대표들이 협력적 관계를 유지할 때 어떻게 각자의 노력을 조율하여 공동의 목표를 향해 나아갈 수 있을지 인식할 수 있다.

15.4 요구조사의 실시

이 장에서 설명한 일들은 상당히 어려워 보인다. 가장 흔한 우려는 "도대체 어디서부터 시작해야 하나요?"와 같은 걱정이다. 낮은 학업성취도, 저조한 출석률, 눈에 띄는 행동 문제, 교사의 사기 저하와 같은 다양한 우려 사항이 나타나는 학교에 근무한다면, 어느 영역에 초점을 맞출 지 선정하기가 쉽지 않을 수 있다. 모든 문제가 전부 똑같이 중요하게 보일 수 있기 때문이다. 반면 어떤 학교의 경우에는 가장 중요한 것처럼 보이는 하나의 문제가 확인되었지만(예 : 학교폭력), 도대체 왜 이 문제가 발생하며 어떻게 이 문제를 해결해야 하는지에 대한 충분한 정보가 없을 수도 있다.

학교에서 필요한 것이 무엇인지 확인하는 과정에서 매우 중요한 것은 현재의 위험요인과 보호요인을 확인하는 것이다. 어떠한 보호요인과 위험요인이 확인된 특정 문제와 관련이 있는지 파악해야 한다. 또한 변화시킬 수 있는 요인은 어떠한 것인지 확인해야 한다. 특정 문제의 영역에 초점을 맞추면(예 : 학업중단율), 이 문제에 영향을 미치는 요인들을 파악해야 한다(예 : 낮은 학업참여도, 낮은 학업성취도 등). 나아가 이러한 부정적인 결과에도 불구하고 좋은 성과를 보이는 학생들에게 주목해야 한다. 학업중단의 경우 학교에 대한 참여도가 높고 교사 및 성인과 친밀한 관계를 형성하고 있는 친구를 갖는 것은 매우 중요한 보호요인으로 작용한다.

개입의 초점을 관련된 위험요인과 보호요인에 둘 수 있다. 다시 말해, 보호요인을 늘리고 위험요인을 줄이는 개입이 필요하다. 학교폭력, 낮은 학업성취 및 중단, 교우관계 문제 등은 모두 위험요인으로 작용하며 안전하지 않고 혼돈스러운 학교 및 지역사회와 상관이 높다(NRC & IOM, 2009). 만일 여러분이 이러한 문제가 만연한 학교에 근무한다면, 학교에서뿐만 아니라 지역사회와 힘을 합하여 이러한 위험요인을 줄임으로써 부정적인 영향을 최소화시키는 노력을 다해야 한다.

다행히 많은 기관들은 이미 청소년에게 나타나는 부정적인 결과와 관련된 위험요인과 보호요인을 파악하고 있다(예 : 학업중단율, 청소년 임신, 학교폭력 등). 예를 들어, 미국 약물남용 및 정신건강청(Substance Abuse and Mental Health Services Administration)은 관련된 설문지와 예방 매뉴얼 및 지역사회에서 사용할 수 있는 지침서를 개발하여 지역사회의 광범위한 위험요인을 파악하고 이에 따라 프로그램을 실행할 수 있도록 돕고 있다. Communities that Care 청소년 설문지는 6~12학년이 실시하는 50분가량 소요되는 설문지로 이를 통해 개입이 필요한 대상이 누구인지를 판별해 낸다. 뿐만 아니라 50개가 넘는 프로그램을 포함하는 예방 지도서를 제공하는데 이를 통해 다양한 수준(예 : 보편적, 선택적, 지시적)에서 다양한 연령대의 학생에게 다양한 영역에서(예 : 개인, 가정, 학교 및 지역사회) 프로그램을 제공할 수 있다. Communities that Care와 관련된 자료들(예 : 설문지, 예방 지도서, 매뉴얼 등)은 표 15.1에 제시된 웹사이트에서 다운받을 수 있다.

질병통제센터(Centers for Disease Control)에서 제공하는 학교건강지표 : 자기평가 및 계획 안내서(School Health Index : A Self-Assessment and Planning Guide) 역시 요구조사를 위해 대안적으로 사용할 수 있다. 이 평가도구는 매우 간단하며 8개의 주제—영양, 학교안전, 신체활동, 건강서

표 15.1 요구조사 도구와 관련된 웹사이트

프로그램	자료와 URL
Communities That Care	설문지, 예방 지침서, 운영자 매뉴얼 http://www.communitiesthatcare.net/
Centers for Disease Control School Health Index: A Self-Assessment and Planning Guide	자기평가, 많은 건강행동 관련 모듈, 회의 안건, 팀 구성원을 위한 아이디어 http://www.cdc.gov/healthyyouth/shi/
Collaborative for Academic, Social, and Emotional Learning(CASEL)	광범위한 요구 및 성과 평가 http://www.casel.org/
Child Trends Youth Development Outcomes	핵심적 요구 및 성과 평가 http://www.childtrends.org/
Centers for Disease Control, Youth Risk Behavior Surveillance System	설문지, 사실보고서, 자료 http://www.cdc.gov/yrbss.

비스, 건강증진, 상담, 심리·사회적 서비스 및 가족 참여—에 대하여 평가한다. 이 평가도구는 교장, 보건교사, 학교 상담자/학교 심리사뿐만 아니라 부모나 지역사회의 대표기관(예 : 보건복지부, 지역의 정신건강센터 등) 등도 사용할 수 있다. 각 영역에 제시된 일련의 문제에 응답한 후 학교에 대해 전체적으로 평가한 후 우선적으로 조치가 필요한 다섯 가지 영역을 선정하게 된다. 그리고 웹사이트를 통해서 관련 영역과 관련된 자료를 활용하여 프로그램을 실행할 수 있다.

학업 및 사회정서학습 협회(Collaborative for Academic, Social, and Emotional Learning : CASEL) 또한 많은 요구 및 성과 평가도구를 제시한다. 이 도구는 평가하려는 행동에 따라 다양하다. 대부분은 광범위한 건강행동에 초점을 두고 있다(예 : California Healthy Kids Survey, Youth Risk Behavior Surveillance System[YRBSS]). 그러나 특정 행동을 평가하는 것에 관심이 있다면 Child Trends Youth Development Outcomes 웹사이트에서 좋은 자료들을 다운받을 수 있다. 이 사이트는 여러분이 관심을 가질 만한(예 : 부모-자녀의 관계, 정신건강, 학교참여) 항목들을 측정하는 다양한 평가도구를 제공한다. 이와 같은 웹사이트를 잘 알아두면 당신의 학교 학생을 대상으로 요구조사를 실시할 때 정보를 수합하거나 잠재적 문제를 확인하는 과정에서 도움을 얻을 수 있다.

학교기반 전문가는 또한 지역의 보건 기관을 통해 지역사회의 다양한 정보를 얻을 수 있다. 질병관리센터(Centers for Disease Control)는 청소년을 대상으로 하는 위험 설문지(YRBSS)를 개발했는데 이 도구는 청소년들이 건강 위험과 관련된 특정 행동을 어느 정도 하는지를 측정한다. 설문지는 이를 안전벨트와 헬멧 사용, 운동, 자외선 차단제의 사용, 담배·알코올 및 불법적 약물의 사용, 성관계, 공격성(예 : 싸움, 무기 소지 등) 항목으로 구성하였다. 이를 통해 수집된 정보는 다양한 목적을 위해 사용되는데, 최근에는 건강한 국민 2010 운동(Healthy People 2010 Initiative)의 목표를 달성하기 위해 주로 사용된다. 개별 주정부 및 카운티는 건강 관련 교육과정과 교육 프로그램을 설계할 때 이 정보를 사용한다. 또한 학생들의 신체활동의 증진을 위하여 지역사회기반 프로그램을 지원할 때에도 이 정보를 사용한다(Centers for Disease Control and Prevention, 2010). 만일 여러분이 속한 주 혹은 카운티가 이와 같은 설문지를 활용하고 있다면, 해당 데이터를 통하여 지역 사회의 학생들이 어떤 위험 요소와 보호 요인을 가지고 있는지 판별하기가 상대적으로 용이할 것이다.

15.5 지속적인 돌봄의 적용

우리가 이 장에서 설명했던 요구조사를 어떻게 활용할 수 있을지 4부의 도입에서 소개했던 말리 초등학교로 다시 돌아가 보자. 우리가 제시한 사례에는 상당한 절차와 구체적인 사항들이 빠져 있다. 구체적인 절차를 제시하는 것이 이 책의 목적은 아니다. 그러나 다음에서 제시한 사례를 통해 어떻게 요구조사를 활용하여 긍정적인 학교분위기를 조성할 수 있는지 이해하기를 바란다.

사례 예화

말리 초등학교는 실업률이 높고 안전하지 않은 지역에 위치한 학교이다. 이 학교는 학업 성취도가 낮은 학교로 알려져 있어 교직원의 사기가 저하되어 있다. 학생들 또한 공부를 포기한 것처럼 보이며 학교활동에 관심이 적어 보인다. 학교운영팀의 일원인 여러분은 이 학교의 상황을 체제적 관점으로 분석하고자 한다.

학교운영팀이 제시한 최우선 목표는 학생의 학업성취도를 높이는 것이다. 학업성취도를 신장시키기 위해서는 증거기반 프로그램의 실행 및 높은 기대를 심어 주는 것과 같은 몇 가지의 방법을 사용할 수 있다. 그러나 이러한 학업적 개입이 학교의 모든 문제를 다루지는 못한다. 매우 분명한 것은 많은 학생들이 학업에 부정적 영향을 미치는 문제행동을 보이고 있다는 점이다. 따라서 학교운영팀은 학생들의 행동문제를 다루어서 보다 적절한 학습 및 사회적 행동을 증가시키려고 계획했다. 뿐만 아니라 이러한 변화는 한 개인의 노력으로 성취될 수 없음을 인식하고 학부모와 지역 인사 등과의 협력을 통해 이루고자 계획했다.

당신은 또한 운영팀을 구성하여 학생의 행동과 성적을 향상시키기 위한 목표를 세운다. 학교기반 전문가로서 효과적으로 학생의 행동을 개선하기 위해서는 팀을 통해 일을 하며 팀과 협력이 잘 된다고 믿는다. 이 집단의 구성원으로서 당신은 실행할 수 있는 프로그램들을 검토하고, 요구조사를 위한 설문지 개발을 도우며, 회의 진행을 보조한다.

다양한 프로그램을 조사하여 각 프로그램의 장단점을 비교한 후, 당신의 팀은 학교 전반에 걸친 긍정적 행동지원 프로그램을 실행하기로 결정한다. 이 팀은 다양한 구성원으로 이루어졌기 때문에, 다양한 형태의 지원을 받을 수 있는 장점을 지니고 있다. 팀에 속한 부모는 학부모와의 소통에 도움을 준다. 지역의 인사는 긍정적 행동을 보인 학생에게 보상을 주기 위한 지역사회의 인센티브 제도를 만든다. 물론 이러한 협력은 상당히 힘든 일이라는 것을 알지만, 말리 초등학교의 일고 있는 새로운 변화의 분위기를 느낄 수 있다.

15.6 결론

학교기반 예방 프로그램을 성공적으로 수행하기 위해서는 이 프로그램이 학교의 주요 목표와 직접적으로 관련성을 가져야 하며 이를 실행하는 학교 구성원의 목표와도 부합해야 한다 (Greenberg et al., 2003). 지속가능한 체제적 변화를 이끌어내는 것은 쉬운 일이 아니며 상당한 시간과 훈련을 필요로 한다. 변화는 이해 당사자가 목표를 공유하고, 자신감을 느끼며, 지지를 받을 때 일어난다.

이러한 변화가 첫해에 일어날 것이라고 기대하기는 어렵다. 뿐만 아니라 이러한 변화는 결코 혼자의 힘으로 이뤄낼 수 없다. 이러한 변화를 이루어낼 수 있는 기초가 되는 구조를 만들어라. 그리고 다양한 돌봄 서비스를 제공하는 것에 초점을 두어라. 이러한 노력을 하는 과정에서 변화의 주인공과 리더가 되기를 바란다. 체제적 개입, 협력적 접근 및 증거기반 프로그램을 사용할 때, 보다 많은 학생들에게 가장 긍정적인 변화를 이루어낼 수 있다.

활동

1. 집단 활동을 통해 해당 지역의 아동 및 청소년 관련 상담 서비스를 제공하는 기관의 목록을 만들어 보자. 비용은 어느 정도이며 무료 서비스가 제공되는지, 또한 특정 전문 분야가 있는지 확인해 보자. 기관에 따라 어떠한 차이가 있는가?
2. 소집단 활동을 통해, 초등학교, 중학교 및 고등학교 중에서 한 학교급을 선택하여 요구 조사 도구를 개발하라. 이 장에서 샘플로 제시했던 여러 요구 조사 도구들을 활용할 수 있다.

저널 주제

주제 1

새로 부임한 학교기반 전문가로서 체제의 변화를 이루어내기 위한 첫 단계는 무엇이라고 생각하는가?

주제 2

'돌봄의 연속성(continuum of care)'이라는 개념을 생각해 보자. 어떤 형태의 돌봄을 제공하는 것을 가장 편안하게 느끼는가?

참고문헌

Active Parenting Publishing. (2006). *Over twenty years of evidence: Active Parenting works!* Retrieved November 1, 2010, from http://www.activeparenting.com/Research_summary

Adelman, H. S., & Taylor, L. (2003). On sustainability of project innovations as systemic change. *Journal of Educational and Psychological Consultation, 14,* 1–26.

Adelman, H. S., & Taylor, L. (2006). Mapping a school's resources to improve their use in preventing and ameliorating problems. In C. Franklin, M. B. Harris, & P. Allen-Meares (Eds.), *School services sourcebook: A guide for social workers, counselors, and mental health professionals* (pp. 977–990). New York: Oxford University Press.

Adelman, H. S., & Taylor, L. (2010). *Mental health in schools: Engaging learners, preventing problems, and improving schools.* Thousand Oaks, CA: Corwin.

Adler, A. (1958). *The practice and theory of individual psychology.* Patterson, NJ: Littlefield, Adams.

Adler, A. (1964). *Social interest: Adler's key to the meaning of life.* Boston: Oxford.

Akin-Little, A., Little, S. G., Bray, M. A., & Kehle, T. J. (2009). Introduction. In A. Akin-Little, S. G. Little, M. A. Bray, & T. J. Kehle (Eds.), *Behavior interventions in schools: Evidence-based positive strategies* (pp. 3–10). Washington, DC: American Psychological Association.

Alberto, P. A., & Troutman, A. C. (2006). *Applied behavior analysis for teachers* (7th ed.). Upper Saddle River, NJ: Prentice Hall.

Alberts, A., Elkind, D., & Ginsberg, S. (2007). The personal fable and risk-taking in early adolescence. *Journal of Youth and Adolescence, 36,* 71–76.

Allen, M., Burt, K., Bryan, E., Carter, D., Orsi, R., & Durkan, L. (2002). School counselors' preparation for and participation in crisis intervention. *Professional School Counseling, 6,* 96–102.

Altshuler, S. (2006). Professional requirements for school social work and other school mental health professions. In C. Franklin, M. Harris, & P. Allen-Meares (Eds.), *School services source-book: A guide for social workers, counselors, and mental health professionals* (pp. 1129–1146). New York: Oxford University Press.

American Art Therapy Association. (n.d.). *About the American Art Therapy Association.* Retrieved June 22, 2006, from http://www.arttherapy.org/index.html.

American Counseling Association [ACA]. (2010a). *ACA code of ethics.* Retrieved December 13, 2010, from http://www.counseling.org/Resources/CodeOfEthics/TP/Home/CT2.aspx.

American Counseling Association [ACA]. (2010b). *Definition of counseling.* Retrieved November 20, 2010, from http://www.counseling.org/Resources/.

American Psychological Association [APA]. (2010). *Ethical principles of psychologists and code of conduct.* Retrieved December 13, 2010, from http://www.apa.org/ethics/code/index .aspx.

American Red Cross. (2007). *In the aftermath.* Retrieved December 10, 2010, from http://www .redcross.org/preparedness/educatorsmodule/EDU_In_the_Aftermath/Aftermath%20Back ground.pdf.

American School Counselor Association [ASCA]. (1997). *The national standards for school counseling programs.* Alexandria, VA: Author.

American School Counselor Association [ASCA]. (2005). *The ASCA national model: A frame-work for school counseling programs* (2nd ed.). Alexandria, VA: Author.

American School Counselor Association [ASCA]. (2007). *The professional school counselor and crisis/critical incident response in the schools.* Retrieved December 8, 2010, from http:// asca2.timberlakepublishing.com//files/PS_Crisis_Critical.pdf.

American School Counselor Association [ASCA]. (2009). *The role of the professional school counselor.* Retrieved July 14, 2011, from http://www.schoolcounselor.org/content.asp?pl=325& sl=133&contentid=240.

American School Counselor Association [ASCA]. (2010a). *Ethical standards for school coun-selors.* Retrieved December 13, 2010, from http://www.schoolcounselor.org/files/Ethical-Standards2010.pdf.

American School Counselor Association [ASCA]. (2010b). *Student/school counselor ratio by state, 2008–2009.* Retrieved December 6, 2010, from http://www.schoolcounselor.org/files/ Ratios%202008-09.pdf.

Association for Play Therapy. (n.d.). *About play therapy.* Retrieved October 27, 2010, from http://www.a4pt.org/ps.playtherapy.cfm.

Axline, V. M. (1947). *Play therapy.* New York: Ballantine.

Axline, V. M. (1964). *Dibs in search of self.* New York: Ballantine.

Baldwin, S. A., Wampold, B. E., & Imel, Z. E. (2007). Untangling the alliance-outcome correla-tion: Exploring the relative importance of therapist and patient variability in the alliance. *Journal of Consulting and Clinical Psychology, 75,* 842–852.

Barrett, P. M., Dadds, M. R., Rapee, R. M. (1996). Family treatment of childhood anxiety: A controlled trial. *Journal of Consulting and Clinical Psychology, 64,* 333–342.

Barrett, P. M., & Turner, C. M. (2004). Prevention of childhood anxiety and depression. In P. M. Barrett & T. H. Ollendick (Eds.), *Handbook of interventions that work with children and adolescents: Prevention and treatment* (pp. 429–474). West Sussex, England: John Wiley & Sons.

Baskin, T. W., Slaten, C. D., Crosby, N. R., Pufahl, T., Schneller, C. L., & Ladell, M. (2010). Efficacy of counseling and psychotherapy in the schools: A meta-analytic review of treatment outcome studies. *The Counseling Psychologist, 38,* 878–903.

Beck, A. T. (1976). *Cognitive therapy and the emotional disorders.* New York: International Universities Press.

Beck, A. T., Rush, A. J., Shaw, B. F., & Emery, G. (1979). *Cognitive therapy for depression.* New York: Guilford Press.

Beer, M., & Spector, H. (1980). *Organizational change and development: A systems view.* Santa Monica, CA: Goodyear.

Beltman, S., & MacCallum, J. (2006). Mentoring and the development of resilience: An Australian perspective. *International Journal of Mental Health Promotion, 8,* 17–28.

Berg, I. K. (2005 July/August). Keeping the solutions inside the classroom. *ASCA School Counselor, 42*(6), 30–35.

Bergan, J. R. (1977). *Behavioral consultation.* Columbus, OH: Merrill.

Berk, L. E. (2008). *Infants, children, and adolescents* (6th ed.). Boston: Pearson.

Berman, P. S. (2010). *Case conceptualization and treatment planning: Integrating theory with clinical practice.* Los Angeles: Sage.

Bernal, G., Bonilla, J., Padilla-Cotto, L., & Pérez-Prado, E. (1998). Factors associated to outcome in psychotherapy: An effectiveness study in Puerto Rico. *Journal of Clinical Psychology, 54,* 329–342.

Bernard, J. M., & Goodyear, R. K. (2004). *Fundamentals of clinical supervision* (3rd ed.). Needham Heights, MA: Allyn & Bacon.

Bernstein, G. A., Bernat, D. H., Victor, A. M., & Layne, A. E. (2008). School-based interventions for anxious children: 3-, 6-, and 12-month follow-ups. *Journal of the American Academy of Child and Adolescent Psychiatry, 47,* 1039–1047.

Betan, E., & Binder, J. L. (2010). Clinical expertise in psychotherapy: How expert therapists use theory in generating case conceptualizations and interventions. *Journal of Contemporary Psychotherapy, 40,* 141–152.

Bettner, B. L., & Lew, A. (1996). *Raising kids who can.* Newton Center, MA: Connexions.

Beutler, L. E., Malik, M., Alimohamed, S., Harwood, T. M., Talebi, H., Noble, S., et al. (2004). Therapist variables. In M. J. Lambert (Ed.), *Bergin and Garfield's handbook of psychotherapy and behavior change* (5th ed., pp. 227–306). New York: Wiley.

Bloom, L. (1998). Language acquisition in its developmental context. In D. Kuhn & R. S. Siegler (Eds.), *Handbook of child psychology: Vol. 2: Cognition, perception, and language* (5th ed., pp. 309–370). New York: Wiley.

Bonner, M., & Barnett, D. W. (2004). Intervention-based school psychology services: Training for child-level accountability; preparing for program-level accountability. *Journal of School Psychology, 42,* 23–43.

Bostick, D., & Anderson, R. (2009). Evaluating a small-group counseling program—A model for program planning and improvement in the elementary setting. *Professional School Counseling, 12,* 428–433.

Bradshaw, C. P., Koth, K., Bevans, K. B., Ialongo, N., & Leaf, P. J. (2008). The impact of school-wide positive behavioral interventions and supports on the organizational health of elementary schools. *School Psychology Quarterly, 23,* 462–473.

Brannigan, M. (2007). A psychoeducational group model to build academic competence in new middle school students. *Journal for Specialists in Group Work, 32,* 61–70.

Bratton, S. (2010). Meeting the early mental health needs of children through school-based play therapy: A review of outcome research. In A. A. Drewes & C. E. Schaefer (Eds.), *School-based play therapy* (2nd ed., pp. 17–60). Hoboken, NJ: Wiley.

Bratton, S. C., Ray, D., Rhine, T., & Jones, L. (2005). The efficacy of play therapy with children: A meta-analytic review of treatment outcomes. *Professional Psychology: Research and Practice, 36,* 376–390.

Breen, D. T., & Daigneault, S. K. (1998). The use of play therapy with adolescents in high school. *International Journal of Play Therapy, 7*(1), 25–47.

Brehm, K., & Doll, B. (2009). Building resilience in schools: A focus on population-based prevention. In R. W. Christner & R. B. Menutti (Eds.), *School-based mental health: A practitioner's guide to comparative practices* (pp. 55–85). New York: Routledge.

Bronfenbrenner, U. (1979). *The ecology of human development: Experiments by nature and design.* Cambridge, MA: Harvard University Press.

Brophy, J. E. (2004). *Motivating students to learn* (2nd ed.). Mahwah, NJ: Erlbaum.

Brown, D., Pryzwansky, W. B., & Schulte, A. (2011). *Psychological consultation and collaboration: Introduction to theory and practice* (7th ed.). Boston: Pearson.

Brown-Chidsey, R. & Steege, M., (2005). *Response to intervention: Principles and strategies for effective practice.* New York: Guilford Press.

Bruner, J. (1975). Child development: Play is serious business. *Psychology Today, 8*(8), 81–83.

Bryan, J. A., & Holcomb-McCoy, C. (2010). Editorial introduction: Collaboration and partnership with families and communities. *Professional School Counseling, 14,* ii-v.

Burns, D. D. (1999). *Feeling good: The new mood therapy* (Rev. ed.). New York: Avon.

Cameron, S., & turtle-song, i. (2002). Learning to write case notes using the SOAP format. *Journal of Counseling and Development, 80,* 286–292.

Campbell, C. A., & Brigman, G. (2007). Closing the achievement gap: A structured approach to group counseling. *Journal for Specialists in Group Work, 32,* 67–82.

Caplan, G. (1970). *The theory and practice of mental health consultation.* New York: Basic Books.

Carlson, J., Watts, R. E., & Maniacci, M. (2006). *Adlerian therapy: Theory and practice.* Washington, DC: American Psychological Association.

Carmichael, K. D. (2006). *Play therapy: An introduction.* Upper Saddle River, NJ: Prentice-Hall.

Catalano, R. F., Berglund, M. L., Ryan, J. A. M., Lonczak, H. S., & Hawkins, J. D. (2004). Positive youth development in the United States: Research findings on evaluations of positive youth development programs. *Annals of the American Academy of Political and Social Science, 591,* 98–124.

Caterino, L. C., & Sullivan, A. L. (2009). Applying Adlerian therapy in schools. In R. W. Christner & R. B. Mennuti (Eds.), *School-based mental health: A practitioner's guide to comparative practices* (pp. 273–298). New York: Routledge.

Centers for Disease Control and Prevention. (2009). *Trends in the prevalence of suicide-related behaviors*. Retrieved May 10, 2011, from http://www.cdc.gov/healthyyouth/yrbs/pdf/us_ suicide_trend_yrbs.pdf.

Centers for Disease Control and Prevention. (2010). Youth risk behavior surveillance—United States, 2009. *Morbidity and Mortality Weekly Report, 59* (SS-5). Retrieved May 12, 2011, from http://www.cdc.gov/mmwr/pdf/ss/ss5905.pdf.

Charvat, J. L. (2005). NASP study: How many school psychologists are there? *Communiqué Online, 33*(6). Retrieved April 9, 2011, from http://www.nasponline.org/publications/cq/ cq336numsp.aspx.

Cheston, S. (2000). A new paradigm for teaching counseling theory and practice. *Counselor Education and Supervision, 39,* 254–269.

Christner, R. W., Mennuti, R. B., & Pearson, L. M. (2009). Cognitive-behavioral approaches in a school setting. In R. W. Christner & R. B. Mennuti (Eds.), *School-based mental health: A practitioner's guide to comparative practices* (pp. 181–200). New York: Routledge.

Christner, R. W., Mennuti, R. B., & Whitaker, J. S. (2009). An overview of school-based mental health practice: From systems service to crisis intervention. In R. W. Christner & R. B. Mennuti (Eds.), *School-based mental health: A practitioner's guide to comparative practices* (pp. 3–22). New York: Routledge.

Clarke, G., Lewinsohn, P., Rohde, P., Hops, H., & Seeley, J. (1999). Cognitive-behavioral group treatment of adolescent depression: Efficacy of acute treatment and booster sessions. *Journal of the American Academy of Child and Adolescent Psychiatry, 38,* 272–279.

Clarkin, J. F., & Levy, K. N. (2004). The influence of client variables on psychotherapy. In M. J. Lambert (Ed.), *Bergin and Garfield's handbook of psychotherapy and behavior change* (5th ed., pp. 195–226). New York: Wiley.

Cobia, D., & Henderson, D. (2007). *Developing an effective and accountable school counseling program* (2nd ed.). Upper Saddle River, NJ: Prentice Hall.

Cochran, J. L. (1996). Using play and art therapy to help culturally diverse students overcome barriers to school success. *The School Counselor, 43,* 287–298.

Coffee, G., & Ray-Subramanian, C. E. (2009). Goal attainment scaling: A progress-monitoring tool for behavioral interventions. *School Psychology Forum: Research in Practice, 3,* 1–12. Retrieved May 1, 2011, from http://www.nasponline.org/publications/spf/issue3_1/coffee abstract.aspx.

Coleman, V. D., Parmer, T., & Barker, S. A. (1993). Play therapy for multicultural populations: Guidelines for mental health professionals. *International Journal of Play Therapy, 2*(1), 63–74.

Committee for Children. (2010). *Second step.* Retrieved February 6, 2011, from http://www .cfchildren.org/programs/ssp/overview/.

Conduct Problems Prevention Research Group. (1999). Initial impact of the Fast Track prevention trial for conduct problems: I. The high-risk sample. *Journal of Consulting and Clinical Psychology, 67,* 631–647.

Corey, G. (2010). *Theory and practice of group counseling* (7th ed.). Belmont, CA: Brooks/Cole.

Cormier, S., & Hackney, H. (2008). *Counseling strategies and interventions.* Boston: Allyn & Bacon.

Council for Accreditation of Counseling and Related Educational Programs. (2009). *2009 standards.* Retrieved December 8, 2010, from http://www.cacrep.org/doc/2009%20Standards%20 with%20cover.pdf.

Crawley, S. A., Podell, J. L., Beidas, R. S., Braswell, L., & Kendall, P. C. (2010). Cognitive-behavioral therapy with youth. In K. S. Dobson (Ed.), *Handbook of cognitive-behavioral therapies* (pp. 375–410). New York: Guilford Press.

Crick, N. R., Ostrov, J. M., Burr, J. E., Cullerton-Sen, C., Jansen-Yeh, E., & Ralston, P. (2006). A longitudinal study of relational and physical aggression in preschool. *Journal of Applied Developmental Psychology, 27,* 254–268.

Cuijpers, P., van Straten, A., Smit, F., Mihalopoulos, C., & Beekman, A. (2008). Preventing the onset of depressive disorders: A meta-analytic review of psychological interventions. *American Journal of Psychiatry, 165,* 1272–1280.

Curtis, M. J., Castillo, J. M., & Cohen, R. M. (2008). Best practices in systems level change. In A. Thomas & J. Grimes (Eds.), *Best practices in school psychology V* (pp. 887–901). Bethesda, MD: National Association of School Psychologists.

Curtis, M. J., Chesno Grier, J. E., & Hunley, S. A. (2004). The changing face of school psychology: Trends in data and projections for the future. *School Psychology Review, 33,* 49–66.

Daki, J., & Savage, R. S. (2010). Solution-focused brief therapy: Impacts on academic and emotional difficulties. *Journal of Educational Research, 103,* 309–326.

Daunic, A., Smith, S. W., Brank, E. M., & Penfield, R. D. (2006). Classroom-based cognitive-behavioral intervention to prevent aggression: Efficacy and social validity. *Journal of School Psychology, 44,* 123–139.

Davis, T. (2005). *Exploring school counseling: Professional practices and perspectives.* Boston: Lahaska/Houghton Mifflin.

Davis, T. E., & Osborn, C. J. (2000). *The solution-focused school counselor.* Philadelphia, PA: Taylor Francis.

Deegear, J., & Lawson, D. M. (2003). The utility of empirically supported treatments. *Professional Psychology: Research and Practice, 34,* 271–277.

Dehart, G. B., Sroufe, L. A., & Cooper, R. G. (2000). *Child development: Its nature and course* (4th ed.). Boston: McGraw Hill.

Dekraai, M., Sales, B., & Hall, S. (1998). Informed consent, confidentiality, and duty to report laws in the conduct of child therapy. In T. R. Kratochwill & R. J. Morris (Eds.), *The practice of child therapy* (3rd ed., pp. 540–559). Boston: Allyn & Bacon.

de Shazer, S. (1985). *Keys to solution in brief therapy.* New York: Norton.

de Shazer, S. (1987, September-October). Minimal elegance. *The Family Therapy Networker, 11,* 57–59.

DiGiuseppe, R. (2009). An introduction to cognitive behavior therapies. In A. Akin-Little, S. G. Little, M. A. Bray, & T. J. Kehle (Eds.), *Behavior interventions in schools: Evidence-based positive strategies* (pp. 95–110). Washington, DC: American Psychological Association.

DiGiuseppe, R., Linscott, J., & Jilton, R. (1996). Developing the therapeutic alliance in child-adolescent psychotherapy. *Applied and Preventive Psychology, 5,* 85–100.

Dinkmeyer, D., & Carlson, J. (2006). *Consultation: Creating school-based interventions* (3rd ed.). New York: Routledge.

Dinkmeyer, D., & Dinkmeyer, D. (1989). Adlerian psychology. *Adlerian Psychology: A Journal of human behavior, 26*(1), 26–34.

Dinkmeyer, D., & Sperry, L. (2000). *Counseling and psychotherapy: An integrated, individual psychology approach* (3rd. ed.). Upper Saddle River, NJ: Prentice Hall.

DiPerna, J. C., & Elliott, S. N. (2000). *ACES: The Academic Competence Evaluation Scales.* San Antonio, TX: The Psychological Corporation.

Dobson, K. S., & Dozois, D. J. A. (2010). Historical and philosophical bases of the cognitive-behavioral therapies. In K. S. Dobson (Ed.), *Handbook of cognitive-behavioral therapies* (3rd ed., pp. 3–38). New York: Guilford Press.

Dodge, K. A., Lansford, J. E., Burks, V. S., Bates, J. E., Pettit, G. S., Fontaine, R., et al. (2003). Peer rejection and social information-processing factors on the development of aggressive behavior problems in children. *Child Development, 74,* 374–393.

Doll, B., & Cummings, J. (2008). *Transforming school mental health services: Population-based approaches to promoting the competency and wellness of children.* Thousand Oaks, CA: Corwin Press in cooperation with the National Association of School Psychologists.

Doll, B., Zucker, S., & Brehm, K. (2004). *Resilient classrooms: Creating health environments for learning.* New York: Guilford Press.

Donigian, J., & Malnati, R. (1997). *Systemic group therapy: A triadic model.* Pacific Grove, CA: Brooks/Cole.

Donnelly, C., & Carswell, A. (2002). Individualized outcome measures: A review of the literature. *Canadian Journal of Occupational Therapy, 69,* 84–94.

Dougherty, A. M. (2009). *A casebook of psychological consultation and collaboration in school and community settings* (5th ed.). Pacific Grove, CA: Brooks/Cole CENGAGE.

Dreikurs, R. (1957). *Psychology in the classroom.* New York: Harper and Row.

Dreikurs, R. (with Soltz, V.). (1964). *Children: The challenge.* New York: Dutton.

Dweck, C. S. (2002). The development of ability conceptions. In A. Wigfield & J. Eccles (Eds.), *The development of achievement motivation* (pp. 57–88). San Diego, CA: Academic Press.

Eber, L., Sugai, G., Smith, C. R., & Scott, T. M. (2002). Wraparound and positive behavioral interventions and supports in the schools. *Journal of Emotional & Behavioral Disorders, 10,* 171–180.

Elliott, S. N., & Gresham, F. (2008). *Social skills improvement system (SSIS).* San Antonio, TX: Pearson.

Ellis, A. (1979). The theory of rational-emotive therapy. In A. Ellis & J. Whitely (Eds.), *Theoretical and empirical foundations in rational-emotive therapy* (pp. 9–26). Monterey, CA: Brooks/Cole.

Ellis, A. (1994). *Reason and emotion in psychotherapy* (Rev. ed.). New York: Kensington.

Ellis, A. (2005). Rational emotive behavior therapy. In R. Corsini & D. Wedding (Eds.), *Current psychotherapies* (7th ed., pp. 166–201). Belmont, CA: Brooks/Cole.

Ellis, A., & Bernard, M. E. (2006). *Rational emotive behavioral approaches to childhood disorders.* New York: Springer.

Ennett, S. T., Ringwalt, C. L., Thorne, J., Rohrback, L. A., Vincus, A., Simons-Rudolph, A., et al. (2003). A comparison of current practice in school-based substance use prevention programs with meta-analysis findings. *Prevention Science, 4,* 1–14.

Epstein, J. L. (1995). School/family/community partnerships: Caring for the families we share. *Phi Delta Kappan, 76,* 701–712.

Epstein, J. L. (2001). *School, family, and community partnerships: Preparing educators and improving schools.* Boulder, CO: Westview Press.

Epstein, J. L., & Van Voorhis, F. L. (2010). School counselors' roles in developing partnerships with families and communities for student success. *Professional School Counseling, 14,* 1–14.

Erford, B. (2011). Outcome research in group work. In B. Erford (Ed.), *Group work: Process and applications* (pp. 312–322). Upper Saddle River, NJ: Pearson.

Erikson, E. (1963). *Childhood and society.* New York: Norton. (Original work published 1958)

Eysenck, H. J. (1960). *Behavior therapy and the neuroses.* Oxford: Pergamon Press.

Fall, M. (2001). An integrative play therapy approach to working with children. In A. A. Drewes, L. J. Carey, & C. E. Shaefer (Eds.), *School-based play therapy* (pp. 315–328). New York: Wiley.

Fall, M., Balvanz, J., Johnson, L., & Nelson, L. (1999). A play therapy intervention and its relationship to self-efficacy and learning behaviors. *Professional School Counseling, 2,* 194–204.

Fein, R. A., Vossekuil, B., Pollack, W. S., Borum, R., Modzeleski, W., & Reddy, M. (2002). *Threat assessment in schools: A guide to managing threatening situations and creating safe school climates.* Washington, DC: United States Secret Service and United States Department of Education.

Flannery-Schroeder, E. C., & Kendall, P. C. (2000). Group and individual cognitive-behavioral treatments for youth with anxiety disorders: A randomized clinical trial. *Cognitive Therapy Research, 24,* 251–278.

Franklin, C., Biever, J., Moore, K., Clemons, D., & Scamardo, M. (2001). The effectiveness of solution-focused therapy with children in a school setting. *Research on Social Work Practice, 11,* 411–434.

Franklin, C., Moore, K. L., & Hopson, L. (2008). Effectiveness of solution-focused brief therapy in a school setting. *Children and Schools, 30,* 15–26.

Friedberg, R. D., & McClure, J. M. (2002). *Clinical practice of cognitive therapy with children and adolescents: The nuts and bolts.* New York: Guilford Press.

Froebel, F. (1903). *The education of man.* New York: D. Appleton.

Garza, Y., & Bratton, S. C. (2005). School-based child-centered play therapy with Hispanic children: Outcomes and cultural considerations. *International Journal of Play Therapy, 14*(1), 51–79.

Gauvin, M. (2001). The social context of cognitive development. New York: Guilford Press.

Ge, X., Conger, R. D., & Elder, G. H., Jr. (2001). Pubertal transition, stressful life events, and the emergence of gender differences in depressive symptoms during adolescence. *Developmental Psychology, 37,* 404–417.

German, T. P. (1999). Children's causal reasoning: Counterfactual thinking occurs for "negative" outcomes only. *Developmental Science, 2,* 442–447.

Gibson, D. G. (1999). *A monograph: Summary of the research related to the use and efficacy of the Systematic Training for Effective Parenting (STEP) program: 1976–1999.* Circle Pines, MI: American Guidance Services.

Gilligan, C., & Attanucci, J. (1988). Two moral orientations: Gender differences and similarities. *Merrill-Palmer Quarterly, 34,* 223–237.

Gladding, S. T. (2005). *Counseling as an art: The creative arts in counseling* (3rd ed.). Alexandria, VA: American Counseling Association.

Gladding, S. T. (2008). *Group work: A counseling specialty* (5th ed.). Upper Saddle River, NJ: Prentice Hall.

Glass, J. S., & Benshoff, J. M. (1999). PARS: A processing model for beginning group leaders. *Journal for Specialists in Group Work, 24,* 15–26.

Glass, J. S., & Shoffner, M. F. (2001). Adventure-based counseling in schools. *Professional School Counseling, 5,* 42–48.

Glasser, W. (1969). *Schools without failure.* New York: Harper and Row.

Glasser, W. (1983). *The basic concepts of Reality Therapy* (brochure). Los Angeles: Author.

Glasser, W. (1998a). *The Quality School: Managing students without coercion* (Rev. ed.). New York: HarperCollins.

Glasser, W. (1998b). *The Quality School teacher: A companion volume to* The Quality School (Rev. ed.). New York: HarperCollins.

Glasser, W. (2001). *Every student can succeed.* Chatsworth, CA: Author.

Glosoff, H. L., & Pate, R. H. (2002). Privacy and confidentiality in school counseling. *Professional School Counseling, 6,* 20–27.

Gordon, E., & Yowell, C. (1999). Cultural dissonance as a risk factor in the development of students. In E. Gordon (Ed.), *Education and justice: A view from the back of the bus* (pp. 34–51). New York: Teachers College Press.

Greenberg, M. T., & Kusché, C. A. (2006). Building social and emotional competence: The PATHS curriculum. In S. R. Jimerson & M. J. Furlong (Eds.), *Handbook of school violence and school safety: From research to practice* (pp. 395–412). Mahwah, NJ: Erlbaum.

Greenberg, M. T., Weissberg, R. P., O'Brien, M. U., Zins, J. E., Fredericks, L., Resnick, H., et al. (2003). Enhancing school-based prevention and youth development through coordinated social, emotional, and academic learning. *American Psychologist, 58,* 466–474.

Grey, L. (1998). *Alfred Adler, forgotten prophet: A vision for the 21st century.* Westport, CT: Praeger.

Guay, F., Marsh, H. W., & Boivin, M. (2003). Academic self-concept and academic achievement: Developmental perspectives on their causal ordering. *Journal of Educational Psychology, 95,*124–136.

Halbur, D. A., & Halbur, K. V. (2011). *Developing your theoretical orientation in counseling and psychotherapy* (2nd ed.). Boston: Pearson.

Hall, K. R. (2006). Solving problems together: A psychoeducational group model for victims of bullies. *Journal for Specialists in Group Work, 31,* 201–207.

Hammond, L. C., & Gantt, L. (1998). Using art in counseling: Ethical considerations. *Journal of Counseling and Development, 76,* 271–276.

Hardman, M., Drew, C., Egan, M., & Wolf, B. (1993). *Human exceptionality: Society, school and family.* Boston: Allyn & Bacon.

Harter, S. (2006). The self. In W. Damon & R. M. Lerner (Eds. in Chief) & N. Eisenberg (Vol. Ed.), *Handbook of child psychology: Vol. 3. Social, emotional, and personality development* (6th ed., pp. 505–570). Hoboken, NJ: Wiley.

Havighurst, R. J. (1972). *Developmental tasks and education* (3rd ed.). New York: David McKay.

Hawley, K., & Weisz, J. (2005). Youth versus parent working alliance in usual clinical care: Distinctive associations with retention, satisfaction, and treatment outcome. *Journal of Clinical & Adolescent Psychology, 34,* 117–128.

Heath, M., & Sheen, D. (2005). *School-based crisis intervention: Preparing all personnel to assist.* Practical Intervention in the Schools Series. New York: Guilford Press.

Heine, S. J., Lehman, D. R., Markus, H. R., & Kitayama, S. (1999). Is there a universal need for positive self-regard? *Psychological Review, 106,* 766–794.

Helker, W. P, & Ray, D. C. (2009). Impact of child teacher relationship training on teachers' and aides' use of relationship-building skills and the effects on student classroom behavior. *International Journal of Play Therapy, 18*(2), 70–83.

Herring, R. D., & Runion, K. B. (1994). Counseling ethnic children and youth from an Adlerian perspective. *Journal of Multicultural Counseling and Development, 22,* 215–226.

Hill, C. E., & O'Brien, K. M. (2004). *Helping skills: Facilitating exploration, insight, and action* (2nd ed.). Washington, DC: American Psychological Association.

Hines, P. L., & Fields, T. H. (2002). Pregroup screening issues for school counselors. *Journal for Specialists in Group Work, 27,* 358–376.

Hoag, M. J., & Burlingame, G. M. (1997). Evaluating the effectiveness of child and adolescent group treatment: A meta-analysis review. *Journal of Clinical Child Psychology, 26,* 234–246.

Hoagwood, K., Burns, B. J., & Weisz, J. R. (2002). A profitable conjunction: From science to service in children's mental health. In B. J. Burns & K. Hoagwood (Eds.), *Community treatment for youth: Evidence-based interventions for severe emotional and behavioral disorders* (pp. 1079–1089). New York: Oxford.

Hoagwood, K., & Johnson, J. (2003). School psychology: A public health framework. I. From evidence-based practices to evidence-based policies. *Journal of School Psychology, 41,* 3–21.

Homan, M. S. (2004). *Promoting community change: Making it happen in the real world* (3rd ed.). Pacific Grove, CA: Brooks/Cole.

Homeyer, L. E., & Sweeney, D. S. (1998). *Sandtray: A practical manual.* Royal Oak, MN: Self Esteem Shop.

Honig, A. (2007, Sept.). Play: Ten power boosts for children's early learning. *Young Children, 62*(5), 72–78.

Horner, R. H., Sugai, G., Todd, A. W., & Lewis-Palmer, T. (2005). School-wide positive behavior support. In L. Bambara & L. Kern (Eds.), *Individualized supports for students with problem behaviors: Designing positive behavior plans* (pp. 359–390). New York: Guilford Press.

Horowitz, J. L., & Garber, J. (2006). The prevention of depressive symptoms in children and adolescents: A meta-analytic review. *Journal of Consulting and Clinical Psychology, 74,* 401–415.

Hudley, C., Graham, S., & Taylor, A. (2007). Reducing aggressive behavior and increasing motivation in school: The evolution of an intervention to strengthen school adjustment. *Educational Psychologist, 42,* 251–260.

Hughes, T. L., & Theodore, L. A. (2009). Conceptual frame for selecting individual psychotherapy in the schools. *Psychology in the Schools, 46,* 218–224.

Hulse-Killacky, D., Killacky, J., & Donigian, J. (2001). *Making task groups work in your world.* Upper Saddle River, NJ: Prentice Hall.

Hulse-Killacky, D., Kraus, K. L., & Schumacher, R. A. (1999). Visual conceptualization of meetings: A group work design. *Journal for Specialists in Group Work, 24,* 13–124.

Ishikawa, S., Okajima, I., Matsuoka, H. L., & Sakano, Y. (2007). Cognitive behavioural therapy for anxiety disorder in children and adolescents: A meta-analysis. *Child and Adolescent Mental Health, 12,* 164–172.

Jacobs, E. E., Masson, R. L., & Harvill, R. L. (2009). *Group counseling: Strategies and skills* (6th ed.). Belmont, CA: Thomson Brooks Cole.

Jacobs, H. H., & Johnson, A. (2009). *The curriculum mapping planner: Templates, tools, and resources for effective professional development.* Alexandra, VA: Association for Supervision and Curriculum Development.

Jacobs, J. E., Lanza, S., Osgood, D. W., Eccles, J. S., & Wigfield, A. (2002). Changes in children's self-competence and values: Gender and domain differences across grades one through twelve. *Child Development, 73,* 509–527.

Jaffee, S., & Hyde, J. S. (2000). Gender differences in moral orientation: A meta-analysis. *Psychological Bulletin, 126,* 703–726.

James, R. K. (2008). *Crisis intervention strategies* (6th ed.). Belmont, CA: Thompson Brooks/Cole.

Jarvis, P. S., & Keeley, E. S. (2003). From vocational decision making to career building: Blueprint, real games, and school counseling. *Professional School Counseling, 6,* 244–250.

Jenkins, J. M., & Astington, J. W. (2000). Theory of mind and social behavior: Causal models tested in a longitudinal study. *Merrill-Palmer Quarterly, 46,* 203–220.

Johnson, D. W., & Johnson, F. P. (2009). *Joining together: Group theory and group skills* (10th ed.). Boston: Pearson.

Kahn, B. B. (1999). Art therapy with adolescents: Making it work for school counselors. *Professional School Counseling, 2,* 291–298.

Kahn, B. B. (2000). A model of solution-focused consultation for school counselors. *Professional School Counseling, 3,* 248–254.

Kanel, K. (2007). *A guide to crisis intervention* (3rd ed.). Belmont, CA: Brooks/Cole.

Karver, M., & Caporino, N. (2010). The use of empirically supported strategies for building a therapeutic relationship with an adolescent with optional-defiant disorder. *Cognitive and Behavioral Practice, 17,* 222–232.

Karver, M., Handelsman, J., Fields, S., & Bickman, L. (2006). Meta-analysis of therapeutic relationship variables in youth and family therapy: The evidence for different relationship variables in the child and adolescent treatment outcome literature. *Clinical Psychology Review, 26,* 50–65.

Kazdin, A. E. (1998). *Research design in clinical psychology* (3rd ed.). Boston: Allyn & Bacon.

Kazdin, A. E. (2000). Understanding change: From description to explanation in child and adolescent psychotherapy research. *Journal of School Psychology, 38,* 337–347.

Kees, N. L., & Jacobs, E. (1990). Conducting more effective groups: How to select and process group exercises. *Journal for Specialists in Group Work, 15,* 24–29.

Kellam, S. G., & Langevin, D. J. (2003). A framework for understanding "evidence" in prevention research and programs. *Prevention Science, 4,* 137–153.

Kelly, F. D., & Lee, D. (2007). Adlerian approaches to counseling with children and adolescents. In H. T. Prout & D. T. Brown (Eds.), *Counseling and psychotherapy with children and adolescents: Theory and practice for school and clinical settings* (pp. 131–179). Hoboken, NJ: Wiley.

Kelly, M. S. (2008). *The domains and demands of school social work practice: A guide to working effectively with students, families, and schools.* New York: Oxford University Press.

Kelly, M. S., Berzin, S. C., Frey, A., Alvarez, M., Shaffer, G., & O'Brien, K. (2010). The state of school social work: Findings from the National School Social Work Survey. *School Mental Health, 2,* 132–141.

Kelly, M. S, Kim, J. S., & Franklin, C. (2008). *Solution-focused brief therapy in schools: A 360-degree view of research and practice.* Oxford, NY: Oxford University Press.

Kendall, P. C. (2006). *Child and adolescent therapy: Cognitive-behavioral procedures* (3rd ed.). New York: Guilford Press.

Kendall, P. C., & Chu, B. C. (2000). Retrospective self-reports of therapist flexibility in a manual-based treatment for youths with anxiety disorders. *Journal of Clinical Child Psychology, 29,* 209–220.

Kendall, P. C., & MacDonald, J. P. (1993). Cognition in the psychopathology of youth and implications for treatment. In K. S. Dobson & P. C. Kendall (Eds.), *Psychopathology and cognition* (pp. 387–430). San Diego, CA: Academic Press.

Kendall, P. C., & Southam-Gerow, M. (1996). Long-term follow-up of a cognitive-behavioral therapy for anxiety-disorder youth. *Journal of Consulting and Clinical Psychology, 64,* 724–730.

Kim, J. (2006). The effect of a bullying prevention program on responsibility and victimization of bullied children in Korea. *International Journal of Reality Therapy, 26*(1), 4–8.

Kim, J. S., & Franklin, C. (2009). Solution-focused brief therapy in schools: A review of the outcome literature. *Children and Youth Services Review, 31,* 464–470.

Kingery, J. N., Roblek, T. L., Suveg, C., Grover, R. L., Sherrill, J. T., & Bergman, R. L. (2006). They're not just "little adults": Developmental considerations for implementing cognitive-behavioral therapy with anxious youth. *Journal of Cognitive Psychotherapy: An International Quarterly, 20,* 263–273.

Kiresuk, T., & Sherman, R. (1968). Goal attainment scaling: A general method for evaluating comprehensive community mental health programs. *Community Mental Health, 4,* 443–453.

Kiresuk, T., Smith, A., & Cardillo, J. (1994). *Goal attainment scaling: Applications, theory, and measurement.* Hillsdale, NJ: Erlbaum.

Klein, J. B., Jacobs, R. H., & Reinecke, M. A. (2007). Cognitive-behavioral therapy for adolescent depression: A meta-analytic investigation of changes in effect-size estimates. *Journal of the American Academy of Child & Adolescent Psychiatry, 46,* 1403–1413.

Knotek, S. E., & Sandoval, J. (2003). Current research in consultee-centered consultation. *Journal of Educational and Psychological Consultation, 14,* 243–250.

Koeppen, A. S. (1974). Relaxation training for children. *Elementary School Guidance and Counseling, 9,* 14–26.

Kohlberg, L. (1981). *The philosophy of moral development.* New York: Harper & Row.

Kottman, T. (1995). *Partners in play: An Adlerian approach to play therapy.* Alexandria, VA: American Counseling Association.

Kratochwill, T. R., Albers, C. A., & Shernoff, E. S. (2004). School-based interventions. *Child & Adolescent Psychiatric Clinics of North America, 13,* 885–903.

Kristal, J. (2005). *The temperament perspective: Working with children's behavioral styles.* New York: Paul J. Brookes.

Kubler-Ross, E. (1969). *On death and dying.* New York: Scribner.

LaFountain, R. M., & Garner, N. E. (1998). *A school with solutions: Implementing a solution-focused/Adlerian-based comprehensive school counseling program.* Alexandria, VA: American School Counselor Association.

Landreth, G. L. (2002). *Play therapy: The art of the relationship* (2nd ed.). New York: Brunner-Routledge.

Larson, J. P., & Choi, H. (2010). The effect of university training and educational legislation on the role and function of school psychologists. *Journal of Applied School Psychology, 26,* 97–114.

Lassen, S. R., Steele, M. M., & Sailor, W. (2006). The relationship of school-wide positive behavior support to academic achievement in an urban middle school. *Psychology in the Schools, 43,* 701–712.

Learning Disabilities Association of America. (n.d.). *Types of learning disabilities.* Retrieved May 7, 2011, from http://www.ldanatl.org/aboutld/teachers/understanding/types.asp.

Legum, H. L. (2005, May/June). Finding solutions. *ASCA School Counselor, 41*(5), 33–37.

Levitt, J. J. (2009). Applying art therapy in schools. In R. W. Christner & R. B. Mennuti (Eds.), *School-based mental health: A practitioner's guide to comparative practices* (pp. 327–352). New York: Routledge.

Lew, A., & Bettner, B. L. (1995). *Responsibility in the classroom: A teacher's guide to understanding and motivating students.* Newton Center, MA: Connexions.

Liddle, H. (1982). On the problem of eclecticism: A call for epistemological clarification and human scale theories. *Family Process, 21,* 243–250.

Lieberman, M., Yalom, I., & Miles, M. (1973). *Encounter groups: First facts.* New York: Basic Books.

Littrell, J. M., Malia, J. A., & Vanderwood, M. (1995). Single-session brief counseling in a high school. *Journal of Counseling and Development, 73,* 451–459.

Luthar, S. S., Cicchetti, D., Becker, B. (2000). The construct of resilience: A critical evaluation and guidelines for future work. *Child Development, 71,* 543–562.

Magnuson, S., Black, L., & Norem, K. (2001). Supervising school counselors and interns: Resources for site supervisors. *Journal of Professional Counseling: Practice, Theory, and Research, 22*(2), 4–15.

Magnuson, S., Wilcoxon, S. A., & Norem, K. (2000). Exemplary supervision practices: Retro-spective observations of experienced counselors. *Texas Counseling Association Journal, 28*(2), 93–101.

Malchiodi, C. A. (Ed.). (2003). *Handbook of art therapy.* New York: Guilford Press.

Manaster, C. J., & Corsini, R. J. (1982). *Individual psychology: Theory and practice.* Itasca, IL: F. E. Peacock.

Markus, H. R., & Hamedani, M. G. (2007). Sociocultural psychology: The dynamic interde-pendence among self systems and social systems. In S. Kitayama & D. Cohen (Eds.), *Hand-book of cultural psychology* (pp. 3–39). New York: Guilford Press.

Mayer, M. J., & Van Acker, R. (2009). Historical roots, theoretical and applied developments, and critical issues in cognitive-behavior modification. In M. J. Mayer, R. Van Acker, J. E. Lochman, & F. M. Gresham (Eds.), *Cognitive-behavioral interventions for emotional and behavioral disorders: School-based practice* (pp. 3–28). New York: Guilford Press.

McDevitt, T. M., & Ormrod, J. E. (2010). *Child development and education* (4th ed.). Upper Saddle River, NJ: Pearson.

McDougall, D., & Smith, D. (2006). Recent innovations in small-N designs for research and practice in professional school counseling. *Professional School Counseling, 9,* 392–400.

McDougall, J. L., Bardos, A. N., & Meier, S. T. (2010). *Behavior intervention monitoring assess-ment system (BIMAS).* Toronto, CAN: Multi-Health Systems.

McDowell, B. (1997). The pick-up-sticks game. In H. Kaduson & C. Schaefer (Eds.), *101 favorite play therapy techniques* (pp. 145–149). Northvale, NJ: Jason Aronson.

Meichenbaum, D. (1993). Changing conceptions of cognitive behavior modification: Retrospect and prospect. *Journal of Consulting and Clinical Psychology, 61,* 202–204.

Mennuti, R. B., Christner, R. W., & Freeman, A. (2006). An introduction to a school-based cognitive-behavioral framework. In R. B. Mennuti, A. Freeman, & R. W. Christner (Eds.), *Cognitive-behavioral interventions in educational settings: A handbook for practice* (pp. 3–19). New York: Routledge.

Mennuti, R. B., Christner, R. W., & Weinstein, E. (2009). Integrating perspectives into practice. In R. W. Christner & R. B. Mennuti (Eds.), *School-based mental health: A practitioner's guide to comparative practices* (pp. 407–412). New York: Routledge.

Merchant, N. (2009). Types of diversity-related groups. In C. Salazar (Ed.), *Group work experts share their favorite multicultural activities: A guide to diversity-competent choosing, planning, conducting, and processing* (pp. 13–24). Alexandria, VA: Association for Specialists in Group Work.

Merrell, K. W., & Gueldner, B. A. (2010). *Social and emotional learning in the classroom: Promoting mental health and academic success.* New York: Guilford Press.

Miller, J. G. (1997). A cultural-psychology perspective on intelligence. In R. J. Sternberg & E. L. Grigorenko (Eds.), *Intelligence, heredity, and environment* (pp. 269–302). Cambridge, England: Cambridge University Press.

Minuchin, S. (1974). *Families and family therapy.* Cambridge, MA: Harvard University Press.

Morelli, G. A., & Rothbaum, F. (2007). Situating the child in context: Attachment relationships and self-regulation in different cultures. In S. Kitayama & D. Cohen (Eds.), *Handbook of cultural psychology* (pp. 500–527). New York: Guilford Press.

Mosak, H. H., & Maniacci, M. P. (1993). Adlerian child psychotherapy. In T. R. Kratochwill & R. J. Morris (Eds.), *Handbook of psychotherapy with children and adolescents* (pp. 162–184). Boston: Allyn & Bacon.

Moser, A., & Pilkey, D. (1988). *Don't pop your cork on Mondays: The children's anti-stress book.* Kansas City, MO: Landmark Editions.

Mostert, D. L., Johnson, E., & Mostert, M. P. (1997). The utility of solution-focused, brief counseling in schools: Potential from an initial study. *Professional School Counseling, 1,* 21–24.

Muro, J. J., & Kottman, T. (1995). *Guidance and counseling in the elementary and middle schools: A practical approach.* Madison, WI: Brown & Benchmark.

Murphy, J. J. (2008). *Solution-focused counseling in schools* (2nd ed.). Alexandria, VA: American Counseling Association.

Murphy, J. J., & Duncan, B. L. (2007). *Brief intervention for school problems* (2nd ed.). New York: Guilford Press.

Murphy, V. B., & Christner, R. W. (2006). A cognitive-behavioral case conceptualization approach for working with children and adolescents. In R. B. Mennuti, A. Freeman, & R. W. Christner (Eds.), *Cognitive-behavioral interventions in educational settings: A handbook for practice* (pp. 37–62). New York: Routledge.

Nastasi, B. K. (2004). Meeting the challenges of the future: Integrating public health and public education for mental health promotion. *Journal of Educational and Psychological Consultation, 15*(3–4), 295–312.

National Alliance of Pupil Service Organizations [NAPSO]. (n.d.). *Pupil services in schools.* Retrieved December 12, 2010, from http://www.napso.org/pdf/ProfessionalService Descriptions0809.pdf.

National Association of School Psychologists [NASP]. (2010a). Principles for professional ethics. In *Professional conduct manual.* Retrieved December 13, 2010, from http://www.nasponline .org/standards/professionalcond.pdf.

National Association of School Psychologists [NASP]. (2010b). *Model for comprehensive and integrated school psychological services.* Retrieved November 26, 2010, from http://www .nasponline.org/standards/2010standards/2_PracticeModel.pdf.

National Association of School Psychologists [NASP]. (2010c). *A national tragedy: Helping children cope.* Retrieved December 10, 2010, from http://www.nasponline.org/resources/crisis_safety/terror_general.aspx.

National Association of School Psychologists [NASP]. (2010d). *The PREPaRE curriculum.* Retrieved December 10, 2010, from http://www.nasponline.org/prepare/curriculum.aspx.

National Association of Social Workers [NASW]. (2002). *NASW standards for school social work services.* Retrieved July 13, 2010, from http://www.socialworkers.org/practice/standards/NASW_SSWS.pdf.

National Institute of Mental Health [NIMH]. (2010). *Mental health and mass violence: Evidence-based early psychological intervention for victims/survivors of mass violence* [A workshop to reach consensus on best practices]. Retrieved December 10, 2010, from http://www.nimh.nih.gov/health/publications/massviolence.pdf.

National Organization for Victim Assistance [NOVA]. (2010). *An introduction to crisis intervention protocols.* Retrieved December 10, 2010, from http://www.trynova.org/victiminfo/readings/CrisisIntervention.pdf.

National Organization for Victim Assistance. (n.d.). *Reactions of children and adolescents to trauma.* Retrieved December 10, 2010, from http://www.trynova.org/crisis/katrina/reactions-child.html.

National Research Council and Institute of Medicine (NRC & IOM). (2009). *Preventing mental, emotional, and behavioral disorders among young people: Progress and possibilities.* Committee on the Prevention of Mental Disorders and Substance Abuse Among Children, Youth, and Young Adults: Research Advances and Promising Interventions. M. E. O'Connell, T. Boat, & K. E. Warner, (Eds.), Board on Children, Youth, and Families, Division of Behavioral and Social Sciences and Education. Washington, DC: the National Academies Press.

Neill, T. K., Holloway, E. I., Kaak, H. O. (2006). A systems approach to supervision of child psychotherapy. In T. K. Neill (Ed.), *Helping others help children: Clinical supervision of child psychotherapy* (pp. 7–33). Washington, DC: American Psychological Association.

Nelson, C. A., III, Thomas, K. M., & de Haan, M. (2006). Neural bases of cognitive development. In D. Kuhn, R. Siegler (Vol. Eds.), W. Damon, & R. M. Lerner (Series Eds.), *Handbook of child psychology Vol. 2: Cognition, perception, and language* (6th ed., pp. 3–57). New York: Wiley.

Nelson, M. L. (2002). An assessment-based model for counseling strategy selection. *Journal of Counseling and Development, 80,* 416–421.

Neufeldt, S. A., Iversen, J. N., & Juntunen, C. L. (1995). *Supervision strategies for the first practicum.* Alexandria, VA: American Counseling Association.

Newsome, W. S. (2005). The impact of solution-focused brief therapy with at-risk junior high students. *Children and Schools, 27,* 83–90.

Nikels, H., Mims, G. A., & Mims, M. J. (2007). Allies against hate: A school-diversity sensitivity training experience. *Journal for Specialists in Group Work, 32,* 126–138.

No Child Left Behind (NCLB) Act of 2001, Public Law No. 107–110, § 115, Stat. 1425 (2002).

Norcross, J. C. (2005). A primer on psychotherapy integration. In J. C. Norcross & M. R. Goldfried (Eds.), *Handbook of psychotherapy integration* (2nd ed.). New York: Oxford University Press.

Norem, K., Magnuson, S., Wilcoxon, S. A., & Arbel, O. (2006). Supervisees' contributions to stellar supervision outcomes. *Journal of Professional Counseling: Practice, Theory, and Research, 34,* 33–48.

Norenzayan, A., Choi, I., & Peng, K. (2007). Perception and cognition. In S. Katayama & D. Cohen (Eds.), *Handbook of cultural psychology* (pp. 569–594). New York: Guilford Press.

Nystul, M. S. (2003). *Introduction to counseling: An art and science perspective.* Boston: Allyn & Bacon.

O'Connor, K. J. (2000). *The play therapy primer* (2nd ed.). New York: Wiley.

Odom, S. L., Brantlinger, E., Gersten, R., Horner, R. H., Thompson, B., & Harris, K. R. (2005). Research in special education: Scientific methods and evidence-based practices. *Exceptional Children, 71,* 137–148.

O'Hanlon, W. H., & Weiner-Davis, M. (1989). *In search of solutions: A new direction in psychotherapy.* New York: W. W. Norton.

Ollendick, T. H., & Cerny, J. A. (1981). *Clinical behavior therapy with children.* New York: Plenum Press.

Olweus Bullying Prevention Program. (n.d.). Retrieved May 12, 2011, from http://www.olweus .org/public/index.page.

Ortiz, S. O. (2006). Multicultural issues in working with children and families: Responsive intervention in the educational setting. In R. B. Mennuti, A. Freeman, & R. W. Christner (Eds.), *Cognitive-behavioral interventions in educational settings: A handbook for practice* (pp. 21–36). New York: Routledge.

Orton, G. L. (1997). *Strategies for counseling with children and their parents.* Pacific Grove, CA: Brooks/Cole.

Osborn, D. J. (1999). Solution-focused strategies with "involuntary" clients: Practical applications for school and clinical setting. *Journal of Humanistic Education and Development, 37,* 169–181.

Paisley, P. O., & McMahon, G. (2001). School counseling in the 21st century: Challenges and opportunities. *Professional School Counseling, 5,* 106–115.

Parette, H. P., & Hourcade, J. J. (1995). Disability etiquette and school counselors: A common sense approach toward compliance with the Americans with Disabilities Act. *The School Counselor, 52,* 224–233.

Passaro, P. D., Moon, M., Wiest, D. J., & Wong, E. H. (2004). A model for school psychology practice: Addressing the needs of students with emotional and behavioral challenges through the use of an in-school support room and Reality Therapy. *Adolescence, 39,* 504–517.

Patrikakou, E. N., Weissberg, R. P., Redding, S., & Walberg, H. J. (Eds.). (2005). *School-family partnerships: Fostering children's school success.* New York: Teachers College Press.

Pearson. (2010). *AIMSweb for behavior.* Retrieved May 11, 2011, from http://www.aimsweb .com/behavior/.

Perryman, K., & Doran, J. (2010). Guidelines for incorporating play therapy in schools. In A. A. Drewes & C. E. Schaefer (Eds.), *School-based play therapy* (2nd ed., pp. 61–86). Hoboken, NJ: John Wiley & Sons.

Peterson, J. S. (2003). An argument for proactive attention to affect concerns of gifted adolescents. *The Journal of Secondary Gifted Education, 14,* 62–70.

Petras, H., Kellam, S. G., Brown, C. H., Muthen, B. O., Ialongo, N. S., & Poduska, J. M. (2008). Developmental epidemiological courses leading to antisocial personality disorder and violent and criminal behavior: Effects by young adulthood of a universal preventive intervention in first- and second-grade classrooms. *Drug and Alcohol Dependence, 95*(Suppl.1), 45–59.

Piaget, J. (1962). *Play, dreams, and imitation in childhood.* New York: W. W. Norton.

Piaget, J. (1970). Piaget's theory (G. Gellerier & J. Langer, Trans.). In P. H. Mussen (Ed.), *Manual of child psychology* (Vol. 1, pp. 703–732). New York: Wiley.

Presbury, J. H., Echterling, L. G., & McKee, J. E. (2002). *Ideas and tools for brief counseling.* Upper Saddle River, NJ: Merrill Prentice Hall.

Prochaska, J. O., & Norcross, J. C. (2007). *Systems of psychotherapy: A transtheoretical analysis* (6th ed.). Belmont, CA: Thomson Higher Education.

Prout, H. T. (2007). Counseling and psychotherapy with children and adolescents: Historical developmental, integrative, and effectiveness perspectives. In H. T. Prout & D. T. Brown (Eds.), *Counseling and psychotherapy with children and adolescents: Theory and practice for school and clinic settings* (4th ed., pp. 1–31). New York: John Wiley & Sons.

Prout, H. T., & DeMartino, R. A. (1986). A meta-analysis of school-based studies of counseling and psychotherapy. *Journal of School Psychology, 24,* 285–292.

Prout, S. M., & Prout, H. T. (1998). A meta-analysis of school-based studies of counseling and psychotherapy: An update. *Journal of School Psychology, 36,* 121–136.

Raines, J. (2006). Improving educational and behavioral performance of students with learning disabilities. In C. Franklin, M. B. Harris, & Allen-Meares, P. (Eds.), *The school services sourcebook: A guide for school-based professionals* (pp. 201–212). New York: Oxford.

Rapport, Z. (2007). Defining the 14 habits. *International Journal of Reality Therapy, 26*(2), 26–27.

Ray, D. C. (2010). Challenges and barriers to implementing play therapy in schools. In A. A. Drewes & C. E. Schaefer (Eds.), *School-based play therapy* (2nd ed., pp. 87–106). Hoboken, NJ: John Wiley & Sons.

Reese, R. J., Prout, H. T., Zirkelback, E. A., & Anderson, C. R. (2010). Effectiveness of school-based psychotherapy: A meta-analysis of dissertation research. *Psychology in the Schools, 47,* 1035–1045.

Reinecke, M. A., Dattilio, F. M., & Freeman, A. (Eds.). (2003). *Cognitive therapy with children and adolescents: A casebook for clinical practice* (2nd ed.). New York: Guilford Press.

Reis, S. M., & Colbert, R. (2004). Counseling needs of academically talented students with learning disabilities. *Professional School Counseling, 8,* 156–167.

Reis, S. M., & Renzulli, J. S. (2004). Current research on the social and emotional development of gifted and talented students: Good news and future possibilities. *Psychology in the Schools, 41,* 119–130.

Remley, T. P., & Herlihy, B. (2005). *Ethical, legal, and professional issues in counseling* (2nd ed.). Upper Saddle River, NJ: Merrill.

Remmel, E., & Flavell, J. H. (2004). Recent progress in cognitive developmental research: Implications for clinical practice. In H. Steiner (Ed.), *Handbook of mental health interventions in children and adolescents: An integrated developmental approach* (pp. 73–97). San Francisco: Jossey-Bass.

Reynolds, C. R., & Kamphaus, R. W. (2004). *Behavior assessment system for children, second edition (BASC-2)*. Circle Pines, MN: American Guidance Service.

Riley, S., & Malchiodi, C. A. (2003). Solution-focused and narrative approaches. In C. A. Malchiodi (Ed.), *Handbook of art therapy* (pp. 82–92). New York: Guilford Press.

Robins, R. W., & Trzesniewski, K. H. (2005). Self-esteem across the lifespan. *Current Directions in Psychological Science, 14,* 158–162.

Rogers, C. (1961). *On becoming a person*. Boston: Houghton Mifflin.

Rousseau, J. J. (1955). *Emile*. New York: Dutton. (Original work published 1762)

Rubin, H. (2002). *Collaborative leadership*. Thousand Oaks, CA: Corwin.

Rubin, J. H. (1984). *Child art therapy* (2nd ed.). New York: Van Nostrand Reinhold.

Rutter, M., & Maughan, B. (2002). School effectiveness findings 1979–2002. *Journal of School Psychology, 40,* 451–475.

Sabian, B., & Gilligan, S. (2005, November/December). Self-esteem, social skills, and cooperative play. *ASCA School Counselor, 43*(2), 28–35.

Sailor, W., Dunlap, G., Sugai, G., & Horner, R. (2009). *Handbook of positive behavior support*. New York: Springer.

Salazar, C. (2009). Diversity-competent group leadership: Self-awareness and cultural empathy as a foundation for effective practice. In C. Salazar (Ed.), *Group work experts share their favorite multicultural activities: A guide to diversity-competent choosing, planning, conducting, and processing* (pp. 3–23). Alexandria, VA: Association for Specialist in Group Work.

Salo, M. (2006). Counseling minor clients. In B. Herlihy & G. Corey (Eds.), *ACA ethical standards casebook* (6th ed., pp.201–208). Alexandria, VA: American Counseling Association.

Sangganjanavanich, V. F., & Magnuson, S. (2011). Using sand trays and miniature figures to facilitate career decision making. *The Career Development Quarterly, 59,* 264–273.

Schaefer, C. E. (Ed.). (1993). *The therapeutic powers of play*. Northvale, NJ: Aronson.

Schaefer, C. E., & Drewes, A. A. (2010). The therapeutic powers of play and play therapy. In A. A. Drewes & C. E. Schaefer (Eds.), *School-based play therapy* (2nd ed., pp. 3–16). Hoboken, NJ: John Wiley & Sons.

Schaefer, C. E., & Reid, S. E. (Eds.). (2001). *Game play: Therapeutic use of childhood games* (2nd ed.). New York: John Wiley.

Schaffer, D. (1999). *Developmental psychology* (5th ed.). Pacific Grove, CA: Brooks/Cole.

Schneider, J. (1984). *Stress, loss and grief: Understanding the origins and growth potential*. Baltimore: University Park Press.

School Social Work Association of America. (2009). *Elements of school social work services*. Retrieved May 7, 2011, from https://www.sswaa.org/index.asp?page=123.

Scruggs, T. E. (1992). *Single subject methodology in the study of learning and behavioral disorders: Design, analysis, and synthesis* (7th ed.). Greenwich, CT: JAI.

Scruggs, T. E., & Mastropieri, M. A. (1998). Summarizing single-subject research: Issues and application. *Behavior Modification, 22,* 221–242.

Seligman, L. (2006). *Theories of counseling and psychotherapy: Systems, strategies, and skills* (2nd ed.). Upper Saddle River, NJ: Pearson.

Seligman, M. E. R., & Csikszentmihalyi, M. (2000). Positive psychology: An introduction. *American Psychologist, 55,* 5–14.

Selman, R. L. (2003). *The promotion of social awareness: Powerful lessons from the partnership of developmental theory and classroom practice.* New York: Russell Sage Foundation.

Sharf, R. S. (2004). *Theories of psychotherapy and counseling: Concepts and cases.* Belmont, CA: Wadsworth.

Shechtman, Z., & Pastor, R. (2005). Cognitive-behavioral and humanistic treatment of children with learning disabilities: A comparison of outcomes and process. *Journal of Counseling Psychology, 52,* 322–336.

Sheridan, S. M. (1997). Conceptual and empirical bases of conjoint behavioral consultation. *School Psychology Quarterly, 12,* 119–133.

Shirk, S. R., Kaplinski, H., Gudmundsen, G. (2009). School-based cognitive-behavioral therapy for adolescent depression: A benchmarking study. *Journal of Emotional and Behavioral Disorders, 17,* 106–117.

Shure, M. B. (2001). *I can problem solve (ICPS): An interpersonal cognitive problem-solving program.* Champaign, IL: Research Press.

Sileo, F. J., & Kopala, M. (1993). An A-B-C-D-E worksheet for promoting beneficence when considering ethical values. *Counseling and Values, 37,* 89–95.

Skinner, C. H., Skinner, A. L., & Burton, B. (2009). Applying group-oriented contingencies in the classroom. In A. Akin-Little, S. G. Little, M. A. Bray, & T. J. Kehle (Eds.), *Behavior interventions in schools: Evidence-based positive strategies* (pp. 157–170). Washington, DC: American Psychological Association.

Sklare, G. B. (2005). *Brief counseling that works: A solution-focused approach for school counselors and administrators* (2nd ed.). Thousand Oaks, CA: Corwin.

Smith, E. P., Boutte, G. S., Zigler, F., & Finn-Stevenson, M. (2004). Opportunities for schools to promote resilience in children and youth. In K. I. Maton, C. J. Schellenbach, B. J. Leadbeater, & A. L. Solarz (Eds.), *Investing in children, youth, families, and communities: Strength-based research and policy* (pp. 213–232). Washington, DC: American Psychological Association.

Southam-Gerow, M. A., & Kendall, P. C. (2000). Emotion understanding in youth referred for treatment of anxiety disorders. *Journal of Clinical Child Psychology, 29,* 319–327.

Spivak, G., Platt, J., & Shure, M. (1976). *The social problem solving approach to adjustment.* San Francisco: Jossey-Bass.

Spoth, R., Greenberg, M., Bierman, K., & Redmond, C. (2004). PROSPER community–university partnership model for public education systems: Capacity-building for evidence-based, competence-building prevention. *Prevention Science, 5,* 31–39.

Stark, K. D., Hargrave, J., Sander, J., Custer, G., Schnoebelen, S., Simpson, J., et al. (2006). Treatment of childhood depression: The ACTION treatment program. In P. C. Kendall (Ed.), *Child and adolescent therapy: Cognitive-behavioral procedures* (3rd ed., pp. 169–216). New York: Guilford Press.

Steiner, H. (2004). The scientific basis of mental health interventions in children and adolescents. In H. Steiner (Ed.), *Handbook of mental health interventions in children and adolescents: An integrated developmental approach* (pp. 11–34). San Francisco: Jossey-Bass.

Stoiber, K. C., & Kratochwill, T. R. (2001). *Outcomes PME: Planning, monitoring, evaluating.* San Antonio, TX: The Psychological Corporation.

Stone, C. B., & Dahir, C. A. (2006). *The transformed school counselor.* Boston: Lahaska.

Stone, C. B., & Dahir, C. A. (2011). *School counselor accountability: A MEASURE of student success* (3rd ed.). Boston: Pearson.

Stroul, B. A., & Friedman, R. M. (1996). The system of care concept and philosophy. In B. A. Stroul (Ed.), *Children's mental health: Creating systems of care in a changing society* (pp. 3–21). Baltimore: Paul H. Brookes.

Substance Abuse and Mental Health Services Administration [SAMHSA]. (2007). *Results from the 2006 National Survey on Drug Use and Health: National findings.* Office of Applied Studies, NSDUH Series H-32, DHHS Pub. No. SMA 07-4293. Rockville, MD: U.S. Department of Health and Human Services.

Substance Abuse and Mental Health Services Administration [SAMHSA]. (2008). *Mental health service use among youths aged 12 to 17: 2005 and 2006.* Office of Applied Studies. Rockville, MD: U.S. Department of Health and Human Services.

Sugai, G., & Horner, R. H. (2008). What we know and need to know about preventing problem behaviors in the schools. *Exceptionality, 16,* 67–77.

Sukhodolsky, D., Golub, A., Stone, E., & Orban, L. (2005). Dismantling anger control training for children: A randomized pilot study of social problem solving versus social skills training components. *Behavior Therapy, 36,* 15–23.

Sweeney, D. S., & Homeyer, L. E. (1999). *The handbook of group play therapy.* San Francisco: Jossey-Bass.

Sweeney, T. (1989). *Adlerian counseling: A practical approach for a new decade* (3rd ed.). Muncie, IN: Accelerated Development.

Sweeney, T. (1998). *Adlerian counseling: A practitioner's approach* (4th ed.). Muncie, IN: Accelerated Development.

Thompson, C. L., & Henderson, D. A. (2007). *Counseling children* (7th ed.). Belmont, CA: Thomson.

Thompson, R. A. (2004). *Crisis intervention and crisis management: Strategies that work in schools and communities.* New York: Brunner-Routledge.

Todd, A. W., Campbell, A. L., Meyer, G. G., & Horner, R. L. (2008). The effects of a targeted intervention to reduce problem behaviors. *Journal of Positive Behavioral Interventions, 10,* 46–55.

Travis, F. (1998). Cortical and cognitive development in 4th, 8th and 12th grade students: The contribution of speed of processing and executive functioning to cognitive development. *Biological Psychology, 48,* 37–56.

Tuckman, B. W., & Jensen, M. A. C. (1977). Stages of small group development revisited. *Group and Organizational Studies, 2,* 419–427.

Valentine, J. C., DuBois, D. L., & Cooper, H. (2004). The relation between self-beliefs and academic achievement: A meta-analytic review. *Educational Psychologist, 39,* 111–133.

Vernon, A. (2009). Working with children, adolescents, and their parents: Practical application of developmental theory. In A. Vernon (Ed.), *Counseling children & adolescents* (4th ed., pp. 1–37). Denver, CO: Love.

Vernon, A., & Clemente, R. (2005). *Assessment and intervention with children and adolescents: Developmental and multicultural approaches.* Alexandria, VA: American Counseling Association.

Vygotsky, L. S. (1978). *Mind in society: The development of higher mental processes.* Cambridge, MA: Harvard University Press.

Waldron, H., & Kaminer, Y. (2004). On the learning curve: The emerging evidence supporting cognitive-behavioral therapies for adolescent substance abuse. *Addiction, 99,* 93–105.

Waldron, H., Slesnick, N., Brody, J., Charles, W. T., & Thomas, R. P. (2001). Treatment outcomes for adolescent substance abuse at 4- and 7-month assessments. *Journal of Consulting and Clinical Psychology, 69,* 802–813.

Wampold, B. E. (2001). *The great psychotherapy debate: Models, methods, and findings.* Mahwah, NJ: Erlbaum.

Wampold, B. E. (2010). *The basics of psychotherapy: An introduction to theory and practice.* Washington, DC: American Psychological Association.

Wang, Q., & Li, J. (2003). Chinese children's self-concepts in the domains of learning and social relations. *Psychology in the Schools, 40,* 85–101.

Watkins, C. E., & Guarnaccia, C. A. (1999). The scientific study of Adlerian theory. In R. E. Watts & J. Carlson (Eds.), *Interventions and strategies in counseling and psychotherapy.* Philadelphia: Accelerated Development.

Watson, J. J., & Rees, C. S. (2008). Meta-analysis of randomized, controlled treatment trials for pediatric obsessive-compulsive disorder. *Journal of Child Psychology and Psychiatry, 49,* 489–498.

Watts, R. (2000). Adlerian counseling: A viable approach for contemporary practice. *Texas Counseling Association Journal, 28*(1), 11–23.

Watts, R. (2003). Adlerian therapy as a relationship constructivist approach. *The Family Journal, 11,* 139–147.

Watts, R. E., & Pietrzak, D. (2000). Adlerian "encouragement" and the therapeutic process of solution-focused brief therapy. *Journal of Counseling and Development, 78,* 442–447.

Webb, L., Lemberger, M., & Brigman, G. (2008). Student success skills: A review of a school counselor intervention influenced by individual psychology. *Journal of Individual Psychology, 64,* 339–352.

Webster-Stratton, C., & Herman, K. C. (2010). Disseminating Incredible Years series early-intervention programs: Integrating and sustaining services between school and home. *Psychology in the Schools, 47,* 36–54.

Weiner, I. B. (1992). *Psychological disturbance in adolescence* (3rd ed.). New York: Wiley.

Weiner, I. B., & Bornstein, R. F. (2009). *Principles of psychotherapy: Promoting evidence-based psychodynamic practice.* New York: Wiley.

Weiss, B., Catron, T., Harris, V., & Phung, T. M. (1999). The effectiveness of traditional child psychotherapy. *Journal of Clinical and Consulting Psychology, 67,* 82–94.

Weist, M. D. (2005). Fulfilling the promise of school-based mental health: Moving towards a public health promotion approach. *Journal of Abnormal Child Psychology, 33,* 735–741.

Weisz, J. R., Sandler, I. N., Durlak, J. A., & Anton, S. A. (2005). Promoting and protecting youth mental health through evidence-based prevention and treatment. *American Psychologist, 60,* 628–648.

Weisz, J. R., Weiss, B., Han, S. S., Granger, D. A., & Morton, T. (1995). Effects of psychotherapy with children and adolescents revisited: A meta-analysis of treatment study outcomes. *Psychological Bulletin, 117,* 450–468.

Welfel, E. R. (2006). *Ethics in counseling & psychotherapy: Standards, research, and emerging issues* (3rd ed.). Belmont, CA: Thomson.

Wellman, H. M., & Lagattuta, K. H. (2000). Developing understanding of mind. In S. Baron-Cohen, H. Tager-Flusber, & D. J. Cohen (Eds.), *Understanding other minds: Perspectives from developmental cognitive neuroscience* (2nd ed., pp. 21–49). New York: Oxford University Press.

Wells, A., & Sembi, S. (2004). Metacognitive therapy for PTSD: A preliminary investigation of a new brief treatment. *Journal of Behavior Therapy & Experimental Psychiatry, 35,* 307–318.

Wickers, F. (1988). The misbehavior reaction checklist. *Elementary School Guidance and Counseling, 23*(1), 70–74.

Wicks-Nelson, R., & Israel, A. C. (2003). *Behavior disorders of childhood* (5th ed.). Upper Saddle River, NJ: Prentice Hall.

Wilcoxon, S. A., Norem, K., & Magnuson, S. (2005). Supervisees' contributions to lousy supervision. *Journal of Professional Counseling: Practice, Theory, and Research, 33*(2), 31–49.

Wood, A. (2003). Alfred Adler's treatment as a form of brief therapy. *Journal of Contemporary Psychotherapy, 33,* 287–301.

Worden, J. W. (1991). *Grief counseling and grief therapy: A handbook for the mental health practitioner* (2nd ed.). New York: Springer.

Wubbolding, R. E. (2000). *Reality therapy for the 21st century.* Philadelphia: Brunner-Routledge.

Wubbolding, R. E. (2004). Professional school counselors and reality therapy. In B. Erford (Ed.), *Professional school counseling: A handbook of theories, programs, and practices* (pp. 211–218). Austin, TX: CAPS.

Wubbolding, R. E. (2007). Glasser Quality School. *Group Dynamics, Theory, Research, and Practice, 11,* 253–261.

Wubbolding, R. E. (2009). Applying reality therapy approaches in schools. In. R. W. Christner & R. B. Mennuti (Eds.), *School-based mental health: A practitioner's guide to comparative practices* (pp. 225–250). New York: Routledge.

Wubbolding, R. E. (2011). Reality therapy theory. In D. Capuzzi, & D. R. Gross (Eds.), *Counseling and psychotherapy: Theories and interventions* (5th ed., pp. 263–286). Alexandria, VA: American Counseling Association.

Wubbolding, R. E., Brickell, J., Imhof, L., Kim, R. I., Lojk, L., & Al-Rashidi, B. (2004). Reality therapy: A global perspective. *International Journal for the Advancement of Counselling, 26,* 219–228.

Yarbrough, J. L., & Thompson, C. L. (2002). Using single-participant research to assess counseling approaches on children's off-task behavior. *Professional School Counseling, 5,* 308–314.

Ziffer, J. M., Crawford, E., & Penney-Wietor, J. (2007). The boomerang bunch: A school-based multifamily group approach for students and their families recovering from parental separation and divorce. *Journal for Specialists in Group Work, 32,* 154–164.

Zins, J. E., Weissberg, R. P., Wang, M. C., & Walberg, H. J. (Eds.). (2004). *Building academic success on social and emotional learning: What does the research say?* New York: Teachers College Press.

찾아보기

지은이 소개

Robyn S. Hess는 노던콜로라도대학교 학교심리학과의 학과장이자 교수이다. 1987년에 상담심리학으로 석사학위를 받았고 1993년에 학교심리학으로 박사학위를 받았다. Hess 박사는 상담자, 학교 심리학자, 학술위원으로서의 자신의 학구적인 경험을 실제적인 접근 방법을 제공하는 일과 융합시켜 학교 내에서의 상담과 정신건강을 증진시키는 일에 주력하였다. 문화적으로 반응적인 평가와 중재 전략, 아동 및 청소년의 스트레스와 대처 방식, 고위험군 청소년의 학업 완수 영역에서 국내외적으로 책과 논문을 출간하였다. 지난 6년에 걸친 그녀의 교수과목은 상담 실제의 개론과 아동 정신건강 등을 포함하였다. Hess 박사는 콜로라도 주의 공인 심리학자이자 학교 심리학자이다. 또 미국 전문심리학회에서 수여하고 학교심리학 영역에서 인정하는 자격증을 가지고 있다.

Sandy Magnuson은 사우스웨스트 미주리주립대학교에서 1983년 초등학교 상담학 석사학위를 받았고 앨라배마대학교에서 상담자 교육 전공으로 박사학위를 받았다. 앨라배마, 텍사스, 콜로라도에 있는 상담자 교육 프로그램에서 교수를 하였고, 이후 콜로라도 주 그릴리에 있는 대학교의 초등학교 상담이라는 멋진 세계로 돌아와, 2010년에 은퇴하였다. 상담자 교육자이자 학교 상담자로서의 경력을 거치면서 학교상담 협회와 교육, 슈퍼비전에 적극적으로 참여하였다. 또 전문적 삶을 거치는 상담자들의 발전과 상담자들 슈퍼비전에 관한 연구를 시행하였다. Magnuson 박사는 전문 학술지에 60편 이상의 논문을 실었다. 콜로라도 주의 공인 전문 상담사이자 공인 학교 상담자이며 미국 부부 및 가족치료학회의 인정된 슈퍼바이저이자 임상 회원이다.

Linda Beeler는 카펠라대학교 상담자교육학과 학교상담 전공의 교수로 재직 중이다. 2001년 노던콜로라도대학교에서 상담자 교육과 슈퍼비전 전공으로 박사학위를 받고 공립학교에서 일하기 시작했다. 상담이 필요한 위기 청소년을 상담하는 일에 전념해 왔고 학교에서의 위기중재상담에 적극적으로 참여해 왔다. Beeler 박사는 재직 중에 학교 상담자와 훈련 중인 학교 상담자에 대한 슈퍼비전에 몰두하고 있다. 그녀는 공인 임상 슈퍼바이저 자격증을 가지고 있다.

옮긴이 소개

오인수, Ph.D. NCC(National Certified Counselor, USA)

현재 이화여자대학교 사범대학 교육학과 교수로 미국 사우스캐롤라이나대학교 사범대학 교육학과 교수를 역임하였다(2007~2009). 미국 웨스트체스터대학교에서 학교상담(School Counseling)을 공부한 후 서울 아현초등학교의 학교상담실(따뜻한 이야기방)에서 5년간 상담실을 운영하였다. 미국 펜실베이니아주립대학교에서 상담자교육(Counselor Education)으로 박사학위를 취득하였고 펜실베이니아 주센터 카운티의 청소년상담센터인 Northwestern Human Services에서 전문 상담자로 2년간 아동 및 청소년을 상담하였다. 2007년 미국 상담자교육 및 수퍼비전 협회(Association for Counselor Education and Supervision)에서 상담자교육 분야의 차세대지도자(Emerging Leader in Counselor Education)로 선정되었고, 2010년 이화여자대학교 교육대학원 강의우수교원, 2011년 이화여자대학교 강의우수교원으로 선정되었다. 학교상담과 관련된 저서로는 효과적인 학급경영을 위한 집단상담 프로그램(2002, 공저), 상담으로 풀어가는 교실이야기(2005, 공저), 교실 밖의 아이들(2008, 공저), 학교폭력과 괴롭힘 예방(2015, 공저), 사이버불링의 이해와 대책(2015, 공저)이 있으며, 번역서로는 아동·청소년을 위한 예방적 개입(2013), 괴롭힘 예방(2013, 공역)과 다문화상담(2015)이 있다.